復旦大學出土文獻與
古文字研究中心成立20周年

20th Anniversary of Fudan Center for Research on
Chinese Excavated Classics and Paleography

光華向日新

復旦大學出土文獻與古文字研究中心畢業生論文選

——復旦大學出土文獻與
古文字研究中心 ◎ 編——

復旦大學出版社

本書編輯委員會

主 任
裘錫圭

成 員（以姓氏筆畫爲序）
石繼承　任 攀　汪少華　阿列霞（OLESIA VOLKOVA）
周 波　施謝捷　陳 劍　張小豔　張富海
張傳官　鄔可晶　裘錫圭　蔣 文　蔣玉斌
劉 釗　劉 嬌　謝明文

主 編
劉 釗

前　言

　　2025 年是復旦大學出土文獻與古文字研究中心成立二十周年，中心籌劃了系列慶祝活動，其中一項就是向歷屆畢業生（包括博士後）徵集學術代表作選編一本集子，作爲中心二十年來人才培養的一個縮影。通知發佈後，畢業生踴躍投寄自己的代表作品，經中心教師審議選出 43 篇，研究方向涵蓋甲骨文研究、金文研究、戰國文字研究、秦漢文字研究、敦煌文獻研究、漢語俗字研究、古籍整理與訓詁、上古漢語研究等，取名爲"光華向日新"。

　　"光華"是中心所在的光華樓的名字，同復旦大學的校名一樣，也是取自《尚書大傳》中的"日月光華，旦復旦兮"。"光華向日新"既藴含"復旦"之意，也藴含"苟日新，日日新"之意。這是中心對畢業生的希冀，也是對未來的希冀。

　　古文字學成爲一門現代意義上的學科，是從 19 世紀末 20 世紀初甲骨文、漢晉簡牘的發現和研究開始的。中華人民共和國成立以後，尤其是 20 世紀 70 年代以來，地不愛寶，山川呈瑞，各類古文字資料層出不窮，特別是大量簡牘帛書出土，對古文字學、古典學的研究和人才培養提出了迫切需求。但長期以來古文字學因爲自身交叉學科的屬性導致學術門檻高、成果產量低，正所謂"用力多而成功少"，始終面臨從業人員少、人才培養難的困境。

　　2016 年 5 月 17 日，習近平總書記在哲學社會科學工作座談會上的講話中指出："要重視發展具有重要文化價值和傳承意義的'絕學'、冷門學科。這些學科看上去同現實距離較遠，但養兵千日、用兵一時，需要時也要拿得出來、用得上。還有一些學科事關文化傳承的問題，如甲骨文等古文字研究等，要重視這些學科，確保有人做、有傳承。"將古文字學等冷門絕學的人才培養提高到文化傳承的戰略高度。爲服務國家重大戰略需求，加強拔尖創新人才選拔培養，教育部 2020 年初啟動"強基計劃"，將古文字學列入重點招生專業。

　　二十年來，中心在中國語言文學一級學科下的漢語言文字學、中國古典文獻學兩個二級學科招收研究生，共培養碩士研究生 97 人、博士研究生 86 人、博士後 13 人，在讀（在站）69 人。畢業生去向包括高校或研究機構、文博機構、出版機構、基礎教育系統、企事業單位等，可以説將古文字的種子播撒在各行各業。此外，中心還接收訪問學者、進修生若干，中心教師也以各種形式爲兄弟高校開設古文字課程、講座等，擴大了人才培養的輻射範圍，也提升了中心的學術影響力。

值中心成立二十周年之際，畢業生學術代表作結集出版，於他們是對在復旦光華樓讀書歲月的最好紀念，於中心則是二十年來人才培養成效的集中展示。感謝他們惠允將學術代表作收入這本文集。

文集作者絶大部分入職高校或研究機構，繼續從事古文字學、古典學研究，有些已成長爲學術骨幹和中堅力量。我們相信，有他們在，古文字學一定會"有人做、有傳承"。

十年樹木，百年樹人。二十年對於人才培養來説不算長，但對於個人成長來説却不算短。我們欣慰地看到，中心畢業生在各自崗位上兢兢業業、勤勉向上，既爲集體、爲社會做出貢獻，也爲自己的人生增光添彩。衷心祝願他們走好學術之路，走好人生之路！

目　　錄

古文字"丙"與古器物"房" ………………………………………… 葛　亮 / 1
釋殷墟卜辭中所見的"𠂤"和"𠂤" ………………………………… 金　赫 / 24
從甲骨文的"矖""燭"說到古代"燭"的得名原因及其源流 ……… 郭理遠 / 30
說"死""葬" ………………………………………………………… 張　昂 / 52
卜辭"中彔"補證 …………………………………………………… 苗　豐 / 75
殷墟卜辭中的貞人網絡
　　——兼論運用圖論中的完全圖來交叉確定多人共時關係 … 李霜潔 / 79
現有甲骨文字典、詞典及其存在的問題概述 …………………… 毛祖志 / 96

𢀜仲簠考釋 ………………………………………………………… 高中正 / 123
競孫鬲器主名之字考釋 …………………………………………… 盧　路 / 132
狐駘丘君盤新考 …………………………………………………… 傅修才 / 137
釋西周金文的"送"字 ……………………………………………… 應金琦 / 146

說九店楚簡《告武夷》的"桑林" ………………………………… 程少軒 / 166
清華簡七《趙簡子》篇从黽之字試釋 …………………………… 侯乃峰 / 171
清華簡《迺命》《四告》與諸梁鐘合證及其他 ………………… 何家興 / 181
清華簡《子犯子餘》"邦乃遂亡"及相關問題試析 ……………… 暨慧琳 / 190
略論丁佛言的古璽文研究 ………………………………………… 王其秀 / 200
"陽春白雪""下里巴人"古曲定名新證
　　——兼論春秋戰國新聲的興起及其地域特徵 ……………… 徐　淵 / 208

談《秦文字編》存在的幾個問題 ………………………………… 姚明輝 / 222
馬王堆帛書《陰陽脈死候》成書問題核論
　　——兼談早期"決死生"之術的成書 ………………………… 趙　爭 / 233

説帛書《經法》等四篇"物乃下生"與"刑法不人"……………… 杜新宇 / 245
馬王堆帛書《陰陽五行》甲篇《刑日》章"刑日"推算方法及相關問題
　　研究…………………………………………………………… 張　婷 / 251
肩水金關漢簡複姓、雙名校札十則………………………………… 沈思聰 / 273
窮日考………………………………………………………………… 徐婉司 / 280
釋漢代鏡銘中的"微"字……………………………………………… 鵬　宇 / 292
漢建安弩機"市"字考………………………………………………… 王倩倩 / 302
幽州書佐秦君闕柱銘文新釋………………………………………… 韋玉熹 / 307

繁華致飾
　　——説洛陽西朱村曹魏墓 M1 出土石楬中的"挍"及相關問題 …… 歐　佳 / 313
敦煌寫本詩歌校讀札記……………………………………………… 孫幼莉 / 330
唐代墓誌生僻典故詞語釋證………………………… 郭洪義　蔡明秀 / 339
"歺"字新解…………………………………………………………… 傅及斯 / 355
"床前明月光"新解質疑
　　——與周同科先生商榷…………………………………………… 沈　偉 / 368
説"月明滄海"琴與龍陽子冷謙……………………………………… 丁唯涵 / 380
黃氏、黎氏兩種語類編本比較研究………………………………… 楊　艷 / 398
《茶香室經説》整理札記四則
　　——附古籍標點的若干規範問題………………………………… 魏慶彬 / 421

據元代曹善抄本《山海經》看今本存在的問題…………………… 劉思亮 / 429
《尚書·顧命》"今天降疾殆弗興弗悟"的斷句問題
　　——兼釋上博五《三德》之"天乃降梟"………………………… 蔡　偉 / 447
《吕氏春秋·音律》"陰將始刑"新詁………………………………… 周　碩 / 450
《方言》"䎱丸"考…………………………………………………… 花友娟 / 454

從出土文獻看上古漢語對稱代詞"而"的若干問題……………… 蔡一峰 / 465
"堉（壻）"字古音考………………………………………………… 李　豪 / 478
《説文》段注校議二則……………………………………………… 馮先思 / 490
讀傳抄古文札記……………………………………………………… 王鵬遠 / 494
傳抄古文札記一則…………………………………………………… 孫超傑 / 509

古文字"丙"與古器物"房"

葛 亮

一

"丙"字本義爲何,是一個懸而未決的老問題。現有的幾種釋讀意見,尚未在古文字"丙"的形、音、義之間建立可靠的聯繫。"丙"最初是爲語言中的什麽詞而造的字,還難以落實。

按照古文字發展的一般規律,"丙"本應是一個象物字,其原始字形當象某種實物。"丙"字最初所代表的詞應是其所象之物的名稱,用爲天干等則屬假借。由於"丙"被普遍用於假借義的時代非常早(甲骨文中已不見其表示本義的例子),其本義很可能已改由另一假借字或後起本字表示。

因此,探求"丙"字本義,主要就是尋找其所象之物,而此物至少應當滿足以下兩個條件:(1)其外觀當與較原始的"丙"字形似,(2)其名稱當與唇音陽部的"丙"音近。

目前較爲通行的釋讀意見多在第二點上有所欠缺。如在古文字學界影響最大的"底座"説,是由于省吾先生在《釋丙》中提出的,其文曰:

> 卜辭丙作內、內,早期金文作 內、內、內,均象物之安……即今俗所稱物之底座。內之形,上象平面可置物,下象左右足,與古文 冏、冏 下象足之形者同。卜辭習見 字,象兩手奉牲首置於座上之形,是丙可置物之證。①

李孝定先生評價于説曰:"此説於字形頗覺切通,然於音義無徵,仍不敢信爲定論也。"②所謂"於音義無徵",也就是無法將"底座"對應到語言中某個確切的詞。

---

① 于省吾:《釋丙》,載《雙劍誃殷契駢枝》,大業印刷局,1940年,第31頁。《甲骨文字釋林》未收。

② 李孝定編述:《甲骨文字集釋》,"中研院"歷史語言研究所,1970年,第4232—4233頁。此語兼評葉玉森"丙"象几形之説,見同書第4231頁。

此外,在考古學界,認爲"丙"(或 ⋈)象鬲的觀點似乎仍占主流。① 而從古文字的角度看,"丙"與"鬲"字形差距較大,且古音遠隔,並無表示同一個詞或互相假借的可能。

我們認爲:從形、音、義三方面看,"丙"當是爲古器物"房"所造的字。"丙"字最初代表的詞,就是"籩豆大房""周以房俎"之"房"。②

"丙"與"房"在語音上的關係十分明白,這裏先作簡述。兩者均爲唇音陽部字,聲母只有清濁之別。"丙"聲字與"方"聲字直接相通之例習見於傳世及出土文獻,如《説文·人部》"仿"字籀文作"倗",《古字通假會典》有"祊與邴""枋與柄"條③,秦漢簡帛文字亦多見"枋""柄"相通之例,楚文字"病"多寫作从"方"得聲的"疠""瘋"等④。由於"丙""房"古音極近,在"丙"被普遍假借爲天干後,古人改用"房"來表示"丙"的本義,是完全可能的。

二

下面來看"丙"的字形。要找到"丙"字所象之物,首先要確定目前已知最爲原始的"丙"字字形。若以簡化或抽象程度較高的字形來考察本義,顯然容易發生偏差。而在分析"丙"字字形之前,尚須釐清族氏金文 ⋈ 與"丙"的關係。

在商末周初的族氏金文中,既有習見之 ⋈、⋈、⋈、⋈ 等形,又有少數不帶左右兩點而作 ⋈、⋈、⋈ 等者。⑤ 前者自宋代以來就有"鬲""丙""炳"

---

① 如蘇秉琦先生認爲甲骨文"丙"字是三個尖底瓶結合在一起,其形象是鬲的前身(蘇秉琦:《文化與文明》,載《華人·龍的傳人·中國人——考古尋根記》,遼寧大學出版社,1994年,第98頁);近來又有王暉先生著文申述其説(王暉:《從甲骨金文與考古資料的比較看漢字起源時代——並論良渚文化組詞類陶文與漢字的起源》,《考古學報》2013年第3期,第287—290頁);又如鄒衡先生認爲"⋈"字象兩足向前而視的分檔鬲"(鄒衡:《論先周文化》,載《夏商周考古學論文集》,文物出版社,1980年,第345—349頁)。⋈ 形自宋代以來就有"鬲""丙"等釋,參看韋心瀅:《靈石旌介商墓研究——考古學資料所見商後期王國西部邊域狀況》,《中國國家博物館館刊》2011年第4期,第110頁及注17—24。

② 日本學者加藤常賢早有"丙"象几形之説,且已通過字音將"丙"與房俎之"房"相聯繫(加藤常賢著:《漢字の起原》,角川書店,1978年,第938—940頁)。赤塚忠《甲骨文字干支》引加藤常賢之説,也認爲"丙""爲"房俎之象形"(赤塚忠著:《赤塚忠著作集·甲骨金文研究》,研文社,1989年,第252—253頁)。後者曾列入《甲骨文字字釋綜覽》(松丸道雄、高島謙一編:《甲骨文字字釋綜覽》,東京大學出版會,1994年,第391頁),但未能引起中國學者的重視。本文初次發表時亦未能明確引出加藤常賢之説。

③ 高亨纂著:《古字通假會典》,董治安整理,齊魯書社,1989年,第313、314頁。

④ 參看王輝編著:《古文字通假字典》,中華書局,2008年,第445—446頁;白於藍編著:《戰國秦漢簡帛古書通假字彙纂》,福建人民出版社,2012年,第658、660、661頁。

⑤ 前者參看王心怡編:《商周圖形文字編》,文物出版社,2007年,第738—743、745頁。後者參看王心怡編:《商周圖形文字編》,文物出版社,2007年,第484、744頁;又參王長豐著:《殷周金文族徽研究》,上海古籍出版社,2015年,第218頁。

等釋①；後者則與干支"丙"同形，應當就是"丙"字。

當代學者對上引兩類字形的認識，可舉兩種新出論著爲例。何景成先生在《商周青銅器族氏銘文研究》中將族氏金文 ⌶、⌷ 看作同一個字，但認爲："此字的 ⌶ 或 ⌷ 形，的確和金文的'丙'字相似，但'丙'字從不見作 ⌶ 者，所以釋此字爲'丙'仍有疑問。"② 嚴志斌先生則在《商代青銅器銘文研究》中將 ⌶、⌷ 二形一併釋作"丙"，認爲："（'丙'字）有的兩旁有兩點，有的則無，對此，如果作族氏名來講，學者已論證兩類當是相通的。"③

嚴書就"學者已論證兩類當是相通的"所引的文獻，是殷瑋璋、曹淑琴《靈石商墓與丙國銅器》一文④。靈石旌介商墓集中出土了 33 件帶有 ⌶ 形銘文的銅器⑤，而未見 ⌷ 形銘文。殷、曹二位先生認爲 ⌶、⌷ 均應釋"丙"，證據是兩者在傳世器中有器蓋互見或成對互見的例子，分別見於 舊斧卣（《集成》5397）之器、蓋及兩件甗（《集成》770 ⌶ 甗、771 ⌷ 甗）。

然而，這幾件"⌶、⌷ 互見"的銘文都只有宋人摹本，其字形未必可信，且傳世各本刻寫差異較大。如《考古圖》《博古圖錄》所收舊斧卣，已知年代較早的各本並不存在"⌶、⌷ 互見"的現象，而是僅存蓋銘之 ⌷ 或器蓋均作 ⌷（或均訛作"正"）。只有在晚出的寶古堂本及其衍生版本中，器銘的族氏纔被改爲 ⌶（表 1-1-1、表 1-1-2）。以此類摹本（及其翻刻本）作爲 ⌶、⌷ 同字的證據，恐不可靠。⑥

---

① 參看李孝定、周法高、張日昇編著：《金文詁林附錄》，香港中文大學出版社，1977 年，第 702—710 頁；又參韋心瀅：《靈石旌介商墓研究——考古學資料所見商後期王國西部邊域狀況》，《中國國家博物館館刊》2011 年第 4 期。
② 何景成著：《商周青銅器族氏銘文研究》，齊魯書社，2009 年，第 128 頁。
③ 嚴志斌著：《商代青銅器銘文研究》，上海古籍出版社，2013 年，第 269—270 頁。
④ 殷瑋璋、曹淑琴：《靈石商墓與丙國銅器》，《考古》1990 年第 7 期，第 621—631、637 頁。
⑤ 山西省考古研究所、海金樂、韓炳華編著：《靈石旌介商墓》，科學出版社，2006 年。此書第 196—197 頁附有"靈石旌介商墓有銘（徽識）青銅器統計表"，列出有 ⌶ 字銘文銅器 34 件（殷、曹文亦作 34 件）。按，據此書正文，其附表誤標 M3∶10 爵爲 M3∶8，誤標 M3∶2 鼎爲 M3∶1，漏列 M1∶19 觶 1 件，誤衍 M2∶45 殘罍器身 1 件，又誤以 M2∶23 矛之獸面紋爲 ⌶ 字，故總數當增加 1 件，減去 2 件，餘 33 件。
⑥ 又如白嘉慧《商周時期丙族的族屬及相關問題探研》（《古代文明》2023 年第 4 期，第 45—47 頁）舉出《銘續》122、《銘三》185（按，應爲《銘三》182）兩件義作父乙鼎銘文，作爲 ⌶、⌷ 互見的證據。實則兩者族氏均作 ⌶，《銘續》122 紙本不清，看"金文通鑒"30112 所收彩照自明。

表 1-1-1 各本《博古圖録》商兄癸卣（犧羋卣）族氏對比①

《博古圖録》版本	明成化至正德間印元至大本	明嘉靖七年蔣暘翻至大本	明萬曆十六年泊如齋本	明萬曆二十四年巾箱本	明萬曆二十八年寶古堂本	清乾隆十八年亦政堂本
頁碼	9.33	9.33	9.31—32	9.31—32	9.31—32	9.31—32
蓋						
器	無字	無字黑塊				
備注	器銘板殘				或據《薛氏》改	修補寶古堂板

表 1-1-2 各本《考古圖》商兄癸彝（犧羋卣）族氏對比②

《考古圖》版本	明初黑字本	明萬曆泊如齋本	明萬曆二十八年巾箱本	明萬曆二十九年寶古堂本	清乾隆十八年亦政堂本	文淵閣四庫全書本
頁碼	4.3	4.3	4.3	4.5	4.5	4.1—2
蓋						

---

① 現存明印至大本《博古圖録》中面貌較早者可以普林斯頓大學藏本爲例，見普林斯頓大學圖書館網站（https://dpul.princeton.edu/eastasian/catalog/nz806813s）；另參看許雅惠：《〈至大重修宣和博古圖録〉的版印特點與流傳——從"中研院"史語所藏品談起》，載《古今論衡》（第 18 期），"中研院"歷史語言研究所，2008 年，第 75—96 頁。蔣暘翻刻至大本《博古圖録》可以上海博物館圖書館藏本爲例，見《中華再造善本》金元編《至大重修宣和博古圖録》，北京圖書館出版社，2005 年（誤作元本收入）；亦參上引許雅惠文。泊如齋本、巾箱本（即《博古圖考證》）、寶古堂本、亦政堂本相對常見，全書可看國家圖書館網站（http://read.nlc.cn）、日本國立公文書館網站（https://www.digital.archives.go.jp）、哈佛大學圖書館網站（https://library.harvard.edu/digital-collections）等。亦政堂本又見劉慶柱、段志洪、馮時主編：《金文文獻集成》（第一冊），綫裝書局，2005 年。

② 《考古圖》黑字本、泊如齋本（及出自泊如齋本的鄭宏經本）、寶古堂本、亦政堂本可看國家圖書館網站（http://read.nlc.cn）、日本國立公文書館網站（https://www.digital.archives.go.jp）、哈佛大學圖書館網站（https://library.harvard.edu/digital-collections）等。泊如齋本又見呂大臨編撰：《泊如齋重修考古圖》，北京圖書館出版社，2003 年；呂大臨等著：《考古圖（外二種）》，浙江人民美術出版社，2017 年。巾箱本見故宮博物院編：《故宮珍本叢刊》（第 470 冊），海南出版社，2001 年。關於黑字本的年代，參看范楨：《北宋呂大臨考古圖的版本考察》，《藝術生活——福州大學廈門工藝美術學院學報》2014 年第 2 期，第 74—77 頁。文淵閣四庫全書本見劉慶柱、段志洪、馮時主編：《金文文獻集成》（第一冊），綫裝書局，2005 年。文津閣四庫全書本見中華書局編：《宋人著録金文叢刊初編》，中華書局，2005 年。四庫本均以亦政堂本爲底本，參看李建西：《〈考古圖〉亦政堂本重修歷程與〈四庫全書〉本底本新探》，載陳曉華主編《四庫學》（第十輯），社會科學文獻出版社，2023 年，第 93—107 頁。

续　表

《考古圖》版本	明初黑字本	明萬曆泊如齋本	明萬曆二十八年巾箱本	明萬曆二十九年寶古堂本	清乾隆十八年亦政堂本	文淵閣四庫全書本
器	凸	凸	凸	凸	凸	凸
備註				或據《薛氏》改	修補寶古堂板	

值得注意的是旌介 M2 出土的六件獸面紋青銅矛（圖 1-1-1）①，其獸面鼻梁部分恰作 凸 形，頗似 凸 字省去兩點而成。王恩田先生認爲，由此可證"兩旁加點者確是丙字"。② 不過這些藏在紋飾中的 凸 形可能只是一種與銘文相照應的紋飾③，就算確實是銘文，也可能是以占據了兩點位置的雙目充當兩點，實際對照的、表現的仍是同墓習見的 凸 字。

圖 1-1-1　旌介 M2 青銅矛獸面紋

我們認爲，族氏金文 凸、凸 既未見同出一墓，又没有明確互作的例子，目前情况下，仍應看作兩個不同的族氏。其中 凸 就是"丙"，除"丙"之外的九個天干均有用作族氏名之例，"丙"亦不應例外④；凸 則代表另一個族氏，此字可能从丙，也可能整體象某物之形（或象所謂"雙鈴俎"，後詳）。

排除 凸 形之後，我們便可將早期金文及甲骨文中的"丙"字分類舉列如下：

A

金：凸《集成》4965、凸《集成》5166.1、凸《集成》8144、凸 ⑤《集成》7663、凸《集成》1566

---

①　《靈石旌介商墓》僅發表了 M2:23 一件的圖像，見山西省考古研究所、海金樂、韓炳華編著：《靈石旌介商墓》，科學出版社，2006 年，第 121—122 頁。M2:23 的清晰照片見山西省文物局編：《山西珍貴文物檔案》(8)，科學出版社，2019 年，第 19 頁。

②　王恩田：《〈金文編·附録〉中所見的複合族徽》，載北京大學中國考古學研究中心、北京大學震旦古代文明研究中心編《古代文明》（第 3 卷），文物出版社，2004 年，第 279—280 頁。圖 1-1-1 拓本採自王文第 279 頁，似非《靈石旌介商墓》發表的 M2:23。

③　參看陳英傑：《談青銅器中器與銘相照應的現象》，載《金文與青銅器研究論集》，上海古籍出版社，2020 年，第 420—448 頁。

④　參看王長豐著：《殷周金文族徽研究》，上海古籍出版社，2015 年，第 212—216 頁。

⑤　此字横畫左端並無向下的豎筆，王心怡《商周圖形文字編》第 484 頁誤摹。器見倫敦邦瀚斯 2015 年春拍中國藝術品專場 Lot. 2，又見上海明軒 2017 年春拍一間屋專場 Lot. 223，照片取自 https://www.bonhams.com/zh-cn/auction/22234/lot/2/an-archaic-bronze-inscribed-ritual-wine-vessel-jue-late-shang-dynasty-12th-11th-century-bc-2。

A

甲：▉《合集》19777 自肥、▉《合集》38110 黄、▉《合集》38017 黄、▉《合集》38022 黄、▉《合集》37988 黄

B

金：▉《集成》1543、▉《集成》1161、▉《文物》2002.12、▉《集成》6248、▉《集成》1610、▉《集成》8321

甲：▉《合集》19907 自肥、▉《屯南》4429 自肥、▉《乙編》18 自小、▉《合集》38004 黄、▉《合集》37997 黄

C

金：▉《集成》5998、▉《集成》6203

甲：▉《合集》1098 典賓、▉《合補》11099 黄（"䍙"所从）

D

金：▉《集成》2118、▉《集成》1567

甲：▉《合集》14732 賓一、▉《合集》2873 典賓、▉《英藏》1017 典賓

E

甲：▉《合集》17681 典賓、▉《合集》17275 反典賓、▉《花東》14、▉《京人》2370 歷一、▉《合集》17731 賓三

F

甲：▉《合集》14194 典賓、▉《合集》22043 午、▉《京人》2370 歷一、▉《合集》23824 出二

若忽略豎畫的斜度，並儘量選用填實之形，以上六類字形便可規整爲以下三組：

▉▉　　▉▉　　▉▉
A/B　　C/D　　E/F

其中 A/B 二形之間、C/D 二形之間，只是横畫出頭與否的區别，從文例看無疑是同一個字。又如《集成》4744 卣蓋銘作▉、器銘作▉，《集成》5367 卣蓋銘作▉、器銘作▉，器器小誌其通用之例。

金文 C/D 二形之釋"丙"向無疑議，而同形之甲骨文却長期被誤釋爲"内"。王子楊先生在《甲骨文所謂的"内"當釋作"丙"》一文中業已論定，無論從甲骨、金文的字形或是用例看，C/D 二形均應釋"丙"，甲骨文以"入"表"内"，並無可靠的"内"字。①

---

① 王子楊：《甲骨文所謂的"内"當釋作"丙"》，載宋鎮豪主編《甲骨文與殷商史》（新三輯），上海古籍出版社，2013 年，第 231—237 頁。

三

明確了早期金文及甲骨文中"丙"的三組六類代表字形,下面就來分析孰爲其中最原始的一類。其實,只看字形就能發現,由 A/B 形至 E/F 形,其綫條化、抽象化的程度是遞增的。若以文字學的方法進行分析,則可根據這些字形在甲骨文中的類組分佈及其在甲骨文、金文中的異體分工情況來判斷時代的先後。

甲骨文類組分佈方面,自組、黃組的天干"丙"字多寫作 A/B 二形(囗/囗),其他各類組則習用 E/F 形(囗/囗)。① 我們知道,自組是甲骨文中時代最早的一組,字形大多相對原始。② 尤其是自組肥筆類,其字形近乎以毛筆書寫的正體。③ 黃組的時代雖然最晚,但在干支字上却往往選用相對原始的字形。有些黃組字形的象形程度與自組接近,而比時代較早的賓組等高得多。如地支"子",自組作囗、囗等形,前者象初生嬰兒囟門未合上有胎毛之形,後者則是其抽象化的簡體;賓組全用簡體;黃組則寫作象形程度較高的囗、囗等。又如"辰"字,自組作囗、囗,黃組作囗、囗,賓組則已簡化成囗。自組、黃組的"丙"字大多寫作 A/B 之形,正可以説明此二形的原始性。

在賓組卜辭中,偶爾也有寫作 B 形(囗)的天干"丙"。如出於 YH127 坑的《合集》11497,時代比典賓稍早(屬崎川隆先生所分的"過渡②類"④),其正面有"丙"字作囗。同類組的"丙"一般都已寫成 E/F 形,此處却仍作 B 形,是因爲其所在卜辭均作大字肥筆⑤,也是一種接近筆書正體的特殊字形,相對存古是十分自然的。

甲骨文異體分工方面,首先來看 D 形(囗)與 E/F 形(囗/囗)共見一辭的現象。王子楊先生指出,學界多將囗釋爲"内",可能是因爲貞人名囗跟天干"丙"(作囗/囗者)有時共見一辭,如:

---

① 參看李宗焜編著:《甲骨文字編》,中華書局,2012 年,第 787—789 頁("丙"條、"内"條,後者當併入"丙")。
② 參看林澐:《小屯南地發掘與殷墟甲骨斷代》,載《林澐學術文集》,中國大百科全書出版社,1998 年,第 101—110 頁。
③ 關於古文字的正體,參看裘錫圭:《殷周古文字中的正體和俗體》,載《裘錫圭學術文集·金文及其他古文字卷》,復旦大學出版社,2012 年,第 394—410 頁。
④ 崎川隆著:《賓組甲骨文分類研究》,上海人民出版社,2011 年,第 119—131 頁。"過渡②類"基本就是絶大部分 YH127 坑賓組卜辭的專屬類別,參看張惟捷:《殷墟 YH127 坑賓組刻辭整理與研究》,博士學位論文,輔仁大學,2011 年,第 38—44 頁。
⑤ 此版龜腹甲刻辭的彩照及拓本可看李宗焜編著:《鑿破鴻蒙——紀念董作賓逝世五十周年》,"中研院"歷史語言研究所,2013 年,第 26—27 頁。

(1) ⌈内⌉寅卜，⌈内⌉：翌丁卯啓。丁啓。

　　乙丑卜，⌈内⌉：翌寅啓。⌈内⌉允啓。

〔《綴彙》648(《合集》13110＋13140＋13126)〕

(2) ⌈内⌉子卜，⌈内⌉：翌丁丑其雨。

　　⌈内⌉子卜，⌈内⌉，貞：翌丁丑王步于喜。

　　⌈内⌉子卜，⌈内⌉，貞：翌丁丑王勿步。　　　　　　　　(《合集》14732)

(3) ⌈内⌉戌卜，⌈内⌉：翌丁亥不其雨。丁亥雨。

〔《綴集》166(《合補》13227)〕

以上三例均屬賓組一類。王先生認爲："貞人'丙'寫成'⌈内⌉'，應該是該類卜辭的刻手有意跟表示天干的'丙'加以區分的結果，屬於'異體分工'。"①這顯然是正確的，而這組異體分工所反映出的正、簡關係則更值得注意。

裘錫圭先生曾指出，甲骨文中有些字在表示其常用義時，往往用一種特殊的簡體來刻寫(如地支"子"作⌈凵⌉等)。在一條卜辭中，存在重見的字由於有兩種用途而寫成正、簡二體的現象，如：

(4) 貞：⌈弓⌉呼⌈弓⌉出□　　　　　　　　　　　　　　　　　(《合集》19752)

其中前一"弓"字假借爲否定詞，表常用義，用簡體；後一"弓"字用爲人名，則寫作相對原始的正體。又如"鼎"字：

(5) ⌈内⌉(貞)：⌈鼎⌉(鼎)唯黍酒。十三月。　　　　　　　　(《合集》15267)

(6) [□□卜]，殼，⌈内⌉(貞)：王⌈鼎⌉(鼎)从望乘⌈□⌉　　　(《合集》171)

(7) 癸卯卜，爭，⌈内⌉(貞)：下乙其⌈出⌉⌈鼎⌉(鼎)。王占曰：⌈出⌉⌈鼎⌉(鼎)上唯大示，

　　王亥亦⌈□⌉　　　　　　　　　　　　　　　　　　　　(《合集》11499)

以上三辭中假借爲常用義"貞"的"鼎"字均作簡體⌈内⌉，而其他"鼎"字仍保留了較高的象形程度。②

根據這一規律可以推知：在前引辭(1)—(3)中，假借爲天干"丙"的 E/F 二形(⌈内⌉/⌈内⌉)當是"丙"字表示其常用義所用的簡體，而用作其人名的 D 形(⌈内⌉)則是相對原始的字形，更接近其正體。

---

① 王子楊：《甲骨文所謂的"内"當釋作"丙"》，載宋鎮豪主編《甲骨文與殷商史》(新三輯)，上海古籍出版社，2013年，第234—236頁。

② 裘錫圭：《釋"勿""發"》，載《裘錫圭學術文集·甲骨文卷》，復旦大學出版社，2012年，第145—148頁。

賓組一類卜辭中，貞人名"丙"除作 D 形（▨）外，也有個別作 B 形（▨）者，如《合集》6882 之▨。蔡哲茂先生認爲此版係僞刻，出現▨形是由於"作僞者將内誤成丙"。① 現在我們知道，此字與"内"無關，而應是以相對原始的字形表示人名之例。這種異體分工的現象，顯然不是作僞者能够意識到的。②

此外，"丙"在甲骨文中還有少數表示車馬單位的例子，相當於金文"馬兩"之"兩"。③ 其中也可見字形存古的現象，如：

(8) □□卜：爭以馬自薛。十二月。允以三▨。　　　　　　　（《合集》8984）
(9) ☒馬二十▨又☒　　　　　　　　　　　　　　　　　　（《合集》1098）

辭(8)屬自賓間類、辭(9)屬賓一類，同類的干支"丙"一般都寫作 E/F 形，而此二例作 B/C 形（▨/▨），也是在較罕見的意義上使用了相對原始的字形。

通過上述分析，我們可以確定：甲骨文 A/B（▨/▨）、C/D（▨/▨）四形均比 E/F 形（▨/▨）更爲原始，而 ▨/▨、▨/▨ 應當都是由早期金文中填實之 ▨/▨ 綫條化而來的。因此，填實之 A/B 形（▨/▨）當是"丙"字相對原始的字形。從甲骨文類組分佈及倒"V"形筆畫不斷上抬的趨勢看，C/D 形（▨/▨）當晚於 A/B 形（▨/▨）。在簡化程度較高的甲骨文 E/F 二形（▨/▨）中，F 形中部斜筆已趨離散，當是出現時代最晚的一類。

那麼 A(▨)、B(▨)二形能否分出先後呢？應該也是可以的。由於古人對族名字形的保守態度，族氏金文的象形程度通常高於用於記事的普通金文。就"丙"字而言，普通金文"丙"作 B 形者遠多於 A 形；族氏金文"丙"則相反，A 形明顯多於 B 形。④ 此外，專表族氏的▨字中間部分絶大多數作 A 形（▨/▨），作 B 形（▨/▨）者極少。我們以搜羅較全的《商周圖形文字編》統計，▨字中部作 A 形者在百例

---

① 蔡哲茂：《〈甲骨文合集〉辨僞舉例》，《漢學研究》2006 年第 1 期，第 419—421 頁。
② 蔡先生以《合集》6882 爲僞的主要依據，是其字跡"不管是起筆或收筆均未見刀鋒"（照片見西北大學文博學院編：《百年學府聚珍：西北大學歷史博物館藏品選》，文物出版社，2002 年，第 70 頁）。而就我們對其他甲骨實物的顯微觀察看，此類"兩頭方"，類似以平頭刀推刻而成的字跡，在真品上也是存在的，且多見於自賓間 B 及賓一類，並非僞刻獨有的特徵。
③ "丙""兩"古音同部，聲母則是幫母與來母的關係（"丙"是重紐三等字，上古帶-r-介音），相通的例子很多，以"丙"表示"兩"當是假借關係。關於此問題，前引王子楊先生《甲骨文所謂的"内"當釋作"丙"》一文已作了較爲詳盡的梳理〔王子楊：《甲骨文所謂的"内"當釋作"丙"》，載宋鎮豪主編《甲骨文與殷商史》（新三輯），上海古籍出版社，2013 年，第 233—234 頁〕，可參看。關於"丙/兩"與"匹"的關係，參看時兵：《關於〈合補〉9264 的文字與語言學分析》，載中國文字學會《中國文字學報》編輯部編《中國文字學報》（第 5 輯），商務印書館，2014 年，第 62—69 頁。關於"兩"字的來源，參看武亞帥：《試説古文字"兩"》，載臧克和主編《中國文字研究》（第三十三輯），華東師範大學出版社，2021 年，第 34—41 頁。
④ 參看王心怡編：《商周圖形文字編》，文物出版社，2007 年，第 484、744 頁。

以上,作B形者則僅有五六例。① 由此可見,A形應當比B形更接近"丙"的原始字形。

因此,要確定"丙"字所象之物,就應當從目前已知最爲原始的A形(▇)出發去尋找。② A形"丙"字的特徵可描述爲:上部作一長横,兩端出頭;底部呈倒"V"形,其上端與長横間存在一段距離,下端到底;字中填實。

四

梳理完"丙"字字形,下面來看古器物"房"。根據傳世文獻的記載,"房"是一種與俎類似的祭器。

> 毛炰胾羹,籩豆大房。　　　　　　　　　　　　　　　　(《詩·魯頌·閟宫》)
>
> 毛傳:"大房,半體之俎。"
>
> 鄭箋:"大房,玉飾俎也,其制足間有横,下有柎,似乎堂後有房然。"
>
> 俎,有虞氏以梡,夏后氏以嶡,殷以椇,周以房俎。　　　(《禮記·明堂位》)
>
> 鄭注:"房,謂足下跗也,上下兩間,有似於堂、房。"
>
> 禘郊之事,則有全烝;王公立飫,則有房烝;親戚宴饗,則有殽烝。
>
> 　　　　　　　　　　　　　　　　　　　　　　　　　　(《國語·周語中》)
>
> 韋注:"房,大俎也。《詩》云'籩豆大房'。謂半解其體,升之房也。"

先秦古書並未提及"房"的具體形制及"房""俎"之别。若依毛傳、韋注,則"房"較"俎"爲大,其大可盛祭牲之半體。若依鄭箋,則"房""俎"之别又在玉飾的有無。"房"之得名,鄭玄認爲是因其"足間有横,下有柎",從側面看,呈現上下兩個空間,形制與前"堂"後"房"的房屋佈局類似。以上這些漢魏注家的説法是否符合商周時期的實際情況,在明確的"房"器出土之前是不得而知的。

在出土商周文物中,木、銅、石質的俎類器物爲數衆多,但未見自名。幸而在包山楚墓M2及望山楚墓M2出土的遣册中,分别記有名"房"之物:

> 木器:……一大房、一小房……五皇俎、四合豆、四皇豆……
>
> 　　　　　　　　　　　　　　　　　　　　　　　　　(包山266號簡)

---

① 參看王心怡編:《商周圖形文字編》,文物出版社,2007年,第738—745頁。

② 未能以較原始的字形來考察"丙"字本義的例子並不少見,年代較近者可舉李剛先生《説"丙"》(《殷都學刊》2014年第1期)爲例。李先生認爲:"商周古文字中'丙'寫作⋂、⋂等形,像從正後面看到的馬的兩股之形,其本義應是馬的單位量詞的專用字。"此説雖照顧到"丙"字的量詞用法,但以僅見於甲骨文這一俗體文字且簡化甚甚的E/F形來考察"丙"字所象之物,顯然無法得到正確答案。

一大房、四皇俎、四皇豆……　　　　　　　　　　（望山 2-45 號簡）

李家浩先生釋出了上引包山楚簡中的"俎"字，並將包山楚墓 M2 所出的一件大型"帶立板俎"定爲遣册所謂的"一大房"，將一件略小的"寬面俎"定爲"一小房"，將五件較小的"窄面俎"定爲"五皇俎"；同時又將望山楚墓 M2 所出的一件大型"帶立板俎"定爲遣册所謂的"一大房"，將四件較小的"窄面俎"定爲"四皇俎"。① 這兩座墓葬所出"房""俎"的數量均可與遣册對應，大小之别則與文獻所謂"房，大俎也"相合。包山楚墓所出的"大房"還嵌有石英石的裝飾，又與鄭箋所謂"大房，玉飾俎也"相似。② 可見李先生對楚器"房""俎"的定名是可信的。現將包山 M2、望山 M2 所出"房""俎"情況列表如下（表 1-1-3、表 1-1-4）：

表 1-1-3　包山 M2 之"大房""小房""皇俎"③

圖像			
器號	M2∶157	M2∶111	M2∶110（上） M2∶138（下）
面長	80 釐米	66.5 釐米	34 釐米
數量	1	1	5
遣册	"一大房"	"一小房"	"五皇俎"

---

①　李家浩：《包山 266 號簡所記木器研究》，載《著名中年語言學家自選集·李家浩卷》，安徽教育出版社，2002 年，第 229—233、246—248 頁。

②　參看劉思亮：《〈山海經〉中的"摩石""邦石""封石"及早期螺鈿》，《出土文獻》2024 年第 1 期，第 158—168 頁。

③　湖北省荆沙鐵路考古隊編：《包山楚墓》，文物出版社，1991 年，第 126、129—130 頁，照片見圖版 39。

表 1-1-4　望山 M2 之"大房""皇俎"①

圖像		
器號	WM2：B28	WM2：B16
面長	92 釐米	25.4 釐米
數量	1	4
遣冊	"一大房"	"四皇俎"

　　與以上二墓所出"皇俎"同形之器又見於望山楚墓 M1、長臺關楚墓 M1/M2、天星觀楚墓 M2、蘆沖楚墓 M1、左冢楚墓 M1、九里楚墓 80M1、望山橋楚墓 M1 等，分別作如下之形（表 1-1-5、表 1-1-6）：

表 1-1-5　望山 M1、長臺關 M1/M2、天星觀 M2 之皇俎②

圖像				
器號	望山 WM1：T122	長臺關 M1：641	長臺關 M2：78（上） 長臺關 M2：90（下）	天星觀 M2：190（上） 天星觀 M2：272（下）

---

①　湖北省文物考古研究所：《江陵望山沙冢楚墓》，文物出版社，1996 年，第 147—148 頁，照片見圖版 78。

②　同上書，第 60、62 頁，照片見圖版 30；河南省文物研究所：《信陽楚墓》，文物出版社，1986 年，第 33—34、38、94、96—98 頁，照片見彩版 10、圖版 60、61；湖北省荆州博物館編著：《荆州天星觀二號楚墓》，文物出版社，2003 年，第 129、131—132 頁，照片見圖版 42。其中，信陽長臺關 M1 的 25 件皇俎對應遣冊 2-026 之"皇󰀀二十又五"，"皇"下一字多隸定爲"脛"。李家浩先生懷疑此字讀爲俎之異名"梐"（李家浩：《包山 266 號簡所記木器研究》，載《著名中年語言學家自選集·李家浩卷》，安徽教育出版社，2002 年，第 254—256 頁）。劉國勝、張吟午先生則認爲此字應是"俎"之異體〔劉國勝：《楚喪葬簡牘文字釋叢》，載中國古文字研究會、浙江省文物考古研究所編《古文字研究》（第二十五輯），中華書局，2004 年，第 366 頁；張吟午：《先秦楚系禮俎考述》，《考古》2005 年第 12 期，第 63 頁〕，但對字形的分析恐不可信。

續表

面長	26釐米	24.4釐米	22.5釐米(上) 22.6釐米(下)	27.1釐米(上) 27釐米(下)
數量	5	25	15	9

表1-1-6　蘆沖M1、左冢M1、九里80M1、望山橋M1之皇俎①

圖像			"上方呈長方形,面板兩端下有向外撇的兩板足"(圖缺)	
器號	蘆沖M1:17	左冢M1E:19	九里80M1	望山橋M1:D118
面長	約21釐米	28釐米	25.5釐米	27.6釐米
數量	1	2	17	54

與包山楚墓M2所出"小房"形制相同、尺寸相當之器又見於左冢楚墓M1、長臺關楚墓M1等,作如下之形(表1-1-7):

表1-1-7　左冢M1、長臺關M1之小房②

圖像		"案面呈長方形,兩側的下面安'⼏'形的木足"(與長臺關M1:520大房同形而無立板,圖缺)
器號	左冢M1E:34	長臺關M1:247
面長	60釐米(通高35.2釐米)	96釐米(按,足高28.5釐米,面長疑誤,按比例應在50—60釐米)
數量	1	1

---

① 黃岡市博物館、黃州區博物館:《湖北黃岡兩座中型楚墓》,《考古學報》2000年第2期,第269—284頁。湖北省文物考古研究所等編著:《荊門左冢楚墓》,文物出版社,2006年,第77—79頁,照片見彩版22、圖版21。熊傳薪:《湖南臨澧九里一號大型楚墓發掘簡報》,載陳建明主編《湖南省博物館館刊》(第八輯),岳麓書社,2012年,第112頁。荊州博物館:《湖北荊州望山橋一號楚墓發掘簡報》,《文物》2017年第2期,第4—37頁,照片見圖30。

② 湖北省文物考古研究所等編著:《荊門左冢楚墓》,文物出版社,2006年,第77—78頁。河南省文物研究所:《信陽楚墓》,文物出版社,1986年,第40—42頁。第40頁所錄無立板之M1:247通高98釐米,比有立板之M1:520通高91釐米更大,李家浩先生已疑其有誤(李家浩:《包山266號簡所記木器研究》,載《著名中年語言學家自選集·李家浩卷》,安徽教育出版社,2002年,第232—233頁)。

與包山楚墓 M2、望山楚墓 M2 所出"大房"同形之器又見於望山楚墓 M1、天星觀楚墓 M1/M2、長臺關楚墓 M1、九連墩楚墓 M1/M2 及瀏城橋楚墓 M1 等，分別作如下之形（表 1-1-8，表 1-1-9，表 1-1-10）：

表 1-1-8　望山 M1、天星觀 M1/M2 之大房①

圖像			
器號	望山 WM1：T140	天星觀 M2：130	天星觀 M1：49（上） 天星觀 M1：4（下）
面長	68 釐米	73 釐米	M1：49 立板高 56 釐米、寬 34 釐米
數量	1	3	存立板 4、足板 1

表 1-1-9　長臺關 M1、九連墩 M2 之大房②

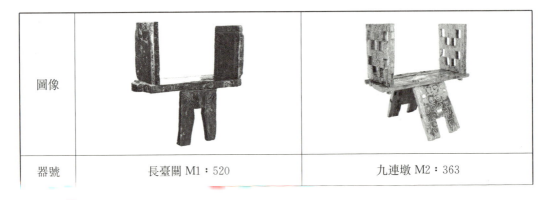

圖像		
器號	長臺關 M1：520	九連墩 M2：363

---

①　湖北省文物考古研究所：《江陵望山沙冢楚墓》，文物出版社，1996 年，第 89、92 頁。湖北省荆州地區博物館：《江陵天星觀 1 號楚墓》，《考古學報》1982 年第 1 期，第 71—115 頁，照片見圖版 23。湖北省荆州博物館編著：《荆州天星觀二號楚墓》，文物出版社，2003 年，第 128—130 頁，照片見圖版 42。

②　河南省文物研究所：《信陽楚墓》，文物出版社，1986 年，第 40—42 頁，照片見圖版 28。湖北省文物考古研究所、襄陽市文物考古研究所、棗陽市文物考古隊：《湖北棗陽九連墩 M2 發掘簡報》，《江漢考古》2018 年第 6 期，第 3—55 頁。九連墩 M2：363 曾用編號爲 M2：N377，見湖北省博物館編：《九連墩：長江中游的楚國貴族大墓》，文物出版社，2007 年，第 112 頁。

续 表

面長	91 釐米(?)	91.6 釐米
數量	1	1

表 1-1-10　九連墩 M1、瀏城橋 M1 之大房①

圖像	（圖）	"長方形俎面兩端樹立兩塊木板，上似'山'字形，兩端有長方形榫眼"（圖缺）
器號	九連墩 M1∶32	瀏城橋 M1
面長	約 63.2 釐米	40.6 釐米
數量	1	1

如果楚人所謂"大房""小房"的區别主要在於尺寸大小而非立板的有無，那麽上引各器中尺寸較小者也可能屬於"小房"。出土"大房"的立板現有拼裝於面板之上、之下兩種情況。孰是孰非，研究者尚有争議。② 我們認爲，如果這幾件"大房"都是按出土情形復原的，那麽其立板很可能原本就有上、下兩種裝法，以適應不同使用場合的需要。

不過，無論"大房"立板的裝法究竟如何，都不會改變楚墓所出"房""俎"間最顯著的共同特徵，那就是：其足部由兩塊鋸成倒"凹"形或倒"V"形的木板構成，這兩塊"板狀足"安裝在面板的長邊兩側，其下不再裝趺。

同時代不稱"房""俎"的几案類器物則多用"柱狀足"，安裝位置靠近面板的短邊兩側，且足下多有"趺"（表 1-1-11）。

---

① 湖北省文物考古研究所、襄陽市文物考古研究所、棗陽市文物考古隊：《湖北棗陽九連墩 M1 發掘簡報》，《江漢考古》2019 年第 3 期，第 20—70 頁。湖南省博物館：《長沙瀏城橋一號墓》，《考古學報》1972 年第 1 期，第 59—72 頁。

② 如張吟午先生主張立板當在上，見張吟午：《先秦楚系禮俎考述》，《考古》2005 年第 12 期，第 59—67 頁。田河先生則主張立板當在下，見田河：《楚墓遣册所記"大房"再議》，《平頂山學院學報》，2006 年第 1 期，第 56—59 頁；又田河：《出土戰國遣册所記名物分類彙釋》，博士學位論文，吉林大學，2007 年，第 36—39 頁。又如上引天星觀 M1∶49（見表 1-1-8），原報告稱"案足"，實際也可能是在上的立板。

表 1-1-11　包山 M2 柱足帶跗型几案①

圖像		
器號	包山 M2：2	包山 M2：429
遣册	"榹"	未知

"房"與板狀足的關係還反映在"房几"的器形上。包山楚墓 M2、望山楚墓 M2、長臺關楚墓 M1 各出土了一件"H"形"立板足几",而三墓所出遣册均記有"一房几"(表 1-1-12),李家浩先生已正確指出兩者的對應關係②。這三件"房几"均以其兩側的板狀足爲最顯著的特徵,修飾"几"的"房"字顯然與這一特徵有關。③

表 1-1-12　包山 M2、望山 M2、長臺關 M1 之"房几"④

圖像			
器號	包山 M2：182	望山 WM2：T39	長臺關 M1：714
數量	1	1	1
遣册	"一房几"	"一房几"	"一房几"

---

① M2：2 見湖北省荆沙鐵路考古隊編:《包山楚墓》,文物出版社,1991 年,第 125—127 頁,圖版 38。M2：429 見湖北省荆沙鐵路考古隊編:《包山楚墓》,文物出版社,1991 年,第 130—131 頁,圖版 39。關於"榹",參看李家浩:《包山 266 號簡所記木器研究》,載《著名中年語言學家自選集·李家浩卷》,安徽教育出版社,2002 年,第 222—229 頁。

② 李家浩:《包山 266 號簡所記木器研究》,載《著名中年語言學家自選集·李家浩卷》,安徽教育出版社,2002 年,第 235—240 頁。

③ 嚴輝發先生認爲"'房'的形制含義在側立板",而非板狀足,但無法解釋"小房"不見立板的現象(嚴輝發:《釋信陽遣策中的"房"》,《華夏考古》2023 年第 4 期,第 153—156 頁)。恐不可信。

④ 湖北省荆沙鐵路考古隊編:《包山楚墓》,文物出版社,1991 年,第 131、133 頁,照片見圖版 39。湖北省文物考古研究所:《江陵望山沙冢楚墓》,文物出版社,1996 年,第 148 頁(器號作 WM2：T39),圖版 77(器號作 WM2：B21,當有一誤)。河南省文物研究所:《信陽楚墓》,文物出版社,1986 年,第 39—40 頁,圖版 26。與以上三器同形者又有長臺關 M2：166、天星關 M1：13、左家 M1E：21、九連墩 M2：286 等。

既知楚墓所出"房""俎"(圖1-1-2)均在其面板長邊兩側裝有倒"凹"形或倒"V"形板狀足,就很容易將此類器形同較原始的"丙"字字形聯繫起來。稍作對比便可發現,兩者的近似度極高。前文所述已知最原始的"丙"字字形(圖1-1-3)特徵爲:"上部作一長横,兩端出頭;底部呈倒'V'形,其上端與長横間存在一段距離,下端到底。"以之描寫楚墓所出"房""俎"之側視形,幾乎完全適用。而"丙"字中部多填實的現象,又恰與"房""俎"以"板"爲足的特徵相吻合。結合"丙""房"極近的古音,從形、音兩方面看,"丙"字最初所代表的詞很可能就是房俎之"房"。

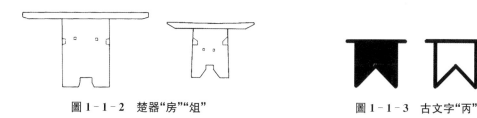

圖1-1-2　楚器"房""俎"　　　　　　　　圖1-1-3　古文字"丙"

按照舊注的説法,房俎之"房"得名的原因在於,其"足間有横",側視如前"堂"後"房"的房屋佈局,當代學者多信從此説。李家浩先生也曾認爲"足部横側板的有無是區別房、俎與非房、俎的標志",其證據是將信陽長臺關 M1:247(見表1-1-7)、M1:520(見表1-1-9)對應到遣册所謂"二盛虘",認爲"由於它們足部沒有横側板,不能叫作房"。不過後來李先生已改從遣册所謂"虘"字當釋"斯"的意見,而不再將其與兩件房形器對應起來了。①

實際上,舊説的出發點是認爲房俎之"房"因像房屋而得名,也就是將器物名"房"看作房屋之"房"的引申義。我們認爲,既然已知古器物"房"不像房屋而像"丙"(■)形,那麽以"房"字來表示房俎之"房",則可能是單純的同音假借。我們也就沒有必要爲了在"房"的兩種意義之間建立聯繫,而曲爲之説了。

五

上文對"丙"字字形與古器物"房"之關係的分析,仍存在明顯的問題。已知的古器物"房"均晚至戰國,且限於楚地,"丙"字既像楚器"房",又像楚器"俎",僅以讀音定爲"房"的本字,是否可信? 或者説,在造字時代(約爲商代)"房"與"俎"的區別究竟是什麽?

對此,目前的出土實物還難以給出明確的答案,但通過分析古文字字形,仍能找

---

① 李家浩:《包山266號簡所記木器研究》,載《著名中年語言學家自選集·李家浩卷》,安徽教育出版社,2002年,第232—233、257頁。

到解決問題的綫索。

甲骨文未見"俎"字,但在其初文"且"字中保留了造字時代俎器的俯視形。陳劍先生曾列舉以下一些自組肥筆類的"且"字(後三形用《乙編》拓本):

[圖]《合集》19850、[圖]《合集》19858、[圖]《合集》20045、[圖]《合集》20980 正

並指出:

> 上舉"且"字之形是現有古文字資料中時代最早的,也接近於日常毛筆寫法。可見"且"字的原始形態確實應當就是長方形俎面加上界闌之形。其上端或寫作弧形,逐漸變爲尖形,跟"今""食""令""念"與"合"等字中的"倒口"之形的演變平行,是文字書寫中發生的變化,不能作爲解釋其所象之物的根據。以前郭沫若曾有"且實牡器之象形"之說,影響很大;詹鄞鑫先生又提出"且"字象"倒覆的陶罐形"之說,……皆據上端作尖形的"且"字立論,恐實皆求之過深。①

目前已知最早的"俎"字見於西周金文,象俎的側視、俯視結合之形,如:

[圖]《集成》9726、[圖]《集成》9727

陳劍先生指出,此類側視、俯視結合之形又見於甲骨文"寢"字的一種異體(前二形用《乙編》拓本):

[圖]《合集》135 正甲、[圖]《合集》135 正乙、[圖]《花東》294

此字"宀"下所從係'爿(牀)'字繁體,同時畫出俯視而見的長方形'牀面'和側視而見的'牀足'之形,其與簡體之'日(爿—牀)'的關係,正跟'俎'字與作側視形的'日'的關係相類"。②

如果西周金文"俎"字較爲忠實地表現了當時或前代俎的器形,那麼造字時代的俎就應當是由柱狀足來支撐的,其足底還可能裝有跗,因而側視呈工工形。由此看來,"丙"([圖])字所象之物,顯然就不是造字時代的俎,而更可能是商時的房了。

"丙"([圖])形木器製作起來相對簡便,只需在兩塊木板上鋸出下端的缺口及上端的榫頭,就可以製成堅固的板狀足,比製作四條柱狀足要容易得多,而倒"V"形足

---

① 陳劍:《甲骨金文舊釋"𩫖"之字及相關諸字新釋》,載復旦大學出土文獻與古文字研究中心編《出土文獻與古文字研究》(第二輯),復旦大學出版社,2008年,第38—39頁。

② 同上書,第40頁。

對不平整的地面也有較好的適應性。時至今日,此類板狀足在簡易小凳(圖1-1-4)等物件上仍十分常見。商代的"房"雖然還沒有明確的出土實物,但這類簡單實用的"丙"(▉)形器在當時已經出現則完全可能。

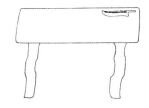

圖1-1-4　當代"丙"形小凳①　　　圖1-1-5　小屯YM186"木俎"(器不存,此係發掘者所繪草圖)②

如果"丙"(▉)確象早期"房"的側視形,那麽在造字時代,"房""俎"之間的器形差別就應與戰國楚地"房、俎"與"非房、俎"之間的差別類似——造字時代的"房"用板狀足,下無跗;"俎"用柱狀足,下或有跗。

基於以上認識,我們再看殷墟所出的統稱爲"俎"的商代器物,就不難將其分爲兩類:一類是"木俎"(圖1-1-5),用柱狀足,與造字時代"俎"的特徵相合;另一類是所謂"石俎"(表1-1-13),則有略似"房足"的倒"凹"形板狀足。其中,西北岡M1001一件尤似。

表1-1-13　西北岡M1001/M1500、大司空村M53"石俎"③

圖像	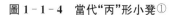		
出土地	西北岡M1001	西北岡M1500	大司空村M53
器號	R005034	R022157	SM53:10
面長	復原後約46釐米	47.9釐米	22.8釐米

---

① 攝於上海博物館臨展裝修現場,2014年11月6日。
② 中國社會科學院考古研究所:《殷墟的發現與研究》,科學出版社,1994年,第408—409頁。
③ 前兩件見"中研院"歷史語言研究所考古資料數位典藏系統,https://ndweb.iis.sinica.edu.tw/ihparchaeo。後一件見中國科學院考古研究所安陽發掘隊:《1962年安陽大司空村發掘簡報》,《考古》1964年第8期,第380—384頁,照片見圖版1。

以上兩類器物足部的區別,究竟只是材質不同造成的(石俎的足顯然會寬厚一些,缺口也不必鑿到面板位置),還是現稱"俎"的器物有些在當時就被稱作"房",似值得進一步探討。

圖1-1-6　遼寧出土"雙鈴俎"①

遼寧義縣曾出土一件商末周初的青銅"雙鈴俎"(圖1-1-6),其足部更接近晚期漆木"房"的倒"凹"形板狀足。這件器"板狀足""繫雙鈴"的特徵,跟族氏金文 ▨ 頗有相似之處。前面說過, ▨ 可能從丙,也可能整體象某物之形。若與這件雙鈴俎對比, ▨ 字中間部分可能象其器身,也就是"丙(房)",左右兩點則可能象其雙鈴。這件雙鈴俎的側視形與西北岡M1001所出石俎十分接近,若雙鈴俎的主體部分確實對應 ▨ 中的 ▨ ,那件不繫鈴的石俎似乎也就可能對應 ▨ ,稱爲"丙(房)"了。當然,以上只是基於推測的推測,雙鈴俎、石俎在當時的實際名稱還有待更多材料的證明。

古器物的名實關係往往經歷了複雜的變化過程。本文所分析的,也只是"房""俎"在兩個時間點(戰國楚及造字時代)所呈現的情形。而其中的變化是如何發生、爲何發生的,根據現有材料尚不得而知。

六

分析完"丙"與"房"的讀音、字形之後,我們再來看"丙"的字義與"房"的關係。由於很早就被用來表示假借義,"丙"字用作本義的例子在出土及傳世文獻中均已無處尋覓。不過,"丙"是一個象物字,其字形當有在會意字中充當意符(一般是形符)的功能。若能找到此類例子,也能從中求得"丙"的造字本義。

前引于省吾先生"底座"説中,有這樣一條論據:

卜辭習見 ▨ 字,象兩手奉牲首置於座上之形,是丙可置物之證。

于先生後來又有《釋鬻》一文,專門考釋了 ▨ (薦)字,其文曰:

"薦"即"盧"之初文。以六書之義求之,從"丙","丙"象几俎,從"𠬞","虍"省聲。……契文"薦"作"鬻"者,爲薦牲首之祭之專名。要之,"鬻"字象形,爲獸名。……"薦"字從"艸",爲苴藉。"盧"字從"皿",爲進獻。"鬻"字象共牲首於几上,爲祭登牲首之專名。自以苴藉之"薦"爲薦進,而"盧"廢矣。周代登牲首

---

① 中國青銅器全集編輯委員會編:《中國青銅器全集》(第6卷),文物出版社,1997年,第18頁。

之禮雖存,而䜱祭爲牲首之專名亦廢矣。①

簡言之,䜱是進薦之"薦"的本字,其字形象雙手執一牲首置於"丙"上。其中的牲首以"鷹"字的頭部表示,兼有表音功能。

甲骨文"薦"字目前僅見於黃組卜辭,所從之"丙"多與同組較原始的干支"丙"同形②,如:

于先生在《釋丙》中將"薦"字所從之"丙"解釋爲"底座";在《釋䜱》中則說"'丙'象几案","'䜱'字象共(供)牲首於几上。"後一種說法要好一些,把祭牲或其他祭品放置在几案一類器物上,顯然比放在不知何物的底座上更符合獻祭時的情形。而古器物"房"的功能與"俎"類似,恰恰就是一種獻祭時用以放置祭品的几案。於是,從甲骨文"薦"的構形看,"丙"的字義也可以跟"籩豆大房""周以房俎"之"房"對應起來了。

以會意字中充當意符的"丙"來考察"丙"字的本義,還應當排除一些與"丙"近似的形體(以下稱"丙形")。前引于省吾先生"底座"說之所以得到較多研究者的信從,除了字形分析較爲合理外,應該還有一個于先生未提及的原因,那就是古文字"戈""單"等的底部都有寫成"丙形"的現象,很像是某種底座。舊釋如吳其昌認爲"丙"象"柄"、高鴻縉認爲"丙"象"鐏"等,都是由此類字形而來。④

我們認爲,在商周古文字中,一些豎畫底端的分叉往往會變成"丙形"(或可看成受"丙"字影響而發生的類化),這是文字書寫中發生的規律性變化,不能用以解釋"丙"字所象之物。

族氏金文"戈"字象柲部分的下端,大多作向下的三叉形,象某種底座(左、中),少數作鐏形(右):

而下一件商代晚期的"戈卣",蓋銘下端作三叉形,器銘則作"丙形"(用《介堪》134):

---

① 于省吾:《釋䜱》,載《雙劍誃殷契駢枝三編》,大業印刷局,1943年,第14—15頁。《甲骨文字釋林》未收。
② 甲骨文"薦"字另有作 䜱(《合集》38449)、䜱(《合集》38450)等形者,其下部所從之形與"丙"有別,應是刻寫中產生的變化,而非表意不同。
③ 《合補》6245僅餘一字,且字形與黃組之"薦"全同。李宗焜先生定在典賓類(李宗焜編著:《甲骨文字編》,中華書局,2012年,第330頁),恐不可信。
④ 見李圃主編:《古文字詁林》(第10册),上海教育出版社,2004年,第959、961頁。

《集成》4705.1蓋、《集成》4705.2器

根據前文對"丙"字發展脈絡的分析,這個"丙形"的倒"V"形部分與橫畫相接,形同甲骨文中的簡體"丙"字,而與同時期較原始的金文"丙"(作⍁、⍁)不同。因此,這類族氏金文"戈"字不可能从丙,其下端不論是從底端分叉之形變化而來的,還是象另一種底座,都跟"丙"字無關。

"單"字中部本象一根長桿(左),長桿的下端有時會寫成斜出的三叉形(中,用《錄遺》463)或向下的三叉形(右):

《集成》5195.2、《集成》8761、《新收》1520

以上三器同銘,正可以看清其變化過程。"單"的下端也有從三叉變作"丙形"者,如:

《集成》3124、《集成》2459、《集成》2837

與"戈"的情況類似,這些下有"丙形"的"單"也不能分析爲从丙。

裘錫圭先生曾指出,甲骨文"置"有以下諸形①:

這些字形下部的不同形態,恰與前舉"戈""單"二字類似。其作"丙形"者,可能是從三叉形變化而來,也可能象另一種底座,但都不會是"丙"。

類似的變化規律也見於一些動物字的尾部,其中的"丙形"就更不可能是底座或"丙"了。如"鯀"字的聲符一般被認爲是"鼬"的初文,其尾部就有從較原始的三叉形(左)變化成類似底座(中)及"丙形"(右)的現象:

《集成》1167.2、《集成》1402、《集成》4313.2

又如"坴(蚮)"字尾部本作分叉形(左),在甲骨、金文中均見寫作類似"丙形"者(中、右):

---

① 裘錫圭:《甲骨文中的幾種樂器名稱——釋"庸""豐""鞀"》,載《裘錫圭學術文集·甲骨文卷》,復旦大學出版社,2012年,第39頁。

《集成》1384、《集成》3602.2、《花東》252

甲骨文中有一字（《合集》4621）一般隸定作"嚻"（如《甲骨文字編》第 583 頁）。從上述規律看，此字應當就是"咒"，只是其尾部由一般的三叉形，如（《合集》10405 正，用《中歷博》彩版 4），變作了"丙形"而已。

由此可見，在早期古文字中，豎畫底端的分叉變爲"丙形"的現象是比較常見的①，但這些"丙形"跟同時代的、字形較原始的"丙"字並不相同，不能以之考察"丙"的本義。

2015 年 12 月 1 日初稿
2016 年 5 月 25 日修訂
2024 年 5 月 4 日再改

附記：

本文曾在"中研院"歷史語言研究所主辦的第二屆古文字學青年論壇（臺北，2016年）上宣讀，原載《出土文獻與古文字研究》（第七輯），收入本書時又增補、修訂了部分資料及注釋。

本文原載《出土文獻與古文字研究》（第七輯），復旦大學出版社，2018 年。

作者係復旦大學出土文獻與古文字研究中心 2007 級碩士（導師：陳劍）、2024 級博士（導師：陳劍），現爲上海博物館研究館員。

---

① 古文字中"丙形"的來源並不單一，如"堂"字初文"冂"有繁構冏，用作冏（商）、（堂）等字的聲旁。參看何景成：《釋曾侯與編鐘銘文中的"堂"》，載清華大學出土文獻研究與保護中心編《出土文獻》（第六輯），中西書局，2015 年，第 11—19 頁。

釋殷墟卜辭中所見的"󰀀"和"󰀁"

金 赫

一、前 言

一直以來，學術界把"󰀀"和"󰀁"兩個字釋爲"埋葬"的"葬"。但是筆者通過對甲骨卜辭的辭例及字形的分析，發現"󰀀"和"󰀁"兩個字釋爲"葬"字的可能性不大，應該說這兩個字更加接近於"死亡"的"死"字。本文對甲骨文中所見的"󰀀"和"󰀁"兩個字的既有考釋提出新的見解，並以筆者的研究爲基礎，將從另一個視角重新考釋這兩個字。

二、關於"󰀀"和"󰀁"兩個字的現有考釋

商承祚、王國維、陳邦福、李孝定等根據《説文》裏的"莊"字古文，把"󰀀"字釋爲"葬"字的初文。① 王國維説："此與《説文》莊之古文󰀂形近，但省󰀃耳，疑即葬之初文。"李孝定先生根據王國維的説法，對"󰀀"字作了進一步的解釋：

> 《説文》："葬，藏也。从死在茻中，一其中，所以薦之。《易》曰：'古之葬者，厚衣之以薪。'"死者屍之借字，漢碑多如此。許君以於文'死（屍）在茻中'爲葬難以索解，故引經以證之也。實則葬之古文作󰀀，王説是也。字乃从卢从󰀄，󰀄亦聲。莊之古文作󰀂，从󰀃與󰀄同意。篆文从茻者，蓋󰀄󰀃之形訛也。許君以字从茻無義，故引《易》以説之。……辭云"癸☐貞，不󰀀"，釋葬可通，卜辭又有󰀅字，疑亦葬之異構。②

通過王國維和李孝定這兩位學者的説明可以看出，他們都把"󰀀"釋爲"葬"，其主要依據都是《説文》"莊"字下所收的古文"󰀂"字。但是日本的貝塚茂樹、池田末利却認爲"󰀀"字應爲"死"字的異體。其主要依據非常簡單，只因爲"󰀀"字的構形由"疾"字的"󰀄"和"死"字的"󰀆"兩個部分構成，没有其他理由。③ 如貝塚先生也把"󰀀"字釋爲

---

① 于省吾主編：《甲骨文字詁林》，中華書局，1996年，第2880—2881頁；松丸道雄、高島謙一編：《甲骨文字字釋綜覽》，東京大學出版會，1994年，第212頁。
② 于省吾主編：《甲骨文字詁林》，中華書局，1996年，第2880—2881頁。
③ 松丸道雄、高島謙一編：《甲骨文字字釋綜覽》，東京大學出版會，1994年，第212頁。

"死"的異體。① 後來趙平安、王子楊等先生也贊同王國維的意見,他們根據《説文》"莊"字的古文"㙑",把"🈳"釋爲"葬"。②

對"🈳"字,到目前爲止還找不到詳細而具體的考釋意見。姚孝遂先生在《甲骨文字詁林》的按語中説:"字从'夶'从'廾',當與'㘱''㘱'爲同字。……似亦可讀爲'葬'。"③《甲骨文字形表》把"🈳"隸定爲疕④;《新甲骨文編》釋爲"疾"字的異體,收在"疾"字條裏⑤。

總而言之,把"🈳"釋爲"葬"字初文的意見占主導地位,很少有學者認爲應該把"🈳"看作"死"字的異體。"🈳"字,有的學者釋爲"葬",有的學者釋爲"疾"字的異體。我覺得"🈳"和"🈳"兩個字應該是同一個字的異體,都是"死"字的特殊專字。具體原因將在下面進行仔細的討論。

三、對相關諸字的甲骨卜辭辭例的分析

甲骨文中"葬"字寫作如下:

A 類

▣《合集》17172 賓三、▣《合集》296 賓三、▣《花東》195 子卜辭

B 類

▣《合集》21375 自賓、▣《懷特》434

C 類

▣《合集》17176 自賓、▣ ▣《合集》6943 賓一、▣《合集》8464 典賓、▣《英藏》130 典賓、▣《合集》17179 賓三

D 類

▣《合集》32829 歷二、▣《合集》32830 歷二、▣《屯南》2273 歷二

甲骨文"葬"字的形體分爲 A 類(▣)、B 類(▣)、C 類(▣)、D 類(▣)等類型,"疾""廾""歺"等形都在"▢"(棺)裏,"葬"字的字形一定是以"▢"(棺)爲構形偏旁的。從形體來看,一般情況下,"葬"字的甲骨文形體跟與"死亡"有密切關係的偏旁結合在一

---

① 于省吾主編:《甲骨文字詁林》,中華書局,1996 年,第 2881 頁。姚孝遂的按語説:釋"葬"不可據,當是"夶"之異構。
② 趙平安:《〈説文〉古文考辨(五篇)》,《河北大學學報》(哲學社會科學版)1998 年第 1 期,第 8 頁;王子楊著:《甲骨文字形類組差異現象研究》,中西書局,2013 年,第 36—37 頁。
③ 于省吾主編:《甲骨文字詁林》,中華書局,1996 年,第 3120 頁。
④ 沈建華、曹錦炎著:《甲骨文字形表》,上海辭書出版社,2008 年,第 132 頁。
⑤ 劉釗等編纂:《新甲骨文編》(增訂本),福建人民出版社,2014 年,第 458—459 頁。

起。這就是"葬"字形體上的主要特徵。

下面我們看甲骨文中"葬"字的辭例：

(1) 己酉卜，㱿貞：呼▨(葬)垂侯。

　　貞：勿呼▨(葬)垂侯。

(2) 丙子卜，賓貞：令先▨(葬)我于有自(堆)，肩告，不囚(殟)。

(3) 乙亥卜，爭貞：叀邑並令▨(葬)我于有自(堆)。

(4) 丙子貞：王叀先令▨(葬)我。

(5) 貞：余于商▨(葬)。

　　壬戌卜，余勿于孫▨(葬)。

(1)中的"垂侯"爲人名，卜問"垂侯"的埋葬與否問題。(2)—(4)中的"我"也是人名，埋葬"我"，卜問呼令什麽人去埋葬"我"的問題。① (5)中的"商""孫"都爲地名，進行埋葬，卜問選擇埋葬的地點問題。在此我們要注意到的是"葬"字的動詞性質。當埋葬講的"葬"，有行爲者的意志，從它跟否定詞"勿"結合的情況來看，我們可以更加明確地認識到這一點。

下面看一下"死"字的字形。甲骨文"死"字寫作"▨""▨"等形。此字象人跪在殘骨("歺")前之形，或象站在殘骨前之形。"死"字有一個字形特點，就是必須以"歺"爲構形偏旁。

下面我們看幾個甲骨文中"死"字的辭例：

(6) 己酉卜，王：▨來，不唯▨(死)[告]。

　　己酉卜，王：▨來，不唯▨(死)告。　　　　　　(《合集》17059+《合補》1502)

(7) 戊午卜，貞：不▨(死)。　　　　　　　　　　　　(《合集》22049)

(8) 辛卜，貞：往▨，疾不▨(死)。　　　　　　　　　(《花東》3)

(9) 庚申卜，引其▨(死)。　　　　　　　　　　　　　(《花東》110)

(10) 貞：右馬其▨(死)。　　　　　　　　　　　　　　(《花東》126)

(11) 己卯卜，貞：茲不▨(死)。

　　貞：其▨(死)。

　　子曰：其▨(死)。　　　　　　　　　　　　　　　(《花東》157)

(12) 己巳卜，貞：子利[女]不▨(死)。

---

① 卜辭(2)、(3)屬於賓組三類，(4)屬於歷組二類。賓組三類和歷組二類在卜辭時期上都屬於1—2期(武丁晚期—祖庚初期)。因此，卜辭(2)、(3)、(4)裏出現的"我"應該是同一個人。

其[死]（死）。　　　　　　　　　　　　　　　　　　　　　（《花東》275＋517）

卜辭(6)的"[字]"爲人名，卜問他回來的時候，會不會傳達死亡的報告。(8)的"[字]"爲地名，卜問某人到"[字]"地時，會不會因爲他的疾病而死亡。(9)卜問"引"會不會死亡的問題。(10)卜問"右馬"會不會死亡的問題。(11)卜問"蠱"會不會死亡的問題。(12)卜問"子利"的女兒會不會死亡的問題。通過上面的辭例我們可以看到，在正反對貞上，對死亡問題都採取"不死"和"其死"的語言形式。大家都知道，典型的正反對貞卜辭上，有"其"字的是占卜者不願意見到的情況。① 上面卜辭的占卜者當然不願見到死亡的情況，所以"其"字不在"不死"之前，而在"死"之前。又，"死亡"的"死"跟該人的意志是毫無關係的，它跟否定詞"不"結合的情況，與"葬"字跟否定詞"勿"結合的情況完全相反。裘錫圭先生曾經指出："粗略地說，'不''弗'是表示可能性和事實的，'弜''弗'是表示意願的。如果用現代漢語來翻譯，'不……''弗……'往往可以翻譯成'不會……'，'弜……''弗……'則跟'勿……'一樣，往往可以翻譯成'不要……'。"②

總而言之，在字形方面，"葬"字一定以"□（棺）"爲構形偏旁，"死"字一定以"歺"爲構形偏旁。在辭例方面，"葬"字跟否定詞"勿"結合，"死"字跟否定詞"不"結合。從字形和辭例兩個方面來看，我們認爲"[字]"與"[字]"兩個字應該釋爲"死"。

下面我們看一下"[字]"和"[字]"兩個字的辭例：

(13) 子妥不[死]。
　　 其[死]。　　　　　　　　　　　　　　　　　　　　　　　（《屯南》4514）
(14) 癸[卯]貞：不[死]。　　　　　　　　　　　　　　　　　　（《合集》22415）
(15) 辛卯☐[人]其[死]抑。
　　 辛卯卜☐御☐　　　　　　　　　　　　　　　　　　　　　（《懷特》6740）

(13)卜問關於"子妥"的問題，從"不[死]"和"其[死]"的形式來看，跟"死"字出現的辭例形式完全一致。如果把"[死]"字釋爲"死"，認爲卜問"子妥"會不會死亡的問題的話，就非常通順。(14)的辭例情況也是一樣的。(15)的"[人]"爲人名，卜問關於"[人]"的問題，辭中的"其[死]"跟"其死"的形式一致。還有從辭(15)中舉行御祭的記錄來看，我們可以知道"[人]"這個人的身上可能出現了比較嚴重的問題。跟"[死]"字出現的情況一樣，把"其[死]"的"[死]"釋爲"死"也很通順。

另外，通過對其他卜辭辭例的分析，我們看到了"子妥"和"[人]"兩個人確實生病的

---

① Paul Serruys, "The Language of the Shang Oracle Inscriptions," *T'oung Pao* 60(1974): 12-120.
② 裘錫圭：《說"弜"》，載《裘錫圭學術文集·甲骨文卷》，復旦大學出版社，2012年，第15頁。

情況。有關的辭例如下：

　　（16）子妥肩同（興）。　　　　　　　　　　　　　　　　　　　　（《合集》3175 正）

　　（17）子妥肩同（興）。　　　　　　　　　　　　　　　　　　　　（《合集》10936 正）

　　（18）辛丑卜，御子妥妣己。　　　　　　　　　　　　　　　　　　（《合集》20038）

　　（19）□卯，扶貞：🗌安。

　　　　☒肩同（興）疾，四日□未夕啓，老。　　　　　　　　　　　　（《合集》21054）

辭（16）—（19）中的"肩同（興）"和"肩同（興）疾"等語是"肩同（興）有疾"的簡稱，在卜辭中是很常見的一個短語，意思是病情能好轉。① （18）的"御"是祭名，這很可能是爲了消除"子妥"的災禍（疾病）而舉行的祭祀，跟上面辭（15）中"🗌"的情況一致。（19）中的"🗌安"是卜問"🗌"這個人的身體會不會安適舒服。

通過以上分析，我們可以確定以下三個事實：

第一，"🗌"與"🗌"兩個字的語法性質跟"葬"字完全不一樣，反而跟"死"字完全一致；

第二，"子妥"和"🗌"兩個人，爲了消除疾病的災禍而舉行了御祭；

第三，結合上面兩個事實來看，把"🗌"與"🗌"兩個字釋爲"死"，去讀卜辭非常通順。

四、應該釋"🗌"和"🗌"爲"死"的文字學證據

甲骨卜辭中還有一些跟"🗌"與"🗌"兩個字的情況大概一致的辭例。下面我們看以下三個辭例：

　　（20）［癸］卯貞：子妥不🗌（死）。　　　　　　　　　　　　　　（《合集》21890）

　　（21）甲午卜，惠子祝。曰：非孽唯🗌。　　　　　　　　　　　　　（《花東》372）

　　（22）貞：非孽唯🗌。　　　　　　　　　　　　　　　　　　　　　（《合集》13845）

（20）的"子妥不🗌（死）"跟辭（13）的"子妥不🗌"完全一致。仔細看"🗌"字的左旁"🗌"，很明顯"人"字周邊有一些點，"🗌"爲"🗌"（疾）字省體的可能性很大。另外更引人注目的是，（21）"非孽唯🗌"和（22）"非孽唯🗌"的"🗌"與"🗌"兩個字爲同一個字的異體。"🗌"从疾从歺，"🗌"从𠬝从歺。"🗌"所从的"𠬝"旁周邊明顯有一些點。至於"🗌"字

---

① 關於"肩同（興）有疾"的解釋，倪德衛（David S. Nivison）、裘錫圭、蔡哲茂、王子楊四位先生都有過相關論述。倪文參看裘錫圭先生的文章《説"𠂤凡有疾"》篇後追記。裘文參看裘錫圭：《説"𠂤凡有疾"》，載《裘錫圭學術文集·甲骨文卷》，復旦大學出版社，2012 年，第 473—484 頁。蔡文參看蔡哲茂：《殷卜辭"肩凡有疾"解》，第十六屆中國文字學國際學術研討會會議論文，高雄，2005 年；後來正式發表於《屈萬里先生百歲誕辰國際學術研討會論文集》，臺灣大學中國文學系，2006 年，第 389—431 頁。王文參看王子楊著：《甲骨文字形類組差異現象研究》，中西書局，2013 年，第 198—230 頁。

的釋讀,到目前爲止,所有與甲骨卜辭有關的工具書都把此字釋爲"疾",這是錯誤的。①"㽞"字右旁的"㽞",應該是"歺"字。我們可以認爲"㽞"是在"㽞"字的基礎上省略"人"形的字,"㽞"是在"㽞"字的基礎上省略點的字;還可以認爲辭(20)的"㽞"是在"㽞"字的基礎上省略"卩"形的字,"㽞"是在"㽞"字的基礎上省略點的字。不管怎麼省略,"㽞""㽞""㽞""㽞""㽞"五個字是同一個字的異體,也應該釋爲"死",是没有問題的。

五、"㽞"和"㽞"兩個字的字義

通過對"㽞"和"㽞"兩個字的字形和辭例分析,我們把這兩個字釋爲"死"。但是,此兩字的字形與甲骨卜辭上出現的已釋爲"死"的"㽞""㽞"形有些不同。"㽞"從人從歺,"㽞"從卩從歺。甲骨文"葬"字的形體都在"囗"(棺)裏面,有"疾"旁寫作"囗",有"卩"旁寫作"囗",有"歺"旁寫作"囗",等等;與此相類,"死"字的形體都以象徵死亡的殘骨之形"歺"(歺)爲核心偏旁。"㽞"和"㽞"兩個字,從歺從疾之省體,或從歺從疾。此兩字所從的"疾"旁,在形體上具有跟"死"字不一樣的字形特點。筆者認爲此兩字應該是强調死亡原因爲疾病的專字,從上面討論的"子妥"和"㽞"兩個人生病的情況就可以知道這一點。其實在甲骨文字中有許多類似表示特殊含義的、帶有原始性的專字,例如"㽞"(沉牛)、"㽞"(沉羊)、"㽞"(沉玉)、"㽞"(伐羌)等②。"㽞"和"㽞"也作爲專字,把"人"或"卩"旁改爲"疾"旁,專門表示病死。

附識:

小文初稿承蒙劉釗、黃天樹、吳振武、施謝捷、陳劍、白於藍、謝明文、葛亮諸位先生的審閱指正,一併表示衷心感謝。

本文原載《中國語文學志》(第 63 輯),2018 年。

作者係復旦大學出土文獻與古文字研究中心 2009 級博士(導師:劉釗),現任韓國慶尚國立大學中文系副教授。

---

① 胡厚宣主編:《甲骨文合集釋文》,中國社會科學出版社,1999 年,第 737 頁;曹錦炎、沈建華編著:《甲骨文校釋總集》,上海辭書出版社,2006 年,第 1644 頁;姚孝遂主編:《殷墟甲骨刻辭摹釋總集》,中華書局,1988 年,第 321 頁;陳年福撰:《殷墟甲骨文摹釋全編》,綫裝書局,2010 年,第 1299 頁。

② 劉釗著:《古文字構形學》,福建人民出版社,2011 年,第 64—67 頁。

從甲骨文的"瞩""燭"説到古代"燭"的得名原因及其源流

郭理遠

一

2014年10月,蔣玉斌先生在中國古文字研究會第20届年會上發表《釋甲骨文中的"獨"字初文》一文(下文簡稱"蔣文"),考釋了商周甲骨文中寫作以下諸形的一個字①(下文簡稱"A"):

A1

（ ）《花東》490子卜辭、（ ）《輯佚》附録37賓組

A2

（ ）《合補》1850賓組、（ ）周公廟2號卜甲(西周)

蔣文認爲A1、A2分别象突出眼目的立人拄杖或扶杖之形,根據"疑""瞽"等字並見拄杖、扶杖的寫法,將A1、A2看作一字異體。蔣文舉出兩例周原甲骨文中的"蜀"字,辨認出其中一例 （H11∶97）的"目"下人形保留有覆手形的寫法,根據帶有扶杖人形的"疑""長"等字的杖形可以省去,指出其中的" "形由A1脱去杖形演變而來,從而將A字與"蜀"字聯繫起來,是很有見地的。需要指出的是,蔣文舉出的另一例周原甲骨文的"蜀"字的原形作 （H11∶68）,細審可以發現其人形也保留了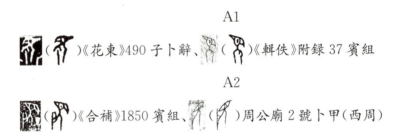
覆手形(可摹作 或),可能"蜀"字中人形脱去覆手形的寫法是陸陸續續出現的(目前這種寫法最早見於西周中期的班簋)。蔣文又根據曾侯乙鐘銘中"濁"字的

---

① 蔣玉斌:《釋甲骨文中的"獨"字初文》,載中國古文字研究會、中山大學古文字研究所編《古文字研究》(第三十輯),中華書局,2014年,第67—72頁。下文引此文内容不另出注。又,蔣玉斌先生向我們指出《北圖》2351號甲骨上部殘辭有 (見中國國家博物館網站甲骨世界公佈的甲骨拓本,《合集》21893所收拓本爲此版甲骨的下部),也是A字,附記於此。

聲旁或作"罒"①,認爲"罒"當"讀如'蜀'",說亦有理。

蔣文根據同作覆手於杖之形的"老""考""長"等字,推測 A 字所象也應是年老之人,結合其上文對"罒"的讀音的論證,認爲 A 字是"古書中訓爲'老而無子'的'獨'字的初文(引者按,似以稱"本字"爲較妥)……是取年老孤獨之人的形象"(第 71 頁)。這一結論似可商榷。

A 字在殷墟甲骨文中的三例都用作人名②,周公廟卜甲一例所在之辭殘缺過甚,用法不明,總之尚不能根據現有文例來驗證其音義。但僅根據其字形,也可以看出蔣說是有問題的。蔣文根據 A 字與有年老義的"老""考""長"諸字都有拄杖形,而認爲 A 字也有年老義,這似乎不夠妥當。年老並不是拄杖的唯一原因,蔣文列舉出的"瞽""疑"二字就不一定與年老有關("瞽"字本義爲盲人③,"疑"字本義見下文),"老""考""長"諸字的年長義主要是通過人形上部的長髮形來表現的。④ 而且,若要表示孤獨之義,突出目形毫無必要。因此,認爲此字是"獨"字"初文"的意見似難成立。這些含有拄杖人形之字具有關鍵性區別意義的是人形上部突出加以表示的那個部分,不能根據 A 字有手杖形就認爲其所象的一定是年老之人,對 A 字所表之義的分析應該著重考慮其字形爲何在人形上突出目形。

在第 20 屆古文字年會會前一日,陳劍和郭永秉兩位先生都曾向蔣玉斌先生提出 A 字當釋爲"矚"字初文的意見,並認爲其字形中除去目形外的部分如果獨立出來,可看作拄杖之"拄"的初文,"矚""拄"聲韻皆近,這一部分可以視爲兼有表音的作用。⑤ 我們認爲這一說法更爲合理,茲補論如下。

---

① 曾侯乙墓第十六號編鐘銘文(《集成》00301)中"濁"字作 ▨(▨)、▨(▨),其聲旁中的人形也保留有覆手形筆畫。不過對比同銘的 ▨(▨)以及十五號編鐘(《集成》00301)的 ▨(▨)、▨(▨),似乎不能排除看起來像覆手形的筆畫可能是"虫"形的訛變。

② 不過字形作 A2 的一例,其目形朝向身後,頗爲特殊,與 A 的其他諸形是否確爲一字似尚可研究。

③ 參看裘錫圭:《關於殷墟卜辭的"瞽"》,載《裘錫圭學術文集·甲骨文卷》,復旦大學出版社,2012 年,第 510—515 頁。

④ 另外,蔣文還根據沈培先生的意見認爲"𠙵(兄)"字的覆手形也與年長有關,其實沈培先生原文對"兄"字的覆手形有兩種解釋:或與省去杖形的"長""老"等字一樣,表示原本持有或者經常持有杖形;或是爲了突顯將物予人的動作,是"貺"的初文。見沈培:《說古文字裏的"祝"及相關之字》,載武漢大學簡帛研究中心主辦《簡帛》(第二輯),上海古籍出版社,2007 年,第 11—14 頁。我們認爲從"兄"字並無从杖形的寫法來看,後說更爲合理,"𠙵(兄)"字似不能作爲說明覆手形與年長有關的證據。

⑤ 據郭永秉先生在復旦大學出土文獻與古文字研究中心研究生"古文字學"課上所講(2014 年 10 月 16 日),以及蔣玉斌先生給我的電子郵件(2018 年 9 月 12 日)。另外,網友薛後生先生也懷疑此字可與"矚"字聯繫,不過他認爲其字既表示"獨",也表示"矚"。見薛後生:《簡說甲骨文中的"燭"》,武漢大學簡帛網,http://www.bsm.org.cn/bbs/read.php?tid=3219,2015 年 1 月 2 日。

從字形上看，用 A 形來表示"矚"的意思是相當貼切的。《集韻·燭韻》："矚，視之甚也。"(此訓釋也見於唐代韻書《考聲切韻》①，可能還有更早的來源)"矚"是專注地視，其所用時間當然也比一般的視爲長。"疑"字初文"𠤕"以其人形的拄杖表示有所疑惑而佇立較久之義。A 字象突出目形的拄杖人形，其人形突出目部與"視"字初文作"𥄫"同義②，人形拄杖應與"疑"字初文同義，表示注視時佇立較久。可見將 A 釋爲"矚"的初文，從字形表示的意義看是很合理的。從字音上看，蔣文指出 A 是"蜀"的聲旁，這應該是正確的。他釋 A 爲"獨"字初文，"獨"跟"蜀"的古音固然很接近，"矚"跟"蜀"的古音也很接近，"矚"字聲旁"屬"就是从"蜀"得聲的。陳、郭兩位先生認爲 A 字中的拄杖人形獨立出來就是"拄"的初文、兼作"矚"的聲旁，"拄"和"矚"古音相近，傳世古書及出土文獻中多有"主"聲字與"蜀"聲字通用之例③。他們的這一意見也可能是正確的。總之，釋 A 爲"矚"從字形和字音看是没有問題的。

有學者認爲"矚"字未見於先秦文獻，似較爲晚出，而對釋甲骨文 A 字爲"矚"表示懷疑。④ 這個問題需要加以解釋。

"矚"字在漢以前的文獻中僅見於《淮南子·道應》："此其下無地而上無天，聽焉無聞，視焉無矚。"不過"視焉無矚"句《道藏》本作"視焉無晌"，王念孫根據其他古書中的引文指出此句本來當作"視焉則晌"，"則"涉上誤作"無"，後人又改"晌"爲"矚"。⑤ 除去此例之外，"矚"字始見於漢代之後的文獻，如三國曹植《文帝誄》"尊肅禮容，矚之若神"，諸葛亮《至祁山南北岈上表》"矚其丘墟，信爲殷矣"(《水經·漾水》注引)。時代較晚之例甚多，不具引。今傳《説文》各本中無"矚"字，但《慧琳音義》數引《説文》"矚"字之訓⑥，田潛《一切經音義引説文箋》認爲："是所據古本碻有此

---

① 如《慧琳音義》卷五十三注《起世因本經》第二卷"觀矚"曰："鍾辱反。《考聲》云：視之甚也，眾目所歸曰矚。《説文》：視也，從目屬聲也。"見徐時儀校注：《一切經音義三種校本合刊》，上海古籍出版社，2008年，第1438、1871、2033、2169頁。

② 參看裘錫圭：《甲骨文中的見與視》，載《裘錫圭學術文集·甲骨文卷》，復旦大學出版社，2012年，第444—448頁。

③ 參看高亨纂著：《古字通假會典》，董治安整理，齊魯書社，1989年，第347—348頁."屬與注"條、"屬與拄"條；白於藍編著：《簡帛古書通假字大系》，福建人民出版社，2017年，增訂本，也有"屬與濁"條、"屬與注"條。

④ 見《簡説甲骨文中的"燭"》主題帖下武汶回帖，武漢大學簡帛網，http://www.bsm.org.cn/bbs/read.php?tid=3219，2015年1月2日。

⑤ 王念孫撰：《讀書雜志》，徐煒君等校點，上海古籍出版社，2014年，第2249—2250頁，"無晌"條。

⑥ 見徐時儀校注：《一切經音義三種校本合刊》，上海古籍出版社，2008年，第1438、1871、2033、2169頁；又參徐時儀校注：《一切經音義三種校本合刊》，上海古籍出版社，2008年，第2042頁。

字。"①其説可参。

先秦至漢代文獻中雖未見"矚"字用例,但有"屬之目""屬目"的説法,如《左傳·定公十四年》"師屬之目",《漢書·蓋寬饒傳》"坐者皆屬目卑下之",《禮記·喪大記》"凡非適子者,自未葬以於隱者爲廬"鄭玄注:"不欲人屬目,故廬於東南角。"這些例子中的"屬"即爲"矚"義。一般認爲"屬"的本義是附屬、連屬,而"矚"是注視的意思,即目光較長時間停留在所看的對象上,二者詞義關係密切,學者多認爲"矚"是"屬"的引申義。② "屬""矚"二詞出現應該很早,甲骨文中未見"屬"字,可能由於"屬"的意思不好表示,就以字形表示"目光之屬"的 A 字來表示"屬"這個詞。這跟以字形表示犬之臭(嗅)的"臭"來表示"臭(嗅)"這個詞是同樣的情況,都屬於"形局義通"的例子。③ A 字的字形可以清楚地表示矚目的意思,以之表"矚"很直接,没有必要再另外造字。從尾、蜀聲的"屬"字出現之後,A 字即遭廢棄,就用"屬"字兼表"屬""矚"。隨着"屬"字字義、用法的增多,爲了明確"矚"義,就爲"屬"字加了目旁,産生了形聲字"矚"。不過目前似無法排除在語言裏先有"矚",然後再引申出"屬"的可能。但即便如此的話,A字、"屬"字、"矚"字所表詞義的情況大致仍如上文所推測。

綜上所述,陳、郭兩位先生釋甲骨文 A 字爲"矚"字初文的意見是可以信從的。

二

蔣文還提到了甲骨文中如下之字(下文簡稱"B"):

B1

()《合集》27987 無名組

B2

()《合集》27989 無名組、《合集》33045 無名組、《合集》27988 無名組

蔣文認爲 B1 中的手杖形在 B2 中省去,將其作爲 A 字手杖形可省去的旁證,但未進

---

① 田潛撰:《一切經音義引説文箋》,鼎楚室 1924 年刻本,卷四第六葉下。此書承李豪先生提示。
② 如胡吉宣《玉篇校釋》即結合"矚"字説:"'矚'與'囑'古止讀爲'屬',屬付委託即連續義引申,接於目爲矚,口叮嚀爲囑,並後起分别文。"見胡吉宣著:《玉篇校釋》,上海古籍出版社,1989 年,第 2218 頁。
③ 參看裘錫圭著:《文字學概要》(修訂本),商務印書館,2013 年,第 144—145 頁。

一步說明 B 爲何字。此字在甲骨文中用作地名①,已有多位學者對其進行考釋。郭沫若先生認爲其字"象一人以手於爐上取煖之形",釋之爲"煴",得到李孝定先生的贊同②;陳漢平先生釋此字爲"燭",認爲其上部之"🔥"爲"蜀"之省,下部的"🔥"象"燈炷火炬之形",將全字分析爲从火、蜀省聲③;姚孝遂先生認爲此二說皆不可據④;《新甲骨文編》(增訂本)釋此字爲"鑄"⑤,限於體例並未說明釋字的根據。雷縉碚先生贊同陳氏釋"燭"之說,但認爲"🔥"非"蜀"省,而是"𧝑"之表意初文。⑥

今按,B 字字形與《新甲骨文編》(增訂本)所收其他幾例確定的"鑄"字作🔥、🔥等明顯有別,釋"鑄"恐不可從。蔣文將 B 字與 A 字聯繫起來,是有道理的,但是 B2 的火形上部有較長的豎筆,應看作杖形與火形接連在一起,其杖形其實並未省去,只是 B1 的杖形下端有分叉,略嫌特殊。其他各家說解字形均未考慮到此杖形,不夠妥當。我們認爲這個字可以像陳氏那樣釋爲"燭"⑦,但其字形應該看作會意兼聲:其整體象一個突出目形之人以杖撥火,應是表示使火燃燒得更好的動作;上部突出目形的挂杖人形即"矚"字,兼起表音作用("燭""矚"古音同爲章母屋部)。

陳氏認爲甲骨文"燭"字下部的"🔥"象"燈炷火炬之形","燈炷火炬"之義不夠明確,不過可以看出他是把皿形視爲燈具之形的。但是目前確定的時代較早的燈具實物都屬戰國時期,學者們一般推測燈具的出現當在春秋⑧,大大晚於殷墟甲骨文的時代;而且從字形上看,其皿形的器壁較高,與燈具的特徵並不符合。大概由於不能很好解釋"🔥"形之義,他就將此字結構籠統分析爲从火、蜀省聲,這顯然是有問題的。

---

① 姚孝遂主編:《殷墟甲骨刻辭類纂》,中華書局,1989 年,第 224—225 頁,638 號。
② 于省吾主編:《甲骨文字詁林》,中華書局,1996 年,第 617 頁。于省吾先生不同意郭沫若先生對字形的隸定,略有修改。
③ 于省吾主編:《甲骨文字詁林》,中華書局,1996 年,第 617 頁。
④ 同上。
⑤ 劉釗等編纂:《新甲骨文編》(增訂本),福建人民出版社,2014 年,第 777 頁。此書初版將此字列於附錄,見劉釗、洪颺、張新俊編纂:《新甲骨文編》,福建人民出版社,2009 年,第 874 頁。
⑥ 雷縉碚:《甲金文考釋四則》,載西南大學出土文獻綜合研究中心、西南大學漢語言文獻研究所主辦:《出土文獻綜合研究集刊》(第 2 輯),巴蜀書社,2015 年,第 102 頁。
⑦ 薛後生也曾贊同陳漢平先生釋"燭"之說,認爲甲骨形或爲"燭臺"的類化,或爲"豆"上的簡化,具有表聲作用(見薛後生:《簡說甲骨文中的"燭"》,武漢大學簡帛網,http://www.bsm.org.cn/bbs/read.php?tid=3219。下引其說同)。他認爲皿形或爲"燭臺"的類化,與陳漢平先生說同,我們下文對此有反駁;甲骨文中"豆"形口沿筆畫向上伸出較長(參看李宗焜編著:《甲骨文字編》,中華書局,2012 年,第 1090—1096 頁),與此形有異,此形當非"豆"。他後來又放棄此說,又認爲此字可能是"'鑄'字一種簡化形式","更可能是個獨鑄雙聲的字",似亦不可信。
⑧ 孫機著:《漢代物質文化資料圖說》(增訂本),上海古籍出版社,2008 年,第 405 頁。高豐、孫建君著:《中國燈具簡史》,北京工藝美術出版社,1991 年,第 5 頁。

我們認爲，甲骨文"燭"字字形反映的很可能是古代保存火種之事。文化人類學者一般認爲人工取火的方法早在舊石器時代就已發明，但是取新火比較麻煩，實際生活用火並不是動輒就生新火，而是取自一直保持不滅的火種。① 汪寧生《改火的由來》指出："以我國來說，先秦時期已掌握多種取火方法，而用火主要仍靠保存火種。"②"𤆅"象器皿中有火燃燒之形，"皿"形所象應該就是當時保存火種的器皿，這樣的器皿在我國考古工作中其實已經發現。

1934 年在安陽侯家莊西北崗進行的殷墟第十次發掘中，一座編號爲 1005、葬有六人的墓裏出土了一批保存較爲完好的器物，其中有形制特殊的兩件旋龍銅盂和一件中柱陶盂③（見表 1-3-1 之 3、4）。徐中舒《關於銅器之藝術》認爲旋龍盂是燈具，"四龍形相連旋轉之物，當即燃火之鐙心處"。④ 此文原刊於 1937 年"教育部第二次全國美術展覽會"展覽期間的專刊中，負責這次展覽的梁思永先生此前當已知道此說，他在這次展覽會目錄中殷墟發掘出土品的說明部分認爲同墓所出器物"以盂 3（引者按，包括兩件旋龍盂和一件普通銅盂）、壺 3、鏟 3、箸 3 之雙配合觀之，似爲 3 組頗複雜之食具"，並說"學者有認此器（引者按，指旋龍盂）爲殷人所用之燈者，但此說只着限於一器，而對於同組之其他器具，如鏟箸等，未加以適當之解釋"⑤，這應該是針對上引徐說的。小屯 YH083 窖穴出土的一件中柱盂，與侯家莊 1005 號墓出土的陶盂類似，李濟先生將其歸爲陶器蓋。⑥ 20 世紀 50 年代以來，二里崗時期至戰國時期的窖穴或墓葬中也出土了一些帶有空心或實心菌狀柱的盂形器（參看表 1-3-1），考古學者對這些器物的稱呼有"陶器蓋""中柱盂""中柱盤""中柱盆""空柱盤"等多種，對其功用目前尚無一致意見。⑦

---

① 參看汪寧生：《改火的由來》，載《民族考古學論集》，文物出版社，1989 年，第 173 頁。
② 同上。
③ 石璋如撰著：《侯家莊（第十本）·小墓分述之一》，"中研院"歷史語言研究所，2001 年，第 21、47 頁。
④ 徐中舒：《關於銅器之藝術》，載滕固編《中國藝術論叢》，商務印書館，1938 年，第 127 頁。
⑤ 梁思永：《殷墟發掘展覽目録》，載中國科學院考古研究所編輯《梁思永考古論文集》，科學出版社，1959 年，第 156 頁。
⑥ 李濟著：《小屯（第三本）·殷墟器物甲編·陶器上輯》，"中研院"歷史語言研究所，1956 年，第 76 頁；又李濟著：《李濟文集》（卷三），上海人民出版社，2006 年，第 133 頁。
⑦ 各家說法可參看李麗娜：《試析中國古代中柱盂形器》，《中原文物》2015 年第 1 期。此文贊同防蟲用器說，認爲盂中之柱用於承托裝有食物的盛器，在盂中盛滿水之後，可以防止爬蟲侵蝕食物。今按，器之中柱若用於承置其他器物，其柱頂應該較爲平整，但"中柱盂"的柱頂均向上微鼓凸起，顯然不適合承托其他器物。此說不可信。

表 1-3-1　二里崗時期至戰國時期的盂形器

序號	器形	尺寸(釐米)	時代	著錄
1		通高 8.4 口徑 35.5	二里崗期下層時期	《中原文物》1981 年第 2 期，第 2 頁
2		通高 12 口徑 29.5	二里崗期上層時期	《文物》1983 年第 3 期，第 55 頁
3		高 14.2—15.7 口外徑 25.7	殷墟後期	《侯家莊（第十本）·小墓分述之一》，第 22 頁，圖版八
4		暫無	殷墟後期	《侯家莊（第十本）·小墓分述之一》，第 18 頁
5		通高 6 口徑 27.2	戰國時期	《信陽楚墓》，第 47 頁，圖版三四-6
6		高 12 口徑 39.5	戰國時期	《信陽楚墓》，第 111 頁，圖七四-13，圖版九九-5

　　孫機《中國聖火》較早將上表中所列器物聯繫在一起（但他沒有提到侯家莊陶盂，似一時忽略），認爲它們都是燈具，其特徵是有盛放油脂的容器和支撐燈炷的裝置，中柱用於承搭軟燈炷。① 今按，這種器物與戰國、秦漢時期的燈具雖有一定聯繫，但區別也比較明顯②，其器口徑很大，器腹較深，容積比戰國、秦漢燈具的燈盤大得多，且油脂類燃料和軟燈炷的使用是否可以早到商代也不無疑問。孫機先生後來在《漢代物質文化資料圖説》中專門講燈具的時候並没有提到這類器物，而認爲我國古代的燈具大約出現於春秋③，不知道是否已經放棄了把這些器物看作燈具的意見。

---

　　① 孫機：《中國聖火》，戰《中國聖火》，遼寧教育出版社，1996 年，第 6—10 頁。孫機先生還記鄭州二里崗戰國墓出土的一件陶盤（器形作 ），參看河南省文化局文物工作隊：《鄭州二里崗》，科學出版社，1959 年，第 60 頁）也是同類的器物。今按，這件器物口徑較小（不到 20 釐米），中柱較高，恐怕不是同類器物。
　　② 戰國至秦漢燈具的形制及其分類可以參看周暢：《戰國秦漢青銅燈具的初步研究》，碩士學位論文，復旦大學，2010 年，第 16—19 頁；李侃：《戰國秦漢出土燈具研究》，碩士學位論文，西南大學，2011 年，第 12—20 頁。
　　③ 孫機著：《漢代物質文化資料圖説》（增訂本），上海古籍出版社，2008 年，第 405 頁。

梁思永先生注重同墓共出器物的做法頗爲可取，但他提出的"食具説"並不可信。石璋如先生根據"各器相互"的原則把侯家莊 1005 號墓所出器物分爲兩組，認爲中柱盂與一件陶盆、三雙銅箸、三隻銅鏟、一隻銅鋤等爲一組。所謂銅箸其主體有四棱且一端有銎需裝圓柄使用，石先生指出當非食具，並對其功用提出過如下推測："圓柄便於手執，或爲避免銅質發高熱而燙手所設。果然如此，則銅箸或與火有關。或從火中取物，或翻動正在燃燒的木材以調劑火勢。"① 這是很有道理的。但他後又假設了多種銅箸裝柄的方法，最終認爲此物應該是插蠟燭的"燭本"，銎中所插蘆葦桿是"燭心"，在此基礎上認爲銅鏟用來採伐、修剪蘆葦，銅鋤、中柱盂、陶盆則與採蜜、製蠟有關。② 今按，石先生認爲這些器物與蠟燭有關，引用了尚秉和《歷代社會風俗事物考》中"古大燭以葦製"的内容，但是此處的"大燭"並非蠟燭，並且他似乎回避了尚文"漢時中國尚無蠟燭""晋初有蠟燭"等内容③（我們認爲東漢時蠟燭當已出現，詳下文），他的説法顯然不可信。他把墓中器物分爲火器、水器兩組，分別爲墓中六人掌管，實際上是爲了與《周禮·秋官·司烜氏》"下士六人""掌以夫遂取明火於日，以鑒取明水於月"牽合④，也是不可取的。

　　銅箸與燃火有關，或即撥火棍"桰/栖"⑤，而有鏤空花紋的所謂銅鋤，或稱爲"漏勺""扒勺"⑥，其實跟東周墓葬中多見的與銅炭爐並出的漏鏟（或稱炭鏟）頗爲近似⑦，應當也是與燃火有關的工具，銅鏟可能也屬此類。綜合來看，中柱盂和旋龍盂這三件有中柱之器很可能就是用於燃火以保存火種的器具（同墓所出銅箸有三雙、銅鏟有三把，不知是否與三件有中柱之器成組配合使用），上表所列諸器當屬同類器物。⑧ 這

---

① 孫機著：《漢代物質文化資料圖説》（增訂本），上海古籍出版社，2008 年，第 30 頁。
② 石璋如撰著：《侯家莊（第十本）·小墓分述之一》，"中研院"歷史語言研究所，2001 年，第 30—47 頁。
③ 尚秉和著：《歷代社會風俗事物考》，中國書店，2001 年，第 168 頁。
④ 石璋如撰著：《侯家莊（第十本）·小墓分述之一》，"中研院"歷史語言研究所，2001 年，第 5—6、55—56、85—86 頁。
⑤ 《説文·木部》："桰，炊竈木。"段注："今俗語云竈桰是也。《廣韻》云：'栖、火杖。'栖、桰古今字也。"
⑥ 石璋如撰著：《侯家莊（第十本）·小墓分述之一》，"中研院"歷史語言研究所，2001 年，第 43 頁。
⑦ 彭適凡：《談江西靖安徐器的名稱問題》，《文物》1983 年第 6 期，第 66—68 頁；湖北省博物館編：《曾侯乙墓》，文物出版社，1989 年，第 246—247 頁；湖北省荆州博物館編著：《荆州天星觀二號楚墓》，文物出版社，2003 年，第 94 頁。
⑧ 孫機先生把戰國墓中所出的鳥柱盤也看作同類器物（孫機：《中國聖火》，載《中國聖火》，遼寧教育出版社，1996 年，第 9—10 頁），本文前注引文還把殷墟婦好墓出土的"汽柱甑形器"、魏晉墓葬出土的柱上無頂的陶質"空柱盤"都歸爲同類器物（李麗娜：《試析中國古代中柱盂形器》，《中原文物》2015 年第 1 期）。我們認爲這些器物的中柱與本文表 1-3-1 所列諸器的柱之形有別，似不宜看作同類器物。

些器物中柱的作用尚不能明確，勉強推測的話，或是爲了使器中所置燃料中間產生空隙以利於燃燒。甲骨文"燭"字中的皿形與表中所列兩件銅器器形相合，"🜨"形所象應該就是這類器物中有火燃燒之形。①

綜上所述，我們認爲甲骨文"燭"字象突出目形之人手持工具矚視、照管火種，使其保持不滅。"燭"字字形中包含"矚"形，"燭""矚""屬"古音聲韻皆同，"燭"這個詞當與"矚""屬"密切相關。從"矚"的意思考慮，"燭"應該就是指需要矚視、照看的火；從"屬"的意思考慮，則是指前後相屬、不斷增續的火。也可能"燭"是兼取這兩種意思的。這應該是我們現在能追溯的最早的"燭"字。② 此字在甲骨文中用爲地名，郭沫若先生僅籠統説是殷邑，陳漢平先生認爲春秋時人燭之武以此地爲氏，但未明確何地。③ 今按，周初所伐之殷地有名"蜀"者，見《逸周書·世俘》："新荒命伐蜀。"疑甲骨文之"燭"即此"蜀"。④

三

下面討論先秦典籍中"燭"的含義。

《説文·火部》："燭，庭燎，火燭也。从火、蜀聲。"《藝文類聚》所引《説文》"火"字作"大"，《詩·小雅·庭燎》"庭燎之光"句毛傳云："庭燎，大燭。"前人多據以指出《説文》"火"字爲"大"字之誤。⑤

"庭燎"是設於庭中之燎，《左傳·襄公三十一年》"諸侯賓至，甸設庭燎"杜預注："庭燎，設火於庭。"又稱"大燭"，如《儀禮·士喪禮》"宵，爲燎于中庭"鄭玄注："燎，大燭。"賈公彥疏："《少儀》云：'主人執燭抱燋。'注云：'未爇曰燋。'古者以荊燋爲燭，故

---

① 器的中柱在字形中並未表現，當是由於側視器物時看不到其柱，而僅憑皿中燃火的形象足以將這種器物與其他器物區分。

② 王獻唐先生在 20 世紀 40 年代撰有一篇長文《古文字中所見之火燭》，集中考釋了甲骨文中的"燭"字以及與"燭"有關的字（王獻唐著：《古文字中所見之火燭》，齊魯書社，1979 年）。以現在甲骨文考釋的成果來看，其所釋的"燭"字基本上都是有問題的。陳劍先生最近根據戰國文字中"钃"字从蜀从皿，指出"钃"形中"水"旁爲後加，舊將其字分析爲从益聲不可信，並疑 B 字是"钃"之初文，字形表示人持工具撥火使之明亮（"中文字形體源流"課程，2019 年 6 月 20 日）。今按，陳先生否定"钃"字从益聲是有道理的，但釋 B 爲"钃"之初文之説尚待進一步研究，今姑仍從釋"燭"之説。

③ 于省吾主編：《甲骨文字詁林》，中華書局，1996 年，第 617 頁。

④ 《世俘》中"蜀"之具體地望迄無定論，或以爲是《春秋》所載魯地，或以爲其地在中原，參看周書燦：《〈逸周書·世俘〉所見周初方國地理考》，《商丘師範學院學報》2010 年第 2 期，第 54 頁。前引周原甲骨文 H11∶68、H11∶97 的"蜀"字（辭例分別爲"伐蜀""克蜀"）可能即《世俘》之"蜀"，參看李學勤：《西周甲骨的幾點研究》，《文物》1981 年第 9 期，第 11 頁；龐懷靖：《周原甲骨文》，《文博》1993 年第 6 期，第 12 頁。

⑤ 丁福保編纂：《説文解字詁林》，中華書局，1988 年，第 9940—9941 頁。

云'燎,大燋'也。"①"大燋"與"大燭"同義,賈疏下文即逕稱"大燭"。古書中又有"門燎",《周禮·天官·閽人》:"大祭祀、喪紀之事,設門燎……"閽人"設門燎",與下文所引《儀禮·燕禮》"閽人爲大燭於門外"句正相對應,可見"門燎"也可稱"大燭"。《儀禮·燕禮》"甸人執(引者按,"執"字疑有誤,詳下文)大燭於庭"句鄭注:"庭大燭,爲位廣也。"指出庭中設大燭是因爲其地廣闊。門外亦爲廣闊之地,同樣也需設大燭照明。② 由此可知,用來照明的燎就是大燭,庭燎、門燎是設立在不同位置的大燭。

燎又稱"地燭",《周禮·天官·閽人》"設門燎"鄭玄注:"燎,地燭也。"《儀禮·士喪禮》"燭俟于饌東"鄭玄注:"火在地曰燎,執之曰燭。"説明燎是樹立在地上的大燭。

《國語·周語中》:"虞人入材,甸人積薪,火師監燎。"又《晉語八》:"楚爲荆蠻……與鮮卑守燎。"可知燎是需要專人"監""守"的。上文説過,"燭"的本義是需要矚視照管的、連續燃燒的火,燎的"監""守"表明其也有這樣的特點,由於燎樹於地上且較一般之燭爲大,故有"地燭""大燭"之稱。《説文》是以"庭燎"這種設立在庭中的"大燭"來解釋"燭"的。

"燎/大燭"前的動詞多用"設""爲"等。"設"是樹、立之義,《周禮·秋官·司烜氏》鄭玄注"樹於門外曰大燭"即用"樹"字。"爲"有製、作之義,《儀禮·燕禮》"閽人爲大燭於門外"句鄭注:"爲,作也。作大燭以俟賓客出。"先秦典籍中不加修飾、限定的"燭"指手執的火炬,《禮記·曲禮上》"燭不見跋"孔穎達疏:"古者未有蠟燭,唯呼火炬爲燭也。"並常見"執燭"之語。前引《士喪禮》鄭玄注"火在地曰燎,執之曰燭"已經説明了燎與燭的區别,燎這種設立在地上的大燭是不能"執"的。但是《儀禮·燕禮》"宵則庶子執燭於阼階上,司宫執燭於西階上,甸人執大燭於庭,閽人爲大燭於門外"中,"甸人"句"大燭"前用"執"③,不合於常例。《周禮·秋官·司烜氏》"凡邦之大事,共墳燭、庭燎"句賈公彦疏説:"《燕禮》云'甸人執大燭於庭',不言樹者,彼諸侯燕禮,不樹於地,使人執。"以禮制不同來解釋,恐不確。我們懷疑這個"執"字是讀爲"設"的"埶"

---

① 十三經注疏整理委員會編輯:《儀禮注疏》,北京大學出版社,2000年,第805頁("荆"字原誤作"荆")。鄭注以及賈疏中"大燋"之"大"有版本訛作"火"(但疏文中"大燭"之"大"不誤。參看同頁注2、注3所引阮元校勘記),與上文説的今本《説文》的訛字同。

② 清儒馬瑞辰根據《燕禮》"閽人爲大燭於門外"句唐石經本無"大"字,認爲"庭位廣,故專用大燭,足見其餘皆不用大燭"(馬瑞辰撰:《毛詩傳箋通釋》,陳金生點校,中華書局,1989年,第568頁)。今按,除唐石經本外,武威簡本《儀禮·燕禮》《詩·小雅·湛露》"厭厭夜飲,不醉無歸"句正義引《燕禮》文以及《儀禮·大射》與此相應的文句均無"大"字。從版本上來看,此句似當以"閽人爲燭於門外"似較優。但是,既有"門燎"之稱,則門外所設似亦當爲大燭,且"燭"前用"爲"此爲僅見,對比"爲燎"來看(燎即大燭),此處似仍當以"大燭"爲是。武威簡本等可能脱漏"大"字,也可能"爲燭"即指"爲大燭"而言。

③ 《儀禮·大射》也有相同的內容,但彼處"閽人"句內無"大"字。

字之訛。先秦秦漢文獻中讀爲"設"的"埶"字在流傳過程中很容易訛爲形近的"執",裘錫圭、郭永秉等先生曾舉出不少例子①,已爲大家所熟知。"甸人執大燭於庭"句見於武威漢簡本《燕禮》《泰射》,《燕禮》簡45與今本對應的"甸人執"數字殘泐不可辨,《泰射》簡113的文字則與今本同。②《燕禮》《大射》此句原應作"甸人埶大燭於庭",現存版本中"大燭"前的"埶"字皆涉上"執燭"之語而訛。

照明所用之燎的形制典籍未載,《禮記·郊特牲》云:"庭燎之百,由齊桓公始也。"鄭注:"僭天子也。庭燎之差,公蓋五十,侯伯子男皆三十。"詩《庭燎》正義引此文之後說:"天子庭燎用百,古制未得而聞,要以物百枚併而纏束之,今則用松葦竹灌以脂膏也。"《周禮·秋官·司烜氏》賈疏:"庭燎所作,依慕容所爲,以葦爲中心,以布纏之,飴蜜灌之,若今蠟燭。百者,或以百般一處設之,或百處設之。"推測庭燎是用數十甚至上百枝竹木等纏束而成似有道理,但古時是否灌之以脂膏、飴蜜則難以確知。

古書所載手執之燭多以麻蒸製成,故又有"麻燭"之稱,或逕稱"麻蒸"。"蒸"據《說文》本指去皮後之麻桿,其他材質之薪亦用此稱,朱駿聲《說文通訓定聲》云:"蒸,一名菆,今俗謂之麻骨楷。古燭用之,故凡用麻幹、葭葦、竹木爲燭皆曰蒸。"

古書中又有"墳燭"之稱。《周禮·秋官·司烜氏》:"凡邦之大事,共墳燭、庭燎。"鄭玄注:"故書'墳'爲'蕡'。鄭司農云:'蕡燭,麻燭也。'玄謂:墳,大也。樹於門外曰大燭,於門內曰庭燎,皆所以照衆爲明。"《周禮》古本"墳燭"作"蕡燭"(詩《庭燎》正義所引與古本同),鄭司農將"蕡燭"解釋爲"麻燭"。鄭玄把"墳燭"解釋爲"大燭",認爲"大燭"和"庭燎"的區別在於設立位置的不同。今按,上文已經舉出不少燎即大燭以及門燎、庭燎都可以稱爲大燭的例子,此處"墳燭""庭燎"並舉,可知二者有別,鄭注的解釋顯然是有問題的,鄭司農之說可從③。《淮南子·說林》"賁燭愶,膏燭澤"中的"賁燭",《易林·蠱》之《蹇》"執賁炤犧,爲風所吹"中所執之"賁",均即賁燭(麻燭)④。

前人說解《說文》"蒸"字時多引用《管子·弟子職》"蒸閒容蒸"、《詩·小雅·巷

---

① 裘錫圭:《古文獻中讀爲"設"的"埶"及其與"執"互訛之例》,載《裘錫圭學術文集·語言文字與古文獻卷》,復旦大學出版社,2012年,第451—460頁;裘錫圭:《再談古文獻以"埶"表"設"》,載復旦大學出土文獻與古文字研究中心編《出土文獻與古典學重建論集》,中西書局,2018年,增訂本,148頁;郭永秉:《以簡帛古籍用字方法校讀古書札記》,載復旦大學出土文獻與古文字研究中心編《出土文獻與古典學重建論集》,第260—268頁。郭永秉先生文後"作者按"還補充了其他學者找到的這方面的例子,請讀者參看。

② 甘肅省博物館、中國科學院考古研究所編:《武威漢簡》,中華書局,2005年,圖版拾叁、拾柒。

③ 參看馬瑞辰撰:《毛詩傳箋通釋》,陳金生點校,中華書局,1989年,第568頁。

④ 參看孫詒讓著:《周禮正義》,汪少華整理,中華書局,2015年,第3509頁。其引《易林》之句"炤"誤作"然",關於"墳燭"之義從鄭玄說,不確。

伯》毛傳"蒸盡,縮屋而繼之"語①,這兩處内容有助於我們瞭解古代手執之燭的使用方法和特點。

《弟子職》云:

> 昏將舉火,執燭隅坐。錯總之法,横于坐所。櫛之遠近,乃承厥火,居句如矩,蒸間容蒸,然者處下。捧椀以爲緒,右手執燭,左手正櫛,有墮代燭,交坐毋倍尊者,乃取厥櫛,遂出是去。②

其内容主要是講執燭者的職責,可分爲兩部分,"錯總之法"至"然者處下"主要講更續蒸燭之法,"捧椀以爲緒"至末句主要講清除燭燼之法。

《巷伯》毛傳云:

> 昔者顔叔子獨處于室,鄰之釐婦又獨處于室,夜暴風雨至而室壞。婦人趨而至,顔叔子納之,而使執燭。放乎旦而蒸盡,縮屋而繼之。

乾隆己酉年(1789)山東嘉祥縣出土的東漢武氏祠左石室"顔淑握火"畫像石(圖1-3-1)亦有類似内容,其文作:"顔淑獨處,飄風暴雨。婦人乞宿,升堂入户。燃蒸自燭,懼見意疑。未明蒸盡,搞苹續之。"③毛傳"縮屋而繼之"畫像石作"搞苹續之",

圖1-3-1 武氏祠左石室"顔淑握火"畫像石(取自《漢魏六朝碑刻校注》)

---

① 參看丁福保編纂:《説文解字詁林》,中華書局,1988年,第1860—1861頁。
② 黎翔鳳撰:《管子校注》,梁運華整理,中華書局,2004年,第1154—1162頁。
③ 參看毛遠明編著:《漢魏六朝碑刻校注》(第二册),綫裝書局,2009年,第120頁。較好的題銘拓本可參看天津博物館所藏有俞樾題跋的舊拓(《中國碑刻全集》編委會編:《中國碑刻全集·戰國秦漢》,人民美術出版社,2009年,第252頁)。

錢大昕指出其義爲"抽屋筈以當蒸燭"①,俞樾並指出孔穎達正義訓"屋"爲屋草之誤②。

由以上内容可以清楚地看出,手執之燭在使用過程中需要專人照看,執燭者的具體職責是以新燭更續即將燃盡之燭以及清除燭燼等,以保證所執之燭在使用過程中能夠持續燃燒。手執之燭的這些特點與火種和大燭的需要矚視、照看或前後相屬、不斷增續的特點相合,所以古人也稱其爲"燭"。

四

接下來討論戰國和漢代出土文獻所見一些燈具名稱中"燭"字的含義。

包山楚墓遣策 262 號簡記有燈具名稱"二燭銿",整理者認爲:"銿,借作僮,指未成年之童。燭僮,即秉燭之僮。出土的實物中有二件童子秉燈,與簡文相符。"③何琳儀先生讀"銿"爲"俑",認爲"燭俑"是"秉燭之俑"。④劉信芳先生也改讀"銿"爲"俑",並説"俑謂擎燈之銅人"。⑤"俑"與"銿"聲旁相同,"燭俑"的釋讀目前較爲通行。⑥

馬王堆一號墓遣策 239 號簡、三號墓遣策 375 號簡均記有"大燭庸二"。一號墓遣策中的"庸"字原報告釋讀有誤,後周世榮先生據三號墓遣策正確釋出。⑦李家浩先生結合漢代燈具自名以及云夢大墳頭一號漢墓木牘所記燈名有"燭豆"之稱,讀"庸"爲"豆"。⑧劉釗先生則據漢代燈具名"燭鐙",讀"庸"爲"鐙"。⑨三號墓遣策

---

① 參看毛遠明編著:《漢魏六朝碑刻校注》(第二册),綫裝書局,2009 年,第 123 頁。
② 《中國碑刻全集》編委會編:《中國碑刻全集·戰國秦漢》,人民美術出版社,2009 年,第 252 頁。亦見俞樾:《讀書餘録》,載《春在堂全書》(第貳册),鳳凰出版社,2010 年,第 627 頁。此處内容較簡,且"屋上簿"(《爾雅》:"屋上薄謂之筲。"郭注:"屋笮。")誤作"屋下簿"。俞説出處,《漢魏六朝碑刻校注》誤爲《俞樓雜纂·讀漢碑》〔毛遠明編著:《漢魏六朝碑刻校注》(第二册),綫裝書局,2009 年,第 123—124 頁〕。
③ 湖北省荆沙鐵路考古隊:《包山楚簡》,文物出版社,1991 年,第 62 頁注 563。
④ 何琳儀著:《戰國古文字典:戰國文字聲系》,中華書局,1998 年,第 425 頁。
⑤ 劉信芳撰:《包山楚簡解詁》,藝文印書館,2003 年,第 280 頁。
⑥ 夏含夷總先生主編:《古文字譜系疏證》,商務印書館,2007 年,第 1008 頁;田河:《出土戰國遣册所記名物分類匯釋》,博士學位論文,吉林大學,2007 年,第 270 頁;朱曉雪著:《包山楚簡綜述》,福建人民出版社,2013 年,第 721 頁。但也有在"銿"字後不加括注以存疑者,如劉國勝著:《楚喪葬簡牘集釋》,科學出版社,2011 年,第 47 頁;陳偉等著:《楚地出土戰國簡册〔十四種〕》,經濟科學出版社,2009 年,第 120 頁。
⑦ 《座談長沙馬王堆漢墓帛書》,《文物》1974 年第 9 期,第 53 頁。
⑧ 李家浩:《關於鄀陵君銅器銘文的幾點意見》,《江漢考古》1986 年第 4 期,第 85 頁。
⑨ 劉釗:《馬王堆漢墓簡帛文字考釋》,載《古文字考釋叢稿》,岳麓書社,2005 年,第 339—340 頁。

中的"燭庸",原報告認爲"庸即僕庸,燭爲舉火者,今引申爲燭鐙之鐙"。① 伊强先生認爲此說從文意及語法上看都不合適,從聲韻通轉角度看,"燭豆"之說較"燭鐙"爲優。②

上引諸家對馬王堆漢墓遣策的考釋意見,《長沙馬王堆漢墓簡帛集成》皆已收録,除否定"僕庸"說外,對其他說法未作評判。③ 此外,周世榮《湖南出土漢魏六朝文字雜考》也對"燭庸"作過解釋,認爲包山楚墓遣策中的"燭銿"與馬王堆漢墓遣策中的"燭庸"同義:"……'庸'乃僕庸之意。馬王堆 M1 僅見燭鐙。而不見庸人執燭,也許'燭庸'似可泛指燭鐙。"④范常喜先生認同此說,並有補充論證。⑤

今按,周世榮先生將"燭銿"和"燭庸"聯繫起來頗爲有見。"銿"與"庸"的基本聲符都是"用",古音聲韻皆同,它們確有可能記録同一個詞。但把"銿/庸"解爲僕庸似可商榷。上引諸家意見對"銿/庸"的釋讀可粗分爲人俑、僕庸類和豆、鐙類,人俑、僕庸類意見的主要根據是"燭銿"指墓中所出"人擎燈"。但是包山楚墓出土了四件燈具,除了兩件"人擎燈"外,還有兩件豆形燈⑥,似不能排除"燭銿"所指爲後者。果真如此的話,這種意見就失去根據了。"人擎燈"只是把燈的底座改造成人形,其燈盤仍與豆形燈相同。如果"銿"是豆、鐙一類意思,則"二燭銿"既可以指兩件豆形燈,也可以指兩件"人擎燈"。馬王堆漢墓出土燈具並無"人擎燈"之類,且"燭庸"前尚有"大"字,指燈盤的容積(詳後文),將"庸"理解爲豆、鐙一類意思顯然更爲直接。"燭豆"與"燭鐙"二說,伊强先生已從聲韻通轉角度指出前者爲優。綜合來看,我們認爲"燭銿"和"燭庸"皆應讀爲"燭豆"。"銿/庸"也可能是從"豆"這個詞分化出來專門表示燈具的一個詞,原在楚地通行,後來逐漸消失了。

"鐙"在漢代或假借"徵"字表示,如廣西貴縣羅泊灣漢墓竹牘中所記燈具之名"燭徵"⑦,上引李家浩先生文指出當讀爲"燭鐙"。漢代燈具銘文中也有不少帶"燭"字的

---

① 湖南省博物館、湖南省文物考古研究所編著:《長沙馬王堆二、三號漢墓(第一卷):田野考古發掘報告》,文物出版社,2004 年,第 67 頁。(周世榮先生執筆)
② 伊强:《談〈長沙馬王堆二、三號漢墓〉遣策釋文和注釋中存在的問題》,碩士學位論文,北京大學,2005 年,第 43—44 頁。
③ 湖南省博物館、復旦大學出土文獻與古文字研究中心編纂:《長沙馬王堆漢墓簡帛集成》(陸),中華書局,2014 年,第 208 頁。
④ 周世榮:《湖南出土漢魏六朝文字雜考》,載《金石瓷幣考古論叢》,岳麓書社,1998 年,第 240 頁。
⑤ 范常喜:《馬王堆漢墓遣册"燭庸"與包山楚墓遣册"燭銿"合證》,載復旦大學出土文獻與古文字研究中心編《戰國文字研究的回顧與展望》,中西書局,2017 年,第 245—251 頁。
⑥ 湖北省荆沙鐵路考古隊編:《包山楚墓》,文物出版社,1991 年,第 189、194 頁。
⑦ 廣西壯族自治區文物工作隊:《廣西貴縣羅泊灣一號墓發掘簡報》,《文物》1978 年第 9 期,第 54 頁。

自名,如①:

> 元成家行燭豆,重二斤十四兩。第十七。
> 常山宦者銅金行燭豆一,容一升。重一斤十三兩。
> 宦者銅金大立燭豆一,容四升。重九斤。
> □者銅金小立燭豆一,容大半升,重二斤□兩。
> 苦宮銅鳧喙燭定(錠),重一斤九兩。徑五寸。始元二年刻。
> 枸家銅燭定(錠),高八寸,重七斤十二兩。
> 陽邑銅燭行錠,重三斤十二兩。初元年三月,河東造。第三。
> 藍田鼎湖宮行燭登(鐙)□□□重二斤十一兩。第十。三年。官弗買。
> 銅行燭薄(鋪),重二(?)斤九兩。九年,工從造,第二鼻。

這些名稱中不少帶有"行"字。一般認爲行鐙是燈盤下沒有支柱的燈具,或有短足,或無足,燈盤多有鋬以便手執。郭永秉先生指出這種燈具由豆形燈具演化而來,"立燭豆"是相對於"行燭豆"而言的。②"立燭豆"之前的"大""小"指的是燈盤的容積,"大燭庸"的"大"也應如此。③

這些戰國及漢代燈具名稱的基本結構都是"燭"加豆類器名④,其中的"燭"是什麼意思呢? 孫機先生對此有比較詳細的解釋:

---

① 下引銘文參看牟華林、鍾桂玲著:《漢金文輯校》,光明日報出版社,2016年,第197—221頁。"□者銅金小立燭豆"之"小"原釋"大",今據袁永明《河北省鹿泉市高莊1號漢墓出土部分銅器銘文的再認識》(《中原文物》2008年第1期,第55—57頁)改;"枸家銅燭錠"重量前的銘文原誤作"枸家銅熙,定烏(爲)八方",今改;"藍田鼎湖宮行燭登(鐙)"之"登"字原作"豆",今據容庚《金文續編》〔載《容庚學術著作全集》(第五册),中華書局,2011年,第43、386頁〕改;"銅行燭鋪"的釋文據郭永秉《〈陝西金文集成〉識小録》〔載《古今論衡》(第32期),"中研院"歷史語言研究所,2019年,第115—132頁〕改。

② 郭永秉:《〈陝西金文集成〉識小録》,載《古今論衡》(第32期),"中研院"歷史語言研究所,2019年,第128—129頁。

③ "大立燭豆"的銘文記"容四升",盤徑18釐米,"小立燭豆"的銘文記"容大半升",盤徑10釐米(河北省文物研究所、鹿泉市文物保管所編著:《高莊漢墓》,科學出版社,2006年,第39頁)。馬王堆一號墓出土兩件陶燈,其中一件高15釐米,盤徑18.5釐米(傅舉有、陳松長編著:《馬王堆漢墓文物》,湖南出版社,1992年,第70頁),盤徑與"大立燭豆"接近,且其燈盤爲碗形,其容積常比"大立燭豆"還要大。三號墓北室出土的陶燈兩木橕燈盤的容積不詳,但比器徑分别爲15.5釐米和15.8釐米(湖南省博物館、湖南省文物考古研究所編著:《長沙馬王堆二、三號漢墓(第一卷):田野考古發掘報告》,文物出版社,2004年,第231頁),也都大於"小立燭豆",而與"大立燭豆"接近。

④ "鐙"本來是豆形食器之名,典籍常見。"鋪"是一種淺盤、柄部(或稱圈足)鏤空的豆形食器,始見於西周中期,流行於西周晚期到春秋早期(參看朱鳳瀚著:《中國青銅器綜論》,上海古籍出版社,2009年,第149頁)。"錠"與"鐙"在《説文》中互訓,在燈具自名中也頗爲常見,但器名"錠"在漢代以前典籍中罕見。一件春秋晚期銅豆自名爲"行鉦"〔吴鎮烽編著:《商周青銅器銘文暨圖像集成續編》(第二卷),上海古籍出版社,2016年,第304頁〕,這個"鉦"字應該就是"錠"字異體(與樂器名"鉦"是同形字)。

其實在漢代,除了單獨點的燭以外,油燈的燈炷也叫燭。更確切地說,則前者叫蕡燭或麻燭,後者包括燈在内的整體叫膏燭。……膏燭的燈炷也用麻蒸,當然比麻燭的束要細小得多。麻蒸又名蒸,《説文·艸部》:"蒸,析麻中榦也。"由於作爲油燈之燈炷的燭,本身就是燈的組成部分,所以有些銅燈在銘文中自名爲"燭錠",將燭和燈連爲一詞;它和《淮南子》中的"膏燭",實際上是一個意思。……它(引者按,指燈炷)一般插在燈盤中的支釘上。此支釘即《説文·丶部》"㞢,鐙中火主也"之火主,篆文所狀甚明。主字後亦作炷,即指燈芯。……麻蒸不易保存。然而雲南昭通桂家院子東漢墓出土的銅燈,在燈盤内尚殘存一段燈炷,是用八九根細竹條纏在一起作成的。① 如用麻蒸,作法亦應相近。②

孫先生指出燈具的燈炷可稱"燭",很有道理。《楚辭·招魂》"蘭膏明燭,華鐙錯些"句中在"華鐙"前並言"膏""燭",這裏的"燭"也應指燈炷。孫先生説"燭錠"之名是"將燭和燈連爲一詞",解釋尚不夠明確。劉釗先生在解釋"燭鐙"含義時指出:"《説文·金部》:'鐙,錠也。从金,登聲。'徐鉉曰:'錠中置燭,故謂之鐙。''錠中置燭'正是對'燭鐙'最恰當的解釋。"③"燭錠"即置燭之錠,"燭豆"等名可類推。

孫機先生並未揭示燈炷爲何稱"燭"。結合昭通東漢墓銅燈中類似麻燭的燈炷,我們推測早期的燈具很可能就是用以承置麻燭的,燈炷實由麻燭演進而來。④ 古代室内麻燭多用手執,但肯定也有將其固定在某處以取代手執的辦法,桓譚《新論》中有"余見其旁有麻燭,而地垂一尺所""余嘗夜坐飲内中,然麻燭。燭半壓欲滅,即自勑視……"等内容,置於人旁的麻燭或燭燼垂下一尺多而没有及時打理,或等到快滅時纔發現其燃燒不完全,可見其並非執於手中。上文曾引到唐人所述灌以脂膏、飴蜜的製作庭燎之法,這種給竹木類添加脂膏等物以助燃的做法由來已久,如《史記·田單列傳》所記牛尾炬即"灌脂束葦於尾",古代的麻燭當亦有"灌以脂膏"一類的改進,使用這種麻燭時其脂膏容易流淌,顯然不便手執,需將其置於容器之上,進而由此演進

---

① 原注,雲南省文物工作隊:《雲南昭通桂家院子東漢墓發掘》,《考古》1962年第8期。
② 孫機:《摩羯燈——兼談與其相關的問題》,《文物》1986年第12期,第75頁。參看孫機著:《漢代物質文化資料圖説》(增訂本),上海古籍出版社,2008年,第405頁。
③ 劉釗:《馬王堆漢墓簡帛文字考釋》,載《古文字考釋叢稿》,岳麓書社,2005年,第339—340頁。
④ 考古發現的那些燈盤中有支釘的燈具所用的燈炷,除了與麻蒸類似者外,還有其他形制的,如廣西合浦風門嶺一座西漢後期墓中出土行燈的"支釘上殘存有燈芯,燈芯爲三股絞纏而成,下部開叉搭在燈盤中吸油之用。燈盤内還有油料的殘餘"(廣西壯族自治區文物工作隊、合浦縣博物館編著:《合浦風門嶺漢墓——2003~2005年發掘報告》,科學出版社,2006年,第29頁),這種燈炷屬軟燈炷,當由麻蒸類的硬質燈炷演進而來。燈盤中没有支釘或這一部分不是尖釘形的燈具也用軟燈炷〔孫機著:《漢代物質文化資料圖説》(增訂本),上海古籍出版社,2008年,第405頁〕。軟燈炷更適用於液體燃料,且不需要頻繁更換,爲後世以植物油爲燃料的油燈一直沿用。

出以燈盤、燈炷、脂膏等爲基本構成的燈具。這一演進使麻蒸由主要燃料轉變爲引燃物，脂膏由助燃物轉變爲主要燃料。

由於燃料的改進，燈具比麻燭有更好的燃燒性能和照明程度，但在使用過程中要不斷增添燃料、修治或更換燈炷（如《新論》"燈燭盡，當益其脂，易其燭"），同樣需人矚視、照看，與麻燭的基本特點相同。因此燈具還有一些與"麻燭"結構相同的名稱，除了見於上文引文的"膏燭"外，典籍中還有"脂燭"①"脂火"②等。有時燈具還可以直接稱"燭"，如燈具銘文"曲成家行燭一"、鐙下承盤銘文"車宫銅丞（承）燭槃（盤）"。③

"炷"字較爲晚出，古人造出與"燭"音近的"炷"字來專門表示燈炷義，當是爲了與一般意義的"燭"相區别。《説文·丶部》："丨，鐙中火主也。从呈，象形，从丶，丶亦聲。"徐鉉注："今俗别作炷，非是。"段玉裁注："主、炷亦古今字。"徐鉉、段玉裁均信從《説文》以"主"爲"炷"的象形初文。上引孫機先生文説"主字後亦作炷，指燈芯"，也贊同此説，不過他又根據"主"字的篆形認爲"主"本來指燈盤中的支釘。今按，"主"字《説文》篆形與秦文字"主"字作呈、主、┃等形相合④，但《説文》對其字形的分析並不可靠。燈具由豆類食器轉化而來，如依《説文》認爲"呈"爲象形，那麽其所象應爲豆形，但古文字中找不出寫作"呈"形的"豆"字，也未見類似的演變。一般認爲燈具出現

---

① 見《東觀漢記·和熹鄧皇后傳》："畫則縫紉，夜私買脂燭讀經傳。"又《孔奮傳》："四時送衣，下至脂燭。"《論衡·幸偶》："俱之火也，或爍脂燭，或燔枯草。"《三國志·吴書·韋曜傳》："窮日盡明，繼以脂燭。"《漢語大詞典》釋曰："古人用麻蕡灌以油脂，燃之照明，是爲脂燭。"〔漢語大詞典編纂處：《漢語大詞典》（第六卷），上海辭書出版社，2008 年，第 1250 頁〕恐不確，上引《論衡·幸偶》句所在一段專論事物的幸與不幸，其所舉之物的遭遇均以幸者在前，不幸者在後，"脂燭""枯草"之比與《淮南子》"膏燭""廡燭"之比近似，唯枯草比廡燭更爲下矣。又《淮南子·繆稱》："膏燭以明自鑠。"其義與"爍脂燭"類同，更可證"脂燭"與"膏燭"均指鐙而言。《漢語大詞典》（第六卷）1365 頁又釋"膏燭"爲蠟燭，亦不確。

② 見桓譚《新論》："余後與劉伯師夜燕脂火坐語，鐙中脂索，而炷燋秃，將滅息……"古代亦稱燭爲火，參看尚秉和著：《歷代社會風俗事物考》，中國書店，2001 年，第 164 頁。

③ 牟華林、鍾桂玲著：《漢金文輯校》，光明日報出版社，2016 年，第 215 頁、219 頁。

④ 參看王輝主編：《秦文字編》，中華書局，2015 年，第 785—787 頁。齊文字的"主"作┃等形之字，舊皆釋爲"王"，張政烺先生曾改釋爲"主"（張政烺：《"平陵陳導立事歲"陶考證》，載《張政烺文史論集》，中華書局，2004 年，第 46—57 頁）。徐寶貴先生仔細排比齊文字中此字形與"王"字的字形，重申張先生釋"主"之説（劉釗：《齊國文字"主"字補説》，載《楚簡帛，出土文獻與古文字論叢》，上海古籍出版社，2013 年，第 286—304 頁），得到裘錫圭先生的支持（裘錫圭：《齊量制補説》，《中國史研究》2019 年第 1 期，第 10—12 頁）。齊文字"主"之字形與上舉秦文字以及《説文》的"主"字有一些區别，如後者與豎筆頂端相接的曲筆的弧度較大（不過較晚的秦漢文字中這一曲筆已變爲横筆），前者弧度較小；後者中部的横筆居中，而前者則靠上，與"王"字的這一筆類似。齊文字的"主"字目前只見於戰國時期陶量上的量名之前，裘錫圭先生指出量名有"主"字的齊量的時代緊接於量名前有"公"字的齊量之後，是田齊新量的量器，量名前的"主"字與"君主"之義有關（裘錫圭：《齊量制補説》，《中國史研究》2019 年第 1 期，第 25—26 頁）。我們懷疑齊文字的"主"字是故意寫得與"王"字相近的。

於春秋時期,這時候大概不會爲其字新造一個象形字,"主"字的字形當另有來源。①文獻中並無表示燈炷義的"主"字,《說文》以爲其本義爲"鐙中火主",後人以之爲"炷"的古字,恐怕都是靠不住的。

這裏附帶談一談信陽長臺關楚墓遣策中一般認爲與燈具有關的名稱。

長臺關一號楚墓 2-014 號竹簡記有"一柔饔之鎜",李家浩先生釋讀爲"一承燭之盤",認爲"承燭之盤"即漢車宮承燭盤銘文所說的"承燭樂",簡文所記是墓中出土與漢車宮承燭盤形制相同的"空柱陶盤"(引者按,見表 1-3-1 之 3)。② 此說得到不少學者的贊同。但是車宮承燭盤的器形爲 ⌒ ,盤中並無柱,與"空柱陶盤"形制不同。漢代燈具有不少帶承盤的③,這些盤與"車宮承燭盤"一樣都沒有柱,是平底的。漢代的熏爐也多見帶類似承盤者④,《夢溪筆談》對熏爐承盤的功用有說明:"又古銅香鑪多鏤其底,先入火於鑪中,乃以灰覆其上,火盛則難滅而持久,又防鑪熱灼席,則爲盤薦水,以漸其趾,且以承灰炧之墜者。"⑤燈具下的承盤當也具有類似的降溫、保持衛生等功用。信陽楚墓所出的"空柱陶盤"盤中有柱,顯然不適於承放燈具,不能與承燭盤牽合。

遣策文字中的"鎜"字,李家浩先生認爲是"盤"字異體。不過也有學者認爲其上部的"舟""丩"爲聲符,懷疑此字爲具有地方特色的"舟"字,指一般意義上的盤。⑥ 不管"鎜"字如何釋讀,對於其所指的器物是盤這一點,學者並無分歧。"饔"字左上李先生原隸定爲"月(肉)",將此字分析爲从火、臅聲,認爲是"膏燭"之"燭"的異體。劉國勝根據此字紅外綫圖像 ☒ 將其左上隸定爲"它",仍從李先生括注爲"燭",但對字形結構沒有說明。⑦ 他大概是把"蜀"看作聲旁,把"它""火"看作形旁,但"它"何以作"燭"

---

① 現在多數學者認爲秦文字與《說文》"主"字之形是由神主的象形字"丅"演變而來,這種說法並不可信。秦文字"主"字字形中與豎筆頂端相接之筆有明顯的弧度,較晚的字形中這一曲筆變爲橫筆,而神主之"主"與之對應的這一筆從甲骨到戰國文字都是作直筆的。如果認爲秦漢文字的"主"由神主之"主"變來,那麼這一筆就經歷了"直筆—曲筆—直筆"這種特異的演變過程,不符合字形演變規律。也有學者釋甲骨文中其他字爲"主"(參看季旭昇撰:《說文新證》,藝文印書館,2014 年,第 424—425 頁),從字形上看亦難以信從。秦文字"主"之來源仍待研究。

② 李家浩:《信陽楚簡"澮"字及从"关"之字》,載《著名中年語言學家自選集·李家浩卷》,安徽教育出版社,2002 年,第 203 頁。

③ 麻賽萍:《漢代燈具研究》,博士學位論文,復旦大學,2012 年,第 29—43 頁。

④ 孫機著:《漢代物質文化資料圖說》(增訂本),上海古籍出版社,2008 年,第 413—419 頁。

⑤ 沈括撰:《夢溪筆談》,金良年點校,中華書局,2015 年,第 300 頁。

⑥ 田河:《出土戰國遣冊所記名物分類匯釋》,博士學位論文,吉林大學,2007 年,第 57 頁。

⑦ 劉國勝著:《楚喪葬簡牘集釋》,科學出版社,2011 年,第 6 頁、第 27 頁注 120。該字紅外綫圖像見武漢大學簡帛研究中心、河南省文物考古研究所編著:《楚地出土戰國簡册合集》(二),文物出版社,2013 年,圖版第 86 頁。

的形旁，似乎不太好解釋。如果仍從李先生將此字分析爲上下結構，則其聲旁爲從未見過的从它、蜀聲之字，頗覺怪異。

我們認爲此字當析分爲"燭""它"兩部分。上博簡《容成氏》簡2有上下結構的"燭"字作（叕）①，"𤐫"字應該就是在這種寫法的"燭"字上增加"它"旁而來，可分析爲从燭、它聲，疑即"炨"字異體。《説文》："炨，燭炱也。从火、也聲。"《説文》分析爲从也聲的字，在古文字中本來是从它的，這是大家都熟知的。"炨"字見於馬王堆帛書《陰陽十一脈灸經乙本》和張家山漢簡等，正从它作。② "炨"是火燭燃燒後産生的灰燼，其字以"燭"爲形旁是合理的。馬王堆帛書《陰陽十一脈灸經甲本》的"炨"字从炭、它聲，也同樣是形旁不同的異體。③ 麻燭在使用過程中産生的燭燼需要及時清理，已見上文所引《管子·弟子職》，"承炨之槃"當與《弟子職》中"捧椀以爲緒"之"椀"同爲盛納燭燼的器物，或許就是燈下承盤。長臺關一號墓出土有六件平底盤，其中陶盤兩件（高4釐米，口徑27.4釐米），出於左後室；帶環銅盤四件，兩件口徑較大者（高10.9釐米，口徑48.6釐米）出於左後室，另兩件（高6.2釐米，口徑30.5釐米）出於前室。④ 遣策記載的"槃"有"一槃"（2-01）、"二沫槃，一浣槃，一匜"（2-08）、"一沫槃，一承炨之槃"（2-014），同樣是六件。兩件較大的銅盤出土時重疊放置，盤中還盛有匜、提梁壺、銅箕，這兩件盤當即"二沫槃"，另外兩件形制與之相同的銅盤當是簡2-014的"一沫槃"與簡2-08的"一浣槃"。簡2-01（記陶器與木器）的"一槃"和簡2-014的"一承炨之槃"應該是左後室出土的兩件陶盤。

五

接著再來説一説"蠟燭"。

我國古代較早使用的蠟爲蜂蠟（也稱蜜蠟、黃蠟），起初跟膏、脂一樣，在燈盤中融化之後用作燈具的燃料，後來纔有可直接引燃的柱狀蠟燭。孫機先生對此有很好的介紹：

---

① 滕壬生編著：《楚系簡帛文字編》（增訂本），湖北教育出版社，2008年，第872頁。
② 陳松長編著：《馬王堆簡帛文字編》，文物出版社，2001年，第404頁；邱玉婷：《張家山漢簡文字編》的上學位論文，吉林大學，2015年，第681頁。同樣的字形即見睡虎地77號西漢墓出土的《市販律》，是與布、絲、脂、膏等並列的販賣的商品，整理者括注爲"炨？"，認爲其義待考（熊北生、陳偉、蔡丹：《湖北雲夢睡虎地77號西漢墓出土簡牘概述》，《文物》2018年第3期，第49頁）。王挺斌先生已指出"炨"與"炭"意義相關（王挺斌：《説睡虎地77號西漢墓〈市販律〉之"炨"》，武漢大學簡帛網，http://www.bsm.org.cn/show_article.php?id=3058，2018年4月21日），《市販律》中的"炨"當即指炭而言。
③ 陳松長編著：《馬王堆簡帛文字編》，文物出版社，2001年，第409頁。"炨"與"炭"意義相關，參上注。
④ 河南省文物研究所：《信陽楚墓》，文物出版社，1986年，第47、50頁。

漢代燃燈還可用蠟。《潛夫論·過利篇》説："知脂蠟之可明鐙也。"出土的漢燈中有的尚殘留燈蠟。解放前商承祚在《長沙古物聞見記》中説："漢墓偶有黄蠟餅發現"，"豈以之代膏邪？"解放後，在長沙楊家大山401號、沙湖橋A45號漢墓中，均於銅燈内發現殘蠟，可以作爲以蠟代膏之證。① 晉·范堅《蠟燈賦》中描寫過這種燃蠟的燈："列華槃，鑠凝蠟。浮炷穎其始燃，秘闈於是乃闢。"（《藝文類聚》卷八〇引）。可見蠟燈内的蠟是融化後作爲油膏使用的。至東漢晚期，在廣州漢墓中最先出現燭臺(90-4)。説明細長柱狀的蠟燭這時已進入照明用品的行列之中了。②

目前發現的最早的蠟燭實物出於南京江寧一座三國孫吳時期的墓葬，殘存半截，插於瓷辟邪形（或稱"獅形"）燭臺之上。③ 由此來看，認爲蠟燭在東漢晚期就已出現是合理的。④ 廣州漢墓出土了三件盤中立長柱的陶製燭臺，分别出自三座規模較大的東漢後期墓葬中，可分爲兩種類型，一種是柱托型燭臺，在柱旁設置托和箍以插燭；一種是管狀燭臺，其柱的上半中空，用以插燭。⑤ 這兩種類型的燭臺在魏晉南北朝時期都繼續使用，管狀燭臺一直到隋唐乃至宋元都頗爲流行，其造型更爲多樣，插燭的管也可以有多隻，明清時期則多見立釬式的燭臺。⑥ 這可能與當時蠟燭由硬度較高、燃燒性能較好的白蠟製成有關。⑦

文獻中"蠟燭"之稱最早見於南朝劉義慶的《世説新語》，如卷三十《汰侈》："石季

---

① 原注，見《長沙發掘報告》第115頁；《長沙沙湖橋一帶古墓發掘報告》，《考古學報》1957年第4期。

② 孫機著：《漢代物質文化資料圖説》（增訂本），上海古籍出版社，2008年，第412頁。

③ 南京市博物館、南京市江寧區博物館：《南京江寧上湖孫吳、西晉墓》，《文物》2007年第1期，第41頁。另外，河南陝縣一座唐墓也曾出土兩隻表面繪有黑、緑兩色的梅花圖案的蠟燭，其中較爲完整的一隻長43釐米，直徑5.5釐米(河南省文物研究所：《陝縣唐代姚懿墓發掘報告》，《華夏考古》1987年第1期，第131頁)。

④ 西漢南越王墓出土屏風上的蟠龍形托座和朱雀形、獸首形頂飾均有管形插座，在初步報告中被誤認成燈具(參看麥英豪等：《南越王墓出土屏風的復原》，載廣州市文物管理委員會、中國社會科學院考古研究所、廣東省博物館編輯《西漢南越王墓》，文物出版社，1991年，第433—451頁)。有一些研究燈具的學者没有注意到正式報告的説明，認爲這些器物就是燭臺，用以證明西漢初期已有蠟燭，與下文所引《西京雜記》所載南越王獻蜜燭事牽合，是不可信的。

⑤ 中國社會科學院考古研究所、廣州市文物管理委員會、廣州市博物館編：《廣州漢墓》(上)，文物出版社，1981年，第412頁。報告還提到1959年發掘的一處東漢殘磚墓中出土的一件由柱和獸座兩部分組成的燭臺，其柱上共有四套圓箍。

⑥ 參看孔晨、李燕編著：《古燈飾鑒賞與收藏》，吉林科學技術出版社，1996年，第98—168頁；徐巍：《中國古代陶瓷燈具研究》，《文物世界》2004年第1期，第41—51頁。

⑦ 張磊：《中國古代燈具形制和照明燃料演變關係考》，《南京藝術學院學報》（美術與設計版），2009年第6期，第191—193頁。

倫用蠟燭作炊。"又卷六《雅量》："周仲智……舉蠟燭火擲伯仁。"此事《晉書·周顗傳》記作："(顗)以所燃蠟燭投之。""蠟燭"這一名稱的結構與"麻燭""膏燭"等相同，是指以蠟爲燃料的燭。蜂蠟的熔點較低，其燃燒過程中容易軟化和滴淌蠟液，使用時當然需要矚視、照管；有些柱托型燭臺的托可以上下調節①，顯然是要隨着蠟燭燃燒變短而調節高度，以保持照明效果，這更能體現其需要矚視、照管的特點；蠟燭燒完之後同樣需要更續，只不過不必像麻燭那樣頻繁；並且蠟燭的外形及其與燭臺的組合分別與麻燭、燈具類似，當有演進關係，稱其爲"燭"是很合適的。

此外，蠟燭還有不少異稱。一般認爲是東晉葛洪所編的《西京雜記》載："閩越王獻高帝石蜜五斛、蜜燭二百枚。"古代的蠟爲蜜蠟，"蜜燭"與"蠟燭"同義，其以枚爲單位，當亦是長柱狀。但《西京雜記》多爲小説家言，其所記之事不一定可信，俞樾即已指出："《西京雜記》雖有閩越王獻高帝蜜燭事，然雜記所言本非可據。"②不過這則資料至少可以説明東晉已有"蜜燭"這一名稱。唐代詩文中除了大量出現的"蠟燭"之稱(或作"蠟燭"，見上文所引孔穎達疏)外，還有"蠟炬""炬蜜"之稱("炬蜜"即"蜜炬"之倒文)，又簡稱爲"蠟""燭"。③ "蠟燭""蠟""燭"這些名稱一直沿用至今。

六

最後，結合本文的主要内容對古代"燭"的得名原因及其源流進行一下梳理。

蔣玉斌先生所釋甲骨文的"獨"字，當從陳劍、郭永秉先生説改釋爲"矚"，其字象突出目形的拄杖人形，表示長時間矚視之義。陳漢平先生所釋甲骨文的"燭"字，字形象突出目形之人手持工具矚視、照管火種，其上部突出目形的持杖人形即"矚"字，兼起表音作用。從甲骨文來看，"燭"的本義是需要矚視、照看的火，或前後相屬、不斷增續的火。古代照明用具燎、麻燭、燈具、蠟燭等也有需要矚視、不斷增續的特點，故皆有以"燭"爲中心語的名稱。燎樹立於地且形制較大，故稱"地燭""大燭"。先秦典籍中不加修飾和限定的照明用具"燭"指手執的火炬，又有在"燭"前標明燃料的"麻燭""蕡燭"等名。燈具可能在春秋時期出現，由食器豆轉化而來，燈炷係由麻燭演進。戰國及漢代出土文獻中多見"燭"加中心語豆類器名的燈具名稱，這類名稱中的"燭"指燈炷；典籍中燈具又有與"麻燭"結構相同的、標明其燃料的"膏燭""脂燭"等名稱。蠟燭至遲在東漢晚期已出現，當由麻燭、燈具演進而來，"蠟燭"之名的結構與"麻燭""膏

---

① 孔晨、李燕編著：《古燈飾鑒賞與收藏》，吉林科學技術出版社，1996年，第103頁。
② 俞樾撰：《茶香室叢鈔》，貞凡、顧馨、徐敏霞點校，中華書局，1995年，第738頁。
③ 參看冉萬里：《唐代蠟燭小考》，《人文雜志》1994年第1期，第97頁。

燭"相同,指以蠟爲燃料的"燭"。

2019 年 5 月 12 日修訂
2019 年 10 月 14 日再改

附識:

本文由 2015 年 1 月完成的一篇習作改寫而成,承裘錫圭、陳劍、郭永秉、蔣玉斌諸位先生審閱並提出修改意見,作者十分感謝。

本文原載《出土文獻與古文字研究》(第九輯),上海古籍出版社,2020 年。

作者係復旦大學出土文獻與古文字研究中心 2011 級碩士(導師:郭永秉)、2014 級博士(導師:裘錫圭),現爲中國美術學院漢字文化研究所副研究員。

説"死""葬"①

張　昂

殷墟甲骨文中，存在一批以"歺"旁、站立"人"形（主要指"人"旁與"大"旁）、"井"形（或"囗"形）、"廾"旁爲構件組成的字。本文將分類對它們展開研究。

一、殷墟甲骨文中確釋的"死"字

A．"歺"旁＋"人"旁

午類②：▨▨《合集》19898（《甲編》3837）、▨《醉古》110③

圓體類：▨《合集》21890

劣體類：▨▨《合補》6912＋、▨（▨）《合集》21923＋《乙補》1047④

花東類⑤：▨（▨⑥）《合集》20051、▨《花東》3、▨《花東》21、▨▨《花東》60、▨《花東》102、▨《花東》110、▨▨▨《花東》175、▨《花東》215、▨▨▨《花東》241、▨▨《花東》275＋、▨《花東》294、《花東》321

前人很早就認出甲骨文中這類从歺从人的字就是"死"字，該字形可直接與後世

---

① 本文是國家社科基金青年項目"基於字跡學視角的何組甲骨再整理與研究"（24CYY003）的階段性成果。
② 本文沿用黄天樹所作的甲骨分類，參看黄天樹著：《殷墟王卜辭的分類與斷代》，科學出版社，2007年；黄天樹著：《甲骨文摹本大系》，北京大學出版社，2022年；又見李學勤、彭裕商著：《殷墟甲骨分期研究》，上海古籍出版社，1996年。"典賓類""歷類"的小類參考漢達文庫。
③ 該版由林宏明綴合，見林宏明著：《醉古集：甲骨的綴合與研究》，萬卷樓，2011年，第129頁。
④ 該版由蔣玉斌綴合，該字摹本爲蔣先生製作，見蔣玉斌：《殷墟子卜辭的整理與研究》，博士學位論文，吉林大學，2006年。
⑤ 花東類中"死"字還見於《花東》38、78、118、126、186、288、351、369、373、431。
⑥ 摹本採自劉釗等編纂：《新甲骨文編》（增訂本），福建人民出版社，2014年，第266頁。

文字溝通。① 安陽劉家莊北地 M1046：103 出土的商代晚期的玉璋上有一字作"🗙"（《通鑒》31500），該字亦从死。

《說文·歺部》云："歺，剡骨之殘也。从半冎。"《繫傳》曰："冎，剔肉置骨也。歺，殘骨也。故从半冎。"②此說的影響很大，《古文字譜系疏證》《字源》均採用此說對相關古文字進行說解③。

甲骨文中還有从死（歺＋人）从黽和从歺从妹的字：

典賓 A 類：🗙《合集》17055、🗙《合集》17056＋、🗙《合集》17057
典賓 B 類：🗙《合集》10406、🗙《合集》10405、🗙《合集》17058

此字又見於《合集》5807 作🗙，可省去"歺"旁。鍾柏生將此字釋作"殊"④，當是正確的意見。從"五口丁卯子🗙殊，不㞢"（《合集》10406）看，"殊"應也是一個意義不好的詞，但與"㞢"不同，不會指死亡，鍾文認爲"殊"在卜辭中當訓爲"傷"。陳劍指出，卜辭中的"殊"當理解爲"（身體）斷（絶）而死"，最初可能所"斷"者並不限於頭頸，"斷"的程度也可能不全爲"離絶"⑤，其説可從。本文將表示"殘骨"義的"歺"旁暫稱作"歺_{殘骨}"。《説文》的看法其實並無太多根據，不少學者對該説提出質疑，並對"歺_{殘骨}"作出新釋⑥，但諸説還有無法合理解釋字形之處。

裘錫圭曾指出，甲骨文中有一種表示"鏟臿之類的挖土工具"義的"歺"旁⑦，本文

---

① 各字編中"死"字下有二形當存疑。一形僅見於《合集》17059＋17060＋《合補》1502（自賓間類），其辭例爲"己酉卜，王：🗙[來]，唯🗙[告]。九月。""己酉卜，王：🗙來，不唯🗙告"。從字形、辭例上看，將🗙字與 A 類字認同的證據並不充分。該版由曾毅公、何會綴合，參看何會：《龜腹甲新綴第十三則（附校重兩例）》，先秦史研究室，http://www.xianqin.org/blog/archives/1986.html，2010 年 7 月 24 日。另一形見於《合集》21306 乙＋（自小字類）作🗙，此字右半與一般"人"旁不類，黃天樹認爲此字右半爲"足部前伸而蹲踞狀的'尸'字"，把"人"改爲"尸"旁屬於變形音化，見黃天樹：《殷墟甲骨文中的"變形聲化"》，載《黃天樹甲骨金文論集》，學苑出版社，2014 年，第 141 頁。今按，其辭爲"己☐复☐🗙。四月"，意義不明，若此字確爲"死"字並且在辭中用爲"死亡"，與我們下文的結論也不矛盾。自小字類的時代較早，異體繁多而用字習慣複雜，不排除兼用這種从尸的"死"字。

② 徐鍇撰：《説文解字繫傳》，中華書局，1987 年，第 78 頁。

③ 黃德寬主編：《古文字譜系疏證》，商務印書館，2007 年，第 2045 頁。李學勤主編：《字源》，天津古籍出版社，2012 年，第 345 頁。

④ 鍾柏生：《釋"🗙"》，載中國文字編輯委員會編《中國文字》（新十五期），藝文印書館，1991 年，第 7—16 頁。

⑤ 陳劍"古文字形體源流"課程，2021 年 12 月 10 日。

⑥ 參看季旭昇撰：《説文新證》，藝文印書館，2014 年，第 333 頁。

⑦ 裘錫圭：《夔公盨銘文考釋》，載《裘錫圭學術文集·金文及其他古文字卷》，復旦大學出版社，2012 年，第 149 頁。

暫將其稱作"歺{鑱甾}"。近年來鄔可晶、王子楊、謝明文等學者對"歺{鑱甾}"有很好的研究①，學界對"歺{鑱甾}"現已有清晰的認識。我們發現，"歺{鑱甾}"中的一類字與"歺{殘骨}"極其相像，現列出部分字形以兹比較：

賓一類：[字形]《合集》7078＋、[字形]《合集》7079、[字形]《合集》7080
典賓類：[字形]《合集》11506 反、[字形]《合集》18268
何二類：[字形]《合集》29324、[字形]《合集》28151、[字形]《合集》29326
無名類：[字形]《屯南》2408、[字形]《合集》29327、[字形]《合集》29328

仔細觀察不難發現，"歺{殘骨}"與"歺{鑱甾}"形體上十分接近。我們懷疑，甲骨文中"死""殊"等字所從的"歺"旁，就是學者所說的"鑱甾"形。甲骨文中"死"字作"[字形]"，從歺從人，會以鑱甾挖墳坑埋屍之意。②饒炯、孫詒讓、胡厚宣等認爲，"死"即爲"屍體"之"屍"。③"死""屍"本就是一組同源詞，"死"爲動作（動詞），"屍"爲"死"的結果（名詞），王力早已指出兩字是"轉音"的滋生詞④。

不少學者注意到，殷墟甲骨文中單獨的"歺"旁也可以表示死亡⑤，如：

（1a）甲辰，貞：羌野（儦）⑥不[字形]。二三
（1b）其[字形]。二

〔《醉古》164（《合集》22134＋22347＋《乙補》7372⑦，《合集》22135＋22263⑧ 同文）婦女〕

---

① 王子楊：《釋甲骨文中的"阱"字》，《文史》2017 年第 2 輯，第 5—15 頁。鄔可晶：《説金文"賫"及相關之字》，載復旦大學出土文獻與古文字研究中心編《出土文獻與古文字研究》（第五輯），上海古籍出版社，2013 年，第 216 頁；又載復旦大學出土文獻與古文字研究中心編選《探尋中華文化的基因》（一），商務印書館，2018 年，第 158 頁。謝明文：《釋北洞山西漢楚王墓出土陶文"睿"字與説古文字中的"合"字及相關之字》，載史佩信主編《紀念羅君惕先生語言文字學術研討會論文集》，上海教育出版社，2018 年，第 131—145 頁。

② 方稚松審閱初稿後提出另一種可能："死""殊"所從的"歺"，並非如《説文》所云的象"殘骨"形，但確有"殘"義。"歺"字看作"錢""鏟"的初文應該是最合理的，"錢""殘"同源，所以"歺"有"殘"義也很自然。

③ 胡厚宣：《釋㓞》，載《甲骨學商史論叢初集（外一種）》，河北教育出版社，2002 年，第 506—520 頁。

④ 王力：《漢語滋生詞的語法分析》，載《王力文集·同源字典》，山東教育出版社，1992 年，第□□頁。

⑤ 卜辭中可能還有其他表死亡的"歺"字，本文僅選取辭意明確之例。

⑥ 此字從周忠兵之說，見周忠兵：《出土文獻所見"僕臣臺"之"臺"考》，載《"中研院"歷史語言研究所集刊》（第九十本），"中研院"歷史語言研究所，2019 年，第 367—398 頁。

⑦ 該版由白玉崢、林宏明綴合，參看林宏明著：《醉古集：甲骨的綴合與研究》，萬卷樓，2011 年，第 181 頁。

⑧ 該版由蔣玉斌綴合，見蔣玉斌：《殷墟子卜辭的整理與研究》，博士學位論文，吉林大學，2006 年。

(2a) 癸丑卜，賓，貞：左赤馬，其劉（犧）①，[不]🐾。

(2b) ☐劉（犧）☐三　　　　　　　　　（《合集》27720＋29423② 何一）

(3a) ☐🐾。五

(3b) ☐☐卜，賓，[貞]：右曳③[馬]其劉（犧），[不]🐾。

　　　　　　　　　　　　　　　　　　　（《合集》27721 何一）

(4a) 丙子卜：🐾（先？）陟🐾，不🐾。

(4b) 其🐾。　　　　　　　　　　　　　（《屯南》2219 無黄）

學者對此現象的認識不同。蔡哲茂疑例(1)中的"歨"爲"死"之省。④ 與例(3)、(4)内容相關的卜辭還見於《合集》29418、《合補》9264(《合集》28195＋28196)中，周忠兵對它們有很好的研究⑤。周文還涉及後文將談到的"自賈馬有死"等辭，又舉《合集》30297，其辭云：

　　(5) 甲午卜：王馬尋🐾（駢），其御于父甲亞。吉　　（《合集》30297 無名）

周文持謹慎的態度，舉出花東卜辭常卜"馬不死"之事，如《花東》60 中"自賈馬其有死。子曰其有死"，此處"不歨"可能與"死"字義近。⑥ 但實際應是"歨"可能與"死"字意近，而非"不歨"與"死"義近。周文還指出，例(5)中的"駢"亦是一種不好的意思，"駢"字與"歨"字相比增加了"馬"字，應是一個表示"馬""歨"的專字。不管怎樣，單獨的"歨"可以在卜辭中表示死亡是事實，此現象可以確定之例見於婦女類、何類、無名類、無黃類，與上舉"死"字、下文將談到的"冎"字所見的類組呈現互補的趨勢，所以"歨"應就是某些類組中用以表示死亡之字，甚至有可能就是某些刻手慣用的"死"字。爲何表示鏟臿形的"歨"可表示死亡或就是"死"字？也許如蔡文所説，正是從人從歨

---

① 此字從周忠兵之説，見周忠兵：《甲骨文中幾個從"凵(牡)"字的考辨》，載華東師範大學中國文字研究與應用中心主辦《中國文字研究》(第七輯)，廣西教育出版社，2006年，第139—143頁。

② 該版由周忠兵綴合，見周忠兵：《甲骨文中幾個從"凵(牡)"字的考辨》，載華東師範大學中國文字研究與應用中心主辦《中國文字研究》(第七輯)，廣西教育出版社，2006年，第141頁。

③ "曳"過去讀作"駛"不可信，從辭例上看，此字當表示顔色義，我們懷疑此字當讀作"玆""甾"，表示黑色，詳參拙文《殷墟甲骨文中與"馬"相關的涉醫卜辭之研究》(未刊稿)。

④ 蔡哲茂：《讀契札記三則·説"羌🐾"爲服屬商朝的羌人》，先秦史研究室，http://www.xianqin.org/blog/archives/8725.html，2017年6月28日。

⑤ 周忠兵：《甲骨文中幾個從"凵(牡)"字的考辨》，載華東師範大學中國文字研究與應用中心主辦《中國文字研究》(第七輯)，廣西教育出版社，2006年，第141—143頁。

⑥ 同上書，第142頁注4。

的"死"字之省,此情況可能類似裘錫圭所說的何二類卜辭以"犬"表"逐"①。本文將此類表示死亡的"歹"旁稱作 A* 類。

二、殷墟甲骨文中的"囚"字

B. "井"形＋"人"旁

B1

自肥筆類：▨（▨）《合集》21373（《乙編》8998）

自小字類：▨《合集》19891、▨《合集》21367、▨《合補》6603、▨《合集》21369＋、▨《合集》21372、▨（▨）▨《合集》21903＋（《甲編》3014＋3020）、▨《合集》40073

自賓間類：▨《合集》525（同版上有 B2 ▨）、▨《英藏》1576

典賓 A 類：▨《合集》17160、▨《合集》17161、▨《合集》17162、▨（▨）《合集》17163（《中歷藏》1186）

B2②

自小字類：▨《合集》21371、▨《英藏》1873

自賓間類：▨《合集》22102、▨《合集》11023、▨《合集》11189、▨ ▨ ▨《合集》17081（《甲編》2996）

賓一類：▨《合集》574、▨《合集》17128

典賓 A 類：▨ ▨《合集》110、▨ ▨ ▨《合集》734、▨ ▨《合集》822、▨ ▨《合集》938＋、▨《合集》17130

典賓 B 類：▨《合集》526＋、▨《合集》580、▨《合集》6063＋、▨《合集》6110、▨《合集》7363＋、▨《合集》13795（《甲編》3367）

典賓 B 晚—賓三類：▨《合集》17071、▨《合集》13641、▨《合集》17094

賓三/賓出類：▨《合集》6、▨《合集》9627、▨《合集》17082、▨《合補》2511、▨《合集》17088、▨ ▨《合集》17127

甲一類：▨《合集》17097、▨《合集》17098、▨《合集》23708、▨《合集》31110

出二 A 類：▨《合集》23691

---

① 裘錫圭:《釋殷墟卜辭中"卒"和"䘏"》,載《裘錫圭學術文集·甲骨文卷》,復旦大學出版社,2012 年,第 374 頁。

② 此類字在賓類前後的甲骨文中數百見,我們對其出現的類組和辭例已徹查,本文僅選錄各小類的代表字。

B類字的考釋歷程比較複雜,陳劍在《殷墟卜辭的分期分類對甲骨文字考釋的重要性》一文中曾簡單總結:

> 甲骨文"䢼"字寫作 䢼、䢼 等形(《文編》①第 347 頁)。其考釋很長時間以來異說紛紜,先後有釋"刑""囚""死""併""葬""因""困"等說(參看《綜覽》②第 244 頁)。自從丁山在二十世紀三十年代釋爲"死"③,經胡厚宣歸納大量辭例加以論證後④,大部分研究者都承認它在卜辭裏的意義確與死亡的"死"相近這一點了。但甲骨文自有"死"字(《文編》第 198 頁),形體與"䢼"相差很遠。直到上個世紀六十年代張政烺提出釋"㐫"之說,纔把對這個字的考釋在字形上真正推進了一大步。⑤

引文將此字釋作"囚*"(㐫),讀作"昏/婚",並認爲"昏/婚"在古書中有"突然的、非正常的死亡"一類的意義,用這樣的意思來理解卜辭非常合適。

後來,陳劍在《"俾子之責"與"唐取婦好"》一文中,對此觀點進一步修正:

> "㐫"字原只作其上半所从聲符之形,舊多釋爲"死";我以前曾經討論過,在張政烺釋其字爲"㐫"的基礎上⑥,認爲這類用法的"㐫"應讀爲"婚"或"殙",意爲"暴死",即"突然的、非正常的死亡"⑦。後來沈培和裘錫圭都曾告訴我,他們認爲這類"㐫"字實應以讀爲"殞"爲好。⑧ 總之,卜辭這類用法的"㐫"字應該跟"死"意義接近,這一點是沒有問題的。⑨

沈、裘兩位先生主張讀爲"殞",相比之下,語音上較"殙"也更爲合適。《說文》中未收"殞"字,《玉篇·歹部》云:"殞,歿也。"《廣韻·軫韻》云:"殞,歿也。"又《廣韻·没韻》

---

① 引者按,即中國科學院考古研究所編輯:《甲骨文編》,中華書局,1965 年。
② 引者按,即松丸道雄、高島謙一編:《甲骨文字字釋綜覽》,東京大學出版會,1994 年。
③ 原注,丁山:《釋疒》,《"中研院"歷史語言研究所集刊》第一本第二分。
④ 原注,胡厚宣:《釋䢼》,《甲骨學商史論叢初集》,506—520 頁,河北教育出版社,2002 年 11 月。
⑤ 陳劍:《殷墟卜辭的分期分類對甲骨文字考釋的重要性》,載《甲骨金文考釋論集》,綫裝書局,2007 年,第 427 頁。
⑥ 引者按,即張政烺:《釋因蘊》,載《張政烺文史論集》,中華書局,2004 年,第 664—675 頁。
⑦ 原注,陳劍:《殷墟卜辭的分期分類對甲骨文字考釋的重要性》,收入《甲骨金文考釋論集》(北京:綫裝書局,2007),頁 431—436。
⑧ 原注,沈培先生《殷墟卜辭正反對貞的語用考察》一文中已將卜辭"㐫"字直接釋寫作"殞"。其文載丁邦新、余靄芹編輯,《語言暨語言學》專刊外編之二《漢語史研究:紀念李方桂先生百年冥誕論文集》(臺北:"中研院"語言學研究所、華盛頓:美國華盛頓大學,2005),頁 191—234。
⑨ 陳劍:《"俾子之責"與"唐取婦好"》,載李宗焜主編《出土材料與新視野》,"中研院",2013 年,第 182—183 頁。

云:"殁,死也。"《史記·漢興以來諸侯王年表》篇云:"大者叛逆,小者不軌於法,以危其命,殞身亡國。""殞"字產生的時代較晚,當是"隕"的分化字。《説文·𨸏部》云:"隕,從高下也。"《左傳·成公十三年》云:"天誘其衷,成王隕命。"蓋人死如物之凋零、墜落。① 先秦時"隕"的對象往往需要顯現,古書中"隕/殞"表示死亡時,往往要帶"身""命"這樣的賓語,因爲其死亡義來源於隕落,正如古書中也會説"隕國""隕社稷"一樣。甲骨文中所見大量的"其㱃""不㱃""有㱃","㱃"字後却不見賓語,雖然甲骨文中所見某些字詞的用法與傳世古書不同,並不是一件怪事,但難免還是會對將"㱃"讀爲"殞"的意見產生疑問。

近年來,王晶晶撰寫《再論甲骨文"㱃"及"葬"的幾個異體》一文,贊同沈、裘兩位先生的意見,將"㱃"字讀作"殞",説解構形時認爲此字象"處理屍體的方法","象人死後身上覆蓋草席之形"。② 總的來説,雖然某些觀點尚未達成一致,但前人對 B 類字已有比較充分的研究。無論是將此字釋作"死",還是釋作"囚*"(㱃)讀爲"殥/殞",學界對該字在卜辭中表示死亡已有共識。

關於此字,前人尚有幾點未提及:第一,時代比較早的甲骨文中"人"形一般不會沖出"囗"形,"人"形完全被"囗"形包圍(參看 B1 類);第二,時代最早的自肥筆類所見的"㱃"形當是 B 類字較爲原始的寫法,且"囗"形與"人"形四周皆有小點;第三,B 類字僅見於自類、賓類、出類早中期的王卜辭中。

前人已指出,以下一種字形當爲"㱃"字異體:

C. "囗"形+"老"形

典賓 B 類:▨(▨)《合集》17159 反+(《甲編》944)、▨《合集》17391、▨《合集》19597+、▨《合集》7372 反+(《續存·上》22③)

C 類與 B 類見於以下一組内容相似的卜辭之中:

(6) 戊辰卜,㱃,貞:婦好娩,㚰。之日[婦]好㱃,大瘧,延▨。一
(《合集》19597+13999④ 典賓 B)

(7) ☑[戊]辰婦好㱃,大瘧,延▨。 (《合集》17391 典賓 B)

① 《漢語同源詞大典》一書下有"隕碩賓殞(墜落義)"條,見殷寄明著:《漢語同源詞大典》,復旦大學出版社,2018 年,第 1202 頁。
② 王文相信張政烺的説法,見王晶晶:《再論甲骨文"㱃"及"葬"的幾個異體》,《出土文獻》2018 年第 2 期,第 20—28 頁。
③ 《續存·下》341 有一字作"▨",很可能也是此字。
④ 該版由蔣玉斌綴合,見蔣玉斌:《〈甲骨文合集〉綴合拾遺》,先秦史研究室,http://www.xianqin.org/blog/archives/2217.html,2010 年 12 月 22 日。

(8) ☐▨(好)☐☐疒,☐☐ 　　　　　　　　　　(《合集》17149 正＋典賓 B)

(9) ☐☐(疒),☐。 　　　　　　　　　　　　(《合集》17078 典賓 B)

以上一組卜辭當與婦好大"疒"之事有關,因此將 C 類與 B 類認同沒有問題,但尚不知"☐"爲何是"凸"字的異體。將"人"替換爲"老",一種可能是增強表意,仍有形符的功能;另一種可能是"老"旁爲義符,郭旭東在解釋"小矴老"時,曾指出"老"是"死亡的一種避諱的說法"①,郭文理解的方向是正確的。但"老"不會指死亡,而應表示某種導致死亡的災禍,類似於"舌"。② 因此,表示死亡的"凸"字可將所從"人"形替換爲義符"老"。據例(8)、(9)看,例(6)、(7)中"延凸"之"延"作爲虛詞的可能性較大,當理解爲"接下來""然後"。③

通過本節梳理,可知 A 類("死"字)、B 類("凸"字)在甲骨文中皆表示死亡,下節將討論 A、B 兩字在卜辭中的辭例與用法。

三、殷墟甲骨文中"死"字與"凸"字之對比

A、B 兩字表示死亡時,最常見的是"人名＋不/其＋'死亡'義動詞"的用法。④ A 類字可舉"引其死"(《花東》110、118)、"☐不死。子占曰:'其死'"(《花東》157)、"奠不死"(《花東》186)、"子利[女]不死/其死"(《花東》275＋517)等,B 類字可舉"逆其凸"(《合集》17099)、"缶其凸"(《合集》17100)、"寅不凸"(《合集》17088)、"阢不凸/其凸"(《合集》556＋、4778、19891)、"☐(威?)不凸/其凸"(《合集》1397、17103)等。B 類字中常可見一些活躍於武丁時期的重要人物,譬如"雀"(《合集》110、17081)、"㕣"(《合集》2341＋、17102)等,他們從自小字類開始就很活躍了,賓類晚

---

① 郭旭東:《殷墟卜辭所見商代品立王后制度考》,《文史哲》2009 年第 1 期,第 121—122 頁。

② 出一類中有一組"小矴"死亡的卜辭,很多學者都做過研究。其中有"丁酉卜,祝,貞:唯拳老罡以由,小矴凸"(《合集》17097、23708)、"丁酉卜[大,貞]:☐小矴老"(《合集》23717)、"丁酉卜,大,貞:小矴老,唯丁由"(《合集》23715、23716),陳劍推測卜辭大意是貞卜"小矴"死亡是誰造成的,到底是"拳老(和某某)"還是"丁(即武丁)作祟導致的"。見陳劍:《釋"凸"》,載劉釗主編《出土文獻與古文字研究》(第三輯),復旦大學出版社,2010 年,第 85 頁。同日所卜的相關事件中,"小矴老"中的"老"字表示死亡,而"拳老"中的"老"理解爲"作祟的人名",這是很奇怪的。謝明文指出據清晰的圖版看,上述卜辭中的"由"其實是"舌",見謝明文:《談甲骨文中的兩例"舌"字及相關問題》,載宋鎮豪主編《甲骨文與殷商史》(新十一輯),上海古籍出版社,2021 年,第 234—242 頁。按,"拳老"也許可以與"以舌"合觀,"以""拳"從字形上看皆示拿着某物,"舌""老"都表示一種不好的意思。就目前所見的辭例看,"老"所指的負面義多與女性有關,如《合集》14059、20800、21021 主體＋21316＋21321＋21016(蔣玉斌、宋雅萍綴合)、21321＋21316(蔣玉斌、宋雅萍綴合)。總之,這種"老"的詞義還需進一步研究。

③ 參看張玉金著:《甲骨文虛詞詞典》,中華書局,1994 年,第 242—246 頁。

④ 《合集》528 還可見"羌亡其凸"。

期他們的年紀應該很大了,接近當時人正常死亡的年齡,且商王還時常關心這些人是否"肩興有疾"(以"雀"爲例,見《合集》1677、4151、13869、13870等),説明他們的身體狀況本來就不太樂觀。前舉"缶""陝"等人的情況也與此類似。綜合這些因素考慮,他們雖然有可能如前人所言會"忽然死亡",但似不能排除商王擔心他們"正常死亡"的可能。

再看以下一條卜辭:

(10) [甲]申卜,貞:蠱肩[興]有疾。旬又二日[乙]未,蠱允肩[興有疾],百日又七旬又[六日庚]寅,蠱亦有疾,[乙未]夕𢦏(向)丙申㞢。

(《合集》13753 典賓 B)

黃天樹對該卜辭的文意有很好的疏通:

興,訓"起","肩興有疾",謂病情能夠好轉。㞢,死亡。命辭説甲申日卜問:蠱(人名)的病情能夠好轉?驗辭記録了到第十二日乙未果然病情能夠好轉。到第一百七十六日庚寅蠱又得病,不久在乙未夜到丙申之交得病死去。①

這版卜辭記録了"蠱"死亡的全過程,"蠱"在庚寅(27)疾病復發,至丙申(33)死去。此類事件還可比照以下卜辭:

(11a) 戊子卜,在𢀛,貞:不子𢦏有疾,亡延,不死。一二三
(11b) 戊子卜,在𢀛,貞:其死。一二三 (《花東》351 花東)

例(11)説的也是"不子𢦏"(人名)生病了,他的病不會延續吧,該不會導致死亡吧。這種語境與例(10)幾乎完全相同,很難看出"死""㞢"表示死亡時的差異。

例(1)曾談到婦女類卜辭中占卜"羌僕"會不會"𢦏"(死)的卜辭,又見於《合集》487:

(12a) 辛☒羌𢦏(僕)[不㞢]。
(12b) 其㞢。 (《合集》487 自賓?)

可見"𢦏"與"㞢"意義可能極近。

與"死""㞢"二字相關的卜辭中,可見爲"允"這個人會不會死亡所作的占卜:

(13a) 貞:允不死。一二

---

① 黃天樹:《殷墟甲骨文助動詞補説》,載《黃天樹甲骨金文論集》,學苑出版社,2014年,第249頁。

(13b) 貞：允。一

(13c) 貞：允。一　　　　　　　　　　　　　　　（《花東》78① 花東）

(14a) 己巳卜，㱿，貞：允不丼。王占曰："吉，勿丼。"一二三四

(14b) 己巳卜，㱿，貞：允其［丼］。一二三［四］二告

　　　　　　　　　　　　　　　　　　　　　（《合集》734 典賓 A）

(15a) 貞：允不丼。王占［曰］："囗勿丼"。一二［三］四五六七

(15b) 貞：允其丼。［一］二三四五六

　　　　　（《合集》17084＋17105 正甲＋17105 正乙＋《乙編》6181＋
　　　　　　6186＋6591＋《乙補》275＋5512＋5716＋573② 典賓 A）

(16) ［己］巳卜，［貞］：允不丼。　　　　　　（《合集》17104 典賓 A）

(17a) 貞：囗王占曰："囗丼。"一二告二三四五六七八九

(17b) 貞：允其丼。　　　　　　　　　　　　　（《合集》17085 典賓 A）

孫亞冰研究花東甲骨文例後，指出例(13)爲"順兆卜辭"：

　　順兆右行卜辭的序數已殘，頗疑是"一"，如是，則與"貞：允。二"組成異向的成套卜辭"貞：允。［一］""貞：允。二"，與對甲的"貞：允不死。一［二］"組成正反對貞卜辭，正問應是省略了"死"或"其死"等字。③

我們贊同孫文的意見。據趙鵬研究，花東子類卜辭主要存在於武丁晚期，上限應該早到武丁中期偏晚，下限下及武丁晚期稍偏晚，與典賓類較早的卜辭時代有所重合。④另外，已有多位學者指出，花東子家族和時王武丁關係十分密切。因此，例(13)與例(14)—(17)極有可能同卜一事，都爲"允"會不會死亡而作占卜。從內容上看，很難辨別兩組卜辭中"死"與"丼"的差異。

　　上述卜辭中的"勿丼"亦值得一提，可參以下卜辭：

(18) 囗不死。子占曰："勿死。"　　　　　　　（《合集》20051 花東）

---

① 《花東》464 還有兩條"貞""允"之辭，不知是否與此辭有關。有學者據這兩條辭將例(13)理解爲"允貞"，蓋受賓類晚期貞人"允"的干擾。

② 該版由張秉權、蔡哲茂、楊熠綴合，參看楊熠：《甲骨試綴第五則》，先秦史研究室，http://www.xianqin.org/blog/archives/9994.html，2018 年 3 月 20 日。

③ 孫亞冰著：《殷墟花園莊東地甲骨文例研究》，上海古籍出版社，2014 年，第 48—49 頁。

④ 趙鵬：《從花東子組卜辭中的人名看其時代》，載中國社會科學院歷史研究所學刊編委會編輯《中國社會科學院歷史研究所學刊》(第六集)，商務印書館，2010 年，第 1—27 頁。

命辭中所見的否定詞是"不",占辭中却用"勿"否定"死"①,這與例(14)、(15)的情况是一致的。花東類卜辭的命辭中常見"弗死",見《花東》21、38、102、215。② 前人已指出,"不""弗"屬於同一類表示可能性的否定詞,"弗死"與"不死"意義上應大致相當。

卜辭中除了占卜某人是否會死亡,還見爲馬匹是否會死亡所作的占卜:

(19) 丙午卜,爭*,貞:七白馬𣦼,唯丁取。二月。一
〔《合集》10067(《合補》2747 同文)賓三〕

(20) ☐于☐虎,馬不𣦼,馬☐一二三二告四二告　　　(《合集》00574 賓一)

(21) 貞:馬□不𣦼。一　　　(《合集》11024 賓出)

(22) 自賈馬其有死。子曰:"其有死。"一　　　(《花東》60 花東)

(23) 貞:右馬其死。一　　　(《花東》126 花東)

(24a) 戊子卜:其呼子妻勾〔馬〕,不死。用。一

(24b) 戊子卜:其勾馬,又力引。一　　　(《花東》288 花東)

(25a) 貞:右馬不死。一

(25b) 其死。一　　　(《花東》431 花東)

與"馬""𣦼"相關的卜辭還見於《合集》11023—11027。卜辭中特别貞問馬匹是否會死亡,是因爲商代十分重視馬匹的緣故。從例(2)、(3)與上舉一組卜辭中,也很難看出"𣦼"與"死""歺"的差别。

回顧陳劍《殷墟卜辭的分期分類對甲骨文字考釋的重要性》一文,文中談到"𣦼"字所見的語境多與疾病、刑罰(刖、椓)、懷孕和生子有關③,這是很正確的。這些特殊的經歷,的確會大大增加死亡的概率。但也應注意到,卜辭中"𣦼"字數百見,僅有少量的卜辭提及死亡原因,更多的卜辭並不言明何種原因致使人或馬匹死亡,而是直接貞問是否"𣦼"。當然,也許這類卜辭是對死亡原因作了省略。

事實上,陳文所舉的這類特殊的例子,只見於自賓間類與典賓類。賓類甲骨數量

---

① 此處某人是否"死"是子不能控制的行爲,按理來説不能用"勿"否定,這可能與占辭的特殊性有關,可參《綴集》171。該版上命辭説"翌庚子易日 翌庚子不其易日",占辭説"昔,勿易"。這與例(29)中"勿𣦼"不同。

② 《花東》215 有辭云"羌弗死子臣",疑當斷開,讀爲"羌弗死,子臣"。《花東》247 有辭云"叙弔,子弗臣",其義雖不甚明,但"臣"前用否定副詞"弗","臣"應該是個謂詞,用法可能與"子臣"之"臣"一致。卜辭中用爲動詞的"臣"之資料,還可參展翔:《商代職官材料的整理與研究》,博士學位論文,首都師範大學,2021年,第20—21頁。這種"臣"的意義還可以再研究。

③ 陳劍:《殷墟卜辭的分期分類對甲骨文字考釋的重要性》,載《甲骨金文考釋論集》,綫裝書局,2007年,第434頁。

龐大,占卜内容在殷墟甲骨文中事類最爲豐富。從王卜辭的角度看,賓類之後的甲骨,如出類、何類、無名類、黄類,幾乎没有疾病、刑罰、懷孕生子相關的占卜;與賓類同時期的歷類,與這些事類相關的内容也並不多。而非王卜辭各家族所擁有的占卜機構或大或小,縱使如花東子家族那樣有一定的規模,終不能與同時期王卜辭的占卜機構相比。再者,各占卜主體關心的内容或側重點不同,也許他們並不關心刑罰或懷孕生子是否會致人死亡①。

對死亡而言,武丁前後的王卜辭與子類卜辭習慣用"凶"字②,午類、圓體類、劣體類、花東類等非王卜辭用"死"字,婦女類、何類、無名類、無黄類用"死"字的省形"歺",三者在卜辭中所見的語境十分接近,難以區分。

四、將"凶"字釋作"囚*"(昷)文字學上的證據之檢討

甲骨文中有一字作"⟨img⟩"③,無名類中作⟨img⟩(《合集》28905+)、⟨img⟩(《屯南》745)、⟨img⟩(《合集》33531)、⟨img⟩(《屯南》2636),黄類中作⟨img⟩(《合集》37387)、⟨img⟩(《合集》36970)、⟨img⟩(《合集》36424)、⟨img⟩(《合集》37387)。④

張政烺將"⟨img⟩"隸作"囚*",訓作埋葬之"蕴"字初文,並將此字與"凶"字認同。⑤ 劉桓認爲該字當釋爲"囚*(昷)"。⑥ 劉釗認爲"⟨img⟩"即"昷"所從之"囚*",後分化出"昷",又孳乳出"温""蕴""愠"諸字。⑦ "⟨img⟩"爲"蕴"的本字,苞裹曰蕴,"⟨img⟩"正象有所包容之象。⑧ 我們認爲劉釗的意見最爲可取,雖然從字形演變的條例看,由"凶"形發展爲"⟨img⟩"是有可能的,但仔細考慮,將"⟨img⟩"與"凶"認同的證據十分薄弱。

---

① 非王卜辭中没有與刖、柲等刑罰相關的占卜,可能是因爲子家族並不具備實施刑罰的權力。婦女類卜辭中有與懷孕生子相關的内容,但占卜主體只關心孕婦生育的結果好不好、是否會生男孩,並不關心生育後產婦或嬰兒會不會死亡,這與賓類不同。
② 子類卜辭中的"⟨img⟩"爲"凶"字異體,下詳。
③ 甲骨文中還有⟨img⟩(《合集》8820反)、⟨img⟩(《續補》5.377.1)。該字見於賓類,辭例與"⟨img⟩"不同,録之備考。
④ 參看李宗焜編著:《甲骨文字編》,中華書局,2012年,第36頁;劉釗等編纂:《新甲骨文編》(增訂本),福建人民出版社,2014年,第311頁。
⑤ 張政烺:《釋"因蕴"》,載《張政烺文史論集》,中華書局,2004年。
⑥ 劉桓:《釋昷》,載《殷契新釋》,河北教育出版社,1989年,第174—180頁。
⑦ 劉釗:《釋愠》,載廣東炎黄文化研究會、紀念容庚先生百年誕辰暨中國古文字學學術研討會合編《容庚先生百年誕辰紀念文集(古文字研究專號)》,廣東人民出版社,1998年,第479—480頁;又載《古文字考釋叢稿》,岳麓書社,2005年,第149—156頁。
⑧ 《莊子·齊物論》篇云:"萬物盡然,而以是相蕴。"《左傳·昭公十年》云:"義,利之本也,蕴利生孽,姑使無蕴乎。"從古書的用例看,"蕴"的對象並不是人。

通過不少學者的努力，學界今天對"囚*（昷）"旁的演變脈絡已有清晰的認識。①"囚*"旁大致可分爲兩類：一類保持甲骨文中的"⊘"形，作 ▨（郭店《語叢二》簡 7）、▨ ▨（郭店《性自命出》簡 34、35）、▨（上博二《從政》乙簡 4）、▨（上博二《昔者君老》簡 3）、▨（上博五《競公瘧》簡 5）；另一類外部則變爲"𠙽"形，作 ▨（《集成》10322）、▨（《集成》261）、▨（《集成》2811）、▨（《銘圖》30135）、▨（《銘圖》30823）、▨（安大一《小戎》簡 45）。② 兩類字形同見於淅川下寺出土的一套王孫誥鐘中，如 ▨（《新收》427）與 ▨（《新收》423）。

將"⊘"與後世"囚*"字認同是没有疑問的，但"⊞"恐難與"囚*"溝通。甲骨文中的"⊞"字从"井"形（四筆出頭）或"囗"形（四筆不出頭），"同""井"與之形近，可由後者的演變脈絡而推演前者。甲骨文"井"字常見，原字形作 井、井、井 等；"同"字作 ▨、▨、▨ 等形③，从同的"興"字作 ▨、▨、▨，"興"所从之"同"有時橫筆也會冲出，如 ▨（《合集》339）、▨（《集成》8616）。"井""同""⊞"三者都可泛泛理解爲由交叉的四筆組成的方框形，"井""同"二字歷經商代、西周、春秋、戰國、秦代，一直保持四筆的寫法。而若將"⊞"與"囚*"認同，金文、戰國簡中理應見到與殷墟甲骨文中一樣的"⊞"形的寫法，但金文、戰國簡中確釋的"囚*"作 ○、○ 形，直到比較晚的璽印、秦文字中纔可見四筆方框形的"囚*"。古文字中有包裹類構形特徵的，還可舉表示口袋的"橐"形。"橐"字在甲骨文中作 ▨（《合集》9419 反），信陽簡中作 ▨（簡 2），馬王堆帛書中作 ▨（《五十二病方》第 193 行）。此可與"囚*"字合觀，可見將表意性很强的包裹形改寫爲方塊形產生的時代應很晚。總之，"⊞"形出現在商代武丁時期，四筆方框形的"囚*"最早見於戰國晚期，二者時代相去甚遠，字形上的聯繫並不可靠。

從用法上看，"⊘"與"⊞"的差别也比較明顯。卜辭中的"⊘"用爲田獵地名，陳邦懷最早指出此地在河南温縣④。前人已多指出，該地名多見於無名類、黄類。⑤《安明》996 中有一字作 ▨，蔣玉斌曾告訴我們該版屬於花東類⑥，該字很有可能就是地名"⊘"。出類卜辭《合集》24452 中的地名"⊘"作 ▨（拓本採自《後·上》15.2），此字宜

---

① 最新一篇文章可參考郭永秉：《再談甲骨金文所謂"温"字》，載中國古文字研究會等編《古文字研究》（第三十一輯），中華書局，2016 年，第 54—61 頁。
② "囚*"旁中的"人"可換作"大"，如 ▨、▨，見郭店《五行》簡 15、32。
③ "同"字初文加"口"形，當是一種繁化。
④ 陳邦懷：《殷虛書契考釋小箋》，略識字齋，1925 年。
⑤ 唐英傑認爲"田遊地'昷'主要見於無名類、黄類卜辭，但其地在賓類卜辭中已出現"，並舉《合集》10874 證之，見唐英傑：《商代甲骨文地名統計與地望研究》，博士學位論文，西南大學，2021 年，第 394 頁。今按，《合集》10874 又見於北圖 12422（蒙展翔告知），唐文所謂的"昷"字作 ▨，顯然不是"昷"字。賓類中暫未見到此字。
⑥ 2021 年 12 月 3 日微信告知。

摹作🅐，爲🅑、🅒（《屯南》722）之異體，當釋作"淵"。從目前掌握的材料看，地名"🅓"始見於武丁中晚期的花東類，廩辛康丁時期的無名類亦見，在殷墟甲骨文中時代最晚的黃類之中也能見到。

可見，將"丑"與"🅓"（囚*）認同，文字學上的證據並不充分，"丑"讀作"殙"或"殞"的説法便失去了堅實的基礎。

{死}是"核心詞"①，在任何語言中都很常用。按照前人的認識，殷墟甲骨文中只有午類、圓體類、劣體類、花束類等非王卜辭之中能夠見到"死"字（尤以花束類所見 22 例最多），而武丁前後的王卜辭中，用一個讀作"殙"或"殞"的"丑"字表示死亡，這種表示死亡的"丑"字在殷墟甲骨文中所見數百例，占絶對統治的地位。"殙""殞"雖見於先秦古書，但並不常用，遠遠不如"死"字出現的頻率高，傳世文獻中所見的情況與殷墟甲骨文中是矛盾的。爲何表示死亡，大量的王卜辭要捨棄最直接的"死"，而改用"殙""殞"這樣一個生僻的詞，這是非常奇怪的。另外，"殙"表死亡由昏惑、昏迷一類意義而來，"殞"表死亡由隕落一類意義而來，"殙""殞"二字表示死亡的詞義在武丁時期是否已經産生，尚需論證。

重審舊説，早年丁山將"丑"釋作"死"的意見很可能是正確的。舊多以爲"丑"字與甲骨文中的"🅔"寫法迥異，而不採此説，實際上是將此問題簡單化了。我們認爲，"丑"字就是"死"字的一種異體。事實上，李孝定很早就已指出：

> "死"字在甲骨文中分爲二系，🅕、🅖爲一系，🅗、🅘爲一系。兩系的形體雖然有別，但以辭例判斷，兩者爲同一字。……今🅕、🅖行而🅗、🅘廢者，以🅗、🅘二形與後代之因、囚易混遂廢不用耳。②

雖然李先生的看法與我們對此問題的具體認識有所不同，但是殷墟甲骨文中"死"字爲兩系説的結論，與本文大致相同。③ 此問題十分複雜，後文將作更多論證。

五、殷墟甲骨文中的"葬"字

甲骨文中的"葬"字可分爲以下幾類④：

---

① 參看汪維輝著：《漢語核心詞的歷史與現狀研究》，商務印書館，2018 年，第 487—493 頁，"死—死/卒（die）"條。
② 李孝定編述：《甲骨文字集釋》，"中研院"歷史語言研究所，1970 年，第 1641、1465—1466 頁。
③ 林宏佳認爲甲骨文中🅖、🅘二形表示兩種死亡的概念，從二次葬的角度思考，🅘只是通過埋葬屍體表達形體死亡之意，🅖纔是真正的死亡。見林宏佳：《古文字造字創意之研探——以人生歷程爲範疇》，博士學位論文，臺灣大學，2009 年，第 192 頁。
④ 金赫：《甲骨文"葬"字及其相關字的考釋》，第六届世界漢字學會年會"漢字認知工具與表意文字歷史研究"會議論文，紐倫堡，2018 年。

D. "井"形+"爿"旁

D1

自賓間類：▨(▨)《合集》17176（字形採自《京人》450）

賓一—典賓A類：▨《合集》6943（同版見D2 ▨）

D2

典賓A類：▨《合集》8464、▨《英藏》115

典賓B類：▨《合集》2674、▨《合集》4189、▨《合集》13758、▨《合集》17177、▨《合集》17178、▨《合集》17179、▨《合集》17180、▨《合集》17181、▨《合集》17182、▨《合補》5104

賓三類：▨《英藏》130

E. "井"形+"人"旁+"爿"旁

賓三/賓出類：▨ ▨《醉古》208（《合集》17168+17171）+《合集》17170①、▨《合集》17172+、▨《合集》17173、▨《合集》17174、▨ ▨《綴集》312、▨《英藏》366、▨ ▨《合集》6043、▨《合集》17175

出一類：▨《英藏》2251

花東類：▨ ▨《花東》195

D、E兩類字正是學界公認的"葬"字，蔡哲茂的《說甲骨文葬字及其相關問題》與黃天樹的《甲骨文所見的商代喪葬制度》兩篇文章②，對相關卜辭的文意有很好的疏通，請讀者參看。需要注意的是，早期的"葬"字（D1）同"凶"字（B1）一樣，"人""井"周圍有小點，二者的演變完全平行。

甲骨文中還有一形也被釋作"葬"：

F. "井"形+"人"旁+"爿"旁

該形僅見於以下一組卜辭：

---

① 該版由林宏明、黃天樹、李延彥綴合，參看林宏明著：《醉古集：甲骨的綴合與研究》，萬卷樓，2011年，第243頁；黃天樹編：《甲骨拼合續集》，學苑出版社，2011年，第2—3頁。

② 蔡哲茂：《說甲骨文葬字及其相其問題》，載《蔡哲茂學術文集》（一），花木蘭文化事業有限公司，2021年，第225—236頁；黃天樹：《甲骨文所見的商代喪葬制度》，載《黃天樹甲骨金文論集》，學苑出版社，2014年，第200—208頁。

(26b) 貞：余于商▨。　　　　　　　　　　　　（《合集》21375+《懷特》434① 自小字）

從例(26)所見的否定詞"勿"來看，"▨"理解爲"葬"字沒有問題。該字所從的"丮"旁作"𠬞"而非"廾"，可見這種"葬"字的字形比 D、E 類的時代早，這一點值得注意。學界往往將 F 形與 D、E 形簡單認同，但從字形上看，F 形所從明顯是上文所説的"凶"。當然，將"丮"寫在"廾"形之内或之外，並不影響"葬"字表意。不少學者指出，"丮"旁在"葬"字中有表音的作用，學者對甲骨文中"葬"字的釋讀，多依賴"丮"旁。

而以下這種字形組合，在卜辭中不會是"葬"字：

G. "歹"旁+"丮"旁

自小字類：▨《合集》22415(《京人》457)

自歷間：▨▨②《合集》20578(《屯南》4514)

其辭例爲：

(27) 癸□貞：不殂。　　　　　　　　　　　　　　　（《合集》22415 自小字）

(28a) 子妥不殂。三

(28b) 其殂。三　　　　　　　　　　　　　　　　　（《屯南》4514 自歷間）

此字从丮从歹，似可將"丮"看作聲符，中山王《兆域圖》中的"葬"字作"▨"，可與之對應。但從例(27)、(28)在"殂"字前用"不"字否定來看，此字所指動作當屬商王不可掌控的範疇，而"葬"應是商王可掌控之事，故"殂"字不會是"葬"。我們贊同將"殂"字釋作"死"的看法，"子妥不死"還見於非王劣體類《合集》21890、21891，二者係同卜一事。③ 該字中的"丮"旁只能看作"死"字的形符或意符。

有趣的是，自小字類還有這樣一條卜辭：

(29) 丁酉卜，王，貞：勿▨(▨)▨不其□

〔《合集》21370(摹本採自《外》240) 自小字〕

命辭中的"▨"雖與 B1 類表示死亡的"凶"字形完全相同，但從辭中的否定詞"勿"看，却是一種商王能夠掌控的行爲，當釋作"葬"。

"死""葬"二字之間的糾葛，還見於以下兩類字：

---

① 該版由黃天樹綴合，見黃天樹主編：《甲骨拼合集》，學苑出版社，2010年，第 51 頁。
② 前人已多注意，後一形"歹"旁右側與"丮"旁共用豎筆。
③ 也許有學者會反駁，此例是由於占卜主體並不能決定子妥是否"葬"，因而使用否定詞"不"。今按，此想法過於迂曲，商王和劣體類子家族的族長同時不能掌控子妥是否"葬"的可能性是很小的。

H. "廿"形（或"囗"形）+"大"旁①

H1

自小字類：■（■）《合集》20251（《史購》11）

H2

典賓B類：■《合集》17166、■《合集》17167
歷二B3類：■《屯南》2773
歷二C1類：■■《屯南》1066、■■《屯南》1082
子類：■《合集》21374、■《合集》21579、■《合集》21609、■《合集》21782+

I. "囗"形+"歺"旁

歷二B2：■《合集》32829、■《合集》32831
歷二B3：■《合集》32830、■《屯南》2273

古文字中"人""大"往往可换作，與B類字相比，H類字是將"人"形替换爲"大"形。從H1可知，替换爲"大"旁後，早期形體仍會在"人"形周圍點上小點，這與B1、D1的情况一致。

另外，細審上舉字形，還能得出以下結論：同自肥筆類的刻手一樣，歷類與子類的刻手刻寫"廿"形時，習慣寫作四邊不出頭的"囗"形。這屬於刻手個人的書寫習慣，不具備構形性。

H類字中H1的辭例比較奇怪，與一般"歺"字所見的辭例不同，可能該類中以"歺"表示死亡，"■"則與"歺"字異體分工，用以表示另外一個詞。典賓B類與子類的H類字，從辭例上看就是"歺"字，這一點前人的認識並無問題。此處要詳細討論的是見於歷類的幾條卜辭。裘錫圭指出，賓類甲骨《合集》17168與歷類甲骨《合集》32829所卜同事。② 黄天樹曾對相關卜辭有過排譜③，現將它們迻録至下：

(30a) 乙亥卜，爭*，貞：惠邑、並令■我于出自。[十]一月。二
(30b) 丙子卜，賓，貞：令先■我于出自，肩告，不■。

「《醉古》308（《合集》17168｜17171）｜《合集》17170 賓三」

---

① 季旭昇的《説文新證》一書中"葬"字（第76頁）下收■《合集》5639賓一）、■（《合集》4416賓出），從形位上看，此字不似"死"或"葬"。
② 裘錫圭：《論"歷組卜辭"的時代》，載《裘錫圭學術文集·甲骨文卷》，復旦大學出版社，2012年，第112頁。
③ 黄天樹：《甲骨文所見的商代喪葬制度》，載《黄天樹甲骨金文論集》，學苑出版社，2014年，第205—206頁。

(31a) 丙子[卜，賓]，貞：令[先🅰]我于出自，肩告，不丼。

(31b) [貞：先不其]肩告，丼。十一月。一

(《合集》17169＋17115 賓三)

(32) 丙子貞：王惠令邑🅱我。

〔《合集》32829(《合集》32830、32831 同文)歷二 B〕

(33a) 丙子貞：王惠令邑🅱我。

(33b) 丙子貞：王□並□🅱我。三

(33c) 丁丑貞：王[令]先🅱我。三

(33d) 己卯貞：王令先🅲①我。三　　　　　　(《屯南》2273 歷二 B)

(34a) 己卯卜，賓，貞：今日㱃、先令🅰我于出自，乃収出[示]。

(34b) 貞：勿収出示，既🅰，逨(迅?)來歸。

〔《綴集》312(《合集》10048＋296)賓三〕

既然例(30b)與例(32a)、(33a)所卜一事，賓類的"🅰"被釋爲"葬"，那麼與之對照的歷類的"🅱"也當釋作"葬"。黄文還指出前辭同爲"己卯"的例(33d)與例(34a)也當係所卜一事，同理，歷類的"🅲"與賓類的"🅰"是同一字，也當釋作"葬"。例(33)中，"🅱""🅲"見於同版而辭例極似，也可佐證。

"🅲"字還見於以下一組歷類卜辭：

(35a) 丁亥貞：王令保、瞽🅲□侯商。

(35b) 丁亥貞：王令陝、彭🅲□侯商。

〔《屯南》1066(《屯南》1082 同文)歷二 C〕

辭中的"🅲"也應釋作"葬"。黄文指出，例(30)至(34)中的"我"當是"我"族族長，卜辭意謂命令王朝三位重臣"邑""並""先"主持"我"(人名)的葬禮，其説可從。例(35)亦是在貞問是由"保、瞽"還是由"陝、彭"主持葬禮。從這些卜辭看，當時能够主持葬禮的人地位不低。

"葬"字的兩種異體"🅱""🅲"同見於歷二類。此現象在甲骨文中並不罕見，如陳劍指出在歷類中的"斯舟"的"斯"既可作从木从殳，也可作从玉从殳，還可从朱从殳。②

歷二類中還有這樣一條卜辭：

---

① 圖版上此字右部有一些痕跡，作🄰，不知是筆畫還是泐痕。

② 陳劍：《釋"出"》，載劉釗主編《出土文獻與古文字研究》(第三輯)，復旦大學出版社，2010年，第46—48頁。

(36) 壬子卜：其刞[圖],不[圖]。　　　　　(《合集》33007＋34442① 歷二 B)

陳文指出此辭中的"[圖]"當理解爲表示死亡的"凼"，這是正確的意見。爲什麼在歷二類中，"[圖]"形既能表示"凼"（"死"）又能表示"葬"呢？此現象很像早期古文字中的一形多用。一形多用是指，早期表意字中"同一個字形可以用來代表兩個以上意義都跟這個字形有聯繫，但是彼此的語音並不相近的詞的現象"②，前人已多有論述的確定的一形多用可舉"夫—大""月—夕""女—母/毋"等。

六、"死""葬"一形多用說

在闡述本文的最終結論前，有必要交代我們對"廾"形（或"〇"形）構形上的認識。

前人曾有"廾""〇"象"棺槨（包括木櫝）""草席""墳坑"之說，我們認爲其中"墳坑"說最爲可取。"墳坑"形可參王子楊所釋的"阱"字③，其形作[圖]（《合集》4951）、[圖]（《屯南》2408），"阱"字正象"用鏟臿挖坑阱"之形，"廾"形與"阱"所從的"坑阱"形，形體上極爲相似。甲骨文中有"丙"字作[圖]、[圖]、[圖]等形，正象草席之形，其形與"廾""〇"有別。"葬"是一個非常古老的動作，當是造字之初就產生的一批字，"將屍體放入挖好的墳坑之中"即爲"葬"。用這種樸素的思想理解字形，當更切合實際。

《說文》小篆"葬"作"[圖]"，許慎釋曰："一，其中所以薦之。"何琳儀曾在《戰國古文字典：戰國文字聲系》一書中"葬"字條下云："楚系（引者按，當爲"秦系"）文字於死之上下各加一橫，表示棺槨（參柩之異體匶或作𦭣）。"④其說大致是正確的，只是"棺槨"當修正爲"坑阱"。此是後代文字殘留古字形的遺跡。

蔡哲茂指出甲骨文中从廾从大从艸（竹）的字也是"葬"字⑤：

J

典賓 B 類：[圖]《合集》17165
歷二 B1 類：[圖]《屯南》2438，[圖]《合補》10637
無名類：[圖]《合集》29693（《合集》31181）

---

① 該版由周忠兵綴合，見周忠兵：《歷組卜辭新綴》，先秦史研究室，http://www.xianqin.org/blog/archives/517.html，2007 年 4 月 26 日。
② 參看裘錫圭著：《文字學概要》（修訂本），商務印書館，2013 年，第 5 頁。
③ 王子楊：《釋甲骨文中的"阱"字》，《文史》2017 年第 2 輯，第 5—15 頁。
④ 何琳儀著：《戰國古文字典：戰國文字聲系》，中華書局，1998 年，第 719 頁。
⑤ 蔡哲茂：《說甲骨文葬字及其相其問題》，載《蔡哲茂學術文集》（一），花木蘭文化事業有限公司，2021 年，第 225—236 頁。謝明文曾指出卜辭中還有兩形可能與此字相關，即[圖]（《合集》6653＋）、[圖]（《合集》19215），見王晶晶：《再論甲骨文"凼"及"葬"的幾個異體》，《出土文獻》2018 年第 2 期，第 20—28 頁。錄之備考。

此意見很可能是正確的，無名類正是繼承歷類的這種異體表示"葬"。

至此，我們將前文所涉字形及其出現的類組，製作成表1-4-1(大致按照字形的早晚排列，"√"表示該字見於該類)：

表1-4-1 "死""葬"二字在殷墟甲骨文各類組中所見之情況

	字形		王卜辭											非王卜辭					
			𠂤肥	𠂤小	𠂤賓	𠂤歷	賓一	典賓	賓三	歷類	出類	何類	無名	無黃	黃類	花東	婦女	午類	子類	圓體	劣體
死	A							①									√		√	√	√
	A*										√	√	√					√			
	G			√		√															
	B		√	√	√		√	√		√											
	H							√		√									√		
	C																				
葬	B			√																	
	F			√																	
	E				√			√			√					√					
	D						√	√													
	H									√											
	J						√	√													
	I							√													

我們認為，"死""葬"二字本一形多用，在卜辭中已有分化。此形最繁當包含"𦥑"形("囗"形)、"歺"旁、"人"形、"爿"旁四個構件，"爿"旁當是為分化"葬"字所選的聲符②。

---

① 前舉典賓類有从𣦵从朱的"殊"字，但並不見"𣦵"的單字，而同版上"殊"字又可寫作从歺、从姝，說明某些類組雖不見"𣦵"，但"𣦵"仍存在於某些字的構形中。

② 馬薇廎將"爿"理解為形符，認為𦥑是"象死人臥板上形"，囡是"象死人臥板上而入於棺中形，均會埋葬意"，囗是"象骸骨在囗中形，葬之意也"，考慮到早期古文字一形多用的現象，此說也有一定的道理。參看馬薇廎：《增訂薇廎甲骨文原》，文史哲出版社，1971年，第792頁。

殷墟甲骨文中"死"字可分爲"🅰""🅱"兩系,從現有的材料看,後世繼承的寫法是"🅰","🅱"遭到淘汰的原因,可能是它易與"囚""因""㬜"等字相混。從"🅰"系的"死"字看,可取"歹""人"會"用鏟舀挖墳坑埋屍"之意,與"人死後挖坑埋屍"是同一套動作,死亡這種抽象的意義可借助與之相關的動作埋葬表示,故"葬"也可寫作"囚",二者都包含鏟舀形的"歹"旁。

從"🅱"系的"死"字看,可取"𠙴""人"旁作"🅱"(B 類),表示將死屍置於墳坑之中,自肥筆類所見的"🅱"形當是此類字最古的寫法。上文談到此字早期的形體中"人"形不會沖出"囗",所示即爲屍體安臥於坑中。比照"囟"①字看,"人""囗"旁的小點當理解爲挖墳坑的小土點(早期的"死""葬"都有小點,見 B1、D1、H1 類)②。還可將"人"形替換爲表示與死亡相關的某種災禍的義符"歺"(C 類)。死亡是一種比較抽象的意義,很難爲其動詞義造表意字。"🅱"類形者實係爲名詞之{死}(屍體之屍)所造(或者說着眼於名詞義之"死"而造)——在當時動詞"死亡"與名詞"死屍"尚未分化,二者實爲一事。"🅱"既表已埋葬之人,即名詞義之"死",同時兼表動詞義之"死亡",實甚自然。"🅱"既表"死(屍)"又表"葬",埋葬與所埋葬之人,二者係動作與動作所及對象的關係,可概括爲"同一表意字對表現兩個語音無關的意義都合適"。

從"葬"的角度看,从爿𠙴人的"葬"字(F 類)僅見於時代較早的自小字類,應看作在表示"死"字的異體"🅱"上加注聲符"爿",是爲分化出"葬"字。"爿"在 F、E、D 三類字中,當看作聲符爲宜。"葬"本爲埋屍所造。E 類是 F 類將加注的聲符"爿"移至"𠙴"之中,後來又將"人"省略,只保留表音的"爿"(D 類)。其演變過程爲:🅱→爿🅱→囲→囲。"葬"字還有從艸(竹)𠙴人的另一種異體,即是葬屍於山林之中的生動畫面。③ 時代較晚的文字中"葬"字亦可見从"竹"的寫法,又加強表動作義的"廾"旁,作葬(睡虎地《法律答問》簡 68)、葬(睡虎地《日書乙篇》簡 17)。新出的清華簡《筮法》篇的"葬"字作葬(簡 43),該篇字形較古,可見"葬"字也可取"爿""歹""人"三個部件構字,此形也可理解爲从死、爿聲。

時代較早的殷墟甲骨文中,"死""葬"二字尚未徹底完成分化。自組卜辭中,可見表示"葬"的"🅱"字;還可見寫作"出"形的"死"字(G 類),該形是取"歹""爿"而得,此爲法並不爲後來的甲骨刻手所用,却見於三晉文字的中山王光域圖𣪘中作"𣎳",齊系文字中的夜之母之葬地磚作"葬"(增"竹"旁),而在時代較晚的文字中却用作"葬"。

---

① "凵"形爲"井"形的剖面圖。
② 某些"🅰"系的"死"字"人"形旁也有小土點,如前舉《合集》21890、《合補》6912。
③ 鞠煥文對"葬"字有專門的研究,鞠先生認爲"葬會以手放屍於棺槨之中,並以竹(或爲竹席)覆蓋之義",見鞠煥文:《古文字"葬"字簡釋》,《中國文字研究》2016 年第 1 期。與我們的認識不同。

"苜"形的"死"字爲我們研究相關問題提供了寶貴的材料。同樣寶貴的材料還有歷類卜辭中既能表示"死"又能表示"葬"的 H 類字，可見在歷類卜辭中"死""葬"尚未完全分化，還没有固定的用字習慣，所以同類組中還能見到"葬"字另外的兩種異體，即從廾茻的 I 類字與從艸囚的 J 類字。① 陳劍曾指出："歷組卜辭用字習慣較特别，以'木''林'爲'生'、以'禾'爲'年'、以'帚'爲'歸'，皆可看作分化過程中的存古。"② 與歷類情況不同的是，在典賓類、子類卜辭中，H 類字表示的是"死"字，這恰好也説明"死""葬"二字分化得並不徹底。

由此推之，甲骨文裏應有從廾茻人寫法的"死"或"葬"字，表示人死之後挖坑埋葬。從字形演變的角度來説，從茻人的"死"就是從這種字形簡省出來的。雖然此類形體在現存甲骨資料裏尚未見，但可根據有關綫索試作擬補。

從表中可知，除自類、歷類外，殷墟甲骨文中各類組中所見的"死""葬"二字基本上已經完成分化，雖然各類組的用字習慣不盡相同，但其内部並不會産生混淆。甲骨文中所見大量問卜會不會死的卜辭，與"葬"有關的卜辭多是貞問葬於何地、由何人主持葬禮、用何物隨葬等，可見商代雖有一套辦理喪事和安葬死者的喪葬制度，但喪葬的細節往往還需通過具體的占卜最後確定，這與殷人"卜選日名"的程序很是相像。

我們贊同丁山將"凶"釋作"死"的意見，不該因其與"竹"寫法迥異而放棄該説。"死"是一個高頻詞，武丁前後的甲骨出現數百例與"死"相關的卜辭，與其他類組所見的情況是一致的。該説相比"殙/殟"説更加自然直接。

附帶説明，卜辭中"死"的含義除了與"生"相對的生理上的死亡，還包含假死的狀態。這是由古人對死亡這一概念的認識所造成的。《説文·死部》云："澌也，人所離也。"關於"澌"字的理解，可參考孫玉文的考辨：

> 《禮記·曲禮下》："庶人曰死。"注："死之言澌也，精神澌盡也。"音義："澌也，本又作㒋，同，音賜，盡也。"《檀弓上》："君子曰終，小人曰死。"注："死之言澌也，事卒爲終，消盡爲澌。"音義："澌也，本又作斯，音賜。下同。"這個辨析很重要，可見"終""澌"的詞義不同，"澌"强調消盡，這就跟"斯"的"分析，分開"的意思緊密相連。所謂"消盡"，是指物體的各細小部分一點點地離開物體，最後導致該物體消失。③

可見，在古人的觀念中，"死"是一種逐漸消耗殆盡的過程。陳劍提到古人早已有假死

---

① 《懷特》1629 有字作 ◆、◆（歷一），此字還見於《屯南》739 作 ◆（歷一），該字與本文無關。
② 陳劍：《早期古文字"表意字一形多用"綜論》（課程講義）。
③ 孫玉文著：《漢語變調構詞考辨》，商務印書館，2015 年，第 809 頁。

的概念,並舉出不少例證。① 例(6)—(9)中的"死",是説婦好分娩後"㘴"、"大瘟",接下來"死"。"㘴""大瘟"都是不好之事,此處的"死"既有可能指真正的死亡,也可能是指假死(如陷入昏迷狀態)。前舉例(5)中的"駛",應指"假死""昏死"義。《合集》17106、17107所見命辭中貞問"某人允丼(死)"的辭例,似有以下兩種理解:一種理解是問卜"某人真的會死嗎",蓋因某人已經有死亡的徵兆了(瀕死或陷入假死狀態);另一種理解是在問卜"某人是不是真的死了",這種情況下,商王可能認爲此人只是假死,希望他能夠死而復生。

附帶一談,甲骨文中還有以下从歺人丮的字:

白小字類:▨《懷特》1518
白歷間類:▨(▨)《甲編》190+
花東類:▨《花東》372

從辭例看,難以斷定此字應釋作"死"、"葬"、合文"疾死/死疾"抑或一個表示病死的字,此字還有待進一步研究。②

2021年11月初稿
2024年1月改訂

附記:

本文構思過程中曾多次向鄔可晶先生請教,成文先後蒙張富海、陳劍、劉釗、方稚松、周忠兵、謝明文、蔣玉斌、葛亮、陳建新等先生批評指正,又蒙《出土文獻》匿名專家細心審閱,作者對他們的幫助表示衷心的感謝!

本文原刊於《出土文獻》2024年第4期。

作者係復旦大學出土文獻與古文字研究中心2018級博士(導師:劉釗),現爲雲南大學文學院講師、研究生導師。

---

① 陳劍:《"備子之責"與"唐取婦好"》,載李宗焜主編《出土材料與新視野》,"中研院",2013年,第182—183頁。
② 金赫認爲此字是"得病而死"的專字,見金赫:《甲骨文"葬"字及其相關字的考釋》,第六届世界漢字學會年會"漢字認知工具與表意文字歷史研究"會議論文,紐倫堡,2018年。

卜辭"中彔"補證

苗 豐

卜辭有"中彔"一語(圖1-5-1),黄天樹先生指出一類是地名,另一類"可能是表示夜半的一個時稱",表示時稱時或寫作"中渌"(圖1-5-2)。①

圖1-5-1 《合集》13375

圖1-5-2 《合集》14013

從讀音和詞義兩方面考慮,卜辭表示時稱的"中彔",也許可以讀爲見於《詩經》的"中冓"和"中垢"。

李家浩先生釋出西周晚期伯⿱𥫗戈父簋中的地名"冓",指出記有同一戰役的虢生盨和噩侯馭方鼎中與之相當的地名寫作"角",李家浩先生對二者相通作了解釋。這是"冓"與"角"直接相通的例證。② "彔"與"角"幾乎同音,以它們爲聲旁的字都有見母和來母兩種,即音韻學者所説的複輔音聲母,韻部則都在屋部,典籍也有通用例證。所以"彔"與"冓"可以相通假。

---

① 黄天樹:《殷墟甲骨文所見夜間時稱考》,載《黄天樹古文字論集》,學苑出版社,2006年,第185—188頁。

② 李家浩:《讀金文札記兩則》,載中國古文字研究會、中華書局編輯部編《古文字研究》(第二十八輯),中華書局,2010年,第246—248頁。

"中彔"在卜辭中爲夜間時稱,而"中冓"古注正是"中夜"。相關材料如下:

(1) 中冓之言,不可道也。　　　　　　　　　　　　(《詩經·鄘風·牆有茨》)

王先謙《詩三家義集疏》引用了下面兩則材料:

《經典釋文》引《韓詩》云:"中冓,中夜。"

《漢書·文三王傳》:"……太中大夫谷永上疏曰:'……是故帝王之意,不窺人閨門之私,聽聞中冓之言。''中冓'晉灼注語曰:'魯詩以爲夜也。'"

王先謙進一步說:"據此魯、韓意同,'冓'當爲'宿'之借字。《廣雅·釋詁》:'宿、昔、閽、暮,夜也。'《玉篇·宀部》:'宿,夜也。詩曰:中宿之言,中夜之言也。'又云:'宿,本亦作冓。'……《大雅·桑柔》'維彼不順,征以中垢',傳'中垢,言闇冥也'與'中冓'義合,蓋'垢''冓',古字通也。"①

(2) 維彼不順,征以中垢。　　　　　　　　　　　　(《詩經·大雅·桑柔》)

王先謙引《韓詩外傳五》:"以明扶明則升於天,以明扶闇則歸其人。兩瞽相扶,不傷牆木,不陷井穽,則其幸也。詩云'惟彼不順,往以中垢',闇行也。陳喬樅云:'參之箋說,"往"疑"征"之訛。'愚按,陳說是也。'中垢'言闇冥,與《牆有茨》'中冓'音義皆同。"②"征以中垢"本來的意思應該就是在"中垢"這個時段出外行走,夜裏啥也看不見,可能撞牆或掉坑裏,《韓詩外傳》用"兩瞽相扶"作比。

《大雅·桑柔》一般認爲是周厲王之時的詩,可見到西周末"中垢"這個詞還活着。《鄘風·牆有茨》一般認爲是春秋前期衛人刺上所作,此詩出自殷商故地,可能因爲方言的關係,"中冓"這個詞在這裏得以流傳得更久一些。"中冓/中垢"在傳世文獻中似乎只見於《詩經》,大概也和《詩經》多有口語成分有關。《漢書》中的用法應該是引用《詩經》,不能反映到了漢代這個詞還活在口語中。

據黃德寬先生介紹,在安徽大學藏竹簡《詩·鄘·牆有蒺藜》(即《牆有茨》)中,傳世文獻中記載的"中冓"寫作"中彔"。③

如此看來,記錄夜間時稱的這個詞的用字習慣也是非常穩定的,這可能是因爲文本抄寫是先秦典獻傳播的主要途徑。秦火之後,西漢今文經師所記者多其口耳(魯詩雖稱"古文",但至少我們今天看到的魯詩此處未能體現其存古的價值),只能根據

---

① 王先謙撰:《詩三家義集疏》,吳格點校,中華書局,1987年,第220頁。
② 同上書,第950頁。
③ 河南大學黃河文明與可持續發展研究中心報道,http://www.hhwm.org/news/586,2016年9月19日。

口耳相傳的內容重新寫定文本，轉寫作了"中蓐"或"中㝅"，用字習慣纔發生改變。

關於"中彔"一詞的結構，黃天樹先生指出："……'中彔'之'彔'，是一個表示夜間的時稱。""'中彔'之'中'表示夜間之中點，等於'中日'之'中'表示白天之中點一樣。"但黃天樹先生對所引《合集》20964＋21310 的"……乙巳彔雨"一例，認爲"彔"可能是"中彔"之省。①

郭永秉先生在《清華簡〈尹至〉"彔至在湯"解》一文中認爲，《合集》20964＋21310 的"……乙巳彔雨"之"彔"並不是"中彔"之省，"'彔'大概和'夜''夕'一樣，是一種泛指的時稱"。②《清華大學藏戰國竹簡·尹至》"隹（惟）尹自顯（夏）逯（徂）白（亳），彔至才（在）湯"（圖 1-5-3）之"彔"，與卜辭之"彔"用法相同。

陳劍先生也告訴我，他很早就認爲卜辭"中彔"當讀爲"中蓐"，二者結構相同，"中日"最早就是太陽在中的意思，隨後慢慢抽象化、虛化。"中蓐"之"蓐"是個很古老的詞，現在還不能像"中日"之"日"這樣落實。

圖 1-5-3 清華簡《尹至》簡一（部分）

附記：

小文於 2012 年 3 月 25 日發表於復旦大學出土文獻與古文字研究中心網站，當時得到中心諸位師友指教與鼓勵，使我糾正了不少錯誤，筆者十分感謝他們。此次在原文基礎上作了進一步改寫，感謝周波先生的耐心指教與幫助，感謝任攀先生提供的信息與說明。

2016 年 12 月 31 日於澳門氹仔居所

補記一：

"彔"可能就是表示古代夜間計時器"漏"的象形字③，"彔"則是在"彔"上添加了意

---

① 黃天樹：《殷墟甲骨文所見夜間時稱考》，載《黃天樹古文字論集》，學苑出版社，2006 年，第 185—188 頁。
② 郭永秉：《清華簡〈尹至〉"彔至在湯"解》，載《古文字與古文獻論集續編》，上海古籍出版社，2015 年，第 248—253 頁。
③ 見馮時著：《百年來甲骨文天文曆法研究》，中國社會科學出版社，2011 年，第 136 頁；張宇衛：《"彔"字改議》，載李學勤、馮克堅主編《"鼎甲"杯甲骨文字有獎辨識大賽論文集》，中州古籍出版社，2015 年。

符"夕","彔"記的就是語言中"漏"這個詞,"中彔"即通過計時器"漏"到了中位(如漏裏的水剩下一半)來計時。如此,"中彔"就和"中日"一樣落實了。

補記二:
文中所論亦《毛詩》在漢代無古文本,不屬於古文經之一證。①

2024 年 8 月 3 日於松江九里亭

説明:
原文 2018 年發表於復旦大學出土文獻與古文字研究中心編選的《探尋中華文化的基因》(一),此次發表正文未作修改,文後加了兩則補記。文中所舉安大簡"中彔",見安徽大學漢字發展與應用研究中心編:《安徽大學藏戰國竹簡》(一),中西書局,2019 年,第 47—48 頁。又據蔣魯敬、肖玉軍《湖北荆州王家嘴 M798 出土戰國楚簡〈詩經〉概述》(《江漢考古》2023 年第 2 期,第 41 頁)介紹,王家嘴楚簡《詩經》此處用字同安大簡。

本文原載《探尋中華文化的基因》(一),商務印書館,2018 年。

作者係復旦大學出土文獻與古文字研究中心 2009 級碩士(導師:施謝捷),現爲中國東方航空公司地面服務部員工。

---

① 張富海:《古文經説略》,載《古文字與上古音論稿》,上海古籍出版社,2021 年。

殷墟卜辭中的貞人網絡

——兼論運用圖論中的完全圖來交叉確定多人共時關係

李霜潔

一、引　言

　　董作賓據"大龜四版"發現殷墟卜辭中的"貞人"（卜辭所記負責貞卜的人）的創舉①，郭沫若譽之爲"鑿破鴻蒙"②。貞人的發現及貞人系聯法的運用，在董先生的"五期斷代"説中起了重要作用，幫助建立了甲骨文在商代後期這二百多年裏發展演化的年代框架，在學術史上留下濃墨重彩的一筆。陳夢家、饒宗頤兩位先生接着也對卜辭中的貞卜人物做了非常重要的研究，這些情况早已爲學界所熟知。③ 直至現在，貞人仍是卜辭從内容方面能取得的系聯能力最强的信息要素。

　　董先生發現甲骨卜辭中的貞人後，將貞人系聯法運用於甲骨的斷代，加上稱謂等斷代標準，組成"十項標準"，開創了五期斷代説。對於貞人系聯法，董先生的解釋是："凡見於同一版上的貞人，他們差不多可以説是同時"④；"如果我們把同在一版上的貞人，聯絡起來，他們就可以成爲一個團體"；"貞人集團的關係確定了之後，從其中的任何一個貞人，所貞卜的事項中，找出他的時代，則其餘同時各人的時代，也可以連帶着知道了"⑤。這一方法可以概括爲：由貞人的同版關係輾轉系聯爲一個貞人集團；如能確定該集團内某貞人的時代，就能一併確定該集團内其他貞人的時代。董先生的"貞人集團"相當於現在通稱的"組"，如賓組、出組、何組等。由於貞人名是卜辭中分佈最爲廣泛的一小群人物名，識別度高，通過貞人系聯，一大批甲骨因此得以聚類，

---

① 董作賓：《大龜四版考釋》，載《董作賓先生全集》（甲編），藝文印書館，1977年，第599—617頁。
② 郭沫若：《卜辭通纂·序》，載《卜辭通纂》，文求堂書店，1933年，第5頁。
③ 陳夢家著：《殷虚卜辭綜述》，科學出版社，1956年，第173—206頁；饒宗頤著：《殷代貞卜人物通考》，香港大學出版社，1959年。
④ 董作賓：《大龜四版考釋》，載《董作賓先生全集》（甲編），藝文印書館，1977年，第615頁。
⑤ 董作賓：《甲骨文斷代研究例》，載《董作賓先生全集》（甲編），藝文印書館，1977年，第384、387頁。

進而推知其大致年代。貞人名的發現，對建構殷墟甲骨文年代框架意義重大。

數十年來，隨着甲骨材料的新整理和公佈，原始材料得以不斷擴充；諸多學者接力綴合了數目可觀的甲骨，原先殘缺過甚的甲骨卜辭不斷得以補全；高質量的甲骨數據庫提供了數字化文本，如"漢達文庫"①等。現在的資料條件遠較當年優越。我們試圖在當前條件下，接續前賢的工作，再次清理甲骨卜辭中的貞人資料，審視貞人的共版關係網絡到底是怎樣一番面貌。

本研究旨在在前人研究的基礎上，在追求精細、準確的同時，將貞人系聯法儘量貫徹到底，以檢驗前人理論；通過儘量細密和全面地整理卜辭中的"貞人名"材料，來清晰描述貞人之間的共版關係網絡；就目前所見材料而言，在輾轉系聯的"貞人集團"裏，清晰描述哪些貞人之間有直接聯繫，哪些貞人之間僅可見間接聯繫，以及描述他們之間共同活動的頻率強度。我們從十部主要的甲骨著錄書中總共搜集到 16 466 項貞人數據，它們分佈在 11271 版甲骨上。② 其中有不同貞人共版的 828 版，共版貞人名 55 個，共版關係 139 對，分佈於王卜辭的師、賓、出、何組。③

這樣高度濃縮的複雜信息，很難依靠以往所用的文字描述或統計圖表的方式梳理清楚，必然需要使用新工具。我們的研究在很大程度上依賴圖模型構建與可視化分析④，以此來更清晰地描述與分析貞人之間的共版網絡關係，這些內容將會在下文詳細展開。

二、材料整理及模型構建

(一) 原始材料的取材範圍及標準

李學勤最早提出將分類與斷代分作兩個不同層面的步驟⑤，如今這一理念已受到廣泛認可。現在的甲骨學界，普遍接受了甲骨卜辭的刻寫者與貞卜者非同一角色

---

① 香港中文大學劉殿爵中國古籍研究中心："漢達文庫"新甲骨文全電腦化資料庫，http://www.chant.org。

② 本研究所利用的十部甲骨著錄書：《合集》《合補》《英藏》《懷特》《屯南》《天理》《東文研》《蘇德美日》《花東》《村中南》。

③ 黄組雖然也有記貞人名的，但尚未見組內有共版例，也未見黄組貞人與其他組貞人的共版例。歷組貞人"歷"出現次數不多，且是否當作貞人，對此學界也有不同看法。無名組不記貞人，自然也未見與其他貞人共版例。所以目前發現有貞人共版現象的，只有師、賓、出、何這四組。

④ 近年來，在上古音、古文字等研究領域，程少軒率先提倡依托準確可靠的古文字數據庫及利用可視化技術的重要性，對相關研究產生了積極推動作用。參程少軒：《數據可視化技術在上古研究中的運用》，古文字與上古音研究青年學者論壇會議論文，廈門，2019年；《出土文獻與古文字研究青年學者訪談：程少軒》，復旦大學出土文獻與古文字研究中心，http://www.gwz.fudan.edu.cn/Web/Show/4636，2020年9月5日。

⑤ 李學勤：《評陳夢家〈殷虛卜辭綜述〉》，《考古學報》1957年第3期。

的認識,將由字體角度劃分出來的類型稱作"類",將由貞人角度劃分出來的類型稱作"組"。① 我們贊同張世超所主張的:"爲了確保分類研究的科學與嚴謹,應當從理論上澄清貞人和字體兩種歸分標準的區别,在實踐中避免它們之間的相互糾纏。"②故本研究只研究貞人,不涉及字體。

本研究所說的貞人網絡中的"貞人"指的是貞人名,以下皆同。殷墟甲骨卜辭中有一些不是專職貞人却扮演貞人角色的人物,如表示身份的"王""子"、人稱代詞"余""我",由於不具備作爲唯一標識符的作用,暫且不在我們的統計範圍之内。

貞人名主要出現在甲骨卜辭的叙辭③、占辭中,另外命辭中也偶有提及④,記事刻辭中的某些特定位置也刻有貞人名⑤。我們儘可能細緻地判别這些原始材料,力求系統、準確、全面地從中整理出貞人名資料。同時,儘量吸收學界已有的綴合成果,以更完整的甲骨版面爲單位,將這些貞人名匯集起來。

本研究綜合參考古文字學界的考釋意見,整理了相關字詞。如出組的"黄"與黄組的"黄",一般看作異代同名;賓組、師組、黄組及子卜辭的"永"與"衍",從裘錫圭說分開釋讀⑥;何組貞人"†",從陳劍說釋爲"更"⑦。另外,"帰"與所謂的"小帰",一般認爲是同一貞人的不同寫法,我們暫且統一用"帰"表示。至於所謂的"孚",有的學者視爲貞人名,認爲"㱿孚貞""争孚貞""賓孚貞"等是"二人共貞",最新研究請參看許子瀟文⑧;也有學者不贊成"孚"是作貞人名的,如唐蘭、饒宗頤分别讀爲副詞"再"或語辭"載"⑨。

---

① 黄天樹著:《殷墟王卜辭的分類與斷代》,科學出版社,2007年,第6頁。
② 張世超著:《殷墟甲骨字跡研究·自組卜辭篇》,東北師範大學出版社,2002年,第11頁。
③ 叙辭通常位於一條卜辭的最開頭位置,交待貞卜的時間、地點、貞人、貞問事由等背景信息。但有時候也比較靈活,不一定處於最開頭的位置。參蔣玉斌:《說殷墟卜辭的特殊叙辭》,載劉釗主編《出土文獻與古文字研究》(第四輯),上海古籍出版社,2011年,第1—13頁。
④ 如"卜竹曰"之例,參黄天樹:《論自組小字類卜辭的時代》,載《殷墟王卜辭的分類與斷代》,科學出版社,2007年,第140頁。此例見於《合集》23805,字體爲出二類,全辭作:"丙寅卜,矢(疑)鼎(貞):卜竹曰:'其出于丁宰。'王曰:'弜(勿)㞢翼(翌)丁卯□,若。'八月。"這是一條特殊的在命辭中出現貞人名的例子。
⑤ 方稚松:《五種記事刻辭相關問題餘論》,載《殷墟甲骨文五種記事刻辭研究》,綫裝書局,2009年,第219—224頁。
⑥ 裘錫圭:《釋"衍""侃"》,載《裘錫圭學術文集·甲骨文卷》,復旦大學出版社,2012年,第381頁。
⑦ 陳劍:《甲骨金文用爲"遊"之字補說》,載復旦大學出土文獻與古文字研究中心編《出土文獻與古文字研究》(第八輯),上海古籍出版社,2019年,第15頁。
⑧ 許子瀟:《商代甲骨占卜中的二人共貞現象》,《殷都學刊》2019年第3期。
⑨ 唐說見唐蘭著:《天壤閣甲骨文存并考釋》,上海古籍出版社,2016年,故宫博物院圖書館藏1939年輔仁大學本,第4片考釋。饒說見饒宗頤著:《殷代貞卜人物通考》,香港大學出版社,1959年,第764頁。轉引自裘錫圭:《論"歷組卜辭"的時代》,載《裘錫圭學術文集·甲骨文卷》,復旦大學出版社,2012年,第92頁。

我們傾向於認爲"孚"不是貞人名,故未取用。

作貞人名的"中"有"中""𣅦"兩種形體。作"中"者,與賓組貞人"韋""爭""古""賓""帰"分別有共版之例,同版字體爲典賓類;作"𣅦"者,與出組貞人"大""疑"分別有共版之例,例不鮮見,同版字體大多作賓出、出一、出二類,有偶見於典賓類者。對此有兩種考慮方式:要麼當成分別表示兩個人的兩個字形,要麼當成表示同一人的不同字形。按照裘錫圭的意見,在甲骨文三種寫法的"中"字裏,"中"是"中"的較早形體;"𠃌"爲另一原始象物字形,是另一來源;"𣅦"爲"𠃌"加"中"爲聲符而成。① 從用法來看,雖然據王子楊的歸納,賓類字體在"中宗""中子""中婦""中商""中丁"等語的"中"往往用"中"形,在"立中""左中右""中室""中日"等語的"中"往往用"𣅦"等形體,看起來兩種形體在不同用法中有所區分。② 但範圍超出賓類字體就未必如此了,出二類"中日"之"中"就有寫作"中"的。③ 另外,方稚松還舉過典賓類字體的貞人"中",或有寫作"𣅦"形的例子,"可能就是出組的貞人'中'"。④ 從這些混用之例來看——尤其是針對不同類的字體,兩種字形用起來並未區分得那麼嚴格。而且從貞人共版關係來說,賓組與"中"共版的貞人有"韋""爭""古""賓""帰",後四者都有由賓三類字體刻寫之例,在賓組中已偏晚(第一、二期交替時期);出組與"𣅦"共版的貞人"大""疑",在出組中也是時代最早的一批(第二期偏早),他們所處時間段的連續性很強。由此,我們認爲將"中""𣅦"這兩種字形的"中"當作同一位貞人更合理。並且,我們認爲"中"是賓組到出組的關鍵過渡人物,詳見後文。

貞人名使用的字形,除了表示專有貞人名之外,往往還有表示其他普通的詞的,如"賓"有"作賓""爲賓"等用法;也有並非貞人名而代表其他人物名的,如"屮""喜"等⑤。構建網絡關係模型對數據的精確性很敏感,若取用精度不高的數據來建模,會影響結論的準確性,甚至改變結論。因此,本研究在判定貞人名時儘量從嚴,不能肯定是貞人名的片子暫未予取用。饒宗頤的《貞卜人物同版關係表》將許多不是貞人名的資料也吸納進去,如據《殷虛文字甲編》2361 認爲"大"與"賓"同版,但其實"賓"字

---

① 裘錫圭:《説〈盤庚〉篇的"設中"——兼論甲骨、金文"中"的字形》,載復旦大學出土文獻與古文字研究中心編《出土文獻與傳世典籍的詮釋》,中西書局,2019 年,第 296—301 頁。

② 王子楊著:《甲骨文字形類組差異現象研究》,中西書局,2013 年,第 150 頁。

③ 《合集》22857 有出組卜辭(字體爲出二類)"中日"之"中"不作"𣅦"而作"中"的。參看陳劍:《"羞中日"與"七月流火"——説早期紀時語的特殊語序》,載李宗焜主編《古文字與古代史》(第四輯),"中研院"歷史語言研究所,2015 年,第 131 頁注 26。

④ 方稚松所舉的《合集》03871 爲典賓類字體的貞人"中"作"𣅦"形之例。參方稚松:《五種記事刻辭相關問題餘論》,載《殷墟甲骨五種記事刻辭研究》,綫裝書局,2009 年,第 222、223 頁。除方先生所舉之例外,《合集》04049 反面甲橋刻辭,也是典賓類字體的貞人"中"不作"中"而作"𣅦"形之例。

⑤ 趙鵬著:《殷墟甲骨文人名與斷代的初步研究》,綫裝書局,2007 年,第 45 頁。

在這條卜辭中並非作貞人名使用,而是"作賓"之殘。① 黄天樹據《合集》00637 認爲貞人"爭""竹"共版,並以此作爲賓組與出組可系聯起來的一個環節。但在我們看來,這條卜辭中的"竹"更有可能是普通人名,而不是貞人名。② 按照我們的選取標準,諸如此類的材料是不算作不同貞人共版之例的。

(二) 整理成果及建模可視化

本研究所依托的原始資料,經綴合、去重後共計 61043 版。目前在一版之上出現不同貞人最多的是《合集》11546③,其字體分類屬於賓三類,上有"賓""爭""古""允""㞢""㠱"6 位貞人。但 6 人共版之例,僅此 1 版;5 人共版之例,暫未發現;4 人共版之例,整理出 16 版;3 人共版之例,整理出 101 版;2 人共版之例,整理出 710 版;1 位貞人之例,整理出 10443 版(見表 1-6-1)。

表 1-6-1 貞人名甲骨版數統計

貞人數目(人)	甲骨數目(版)④	百分比(%)
0	49 772	81.536
1	10 443	17.108
2	710	1.163
3	101	0.165
4	16	0.026
6	1	0.002
總計	61 043	100

---

① 饒宗頤:《貞卜人物同版關係表》,載《殷代貞卜人物通考》,香港大學出版社,1959 年,第 1215、1222 頁。其實"賓"是"在賓"之殘,並非貞人"大""賓"共版。《合集》21029(字體爲師小字類)上的文辭相對完整,作"□□卜,大☒□才(在)宁(賓)☒",可作爲比較。

② 黄天樹:《何組卜辭》,載《殷墟王卜辭的分類與斷代》,科學出版社,2007 年,第 229 頁。該版字體爲賓三類,"竹"字前後文辭殘缺過甚,在這裏没有作貞人名的必然性。並且"竹"本來有在字體爲賓三類的卜辭中用作普通人名的,如《合集》04744:"庚午卜,宁(賓)鼎(貞):令□竹歸。"另外,《合集》04747:"辛□〔卜〕,爭鼎(貞):☒竹歸。"其中的"竹"可能也是普通人名。基於這些考慮,我們認爲《合集》00637 不能就此當作貞人"爭""竹"共版的例子,也不能據這一版甲骨將賓組與出組系聯在一起。

③ 即董作賓當年"大龜四版"第四版。1931 年董先生正是據此版"鑿破鴻蒙",發現了甲骨卜辭中的貞人。時至今日,同一版上不同貞人最多的仍是此版,得出的貞人共版極大值爲 6,此可謂可遇不可求之例。

④ 本研究所統計的骨版片數爲經去重、綴合之後的數值。

從表1-6-1可見,不僅大多數甲骨版面上沒有貞人名信息,而且隨着貞人數目的增加,共版甲骨數量在急遽減少,連乘遞減。這些數據表明貞人系聯法可利用的原始資料(2人及以上)總量並不多,不到原材料總體的1.4%;其中多人(3人及以上)共版的原始資料更爲匱乏,不到0.2%。在材料稀缺的情況下,需要我們嘗試更靈活的方式來提取更多信息,構建圖模型就是比較好的一種。

我們將整理出來的貞人共版關係的數據匯總可視化在圖1-6-1、圖1-6-2中。兩種圖都是新整理的貞人共版網絡關係的可視化表達,但側重點不同。圖1-6-1着重表現對象之間遞相連接的間接關係,適合用來把握貞人共版關係的全域結構;圖1-6-2着重表現對象之間的直接關係,適合用來把握貞人共版關係網絡的具體細節。

圖1-6-1是一種社會網絡圖(social network graph)。[①] 它的好處是對間接關

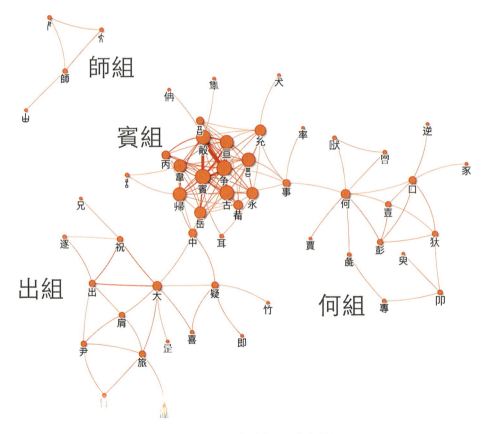

圖1-6-1 甲骨卜辭貞人共版網絡圖

[①] 圖(graph)是一種表示網絡結構的數學模型,由於具有清晰反映網絡元素之間的實際或邏輯關係的優勢,被廣泛應用於諸多不同領域。社會網絡圖通常以頂點表示人或人的集合,以邊表示某種社會關係。參看大衛·伊斯利、喬恩·克萊因伯格著:《網絡、群體與市場:揭示高度互聯世界的行爲原理與效應機制》,李曉明等譯,清華大學出版社,2011年,第18頁。

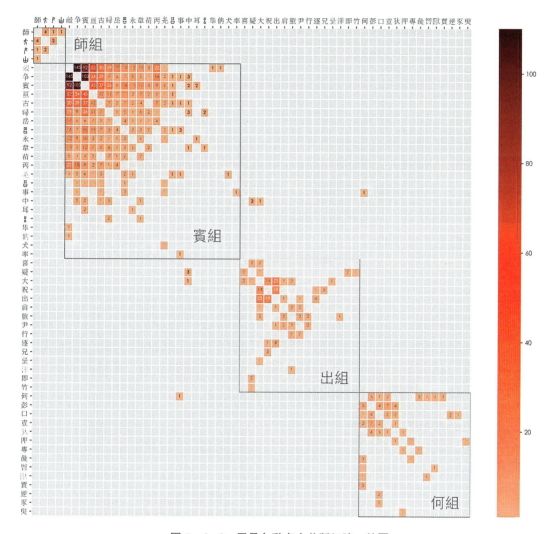

圖 1-6-2　甲骨卜辭貞人共版矩陣—熱圖

係(關係傳遞性)的可視表達能力很强,適合用來表現輾轉交互的複雜網絡關係。①貞人之間的共版關係,其實就是一種社會網絡關係。繪製此圖是爲了便於我們從整體上來把握貞人之間的這種輾轉交互、遞相連接的網絡關係。

　　圖 1-6-1 以每個頂點(vertex)代表一位貞人;以連接兩個頂點的邊(edge)代表貞人之間的共版關係。頂點的大小表示共版貞人的多寡,鄰居頂點更多的頂點直徑越大,代表該貞人的共版對象越多。邊的粗細表示聯繫緊密程度,聯繫越緊密的邊越粗,代表邊連接的貞人的共版活動越密集。如"㱿""賓""爭"三個頂點最大,説明這三人的共版對象最多;同時他們之間的三條邊是最粗的,説明這三人之間的共版活動的

---

① 陳爲、沈則潛、陶煜波等編著:《數據可視化》,電子工業出版社,2019 年,第 368—381 頁。

次數也是最多的。

圖 1-6-2 是鄰接矩陣（adjacency matrix）與熱圖（heatmap）的融合形式。① 鄰接矩陣有如下好處：首先，用它來表示圖時，調換矩陣的行或列，圖的最終表示是不變的。利用這一特性，可以方便地用它來聚類和排序，適用於對網絡結構的深層次探索。其次，相較於網絡圖，鄰接矩陣規避了二維圖中邊的交叉帶來的問題。對規模較大、較稠密的子網絡來講，鄰接矩陣的辨識度更高。② 我們希望知曉實體連接關係的强弱，亦即貞人之間的連接緊密程度，所以在矩陣中又置入了權重信息。也就是説，圖中方格内的數值即爲貞人共版頻次。圖 1-6-2 既是統計表，又是可視化的圖，它以較小的空間承載較多的信息，在真實、準確、全面地展示數據方面有不容忽視的優點。繪製圖 1-6-2 是爲了兼顧統計數據，它與圖 1-6-1 互作補充。

圖 1-6-2 中的每一行、列都代表一位貞人，行與列相同；其交叉方格中的數字代表它們的共版頻次。本研究將它們按師、賓、出、何組聚合爲 4 個小群，以框綫標出。同樣可以清晰地看到，賓組的"毃""賓""爭"相交叉的 6 個方格③，顔色最深，數值最大，達到了"145""103"和"92"，這些數值就代表他們共版的次數。同樣説明這三人之間的相互聯繫非常緊密，遠大於其他貞人之間的聯繫。

（三）對圖表的進一步解讀

以上爲殷墟卜辭貞人系聯的總體情況。我們從 61043 版甲骨中，整理出 11271 版有貞人名的材料，共搜集到 16 466 項貞人數據；從 11271 版中，接着提取 828 版有不同貞人的材料；最後從 828 版中，提取 139 對貞人關係，濃縮於此。由上圖可見，貞人的總體關係網絡大致分爲師、賓、出、何組這 4 個小的局部網絡，其中師組與另外 3 組不連接，賓、出、何這 3 組連接在一起。

師組貞人群體的核心人物是"師"。這一群體形成的網絡只有 4 個頂點，相對賓組、出組、何組而言，師組貞人群體規模最小，而且也暫未見與其他群體產生連接。

賓組貞人群體形成的網絡規模最大，共有 22 個頂點，他們之間的聯繫最緊密，形成的網絡最發達、最稠密、最穩定。代表中"毃""賓""爭"這 3 人之間的關係最受矚目，

---

① 鄰接矩陣用行與列表示頂點，用行與列交叉的位置的數值代表該行與該列的頂點是否連接，相當於網絡圖中的頂點之間是否有相連的邊。在熱圖中，數值越大，顏色越深，邊的強弱對比更明顯。加入熱圖，是爲了突出可視化的視覺效果。
② 陳爲、沈則潛、陶煜波等編著：《數據可視化》，電子工業出版社，2019 年，第 368—381 頁。
③ 表示無向關係網絡時，鄰接矩陣是一個對角綫對稱的矩陣。故而"毃""賓""爭"之間的 3 條邊在鄰接矩陣中占 6 格，斜對稱排列。

是核心人物。不僅他們3人內部之間聯繫最爲頻繁,這3人的共版貞人對象也是最多的。

出組貞人群體形成的網絡有15個頂點,其核心人物是"大"。

何組貞人群體形成的網絡有14個頂點,其核心人物是"何"。

賓組與出組貞人群體所形成的網絡,通過"中"這一頂點橋接在一起;賓組與何組貞人群體所形成的網絡,通過"事"與"何"之間的邊橋接在一起。賓、出、何組的貞人局部網由此連接在一起,形成了一個超大網絡。這個超大網絡上一共有51個頂點,代表51位貞人。

三、據圖模型分析貞人網絡關係

(一) 現有的輾轉系聯方式存在的問題

長期以來,甲骨研究的一個重要關注點是,賓、出、何這三個貞人組到底有没有系聯在一起,是如何系聯在一起的。這關係到貞人系聯法與五期斷代説之間是否自洽。①

將本研究的系聯圖表與董作賓、陳夢家的系聯圖表②對比,可看出新的整理結果與董作賓、陳夢家二位先生的看法有所不同。除了大量增補貞人及貞人共版關係,補充共版頻次細節,本研究的貞人網絡圖,已經將賓、出、何這三個主要的貞人組系聯起來。若根據貞人系聯法斷代的原則來處理:有共版關係的貞人屬於同一貞人集團(組),同一貞人集團(組)内的貞人都同時代,那麽就要承認賓、出、何都算一個大組,其中的貞人都同時代。但這三組在董先生的甲骨五期斷代框架下又分别屬於武丁、

---

① 黄天樹最早提出賓組、出組、何組大概並不是過去所理解的"首尾相接、依次相銜"的順序,三者可能存在同時共存的情况。莫伯峰進一步提出:"賓三類貞人集團逐漸分化爲'事何類''賓出類'兩群貞人,何組貞人承續了'事何類'貞人,出組貞人則承續了'賓出類'貞人。"從新整理的貞人共版網絡的總體情形來看,這些觀點很有可能是正確的。本研究的網絡模型較好地印證了黄先生、莫先生的看法,並且爲他們的説法提供了一個不錯的演示框架。但本研究與黄先生的觀點有所不同。黄先生系聯賓、出組,是據《合集》00636將"爭"與"竹"系聯,再據《合集》23805將貞人"竹"與"疑"系聯。其證據鏈中,以《合集》00636作爲貞人"爭""竹"共版的例證,未必可從,前文已對此加以辨析。由此就不能通過"爭—竹—疑"的關係將賓組、出組系聯在一起了。本研究是通過合併貞人"中"不同寫法的字形,認爲賓組貞人"中"與出組貞人"中"實際是同一人,由此將賓組與出組系聯在一起。這是本研究與黄先生的觀點不一致的地方。黄説請參看黄天樹:《試論賓、出、何三組卜辭在時代上的接續關係》,《考古與文物》1991年第3期;又載《殷墟王卜辭的分類與斷代》,科學出版社,2007年,第229頁。莫説請參莫伯峰:《殷商祖甲改革與貞人"何"》,載復旦大學出土文獻與古文字研究中心編《出土文獻與古文字研究》(第八輯),上海古籍出版社,2019年,第96—133頁。

② 董作賓:《甲骨文斷代研究例》,載《董作賓先生全集》(甲編),藝文印書館,1977年,第386—388頁;陳夢家著:《殷虚卜辭綜述》,科學出版社,1956年,第204頁。

祖庚、祖甲、廩辛、康丁這五位商王、三個世代。由此，貞人系聯法與五期斷代說之間的難以調和處，就清晰地顯現出來了。

爲何貞人系聯法會導致這一問題？我們認爲，系聯法存在這樣不清楚、不準確的問題，主要是由於這一方法是通過間接關係來進行推理的，在輾轉連接的過程中，不確定性因素纍層遞增，積纍到一定程度難免出現問題。

貞人系聯法有其合理性，在構建甲骨文發展演化的年代框架的過程中功不可沒，無可取代。但如果因爲能輾轉系聯就一概合併成一組，不具體問題具體分析，也不免得出比較不可靠的結論。現在我們看得很清楚，根據輾轉系聯到的貞人就是同一個貞人集團、就處於同一時代的原則繼續系聯下去，那就把原本劃分到三個世代的貞人群體，都一起劃分到了一個世代裏去了，同一學説框架内部互相齟齬。至於研究過渡時期的貞人，比如"中"與"事"，就更應當具體問題具體分析了。

我們從中吸取到的教訓是：輾轉系聯應當注意距離長短限制（間接聯繫的強度與次數），否則容易脱離原有的尺度，進而不再具有可比性。過去以共版貞人系聯爲一個貞人集團，籠統地將系聯到的貞人集團當作一個集合大串聯式地進行斷代，這是有缺陷的。現在應該考慮更精細的研究方式了。①

從新整理的貞人網絡的整體結構來看，過去一般所認定的由貞人輾轉系聯而得到的"貞人集團"，更像是一張大的貞人關係全網中的一個個局部網（小群）。這張大的網絡有一定的歷時性，相對而言，局部網内的貞人群體仍保持着一定的共時性。但如果把系聯到的貞人群體全部看成一個集團來斷代，當中兩種尺度就對不上了。

輾轉系聯的方法在架構甲骨文發展演化的年代框架的過程中，一直發揮重要作用，無可取代。然而，它又存在着不夠準確與可靠的缺陷。那麽，我們可以做些什麽，來彌補這一缺陷？在這種情況下，弄清楚哪些是確定性的證據，哪些是仍不確定的參考依據，顯得尤爲必要。下文我們將演示一種新的方法，使一部分間接聯繫在滿足一定條件下，也能取得與多人共版這種直接證據同等堅實的有效性，進而從準確性方面彌補貞人系聯法的不足，並簡化計算過程。通過運用圖論中的完全圖構建模型，我們將求取多人共時關係的問題轉化爲一個圖形查找的問題。

（二）運用完全圖查找確定多人共時關係

要證明兩位貞人在某一歷史時間點是否曾經共同存在過，一般通過觀察是否有共版現象來確定，這是目前最通行、直接、客觀的依據，一般認爲是可以充當確定的前提條

---

① 在過渡時期貞人的細化研究方面，莫伯峰以賓組與何組之間的關鍵貞人"何"做過相關研究，可供參考。莫伯峰：《殷商祖甲改革與貞人"何"》，載復旦大學出土文獻與古文字研究中心編《出土文獻與古文字研究》（第八輯），上海古籍出版社，2019年，第96—133頁。

件的。① 多位貞人是否有共時點,則主要考察這幾位貞人是否出現在同一版甲骨上。

表 1-6-1 顯示,3、4、6 位貞人共一版的材料十分稀缺。材料如此匱乏的情況下,研究很難推進。通過直接觀察共版現象這一方式能確定下來的,有公有共時點(即通常所説的"同時")的貞人,只有"賓""爭""古""㕣""𡆥""𠙴"這 6 位。但是我們發現,這其實並未達到最大限度,過去的方式還没有把既有資料裏藴含的信息充分榨取出來。

對一個集合中的若干名貞人而言,如果兩兩之間有共時點,必然可以推出存在一個"公有時間點",使得該集合內的貞人都同時存在。那麼只要能觀察到一個集合內的所有貞人兩兩之間存在共時點,則可以合理推出該集合內的所有貞人存在公有共時點。這一法則,我們可以稱之爲"貞人法則(Diviner rule)"。

接下來,本研究引入圖論中的完全圖(complete graph)②,來表示滿足這種要求的集合:該集合內的所有元素兩兩之間都直接相連。由此,我們就可以構建模型,把求解多位貞人是否有公有共時點的問題,轉化爲圖計算中的尋找完全子圖的問題③,而後者是可以形式化地來表示和計算的。

在圖論中,任何兩個不同頂點之間都有邊相連的無向簡單圖(simple undirected graph)稱作完全圖。一個圖的頂點數稱爲該圖的階(order),有 n 個頂點的完全圖稱 n 階完全圖,記作 K_n。把它代入貞人網絡圖模型中,只要若干貞人組成的子圖其自身是完全圖,就表明這些貞人存在公有共時點。

構建完全圖模型的方式,與輾轉系聯的方式不一樣。前者通過兩兩之間的關係交叉鎖定,得到的是可以成爲"定點"的東西,有其必然性。並且它没有層級的限制,再大的共版貞人集合,只要能構成完全圖,都能證明出這一集合中的貞人有公有共時點。輾轉系聯無法做到交叉鎖定,通過間接聯繫得到的只是或然性的結果,不易證實,也難以證僞。而且隨着間接聯繫層級的增多,不確定性逐層纍積,可靠性大打折扣,不能無限推廣下去。兩種方式之間有本質的差别。

---

① 必須先交代清楚的是,本研究承認這樣一個預先假設:同一版甲骨上出現的貞人,可以認爲他們存在共時點。這最早由董作賓在《大龜四版考釋》中提出。目前,這一假定基本作爲通例爲甲骨學界所接受,幾十年來的甲骨研究也多次證明這一假定應大致可信。相關討論請看張世超著:《殷墟甲骨字跡研究・自組卜辭篇》,東北師範大學出版社,2002 年,第 48 頁;莫伯峰:《甲骨卜辭不同字體共版情況的整理與研究》,載宋鎮豪主編《甲骨文與殷商史》(新 5 輯),上海古籍出版社,2015 年,第 215 頁。

② 沙特朗、張萍著:《圖論導引》,范益政等譯,人民郵電出版社,2007 年,第 17 頁。

③ 子圖(subgraph),指的是頂點與邊都包含在另一個大圖中的小圖。完全子圖(complete subgraph),指的是一個自身是完全圖的子圖。最大完全子圖(maximal complete subgraph),指的是所有完全子圖中頂點數最多者。

在貞人共版關係網絡圖模型中，多位貞人只要是在同一完全子圖中，就可以確定下來他們之間一定有公有共時點。① 尋找完全子圖的方法有多種，對較小的完全子圖來說，最便利的是直接在網絡圖中觀察幾何圖形。對較大的完全子圖來說，網絡圖中邊的交叉容易帶來視覺誤導，用鄰接矩陣更加方便。對師、出、何組而言，其完全子圖較小且數量不多，用網絡圖就簡潔明瞭；對賓組而言，貞人之間的網絡極其稠密，鄰接矩陣的辨識度更高。

在圖1-6-1中，通過截取頂點和邊，形成任意兩個節點之間都有邊相連的局部網。或在圖1-6-2中，通過調換矩陣的行列位置，形成除對角綫外其他區域都填滿的小矩陣。這兩種方式，都能得到完全子圖。

模型之外，還需用到可靠和全面的材料。本研究的任務，就是窮極所能地用原始材料擴張和增強這張貞人共版關係網，在頂點、邊、權重各方面窮極所能地補充數據，建立儘量準確、豐富的圖數據集，然後在其中進行圖搜索。

將以上步驟實現出來，本研究不僅補充了多組貞人共時集合，而且將有公有共時點的集合中的貞人數的極大值，從6提高到10。

"一圖勝千言"，下文直接列出這些完全子圖的圖形，及它們所對應的貞人集合。賓組情況比較複雜，完全子圖數目較多且圖較大，選出其中有代表性的5組，先放在前面；師、出、何組的情況比較簡單，窮舉地列出，放在賓組後面。

圖中的最大完全子圖爲10階完全圖（用K_{10}表示，下同），屬賓組貞人群體。該集合包含"㱿""爭""賓""亘""古""帰""岳""吅""永""韋"10位貞人，意味着這10位貞人有公有共時點。"10"這一數值，也是我們目前所能達到的極大值。它的網絡圖形（截取自圖1-6-1）及矩陣圖形（調換行列位置自圖1-6-2）如圖1-6-3所示。

K_{10}之外，次一級完全子圖爲$K_9$②，該集合包含"㱿""爭""賓""亘""帰""岳""吅""韋""葡"9位貞人，説明這9位貞人有公有共時點。相比K_{10}，它換下貞人"永""古"，換上貞人"葡"。（圖1-6-4）

K_{10}、K_9之外，再次一級爲K_8。K_8有兩種集合，第一種集合包含"㱿""爭""賓""亘""古""吅""永""兂"8位貞人。（圖1-6-5）

---

① 多位貞人的公有共時點，指的是在某一歷史時間點或區間範圍内，這些貞人同時存在，這個時間範圍我們姑且稱爲"公有共時點"。這一推斷雖然可以絕對肯定共時點一定存在，但並不能推出時間長度及誰先誰後。我們可以將多位人物的共時點先當作一個"定點"，時間長度及先後問題再視卜辭上的其他信息（如字體）來綜合考量。

② 從理論上來講K_{10}完全圖内還包含了10個K_9完全子圖，45個K_8完全子圖，120個K_7完全子圖……可依次類推。但由於這並没有幫助我們産出新認識，在此所説的"次一級完全子圖爲K_9"，指的是不包含在上述10階完全圖中的另一完全子圖，下文K_8、K_7等依次類推。

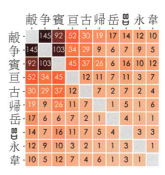

圖 1-6-3　K_{10} 完全子圖

圖 1-6-4　K_9 完全子圖

圖 1-6-5　K_8 完全子圖 1

K_8 的第二種集合包含"觳""争""賓""亘""古""帰""岳""丙"8 位貞人。（圖 1-6-6）

如前文所說，《合集》11546 上有"賓""争""古""兊""㕣""㠯"6 位貞人，是目前能直接從同一版上取得最多數目的共版貞人集合。對這一集合，圖模型也能給我們帶來新收穫。同時包含這 6 位貞人的完全子圖，最大級别爲 K_7，意味着在這 6 人之外還能再補出 1 位貞人——"亘"。也就是說，"賓""争""古""兊""㕣""㠯""亘"這 7 人有公有共時點。（圖 1-6-7）

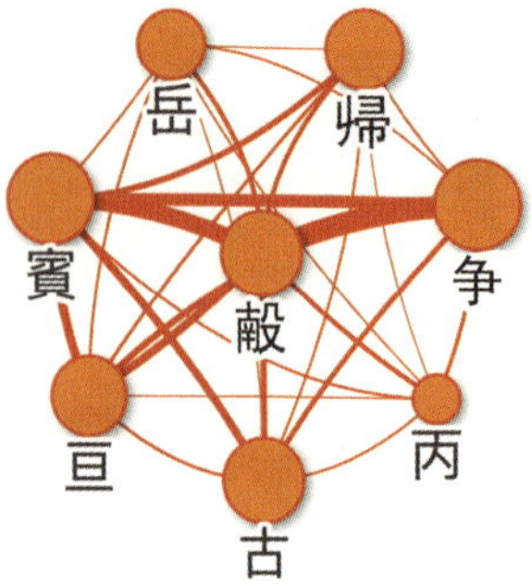

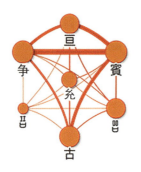

	㱿	争	賓	亘	古	帰	岳	丙
㱿		145	92	52	30	19	17	22
争	145		103	34	29	9	6	18
賓	92	103		45	37	26	6	9
亘	52	34	45		12	11	7	2
古	30	29	37	12		7	2	7
帰	19	9	26	11	7		1	1
岳	17	6	6	7	2	1		4
丙	22	18	9	2	7	1	4	

圖 1－6－6　K_8 完全子圖 2

	賓	争	古	允	□	□	亘
賓		103	37	6	16	1	45
争	103		29	2	7	1	34
古	37	29		3	7	1	12
允	6	2	3		2	1	1
□	16	7	7	2		1	11
□	1	1	1	1	1		1
亘	45	34	12	1	11	1	

圖 1－6－7　K_7 完全子圖

如不採用新方法，我們能獲知的最大共時貞人集合包含“賓”“争”“古”“允”“□”“□”這 6 人，其主要活動範圍在武丁卜辭的時間綫中已偏晚而漸衰，且由於僅此一版，該結論還帶有較大的偶然性。根據本研究提出的新方法，挖掘出來最大共時貞人集合包含“㱿”“争”“賓”“亘”“古”“帰”“岳”“□”“永”“韋”這 10 人，不僅人數多，其主要活動時間範圍相較前面的 6 人群體也稍早而未衰，更接近武丁卜辭全盛時期的規模和面貌。

密集網絡中可組合出的完全子圖非常多，賓組通過完全子圖可獲得的共時貞人集合不止於此。以上僅舉有代表性者，限於本研究的篇幅，不能一一列舉下去。需要時可據鄰接矩陣中的數據另行組合，或是有目的地設定搜索——如針對過渡時期的關鍵貞人“中”“事”，可搜索出包含他們的最大完全子圖分別是 K[illegible]、K[illegible]。

師、出、何組的完全子圖形式比較簡單，數量也少。無須矩陣輔助，用網絡圖就很簡潔明瞭，列出其圖形如下。

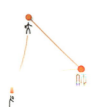

圖 1－6－8
師組完全子圖

師組有 K_3 級别①的完全子圖 1 個(圖 1－6－8)。

① 嚴格地説，K_1、K_2 也是完全子圖，但對表示 3 人以上的多人共時關係來説，它們没有發揮作用。因此本研究查找完全子圖時，限定的最小級别就是 K_3。

出組有 K_3 級別的完全子圖 9 個(圖 1-6-9)。

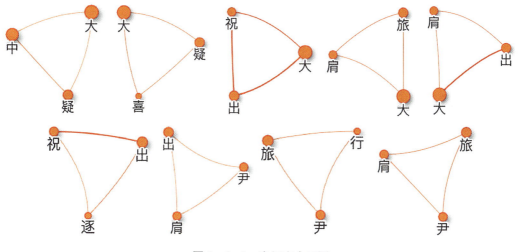

圖 1-6-9　出組完全子圖

何組有 K_4 級別的完全子圖 2 個，K_3 級別 1 個(圖 1-6-10)。

圖 1-6-10　何組完全子圖

根據這些完全子圖，在原有的多人共一版的原始材料之外，本研究新補出多個有公有共時點的貞人集合。師組原未見多貞人共一版之例，只得通過 2 人之間的關係輾轉系聯、間接推測①，據完全子圖，我們可知"師+𠂤+𠂤"這 3 人有公有共時點。出組的多貞人共一版之例原有"大+出+祝""旅+肩+尹""尹+肩+出""祝+逐+出"這 4 種，據完全子圖，可再出"大+中+疑""大+疑+喜""大+肩+旅""大+肩+出""尹+旅+行"這 5 種。何組的多貞人共一版之例原有"彭+口+壴+狄"②"囧+何+㕞"這 2 種，據完全子圖，可再補出"何+壴+口+彭"這 1 種。各個集合內的貞人，在集合內部有其公有共時點。

---

① 張世超著：《殷墟甲骨字跡研究·自組卜辭篇》，東北師範大學出版社，2002 年，第 221 頁。
② 也有"壴""口""彭"三位貞人共一版的例子，但已包含在"彭""口""壴""狄"的集合中，無需再作重復。

构建完全图模型的方式,可以交叉锁定多人共时关系,建立起来的是可以成为"定点"的认识,但是对数据的精细度要求高。辗转系联的方式,可以联系未知新事物进行类比或归纳,原始材料缺失太过严重时,它可以发挥很大作用,但缺点是可靠性不免难以保证。两种方式各有优劣,可以互为补充。

另外,社交网络图模型有时候也可以简单地预示一些发展趋势,譬如,其邻居有频繁联系的顶点之间更容易产生新的边。放在贞人共版网络图里来说,共版对象之间有频繁联系的贞人,他们之间很可能有联系。举例而言,宾组的"葡"与"古"、出组的"肩"与"祝"、何组的"何"与"狄"之间,非常有可能本来有共版关系,只是由于现在甲骨材料过于残碎暂时没有发现,寄希望于今后的甲骨缀合成果可以更新我们的认识。

综上,利用网络图模型,本研究先系联出51位贞人的超大群体,以我们的数据来澄清宾、出、何这3个贞人组是否会系联成团的疑点,强调利用贞人辗转系联的方式来断代应当注意细分,不可一概而论。之后,我们演示了如何运用完全子图来交叉确定多贞人的公有共时点,举出宾组中比较重要的多人共时集合,以及师、出、何组目前可以确定的全部多人共时集合。

四、总　结

本研究是结合数据科学来进行出土文献资料整理及研究的一次尝试。我们从61043版殷墟甲骨材料中(统计数值为经过缀合及去重后的结果),整理出卜辞里不同贞人共版的原始材料共计828版,涉及贞人名55个,共版关系139对,分布于师、宾、出、何这4个贞人群体中。为了充分挖掘贞人之间的共版关系,本研究构建图模型来表示这种网络关系,并将其可视化,绘制了"甲骨卜辞贞人共版网络图"(图1-6-1)及"甲骨卜辞贞人共版矩阵—热图"(图1-6-2)。它们展现出贞人共版关系的总体结构及量化细节,这一新整理工作,为本研究接下来的分析与研究,准备了必要的基础数据与模型支撑。

在新整理的贞人共版网络关系中,通过辗转系联方式得到的超大群体已扩增至51位贞人,窑组跟出组被通贞人"中",窑组跟何组被通贞人"串""何"捆绑在一起。高标准的数字化整理工作,可以将辗转系联这一方式做得更彻底,已然暴露出这一方式本身的不准确性:通过共版关系辗转系联,会将原来分属于第一、二、三期的宾、出、何这3个贞人组全部连成一片,这跨越了五位商王、三个世代。由此可见,贞人系联法与五期断代说内部出现了矛盾。贞人辗转系联这一方法虽然历史功绩绝不容淹没,但以它来作为断代分期的依据,本身仍是有缺陷的。过去那种不加限定地将系联出的貞人組當作一個集團，統一地來斷代分期的方式，是不妥當的。在這種情況下，優先弄清楚系聯法得出的結論中哪些有確定性的證據、哪些仍是不確定的，十分必要。

由此我們提出一種新的方法來增強準確性，擴大確定性證據的範圍。本研究將圖論中的完全圖運用於挖掘多貞人的共時關係。獲益於新整理得到的貞人共版關係的資料及模型，本研究構建出最大爲10階的完全子圖，確定地推出"殼""爭""賓""亘""古""帰""岳""䀏""永""韋"10位貞人共時，將這一極值由原來的6提升至10。並且，它是一種精密度更高的結果，更接近武丁卜辭全盛時期的規模與面貌。就3人以上的共時貞人集合而言，本研究新增補師組1個，出組5個，何組1個，賓組則數目衆多。查找完全子圖，是求取多位貞人是否共時這一抽象問題的具象化，經過這一轉化，本研究提取出比傳統方式更豐富的資料信息。而且，運用完全圖模型來交叉鎖定的多人共時關係，得出的是"定點"認識，不會隨集合中個體的增多，而影響推理的有效性。

基於結構化的圖對複雜關係建模，可以從原始材料中榨取出更多的隱含信息；利用可視化媒介將抽象關係具象化，有助於我們把握貞人共版關係的整體狀況，發現其中的深層聯繫。這套方法具有可解釋性，並且易於操作。它不僅在確定多貞人的共時關係方面行之有效，對於需要交叉確定多人物共時關係的研究，皆可發揮作用。

2021年4月20日初稿
2021年5月13日改定

附記：

本文寫作過程中蒙劉釗、蔣玉斌、陳劍、程少軒、張傳官、任攀、吕嘯諸位師友審閱指正，審稿時又蒙匿名審稿專家提供寶貴的修訂意見。多年以來，程少軒先生與作者分享了衆多他關於數字化整理出土文獻的思考與經驗，對作者產生了重要影響。探索過程中，蒙劉釗老師、蔣玉斌先生諸多支持幫助。凡此幸運，謹致謝忱！

本文原刊於《出土文獻》2021年第4期。

作者係復旦大學出土文獻與古文字研究中心2011級碩士（導師：劉釗）、2014級博士（導師：劉釗），現爲清華大學出土文獻研究與保護中心助理教授。

現有甲骨文字典、詞典及其存在的問題概述

毛祖志

一、現有的甲骨文字典、詞典

迄今爲止,用於查檢甲骨文的工具書大致可分爲"文編""字典""詞典""辭典""類纂""詁林"等六個類别。這六類工具書關係密切而又各具特點。

"文編",也稱作"字編",以收録字形、展示字形演變規律爲主要目的,不涉及字義,也極少對造字意圖作解釋。其濫觴可上溯到1916年羅振玉編輯出版的《殷虚書契待問編》。[1] 這類著作可以以《殷虚文字類編》(1923)、《甲骨文編》(1934)、《續甲骨文編》(1959)、《新編甲骨文字形總表》(2001)、《新甲骨文編》(2009)、《甲骨文字編》(2012)爲其代表。[2]

"字典"以單字爲單位,以解釋單字字義爲主要目的,有時也根據字義對造字意圖作相應的説明。日人高田忠周1919年所著的《古籀篇》爲第一部涉及甲骨文的字典。[3] 這

---

[1] 羅振玉:《殷虚書契待問編》(自印本),1916年。據宋鎮豪先生編纂的《百年甲骨學論著目》中有關字書的目録,在《待問編》之前尚有日人林冰他所編的《甲骨金文字典》,但其書多方尋找未得,出版編撰情況不得而知。在這裏我們還是遵從通行的説法,以羅氏的《待問編》爲第一部甲骨文字編。參見李學勤:《甲骨文字編·序》,載李宗焜編著《甲骨文字編》,中華書局,2012年,第1頁。

[2] 商承祚編:《殷虚文字類編》,決定不移軒,1923年。孫海波編:《甲骨文編》,哈佛燕京學社,1934年;中國科學院考古研究所編輯:《甲骨文編》,中華書局,1965年。金祥恒編:《續甲骨文編》,藝文印書館,1959年。沈建華、曹錦炎編著:《新編甲骨文字形總表》,香港中文大學出版社,2001年;沈建華、曹錦炎編著:《甲骨文字形表》,上海辭書出版社,2008年;沈建華、曹錦炎編著:《甲骨文字形表》(增訂版),上海辭書出版社,2017年。劉釗、洪颺、張新俊編纂:《新甲骨文編》,福建人民出版社,2009年;劉釗等編纂:《新甲骨文編》(增訂本),福建人民出版社,2014年。李宗焜編著:《甲骨文字編》,中華書局,2012年。

[3] 高田忠周著:《古籀篇》,大通書局,1982年,影印本。其書先按《説文》排列字頭。每個字頭下列有具有代表性的甲骨文、金文字形(其字未在甲骨文中出現的,則只列金文中的代表字形;反之亦然)。每個字形下都有簡略的説明文字,標明該字形的出處,給出該字形出現的相應辭例,對字形作簡要的説解,對字義及其用法作簡要的説明,是一部體例很是完備的古文字字典。

類著作可以以《簠室殷契類纂》(1920)①、《甲骨學文字編》(1933)、《甲骨文字字典》(1987)、《甲骨文字典》(1989)、《新編甲骨文字典》(1997)、《甲骨文字辭典》(2016)爲其代表。②

"詞典"是對語言單位中的"詞"的意思作出解釋(包括實詞、虚詞),較少涉及或基本上不涉及字形和造字意圖。第一部真正意義上的甲骨文詞典當是趙誠先生1988年出版的《甲骨文簡明詞典——卜辭分類讀本》。③ 這類著作可以以《甲骨文簡明詞典——卜辭分類讀本》(1988)、《簡明甲骨文詞典》(1992)、《甲骨文虚詞詞典》(1994)爲其代表。④

"辭典"是對甲骨文字所記録的語言單位中的"詞"以及大於詞的單位"短語"的意思作出解釋。這類著作可以以《甲骨學辭典》(2009)爲其代表。⑤《甲骨文詞譜》(2013)雖然以"詞"標目,但多有對"短語"的解釋,因此也應該歸於"辭典"這一類别。⑥

"類纂"以對某字出現在甲骨文中的所有辭例進行分類編纂爲主要目的。這類著

---

① 歷史上第一部專門對甲骨文字作字釋的著作是王襄先生1920年所撰寫的《簠室殷契類纂》。李學勤先生認爲《簠室殷契類纂》是繼羅振玉的《待問編》之後,體例更爲完備的甲骨文編。我們認爲,王先生此書既有字形又有字義説解(儘管簡略)還附有辭例,更符合作爲一部"字典"的定義。因此我們就將它列於字典的類别之下了。參見李學勤:《甲骨文字編·序》,載李宗焜編著《甲骨文字編》,中華書局,2012年,第1頁。

② 王襄:《簠室殷契類纂》,天津博物院,1920年。朱芳圃編著:《甲骨學文字編》,商務印書館,1933年。小林石壽編:《甲骨文字字典》,木耳社,1987年。徐中舒主編:《甲骨文字典》,四川辭書出版社,1989年;徐中舒主編:《甲骨文字典》(第2版),四川辭書出版社,2006年;徐中舒主編:《甲骨文字典》(第3版),四川辭書出版社,2014年。劉興隆著:《新編甲骨文字典》,文史哲出版社,1997年。落合淳思著:《甲骨文字辭典》,朋友書店,2016年。這裏需要説明的是,落合先生的著作雖然名爲"辭典",實際上還是對單字構形及其字義作出解釋,因此也歸爲字典一類。落合先生在此前出版有《甲骨文小字典》一書,其性質和編排方式與《甲骨文字辭典》相類似,只是在篇幅上相對較小,收字相對較少(收字三百餘個),可看作《甲骨文字辭典》的簡略本。參見落合淳思著:《甲骨文字小字典》,築摩書房,2011年。中譯本於2018年出版,參見落合淳思著:《甲骨文小字典》,劉幸、張浩譯,北京聯合出版公司,2018年。

③ 第一部以"詞典"命名的甲骨學出版物爲孟世凱先生於1987年12月出版的《甲骨學小詞典》。但孟先生的這部"詞典"的條目多超出了"詞"的範疇,比如卜辭中"往來無憂(孟先生釋此字爲'禍')""帝其命風"這樣確定無疑的"語",被當作是一個詞的條目來解釋,顯然是不合適的。因此,我們不將孟先生的這部著作當作是一部詞典。事實上,孟先生自己也發現了這個名實不副的問題,在該書擴充再版時就被改爲了《甲骨學辭典》。參見孟世凱編著:《甲骨學小詞典》,上海辭書出版社,1987年;孟世凱著:《甲骨學辭典》,上海人民出版社,2009年。

④ 趙誠編著:《甲骨文簡明詞典——卜辭分類讀本》,中華書局,1988年。崔恒昇編著:《簡明甲骨文詞典》,安徽教育出版社,1992年;崔恒昇編著:《簡明甲骨文詞典》(增訂本),安徽教育出版社,2001年。張玉金著:《甲骨文虚詞詞典》,中華書局,1994年。

⑤ 孟世凱著:《甲骨學辭典》,上海人民出版社,2009年。

⑥ 朱歧祥編撰:《甲骨文詞譜》,里仁書局,2013年。朱先生的著作雖名爲"詞譜",但有許多條目是"詞"所不能涵蓋的,如"王賓歲""于此"等,因此我們將這部著作看作是辭典。

作可以以《殷墟卜辭綜類》(1967)、《殷墟甲骨刻辭類纂》(1989)、《甲骨文通檢》(1999)爲其代表。①

"詁林"以彙集各家對某個字的考釋意見爲主要目的。這類著作可以以《甲骨文字集釋》(1970)、《甲骨文字字釋綜覽》(1994)、《甲骨文字詁林》(1996)、《甲骨文字詁林補編》(2017)爲其代表。②

上面對甲骨文工具書所做的分類，體現的是一種各司其職的理想狀況，實際上這些工具書之間的關係是比較複雜的，常常表現出你中有我、我中有你的勢態。從命名上看，多有名實不相符合的情況，如我們在上文中提到的"詞典"與"辭典"不分。從實質上講，甲骨文本來就牽扯甚多，對字形的羅列往往就牽涉到構形與字義的解釋，所以以釋義爲主要目的的《甲骨學文字編》，又排列字形又解釋構形也就顯得不那麼奇怪了；而高田忠周的《古籀編》，從當時所具備的條件來看，所列字形是比較豐富且具有代表性的，單從這一點上來講，又何嘗不可以將這部書的相關部分當作"文編"來使用呢！與甲骨文相關的工具書當然遠不止上面列舉的那些。據《百年甲骨學論著目》中的記載，截至20世紀末，中外與甲骨文字詞有關的辭書大約有53部。③ 而我們行文的目的只是對相關情況做簡單的梳理，並不對這些書籍做通盤的統計和全面的介紹，因此這裏只選取了較爲重要的具有代表性的著作（新近出版的相關辭書我們還列舉了一些，請參看下頁注1裏的內容），希望能夠達到借此一斑以窺全豹的效果。

從上面所列舉的工具書的出版時間我們可以看到，大致上"文編"類、"字典"類的工具書是最爲早出的，最爲晚出的則是"詁林"類、"類纂"類的工具書。這也是學科發展的規律性使然。在甲骨學的最初階段，人們對甲骨文所知甚少，辨識文字、瞭解字義詞義是研究者的第一要務；但到了對甲骨文的研究比較成熟的階段，因爲甲骨著錄材料的相對豐富、相關研究成果的相對斐然，編輯大型纂詁類工具書以便於相關學者的參考使用，也就勢所必然了。這裏有必要指出的是，我們對上述甲骨文工具書所做

---

① 島邦男著：《殷墟卜辭綜類》，大安書店，1967年；島邦男著：《殷墟卜辭綜類》（增訂本），汲古書院，1971年。姚孝遂主編：《殷墟甲骨刻辭類纂》，中華書局，1989年。饒宗頤主編：《甲骨文通檢》，香港中文大學出版社，1999年。這裏有必要指出的是，《甲骨文通檢》按內容分爲五冊，分別是第一冊（先公先王……先妣與神祇分冊，出版於1989年）、第二冊（地名分冊，出版於1994年）、第三冊（天象氣象分冊，出版於1995年）、第四冊（官職人物分冊，出版於1995年）、第五冊（田獵分冊，出版於1999年）。與前兩種著作不同的是，《通檢》不給相關辭例，而只是羅列相關辭例的出處。

② 李孝定編述：《甲骨文字集釋》，"中研院"歷史語言研究所，1970年。松丸道雄、高島謙一編：《甲骨文字字釋綜覽》，東京大學出版會，1994年。于省吾主編：《甲骨文字詁林》，中華書局，1996年。何景成編撰：《甲骨文字詁林補編》，中華書局，2017年。

③ 本世紀出版的檢索甲骨文的工具書，我們文中也列舉了一些，但只是舉例性質的，遠遠算不上全面。

的分類，根據的是當今辭書領域通行的分類方法，用這種方法去考量早期分工還不那麼明確的相關出版物，會有各種例外也就在情理之中。這也就是說，雖然真正意義上的甲骨文字典、詞典在20世紀80年代後期纔正式出版，但在事實上，大致合乎我們後來對字典、詞典定義的著作早在二三十年代就已經出現了。只是由於甲骨學在當時屬於草創時期，材料的不夠豐富加上學者的相關認識還有待提高，也就導致了這些書籍會有釋義不夠準確、義項尚欠分明、體例尚待完備等各種問題。而到了20世紀80年代後期，甲骨學經過了將近90年的發展，從學者的水平、取得的成果、所出的著作來看，都達到了前所未有的高度，舊有的字典、詞典類工具書已經滿足不了當時的需要了，學界急需一部既便於初學者學習又能總結之前的研究成果方便學者利用的工具書，這也是爲什麼此時會湧現出這樣一批字典、詞典的原因之一。

二、現有甲骨文字典、詞典存在的主要問題

這批字典、詞典對甲骨學的發展起到了一定的推動作用是不爭的事實。但截至本文開始寫作的今天，離最爲晚出的《甲骨文虛詞詞典》的出版也已經25年了。也就是說，在將近30年的時間裏，整個中國沒有一部新的體例較爲完備的甲骨文字詞釋義的辭書問世。[①] 這與21世紀整個中國的古文字學勃興、新的研究成果層出不窮形成了強烈的反差。就像早期的相關著作滿足不了80年代的需要一樣，這批出版於20世紀80年代末90年代初的書籍也不能滿足當下學科發展的需要了！[②] 下面我們就這個方面，以孟世凱先生的《甲骨學辭典》（以下簡稱"《辭典》"）、徐中舒先生的《甲骨文字典》（以下簡稱"《字典》"）、崔恒昇先生的《簡明甲骨文詞典》（以下簡稱"《詞

---

① 這期間出過一部《殷墟甲骨文實用字典》，參見馬如森編著：《殷墟甲骨文實用字典》，上海大學出版社，2008年。後又於2014年出了新版，參見馬如森著：《殷墟甲骨文實用字典》，上海大學出版社，2014年。這部字典實際上是作者將20世紀90年代出版的《殷墟甲骨文引論》下編《可釋字形音義簡釋》抽出擴充後的單行本，參見馬如森著：《殷墟甲骨文引論》，麗文文化公司，1997年。這期間還出過一部《甲骨文常用字集字字典》，以收集字形爲目的，並不對字義作解釋，按照我們的劃分，相當於一部小型字編，參見王大鵬、邵莉編著：《甲骨文常用字集字字典》，上海大學出版社，2012年。韓江蘇、石福金著：《殷墟甲骨文編》，中國社會科學出版社，2017年。劉釗先生主編了一部《甲骨文常用字字典》，也是只列字形而不解釋字義，參見劉釗、馮克堅主編：《甲骨文常用字字典》，中華書局，2019年。陳年福著：《甲骨文字新編》，綫裝書局，2017年；陳年福編著：《實用甲骨文字典》，四川辭書出版社，2019年。後者是前者增删之後的版本。這些新出的甲骨文辭書雖然都以"字典"標目，但由於各種各樣的原因，其體例都不夠完備，要麽没有對相關字詞作解釋，要麽就是解釋得相當簡略，更没有附上相應的辭例。

② 在21世紀這些書籍大都再版，有的還作了一定的修訂。如我們在前面屢有提及的《甲骨學辭典》就是《甲骨學小詞典》修訂之後的版本，《簡明甲骨文詞典》也在2001年出版了增訂本，《甲骨文字典》分别在2006年和2014年出了第二版和第三版。

典"》)、落合淳思先生的《甲骨文字辭典》(以下簡稱"《字辭典》")爲例①,來談一談我們所看到的問題。

(一) 字形上存在的問題

字形是釋讀甲骨文最外在、最基本的層面。如果字形有問題,就會對進一步的考字釋義等造成一系列負面影響。字典、詞典的主要編撰目的是解釋字詞意思,而不是排比字形。但如果不收或所收字形有問題,就會使讀者難以將著錄書籍中的甲骨字形與辭書上的楷書或篆書字形聯繫起來,從而爲查找不到要查的那個字而苦惱。當然不能要求以釋義爲目的的辭書對每個字的所有形體都加以收錄,但既然收錄字形,就應該至少具備以下兩個條件:一是所收字形的摹寫或截圖必須準確,二是所選字形必須典型而有代表性。字形摹寫和截圖的準確容易理解,這裏無須贅言。所謂代表性指的是同屬一字而形體差别較大的那些字形。列舉這些有代表性的字形,纔更容易將辭書上的字與著錄書上的字對應起來,否則就失去了以字形來辨識文字的意義。但是上面四部辭書都存在所選字形不夠典型的問題,兹舉一例以作説明。

四部辭書都收有"伊"字。在這個字頭下,《辭典》出有"⿰彳㣎""⿰彳㣏""⿰彳㣐"等形,《字典》出有"⿰彳㣎""⿰彳㣎""⿰彳㣎"等形,《詞典》出有"⿰彳㣎"形,《字辭典》出有"⿰彳㣎""⿰彳㣎""⿰彳㣎""⿰彳㣎""⿰彳㣎""⿰彳㣎"等形。② 在甲骨文中,"伊"字還有"⿰彳㣎""⿰彳㣎""⿰彳㣎"等形。如果讀者在閱讀甲骨文時遇到四部辭書裏所没有列出的字形,即便翻閱到了"伊"這個字頭及其條目,也會對這些字形是否是同一個字而産生疑惑。

第二個問題是字形摹寫的失真。

劉釗先生在《書馨集》中説,對字形的研究越來越呈出精密化的趨勢③;陳劍先生也説,當今的字形研究甚至到了關注筆畫的微觀層面④。最近陳劍先生能夠成功將

---

① 之所以選擇這幾部著作爲例,首先是因爲這幾部著作性質一樣,都是對甲骨文裏面的字詞的意思作解釋(儘管所釋的語言單位有大小差别);另一個原因是這幾部著作所收字詞較全、體例也比較完備,一般的學習者與學者都經常使用。落合先生的《甲骨文字辭典》,由於未有中譯本,在中國的讀者尚不多,但其性質與其他三部著作一致,更爲可貴的是,這部著作代表了日本對甲骨文字義、詞義研究的最新成果,可以在一定程度上爲我們瞭解日本學界的相關研究現狀提供參考。爲了行文的方便,我們在總稱這四部著作時,有時會使用"辭書"一詞。

② 孟世凱著:《甲骨學辭典》,上海人民出版社,2009 年,第 252 頁;徐中舒主編:《甲骨文字典》(第 3 版),四川辭書出版社,2014 年,第 881 頁;崔恒昇編著:《簡明甲骨文詞典》(增訂本),安徽教育出版社,2001 年,第 224 頁;落合淳思著:《甲骨文字辭典》,朋友書店,2016 年,第 12 頁。

③ 劉釗著:《書馨集:出土文獻與古文字論叢》,上海古籍出版社,2013 年,第 500 頁。

④ 陳劍:《〈釋殷墟甲骨文裏的"遠""𢨷"(邇)及有關諸字〉導讀》,載裘錫圭原著、黄天樹等讀解《中西學術名篇精讀·裘錫圭卷》,中西書局,2015 年,第 293—295 頁。

甲骨文中的"▨"釋爲"徹"字,其中的一個原因就是發現這個字從丑而不從又這樣一個事實。① 而《甲骨文字編》(以下簡稱《字編》)誤將其所從的"丑"摹作了"又"。如果盲目信從了《字編》所給出的字形而不去找著錄書籍來加以核對,那麽在很長的一段時間内,這個字恐怕是釋不出來的。可見各種古文字書籍(當然也包括辭書)能否忠實客觀地展示字形,往往是某些文字能否被正確考證出來的關鍵。也是出於這個原因,《辭典》《字典》《詞典》《字辭典》都沒有對這個字作出正確的摹寫與釋讀。②

在《辭典》和《詞典》中有字被摹寫爲"▨""▨"等形。③ 如果根據這幾個字形,人們會很容易將該形理解爲從攵木的"条"字。但是按照"条"來理解,很多卜辭就會解釋不通。如卜辭中有"条遣"一語,在很長的時間没有得到合理的解釋。實際上,這個字的形體是"▨",下部所從的是"朱"而並非"木"。根據陳劍先生的考釋,這個字應該被釋爲"朵",讀爲遭遇的"遭"。"朵遣"之"遣"應該讀爲"譴"或"愆";"朵遣"就是"遭譴(愆)",在卜辭中是"遭遇過錯、災患"的意思。④ 類似的例子還有一些,下面再略舉數例。

《辭典》將本該爲"▨"(《合集》13629)的形體摹爲了"▨""▨"等形,兩者的區別是前者中間一豎刺入了眼睛。可能是因爲没有注意到這一點,《辭典》便將該字置於了"甲"這個字頭之下⑤,實際上這個字就是"民"⑥,《辭典》將這個字與"民"分列開來顯然是有欠妥當的。《字典》將本該爲"▨"(《合集》26189)的形體摹爲了"▨",兩者的區別是前者下面一橫明顯拉得更長⑦,可能是因爲没有注意到這一點,《字典》便認爲其字下部所從的"▨"與"丰"所從的"▨"是同一個形體,而將這個字形誤置於"丰"這個

---

① 陳劍:《釋甲骨金文的"徹"字異體——據卜辭類組差異釋字之又一例》,載復旦大學出土文獻與古文字研究中心編《出土文獻與古文字研究》(第七輯),上海古籍出版社,2018年,第1—2頁。
② 《字辭典》摹寫了多個字形,將其中一個字形中的所謂的"又"摹作了"丑",並在字頭"斅"下括注了"𪓿"。《字辭典》雖然注意到了該字有從丑的形體,但在對字形的説解中,把從丑當作一種例外,没有進一步認識到該字所有的形體都從丑的事實。落合淳思著:《甲骨文字辭典》,朋友書店,2016年,第465頁。
③ 孟世凱著:《甲骨學辭典》,上海人民出版社,2009年,第304頁。《辭典》引用辭例時,將出自《合集》11484的辭例誤爲《合集》11848。崔恒昇編著:《簡明甲骨文詞典》(增訂本),安徽教育出版社,2001年,第305頁。
④ 陳劍:《釋造》,載《甲骨金文考釋論集》,綫裝書局,2007年,第145、148頁。
⑤ 孟世凱著:《甲骨學辭典》,上海人民出版社,2009年,第289頁。
⑥ 劉釗等編纂:《新甲骨文編》(增訂本),福建人民出版社,2014年,第715頁;李宗焜編著:《甲骨文字編》,中華書局,2012年,第189頁。
⑦ 兩者的區別還表現在:前者的這一橫是一個俯角,後者的這一橫被摹作一個仰角。《字典》標明的該字形出處爲《續》5.28.4,即《合集》26189。

字頭之下了①。《詞典》將本該爲"🙦"(《合集》21035)的形體摹爲了"🙧",後者不但將左下角的菱形誤摹爲圓形,而且右旁的人形更是被摹寫得面目全非②,《詞典》根據這個形體而將該字釋爲"坐"③,這當然是靠不住的。《字辭典》將本該爲"🙨"(《合集》10817)的形體摹爲了"🙩",前者的右上部的形體中的兩豎筆明顯向下拉長,應該是"凡"④,《字辭典》將它摹寫爲"口"而將整個字隸定爲"𠙴"⑤,這是不夠準確的。

字形收録容易出現的另一個問題是,一個字形被誤認爲兩個字形和兩個字形被誤認爲一個字形。這是同一個問題表現出來的兩個方面。

由於各種原因,我們所看到的甲骨文有各種有别於現在的書寫習慣,如由於一個字占據的空間較大,本屬於一個字的兩個偏旁被誤認爲是兩個字。這種現象就是裘錫圭先生提到過的"一字析書"。裘先生在文中舉了《合集》33193 中的"𧗥"爲例,因爲這個字所從的"方"和"止"的字距過大,一個字占據了兩個字的空間,而被一些辭書和一些學者當作了"方"和"止"兩個字。而實際上這個"𧗥"是"衛"的一個異體,在卜辭中讀爲防衛的"防"。⑥《詞典》有詞條"木方",所舉辭例爲《甲編》600 上的"癸未王令木方止";《辭典》也有"木方"條,所舉辭例出於《合集》33193;《字典》"木"字條下列有義項"方國名",所舉辭例與《詞典》一樣是出於《甲編》600(所不同的是,《字典》加上了前辭"壬午貞",並將上述二書中的"止"釋爲了"之");雖然在"木"字頭下,《字辭典》没有爲"木方"給出具體的辭例,却提到殷人的敵對方國"木方"。⑦《甲編》600 即《合集》33193,其中的"木方止"就是"木"。也就是說,至少在目前所發現的卜辭中,是没有所謂的"木方"的。四部辭書都没有注意到"一字析書"的情況,而把從方止的"𧗥"當成了"方""止"兩個字。

《合集》9774 有字作"🙪"(🙫)形,經過陳劍先生的研究,這個字形是甲骨文中

---

① 徐中舒主編:《甲骨文字典》(第 3 版),四川辭書出版社,2014 年,第 689 頁。

② 字形上有明顯界綫的頭、手兩個部分被連成了一條直綫,象腿的部分的斜綫被摹成了略向右拐的弧綫。

③ 崔恒昇編著:《簡明甲骨文詞典》(增訂本),安徽教育出版社,2001 年,第 300 頁。《新甲骨文編》《字編》都作未識字處理的。

④ 也可能是"同",但根據左豎筆長於右豎筆的情形看,是"凡"的可能性更大。不管是"同"還是"凡",這個形體不是"口"則是可以肯定的。

⑤ 落合淳思著:《甲骨文字辭典》,朋友書店,2016 年,第 390—391 頁。

⑥ 裘錫圭:《甲骨文字特殊書寫習慣對甲骨文考釋的影響舉例》,載《裘錫圭學術文集·甲骨文卷》,復旦大學出版社,2012 年,第 230 頁。又,劉釗先生主編的《新甲骨文編》在"防"字後注曰:"卜辭或用'防'爲'衛'。"參見劉釗等纂:《新甲骨文編》(增訂本),福建人民出版社,2014 年,第 793 頁。

⑦ 崔恒昇編著:《簡明甲骨文詞典》(增訂本),安徽教育出版社,2001 年,第 90 頁;孟世凱著:《甲骨學辭典》,上海人民出版社,2009 年,第 121 頁;徐中舒主編:《甲骨文字典》(第 3 版),四川辭書出版社,2014 年,第 640 頁;落合淳思著:《甲骨文字辭典》,朋友書店,2016 年,第 297 頁。

"殺"的諸多異體之一。① 《辭典》將這個字釋爲"攷豕"二字，《字典》《詞典》《字辭典》都未收錄這個字形，應該也是把屬於一字的形體當作兩個字的形體來處理了。②

由於合書或兩個字的字距較小等原因，本屬於不同的字的形體被認作了同一個字的兩個偏旁或兩個部分。《字典》在其序言中提到過這種合文被認作一個字的情況，而且舉出了"小母"常常被誤作"母"爲例證。③ 但是《字典》在"女"字頭下收有"￼""￼"兩形④，在後一字形之下有"爲小母合文"的括注，這當然是正確的，而在前一字形下則沒有任何括注。兩個字形之間隔着多個字形，也不存在這個括注標注上述兩形的可能。前一字形出自《佚》691（即《合集》2601），"￼"其實也是小母的合文。可見即便注意到了合文被誤爲一字的情況，但真的遇到這種情況時也免不了會出現紕漏。

《詞典》在"密"字頭下引《安明》2674"甲午卜：取射舀乎（呼）密"作爲"密"的辭例，認爲這最後一字是从宓山的"密"字。⑤ 《安明》2674 即《合集》31996，其中被釋爲"密"字的實際上是"￼""￼"兩個字，前一字可隸定爲"宓"，後一字雖然不識，但不是"山"字則是可以肯定的。《字典》雖然認爲"￼"不是"山"，但認爲該形从宓￼，懷疑是"宓"的異體，也是把這兩個形體當作了一個字。⑥ 裘錫圭先生最初也是把這兩個字當作一個字來看的，後來則認爲是"宓￼二字"⑦；《甲骨文合集釋文》《殷墟甲骨刻辭摹釋總集》也都是當作兩個字來處理的⑧。

《字辭典》有"昀"字，其甲骨字形爲"￼""￼"，所給的辭例爲《合補》10437。⑨ 《合補》10437 有字作"￼"形，當即《字辭典》所摹寫的"￼"形。這個看起來是一字的形體實際上是"彡""日"兩個字。

有必要指出的是，雖然上述四部辭書在字形上有各種疏漏，但考慮到它們是以對

---

① 陳劍：《試說甲骨文的"殺"字》，載中國古文字研究會、復旦大學出土文獻與古文字研究中心編《古文字研究》（第二十九輯），中華書局，2012 年，第 9—19 頁。
② 孟世凱著：《甲骨學辭典》，上海人民出版社，2009 年，第 434 頁；徐中舒主編：《甲骨文字典》（第 3 版），四川辭書出版社，2014 年，第 334、326 頁；崔恒昇編著：《簡明甲骨文詞典》（增訂本），安徽教育出版社，2001 年，第 318、444、222 頁（見"伏風"釋文，伇字下無此字形。第 268 頁釋爲"殳"）。
③ 徐中舒主編：《甲骨文字典》（第 3 版），四川辭書出版社，2014 年，第 3 頁。
④ 同上書，第 1299 頁。
⑤ 崔恒昇編著：《簡明甲骨文詞典》（增訂本），安徽教育出版社，2001 年，第 542 頁。
⑥ 徐中舒主編：《甲骨文字典》（第 3 版），四川辭書出版社，2014 年，第 832 頁。
⑦ 裘錫圭：《釋柲》，載《裘錫圭學術文集·甲骨文卷》，復旦大學出版社，2012 年，第 55 頁。
⑧ 胡厚宣主編：《甲骨文合集釋文》，中國社會科學出版社，1999 年，第 1564 頁；姚孝遂主編：《殷墟甲骨刻辭摹釋總集》，中華書局，1988 年，第 709 頁。
⑨ 落合淳思著：《甲骨文字辭典》，朋友書店，2016 年，第 161 頁。

字詞進行釋義爲主要職能,而不是展示字形,我們就不對類似問題做過多舉證了。

(二) 釋字上存在的問題

字形摹寫或截圖準確之後,進一步的要求必然是釋字的準確。很多卜辭之所以晦澀難通,一個大的原因恐怕還是一些字未被考釋出來或考釋出來後未被正確釋讀。就辭書的編寫而言,釋字的多寡、準確與否,必然會對進一步的釋義工作有巨大影響。《辭典》《字典》《詞典》《字辭典》由於各種原因,在這方面都存在着一定的欠缺。

在賓組卜辭中用來表示貞人的"▨""▨""▨"等形,很早就被胡光煒先生釋作了"爭";後來在字形上經過于省吾先生進一步論證①,這個考釋結論在當時就已爲學者們所信從。《字典》雖然注意到了于先生的考釋,但還是堅持將這個字釋爲"夬"②,在字形上毫無理據。當讀者看到相關釋文中的這個"爭"而需要更進一步尋求解釋時,很難在《字典》中查到。

甲骨文中有字作"▨""▨""▨""▨"等形,《辭典》《字典》《詞典》《字辭典》皆釋之爲"而",並認爲在卜辭中該字可用作人名、族名、地名、祭名等;《字典》還對其構形理據作了擬測,認爲是"象頷下鬚毛之形"。③ 林澐先生對比西周金文中的"馘"作"▨""▨""▨""▨"等形,再結合相關辭例,將上面被釋爲"而"的字形改釋爲"馘",並認爲該字的字形"疑象更古老的剝取頭皮之舉,即表現頭皮而附有下垂之髮"。④ 此後不久,李圃先生也認爲這個字應該被釋爲"馘",並認爲這個字"象倒首長髮形……當爲古代戰爭割敵首以計戰功之舉"⑤。儘管對這個字的構形理據有着不同的解釋,但從字形和卜辭辭例看,林、李二位先生的考釋是正確的。上述前三部辭書在初版時可能來不及吸收林、李二位先生的研究成果,但是這三部辭書在 21 世紀都修訂再版,却依然沒能將這一考釋成果收錄進來,不能說不是一個疏漏。《字辭典》出版於 2016 年,也沒有注意到這一研究成果,就更加讓人感到遺憾了!

有時對某一個字的其中一個部分的隸定是正確的,但對這個字的另外一個部分的隸定却有不夠準確的情況。如《辭典》誤將"菁"所從的"朿"釋爲了"木",從而將這

---

① 于省吾:《釋爭、截》(《甲骨文字釋林》,中華書局,1979 年,第 103—104 頁)。
② 徐中舒主編:《甲骨文字典》(第 3 版),四川辭書出版社,2014 年,第 285—286 頁。
③ 孟世凱著:《甲骨學辭典》,上海人民出版社,2009 年,第 238 頁;徐中舒主編:《甲骨文字典》(第 3 版),四川辭書出版社,2014 年,第 1045 頁;崔恒昇編著:《簡明甲骨文詞典》(增訂本),安徽教育出版社,2001 年,第 207 頁;落合淳思著:《甲骨文字辭典》,朋友書店,2016 年,第 154 頁。
④ 林澐:《新版〈金文編〉正文部分釋字商榷》,中國古文字研究會第八屆年會會議論文,太倉,1990 年,第 9 頁。
⑤ 李圃選注:《甲骨文選注》,上海古籍出版社,1989 年,第 168 頁。

個字隸定爲了"柄"①；又如《字典》誤將"狱"所從的"杢"釋爲了"立"，從而將這個字隸定爲了"狱"②；又如《詞典》誤將"呈"字所從的"壬"釋爲了"壬"，從而將這個字隸定爲了"呈"③；又如上面我們提到過的《字辭典》將"[圖]"(《合集》10817)的右上角所從的"凡"釋爲了"口"④。

上面是釋字有誤的第一種情況，可以定義爲"釋單字有誤"。下面要講的是第二種釋字有誤的情況：多字誤釋爲一字，即兩個或兩個以上的字被誤認爲一個字的異體。

甲骨文中一般作"[圖]""[圖]"的兩種字形，在《辭典》《詞典》《字典》《字辭典》中都是被當作一個字來處理的。⑤ 經過裘錫圭先生的研究，前一字形應被釋爲"見"，後一字形應被釋爲"視"⑥，至少在甲骨文階段兩者不是一個字。四部辭書將兩個不同的字當作了一個字，屬於多字誤釋爲一字的情況。

甲骨文中有"[圖]""[圖]""[圖]""[圖]"等字形，《辭典》《字典》《詞典》都將它們隸定爲"相"。⑦ 從現有的研究看，將"[圖]"釋爲"相"是没有問題的⑧；但其後的"[圖]"其實是"罘"，"[圖]"其實是"柩"，而"[圖]"其實是"省"的異體⑨。三部辭書將它們當作同一個字來處理，顯然屬於多字誤釋爲一字。《字辭典》雖然没有將上列四字都認爲是"相"的異體，但將其中的"[圖]"也歸入"相"的字頭之下⑩，也屬於多字誤釋爲一字的情況。

甲骨文中的"牛"一般作"[圖]"形，"鷹"一般作"[圖]"形⑪，而《字典》將它們都收録在

---

① 孟世凱著：《甲骨學辭典》，上海人民出版社，2009年，第392頁。
② 徐中舒主編：《甲骨文字典》(第3版)，四川辭書出版社，2014年，第1098—1099頁。
③ 崔恒昇編著：《簡明甲骨文詞典》(增訂本)，安徽教育出版社，2001年，第466頁。
④ 落合淳思著：《甲骨文字辭典》，朋友書店，2016年，第390—391頁。
⑤ 孟世凱著：《甲骨學辭典》，上海人民出版社，2009年，第291頁；崔恒昇編著：《簡明甲骨文詞典》(增訂本)，安徽教育出版社，2001年，第285頁；徐中舒主編：《甲骨文字典》(第3版)，四川辭書出版社，2014年，第977頁；落合淳思著：《甲骨文字辭典》，朋友書店，2016年，第94—95頁。
⑥ 裘錫圭：《甲骨文中的見與視》，載《裘錫圭學術文集·甲骨文卷》，復旦大學出版社，2012年，第444—448頁。
⑦ 孟世凱著：《甲骨學辭典》，上海人民出版社，2009年，第392頁；徐中舒主編：《甲骨文字典》(第3版)，四川辭書出版社，2014年，第364頁；崔恒昇編著：《簡明甲骨文詞典》(增訂本)，安徽教育出版社，2001年，第405頁。
⑧ 《辭典》收有我們現在釋爲"相"的這個字形，而《字典》和《詞典》實際上是没有收入的，且三部辭書都没有爲我們現在釋爲"相"的字給出辭例。參見孟世凱著：《甲骨學辭典》，上海人民出版社，2009年，第392頁；徐中舒主編：《甲骨文字典》(第3版)，四川辭書出版社，2014年，第364—365頁；崔恒昇編著：《簡明甲骨文詞典》(增訂本)，安徽教育出版社，2001年，第405—406頁。
⑨ 參見劉釗等編纂：《新甲骨文編》(增訂本)，福建人民出版社，2014年，第222、223、183、228頁；李宗焜編著：《甲骨文字編》，中華書局，2012年，第206、194頁。
⑩ 落合淳思著：《甲骨文字辭典》，朋友書店，2016年，第91頁。
⑪ 劉釗等編纂：《新甲骨文編》(增訂本)，福建人民出版社，2014年，第565頁。

"牛"字之下①,顯然也屬於多字誤釋爲一字的情況。甲骨文中的"彖"一般作"□"形,"彘"一般作"□"形②,《詞典》《字辭典》將它們都當作"彘"來處理③,也屬於多字誤釋爲一字的情況。甲骨文中的"豕"一般作"□""□"等形④,與作"□""□"等形的字⑤,顯然不是一個字,《字辭典》將它們都當作"豕"⑥,也屬於多字誤釋爲一字。

與多字誤釋爲一字相反的是一字誤釋爲多字。這裏略舉兩例。

甲骨文中有字作"□""□""□""□""□""□""□""□"等形體,《辭典》根據其形體區別,分別將這些字形置於"册""典""栅"等字頭之下;《字典》分別將這些字形置於"册""典""朁""示典(合文)"等字頭之下;《詞典》分別將這些字形置於"册""典""栅"等字頭之下;《字辭典》則分別將這些字形置於"册""典""栅"等字頭之下。⑦ 經過謝明文先生與王子楊先生的先後研究,甲骨文中的這些字形其實都是"册"字,只不過是因爲組類和時代的差別而用了不同的字形表示而已。⑧ 上面三部辭書將這些字形分別列於各個不同的字頭之下,屬於典型的一字誤釋爲多字。

甲骨文中有"□""□"等形,《辭典》釋爲"改""攺",《字典》釋爲"攺",《詞典》釋爲"攺""改",《字辭典》釋爲"改"("改""殁""□");甲骨文中又有"□"形,《辭典》釋爲"殁",《字典》按原形摹録未隸定,《詞典》釋爲"殁",《字辭典》釋爲"役"。⑨ 根據陳劍先

---

① 徐中舒主編:《甲骨文字典》(第3版),四川辭書出版社,2014年,第78頁。
② 劉釗等編纂:《新甲骨文編》(增訂本),福建人民出版社,2014年,第555—556頁。參見陳劍:《金文"彖"字考釋》,載《甲骨金文考釋論集》,綫裝書局,2007年,第248—249頁。
③ 崔恒昇編著:《簡明甲骨文詞典》(增訂本),安徽教育出版社,2001年,第579頁;落合淳思著:《甲骨文字辭典》,朋友書店,2016年,第230頁。
④ 劉釗等編纂:《新甲骨文編》(增訂本),福建人民出版社,2014年,第551—552頁;李宗焜編著:《甲骨文字編》,中華書局,2012年,第561—562頁。
⑤ 劉釗等編纂:《新甲骨文編》(增訂本),福建人民出版社,2014年,第967—968頁;李宗焜編著:《甲骨文字編》,中華書局,2012年,第562頁。《新甲骨文編》和《字編》都是將這類字形當作未釋字處理的。
⑥ 落合淳思著:《甲骨文字辭典》,朋友書店,2016年,第228頁。
⑦ 孟世凱著:《甲骨學辭典》,上海人民出版社,2009年,第213、350—351、440頁;徐中舒主編:《甲骨文字典》(第3版),四川辭書出版社,2014年,第200、490、493頁;崔恒昇編著:《簡明甲骨文詞典》(增訂本),安徽教育出版社,2001年,第165、349、447頁;落合淳思著:《甲骨文字辭典》,朋友書店,2016年,第474、476頁。
⑧ 謝明文:《"册"、"典"等字補釋》,載中國ан古文獻研究中心編《中國古文字研究》第三輯,中華書局,2011年,第99—109頁;王子楊著:《甲骨文字形類組差異現象研究》,中西書局,2013年,第38頁。
⑨ 孟世凱著:《甲骨學辭典》,上海人民出版社,2009年,第316、433、204頁(四方風釋文);徐中舒主編:《甲骨文字典》(第3版),四川辭書出版社,2014年,第334、326頁;崔恒昇編著:《簡明甲骨文詞典》(增訂本),安徽教育出版社,2001年,第318、444、222頁;落合淳思著:《甲骨文字辭典》,朋友書店,2016年,第271、16頁。在《詞典》"伏風"條釋文裏將"□"釋爲"役",但"役"字頭下無此字形,字頭"殁"下列有此字形,這也可以當作釋文和字頭没能整齊劃一的例證,參見崔恒昇編著:《簡明甲骨文詞典》(增訂本),安徽教育出版社,2001年,第268頁。

生的研究,上述諸形其實都是"殺"字。① 上面四部辭書將這些字形分別列於各個不同的字頭之下,也屬於一字誤釋爲多字。

(三) 釋義上存在的問題

對於一部釋義性質的辭書而言,釋義的準確與否是衡量其質量高下的關鍵因素。編寫這樣一部辭書,釋義的準確性自然是編寫者工作的重中之重。由於種種原因,《辭典》《字典》《詞典》《字辭典》在釋義上都或多或少出現過一些問題。

釋義上的問題大致有兩種表現:一是釋義的錯誤,一是釋義的不够準確。

1. 釋義的錯誤

釋義的錯誤無外乎釋字有誤而導致的釋義有誤和釋字無誤而由其他各種原因導致的釋義有誤兩種情况。上面說到的"而"(臧)就屬於釋字有誤而導致釋義有誤的情况。下面再舉兩例以做例證。

甲骨文有字作"⿱臼巾""⿱臼止"等形,《字典》認爲是"从臼从止从巾",在卜辭中"疑爲祭名"。②《字典》認爲該字"从臼从止"是對的,但認爲其下部的"冂"是"巾"則是不正確的。裘錫圭先生認爲"冂"應該是"象器物的架座",从臼冂,"可以解釋爲象徵以兩手置物於架座",並認爲該字中間的"止"(也可以釋爲"之")是聲符。③ 從字形上看,該形有置物之義,從古音上來看,聲符"之"或"止"與"置"又非常相近,因此這個字就是"置物"的"置"的本字。在卜辭中該字多有與"壴""庸"等樂器連用的例子,再結合《詩經·商頌·那》中"置我鞉鼓"的例子,裘先生的釋讀應該是正確的。《字典》的出版遠在裘先生的文章發表之前,没能對這個字所表示的詞義作正確的解釋還在情理之中;《字辭典》成書遠在裘文發表之後,却還是將這個字所表示的詞義解釋爲"供品"和"祭名"④,這就頗爲讓人遺憾了。

"⿰歺興有疾"在殷墟甲骨卜辭中是一句較爲常見的短語,但對於這句話在卜辭中的意思,學者一直没有取得一致的意見。究其原因,主要是最爲關鍵的"⿰歺"字没有得到正確的考釋。"⿰歺"有"⿱⿰歺""⿱⿰歺""⿱⿰歺"等異體⑤,《辭典》將它們釋爲"骨",認爲就是"骨

---

① 陳劍:《試說甲骨文的"殺"字》,載中國古文字研究會、復旦大學出土文獻與古文字研究中心編《古文字研究》(第二十九輯),中華書局,2012年,第9—19頁。
② 徐中舒主編:《甲骨文字典》(第3版),四川辭書出版社,2014年,第866頁。
③ 裘錫圭:《甲骨文中的幾種樂器名稱——釋"庸""豐""韶"》,載《裘錫圭學術文集·甲骨文卷》,復旦大學出版社,2012年,第38—39頁。
④ 落合淳思著:《甲骨文字辭典》,朋友書店,2016年,第436頁。
⑤ 參見劉釗等編纂:《新甲骨文編》(增訂本),福建人民出版社,2014年,第267—268頁;李宗焜編著:《甲骨文字編》,中華書局,2012年,第842—844頁。

頭"的"骨"字①;《字典》釋之爲"凸",讀作"骨",並將這一短語解釋爲"病害"②;《詞典》釋之爲"凸",讀作"骨",並將這一短語釋爲"骨風有疾",認爲是"骨頭受風寒而有病害"的意思③;《字辭典》釋之爲"骨"(凸),並將"凸興"理解爲"骨盤",將這一短語解釋爲"骨盆有病"④。其實這個字形是"象卜用牛肩胛骨之形",並不是一般意義上的"骨"的象形。裘錫圭先生根據徐寶貴先生的意見將這個字釋爲"肩",進而訓爲"克"。⑤ 後來裘先生在這個基礎上進一步認爲,"克"是"能夠"的意思,"興"是"好轉"的意思,"肩興有疾"指的是"病情能夠好轉"⑥,從而解決了"肩興有疾"這一令人困惑了將近百年的釋讀難題。上面四部辭書没有能夠正確解釋"凸興有疾"這一短語,首要的原因還是没有認出"凸"這個字來。⑦

第二種是釋字無誤但釋義有誤的情況。

卜辭有"乍(作)口"一語,《辭典》將其解釋爲"使役之人口"⑧;又有"多口"一語,《詞典》將其解釋爲"人口""衆生"之義⑨;又有"至口"一語,《字辭典》將其中的"口"解釋爲"地名"⑩。根據王貴民先生的研究,這裏的"口"就是"口舌"的"口","作口""多口""至口"在辭例裏表示的是"由口舌議論所引起的禍患的事類"⑪,這個"口"就是我們現在所説的"口舌是非",並不是什麽"人口",也不是什麽"地名"。

卜辭中有字作"❀"形,孫詒讓先生釋爲"襄",王國維先生釋爲"衣",王襄先生釋爲"卒"。⑫ 經過後來的研究,釋爲"卒"的説法已爲後來的學者所普遍接受。《辭典》《字典》《詞典》都將這個字形釋爲"卒",並作了相應的釋義。《辭典》出有"氏族(方

---

① 《辭典》没有"骨"這個字頭。我們查到,《辭典》爲"疾骨"的"骨"給出了"凸""凸"等字形,正是我們所要探討的這個"凸"。這也是《辭典》的釋文和字頭没有整齊劃一的一個例證。參見孟世凱著:《甲骨學辭典》,上海人民出版社,2009 年,第 494 頁。
② 徐中舒主編:《甲骨文字典》(第 3 版),四川辭書出版社,2014 年,第 463、464、1452 頁。
③ 崔恒昇編著:《簡明甲骨文詞典》(增訂本),安徽教育出版社,2001 年,第 711—712 頁。
④ 落合淳思著:《甲骨文字辭典》,朋友書店,2016 年,第 566—567 頁。
⑤ 裘錫圭:《説"囗凡有疾"》,載《裘錫圭學術文集·甲骨文卷》,復旦大學出版社,2012 年,第 480—481 頁。
⑥ 同上書,第 482—484 頁。
⑦ 除了認出"肩",認出"興"也是解讀這一句短語的關鍵。限於篇幅,此處就不作具體論述了。
⑧ 孟世凱著:《甲骨學辭典》,上海人民出版社,2009 年,第 300 頁。《字典》《詞典》失收。
⑨ 崔恒昇編著:《簡明甲骨文詞典》(增訂本),安徽教育出版社,2001 年,第 240 頁。《辭典》《字典》失收。
⑩ 落合淳思著:《甲骨文字辭典》,朋友書店,2016 年,第 106 頁。
⑪ 王貴民:《試釋甲骨文的乍口、多口、殉、葬和誕字》,載吉林大學古文字研究室編《古文字研究》(第二十一輯),中華書局,2001 年,第 122—135 頁。有學者以爲這類"口"是指"災禍"。
⑫ 于省吾主編:《甲骨文字詁林》,中華書局,1996 年,第 1903 頁。

國)""地名""迅速""倉猝"等義項,《字典》出有"祭名""地名"等義項,《詞典》出有"地名""始終""突然"等義項,《字辭典》出有"全體(全部)""祭名""地名"等義項。① 據裘錫圭先生的研究,"卒"至少還有一個可訓爲"完成"的義項。② "卒"的這個重要義項,上述四部辭書全部失收。卜辭中的"卒"常常出現在"貞:婦嫀冥,佳卒""貞:王勿卒""王勿卒告"等辭例中,這些辭例中的"卒"都是"完成"的意思,四部辭書都或多或少收有與之類似的辭例,但都對其中的"卒"作了不同的解釋(《辭典》將這些辭例置於"迅速"這個義項之下,《字典》置於"祭名"之下,《詞典》置於"突然"之下,《字辭典》置於"地名"之下)。從義項完整與否的情況看,四部辭書都沒有完成,屬於義項失收;而從爲相關辭例給出的解釋看,則又屬於釋義有誤了。

甲骨文中有"王疾齒,惟易""王疾齒,亡易"一語,其中的"易",《辭典》解釋爲"治";《字典》解釋爲"更易",認爲"易齒"的意思是"換牙";《詞典》解釋爲"換",又另解釋爲"更易",認爲"易齒"是指"拔牙""修治"的意思;《字辭典》解釋爲"消除災禍"。③《辭典》的解釋過於簡約,讓人抓不住重點。《字典》解釋的"換牙"也讓人難以理解,就像姚孝遂先生在《甲骨文字詁林》裏所說:"'齒更'乃小兒生理之常,此言'王疾齒'……不得以'換牙'解之。"④《詞典》"拔牙""修治"的解釋似乎不是沒有道理,却也沒有足夠證據予以支撐,讓人無法放心地信從。《字辭典》的"消除災禍"也似乎和"齒"扯不上關係。陳世輝、湯餘惠先生認爲,這裏的"易"是"輕"的意思,指的是"病情緩和、平復"。⑤ 姚孝遂先生在《甲骨文字詁林》中給"易"字條下的按語說道:"易當讀作'佚'……'佳易''亡易'謂平安與否也。"⑥算是給了這種語境中的"易"一個最爲合理的解釋。

"取"自古至今都是一個常見字。但卜辭"帝取帚(婦)好(《合集》2637)""且(祖)

---

① 孟世凱著:《甲骨學辭典》,上海人民出版社,2009年,第371頁;徐中舒主編:《甲骨文字典》(第3版),四川辭書出版社,2014年,第936—937頁;崔恒昇編著:《簡明甲骨文詞典》(增訂本),安徽教育出版社,2001年,第366頁;落合淳思著:《甲骨文字辭典》,朋友書店,2016年,第431頁。《字辭典》與前面三書不同,還是將我們釋爲"卒"的字歸在"衣"字頭之下。

② 裘錫圭:《釋殷墟卜辭中的"卒"和"裨"》,載《裘錫圭學術文集·甲骨文卷》,復旦大學出版社,2012年,第362、376頁;另見王子楊著:《甲骨文字形類組差異現象研究》,中西書局,2013年,第99—101頁。

③ 徐中舒主編:《甲骨文字典》(第3版),四川辭書出版社,2014年,第1064頁;孟世凱著:《甲骨學辭典》,上海人民出版社,2009年,第349頁;崔恒昇編著:《簡明甲骨文詞典》(增訂本),安徽教育出版社,2001年,第346頁;落合淳思著:《甲骨文字辭典》,朋友書店,2016年,第588頁。

④ 于省吾主編:《甲骨文字詁林》,中華書局,1996年,第3390頁。

⑤ 陳世輝、湯餘惠著:《古文字學概要》,福建人民出版社,2011年,第148頁。

⑥ 這一說法也還可以商榷,未爲定論。

乙取帚(婦)""大甲取帚(婦)""唐(湯)取帚(婦)好"(以上均見《合集》2636正反)、"且(祖)乙取帚(婦)"(《合補》5554正反)諸辭中的"取"向來沒有比較合理的解釋。影響較大的是姚孝遂先生讀"取"爲"娶",並與古籍中所提到的"河伯娶婦"聯繫起來,認爲這是商王的祖先"唐""祖乙""太甲"等迎娶"冥婦"。據李宗焜先生在《婦好在武丁王朝的角色》中的論證,這裏的"取"實際上是"取走"的意思,"取婦好"就是"先王取去婦好的靈魂,意味婦好的死亡"。陳劍先生在其《"備子之責"與"唐取婦好"》一文中,對相關卜辭作了細緻的分析,並引金文與簡帛中的相關辭例作爲證據,證實了李先生說法的正確性。① 《字典》將這種語境下的"取"讀爲"娵";《辭典》《詞典》《字辭典》的"取"字條下沒有給出相關辭例,也就沒有爲這種語境下的"取"給出相應的義項。② 從語義學的角度講,《字典》將這種語境下的"取"讀爲"娵",屬於用義位B解釋義位A的情況。

2. 釋義的不夠準確

有時候三部辭書給出的釋義宏觀地看是沒問題的,但在義素的微觀層面上的不夠注意,往往導致了釋義的有欠準確。這就是我們下面將要説到的"釋義的不夠準確"。從語義學的角度講,上文所説的釋義的錯誤屬於對詞義所包含的核心義素解釋的失誤,而下面所要舉的例子則屬於對詞義的限定性義素解釋的失誤。

第一,用上位詞的詞義解釋下位詞的詞義。

在甲骨文中,有許多詞的書寫形式一樣,表示的語義也大致一樣,但是在具體的語境中所指就有很大的區別。比如《辭典》將甲骨文中屢見的"匕戊"這一人物解釋爲"商王先妣"③,就"匕戊"在甲骨文中的實際情況看,這樣的釋義是不夠準確的。因爲同是"匕戊",在不同的卜辭裏既可以表示大丁的配偶中以"戊"爲名的配偶,也可以表示祖丁的配偶中以"戊"爲名的配偶,也可表示祖甲的配偶中以"戊"爲名的配偶,也可以表示武丁的配偶中以"戊"爲名的配偶,還有一些單看辭例不知道所配是哪位先王

---

① 李宗焜:《婦好在武丁王朝的角色》,載《古文字與古代史》(第三輯),"中研院"歷史語言研究所,2012年,第99—100、103頁。陳劍:《"備子之責"與"唐取婦好"》,載李宗焜主編《出土材料與新視野》,"中研院",2013年,第182—183頁。

② 徐中舒主編:《甲骨文字典》(第3版),四川辭書出版社,2014年,第853頁;孟世凱著:《甲骨學辭典》,上海人民出版社,2009年,第328—329頁;崔恒昇編著:《簡明甲骨文詞典》(增訂本),安徽教育出版社,2001年,第326—327頁;落合淳思著:《甲骨文字辭典》,朋友書店,2016年,第99頁。

③ 孟世凱著:《甲骨學辭典》,上海人民出版社,2009年,第319頁。《字典》有"匕"字條,將"匕"解釋爲"讀爲妣,卜辭用稱先祖之配偶",只舉了"匕甲"作爲辭例,卜辭習見的"匕壬""匕庚"等並沒有出詞條及辭例,參見徐中舒主編:《甲骨文字典》(第3版),四川辭書出版社,2014年,第913頁。《詞典》分列了各種語境中不同身份的"匕戊",參見崔恒昇編著:《簡明甲骨文詞典》(增訂本),安徽教育出版社,2001年,第17頁。

的"匕戊"。① 如此眾多的"匕戊",顯然不是同一個人。但是不管卜辭中有多少個"匕戊",她們都確定無疑是屬於商王的"先妣"的。《辭典》這樣籠統地以"商王先妣"來對具體的"匕戊"作釋義,按照語義學的説法,屬於用上位詞的詞義解釋下位詞的詞義,必然會造成釋義的不夠準確。

第二,未能注意到詞義所指的範圍大小。

卜辭中有"湄日"一詞,《辭典》認爲是"自天曉後田獵之日",《字典》認爲是"天將明之時",《詞典》認爲是"終日",《字辭典》認爲是"一日之内,與終日同義"。②《辭典》之"田獵之日"不知何據,即便略有道理的"天曉後",裏面的"後"的時間界限在哪裏,是在中午、下午還是在黄昏,是否當天的前半夜也可以包括進來,是頗爲讓人費解的。雖然比起《辭典》,《詞典》和《字辭典》的解釋似乎精確一些,但"終日"或"一日之内"的解釋還是稍嫌籠統。《字典》的解釋最爲詳細,但是是在"湄"讀爲"昧"的基礎之上的,將"湄"讀爲"昧"在訓詁學和文字學上都找不到根據。據李宗焜先生和沈培先生的研究,"湄日"指的是整個白天。③《辭典》《詞典》《字辭典》對"湄日"一詞的所指的解釋顯得範圍過大,而《字典》的解釋又顯得範圍過於狹小了。

第三,未能注意到詞義的區别特徵。

"才(在)"和"于"是甲骨卜辭中習見的用於表示地點名詞前的兩個介詞。對於用在地點名詞前的"才(在)",《辭典》給出的解釋爲"用於地名前",《字典》給出的是"表示行爲所涉及的處所",《詞典》則徑直解釋爲"在"而没有給出更多的解説,《字辭典》解釋爲"指示所在";對於用在地點名詞前的"于",《辭典》《詞典》都徑直解釋爲"表示在"和"在",《字典》給出的是"介詞,示所在也",《字辭典》給出的是"指示所在"。④ 綜合四部辭書所給出的解釋,這種語境下的"在"和"于"就是一對同義詞。那麽我們不禁就要問,這兩個詞的意思有没有區别。如果没有區别,同一個意思用兩個詞來表示

---

① 參見後文"示例"中"匕"字頭下"匕戊"條的解釋及所給辭例。
② 孟世凱著:《甲骨學辭典》,上海人民出版社,2009年,第576頁;徐中舒主編:《甲骨文字典》(第3版),四川辭書出版社,2014年,第299頁;崔恒昇編著:《簡明甲骨文詞典》(增訂本),安徽教育出版社,2001年,第573頁;落合淳思著:《甲骨文字辭典》,朋友書店,2016年,第190頁。
③ 李宗焜:《卜辭所見一日内時稱考》,載中國文字編輯委員會編《中國文字》(新十八期),藝文印書館,1994年,第173—208頁;沈培:《釋甲骨文、金文與傳世典籍中跟"眉壽"的"眉"相關的字詞》,載復旦大學出土文獻與古文字研究中心編《出土文獻與傳世典籍的詮釋——紀年譚樸森先生逝世兩週年國際學術研討會論文集》,上海古籍出版社,2010年,第19—46頁。
④ 孟世凱著:《甲骨學辭典》,上海人民出版社,2009年,第59、56頁;徐中舒主編:《甲骨文字典》(第3版),四川辭書出版社,2014年,第672、510頁;崔恒昇編著:《簡明甲骨文詞典》(增訂本),安徽教育出版社,2001年,第45、29頁;落合淳思著:《甲骨文字辭典》,朋友書店,2016年,第583—584、597頁。

就不符合語言簡潔的原則;如果有區別,在四部辭書中確實又沒有給出答案。其實,根據裘先生的研究,這種語境下的"在"和"于"是有區別的:相對來説,"在"所介的地名較近,"于"所介的地名較遠。① "在"和"于"的這種區別在黄天樹先生的《〈殷墟花園莊東地甲骨〉中所見虛詞的搭配和對舉》一文裏也得到了進一步證實。② 四部辭書都没有注意到"在""于"的這種區別,導致了没有能夠更爲準確地對這兩個詞的意思作出解釋。

第四,未能注意到詞義的情感色彩。

"其"在甲骨卜辭中是一個常見詞。對於它在卜辭中的意思,《辭典》的解釋是"副詞",《字典》和《詞典》分別解釋爲"擬議未定之詞"和"副詞,表疑問語氣",《字辭典》解釋爲"副詞,對未來的揣測"。③ 四部辭書的釋義不能算錯,但都没能對這個意義的"其"作出最爲準確的釋義。按照司禮義所總結出來的"其字規律",在對貞卜辭中,一條卜辭的命辭中有"其"而相對的另一條卜辭中没有"其",則有"其"的那一個卜問是占卜者不願意看到的。④ 也就是説,至少在對貞卜辭中出現的"其"是帶了感情色彩的。四部辭書都漏掉"其"的語義裏面一個非常重要的限定性義素,導致没能夠準確地對這種語境下的"其"作出解釋。

如果繼續認真查找分析,在釋義的準確性上這四部辭書存在的問題一定還有不少(如"追""逐"的不區分、"惠""隹"的不區別等),在這裏我們就不過多地舉例了。

3. 詞條、義項的遺漏

下面簡單談一談詞條、義項遺漏的情況。

在上面的論述中,我們其實已經涉及了詞條漏收的情況,如上面我們説到過的"多口",《辭典》和《字典》都没有收録⑤。又如《辭典》中有"四方風"這一有關甲骨學的詞條,其中對《合集》14295 中的一條卜辭作如下釋文:"辛亥卜,丙貞:禘于北方,曰

---

① 裘錫圭:《釋殷墟甲骨文裏的"遠""狀"(邇)及有關諸字》,載《裘錫圭學術文集·甲骨文卷》,復旦大學出版社,2012 年,第 168 頁。
② 黄天樹:《〈殷墟花園莊東地甲骨〉中所見虛詞的搭配和對舉》,《清華大學學報》(哲學社會科學版)2004 年第 2 期,第 101—105 頁。
③ 孟世凱著:《甲骨學辭典》,上海人民出版社,2009 年,第 328 頁;徐中舒主編:《甲骨文字典》(第 3 版),四川辭書出版社,2014 年,第 486 頁;崔恒昇編著:《簡明甲骨文詞典》(增訂本),安徽教育出版社,2001 年,第 326 頁;落合淳思著:《甲骨文字辭典》,朋友書店,2016 年,第 479 頁。
④ 參見 Paul L-M Serruys, "Towards a Grammar of the Language of the Shang Bone Inscriptions","中研院"國際漢學會議論文(語言文字組),臺北,1981 年,第 342—346 頁。
⑤ 《字典》以字爲單位,並没有單列雙音節乃至多音節的詞條,但是在"多"字條下,却没有見到"多口"的辭例,這也可以看作是詞條的失收。下面要提到的"至口"也屬於這種情況。

宛，風曰殹，求年。"①釋文中有"宛"與"殹"，不知道什麽原因，在《辭典》中却見不到以這兩字爲字頭的相關詞條。

李學勤先生在《甲骨學的七個課題》中談到甲骨文字研究時說："在這（引者按，指甲骨文字）四至五千個字裏面，得到釋讀並爲大家公認的，包括'一''二''三'之類不勞研究的字，肯定不及一半。"②卜辭中有"其一用尸牛十又五"（《合集》32374）、"一用于大甲"（《合集》32030）等卜辭，其中的"一"似乎並非像李先生所說的那樣"不勞研究"。據陳劍先生的研究，這個"一"是範圍副詞，表示的是"皆""都"等意思；黃天樹先生同意此說，並對相關辭例作了更爲深入的釋讀。③ 四部辭書都沒有注意到"一"的這種用法，以至於在各自的相關詞條下都漏收了這個義項。④

（四）辭例上存在的問題

釋義的準不準確主要體現在，爲相應的義項給出的辭例是不是能夠爲釋義提供例證。好的成功的釋義著作其所釋的意義與所給的辭例是相得益彰的。反之，則有義項與辭例背離，讀者讀後會産生不明所以的困惑。

釋字和釋義有誤，其結果當然會導致給出的辭例與義項不相符合的情況。比如我們之前談到過的可解釋爲"完成"的"卒"，相關辭例在《辭典》《字典》《詞典》裏都有收録，但是相應的義項給出的都不是辭例中所體現出來的實際意思。另外，卜辭中還有被裘先生讀作"卒"的"衣"。這些"衣"的辭例在這四部辭書中都有收録，却沒有哪一部辭書將這個"衣"讀爲"卒"而解釋爲"完成"的意思的。⑤ 四部辭書釋字大致沒有問題，但是釋義有誤，也就導致了義項和相應的辭例不相符合的情況發生。

釋字、釋義都無誤，也會出現有辭例與義項不相符合的情況。"口"是一個常見字，辭書都不存在誤釋的問題。"口"可作貞人名，也是這四部辭書都注意到的，《字辭典》更是標注爲"第三期何組卜辭何組貞人名"，可謂詳細之至，但給出的却是有關"小

---

① 孟世凱著：《甲骨學辭典》，上海人民出版社，2009年，第204頁。
② 李學勤：《甲骨學的七個課題》，載《李學勤文集》，上海辭書出版社，2005年，第134—142頁；所引内容在第135頁。
③ 陳劍：《甲骨文舊釋"眢"和"蠱"的兩個字及金文"飘"字新釋》，載《甲骨金文考釋論集》，綫裝書局，2007年，第203—204頁；黃天樹：《甲骨文中的範圍副詞》，載《黃天樹甲骨金文論集》，學苑出版社，2014年，第301—302頁。"一"用作副詞的例子爲蔣玉斌先生審讀本文原稿時指出，在此謹志謝忱！
④ 徐中舒主編：《甲骨文字典》（第3版），四川辭書出版社，2014年，第1頁；孟世凱著：《甲骨學辭典》，上海人民出版社，2009年，第1頁；崔恒昇編著：《簡明甲骨文詞典》（增訂本），安徽教育出版社，2001年，第1—2頁；落合淳思著：《甲骨文字辭典》，朋友書店，2016年，第579頁。
⑤ 孟世凱著：《甲骨學辭典》，上海人民出版社，2009年，第268頁；徐中舒主編：《甲骨文字典》（第3版），四川辭書出版社，2014年，第933頁；崔恒昇編著：《簡明甲骨文詞典》（增訂本），安徽教育出版社，2001年，第252頁。

臣口"的例子①。這應該也屬於義項與辭例不相符合的情況。

下面我們要說的是給出的辭例裏面相關詞語與詞條中的詞語並不一致的情況。

"作口"作爲詞條被《辭典》收錄,但《辭典》在給出辭例時還用了《合集》21740的"作兹口"、《合集》22405的"作余口千"兩條卜辭。② 我們且先不管《辭典》對"作口"的解釋是否正確,詞條是"作口",辭例却是"作兹口"和"作余口千",辭例與詞條顯然不相符合。

標點也一個比較重要的問題,有時候甲骨文能不能讀通,就在於是否正確地對釋文進行了標點。《辭典》與《詞典》裏都有"条"字條,而且都在這個字頭下給出了"地名"這一義項,在相應的辭例裏,都給出了"……王往条"這條卜辭。③ 就給出的辭例來看,"王"是主語,表示動作的實施者;"往"是動詞,表明的動作是"到(某地去)","条"是賓語,表示的是"往"的目的地。義項是"地名",給出的辭例也的確指向"地名",似乎是密合無間的,而實際上上述二書給出的釋文是有問題的。這條辭例出於

圖1-7-1
《合集》7902

《合集》7902,根據拓影(圖1-7-1)所顯示的情形看,所謂的"条"字上面應該是有缺字的(所缺字數不詳),其釋文應該是"……王往……条",這裏的"条"(即《辭典》《詞典》所謂的"条")並不是"往"的賓語。用這條卜辭作爲"地名"這一義項的辭例顯然是不合適的。《字辭典》將這個字釋爲"多",雖然沒有列出"地名"這個義項,但是在論及與這個字較爲固定的組合時提到了"往多"④,應該也是因爲沒有正確理解《合集》7902的緣故。

下面再舉一個多條卜辭誤認爲一條卜辭而使給出的辭例與義項不相符合的例子。

《辭典》"女"字條下列有"女奴"這一義項,給出的其中一條辭例爲"王占曰,今夕其有至獲女,其于生一月昃"。⑤ 該條辭例出於《合集》10964反。《辭典》所引用的文辭,其實是屬於兩條卜辭,其正確釋文應該分別是"王占曰:'今[一]月其有至'"和

---

① 落合淳思著:《甲骨文字辭典》,朋友書店,2016年,第106頁。
② 孟世凱著:《甲骨學辭典》,上海人民出版社,2009年,第306頁。《辭典》對此二者卜辭的釋文有誤。其中被釋作"余"的字形爲" ",是一個未識字;被釋作"千"的字形爲" ",應該被釋爲"旰"。
③ 孟世凱著:《甲骨學辭典》,上海人民出版社,2009年,第304頁;崔恒昇編著:《簡明甲骨文詞典》(增訂本),安徽教育出版社,2001年,第305頁;徐中舒主編:《甲骨文字典》(第3版),四川辭書出版社,2014年,第626頁。《字典》的該字之下,也有地名這個義項,但是沒有將該條卜辭作爲辭例。另外,將這個字釋爲"条"也是不正確的,應該釋爲"条",參見前文。
④ 落合淳思著:《甲骨文字辭典》,朋友書店,2016年,第145頁。
⑤ 孟世凱著:《甲骨學辭典》,上海人民出版社,2009年,第105—106頁。

"至,隹(唯)母(毋)其于生二月"①。這裏需要指出的是,《辭典》在引用該條卜辭時,不但有多條卜辭誤認爲一條卜辭的情況,而且在標點和釋字上也有多個不够準確的地方②,這裏一併改正。儘管這條卜辭的誤引與錯釋文字有關,但將多條卜辭誤認爲一條卜辭是導致辭例與義項不相符合的主要原因,《辭典》用這條卜辭作爲"女奴"這個義項的辭例顯然也是不合適的。

在甲骨刻辭中,辭例因甲骨本身的殘缺而不完整的情況多有,我們當然不能苛求字詞典在收録這類刻辭作辭例時將這些殘去的部分補全。我們這裏所要指出的是,字詞典在收録辭例時,出於某種原因,未能忠實照録甲骨上的刻辭的情形。《詞典》在詞條"女辛"下列有"告于女辛,叀(唯)晨"一條辭例。③ 此例出自《殷虚卜辭前編》五.四八.一,即《合集》23419,其文辭實爲"己酉卜,即鼎(貞):告于女辛,叀(惠)疌(晨)。十一月"。顯而易見,《詞典》在以此條卜辭作辭例時做了掐頭去尾的處理。

(五)對已有的和新的考釋意見未能給予充分的重視和全面的吸收

編輯任何一個類別的辭書,對已有的和最新的相關研究成果當然要充分而全面地吸收,這樣纔能使詞條釋義更爲準確,纔能對相關學科的學習者和研究者起到參考啓發的作用。反過來,如果無視、輕視或雖然重視却還是漏收已有的和最新的相關研究成果,那麼編輯出來的辭書在實用價值和學術價值上都會大打折扣。

在上面的論述中,我們已經列舉過三部甲骨文辭書的各種問題,其中就有對已有的考釋意見未能給予重視的情況,如《字典》將"争"釋爲"夬";更多是表現在對新的考釋意見没能够及時吸收,如三部甲骨文辭書對"而""置"等字的誤釋等。下面再對這類情況略舉三例以作説明:

甲骨文中有字作" "" "等形,早在1939年就由唐蘭先生釋爲了"尋"字④,這一結論已爲學界所公認。《字典》儘管注意到了唐先生的考釋,却還是將這個字釋爲"贄",並認爲其構形理據是"象雙手捧帛以爲獻神或聘饗贄之禮"。⑤

卜辭中有字作" "" "" "等形,《辭典》《字典》《詞典》都没有收録,而《字辭典》將這個字形收入"先"這個字頭下面⑥。這個字在1990年就被劉釗先生釋爲了"敖"⑦,

---

① 參見陳夢家著:《殷虚卜辭綜述》,中華書局,1988年,第118頁。
② 釋字有誤的情況:"月"誤爲"夕","隹"誤爲"獲","毋"誤讀爲"女","二月"誤爲"一月"等。
③ 崔恒昇編著:《簡明甲骨文詞典》(增訂本),安徽教育出版社,2001年,第79頁。
④ 唐蘭著:《天壤閣甲骨文存並考釋》,上海古籍出版社,2016年,第143—146頁。
⑤ 徐中舒主編:《甲骨文字典》(第3版),四川辭書出版社,2014年,第863頁。
⑥ 落合淳思著:《甲骨文字辭典》,朋友書店,2016年,第137頁。
⑦ 劉釗:《釋甲骨文耤、蟴、蟺、敖、栽諸字》,《吉林大學社會科學學報》1990年第2期,第8—13頁;又載《古文字考釋叢稿》,岳麓書社,2005年,第1—17頁。

這一成果早已得到了學界較爲廣泛的認同。前三部甲骨文辭書在 21 世紀都有新版問世,《字辭典》出版於 2016 年,却都没有將這一新的考釋成果吸收進來,不能説不是一個疏忽。

甲骨文中屢見"木月"。《辭典》認爲是"月名",其具體意思則待考;《詞典》也認爲是"月名",但寫明"未知爲何月";《字辭典》認爲是"神名",但"不知道具體指什麼神祇";《字典》將"木"和"月"分開來解釋,其中的"月"釋爲"夕","木"被認爲是"寮之省形",在卜辭中用爲祭名。① 根據裘錫圭先生的研究,"木月"是一個比較固定的組合,也就是卜辭中所常見的"生月",是"下一個月"的意思。② 裘先生的成果最初於 1988 年在中國古文字研究會第七届年會上宣讀,後收入 1992 年出版的《古文字論集》。《辭典》《字典》《詞典》等在出版時來不及收録這一成果自然是在情理之中的。這篇文章後來又在 2000 年的《古文字研究》第二十輯上發表過,這三部辭書在 21 世紀都有新版問世,《字辭典》更是到了 2016 年纔出版,却都不約而同地忽略了這一考釋成果。

"新時期内,'大家'衆多,'强手'如雲"③,以前許多未釋的字現在都有了新的釋讀,以前已釋但釋得不够準確的字得到了相應的補正,以前已釋但釋讀錯誤的得到了糾正。這些考釋成果的大量湧現幾乎都是在 21 世紀,而現在較爲通行的幾部甲骨文詞典又都成書於上世紀八九十年代,我們當然不能苛責前輩學者未能將這些考釋意見都吸收進來,《字辭典》成書較晚,但是也有許多正確的考釋意見未能吸收,在客觀上顯現出了現有的甲骨文詞典不能展示當下甲骨文研究水平的尷尬。

(六) 新的著録材料和新的綴合成果未能加以利用

將近一百前王國維先生就曾説過:"古來新學問起,大都由於新發見。"④現代意義上的古文字學的出現,正是由於 1899 年王懿榮在中藥"龍骨"上發現了甲骨文字。僅就甲骨文研究而言,之後每有新材料的發現,都會在學界引發新一輪的研究風潮,都會將研究水平推向一個新的高度。如 1928 到 1937 年間對殷墟的歷次挖掘,1973 年小屯南地甲骨和 1991 年花園莊東地甲骨的發現,其巨大價值與重要影響已廣爲學界所熟知,相關論著中也屢有提及,在此我們就不再引述了。

---

① 孟世凱著:《甲骨學辭典》,上海人民出版社,2009 年,第 121 頁;崔恒昇編著:《簡明甲骨文詞典》(增訂本),安徽教育出版社,2001 年,第 90 頁;落合淳思著:《甲骨文字辭典》,朋友書店,2016 年,第 297 頁;徐中舒主編:《甲骨文字典》(第 3 版),四川辭書出版社,2014 年,第 640 頁。
② 裘錫圭:《釋"木月""林月"》,載《裘錫圭學術文集·甲骨文卷》,復旦大學出版社,2012 年,第 340 頁。
③ 劉釗著:《古文字構形學》,福建人民出版社,2011 年,第 5 頁。
④ 王國維:《最近二三十年中中國新發見之學問》,載姚淦銘、王燕所編《王國維文集》(第四卷),中國文史出版社,1997 年,第 33—38 頁。

在這裏我們想要說的是，即便是一些較小規模的發掘或零散瑣屑的發現所獲得的一些材料，或多或少也會對甲骨學的研究起到一定的推動作用。如 1986 年、1989 年小屯村中遺址與 2002 年、2004 年小屯村南遺址的發掘，2012 年根據四次挖掘的材料而整理出版的《殷墟小屯村中村南甲骨》（以下簡稱"《村中南》"）一書所收錄的有字甲骨中，就有不見於以往著錄材料的祭祀對象 16 個、新見人名 12 個、新見字形 45 個（包括當時能隸定和不能隸定的字形），還有足以對以往的材料作補充的多個事類（如戰爭規模等）。① 又因為這批材料是科學發掘所得，所以出土地層結構清楚，甲骨上鑽鑿痕跡清晰，數量雖說不上大，但是無疑對甲骨研究的各個方面有着較為重要的意義。又如《殷墟甲骨輯佚——安陽民間藏甲骨》一書，收錄的主要是殷墟周圍民間零星收藏的甲骨材料。雖然大多是比較殘碎的收集品，但對甲骨文的研究還是較有意義的。僅就出現在這批材料裏的文字而言，就有"⿰"（第 43 片）、"⿰"（第 289 片）、"⿰"（第 382 片）、"⿰"（第 1002 片）等多個不見於其他甲骨著錄書籍的字形。②

下面就以《村中南》著錄的材料為例，對新的材料有助於詞義釋讀的事實略作說明。《合集》22049 中有"戊午卜：至妻御束父戊，良又（有）瘳"這麼一條卜辭。其中的"良"，據姚萱先生的研究是程度副詞，意思大致相當於"甚"。③ 但是即便姚先生的說法成立，在甲骨文中"良"用作程度副詞也只此一見，似乎還不足以讓人完全信從。2012 年出版的《村中南》492 中有"丁巳卜：良瘳"這樣的卜辭，其中的"良"也用為程度副詞④，從而給"良"在甲骨文中的這一用法又添加了一個堅實的例證。

21 世紀以來出版的各種新見甲骨材料不在少數，其規模和價值當然不能和上個世紀甲骨的大批湧現和幾次大的考古發掘相提並論，但其意義却也不容小覷。具體到甲骨文辭書的編輯上，使不使用這些材料，在字頭、詞條的完備性和釋義的準確性，以及辭書的整體質量上，都會有高下之別。

除了相關材料的被發現之外，對已有的零散的甲骨材料的拼綴，也是促進甲骨學發展的有效途徑。黃天樹先生在為《甲骨拼合集》（以下簡稱"《拼合》"）所寫的序裏就曾說："一門學科必須有新材料不斷出現纔能永葆生機。甲骨學新材料的來源有兩條

---

① 中國社會科學院考古研究所編：《殷墟小屯村中村南甲骨》，雲南人民出版社，2012 年，第 51—60 頁。
② 段振美等編著：《殷墟甲骨輯佚——安陽民間藏甲骨》，文物出版社，2008 年，第 12、48、67、195 頁。
③ 姚萱著：《殷墟花園莊東地甲骨卜辭的初步研究》，綫裝書局，2006 年，第 209 頁。
④ 黃天樹：《甲骨文中的假設連詞"若"》，《首都師範大學學報》（社會科學版）2017 年第 3 期，第 114—118 頁。

途徑,一是源於甲骨出土,二是源於甲骨綴合。"①將甲骨綴合與新材料發現的重要性等同起來。而在新材料未能發現之前,甲骨綴合的重要性就愈加凸顯了出來。在綴合史上最早也最爲有名的事例是王國維根據兩片殘辭的綴合在卜辭中找到了一條比較完整的商王世系,從而證明了《史記·殷本紀》中所記載的是基本可信的。

經過綴合,一些此前不明所以的卜辭能夠通讀了,一些此前不知其意的字詞能夠正確釋讀了,一些此前看起來支離破碎的材料更加完整了。

在《拼合》的序言中黃先生就舉了一個綴合有助於詞義確定的例子。一直以來人們對卜辭中的"湄日"有着各種不同的解釋。②李宗焜在討論《合集》29803"旦湄至昏不雨"時認爲這裏面的"旦湄至昏"與《合集》29907"湄日至昏"的意思相近,前者指的是"從旦一直到昏這段時間",後者指的是"整個白天直到昏時"。從辭例上看,李先生的解釋是沒有問題的,但《合集》29907是一條不完整的卜辭,"昏"後的文字殘去,作爲例證似略顯不足。後經《拼合》172(《合集》28625+30137+29907)綴合③,"昏"後可補上"不雨"二字,這樣"湄日至昏不雨"與"旦湄至昏不雨"就完全對應起來了,以此來作爲"湄"可表示"遍、盡""綿延"等意思的證據就顯得更加充分了。

因年代久遠和後來的保護不力,很多甲骨都支離破碎而難以通讀,給基礎的釋讀和進一步的研究工作帶來了極大的困擾,而綴合往往能使已經離散的不完整的甲骨在一定程度上恢復原貌而成爲可資利用的寶貴材料。如《合集》80拓影下部餘有"貞""勿""衆"等三字,辭例不完整,其意也就難於索解了。蔡哲茂先生在《甲骨綴合集》第216則裏,將這片甲骨的下部與《合集》68片甲骨的上部綴合了起來,遂獲得了"貞:王勿畫衆人"這樣一條完整的卜辭。④《合集》80下部與《合集》68上部的辭例,分散開來是無法被有效利用的。

《合集》24859上有殘字作"🗌"形,僅就殘存部分難以辨識出這到底是哪一個字。蔡哲茂先生在《甲骨綴合集》第181則中,將這片卜辭的下部與《南明》362的上部綴合了起來,這個殘存的"🗌"與《南明》362上殘存的"🗌"正好可以拼合成一個完整的字"🗌",即"龔"字。⑤

上面就詞義的確定、辭例的完整、文字的釋讀三個方面各舉一例,說明了綴合對甲骨文釋讀的重要性。毋庸置疑,這些綴合成果對於釋讀類辭書的準確性、完備性和時

---

① 黃天樹主編:《甲骨拼合集》,學苑出版社,2010年,第1頁。
② 于省吾主編:《甲骨文字詁林》,中華書局,1996年,第582—583頁。
③ 黃天樹主編:《甲骨拼合集》,學苑出版社,2010年,第5頁。
④ 蔡哲茂著:《甲骨綴合集》,樂學書局,1999年,第239頁。
⑤ 同上書,第215頁。

料的豐富性也都是大有幫助的。①

(七) 編輯體例上存在的問題

作爲甲骨文的學習者，我們在使用以往的甲骨字典、詞典時，最爲感到不便的有兩個地方：一是字詞查找的不便，二是查檢辭例出處的不便。

在島邦男的《殷墟卜辭綜類》出版以前，相關辭書都是依照《説文解字》分部別居的方式來編排甲骨文字的，即便附有隸定之後的筆畫檢索，但使用者（特別是初學者）在查找相關字詞時依然會感到不便。如"㔾"在甲骨文中是一個常見字，熟悉甲骨文的學者們當然不難根據其隸定後的字形在辭書中找到對應的楷書字頭，進而查看相關的字形和相應的解釋。但對於不認識這個字的讀者，就不會知道這個字形隸定之後是什麽字，也就不可能在筆畫檢索中找到這個字；如果要在辭書中找到這個字，就必須一頁一頁地翻閱正文，直到這個字在正文中出現爲止。也就是説，所謂分部別居、所謂檢字索引，在不熟悉甲骨文的前提下，不但没有爲讀者提供方便，反而增加了更多的困難。换句話説，此類檢索方式便於通過楷書字頭查找甲骨字形，極不便於通過甲骨字形查找相關文字的楷書隸定。

在我們所列舉的四部甲骨文辭書中，《辭典》和《詞典》都是按甲骨文隸定之後的楷書字形筆畫多少爲順序編排的，查字依靠的也是單一的楷書筆畫檢索方式，一般讀者當然很難高效地對這兩部辭書加以利用。實際上，即便是對甲骨文下過一番功夫有一定基礎的讀者，使用起這兩部辭書來有時也會感到吃力。如甲骨文有字作"㚦"形，在《辭典》中被隸定爲"玨"，在《詞典》中被隸定爲"弄"。② 有讀者在翻閱了《辭典》之後想要參考一下《詞典》的解釋時，就會碰到根據檢索查找不到"玨"的情形；反過來也會有查閱了《詞典》之後，在《辭典》中遍尋不到這個"弄"的窘境。

《字典》是按《説文》分部別居的方式編排的，除了使用上述兩部辭書中的楷書筆畫的檢索方案外，還别出心裁地在目録裏的每個相應的篆書字頭下給出了摹寫的甲骨文字形（《説文》所無的字不列字頭，直接給出所摹字形），相當於一部以《説文》部首爲部編排的小型甲骨文字表。這樣一來，讀者在閲讀中遇到不認識的甲骨文字時，可以直接在《字典》的目録中找到對應的字形，從而查找到需要瞭解的那個字及其意義。比起上兩部辭書來，《字典》的這種檢索方法顯然更爲科學，但是對於那些對《説文》部

---

① 《字辭典》注意到了新的著録材料，也利用了新的綴合成果，但是這些材料和成果的利用還不够充分。比如甲骨綴合的成果落合先生只引用了蔡哲茂先生的《甲骨綴合集》《甲骨綴合續集》和黄天樹先生的《甲骨拼合集》《甲骨拼合續集》。

② 孟世凱著：《甲骨學辭典》，上海人民出版社，2009 年，第 277 頁；崔恒昇編著：《簡明甲骨文詞典》（增訂本），安徽教育出版社，2001 年，第 268 頁。

首不熟或對甲骨字形瞭解不多的讀者，查找起來也還是比較麻煩的。就像如果不認識甲骨文中的"🐚"，即便是有一定基礎的讀者，想要在《字典》中查找到這個字，也需要把整個目錄從頭翻閲到出現這個字形的頁面纔行。

《字辭典》採用的是筆畫、字音、甲骨文字的偏旁三位一體的檢索方法，是目前爲止最爲科學、最爲便捷的甲骨文字的檢索方法，適合各個層次的研習者使用。但是該書由日文寫成，迄今爲止還没有中譯本行世，而且所謂的字音指的也是日本的漢字讀音，因此不懂日語的研習者想要有效利用這部著作會有較大障礙。

《字典》和《詞典》所收辭例主要出自舊有的著録書籍。這些書籍出版時間不一，所收材料分散，體例各具特色，印刷質量又參差不齊；而且多數一經問世即成絶版，偶有個别再版的，也因爲印數不多、價格高昂等原因，爲一般讀者所不敢奢求。總而言之，舊有的著録書籍是極不便於讀者利用的。爲讀者方便起見，編輯相關辭書應該盡量引用較爲易得的材料作爲辭例出處。《字典》出版於 1988 年，《詞典》出版於 1992 年，二書的出版距離 1983 年出齊的《甲骨文合集》已經多年，是有條件使用《合集》作爲辭例的主要出處的，只有在某些辭例不見於《合集》或者《合集》上的拓片不如舊有的著録書籍清晰的情況下，纔需要考慮使用其他著録書的材料以作補充。可惜的是，即使到了新的千年，這兩部辭書都先後有新版問世，但在辭例出處上一仍舊貫，這無疑會對讀者核對原文造成比較大的障礙。在這兩部辭書中，對《合集》的材料有少量使用①，只是不知道出於什麽方面的考慮，没有將《合集》作爲最主要的辭例來源。②

在體例上，四部辭書還另有不夠完備的地方，比如有些表述不夠規範、有些釋文還有待劃一、對相關字頭没有標注今音及上古音的音韻地位等等③，在這裏我們就不多舉證了。

上面我們分門别類地對以《辭典》《字典》《詞典》《字辭典》爲代表的、以釋義爲主要目的甲骨類辭書作了較爲詳細的分析，主要指出了它們在字形、釋字、釋義、義項安排、索引方式、吸收新舊研究成果等方面所存在的問題，情況比較複雜，往往會有一個問題引發多個其他問題的連鎖反應，如釋字的錯誤會導致釋義的錯誤，進而導致義項

---

① 如《字典》第 16 頁所謂"福"字條下的第一條辭例、第 650 頁"娥"字條中的第一條辭例、第 688 頁"生"字條下第 4、5、6 條辭例；又如《詞典》第 232 頁爲"自稻""自澎"等條目所引的辭例、第 336 頁多個條目所引辭例。

② 與《字典》《詞典》不同的是，《辭典》《字辭典》主要以《合集》爲其辭例的主要出處。但《辭典》在爲某義項給出的辭例不止一條時，往往是先列舉若干辭例，再在最後一條辭例後給出前面所有辭例的出處，頗不便於對應和查找原書。

③ 《字辭典》爲每個能確定讀音的字標明了該字在日語中的讀音、上古音和日語中所特有的漢音與吴音。

分合和文義不對等錯誤。而在上面所列舉的失誤中，有的是在成書的當時就存在的失誤（如將一般釋爲"爭"的字釋爲"夬"），有的則是學科的發展而導致的失誤（如"一"可用作範圍副詞表示"皆"）。

三、對未來撰寫甲骨文字典、詞典的一點期望

我們的目的不是爲了批評前人的不足。事實上先輩們學養深厚，對甲骨材料的熟悉程度遠非我輩所能望其項背。更何況上面我們所指出的問題，多半是學科發展的某個歷史階段的局限使然。我們的目的是在對上述問題作出客觀分析的基礎上，汲取教訓，總結得失，爲編纂出更爲理想的甲骨文辭書做準備。

通過上文的分析，我們認爲編輯一部以解釋甲骨文中的字詞的意思爲主的甲骨文字典、詞典是勢在必行的。

一是新的材料遞有發現，舊有的材料屢有新的綴合，這些發現和綴合需要在釋義性質的甲骨文辭書中得到體現。

二是新的考釋意見層出不窮。上文不止一次地提到過，釋義的準確與否，是衡量一部以釋義爲主要目的的辭書質量高下的關鍵，對新的合理的考釋意見的吸收是決定釋義準確性的重要基石。

三是新的學說（如兩系説、分期分類的成果等）應該在辭書中得到全面反映。

四是已有的字典、詞典遠不能反映當今的甲骨文研究水平，而且在客觀上也確實存在比較多的問題。

正如前面我們提到過的，中國最爲晚出的一部甲骨文詞典也出版於 25 年前。也就是説，將近 30 年中國沒有一部新的體例較爲完備的釋義性質的字典、詞典出現，《字辭典》雖然出版於 2016 年，但中國學者許多正確的考釋意見並未吸收。學界需要一部辭書來反映學科發展的現狀以供各個層次的讀者使用，而且從客觀上來講，目前也確實具備編輯這樣一部詞典的各種條件（除了上面所提到的那些條件外，電腦智能的運用也是之前所不具備的條件）。

僅就我們的見聞所及，當前從事甲骨文辭書編撰的就有黃錫全、蔣玉斌兩位先生，他們分別將自己的著作命名爲"甲骨學大辭典""甲骨文字詞合編"，而我們也正在編撰《甲骨文常用詞詞典》，這也從一個側面反映出編輯這樣一部甲骨文辭書的時機業已成熟。

我們認爲比較理想的甲骨文字典、詞典應該具備字形清晰且具有代表性、釋字釋義準確無誤、義項分合合理、辭例恰當且兼顧組類的區別與語境的特徵、檢索方便等特點。希望通過相關學者的努力，能夠編輯出這樣一部體例較爲完備、釋義較爲精準

的甲骨文詞典，不但初學者可以據此對甲骨文的字義、詞義有比較準確的理解，能夠由此通讀甲骨文中的大多數文句，而且學者們也可以以此作爲參照，對已經得到解釋的字詞重新考量，對當前還未能作出解釋的字詞作更進一步的研究。

附記：

在本文寫作過程中，中心老師多有指正，蔣玉斌先生、業師劉釗先生的指導尤多，在此併致謝忱。

補記：

兩位匿名審稿專家對本文的修改提出了很好的意見。作者十分感謝！

本文在投稿給《中國文字》後，又陸續作了大量的訂補（主要是將落合淳思先生的《甲骨文字辭典》作爲案例之一增補了進來）。收到編輯部"二校確認通知書"時，纔將訂補過的文本投寄過去。在極短的時間內，編輯老師重新對訂補稿的格式和各種錯誤進行了全面校正，此後文章又續有修改，幾經往復，花去了編輯老師大量的時間與精力。作者在此深致謝意！

文章仍然存在的問題，當由作者自行負責。

本文原載《中國文字》（總第二期），萬卷樓，2019年。

作者係復旦大學出土文獻與古文字研究中心 2017 級博士（導師：劉釗），現爲長沙師範學院文學院專任教師。

弭仲簠考釋

高中正

一、弭仲簠的流傳與著録

弭仲簠在北宋嘉祐年間，由出任永興軍路安撫使的劉敞購得，並著録在敞所撰《先秦古器記》中，該書今已不存。據《歷代鐘鼎彝器款識法帖》（以下簡稱"《款識法帖》"）所引，敞稱"二簠得于驪山白鹿原"。① 歐陽修《集古録跋尾》的記載則更爲詳細：

> 嘉祐六年，原父（引者按，劉敞字）以翰林侍讀學士出爲永興軍路安撫使，其治在長安。原父博學好古，多藏古奇器物，而咸、鎬周秦故都，其荒基破冢，耕夫牧兒往往有得，必購而藏之。以余方集録古文，乃模其銘刻以爲遺。故余家《集古録》，自周武王以來皆有者，多得於原父也。歸自長安，所載盈車，而以其二器遺余，其一曰伯囧之敦，其一曰張仲之匠（引者按，即弭仲簠）……（匠）皆有蓋，而上下皆銘，銘文皆同。

又"張仲器銘"條稱：

> 張仲器銘四，其文皆同，而轉注偏傍左右或異。蓋古人用字如此爾。嘉祐中，原父在長安獲二古器於藍田，形制皆同，有蓋而上下有銘。②

劉敞嘉祐八年（1063）即奉召還朝（即《集古録》所謂"歸自長安"）③，弭仲簠的購得時間應就在嘉祐六年到八年間。根據《先秦古器記》以及歐陽修的記述，該器在藍田

---

① 薛尚功：《歷代鐘鼎彝器款識法帖》，載劉慶柱、段志洪、馮時主編《金文文獻集成》（第九册），綫裝書局，2005年，于省吾影印明崇禎六年朱謀垔刻本，第86頁下欄。以下引用如不特別標明，均爲此版本。
② 歐陽修：《集古録跋尾·卷一》，載《四部叢刊初編》（第915册），商務印書館，1919年，影印元刊本，第21a頁。本文所據《集古録跋尾》，皆爲此本。
③ 按，敞實於嘉祐五年（1060）十二月到永興任，八年（1063）八月即赴闕改任。歐陽修記述敞"嘉祐六年"出任永興軍路安撫使，似稍誤。參張尚英：《劉敞年譜》，載吴洪澤、尹波主編《宋人年譜叢刊》（第四册），四川大學出版社，2003年，第2097頁。

出土，共有兩件，且器蓋同銘。《考古圖》則記録了兩器尺寸和文字情況："（兩器）形制皆同，縮七寸有半，衡九寸有半，深二寸，容四升，唇蓋有銘，銘皆五十有一字。"①又説："四銘字有不同。"由此可瞭解該器的大概。

當時金石學者多稱之爲"張仲簠"或"弡仲簠"②，至孫詒讓始改釋爲"珥"③，此後的學者多贊同孫氏的意見。

1949年以後，考古工作者在陝西省藍田縣又陸續發現珥氏銅器。1959年藍田縣寺坡村出土了一批珥叔組器④，郭沫若據此認爲珥邑即在藍田一帶⑤。其中珥叔簠記器主受王册命"用楚珥伯"，珥叔、珥伯的關係由此可知。1963年又在藍田縣輞川鎮新村發現一件珥伯簠。⑥ 根據紋飾及字體，學者多將這些器物（包括珥仲簠）定爲西周晚期。不少人已指出，珥伯、珥仲、珥叔均應屬於珥氏一族。⑦ 其實珥伯器在宋代就有發現，如珥伯匜（《集成》10215），同樣爲劉敞所得，宋人多有著録。《先秦古器記》稱爲"張伯匜"，云："按其銘曰'張伯作旅匜'，張伯不知何世人，似亦張仲昆弟矣。"⑧ "張仲"亦即"珥仲"。又黄伯思《東觀餘論》卷上在討論珥仲簠時稱："古器中又有弡伯

---

① "縮"即縱，"衡"即横。换算爲今天的長、寬爲29.54×23.4釐米。"深二寸"當是指腹深，約6.2釐米。這應是簠作爲盛黍稷稻粱之器的一般尺寸。如西周中期的伯公父簠長、寬爲28.3×23釐米，腹深6.5釐米，與此接近。參周原考古隊：《周原出土伯公父簠》，《文物》1982年第6期，第87頁。春秋前期的薛子仲安簠、戰國時的曾侯乙簠尺寸亦相近，分別參看萬樹瀛、楊孝義：《山東滕縣出土杞薛銅器》，《文物》1978年第4期，第94頁；湖北省博物館編：《曾侯乙墓》，文物出版社，1989年，第209頁。
② 《困學紀聞》卷八《小學》："簠銘'中'上一字，歐陽公以爲'張'，曰'宣王時張仲'也。而與叔以爲'弡'。"參王應麟著：《困學紀聞》（全校本），翁元圻等注，欒保群等校點，上海古籍出版社，2008年，第1051頁。
③ 孫詒讓著：《古籀拾遺·古籀餘論》，中華書局，1989年，第28頁。孫氏的理由爲"字書無弡字，以字形審之，疑當爲珥"，其實此説的證據並不堅强。按，西周金文只有"矩"字，均象"大/夫"手持矩形（參董蓮池編著：《新金文編》，作家出版社，2011年，第536頁）。珥仲簠"珥"作（《鐘鼎款識》）、（《款識法帖》）、（《考古圖》），下文將要舉到宋人著録的珥伯匜作，均與"巨"形絶不相類。當是"耳"形摹寫不夠準確。春秋早期的子商盤、匜（《集成》10126、10253）之"取"作、形，所從"耳"旁的寫法與珥仲簠接近。因此，該字爲"珥"無疑。
④ 段紹嘉：《陝西藍田縣出土珥叔等彝器簡介》，《文物》1960年第2期，第9—10頁。又《三代吉金文存》（10.39）曾著録一件珥叔盨蓋，參容庚：《珥叔簠及訇簠考釋的商権》，《文物》1960年第8、9期合刊，第78頁。
⑤ 郭沫若：《珥叔簠及訇簠考釋》，《文物》1960年第2期，第5頁。
⑥ 應新、子敬：《記陝西藍田縣出土的西周銅簠》，《文物》1966年第1期，第4—6頁。
⑦ 吴鎮烽：《金文人名研究》，載《金文人名彙編》（修訂本），中華書局，2006年，第473頁；陳絜著：《商周姓氏制度研究》，商務印書館，2007年，第382頁。
⑧ 薛尚功：《歷代鐘鼎彝器款識法帖》，載劉慶柱、段志洪、馮時主編《金文文獻集成》（第九册），綫裝書局，2005年，于省吾影印明崇禎六年朱謀垔刻本，第69頁上欄。按，此引文似有問題，《金石録》卷十一跋尾一四引作"劉原父既以前一簠爲張仲所作，又以此匜爲張伯器，曰'仲之兄也'"。見趙明誠撰：《金石録校證》，金文明校證，中華書局，2019年，第226頁。

敦,豈仲之兄乎?"①這兩件弭伯器都沒能流傳下來,因而也無法確知其年代,但弭伯與弭仲同屬於弭氏家族,恐怕沒什麽疑問。

弭仲簠今已不存。除《集古録》所記一件轉贈歐陽修外,宋人南渡後,湖州人劉炎曾在榷場得到其中一件的簠蓋,拓本見於王厚之《鐘鼎款識》。② 其後的流傳,便再無記載。

弭仲簠的銘文,則保留在了宋人的金石著録書中。現存有吕大臨《考古圖》③、薛尚功《款識法帖》④、王厚之《鐘鼎款識》⑤等幾種。

《考古圖》《款識法帖》均爲摹寫,目前也僅存木刻及傳寫本,經過歷代的傳刻轉鈔,失真在所難免。《集古録跋尾》録有後人所附"集本",來源爲《款識法帖》。由於歐陽修集的宋元刊本仍有流傳,其中的有些摹字反而較今本《款識法帖》更爲忠實。《鐘鼎款識》則據劉炎購獲的原器所拓,其後輾轉流傳,清嘉慶七年(1802),被阮元購藏。同年,阮氏將該拓本摹刻付印,而弭仲簠銘文也被摹寫收入《積古齋鐘鼎彝器款識》中。⑥ 道光二十三年(1843)三月,阮元位於揚州的府第福壽庭遭遇大火,所藏書畫古物多有燼毁。⑦ 根據道光二十八年(1848)葉志詵重摹刻本《鐘鼎款識》後所附葉氏跋語,《鐘鼎款識》原册"癸卯春毁於火",正是道光二十三年,可見《鐘鼎款識》原拓也在這次火災中不幸焚毁。因此,該拓本的原貌目前只能從阮元摹刻本約略得見。

二、釋弭仲簠中的"璧"字

我們都知道,清人的金石學水平較宋人爲高。《鐘鼎款識》經過積古齋摹刻,質量

---

① 黄伯思撰:《宋本東觀餘論》,中華書局,1988年,影印古逸叢書三編本,第131頁。
② 《鐘鼎款識》稱:"(簠蓋)劉炎於榷場得之,以不全,故留於其家。"見王厚之:《鐘鼎款識》,載劉慶柱、段志洪、馮時主編《金文文獻集成》(第九册),綫裝書局,2005年,影印清嘉慶七年阮元積古齋藏宋拓摹刻木本,第204頁上欄。以下引用如不特别標明,均爲此本。汴京陷落後,金人曾將内府及故家遺物掠走,因而古器物或見於宋、金貿易的榷場。此段史實論述可參王國維:《宋代之金石學》,載謝維揚、房鑫亮主編《王國維全集》(第十四卷),浙江教育出版社,2010年,第317頁。
③ 吕大臨:《考古圖》,載《景印文淵閣四庫全書》(第八四〇册),臺灣商務印書館,1983年,第147頁下欄—148頁下欄。以下引用如不特别標明,均爲此本。又吕大臨:《考古圖》(卷三),哈佛大學哈佛燕京圖書館藏明初羅更翁刻本,第39a—41b頁。
④ 薛尚功:《歷代鐘鼎彝器款識法帖》,載劉慶柱、段志洪、馮時主編《金文文獻集成》(第九册),綫裝書局,2005年,于省吾影印明崇禎六年朱謀垔刻本,第84頁下欄—86頁下欄。
⑤ 王厚之:《鐘鼎款識》,載劉慶柱、段志洪、馮時主編《金文文獻集成》(第九册),綫裝書局,2005年,影印清嘉慶七年阮元積古齋藏宋拓摹刻木本,第204頁上欄。
⑥ 阮元:《積古齋鐘鼎彝器款識》,載劉慶柱、段志洪、馮時主編《金文文獻集成》(第十册),綫裝書局,2005年,影印清嘉慶九年阮元自刻本,第161頁下欄。
⑦ 可參看王章濤編著:《阮元年譜》,黄山書社,2003年,第989—990頁。

顯然會優於屢經鈔刻的《考古圖》與《款識法帖》。將幾種本子所著錄的弭仲器銘文加以比對,得出的結論也同樣如此。事實上,過去學者如孫詒讓、楊樹達等,利用《鐘鼎款識》阮元摹刻本、《積古齋鐘鼎彝器款識》摹寫本,對弭仲簠的銘文研究,均取得一定成績。① 但近幾十年來,除《金文總集》②外,《殷周金文集成》(以下簡稱"《集成》")、《商周青銅器銘文暨圖像集成》(以下簡稱"《銘圖》")等常用的大型金文集成,對該器銘的著錄均採用明崇禎六年(1633)朱謀㙔所刻的《款識法帖》③。學者在此基礎上對弭仲簠作的考察,就難免會有一些偏差。加之時代原因導致認字水平的差異,弭仲簠舊有釋文、句讀都存在一定問題,亟待重新研究。本文首先要討論的,是下面一句④:

> 用成(盛)秫(秫)𥠻(稻)穛𥝆(粱),用卿(饗)大正、A 王。賓既具(俱)旨飲,弭中(仲)受無彊(疆)福。

其中 A 字,《考古圖》和《款識法帖》所收都摹爲一類形體⑤,宋代以來多釋爲"音",或又將所謂"音"字讀爲"歆",把句子斷爲"用饗大正、歆王賓",認爲"歆"有"饗"義⑥。《漢語大字典》還專爲此句設立義項,認爲"歆"有"用食品招待(賓客)"的意思。⑦ 其實

---

① 限於當時的古文字學水平,孫詒讓、楊樹達的研究得失,參見本文的相關論述。李家浩先生正確釋出弭仲簠之"弁"字,同樣利用了《積古齋鐘鼎彝器款識》的摹寫本,詳見本文第三部分。又劉昭瑞先生也認爲"王(厚)之本較好",但所作釋文仍存在一些問題,詳下。見劉昭瑞編著:《宋代著錄商周青銅器銘文箋證》,中山大學出版社,2000 年,第 159 頁。李建西同樣以王厚之本"字體變形最小",但所討論之字句僅限銘文開頭"弭仲作寳簠"至"其玄其黄"一小句中的"鎬"字,且仍將"鑘"釋爲"鏤",詳下。見李建西:《弭仲簠銘文補釋》,載文化遺產研究與保護技術教育部重點實驗室等編《西部考古》(第 11 輯),科學出版社,2016 年,第 106—111 頁。

② 嚴一萍編:《金文總集》,藝文印書館,1983 年,第 1819 頁。

③ 中國社會科學院考古研究所編:《殷周金文集成》(修訂增補本),中華書局,2007 年,第 3003 頁,第 04627 號;吳鎮烽編著:《商周青銅器銘文暨圖像集成》(第十三卷),上海古籍出版社,2012 年,第 298 頁,第 05975 號。對《款識法帖》各版本的評介,參看李宗焜:《宋拓〈歷代鐘鼎彝器款識法帖〉知見》,"中研院"歷史語言研究所第九次講論會會議論文,臺北,2017 年。李先生文披露了最近重見的原黃丕烈士禮居舊藏宋拓石刻十二卷本的《款識法帖》,李文稱"缺卷端至張仲簠(引者按,即弭仲簠)四銘文首四行"。此拓本已於 2018 年 11 月 21 日由中國嘉德拍賣。根據網絡公佈的圖版,末兩行(即"旨飲"至"弭仲受福"部分)同可看到。

④ 以下根據自己的意見進行釋寫,與過去的句讀有一定不同。

⑤ 明初羅更翁本《考古圖》或作 形。

⑥ 較近的例子可參看陳英傑著:《西周金文作器用途銘辭研究》,綫裝書局,2008 年,第 338 頁。又白川靜將此句釋爲"用鄉大正、寵王賓",未詳何據。見白川靜著:《白川靜著作集別卷·金文通釋 2》,平凡社,2004 年,第 482 頁,第 116 號"弭叔簠"條。

⑦ 漢語大字典編輯委員會編纂:《漢語大字典》(第 2 版),四川辭書出版社、崇文書局,2010 年,第 2301 頁。

這種看法從字形和文義來講都有問題。金文中的"音"字，一般在"言"之口形裏加小短橫，橫畫一般不與口形粘連。而且"歆"也不能用作進饗義。《説文·欠部》解釋"歆"爲"神食氣也"。在文獻中，"歆"一般也多用在具有神性者身上，如《詩經·大雅·生民》"上帝居歆"、上博簡七《天子建州》甲本簡8"天子歆氣"等等。將此處斷作"歆王賓"，理解爲王之賓受歆，顯然不合適。

積古齋本《鐘鼎款識》A字作 形，當較爲接近弭仲簋的原貌。該字即"璧"字。從字形來看，"璧"在花東甲骨中作 、 、 等形①，一般認爲所從的圈形即玉璧象形。西安張家坡墓地出土的伯唐父鼎（《銘圖》02449）"辟池"之"辟"作 形，可視爲此種形體在西周的孑遺。金文中"辛"或作"丂"，"璧""辟"一類字所從圈形又或寫成兩邊出頭的"口"形。對此陳劍先生早已有揭示："金文'辟'字本從'○'（像圓璧形），但偶爾也可以寫作從'日'作（原注，如辟束尊）。"②這種情況，在最近披露的的幾件銅器銘文中也存在。

朱鳳瀚先生曾撰文（以下簡稱"朱文"）介紹過一件陶觥③，器、蓋均有銘文。其中記載："易（賜）圭一、B一、章（璋）五。"蓋銘B字較爲清晰，朱先生摹爲 ，隸定作琦，並認爲從奇聲，懷疑讀爲"玦"。又在文末《補記》中認爲也可能讀爲"璧"。

從文義看，B字讀爲"璧"最爲妥當。類似形體的"璧"字，也見於伯碩父鼎（《銘圖》02438）作 ，叔 卣（《集成》05373.2）作 。陶觥器銘中該字，朱文已引郭永秉先生的意見指出從"○"形，當無問題。不過細審蓋銘B字，恐怕還應從口，且"口"中還有一短橫筆。叔旅簋"辟"字作 ④，也是在"口"形加一飾筆。除朱文中所舉的扶風莊白一號窖藏的商卣蓋銘"辟"從口作外，同出的商尊（《集成》05997）亦作 形，又如 （師詢簋，《集成》04342）等，也均是將"○"寫成了"口"。

因此，陶觥B字，應該就是在花東甲骨一類形體基礎上加注意符"玉"。弭仲簋A字與陶觥B字右部全同，當即"璧"字，只是"口"與"丂"形可能因鏽蝕而稍有粘連，導致他書誤摹。

弭仲簋A字的確釋，無疑豐富了我們對"辟"一類字形演變的認知。該字可以嚴

---

① 李宗焜編著：《甲骨文字編》，中華書局，2012年，第980—981頁。
② 陳劍：《釋西周金文中的"厷"字》，載《甲骨金文考釋論集》，綫裝書局，2007年，第239頁。
③ 朱鳳瀚：《新見商金文考釋（兩篇）》，載復旦大學出土文獻與古文字研究中心編《出土文獻與古文字研究》（第六輯），上海古籍出版社，2015年，第127—137頁。
④ 吳鎮烽編著：《商周青銅器銘文暨圖像集成續編》（第二卷），上海古籍出版社，2016年，第58頁，第0417號。

格隸定作"奇",視爲"璧"之誤,也可以徑釋爲"璧"。此處當讀爲"辟",斷作"用卿(饗)大正、璧(辟)王"。"辟"在此處用作"王"的修飾語①,類似辭例也見上舉伯碩父鼎(《銘圖》02438)"用孝用喜(享)于卿事、璧(辟)王、庶弟、元胜(兄)",叔趯父卣(《集成》05428)"用享乃辟軝侯"。此句與上文"用成(盛)朮(秫)旛(稻)糕粉(粱)"並舉,跟伯公父簠(《集成》04628)"用成(盛)糕旛(稻)需(糯)粊(粱),我用召卿事、辟王"一句格式相近,更可以證明上述論證可信。

該篇的押韻情況,也是 A 字讀爲"辟"的有利證據,詳見下文。下句"賓既俱旨飫,弭仲受無疆福","賓"是承上文"大正""辟王"而言。兩小句相對爲文,是說賓客都已(用此簠盛)享用美食,器主我則會受有無疆之福。

三、弭仲簠部分字詞考釋及韻讀

(一) 字詞補釋

弭仲簠字數雖然不多,但一些字構形、用字特殊,具有較高的文字學價值。如"𢆶之金"之"𢆶"字,過去多隸定作"𥁑",不確。該字原形作𢆶,上所從爲"𡍮"而非"𥁑",在此用爲"擇",是甲骨文中𢆶、𢆶兩種形體釋爲"釋"之定點。② 根據積古齋本《鐘鼎款識》相對忠實的摹刻,我們還可以考察弭仲簠中其他有爭議之字。③

"鐲鐈(?)鐲鋪"句中釋爲"鐲"之字,《考古圖》《款識法帖》的摹寫失真,詭異難識,過去多因此誤釋爲兩字。《鐘鼎款識》分別作𦀖、𦀗,可知當爲一字。孫詒讓、楊樹達、劉昭瑞等將其隸定作"鏷"④,不過釋"鏷"在銘文中難以讀通,且"菐"表音是從"臣僕"之"僕"形體省變、割取而來,西周金文中目前還很少看到獨立成字或作爲聲符來

---

① 君主或官長亦可單稱爲"辟",如禹鼎(《集成》02837)"殷正百辟"。金文中"辟"字用法的歸納,可參黃銘崇:《論殷周金文中以"辟"爲丈夫歿稱的用法》,載"中研院"歷史語言研究所集刊》(第七十二本),"中研院"歷史語言研究所,2001 年,第 393—441 頁。

② 裘錫圭:《説殷墟卜辭的"奠"——試論商人處置服屬者的一種方法》,載《裘錫圭學術文集·古代歷史、思想、民俗卷》,復旦大學出版社,2012 年,第 175 頁。類似形體也見於 2005 年山西絳縣橫水 M2 出土的肅卣作𢆶,董珊先生已正確隸定,並將其與甲骨中的此類形體加以溝通;吳雪飛則認爲此字跟弭仲簠之"𢆶"有關,但可有造他將另種形體理解爲"羁"的"省體",不可取。參見董珊:《山西絳縣橫水M2 出土肅卣銘文初探》,《文物》2014 年第 1 期,第 54 頁;吳雪飛:《山西絳縣橫水西周墓出土肅卣補釋》,《考古與文物》2016 年第 3 期,第 65 頁。

③ 諸家據《考古圖》《款識法帖》失真摹本進行研究而導致的誤釋,爲避免篇幅過長,下文在討論時,恕不一一列舉。

④ 孫詒讓著:《古籀拾遺·古籀餘論》,中華書局,1989 年,第 29 頁;楊樹達著:《積微居金文説》(增訂本),湖南教育出版社,2007 年,第 128 頁;劉昭瑞編著:《宋代著錄商周青銅器銘文箋證》,中山大學出版社,2000 年,第 159 頁。

用的"羑"①。我懷疑此字當爲从金、對聲之字。類似"對"形可參考 ![字形] (師酉簋,《集成》04288.1)、![字形] (卻智簋,《集成》04192.1)。"鐕""隹"上古均屬端母微部合口,彌仲簋之"鐕"可讀爲"隹"。伯公父簠(《集成》4628)與彌仲簋銘文辭例較爲接近,對應之句爲"隹鎬隹盧",可證"鐕"的語法功能與"隹(唯)"相同。本文初稿曾對"鐕"用爲虛詞"隹"有猶疑,董珊先生審閱後提示筆者,裘錫圭先生曾認爲天馬曲村晉侯墓地出土的晉侯對諸器的器主可能是晉靖侯宜臼。裘先生說:

  "對"與"碓"《廣韻》皆音"都隊切",上古都是端母微部字。《説文·九下·石部》:"碓,舂也。"如讀"對"爲"碓",就可以把它看作靖侯宜臼的字。先秦時代確有名爲二字、字爲一字之例,如公子務人字爲(《左傳·昭公二十九年》)、任不齊字選(《史記·仲尼弟子列傳》)。所以靖侯是有可能以"宜臼"爲名,以"碓"爲字的。②

晉侯對究竟是哪位晉侯,學界還有爭議。③ 彌仲簋"鐕"用爲"隹",可爲晉侯對爲晉靖侯宜臼説的有利佐證。

  另外,疑爲"鎬"之字原作 ![字形] 形,過去多釋爲"銳"④,不妥。黃錫全先生已指出該字左上部與曾伯陭壺(《銘圖》12427)器銘"![字]"字同,認爲當改釋爲"鎬"。⑤ 唯下部形體殘泐不清。該字也不排除與 ![字] (曾仲大父螽簋,《集成》4203B2)、![字] (曾伯克父甘婁簋乙,《銘續》0519)一類表金屬名之字有關。⑥

  再者,"![字]壽",或將前一字釋爲"卑",讀爲虛詞"其"。⑦ 該字與金文中一般的"其"不同,上部中間之豎筆頂部有一折筆,形體與"弁"字更爲接近。李家浩先生將其

---

① 過去學者多將金文中的 ![字]、![字] 等形分析爲从羑聲,用爲"撲伐"之"撲"。劉釗先生認爲這些字从辛聲,讀爲"翦"。參劉釗:《利用郭店楚簡字形考釋金文一例》,載《古文字考釋叢稿》,岳麓書社,2005年,第140—148頁。

② 裘錫圭:《關於晉侯銅器銘文的幾個問題》,載《裘錫圭學術文集·金文及其他古文字卷》,復旦大學出版社,2012年,第75頁。

③ 相關討論可參李曉峰:《天馬—曲村晉侯墓地出土青銅器銘文集釋》,碩士學位論文,吉林大學,2004年,第30—31頁。

④ 較近的如劉昭瑞編著:《宋代著録商周青銅器銘文箋證》,中山大學出版社,2000年,第128頁。

⑤ 黄錫全:《"夫鉬"戈銘新考》,載《古文字與古貨幣文集》,文物出版社,2009年,第199頁。李建西也有類似看法,見李建西:《彌仲簋銘文補釋》,載文化遺產研究與保護技術教育部重點實驗室等編《西部考古》(第11輯),科學出版社,2016年,第107—112頁。

⑥ 相關研究參看謝明文:《曾伯克父甘婁簋銘文小考》,載教育部人文社會科學重點研究基地、清華大學出土文獻與中國古代文明研究中心、清華大學出土文獻研究與保護中心編《出土文獻》(第十一輯),中西書局,2017年,第37—39頁。

⑦ 如劉昭瑞編著:《宋代著録商周青銅器銘文箋證》,中山大學出版社,2000年,第128頁。

釋爲"弁",可從,又讀爲《漢書·禮樂志》"世曼壽"之"曼"。① "曼"古音屬明母,與其他幫系字通假的情況較爲少見。謝明文先生將該字直接釋寫爲"繁"②,當可信。"弁"聲與"絲"聲字有通用之例,如《說文·糸部》"絲"字或體作"緶(絣)";上博簡《用曰》簡19"民道綫(絣)多",整理者以"綫"可讀爲"繁"③。"繁"有"多"義,如叔向父禹簋(《集成》04242)"降余多福、繁釐"、史墻盤(《集成》10175)"繁髮(祓)多釐"。"繁"接福祉類嘏辭,常和"眉壽"連用,如者減鐘六(《集成》00198)"眉壽繁釐"、《詩·周頌·烈祖》"綏我眉壽,介以繁祉"。而邢叔采鐘(《集成》00356、00357)"用祈福霝(靈)④、壽、絲魯",

圖2-1-1 積古齋本《鐘鼎款識》所著録"弭仲簋"銘文

即是"絲""魯"連用來修飾"福霝"和"壽",乖伯簋(《集成》04331)還有"魯壽"的説法,可見弭仲簋"弁壽"讀爲"繁壽"理解爲多壽、長壽很合適。

(二) 韻讀

弭仲簋的用韻情況也可以佐證將A字改釋合適。其中"黄""粱""王"押陽部韻,與"鏽"屬魚陽合韻。"飤""福"押職部韻,"䚛""壽"押幽部韻。每一韻段句式整齊,文意相屬。現將銘文(圖2-1-1)釋寫如下,並標出韻脚:

弭仲作寶匜⑤【魚/陽部?】。

弄(擇)之金,鏽(唯)鏽(?)鏽(唯)鏽【魚部】,

其⑥、其玄、其黄【陽部】。

用盛(盛)秫(秫)稻(稻)穅粱(粱)【陽部】,

用卿(饗)大正,璧(辟)王【陽部】。

賓既具(俱)旨飤【職部】,

---

① 李家浩:《釋"弁"》,載吉林大學古文字研究室編《古文字研究》(第一輯),中華書局,1979年,第395頁,注7。

② 謝明文:《說腹、飽》,載宋鎮豪主編《甲骨文與殷商史》(新5輯),上海古籍出版社,2015年,第96頁。

③ 馬承源主編:《上海博物館藏戰國楚竹書》(六),上海古籍出版社,2007年,第305頁。

④ 此字從陳劍,金文字詞零釋(四則)之釋,見陳劍:《金文字詞零釋(四則)》,收張光裕、黄德寬主編《古文字學論稿》,安徽大學出版社,2008年,第137頁。

⑤ 此字過去討論頗多,田煒引同篇"弭"字形體,認爲該字仍當是从兩耳相背、从"大"之形(田煒著:《西周金文字詞關係研究》,上海古籍出版社,2016年,第111頁)。如此,則可分析爲从匚从奠。高明認爲目前"難以考訂其音讀",見高明著:《高明論著選集》,科學出版社,2001年,第218頁。

⑥ 該字不識,當爲顔色詞。所从"火"形,《積古齋鐘鼎彝器款識》摹本闕左旁點畫。或以爲"炱"字,不可信,見劉書芬:《西周金文中的顔色形容詞》,《華南師範大學學報》(社會科學版),2012年第2期,第123頁。

弭仲受無彊（疆）福【職部】。
諸友即①飤具（俱）緮（飽）②【幽部】，
弭仲弁（繁）壽【幽部】。

四、結　　論

下面將本文的主要論點總結如下：

西周中晚期銅器弭仲簠，器主爲弭仲，是封邑在陝西藍田一帶的弭氏家族成員之一。該器由北宋人劉敞在嘉祐五年到八年間購得。器物共四件，且器、蓋同銘。其中一件曾贈予歐陽修。宋人南渡後，劉炎在宋、金貿易的榷場購得四器中的一件簠蓋，拓本載見當時人王厚之的《鐘鼎款識》。宋人的金石書對弭仲簠銘文多有著録。本文通過比對，認爲阮元積古齋摹刻《鐘鼎款識》爲現存最善者。

今人的金文集成書對弭仲簠銘文的著録，多據摹寫不精的《款識法帖》，因而導致銘文釋讀存在一定問題。根據積古齋摹刻《鐘鼎款識》，結合相關銅器文字資料，我們將銘文中宋代以來誤釋爲"音"之字改釋爲"璧"，讀爲"辟"。

弭仲簠銘文的一些用字、用詞過去少見，本文根據《鐘鼎款識》摹刻本釋出"鏅"字，認爲可能用爲虛詞"唯"。同意謝明文先生的觀點，將"弁壽"讀爲"繁壽"，並補充相關例證。最後隸定釋寫銘文並加以韻讀，爲今後研究提供相對可靠的文本。

附記：

陳劍師指導了本文的寫作。文成後初稿又蒙史傑鵬師、董珊、鄔可晶、郭理遠等先生批評指正，作者很感謝。

本文原刊於《文史》2021年第3期。

作者係復旦大學出土文獻與古文字研究中心2015級博士（導師：陳劍），現爲山東大學文學院教授。

---

① "即"字作𩙿。或以爲"飲"字，不可信。古文字从食从皀，或可互作，"即"一般寫作从皀，但亦有从食者，參田煒著：《古璽探研》，華東師範大學出版社，2010年，第190—191頁。弭仲簠此形所見爲早，且"即食"之"即"，用其本義，亦可注意。

② 對該字的解釋可參謝明文：《説腹、飽》，載宋鎮豪主編《甲骨文與殷商史》（新5輯），上海古籍出版社，2015年，第96頁。

競孫鬲器主名之字考釋

盧 路

出土於河南上蔡郭莊一號楚墓的競孫鬲，器内壁鑄銘文 13 行，共 41 字（其中合文 1）。《商周青銅器銘文暨圖像集成》著録了該銘拓本，但未著録器形。① 有不少學者關注到這件記録競孫之名的青銅鬲，並對銘文内容進行了充分的討論。

鬲銘的大部分文字已得到很好的釋讀，"競孫"後一字的隸定及字形分析却尚未達成共識。該字字形作"█"，爲了便於討論，我們用△來代替此字。董珊先生指出"競孫△弌（也）"與戀書缶銘文"余畜孫書也"文例相同②；李守奎先生也指出"戀書缶也"的"也"是虚詞，與作器者人名無涉，用法與清華簡《繫年》的"是余受妻也"相類③。可從。據此，"競孫"爲器主身份，△乃器主之名。

吴鎮烽先生將△釋爲"旗"。④ 董珊先生也釋△爲"旗"，認爲△从𠃨，省"𦥑"旁，增"止"旁。⑤ 黄錦前先生認爲△與古璽文"█"（《古璽彙編》3430）形體有别，釋爲"旗"不確。⑥ 後在《郭莊楚墓出土競孫鬲、方壺銘試釋》一文中，黄先生改從吴鎮烽、董珊先生意見，並指出△所从"與"形和郭店簡《老子》甲 5 號簡"█"、《老子》甲 20 號簡"█"相類。金文中則有旗作父乙爵"█"（《集成》8876）可與△字形相對照。⑦ 曹輝、陶亮先生亦把△釋

---

① 吴鎮烽編著：《商周青銅器銘文暨圖像集成》（第六卷），上海古籍出版社，2012 年，第 489 頁。
② 董珊：《競孫鬲、壺銘文再考》，復旦大學出土文獻與古文字研究中心，http：//www.fdgwz.org.cn/Web/Show/1882，2012 年 6 月 1 日。
③ 李守奎：《清華簡〈繫年〉"也"的用法與攻𢓜王光劍、戀書缶的釋讀》，載中國古文字研究會、中山大學古文字研究所編《古文字研究》（第三十輯），中華書局，2014 年，第 374—380 頁。
④ 吴鎮烽編著：《商周青銅器銘文暨圖像集成》（第六卷），上海古籍出版社，2012 年，第 489 頁。
⑤ 董珊：《競孫鬲、壺銘文再考》，復旦大學出土文獻與古文字研究中心，http：//www.fdgwz.org.cn/Web/Show/1882，2012 年 6 月 4 日。
⑥ 黄錦前：《郭莊楚墓出土競氏有銘銅器試釋》，復旦大學出土文獻與古文字研究中心，http：//www.fdgwz.org.cn/Web/Show/1877，2012 年 6 月 2 日。
⑦ 黄錦前：《郭莊楚墓出土競孫鬲、方壺銘試釋》，《國學學刊》2017 年第 1 期，第 137 頁。

爲"旗",又將"旗"視爲"寧"之訛,認爲"競孫旗"即文獻中的公孫寧。① 李家浩先生對△的字形分析有所不同。他認爲"狄"和"止"的中間部分可與鈇簋(《集成》4317)"▨"、清華簡《子産》簡17的"▨"二字所從"毌"形相對照,△應釋爲從狄從止、毌聲,隸定作"𣥹"。又"毌"與"寬"韻部相同,聲母相近,可將"𣥹"讀爲"寬","競孫𣥹"即文獻所載的公孫寬。②

現可見金文資料中,除前文黃錦前先生所引"▨"形外,"旗"字還作"▨"(叔夷鐘)、"▨"(叔夷鎛)等形③。上述"旗"的三種字形雖略有差異,從狄從异却是一致的,既未省"臼"旁,也未增"止"旁。可見釋△爲"旗"不確。李家浩先生摹寫原形爲"▨",有誤。被認爲是"毌"的部分,即"▨",其頂部沒有橫筆相連。即使"▨"可視作"毌"形,左下部"▨"爲止形,但右下部的筆畫"▨"無法落實。"▨"不應視作鏽跡,也非羨畫,確是屬於字形的一部分。釋△爲"𣥹",於字形不符。且"𣥹"字不見於字書,也不見於其他古文字資料,缺乏相關佐證。

上述意見均指出△從狄從止,主要分歧在於對"狄"和"止"中間部分的認識。把△分解成上述三部分看似較爲合理,但細審原字形,我們發現△其實應分成以下三部分:右上部爲"狄"旁,右下部爲"▨"旁,左下部爲"走"旁。"走"旁的上部象兩臂擺動奔跑的人,而表示擺動的手臂的筆畫與"▨"旁有粘連,因此造成與"▨"是一部分的錯覺。據此,△從狄從走從开,可隸定作"𧺴"。它和《中國出土青銅器全集》(以下簡稱"《全集》")披露的楚王孫簠銘文"▨"應是同一字。④ 除楚王孫簠外,《全集》著録的競孫戈銘文"▨"從狄從开,隸定作"𣥹"⑤,顯然與△是一字異體的關係。雅南先生已指出:"'𣥹'與'𧺴'在銘文中顯然指同一人,它們是一字異體,前者當分析爲從狄、开聲,後者當分析從狄、趄聲,而趄又從开聲。"⑥可從。上述競孫鬲、戈及楚王孫簠同出於河南上蔡郭莊一號楚墓,所記器主名相同,我們有理由認爲三器器主爲同一人。

除上述諸器外,還有幾件記有器主名的楚器與競孫鬲關係密切(見表2-2-1),應屬同一器主。

---

① 曹輝、陶亮:《上蔡郭莊一號楚墓"競之朝"鼎銘文及相關問題試析》,《中原文物》2019年第3期,第119頁。
② 李家浩:《競孫𣥹鬲銘文所記人名考》,載清華大學出土文獻研究與保護中心編《半部學術史,一位李先生:李學勤先生學術成就與學術思想國際研討會論文集》,清華大學出版社,2021年,第454—457頁。
③ 吳鎮烽編著:《商周青銅器銘文暨圖像集成》(第二十八卷),上海古籍出版社,2012年,第526頁;吳鎮烽編著:《商周青銅器銘文暨圖像集成》(第二十九卷),上海古籍出版社,2012年,第395頁。
④ 李伯謙主編:《中國出土青銅器全集(河南下)》,龍門書局,2018年,第357頁。
⑤ 同上書,第406頁。
⑥ 雅南:《讀〈中國出土青銅器全集〉瑣記》,復旦大學出土文獻與古文字研究中心,http://www.fdgwz.org.cn/Web/Show/4475,2019年10月25日。

表 2-2-1　器主名與競孫冑關係密切的幾件楚器

器　名	出　土　信　息	器主名
競之𩰬鼎	2005 年出土於河南上蔡郭莊一號楚墓	①
楚王孫霝矛	2000 年出土於湖北荆門五里鋪左冢楚墓	②
楚王孫霝戈	1958 年出土於湖北江陵泗場長湖邊楚墓	③

謝明文先生指出競之𩰬鼎、楚王孫霝戈、楚王孫霝矛的器主是同一人④，可從。此人乃楚平王孫輩，前人已多有分析⑤，本文不再贅述。楚王孫霝戈、矛銘文内容完全相同，器主名爲同一字，我們用○來代表。

石志廉先生將○分析爲从水从魚从舟从又，認爲○字形"似人乘舟於水中，以手捕魚之形"，是"漁"的繁體。⑥ 何琳儀先生把○隸定作从魚从汮从又，疑○即"鮙"字。⑦ 後在《戰國古文字典》一書中，何先生釋○从鮙从水从九，疑"楚王孫○"即《左傳·哀公十七年》的"楚公孫朝"。⑧ 黄德寬先生從何先生的隸定，不過對字形結構有不同意見，他認爲○"从氿，鮙聲，氿可視爲疊加聲符，疑鮙之繁文"。⑨ 謝明文先生將

---

① 吴鎮烽編著：《商周青銅器銘文暨圖像集成續編》（第一卷），上海古籍出版社，2016 年，第 191 頁。

② 吴鎮烽編著：《商周青銅器銘文暨圖像集成》（第三十三卷），上海古籍出版社，2012 年，第 47 頁。

③ 中國國家博物館、中國書法家協會編：《中國國家博物館典藏甲骨文金文集粹》，安徽美術出版社，2015 年，第 325 頁；吴鎮烽編著：《商周青銅器銘文暨圖像集成》（第三十一卷），上海古籍出版社，2012 年，第 450、452 頁。

④ 謝明文：《競之𩰬鼎考釋》，載《商周文字論集》，上海古籍出版社，2017 年，第 362 頁。

⑤ 參看李學勤：《論"景之定"及有關史事》，《文物》2008 年第 2 期，第 56—58 頁；黄鳳春：《新見楚器銘文中的"競之定"及相關問題》，《江漢考古》2008 年第 2 期，第 74—79 頁；董珊：《出土文獻所見"以諡爲族"的楚王族——附説〈左傳〉"諸侯以字爲諡因以爲族"的讀法》，載復旦大學出土文獻與古文字研究中心編《出土文獻與古文字研究》（第二輯），復旦大學出版社，2008 年，第 110—111 頁；馬偉中：《也論楚景昭二姓》，載楚文化研究會編《楚文化研究論集》（第十一集），上海古籍出版社，2015 年，第 352—360 頁。

⑥ 石志廉：《"楚王孫霝（魚）"銅戈》，《文物》1963 年第 3 期，第 46—47 頁。

⑦ 轉引自李家浩：《楚王孫鮙兵器與競之鮙鼎》，載趙平安主編《訛字研究論集》，中西書局，2019 年，第 133 頁。

⑧ 何琳儀著：《戰國古文字典：戰國文字聲系》，中華書局，1998 年，第 185—186 頁。

⑨ 黄德寬主編：《古文字譜系疏證》，商務印書館，2007 年，第 509 頁。

○隸定爲"䕅",並指出○从又从魚,似與捕魚有關。① 李家浩先生釋○从魶从氿,他認爲"魶"與"氿"音近,"氿"是加注的聲符。②

首先,我們贊同謝明文先生將○隸定爲"䕅"的意見。○所从"冎"旁,過去已有許多學者進行過構形分析,但尚有争議,就目前可見的古文字資料來看,它作爲偏旁時往往充當聲符。我們認爲○並不从"氿"得聲,應从"冎"得聲。前文已提及,競孫禹、楚王孫篡的△和競孫戈的"旃"皆从"冎"旁。楚王孫䕅戈、矛的○也从"冎"旁,恐怕並非偶然。雅南先生指出:"由前者可以肯定後面兩字所从之'冎'必是聲符(按,前者指△、旃兩字,後面兩字指䕅、○),'旃/𣄰'與'䕅/䕅'當是音近通假關係。"③確是。○既以"冎"爲聲符,讀音與"漁"相差較遠,則不太可能是在"漁"字初文上加注聲符的異體字。

謝明文先生認爲○是"罩"字初文,有如下分析:

鼎銘"競之"下一字原作"[圖]"(按,謝明文先生隸定作"䕅"),它是器主的私名,與[圖](䕅)顯然是一字異體,其左下當是"又"形之訛。

此字(按,此字應指䕅)从又、从魚,似與捕魚有關,又據䕅字所从之"冎"與"朝""籥""躍"等字音近,我們懷疑它可能是"罩"字異體。④

○是"䕅"的異體,與"朝""籥""躍"等字音近,該意見是很正確的。但"○/䕅""从又、从魚,似與捕魚有關"這一看法有待商榷。結合以上諸器相關字形,我們認爲"[圖]"與"[圖]""[圖]"等形一樣,本就从止,左下並非所謂"又"字之訛。○所从"又"形反而很可能是從"止"形訛變而來的。"止"形訛爲"又"形的現象在春秋器中並不乏見,如仲姜簋的"逗(桓)"字形作[圖]⑤、杞伯每亡器的"永"字形作[圖]、[圖]⑥,顯然本都應从止,而訛爲"又"形。據此,"[圖]"應嚴格隸定爲"䕅",競之䕅鼎應改稱競之䕅鼎。若此觀點成立,雖然"○/䕅"與"罩"音近,但原本从止不从又,恐怕未必與捕魚有關,將它們視爲"罩"之初文仍需其他佐證。

據競孫禹及相關諸器銘文内容、字形特點、出土地點等信息可知,"楚王孫䕅/𣄰""競孫𣄰/旃""競之䕅"是同一身份的不同表達。研究者們雖釋字有别,但把競之䕅

---

① 謝明文:《競之䕅鼎考釋》,載《商周文字論集》,上海古籍出版社,2017年,第360頁。
② 李家浩:《楚王孫魶兵器與競之魶鼎》,載趙平安主編《訛字研究論集》,中西書局,2019年,第133—136頁。
③ 雅南:《讀〈中國出土青銅器全集〉瑣記》,復旦大學出土文獻與古文字研究中心,http://www.fdgwz.org.cn/Web/Show/4475,2019年10月25日。
④ 謝明文:《競之䕅鼎考釋》,載《商周文字論集》,上海古籍出版社,2017年,第360、361頁。
⑤ 吴鎮烽編著:《商周青銅器銘文暨圖像集成》(第九卷),上海古籍出版社,2012年,第286頁。
⑥ 吴鎮烽編著:《商周青銅器銘文暨圖像集成》(第四卷),上海古籍出版社,2012年,第237頁;吴鎮烽編著:《商周青銅器銘文暨圖像集成》(第十卷),上海古籍出版社,2012年,第152頁。

鼎、楚王孫灑兵器的器主定爲《左傳》所載楚平王之孫、令尹子西之子公孫朝却是有一定道理的。① 古文字中作爲聲旁的"冎"與"朝""籥""躍"等字音近，將"灑""壐"等字讀爲"朝"是可行的。公孫朝是楚平王的孫輩，符合"楚王孫""競孫"的身份。過去曹錦炎先生把競孫壺銘中的"不服"（按，曹錦炎先生釋"不服"爲"不命"）視爲器主之名②，黃錦前先生已指出不確③。董珊先生認爲"不服"是競孫鬲的字，因字形分析錯誤，再將"不與"和"不服"相聯繫當然是有問題的。壺銘是鬲銘節錄④，據鬲銘，"不服"是賓語，是"翦"的對象，不可能是器主之字。河南上蔡郭莊一號楚墓大部分資料尚未公佈，競孫鬲是否即公孫朝還有待更多資料的披露。

綜上所述，我們認爲競孫鬲銘文"競孫"下一字"▨"代表器主名，它從𠂤、趄聲，可隸定作"鬮"。楚王孫灑戈、矛的"灑"從"冎"得聲，不應視爲"漁"字再添聲符的繁體。疑"灑"原從止，後"止"形訛爲"又"形。此字應與捕魚義無關，與"罩"的關係尚不明確，有待考證。競孫鬲與楚王孫簠、競孫戈、競之壐鼎、楚王孫灑戈、楚王孫灑矛等器均屬同一器主，此人可能是文獻所載楚平王之孫公孫朝。

附記：
拙文蒙謝明文師審閱指正，匿名評審專家亦提出諸多寶貴意見，謹致謝忱！

本文原刊於《出土文獻》2021年第2期。

作者係復旦大學出土文獻與古文字研究中心2018級碩士（導師：謝明文），現就讀於中山大學中國語言文學系，攻讀博士學位。

---

① 可參看李家浩：《競孫旃鬲銘文所記人名考》，載清華大學出土文獻研究與保護中心編《半部學術史，一位李先生：李學勤先生學術成就與學術思想國際研討會論文集》，清華大學出版社，2021年，第454—457頁；李家浩：《楚王孫鮒兵器與競之鮒鼎》，載趙平安主編《訛字研究論集》，中西書局，2019年，第130—140頁；晉輝、陶金：《上蔡郭莊一號楚墓"競之朝"鼎銘文及相關問題試析》，《中原文物》2019年第3期，第117—118頁；黃錦前：《競之漁、王孫漁與公孫朝》，載《湖南省博物館館刊》（第十七輯），岳麓書社，2021年，第202—203頁。
② 曹錦炎：《鳥蟲書銘文考釋（二則）》，載中國古文字研究會、中華書局編輯部《古文字研究》（第二十八輯），中華書局，2010年，第323頁。
③ 黃錦前：《郭莊楚墓出土競孫鬲、方壺銘試釋》，《國學學刊》2017年第1期，第137頁。
④ 李家浩：《楚王孫鮒兵器與競之鮒鼎》，載趙平安主編《訛字研究論集》，中西書局，2019年，第133頁。

狐駘丘君盤新考[①]

傅修才

陳治軍先生編著的《安徽出土青銅器銘文研究》(以下簡稱"《研究》")一書 159 號收録一件此前未見著録、現藏於安徽博物院的甫以公盤,書中公佈了盤的器形和銘文照片(參見圖 2-3-1、圖 2-3-2)。銘文在盤底中央,左右兩行各四字,均爲反書,釋文如下:

甫(郙)以公君卣之盥湆(盤)。[②]

圖 2-3-1 甫以公盤

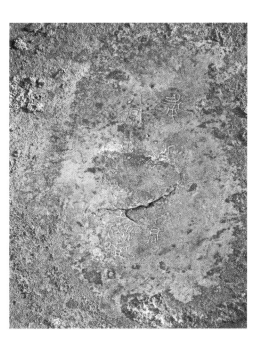

圖 2-3-2 甫以公盤銘文

[①] 本文爲國家社科基金西部項目"散見商周金文資料整理研究及數據庫建設"(21XYY027)成果。本文的寫作得到陳治軍、王輝、孫剛先生幫助,謹致謝忱。

[②] 陳治軍著:《安徽出土青銅器銘文研究》,黃山書社,2012 年,第 186—188 頁。

《研究》認爲盤的時代爲戰國，是姜姓甫國的國君所作的禮器。根據安徽博物院的資料，此盤出土於安徽壽縣李三孤堆墓。李三孤堆墓的墓主，學界一般認爲是戰國晚期的楚幽王熊悍。《研究》據此推測它應該是甫侯向楚國所呈獻之物。

20世紀30年代，李三孤堆楚王墓被盜掘，出土大量戰國晚期楚國王室的銅器，其中不少現藏於安徽博物院。吳長青先生對安徽省博物館（安徽博物院前身）藏李三孤堆楚王墓銅器做過比較深入的研究。據吳先生的調查，安徽省博物館藏李三孤堆楚王墓銅器的來源主要有兩個：一是盜掘者直接上交給前安徽省立圖書館的器物，二是20世紀50年代壽縣文化館或地方政府上交的壽縣出土器物的一部分。此盤即屬於第二次上交的器物。對於第二次上交的器物，吳先生指出它們是否全部出自李三孤堆楚王墓，是要慎重對待的。① 我們認爲，吳先生這種謹慎的態度是可取的。第二次上交的壽縣出土器物非科學發掘所得，距離李三孤堆楚王墓被盜掘也已有20餘年時間，在沒有其他堅強證據的情況下，恐怕很難確定這些器物出土於李三孤堆楚王墓。因此，要判斷此盤的時代和國別，我們只能依靠器物本身的形制、紋飾和銘文。

一

此盤直口圓唇，淺腹圜底，腹飾蟠龍紋、絢索紋、弦紋各一周，外壁有四個對稱的環形鈕，其中兩個對稱鈕上有銜環，上飾絢索紋。盤底的三足，今僅殘留兩個凸榫，吳長青先生認爲凸榫可能是某種動物或裝飾殘留之物。

在目前所見東周時期銅盤中，與此盤器形相近的可舉例如下：

圖 2-3-3　南陽萬家園銅盤

（1）南陽萬家園銅盤（M181∶9，圖 2-3-3）。盤直口內斂，方唇折沿，弧腹圜底，三環形足，腹部等距離分佈四個環形耳，其中一對對稱環形耳銜環。腹飾蟠虺紋、絢索紋、垂葉紋，環及環耳飾絢索紋。該墓時代爲春秋中晚期，下限不晚於春秋晚期早段。②

（2）湖北鍾祥黃土坡城六號盤（M1∶1，圖 2-3-4）。盤敞口淺腹，闊肩近平，有對稱的四環耳，其中一對環耳各套圓環，下有三獸足。腹飾蟠虺紋、三角紋、繩紋，環

---

① 吳長青：《壽縣李三孤堆楚國大墓出土銅器的初步研究——以安徽省博物館藏該墓青銅器爲中心》，碩士學位論文，北京大學，2005年，第10、26頁。
② 南陽市文物考古研究所：《南陽市萬家園M181發掘簡報》，《中原文物》2009年第1期，第6頁。

及銜環飾絢索紋。發掘報告認爲盤的年代爲春秋晚期。① 徐少華先生指出鄧子與盤具有春秋中期偏晚或中晚期之際的特徵。②

(3) 襄陽山灣銅盤(M6∶5,圖2-3-5)。盤四環耳,其中兩耳銜環,腹壁微外鼓,底部三個獸形小足。壁飾蟠螭紋、三角紋、絢索紋各一周。該墓時代爲春秋晚期前段。③

圖 2-3-4　鄧子與盤　　　　　　　　圖 2-3-5　襄陽山灣銅盤

(4) 淅川下寺銅盤(M4∶3,圖2-3-6)。盤淺腹近平,腹壁略外鼓,盤底三個獸首環足,腹部有四個環紐,其中兩個對稱的紐套有絢索紋銅環。腹飾蟠虺紋、絢索紋。M4時代在春秋晚期前段。④

(5) 南陽彭射墓彭子射盤(M38∶52,圖2-3-7)。盤直口方唇,淺腹圜底,下附三獸形足,腹壁有四個對稱的環形紐,其中兩個對稱的紐套圓環。腹壁飾蟠螭紋、絢

圖 2-3-6　淅川下寺銅盤　　　　　　圖 2-3-7　彭子射盤

---

① 荆州博物館、鍾祥市博物館：《湖北鍾祥黄土坡東周秦代墓發掘報告》,《考古學報》2009 年第 2 期,第 276—277 頁。

② 徐少華：《論近年來出土的幾件春秋有銘鄧器》,載中國古文字研究會、浙江省文物考古研究所編《古文字研究》(第二十五輯),中華書局,2004 年,第 195—196 頁；又載《荆楚歷史地理與考古探研》,商務印書館,2010 年,第 50 頁。

③ 湖北省博物館：《襄陽山灣東周墓葬發掘報告》,《江漢考古》1983 年第 2 期,第 9 頁；陳振裕、楊權喜：《襄陽山灣五座楚墓的年代及其相關問題》,《江漢考古》1983 年第 1 期。

④ 河南省文物研究所、河南省丹江庫區考古發掘隊、淅川縣博物館：《淅川下寺春秋楚墓》,文物出版社,1991 年,第 244 頁。

索紋、三角紋,環及銜環飾絢索紋。彭射墓的年代在春秋晚期早段。①

這類銅盤在形制上最主要的特徵是腹壁環耳銜環,盤底爲三附足;演變趨勢是腹部由深變淺,腹壁由弧變直;主要流行於春秋中晚期,下限延及戰國。② 安徽博物院藏的這件銅盤,其腹部比萬家園銅盤和鄧子與盤淺,腹壁較直,形制與彭子射盤最爲接近。腹壁和銜環上飾以絢索紋,與上舉銅盤完全一致。綜合器形和紋飾考慮,此盤的時代宜定在春秋晚期。

二

下面討論此盤銘文。《研究》對盤銘的考釋有很多問題,我們先按照自己的理解將銘文重新釋寫於下:

虖𠯑丘君尚之盌(浣)盨(盤)。

"虖"字原作■,《研究》誤釋爲"甫"。金文"虖"字作■(虖𠯑君鼎)、■(虖台丘子俟戈),正可與盤銘該形相參照。

"𠯑"字原作■,《研究》隸定爲"以"。細審字形,此字"㠯"旁右上明顯還有很清晰的粘連豎畫。施謝捷先生指出,春秋戰國時期金文裏的"𠯑"及從"𠯑"(或"𠯑")所從的構件(特別是"㠯""𠂇")寫得越來越緊湊,甚至交錯粘連在一起。③ 只要與施文所舉春秋戰國時期金文中"𠯑"及從"𠯑"(或"𠯑")之字的寫法比較,就可以知道,盤銘此字"㠯"上的粘連豎畫其實是"𠂇"形的殘筆。由於字下部筆畫殘泐嚴重,暫不能確定是否有"口"旁,此字可釋作"𠯑"。"𠯑"爲雙聲字,所從"㠯""𠂇"皆聲。④

"丘"字原作■,形體處在盤底裂縫上,以致筆畫有殘損。不過其字形輪廓還是比較完整的。《研究》原釋爲"公",顯然與字形不合。從字形看,此字實當釋爲"丘",其形體可與下列古文字"丘"字相比:

---

① 南陽市文物考古研究所:《河南南陽春秋楚彭射墓出土簡報》,《文物》2011年第3期,第12—13頁。
② 彭裕商:《春秋青銅器年代綜合研究》,中華書局,2011年,第95頁。這類銅盤形制屬於彭先生劃分的盤類B型Ⅳ、Ⅴ式。
③ 施謝捷:《説"𠯑(𠯑𠯑𠯑)"及相關諸字(上)》,載復旦大學出土文獻與古文字研究中心編《出土文獻與傳世典籍的詮釋——紀念譚樸森先生逝世兩週年國際學術研討會論文集》,上海古籍出版社,2010年,第48—49頁。
④ 裘錫圭先生指出上古"㠯""台""𠂇"(司)音近,作爲聲旁可以通用,金文"台"字往往加"𠂇"作"𠯑"。説參裘錫圭:《甲骨文字考釋(續)》,載《古文字論集》,中華書局,1992年,第108頁;又載《裘錫圭學術文集·甲骨文卷》,復旦大學出版社,2012年,第183頁。後者原文前一"𠂇"字誤作"丂"。

[图]①、[图][图]②、[图]③、[图]④

其共同特點是"丘"所從的"北"旁,兩相背的側立人形的頭和手一筆相連。盤銘此字下部的一橫筆非常清晰,上部筆畫雖略殘損,但縫隙左邊的形體還可以辨識出側立的人形,寫法與上舉"丘"字所從相同。縫隙右邊的∧形,明顯是人形的殘畫。故此字當改釋爲"丘"。

"尚"字原作[图],《研究》釋作"宖",認爲字從尚省從厷,是"宏"之繁化。今按,此字"尚"旁內部形體與"厷"有別,只是由於筆畫殘泐,還無法準確隸釋。不過,從古文字構形規律看,全字係一從"尚"得聲之字,則應無多大問題。爲與"尚"字相區別,我們將該字隸定作"尙"。

"溢"字原作[图],《研究》將此字隸定爲"盥",從文義上看是正確的。不過就字形而言,其下部從皿、左上從水甚明,右上從𠔻(即《說文》"弄"字),只是"𠔻"所從的"廾"形左手筆畫殘泐,故字應釋作"溢"。"溢"字又見於徐王義楚盤,字形作[图],二者上部所從偏旁左右位置互易。李家浩先生對徐王義楚盤"溢"字作過討論,認爲"溢"可以分析爲從皿從水、𠔻聲或從皿、洡聲,讀爲"浣","浣""盥"聲近義通。此外,李先生還指出,魯少司寇盤和中子化盤銘文"盤"字之前的"𦥑""𦥑"二字,也當讀爲"浣"。⑤ 據此,此盤銘文"溢"字無疑應讀爲"浣",表示盥洗之義。

盤銘最後一字原作[图],從文義看爲銅器自名。《研究》隸定作"盨",並引李學勤先生對蔡侯申盤"盥"字的考釋意見,認爲"盨"應該讀爲"舟",舟是用來托彝的器具。此字從洀從皿,"西""舟"疊韻,也就是後來的"盤",可知"盤"從舟聲。

從字形看,《研究》將盤銘此字隸定爲"盨"可從,對"盨"字形體的解釋則可商。"舟"和"盤"在字音和字義上均有較大差別,器名"盨"字與裸器舟也並沒有關係。爲了方便討論,我們先將金文中與盤銘"盨"字相關的字羅列於下:

　　盨:[图](子黃尊,《集成》6000)⑥

---

① 孫剛編纂:《齊文字編》,福建人民出版社,2010 年,第 227 頁。
② 王恩田編著:《陶文字典》,齊魯書社,2007 年,第 231 頁。
③ 湯志彪編著:《三晉文字編》,作家出版社,2013 年,第 1246 頁。
④ 吳良寶編著:《先秦貨幣文字編》,福建人民出版社,2006 年,第 142 頁。
⑤ 李家浩:《信陽楚簡"澮"字及從"关"之字》,載《中國語言學報》編委會編輯《中國語言學報》(第一期),1983 年,第 190—191 頁;又載《著名中年語言學家自選集·李家浩卷》,安徽教育出版社,2002 年,第 196—198 頁。
⑥ 子黃尊"盨"字,以《集成》6000 所著拓本最清晰,見中國社會科學院考古研究所編:《殷周金文集成》(第十一册),中華書局,1992 年,第 181 頁。舊或闕釋,或釋"甑",或釋"甖"。該字下從皿甚明,右上所從"[图]"爲"盤"字初形,其後訛變爲"舟"(說詳參下引蘇建洲先生文)。左上形體作[图],與金文"鬯"字的寫法有異,應釋爲"水","水"形中間豎筆下端的左右兩水點非常清楚。

盤：▢（楚君酓延尊，《銘圖》11790）①
盤：▢（蔡侯申盤，《集成》10072）②
盤：▢（蔡侯申盤，《集成》10171）③

上舉諸字在銘文中都處於銅器自名位置，研究者已經指出它們是同一器名的不同寫法，其中前兩者爲尊器自名，後兩者爲盤器自名。以往學界一般將蔡侯申盤器名之字徑釋爲"盤"。李學勤先生認爲它們都是从酉从皿，表示酒器，聲符一从酉聲，一从舟聲，上古音"酉"和"舟"極近，就是文獻中的祼器舟。蔡侯申墓和曾侯乙墓成組的尊、盤皆爲祼器。④ 子黄尊"醽"字，李先生原釋作"醓"，亦讀"舟"。⑤ 何景成、王彦飛先生同意李先生的意見，並將新出銅器楚君酓延尊自名"醓"也讀爲"舟"，尊、舟成組使用，故器名可以代用。⑥ 蘇建洲先生根據相關的考古和文字資料，指出祼器與舟、盤沒有關係，從蔡侯盤銘文內容也看不出其與祼祭或祼享有關。上舉諸字所从的"舟"其實是"盤"字初形訛體或"般/盤"省聲，皆當釋爲"盤"。盤可以作爲酒器，與尊有相同功能，故有自名代稱的現象。⑦ 今按，蘇説正確可從。此盤自名之字"醓"，與上舉諸字顯係一字異體，其器名修飾語爲"遴（浣）"，説明盤爲盥洗之用，與祼祭或祼享無關。金文中"浣盤"的辭例屢見，却從未有"浣舟"的説法，這是器名"醓"應釋爲"盤"的確證。"醓"所从的"舟"形，既可能是由子黄尊"醓"右上所从的"盤"形初文訛變發展而來的，也可以分析爲"般/盤"省聲。

三

根據上節所考，盤銘可釋讀爲"虡𠂤丘君尚之浣盤"。器主是虡𠂤丘君尚，其中

---

① 吴鎮烽編著：《商周青銅器銘文暨圖像集成》（第二十一卷），上海古籍出版社，2012年，第261頁。《銘圖》原稱此器爲"楚君酓嚋尊"，蘇建洲先生指出"嚋"應釋"脡"，器主楚君酓延爲楚考烈王熊延（元）。"醓"字左从言，蘇建洲先生和何景成、王彦飛先生皆已指出其爲"酉"形異寫。
② 中國社會科學院考古研究所編：《殷周金文集成》（第十六册），中華書局，1994年，第107頁。
③ 同上書，第175頁。蔡侯申盤此字右上部分，筆畫略模糊，學界有不同釋法，今暫將此字隸作"醓"。
④ 李學勤：《論郟縣敔墩尊盤的性質》，《江漢考古》1985年第1期；又載《走出疑古時代》，遼寧大學出版社，1997年，第269—273頁。
⑤ 李學勤：《〈周禮〉玉器與先秦禮玉的源流》《説祼玉》，載鄧聰主編《東亞玉器》（第一册），1998年，第35頁；又載《重寫學術史》，河北教育出版社，2002年，第57—58頁。
⑥ 何景成、王彦飛：《自名爲"舟"的青銅器解説》，載中國古文字研究會、中山大學古文字研究所編《古文字研究》（第三十輯），中華書局，2014年，第162—167頁。
⑦ 蘇建洲：《論新見楚君酓延尊以及相關的幾個問題》，載清華大學出土文獻研究與保護中心編《出土文獻》（第六輯），中西書局，2015年，第60—68頁。

"君"表明器主的身份,在盤銘中當是對諸侯國君的稱呼。"君"前"虖㠱丘"爲國名,"君"後"尚"爲器主私名。這類人名結構春秋金文中多見,如"黄君孟"(黄君孟鼎,《銘圖》02003)、"鐘離君柏"(鐘離君柏簠,《銘圖》05898)、"樊君夒"(樊君夒盆,《銘圖》06261)、"邾君庆"(邾君庆壺,《銘圖》12333)。按照青銅器的一貫命名方法,此盤可稱爲虖㠱丘君盤。

國名"虖㠱丘",我們認爲應讀爲"狐駘丘"。狐駘丘本是周代山東地區的一個小國,傳世文獻僅有零星記載。2008年李魯滕先生發表《"虖台(丘)"略考》一文(以下簡稱"李文"),結合傳世文獻和金文資料,對狐駘丘的歷史和地望作了深入探討。① 根據李文的研究,下列諸器都屬於狐駘丘所作之器(李文原釋文多有訛誤,今重新釋寫,除討論之字外,釋文皆以寬式):

(1) 虖丘□季姬。　　　　　　　　　　　　　(虖北鼎,《集成》2082,春秋早期)②
(2) 虖㠱丘君作叔姶媵盤,其萬年眉壽,子子孫孫永寶用之。
　　　　　　　　　　　　　　　　　　　　　(虖㠱丘君盤,春秋中期偏晚)③
(3) 虖㠱君□擇其吉金,自作旅鼎。
　　　　　　　　　　　　　　　　　　　　　(虖㠱君鼎,《集成》2477,春秋晚期)④
(4) 虖㠱丘尚之沬匜。　　　　　(虖㠱丘尚匜,《集成》10194,春秋晚期)⑤
(5) 虖台丘子俅之造。　　　　　　(虖台丘子俅戈,戰國早期)⑥
(6) 虎㠱丘君□之元用。　　　　(虎㠱丘君戈,《集成》11265,戰國早期)⑦

俞偉超、高明先生在討論虖㠱君鼎和虎㠱丘君戈的器主關係時,指出二者"封君

---

① 李魯滕:《"虖台(丘)"略考》,載北京大學中國考古學研究中心、北京大學震旦古代文明研究中心編《古代文明》(第6卷),文物出版社,2007年,第199—205頁。
② 中國社會科學院考古研究所編:《殷周金文集成》(第四册),中華書局,1986年,第158頁。
③ 此盤以往未見著録,1986年出土於滕州市官橋鎮狄莊薛國貴族墓地,同出還有一件同銘的銅匜,器今藏於山東省文物考古研究所。李文僅公佈盤銘照片,認爲盤的時代爲春秋中期偏晚。李魯滕:《"虖台(丘)"略考》,載北京大學中國考古學研究中心、北京大學震旦古代文明研究中心編《古代文明》(第6卷),文物出版社,2007年,第200頁。
④ 此鼎器形未見,《集成》將其時代定爲春秋晚期。從銘文內容和風格看,此說可信。中國社會科學院考古研究所編:《殷周金文集成》(第四册),中華書局,1986年,第299頁。
⑤ 此匜現藏於上海博物館,器形迄今未見著録,學界一般將其時代定爲春秋時期。承蒙上海博物館葛亮先生幫助,得見器形照片。從形制、紋飾和銘文字體看,匜的時代應爲春秋晚期。中國社會科學院考古研究所編:《殷周金文集成》(第十六册),中華書局,1994年,第187頁。
⑥ 此戈1979年出土於滕州市姜屯鎮滕國貴族墓地,戈銘"俅"字舊誤釋爲"休"。山東省博物館編:《山東金文集成》,齊魯書社,2007年,第853頁。
⑦ 此戈1935年出土於河南輝縣琉璃閣戰國墓地,學界舊定其爲魏國兵器。中國社會科學院考古研究所編:《殷周金文集成》(第四册),中華書局,1992年,第377頁。

之號相同而非一人"。① "虡"字所从"虍""乎"皆聲,應是一個雙聲字,與"虎"自可以相通。先秦國(地)名中,作爲後綴的"丘""城""邑""氏"等常可省略。所以,二位先生提出"虡訇"和"虎訇丘"所指相同,這是很精闢的見解。在此基礎上,李文進一步提出上揭金文中的"虡訇丘""虡丘"和"虡訇"實爲一地,"丘"表地理形態,國名省"丘"者,先秦文獻典例中甚多。"虡訇(丘)"就是先秦文獻記載中的"狐駘","狐"與"虡"、"駘"與"台"皆音近可通。

"虡訇丘"可作"虡訇",省去地名後綴"丘",這從虡訇君鼎、虡囚丘君盤和虡訇丘尚匜三器的關係即可得證。虡訇君鼎的器主名"[字]","尚"旁內部形體或釋爲"左""旡",皆不可信。此字與虡囚丘君盤的器主名"[字]"字內部所从相同,二者應爲一字。三器的時代皆在春秋晚期,虡訇君鼎和虡囚丘君盤的器主"尚"(从"尚"得聲)與虡訇丘尚匜的器主"尚",極有可能是同一人。虡訇丘尚匜的銘文未稱"君",表明此時器主"尚"還未即位爲君,其作器時代當早於虡訇君鼎和虡囚丘君盤。同人所作之器,虡訇君鼎銘的國名就省稱爲"虡訇"。

不過,"虡訇丘"却不能省稱作"虡丘"。虡北鼎的"丘"字,學界一般釋爲"北",李文改釋爲"丘"②。由於此字字形下部殘泐甚劇,其釋讀尚難遽定。可是即便此字釋"丘","虡丘"在鼎銘中也應是作爲人名③,它與國名"虡訇(丘)"沒有關係。所以,虡北鼎並不是虡訇(丘)所作的器物。

李文提出金文中的"虡訇(丘)"就是先秦文獻中的"狐駘",這一意見已爲學界所接受。"狐駘"見於《左傳·襄公四年》:"冬十月,邾人、莒人伐鄫,臧紇救鄫,侵邾,敗於狐駘。國人逆喪者皆髽,魯於是乎始髽。國人誦之曰:'臧之狐裘,敗我於狐駘'。"杜預注:"狐駘,邾也。魯國蕃縣東南有目台亭。"魯國蕃縣在今山東省滕州市。楊伯峻《春秋左傳注》:"狐駘,今山東滕縣東南二十里之狐駘山。"李文指出,邾在魯國南部,鄫在其更南,臧紇救鄫侵邾,狐駘爲其南下必經之地。虡訇丘君盤和虡台丘子俅戈皆出土於山東滕州東南,正與狐駘的地望相符。"狐駘"在傳世文獻中又訛作"臺鮐""狐駱",《禮記·檀弓》記襄公四年魯敗於狐駘事云:"魯婦人之髽而弔也,自敗於臺鮐始也。"鄭玄注:"臺當爲壺字之誤也,春秋傳作狐駘。"《路史·國名紀七》有"狐駱

---

① 俞偉超、高明:《周代用鼎制度研究(下)》,《北京大學學報》(哲學社會科學版)1979年第1期,第94頁注23。
② 《古璽彙編》3056號姓名私璽"虡丘蟄",李文認爲"虡丘"讀作"虡丘",在此爲氏名,即以邑爲氏。此說實不可信。從文字風格看,此璽顯然爲三晉璽,"虡丘"應讀爲複姓"吾丘",參看譚宏姣:《戰國古璽文考釋兩篇》,《考古與文物》2000年第4期,第88—89頁。
③ 吴鎮烽編撰:《金文人名彙編》(修訂本),中華書局,2006年,第284頁。

國",謂:"狐駱,魯地,今徐之滕縣,本隸邾。"孫剛先生指出其所記地域與杜預注相合,所謂"狐駱"無疑是"狐駘"之訛寫,"駱"與"駘"形體極近,易致訛誤。①《路史》這條材料時代雖然較晚,却非常重要,由此可知狐駘曾是鄰國邾的附庸小國。

在傳世文獻中,我們未見到有關狐駘國歷史的記載。通過狐駘諸器的銘文,我們却可以對狐駘國的歷史有新的認識,正可補史料之闕佚。薛國貴族墓地出土的虖訇丘君盤,是狐駘丘君爲嫁往薛國的女兒"叔妘"所作的媵器。按照媵器銘文的格式可知狐駘是"妘"姓之國。春秋早期的郳妘鬲爲郳國之物,其銘文云"郳妘☒母鑄其羞鬲"。以往學界對"妘"字的釋讀意見不一。李魯滕先生指出,"妘"爲狐駘之姓,此鬲是嫁往郳國的狐駘之女的自作器。② 其説正確可從。由狐駘諸器的銘文可知,妘姓小國狐駘,至遲在春秋早期即已名世,到戰國早期尚存。狐駘與鄰近的郳國、薛國皆通婚,反映了其當時對外交往與同盟關係。此外,虖訇丘君盤出土於楚地,虖台丘子俅戈出土於滕國貴族墓地,虎訇丘君戈出土於魏國輝縣琉璃閣墓地,狐駘國的器物在別國墓葬中屢次出現,很可能是由於婚姻、饋贈或戰爭等,這也説明了狐駘與周邊國家的往來較頻繁。

綜上所論,安徽博物院藏的這件銅盤,實爲春秋晚期山東小國狐駘丘國君尚所作之器。狐駘丘君盤對研究山東古國史無疑具有重要的價值。

本文原刊於《中國國家博物館館刊》2017年第5期。

作者係復旦大學出土文獻與古文字研究中心2012級博士(導師:裘錫圭),現爲龍巖學院副教授。

---

① 孫剛:《東周齊系題銘研究》,博士學位論文,吉林大學,2012年,第84頁。
② 李魯滕:《也談"郳妘鬲"》,載山東省文物考古研究所編《海岱考古》(第三輯),科學出版社,2010年。

釋西周金文的"送"字①

應金琦

從目前的研究情況來看，出土文獻中的"送"最早見於戰國文字②，這樣一來，上古漢語高頻詞{送}在早期古文字資料中就存在空位③。出土早期文獻中究竟是用什

---

① 本論文得到 Trinity Doctorate Research Award 資助，爲國家社科基金重大項目"出土文獻與商周至兩漢漢語上古音演變史研究"（22&ZD301）階段性成果。

② 鄔可晶、施瑞峰《説"朕""夯"》（《文史》2022 年第 2 輯，第 5—44 頁）指出，"送"字本身並無"追逐"義，甲骨文"舀（夯）伐""舀（夯）某方"之類辭例舊讀爲"送"並不可靠（鄔、施改讀爲"遵"）；戰國文字寫作"送"形之字，不用爲{送}而用爲{遵}〔如上博六《慎子曰恭儉》簡 5"首戴茅芙（蒲），橾（撰）筱（篠）執植（梩），送（遵）畎備（服）畝……"；戰國中山王墓所出舒蚉圓壺（《殷周金文集成》09734，以下簡稱"《集成》"）"唯送先王"之"送"可能也可讀爲"遵"，銘文意思是"'胤嗣舒蚉'遵循先王（中山王譽）當年的'苗蒐畋獵'之行……"。又，上博五《季庚子問於孔子》簡 5"百姓送之以□"之"送"，季旭昇《上博五芻議（上）》（武漢大學簡帛網，http://www.bsm.org.cn/?chujian/4416.html，2006 年 2 月 18 日）讀爲"逐"的説法是可能的，但由於簡文下已殘斷，難以完全肯定］，{送}和{遵}韻稍嫌遠，戰國文字"送"可能是{遵}之本字而非遣送之"送"字；清華貳《繫年》簡 54"秦康公率師以遵（送）雍子"，清華陸《子儀》簡 10"公遵（送）子儀"之从辵、叢聲之"遵"字爲楚地之"送"字〔引者按，楚地"送"字或以爲還有"遺"，見上博一《孔子詩論》簡 27"遺（送）亓（其）所怸（愛）"（裘錫圭：《釋古文字中的有些"悤"字和从"悤"、从"兇"之字》，載《裘錫圭學術文集·金文及其他古文字卷》，復旦大學出版社，2012 年，第 453 頁）。程浩《"邕"字兩系説》（《中國語文》2020 年第 5 期，第 625—630、640 頁）認爲所从爲"邕"，如是，則《孔子詩論》的"遺"未必是"送"字，特此説明〕。按照他們的觀點，則恐怕現戰國文字也未見"送"字，它們可能只是與"送"字同形的"遵"字。

又，何景成《釋金文詞語"逆送"》〔載教育部人文社會科學重點研究基地華東師範大學中國文字研究與應用中心、華東師範大學語言文字工作委員會編《中國文字研究》（第二十二輯），上海書店出版社，2015 年，第 22—26 頁〕、黃昌鵬《説甲骨金文中的"送"字》〔載黃德寬主編《紀念甲骨文發現 120 周年·第七届中國文字發展論壇論文集》（二），中國文字博物館，2019 年，第 72—83 頁〕等基於舊"朕"从"夯"（引者按，兩屬康文均壽作"夯"，下"夯"同周，"彝"从甘（劍）背旨不可靠的話背另伯中聯"朕"釋"遵"釋西周金文常見於"用享王逆～"之類辭例的"遘/舟"字爲"送"，從字形分析説解來看絶不可信；從文義來看，"逆""送"雖相對，《周禮》亦常見"送逆"，但也絶無强必然性及排他性。對此問題，還有不少學者有其他看法，此不具論，可參看黃昌鵬《説甲骨金文中的"送"字》。總之，西周金文常見於"用享王逆～"之類辭例的"遘/舟"字的釋讀仍應存疑待考。

③ 近來，陳劍《昔雞簋銘用爲"送"之字與相關問題》（載朱淵清、蘇榮譽主編《有鳳來儀：夏含夷教授七十華誕祝壽論文集》，中西書局，2022 年，第 326—362 頁）釋西周早中期之際的昔雞簋之"𦥑"爲"送"之古字，並認爲殷墟甲骨文"𦥑"爲"送"之異體、古字。實事求是地説，此釋尚缺乏確鑿的文字學（轉下頁）

麽字形記錄{送}的，仍然是待解之謎。

西周金文中一般釋爲"遺"的字，從字形看，可分爲兩類：一類即"遺"，釋"遺"確不可移；另一類可嚴格隸定爲"遺"，其形與真正的"遺"字不能相合，用法上也無一例用爲"遺漏、遺失"一類的意思，釋"遺"實不可信。按照漢字結構通例，"遺"字當分析爲從辵、貴聲。根據字形上的綫索，結合辭例，我們認爲"遺"即遣送之"送"字。它在西周金文中即用爲贈送之{送}〔如曶鼎（西周中期，《商周青銅器銘文暨圖像集成》02515，下簡稱"《銘圖》"）〕或遣送、護送之{送}〔如應侯視工鐘（西周中期，《銘圖》15316）、霸伯盂（西周中期，《銘圖》06229）、伐簋（西周晚期，《銘圖》05321）〕等。此"遺（送）"字的釋出，可以彌補出土早期文獻中{送}的缺席，對於"送"字的形體源流也能提供更爲全面的認識。

一、舊釋"遺"字說之未愜

西周金文中舊釋爲"遺"之字，從字形上看，可分爲如下 A、B 兩類：

A

▨（旂鼎，西周早期，《銘圖》02069）、▨（作册嗌卣，西周早期，《銘圖》13340）、▨ ▨（叔卣，西周早期，《銘圖》13347）、▨（叔尊，西周早期，《銘圖》11818）、▨（遺卣，西周中期，《銘圖》13177）、▨ ▨（禹鼎，西周晚期，《銘圖》02498）①、▨ ▨（追夷簋，西周晚期，《銘圖》05222、05223）

B②

▨（曶鼎，西周中期，《銘圖》02515）③、▨ ▨ ▨（應侯視工鐘，西周中期，《銘

（接上頁）證據。如果我們不先入爲主地以其說爲是，則早期出土文獻中"送"字的空位仍然存在。而實際上，陳文將▨認同爲"送"之古字，可以說很大一個支撐論據就是早期出土文獻中"送"字的空位，"送"字聲符"㕚（夯）"及與後世秦系之"送"字同形之字在出土文獻中未見用爲{送}之例。參看陳劍：《昔雞簋銘用爲"送"之字與相關問題》，載朱淵清、蘇榮譽主編《有鳳來儀：夏含夷教授七十華誕祝壽論文集》，中西書局，2022 年，第 350 頁；鄔可晶、施瑞峰：《說"朕"、"夯"》，《文史》2022 年第 2 輯，第 5—44 頁。

① 兩字拓本採自中國國家博物館編：《中國國家博物館館藏文物研究叢書·青銅器卷·西周》，上海古籍出版社，2020 年，第 49 頁。前字諸著錄書差別不大，後字則似以此拓本最爲清晰。

② 西周晚期師▨簋（《銘圖》05364）有一個人名用字寫作▨，此字有可能是 B 類字形之訛，待考。

③ 一般將此字隸定爲"償"。陳哲認爲此字▨旁爲"貝"與"止"黏連而成，全字仍當從辵（陳哲：《"遺"字古讀考》，學士學位論文，中山大學，2019 年，第 16 頁注 3）。我們認爲，根據《兩周金文辭大系圖錄考釋》所用何子貞藏本作▨〔轉引自張天恩主編：《陝西金文集成》（第 14 册），三秦出版社，2016 年，第 214 頁〕，殷周金文暨青銅器資料庫（https://bronze.asdc.sinica.edu.tw/filePool/R/02838B.html）提供的拓本作▨，"貝"下之所謂"止"形是否存在恐怕還需研究。不過，不論從彳或從辵，在作表意偏旁參與構形時，通用無別。我們暫也視此字從辵。

圖》15314、15315、15316）、■（霸伯盂，西周中期，《銘圖》06229）、■（伐簋，西周晚期，《銘圖》05321）

西周早期器羋簋有字作■（《銘圖》04951）、■（《銘圖》04952），所在辭例爲"用～乓（厥）且（祖）父日乙"，或釋爲"遺"①，於字形無所根據，代入辭例也難以解釋。此字當從陳英傑釋爲"興"字，在銘文中表"升獻"之義②，類似辭例又見叚句壺（西周中期，《銘圖》12376）"用興甫（父）丙"，此"興"正作■③。西周晚期器召皇父盨有字作■■（《商周青銅器銘文暨圖像集成續編》0472，下簡稱"《銘續》"）、■■（《商周青銅器銘文暨圖像集成三編》0543，下簡稱"《銘三》"），所在辭例爲"酱（召）皇父王事虔（祖）成周，～賓金，用乍（作）寶須（盨）"，原釋文釋作"遺"。單育辰指出，此字"左下應是'彳'之略變，中間是'貝'，全字應改釋作'得'，得賓金纔有可能做寶盨，遺（贈送）賓金而作寶盨於理不合"。④ 其説可從。⑤

A類字除遺卣用爲人名外，都用爲遺留之{遺}；而B類字（在本文中如不特別指稱某器所載B類字形，統一隸作"遺"）則無一用爲遺留之{遺}。我們先列出A類字形涉及的辭例：

(1) 文考A寶賚（積），弗敢喪。　　　　　　　　　　　　　　　　（旂鼎）

(2) A祜石（祏）宗不刺。　　　　　　　　　　　　　　　　（作册嗌卣）

(3) 不（丕）顯朕文考魯公，攵（垂）文A工（功），不（丕）繤（肆）乓（厥）叙（誨）。　　　　　　　　　　　　　　　　（叔卣，叔尊同）

---

① 如黄錫全釋"遺"訓"饋"，參看黄錫全編著：《湖北出土商周文字輯證》（增補本），武漢大學出版社，2019年，第162—164頁。李學勤釋"遺"，讀爲"追"，參看李學勤：《長子、中子和别子》，《故宫博物院院刊》2001年第6期，第2頁。

② 陳英傑著：《西周金文作器用途銘辭研究》，綫裝書局，2008年，第257頁。

③ 參謝明文：《金文叢考（四）》，載中國古文字研究會、吉林大學中國古文字研究中心編《古文字研究》（第三十二輯），中華書局，2018年；又載《商周文字論集續編》，上海古籍出版社，2022年，第189—191頁。

④ 單育辰：《〈商周青銅器銘文暨圖像集成三編〉釋文校訂》，武漢大學簡帛網，http://www.bsm.org.cn/?guwenzi/8337.html，2021年1月11日。

⑤ 附帶一提，春秋早期的曾伯克父鼎（《銘圖》31080）銘文中有"伍（唯）曾白（伯）克父甘婁其擇其金昔旣赴鍥金"中的"昔"字舊釋爲"遺"，謝明文指出"當改釋作'得'（'具'的可能性不能完全排除）"〔謝明文：《曾伯克父甘婁簠銘文小考》，載教育部人文社會科學重點研究基地、清華大學出土文獻與中國古代文明研究中心、清華大學出土文獻研究與保護中心編《出土文獻》（第十一輯），中西書局，2017年，第38頁；又載《商周文字論集續編》，上海古籍出版社，2022年，第142頁〕。釋"得"相當自然，但他又特別提出"'具'的可能性不能完全排除"，似不必。他所以有此説，可能是因爲他懷疑單獨的"又"形爲"又"之省訛或"又""又"義近形旁通用。不過，目前没有足夠的證據認定"昔"形是"具"字異體的一種。

(4) 剸(撲？翦？)伐噩侯馭方，勿 A 壽幼。……伐噩侯馭方，勿 A 壽幼①。

(禹鼎)

(5) 追尸(夷)不敢恖(昧)先人之親，對䚄(揚)氒(厥)覠祖之 A 寶。

(追夷簋)

張世超等、陳斯鵬、陳劍、何琳儀等都對"遺"字的表意初文(亦其聲符)發表過意見，大家的看法並無多大出入，多謂其字"象有物從雙手間遺落"。② 將 A 類字釋爲遺落、遺留之"遺"，正確可從。不過，B 類字形的結構分析及其相關辭例的解讀，却頗有可議之處。下面是 B 字所在辭例：

(6) 賞(償)智禾十秭，B 十秭，爲廿秭。 (智鼎)

(7) 隹(唯)正二月③初吉，王歸自成周，應侯見(視)工 B 王于周。

(應侯視工鐘)

(8) 賓出，白(伯) B 賓于藁，或舍賓馬。 (霸伯盂)

(9) 唯王七年正月初吉甲申，王命伐 B 魯侯。 (伐簋)

陳哲已經注意到，西周金文這兩類字形不僅在形體上有別，在用法上也有別。不過，他認爲這種分用可能是"遺"變調構詞以別義(B 類皆用爲去聲的遺贈之{遺}，而 A 類爲平聲的遺留之{遺})，而文字形體上亦加以區別。④ 但是，將 B 理解爲用爲遺贈之{遺}，除例(6)文義可通外，(7)—(9)例均似是而非；字形結構的解釋更是惹人懷疑。

研究者一般將(7)之 B 字釋爲"遺"，或讀爲"饋"，解釋爲應侯送禮物給周王⑤，也有解釋爲應侯在成周向周王進獻物品⑥，理解大同小異。"遺"上古音在以母微部 *luj(s)，"饋"在群母微部 *grujs，*Cr-與 *L-有關，釋"遺"而讀"饋"在音理上並非沒有成立的可能；但文意上並不妥當，尤其是在(7)中"饋"與"舍"語義上犯複，B 所記録的

---

① "勿遺壽幼"之解讀，可參看陳哲：《"遺"字古讀考》，學士學位論文，中山大學，2019 年，第 17 頁注 4。

② 諸説有同有異，但意思差別不大，我們這裏引趙彤所引陳劍説爲代表，參見趙彤：《利用古文字資料考訂幾個上古音問題》，載中國人民大學中文系編《語言研究的務實與創新——慶祝胡明揚教授八十華誕學術論文集》，外語教學與研究出版社，2004 年，第 405 頁注 28；諸説可參看陳哲：《"遺"字古讀考》，學士學位論文，中山大學，2019 年，第 16—17 頁。此不展開。

③ 《銘圖》15314 無"月"字，15315、15316 均有"月"字。

④ 陳哲：《"遺"字古讀考》，學士學位論文，中山大學，2019 年，第 17 頁。

⑤ 朱鳳瀚：《應侯見工鐘》，載保利藝術館編《保利藏金(續)》，嶺南美術出版社，2001 年，第 159 頁。

⑥ 陳雙新著：《兩周青銅樂器銘辭研究》，河北大學出版社，2002 年，第 152 頁。

詞以與"舍賓馬"存在遞進關係爲宜。或如字讀"遺",理解爲贈送義①;但也有學者考慮到後文是應侯受周王賞賜,而臆解爲被動語態,解作"應侯受王饋贈"②,這種讀法只照顧到了文意,在語法上是完全不能成立的。另外,還有讀"隨"説,解釋爲應侯隨從周王,"包含跟隨和護送兩層意思"。③

2009年山西翼城大河口墓地M1017出土霸伯盂,其銘文内容與周代賓禮關係密切。李學勤將銘文之B字釋爲"遣",認爲是"遣"字略有訛變的結果。④ 孫慶偉承李之釋字,詳細比較銘文内容與《儀禮·聘禮》記載,大概也是將"伯B賓于蘉"之B理解爲送行之義。⑤ 黄錦前釋B爲"遣",認爲"遣賓"即送賓,與銘文前述"遣賓"義同。⑥ 曹建墩、張亮、胡嘉麟、王哲等也釋"遣"而理解爲"送",認爲記録的即是郊送之禮。⑦ 何景成初將應侯視工鐘的"遣"語譯爲"饋獻(物品,可能是戰利品)"⑧,後在討論霸伯盂時則也認爲"遣賓于郊"和"遣王于周"的"遣"含義一致,"遣即送也"⑨。可以

---

① 周寶宏:《商周金文詞義誤釋舉例》,載王藴智等主編《漢語漢字研究論集》,中華書局,2004年,第142頁。
② 上海博物館商周青銅器銘文選編寫組:《商周青銅器銘文選》(三),文物出版社,1988年,第164頁。
③ 吴鎮烽:《應侯見工鐘銘文"遣王于周"解釋》,載平頂山市文物局編《應國墓地的發現與研究》,平頂山市文物局,2006年3月,第203—204頁;此文又摘自吴鎮烽:《金文研究札記》,《人文雜志》1981年第2期。
④ 李學勤:《翼城大河口尚盂銘文試釋》,《文物》2011年第9期,第68頁注10。
⑤ 其文未具體表述對此詞的意義理解,但在行文中出現了"……伯考作爲王使的職責已經完成,所以霸伯'遣賓',進入到饗賓、送賓歸國諸禮節了""霸伯送伯考於郊,再贈伯考馬"等表述,可見一斑。孫慶偉:《尚盂銘文與周代的聘禮》,載北京大學考古文博學院、北京大學中國考古學研究中心編《考古學研究·慶祝李仰松先生八十壽辰論文集》,科學出版社,2012年,第506—514頁。
⑥ 黄錦前:《霸伯盂銘文考釋》,《中國國家博物館館刊》2012年第5期,第52頁。
⑦ 曹建墩:《霸伯盂與西周時期的賓禮》,載中國古文字研究會、復旦大學出土文獻與古文字研究中心編《古文字研究》(第二十九輯),中華書局,2012年,第341—342頁。張亮:《考霸伯盂銘文釋西周賓禮》,《求索》2013年第2期,第83頁。胡嘉麟:《霸伯盂銘文與西周賓禮制度》,載教育部人文社會科學重點研究基地、清華大學出土文獻與中國古代文明研究中心、清華大學出土文獻研究與保護中心編《出土文獻》(第十二輯),中西書局,2018年,第61頁。王哲:《從霸伯盂銘文看周代的裸賓之禮》,《杭州師範大學學報》(社會科學版)2019年第6期,第24頁。黄益飛雖釋"遣"而理解爲贈物,但也與郊送之禮相聯繫,尤其是與《周禮·秋官·司儀》所載聯繫,更可見他其實也是理解爲"郊送所贈"。見黄益飛:《霸伯盂銘文與西周朝聘禮——兼論穆王制禮》,《考古學報》2018年第1期,第41頁。
⑧ 何景成:《應侯視工青銅器研究》,載朱鳳瀚主編《新出金文與西周歷史》,上海古籍出版社,2011年,第228頁。
⑨ 何景成:《霸伯盂與周代皮幣制度》,載教育部人文社會科學重點研究基地、清華大學出土文獻與中國古代文明研究中心、清華大學出土文獻研究與保護中心編《出土文獻》(第十一輯),中西書局,2017年,第17頁。

説，至此學者對於(8)辭例的文意理解基本上是一致的，不論釋"遣"或釋"遺"，都理解爲送行之{送}(或許因爲送行往往也贈以禮物，而在解釋時有兼帶送禮物之味)，而非單純的遺贈之{遺}。當然，釋"遣"説在字形上無所根據，也不爲後來的古文字學者所遵從；而釋"遺"説則由於字形隸定與後世"遺"字頗合，而未見有異議者。

2012年吴鎮烽《商周青銅器銘文暨圖像集成》(第十二卷)正式披露西周中期器伐簋。① 吴雪飛聯繫應侯視工鐘之辭例，釋"遺"訓"問"，理解爲"存問""存省"之義，認爲對應的是賓禮中的問禮。② 陳哲對此訓讀意見已提出反對，他的主要意思是"問"可訓爲"遺"並不意味着"遺"反過來也可以訓爲"問"，且並不存在"遺"可訓"問"的確證。③ 我們同意他的意見。黄錦前《伐簋讀釋》訓爲"饋贈"，並認爲(7)—(9)辭例可相對讀，似不再持在討論霸伯盂時所持的"遣送"之説。④ 陳哲則認爲(7)—(9)之例的"a遺b(於某地)"，"應該都是有關贈送禮物的行爲，'遺'字的用法均爲本用……但這些行爲是否都含有送別的意味則還不能確定"。⑤

綜觀已有研究，我們可以瞭解到，隨着材料的出土，學者對於B類字在(7)—(9)例的釋讀意見也發生着變化。但總的來看，可以歸納爲以下四種：

釋"遣"，訓遣送之義；
釋"遺"，讀"饋"；
釋"遺"，訓送、送行；
釋"遺"，訓饋贈。

其中，意見一字形上無所根據；意見二文例上存在可疑之處；意見三、四釋字相同，但從訓詁上看，"遺"並没有"送行"一類的意思⑥，因此不考慮文例，意見三本身也存在

---

① 朱鳳瀚在2012年7月於北京文物咨詢中心見到了此伐簋，將(9)之B字亦釋爲"遺"字。參朱鳳瀚：《關於西周金文曆日的新資料》，《故宫博物院院刊》2014年第6期，第22頁。
② 吴雪飛：《新見伐簋銘文考釋》，《文博》2016年第2期，第57頁。
③ 陳哲：《"遺"字古讀考》，學士學位論文，中山大學，2019年，第39頁。
④ 黄錦前：《伐簋讀釋》，載山東省文物考古研究院編《海岱考古》(第十一輯)，科學出版社，2018年，第440頁；其舊見見黄錦前：《霸伯盂銘文考釋》，《中國國家博物館館刊》2012年第5期，第52頁。
⑤ 陳哲：《"遺"字古讀考》，學士學位論文，中山大學，2019年，第39頁。
⑥ 參沈培：《試析安大簡〈詩經〉〈秦風·渭陽〉的詩義及其與毛詩本的關係》，武漢大學簡帛網，http://www.bsm.org.cn/?chujian/8141.html，2019年10月6日；又見沈培：《試析安大簡〈詩經〉中〈秦風·渭陽〉的詩義——兼論簡本與毛詩本的關係》，載華學誠主編《文獻語言學》(第十二輯)，中華書局，2021年，第13—22頁。沈培文對已有所謂"遺"可訓送行之{送}的論據已進行反駁，請讀者參看。但我們並不贊同該文認爲毛詩"我送舅氏"和安大簡"我遺舅氏"的異文關係是漢語史"贈送義"詞彙替換的觀點，詳後文。

问题。而"遗"雖然確實有"饋贈"一類的意思,但是正如許多研究者解讀文例時訓"送"或者在訓"贈"時往往也理解爲"(送人而有所)饋贈",説明只有講成"送、送行"纔是最切合文意的。

順帶説一下,不少學者將(7)與西周早期堇鼎(《銘圖》02290)"匽侯令堇饎大保于宗周"合觀,認爲二者句式結構相似。馬承源、陳雙新認爲"饎(飴—貽)"與(7)之 B 字意義相同,爲同一詞①;陳哲認爲二者並無記録同一語詞的必然性,但彼此應該義近②。我們贊同陳哲認爲"並非記録同一語詞"的判斷,堇鼎之"饎"確實應該釋"飴",讀爲"貽",訓爲贈送;但 B 與堇鼎之"飴"義近的判斷,恐怕也缺乏必然性。

至於有學者提到的所謂與上引諸例相類似的、與應侯視公鐘同出於平頂山滍陽嶺應國墓地的匍盉(西周中期,《銘圖》14791)"罰(司)史㫃曾(贈)匍于東"③,粗看確實易被它迷惑,會以爲這就是"a 遺_{贈送} b(於某地)"的平行例證。但匍盉完整辭例爲:

隹(唯)三(四)月既生霸戊申,匍即于氐,青公事(使)罰(司)史㫃曾(贈)匍于東:鷹幇韋(韋)兩,赤金一勻(鈞)。匍叙(敢)對覞(揚)公休,用乍(作)寶隣(尊)彝,甘(其)永用。

細察匍盉文意便可知,"罰(司)史㫃曾(贈)匍于東"確實是青公使司史㫃於東地贈送禮物(後所謂"鷹幇韋(韋)兩,赤金一勻(鈞)"大概就是所贈之物)給匍,也正是因爲匍受此饋贈,匍纔對揚青公之好而作此盉,因果邏輯非常完備。但是,(7)—(9)例與此基本語境邏輯並不一致。單純以"贈送禮物"之義代入(7)—(9)之例,銘文中的施受雙方似乎要對調或者不得不像上引馬承源説補出"受贈"或被動語態,並且要假設銘文叙事省略了重要情節,方能使前後文意邏輯完備。如果抽象地概括這些例子與匍盉辭例的話,對比當尤爲明顯:前者諸例的核心意思可以表示爲"(c 命)a 遺 b(於某地),……a 對揚 c(或 b)休,a 作器",後者則爲"c 使 a 贈 b(於某地),……b 對揚 c 休,b 作器"。因此,匍盉之例不能作爲 B 類字讀遺贈之{遺}的積極證據,反倒暴露出了 B 類字讀爲遺贈之{遺}在文義方面的問題。

將 B 類字釋爲"遺",不僅在相關辭例解讀上可能遇到一些疑惑,而且更重要的是,如釋 B 類字爲"遺",那麽它出現在西周金文裏,將破壞"遺"的形體源流脈絡。

陳斯鵬曾對 B 類字的出現有過解釋。他認爲,A、B 兩類形體存在分化關係,{遺}

---

① 上海博物館商周青銅器銘文選編寫組:《商周青銅器銘文選》(三),文物出版社,1988 年,第 29、164 頁;陳雙新著:《兩周青銅樂器銘辭研究》,河北大學出版社,2002 年,第 152 頁。
② 陳哲:《"遺"字古讀考》,學士學位論文,中山大學,2019 年,第 39 頁。
③ 同上。

"引申之而有留與、留贈、贈與之義，因與財物有關，故又或增貝旁……因偏旁避讓遂省[字形]爲[字形]"。① 陳哲從此説，並結合大量出土文獻資料梳理"遺"字源流。他認爲，春秋戰國（楚系、晉系）文字的"遺"字承西周金文 A 類而來，獨秦文字承 B 類而來，从辵从貝，"𠧢"旁則發生訛變。② 乍看之下，B 類字似來源有據，源流對應清晰，但實際上這種解釋是很可疑的。

如果 B 類字爲 A 類字增加意符"貝"旁而來，按道理"貝"旁當在"辵"旁之外，而不應如現有資料所見"貝"都加在"辵"旁之内。不過，如果認爲 B 類形體是在如曾侯乙墓竹簡[字形]（簡 124）、[字形]（簡 137）、[字形]（簡 138）類"遺"字③基礎上增加"辵"旁、"㞷"發生偏旁省讓而來，單從偏旁結構分析來看，倒也不是不可以。但問題是，"賹"字的出現實際要晚於西周中期就已見到的 B 字，且更重要的是，它所从"㞷"旁的最重要的象遺漏之物的"小"或"少"形④也從未如 B 字一樣省去。更確切地説，在目前看到的出土先秦文字資料中，所謂因"偏旁省讓"省去這一區別性特徵的"㞷（遺）"聲字僅見於清華三《良臣》簡 8"周之遺老"之[字形]（[字形]）⑤，但是此字也只从辵而不見"貝"旁。換言之，目前來看，確切省作"𠧢"形的"遺"字初文只見从辵，且現僅見一例，時代已晚至戰國中期；不見只从貝或既从貝又从辵的情況。因此，所謂 B 是在 A 基礎上增"貝"旁又或在"賹"基礎上增"辵"旁又或因偏旁避讓而省[字形]爲[字形]云云，都是先主觀認定 B 爲"遺"字，然後强爲之解，實際上這幾點理由都是靠不住的。尤其是最後一點，我們認爲恰恰是重新考釋 B 的關鍵綫索。

總之，從字形隸定來看，B 字雖與後世"遺"字相合，但是從文字出現的邏輯來看，

---

① 陳斯鵬：《説"㞷"及其相關諸字》，載中國文字編輯委員會編《中國文字》（新廿八期），藝文印書館，2002 年；又載《卓廬古文字學叢稿》，中西書局，2018 年，第 62 頁。

② 陳哲：《"遺"字古讀考》，學士學位論文，中山大學，2019 年，第 18—20 頁。

③ 此字舊釋爲"貴"，當非。關於此字釋讀，請詳參陳哲：《曾侯乙墓竹簡文字考釋二則》，載教育部人文社會科學重點研究基地、清華大學出土文獻與中國古代文明研究中心、清華大學出土文獻研究與保護中心編《出土文獻》（第十五輯），中西書局，2019 年，第 133—136 頁。

④ 上博八《命》簡 2 [字形]，或釋"遺"，以"米"形上部爲"𦥑"，參復旦大學吉大古文字專業研究生聯合讀書會：《上博八〈命〉校讀》，復旦大學出土文獻與古文字研究中心，http://www.fdgwz.org.cn/Web/Show/1594，2011 年 7 月 17 日；蘇建洲：《〈上博八〉考釋十四則·〈命〉簡 2"遺"字構形分析》，載《楚文字論集》，萬卷樓，2011 年，第 548—550 頁。但其右上部筆畫可疑，不可確定爲"𦥑"，而此字所在文例"先夫＝（大夫）之風詂〜命"也未明，目前似無法肯定爲"遺"字。故"遺"字初文"𠧢"下方所謂最繁作"米"形之説還待考。

⑤ 蘇建洲聯繫包山 276 [字形]，認爲這也是"遺"字省簡"少"形之例，見蘇建洲：《初讀清華三〈周公之琴舞〉〈良臣〉札記》，武漢大學簡帛網，http://www.bsm.org.cn/?chujian/6002.html，2013 年 1 月 18 日。陳哲認爲"此字右上比'遺'所从'𠧢'多出一筆，存疑"（陳哲：《"遺"字古讀考》，學士學位論文，中山大學，2019 年，第 43 頁注 1），可從，包山此字暫不可確定爲"遺"字。

釋B爲"遺"字恐怕是没有什麽道理的。舊將B字釋爲"遺"字,在文字學上實無堅强證據,反倒讓從古文字來看截然二分的"𠧪(遺)"聲與"貴"聲"過早"地相混,從而破壞了"遺"字演變的歷史進程。該字釋讀可以且應當另闢蹊徑。B字最直接的分析就是從辵、貴聲。除去"辵"的剩餘部分"貴",我們認爲所從"𠂤"演變成了安大簡、傳抄古文"送"字除去"辵"旁的部分,也是秦漢文字"送"除去"辵"旁的部分在變形音化前的前身,B字就是西周金文的"送"字。

二、釋"送"兼及相關問題

(一) 釋"送"

前面已經提到,西周金文所見B字可嚴格隸定作"遺",其中,霸伯盂之字所從"𠂤"與"貝"存在形體糅合。結合上文對所涉辭例的解讀,我們可以很自然地想到,此字既然從形體源流看不可能是"遺"字,那麼從文義看,最有可能的就是記錄學者們即使釋"遺"也往往要補出"送"一類意思來的{送}這個詞。從字形上看,此字釋爲"送"也是有跡可循的。

2019年正式公佈的安大簡《詩經》中,有五處對應今本毛詩的"送",其字却寫作"遺(遺)"或與"遺"形近者:

簡55、簡90、簡91①

其中除第二形外,均與真正的"遺(遺)"字(簡7,對應今本之"隤")有所不同。陳劍曾推測此"即'送'字之誤或者説'形訛',也未嘗不可以視爲抄手對原字形理解不清而致的'誤摹'"。② 這個見解十分有啓發性。不過,由於該文未將"朕""送"從諧聲上區别開,在論證古文字中存在從"臼"形(引者按,實際上可能更符合情理的是"𠂤")作的"送"字時,陳文系聯的部分字形爲"朕"聲字——〔鄝子妝簠之"䠶(媵)",春秋晚期,《銘圖》05962〕、〔樊君鬲之"䡅(媵)",春秋中期,《銘圖》02839〕等,應該加以糾正。

戰國晚期楚苛意匜銘文第三字作如下之形:

---

① 諸簡文字形見安徽大學漢字發展與應用研究中心編:《安徽大學藏戰國竹簡》(一),中西書局,2019年,第217頁。
② 陳劍:《簡談安大簡中幾處攸關〈詩〉之原貌原義的文字錯訛》,武漢大學簡帛網,http://www.bsm.org.cn/?chujian/8144.html,2019年10月8日;又載《中國文字》編輯委員會主編《中國文字》(總第二期),萬卷樓,2019年,第11—18頁。
③ 陸勤毅、宫希成主編:《安徽江淮地區商周青銅器》,文物出版社,2014年,第211頁。

舊多誤釋爲从人、鑄聲之字。郭理遠《苟意匜銘文新解》改釋爲"遺",理解爲贈送,銜接兩個人名。① 郭氏改釋的主要依據就是字形,另一個輔助文例是棗林鋪楚墓出土木劍有"遺周羽"(這個"遺"是標準楚文字从少的寫法,無疑義)。按,此字與安大一簡55 的第一個"遺〈送〉"字字形 如出一轍,而安大簡之字若釋爲"遺"於義難通,尤其是簡 90、91 用作"～我乎淇之上",顯然應當釋爲"送",不能釋"遺"。在苟意匜中當如字讀,全銘即"蔡侲送苟意"。這裏的"送"很可能是"送葬"的意思,即《荀子·禮論》"喪禮者,以生者飾死者也,大象其生以送其死也"的"送"。"蔡侲送苟意"意謂此匜是蔡侲爲苟意送葬的,而不是平時的饋贈之物。與苟意匜同墓出土的另兩件壺上的人名,大概也是賵贈者的名字。這樣看來,戰國楚文字的正體"送"字很可能就是寫作 ,因爲和楚文字"遺"相近,所以安大簡抄手或訛抄作"遺(遺)"字,或依樣畫葫蘆。

清華七《越公其事》簡 12—13 有"荆師走,吾先王遝之,走遠,夫用戔,吾先王用克入于郢",其對應文句,最近公佈的棗紙簡《吳王夫差起師伐越》簡 15 作"荆師走我先王從之走遠民用戔麗我先王是以克入郢"②。網友"蜻枯"斷讀爲"荆師走,我先王從之,走遠,民用散離,我先王是以克入郢"③,可從。與棗紙簡"從"字相對應的"遝"字作 (遝)④,舊釋爲"遹",實際上並没有什麼道理。現在看到與"從"的異文,我們認爲清華簡"遝"也應當與我們所要討論的西周金文"遺"字一同考慮,"遝"在《越公其事》中爲記録逐討義的{從}。《書·湯誓》:"夏師敗績,湯遂從之。"孔傳:"從,謂逐討之。"《左傳·桓公五年》:"祝聃射王中肩,王亦能軍。祝聃請從之。"楊伯峻注:"從之,謂追逐之也。"{從}的追逐義顯然是由一般跟隨義引申而來,與護送之{送}音義上的聯繫也是顯而易見的。此字又見於清華五《殷高宗問於三壽》簡 15,作 (遝)⑤,所在辭例爲"遝則文之悹,霝(霝—稟)象天寺(時),柱度毋諟(徒),戉(申)豊(禮)懃(勸)怃,尃(輔)民之恁(化),民懃(勸)母(毋)皮(疲),寺(時)名曰義"。此"遝"可能讀"從","從""則"義近連用。⑥ "遝"字的構形分析有兩種可能,詳後。

傳抄古文"送"作如下之形:

---

① 此字舊説及郭説,見郭理遠:《苟意匜銘文新解》,《文史》2022 年第 3 輯,259—264 頁。
② 原簡見趙曉斌:《荆州出土竹簡中記載的"吳王闔廬"》,荆州博物館微信公眾號,https://mp.weixin.qq.com/s/U2SIXzFOTFTh57cHy6GYNA,2022 年 12 月 15 日。
③ 見《清華七〈越公其事〉初讀》主題帖下蜻枯回帖,武漢大學簡帛網,http://www.bsm.org.cn/forum/forum.php?mod=viewthread&tid=3456&extra=&page=26,2022 年 12 月 15 日。
④ 清華大學出土文獻研究與保護中心編:《清華大學藏戰國竹簡》(柒),中西書局,2017 年,第 56、163 頁。
⑤ 清華大學出土文獻研究與保護中心編:《清華大學藏戰國竹簡》(伍),中西書局,2015 年,第 93、174 頁。
⑥ 棗紙簡與清華簡對讀異文由陳琦惠告,作者十分感謝。

▨（《古文四聲韻》4.3引《孝經》）、▨（《集鐘鼎古文韻選》85上引《孝經》）①西周金文"遺"字除去"貝"的形體，正可與其形相聯繫。而有的"遺"字所從"叀"與"貝"存在糅合，或許爲楚文字和傳抄古文之字省去"貝"旁開啓了先河，不知道未來是否會有更合適的過渡材料。安大簡書手將"送"字或誤寫作"逯（遺）"或寫作與"逯（遺）"相類，這與今天的學者受秦系文字"遺"字形體（如▨睡虎地《效律》簡28、▨《古文四聲韻》1.18籀文、▨《集鐘鼎古文韻選》51上籀文）的影響，誤釋B爲"遺"字如出一轍。西周金文"遺"字的釋出，也有利於解釋清華簡用爲追逐義{從}的"逯"字如何能記錄*[TS,S]oŋ類音節。最重要的是，以"送"代入（6）—（9），文意十分自然順適，不言自明。

（二）説"送"字構形

接下來，我們來討論"遺（送）"字構形。

關於"送"字構形，鄔可晶、施瑞峰《説"朕""龰"》已有過一些討論。他們指出，"送"字絕不能分析爲從"倿（媵）"省聲，這是完全正確的。此外，他們認爲"送"字可能是從"龰（撰）"得聲的，而他們所列的"▨—▨—▨"鏈的"龰"字源流似與我們所釋的"送"字可相聯繫。如果接續他們的想法，則除去"辵"的剩餘部分"貴"，似可分析爲從貝從叀（龰—撰）、叀（龰—撰）亦聲，可能是"撰貝"之"撰"的專字。商周墓葬多出土海貝，在周秦漢墓葬中還發現有貯藏着海貝的貯貝銅器。②《尚書·盤庚中》有"具乃貝玉"。又，《儀禮·聘禮》"致饗以酬幣……致食以侑幣"，商代甲骨卜辭有"庚戌［卜］，□貞：易（錫）多女㞢貝朋"（《合集》11438賓組），饒宗頤曾提出"似殷時亦以貝爲侑"③。看來，貝爲珍貴之物，應該在禮儀上有重要的意義。"貝"可以"撰具"，也需要"撰具"，爲其造一個專字應該是可以理解的。如此云云，不僅可以爲"送"字構形提供一個看起來不錯的解釋，也可以進一步解決"送"字形體源流存在空檔的問題（見後）。但我們目前不敢採信此説。這主要是考慮到從目前對漢語上古音的認識來看，所謂"送*sooŋs"與"龰（撰）*dzronʔ"音近可通，畢竟還是存在韻尾-n、-ŋ有別的差異，恐怕這也是該文用詞爲"可能"而非確定之辭的原因之一。鄔可晶、施瑞峰認爲，"上古漢語-n、-ŋ二尾相混，不乏其例"，"'龰（撰）'確有資格充任這送之'送'的聲旁"。我們認爲，籠統地説"上古漢語-n、-ŋ二尾相混"雖不爲錯，東部（*-oŋ）與元三部（*-on）發

---

① 劉建民：《傳抄古文新編字編》，博士學位論文，復旦大學，2013年，第93頁。
② 參王必建：《先秦秦漢時期海貝遺存研究》，碩士學位論文，河南大學，2018年，第46頁。
③ 饒宗頤著：《殷代貞卜人物通考》，中華書局（香港）有限公司，2015年，第426頁。
④ 鄔可晶、施瑞峰：《説"朕""龰"》，《文史》2022年第2輯，第5—44頁。

生關係之例〔包括相應的侯部（*-o）與歌三部（*-ol）等〕也並不少，但是畢竟未見到其他{送}與*-oŋ接觸或{撰}與*-oŋ接觸等的例子，我們無法保證其他詞語之間的關係一定可以類推到"弇（撰）* dzronʔ"與"送* sooŋs"上。① 此外，結合我們新補出的早期文獻中的"送"字之例，西周金文與戰國楚文字的"送"，恐怕和"弇* TSon"字源流也不是没有字形上的距離（詳後）。

這樣看來，鄔可晶、施瑞峰提出的對"《説文·辵部》'送，遣也。从辵、㑞省'，籀文从'㑞''不省'"的解釋——"《説文》所收籀文'送'从'㑞'，此'㑞'不是'勝'字，而是'古文以爲訓〈譔〉字'，故亦可充任'送'的聲旁"②，也仍有問題。③

附帶説一下，武威漢簡《儀禮》甲本《有司》"歸入乃徹，徹牢中之送"（簡79），今本《儀禮》作"歸入乃徹，徹室中之饌"。武威漢簡整理者曰："簡文選、送二字易訛，但此簡改室中之饌爲牢中之選，送疑假作饌字。"④鄔可晶、施瑞峰《説"朕""弇"》已對此説加以批評，他們懷疑此"送"字"也是从'弇（撰）'聲的，'弇（撰）'聲字當然可以讀爲'饌'。武威漢簡裏有大量遣送、贈送之'送'字，這個用爲'饌'的'送'似可看作其所從出的戰國時代的底本用字的殘遺"。⑤ 他們認爲整理者所謂"簡文選、送二字易訛"未舉出實據，似還可以展開談談。漢簡文字中"選""送"二字形體確實還是分明的，不過似乎在其他文字材料中也有二者形近的例子。陳劍將張禹碑銘（113年）中舊釋"貽選"改釋爲"贈送"⑥，其中所釋爲"送"字者作 。這種"送"與"選"確實可以有形近易訛的可能。循此，我們認爲秦漢以後所見的所謂"送"讀"選"的情況，可能是从弇（撰）聲的"送* [TS,S]on"能用作"選"，而非"送* sooŋs"能用作"選"；也可能存在形近訛傳的可能性，參考前張禹碑銘的"送"字；又或者是"送* sooŋs"與"選* sonʔ"本身的語音能到音近通假的程度（但我們目前懷疑其是否音近到可通的程度）。

現在，我們有必要談一下甲骨文"㠱"及有關問題。研究者一般所説甲骨文"㠱"，

---

① 我們的意思是，造成這種情況的可能並不一定是語音關係；又，如果確實是語音關係，這種語音關係也不一定可以類推到"弇（撰）* dzronʔ"與"送* sooŋs"上。
② 鄔可晶、施瑞峰：《説"朕""弇"》，《文史》2022年第2輯，第5—44頁。
③ 不知道《説文》籀文所載的"遴"形之字是否可能是記録"㑞送"之{㑞（勝）* ləŋs}的从辵異體字，由於形義與"送"相近而被許慎誤解爲"送"字籀文（文獻中有非勝嫁義的勝送之{勝* ləŋs}。《儀禮·燕禮》："勝觚于賓。"鄭玄注："勝，送也。"《楚辭·九歌·河伯》："波滔滔兮來迎，魚鱗鱗兮勝予。"王逸注："勝，送也。河伯遣魚鱗鱗侍從而送我也。"），而對"送"字篆文的解釋亦由此附會。
④ 甘肅省博物館、中國科學院考古研究所編：《武威漢簡》，中華書局，2005年，第176頁。
⑤ 鄔可晶、施瑞峰：《説"朕""弇"》，《文史》2022年第2輯，第5—44頁。
⑥ 陳劍：《張禹碑銘雜識》，《出土文獻》2022年第1期，第82—92頁。

實際上包括兩大類字形：▨、▨、▨ 和 ▨、▨、▨。① 我們知道，嚴格講，古文字中"臼""収"偏旁的表意有所不同，因此它們爲兩字的可能性從構字上看是存在的。但是考慮到兩類所出現的辭例情況的相似性，尤其是如《契合集》380同版上既有▨又有▨，辭例又相當接近，恐怕兩類還是難以分開。近來，對此字有專門且深入討論的文章有鄔可晶、施瑞峰《説"朕""弅"》和謝明文《試説商周古文字中的"䛐"》。

前文已經提到，鄔可晶、施瑞峰《説"朕""弅"》釋此兩類字爲"弅（撰）"，並認爲"送"字亦從此得聲。可是可靠的"弅（撰）"很早就全部以"収"形式出現（西周不見從臼者），並頑固地以"収"類形體繼承下來，而我們所釋西周金文"遣"字則較固定地用"臼"。可見"送"字與"弅（撰）"不僅在語音上有些距離（詳前），從構形來看，所從偏旁也很可能是不同的。②

甲骨文"䛐伐""䛐某方"之類辭例中的"䛐"，舊一般從劉釗引述姚孝遂説，讀爲"送"，理解爲"送伐"，與"逆伐"相對，義爲追擊、追伐。③ 鄔可晶、施瑞峰指出，上古漢語"送"並没有追擊義，恐怕讀"送"意見可疑。鄔、施認爲當讀《詩經·豳風·七月》"遵彼微行"、《國語·吳語》"遵汶伐博"之"遵"。④ 謝明文從甲骨文辭例對此説提出了反對意見，認爲"遵""伐"二詞後所接賓語應當不同，而甲骨文"䛐""伐"的賓語當一致，提出此字讀"遵"並不合適。謝文對甲骨文此字詳加討論，指出主要有三種用法，分別爲：第一，用作人名、國族名或地名，主要見於賓組卜辭、歷組卜辭以及族名金文；第二，用作征伐動詞；第三，用作表"奉獻"意義的動詞。謝文認爲第一、二種讀法，當讀 $^*Ko[j,n,t]$ 類詞，第二種讀法可能讀"敦"，並串聯"祼""瓚"，認爲第三種讀法可讀"獻 $^*\eta ans$"，這在語音上無法自洽。⑤

現在來談談我們對此字的看法。從字形上看，此字（或至少其中的 ▨、▨ 類字）似乎與我們所説的西周金文"遣（送）"字、清華簡"遷"字、安大簡和苛意匜"送"字及傳抄古文"送"字有較直接的字形上的聯繫。如果我們認爲甲骨文此類字形即兩周諸字之聲符，即記録 $^*[TS,S]o\eta$ 類音節——認爲用作征伐動詞的"䛐"、用作逐討義的"從"

---

① 甲骨文中此字涉及的辭例和參考字形，詳參陳年福編著，《殷墟甲骨文辭類編》（三），四川辭書出版社，2021年，第2936—2951頁。

② 或許"遣（送）"字所從之"臼"的構形義與"遣"之初文▨（《合集》5318賓組）中的表意部件"臼"構形意味是類似的。

③ 劉釗：《卜辭所見殷代的軍事活動》，載中國古文字研究會、中華書局編輯部編《古文字研究》（第十六輯），中華書局，1989年，第122頁、第138頁注58。

④ 謝明文《試説商周古文字中的"䛐"》（載《商代金文研究》，中西書局，2022年，第713頁注1）謂董珊2021年6月30日微信朋友圈亦有此説。

⑤ 謝明文：《試説商周古文字中的"䛐"》，載《商代金文研究》，中西書局，2022年，第713—727頁。

("從伐"與甲骨文已見的"逆伐"意思相對,讀"送伐"雖然在釋讀字詞的意見上有不準確的地方,但對於辭例的理解很有可取之處)以及所謂用作奉獻義動詞的小臣[?]玉磬"小臣[?]甫石(？磬？)①"之"[?]",可讀賄送之"送"或贈送之"送"(或許與苛意匜的情況相類)——我們更可進一步徑將西周金文"遺(送)"字分析爲从辵、貴聲,"貴"从貝、甾(*[TS,S]on)聲,爲其聲符找到來源,解釋爲"貴",可能是贈送之{送}的本字,"遺"爲遣送、護送之{送}的本字;將清華簡"遻"字釋爲从逐、甾(*[TS,S]on)聲的追逐義的"從"字等。這樣的講法相當自然直接,似乎又能講通已有辭例。可是,甲骨文"甾",以上有"八"形爲常,因此謝明文認爲"八"形並不是飾筆②。我們以爲,不管"八"形是不是飾筆,甲骨文"甾"以有"八"形爲常總是事實,而我們所指出的西周、戰國楚文字及傳抄古文"送"字無一例上有"八"形,這是相當惹人懷疑的。綜合考慮,我們認爲目前不將甲骨文此字與我們所釋的"送"字聯繫是更審慎的做法。

交代完以上信息之後,我們再來談一談我們對"送"字構形的意見。

我們認爲,西周金文"遺(送)"字,可能就是雙手持貝以送,即贈送之"送"的表意初文。戰國楚簡裏从豕的"遻",可以認爲是贈送之"送"的異體,即把所送之"貝"替換爲"豕"〔用豕作爲贈送之禮,容易想到《論語·陽貨》陽貨"歸(饋)孔子豚"之事〕。金文和楚簡(《殷高宗問於三壽》《越公其事》)兩手之間加"丨",乃是贅畫。如"遺"字象從手中遺漏下小點的兩手之間也加點畫或短豎([?]、[?]),毛公鼎(西周晚期,《銘圖》05218)裏有[?]也如是,"晨"後來也在"臼"中加點(如[?],大師虘簋,西周中期,《銘圖》05281器銘)或短豎([?],清華四《筮法》簡48③)。戰國秦漢文字"婁""學""遷"等字兩手之間也都有加短豎之例。④ 由此可見古文字中兩手之間習慣加點畫或短豎,"送"亦其例。安大簡、苛意匜、傳抄古文"送"上部兩手之間有"人"形筆畫,比照戰國秦漢文字中在兩手間加短豎的"婁""學""遷"等字中短豎或變爲"人"形之例,可推知傳抄古文所謂"人"形就是兩手間贅加的短豎進一步變化而成的。秦系文字則隨著形體的演變,把此類"送"所从者全部用形音皆近的"夯"替換了。

---

① 謝明文:《試說商周古文字中的"甾"》,載《商代金文研究》,中西書局,2022年,第723頁。
② 同上書,第714頁。
③ 清華大學出土文獻研究與保護中心編:《清華大學藏戰國竹簡》(肆),中西書局,2013年,第156頁。
④ 參看蘇建洲:《〈上博三·仲弓〉簡20"數"字解兼論秦漢文字的"婁"》,載《楚文字論集》,萬卷樓,2011年,第483—499頁。或認爲短豎是"角""爻"等形的簡化,考慮到確有在加了短豎之後下另从"角(或其省訛之形)""爻"等構件的,恐未必。

(三)"送"字、"遺"字、"貴"字源流

將 B 類字釋爲"送"字後,還有一些需要解釋的問題。

其一,以保守著稱的秦系文字竟没有繼承宗周文字的"遺"字或者説其形竟無法上溯,其字形从貝是從何而來的? 首先,我們應該明確,所謂"遺"字从貝,實際上是"遺"字所从之"貴"从貝。趙彤、陳哲等曾從字形、讀音、用法等角度對"貴"聲字與"遺"聲字加以區分,後者更詳論"遺"字上古聲母類型爲舌齒音,不帶牙喉音成分。① 我們注意到,秦漢文字中仍能見到少量保留"朿"的"遺"字,如▢②、▢(《陝新》909)、▢(《莽選》不遺男印章)③。只是在這種"遺"字中,"遺"的初文變化已變至跟"賫"的初文那一系形頗近而有混同的趨勢了。由此我們推測秦系"遺"字所从之"貴",可能本是前所言从貝从朿之字。出於經濟性及降低象形程度的考慮,人們從文字系統中剔除了圖形式會意程度高的偏旁"朿"〔秦文字用"能"全面取代"㲋(熊)"的情況與此類似,詳另拙文〕,致使秦系"遺"字所从者混與"貴"同。這也可見早期字形中,倘若有既从辵又从貝的"遺"字,作爲表意特徵的"少/小"形絕難以省去。

其二,秦漢文字"送"字的字形來源爲何? 一方面,秦漢文字中,"選""送"存在形近的情況④,後世部分所謂"送*sooŋs"字可能實際上是"選"字,由"選"字改換聲旁"关"而來。至於主流"送"字的來源,如前所説,我們目前認爲可能是在變至"逸"類形體的"送"字基礎上進一步變形音化爲从关。⑤

順帶説一下,《説文》:"賸,物相增加也。从貝、朕聲。一曰:送也。副也。"春秋晚期鄴子妝簠(《銘圖》05962)"賸(媵)"作▢,這種"賸"字看似與"貴"密切,而"媵"與"送"在致送義上有共通之處,"賸"與"送"在贈送義上有關,很可能會被研究者拿來與"遺(送)"比附。但實際上,由於偏旁組合的限定,絶不會被時人視爲"关(撰)"或"貴"聲字。下面我們作一簡單的聲符及其搭配偏旁的表格(表 2-4-1),以便更直觀地看到不同形近聲旁的偏旁組合方式。

---

① 趙彤:《利用古文字資料考訂幾個上古音問題》,載中國人民大學中文系編《語言研究的務實與創新——慶祝胡明揚教授八十華誕學術論文集》,外語教學與研究出版社,2004 年,第 131—138 頁;陳哲:《"遺"字古讀考》,學士學位論文,中山大學,2019 年。
② 黄德寬主編:《秦文字字形表》,單曉偉編著,上海古籍出版社,2017 年,第 70 頁。
③ 李鵬輝:《漢印文字字形表》,載《漢印文字資料整理與相關問題研究》,博士學位論文,安徽大學,2017 年,第 173 頁。
④ 一些學者誤釋的情況也可側面反映二者形近。
⑤ 請注意,我們這裏所説的"變形音化"並不是指變化後的偏旁作該字嚴格意義上的聲符,只是指出在這種形近偏旁的吞併中,語音因素或許也起了一些作用。

表 2-4-1　先秦時期形近聲旁的偏旁組合

搭配偏旁	形近聲符				
	臾("簣"之初文)	貴("遺"之初文)	?	弁(撰)	朕
貝	貴	賵			賸
舟	/	/	/	/	(自帶)
辵	/	逬(遺)	迸(送)		避(侏)①
貝+辵	/	/②	遺(送)		/

基於以上認識，我們可以重新梳理原本看似形體上糾纏的"遺"與"貴"形體源流（圖 2-4-1、圖 2-4-2），二系自此可在字形上完全分開，不可再回到過去"遺""貴"

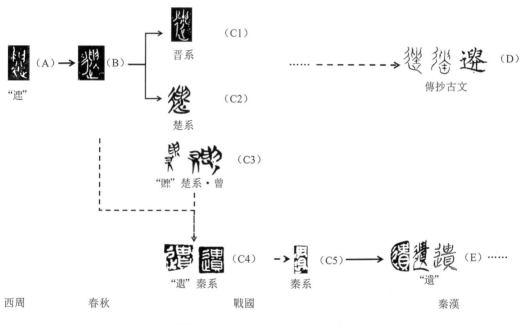

圖 2-4-1　"遺"字形體源流圖④

---

① 此處我們將所謂"送"字籀文認爲是侏送之"侏"字，而非"送"字。
② 我們在戰國之前並未見到既從辵又從貝的從貴的"遺"字，而"送"字有既從辵又從貝之形。到了戰國，秦楚文字"送"字（或許由於字形糅合）省去了"貝"旁，而既從辵又從貝的戰國秦系"遺"字出現了，或許這種交錯也不是偶然的。
③ 有些學者正是受 B 類字形的影響，無法完全信服從古音學和聲符形體區分的角度出發的"遺""貴"二分的說法。

不分的錯誤聯繫之中。① 至於"送"字源流(圖 2-4-3),我們暫根據目前比較確定的材料在相應位置填上對應字形,以俟後補。

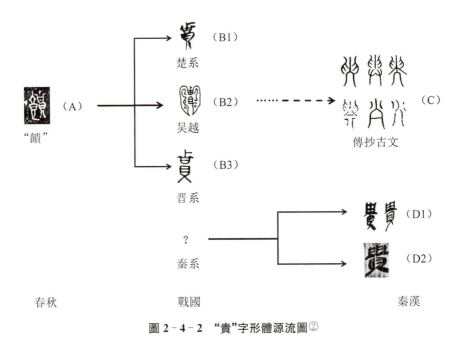

圖 2-4-2 "貴"字形體源流圖②

---

① 圖中字形 A 出自旟鼎(西周早期,《銘圖》02069);B 出自王孫遺者鐘(春秋晚期,《銘圖》15632);C1 出自中山王方壺(戰國中期,《銘圖》12455);C2 出自清華十《四告》簡 45;C3 出自曾侯乙墓竹簡簡 137、124;C4 出自《秦印文字彙編》(許雄志編:《秦印文字彙編》(增訂本),河南美術出版社,2021 年,第 65、66 頁);C5 出自《珍秦》141(湯餘惠主編:《戰國文字編》(修訂本),福建人民出版社,2015 年,第 100 頁);D 出自《傳抄古文新編字編》(劉建民:《傳抄古文新編字編》,博士學位論文,復旦大學,2013 年,第 95 頁);E 出自《秦文字字形表》(黃德寬主編:《秦文字字形表》,單曉偉編著,上海古籍出版社,2017 年,第 70 頁)。

② 春秋中期封孫宅盤(《銘圖》14499)"永🔲用之"之🔲(🔲),山東省博物館編《山東金文集成》(齊魯書社,2007 年,第 671 頁)拓本作🔲,該字一般釋讀爲"寶",徐寶貴認爲是"寶貴"二字合文(徐寶貴:《金文研究五則》,載張光裕、黃德寬等主編《古文字學論稿》,安徽大學出版社,2008 年,第 97—101 頁)。按,此字似以分析爲西周中晚期金文中常用作{寶}的"孚"字(見🔲建鼎(西周中期,《銘圖》01436)、虘簋(西周中期,《銘圖》05173)、筍伯大父盨(西周晚期,《銘圖》05606)、畬父盤(西周中期,《銘圖》11389)、弇仲盉(西周中期,《銘圖》14733)等)加注義符"貴"最爲自然。如是,則此爲目前所見"貴"參與構形的較早之例。

圖中字形 A 出自昭王之諻鼎(春秋中晚期或戰國早期,《銘圖》01748);B1 出自清華五《命訓》簡 14;B2 出自鳥書箴言帶鉤(黃德寬主編:《戰國文字字形表》,徐在國、程燕、張振謙編著,上海古籍出版社,2017 年,第 403 頁);B3 出自《璽彙》4079(黃德寬主編:《戰國文字字形表》,徐在國、程燕、張振謙編著,上海古籍出版社,2017 年,第 855 頁);C 出自《傳抄古文字編》(徐在國編:《傳抄古文字編》,綫裝書局,2006 年,第 623 頁);D1 分別出自嶽麓秦簡一《爲》1571、嶽麓秦簡三《芮》1212(陳松長等編:《嶽麓書院藏秦簡(壹—叁)文字編》,上海辭書出版社,2017 年,第 265 頁);D2 出自張家山漢簡《引書》107.22(邱玉婷:《張家山漢簡文字編》,碩士學位論文,復旦大學,2015 年,第 443 頁)。

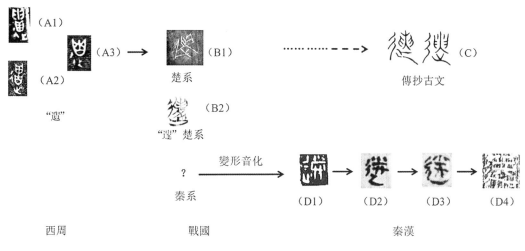

圖 2-4-3　"送"字形體源流圖①

三、小　結

我們認爲,西周金文"遺"可能就是雙手持貝以送,即贈送之"送"的表意初文。此字釋"送"在字形上有跡可循,可與苛慝匜"送"字、安大簡"送"字和"送"字之訛者以及傳抄古文"送"字合證。以"送"代入原諸辭例,文義順暢明白。這一釋讀,也有助於我們認識清華簡《越公其事》用作逐討義｛從｝的"遝"字。

從偏旁組合來看,早期古文字中,真正的"累('遺'字初文)"是只從辵或只從貝的,省作"印"形的"遺"字初文只見從辵(且現僅見一例,已晚至戰國),目前不見確切只從貝的,不會與"遺(送)"所從之"賮"形同相混。"遺"字在秦以前從未既從辵又從貝,而秦漢的從辵從貝的"遺"字,與其搭配的原應是"遺"字初文,早期特徵筆畫"小"形應難以省去,故而在秦漢印中仍有所體現,也正是因爲不省而變與從"賮"字初文搭配者形近混同。

我們認爲"遺(送)"字所從"臼"與"貝"的糅合之形 ,可能開啓了省略"貝"旁的先河——楚文字和傳抄古文的"送"繼承了比較原始的從臼的寫法,秦文字"送"則繼承了可能繼續變形音化爲"夯"的寫法。

---

① 圖中字形 A1 出自應侯視工鐘(西周中期,《銘圖》15314);A2 出自伐簋(西周晚期,《銘圖》05321);A3 出自霸伯盂(西周中期,《銘圖》06229);B1 出自苛慝匜;B2 出自清華七《越公其事》簡 12;C 出自《傳抄古文新編字編》(劉建民:《傳抄古文新編字編》,博士學位論文,復旦大學,2013 年,第 93 頁);D1 出自"沈登傳送"印〔許雄志編:《秦印文字彙編》(增訂本),河南美術出版社,2021 年,第 64 頁〕;D2 出自張家山漢簡《奏讞書》020.21(邱玉婷:《張家山漢簡文字編》,碩士學位論文,復旦大學,2015 年,第 102 頁);D3 出自馬王堆《戰》194.24(劉釗主編:《馬王堆漢墓簡帛文字全編》,鄭健飛、李霜潔、程少軒協編,中華書局,2020 年,第 200 頁);D4 出自張禹碑銘。

不過，平心而論，由於資料的限制，"送"字形體源流仍然存在缺環，對於"送"的構形解析，我們還無法下定論。但是考慮到將此字釋爲"送"字後，諸多材料解析都更加貫通顯豁，絕非偶然，我們還是比較相信這一意見的。也希望當材料更加充分時，我們的觀點能夠得到驗證，更加站得住腳。如果讀者相信我們的釋讀意見，那麼恐怕舊將甲骨金文其他字釋爲"送"字之意見就要再打上問號，判斷用爲"送"字之意見就要再小心一些了。

附記：

本文在構思過程中，曾就有關問題請教鄔可晶先生；初稿寫成後，又蒙鄔可晶先生悉心指正；在寫進作者的碩士學位論文時，又曾與鄔可晶、陳琦等先生多有交流；碩士學位論文答辯時，曾蒙謝明文、張富海、石繼承等先生審閱，修改再三，此致深謝！

感謝《出土文獻》匿名審稿人爲本文提出的意見，此致謝忱！

補記：

本文基本意見於 2022 年 3 月形成，初稿於同年 7 月寫成。2023 年 6 月，石小力先生在讀到我的碩士學位論文後，鼓勵我可將釋"送"的部分摘出投稿，並提議上博簡《成王爲城濮之行》的 ![字](甲 1)、![字](乙 1)兩字或許與所釋"送"字有關。按，先前與陳琦先生交流中也曾注意到此二字，但因其字形與本文所釋"送"有所差距，據"送"音也很難找到合適的詞以讀通辭例，所以我當時傾向於此二字暫不與"送"相聯繫，以待後考。直至 2023 年 9 月收到所投《出土文獻》的審稿意見並提交最終修改定稿，仍未將《成王爲城濮之行》中的二字寫入正文。

2023 年 10 月 21 日至 22 日在清華大學召開的"古文字與中華文明"國際學術論壇上，石小力先生提交了《清華簡第十三輯中的新用字現象》，文中引述拙文關於"送"的考釋意見，並提供了當時尚未出版的清華簡第十三輯《大夫食禮》中"送"的字形與辭例，可進一步證實拙說，我爲此感到十分高興。讀石文後，我現在雖已傾向於上舉《成王爲城濮之行》二字確當釋"送"，但仍感到把簡文讀爲"總師"義有未安。此二字在《成王爲城濮之行》中當以表示"檢閱"一類意思爲好。此前曾眼鄔可晶先生討論，他認爲此字既釋"送"，似可讀爲《左傳·襄公二十五年》"數甲兵"之"數"（杜預注"數，閱數之"）。我認爲讀"數"文義雖好，但在語音上還嫌有些距離（雖不至於完全不能接受），姑且存疑。

由於拙文結構已定，難以大改，只能保持提交《出土文獻》時的原貌，僅作補充說明如上，望讀者見諒。在本文寫定之後，又有幾篇關於"送"字的文章值得參考，茲列舉如下：沈培：《古文字"遺""送"原本同形說》，2023年古文字與出土文獻學術研討會會議論文，北京，2023年，第186—198頁〔校按，已正式發表於杜曉勤主編《中國古典學》（第五卷），北京大學出版社，2024年，第431—448頁〕；石小力：《清華簡第十三輯中的新用字現象》，《出土文獻》2023年第4期，第33—38頁；雲漢：《楚簡一類寫作"遱"形的"送"字補說》，復旦大學出土文獻與古文字研究中心，http://www.fdgwz.org.cn/Web/Show/11079，2023年12月5日；張峰：《〈上博九·成王爲城濮之行〉中兩個疑難字平議》，第七屆文獻語言學國際學術論壇會議論文，鄭州，2022年，第510—521頁〔正式發表於北京師範大學文學院主辦《勵耘語言學刊》（2023年第1輯），中華書局，2023年，第29—47頁〕。

2024年2月14日於都柏林
又，2024年9月2日於浙江

本文原刊於《出土文獻》2024年第4期。

作者係復旦大學出土文獻與古文字研究中心2020級碩士（導師：鄔可晶），現就讀於都柏林聖三一大學亞洲研究中心，攻讀博士學位。

説九店楚簡《告武夷》的"桑林"

程少軒

九店楚簡《告武夷》篇開頭説：

[皋]！敢告 AB 之子武壄（夷）……① （簡43）

AB 是武夷之父的名字。李零先生釋爲"桑縢"。② 李家浩先生則認爲第一字不可辨識，第二字似是"繪"。③ 白於藍先生認爲，從殘存字形看，第一字李零先生釋爲"桑"可能是對的，第二字應從李家浩先生釋爲"繪"，"桑繪"待考。④

A 、B

我們認爲白於藍先生對各家文字釋讀的取捨是正確的。當然，更嚴格地説，A 在"桑"的基礎上附加了兩個口形，釋爲"桑"的分化字"喪"更爲準確。武夷之父"喪繪"應該就是文獻常見的鬼神"桑林"。

傳世文獻所見"桑林"有三種含義。一是用爲地名，爲商湯禱旱之地，後來成爲宋國社稷所在地。《吕氏春秋·順民》：

昔者湯克夏而正天下，天大旱，五年不收，湯乃以身禱於桑林，曰："余一人有罪，無及萬夫。萬夫有罪，在余一人。無以一人之不敏，使上帝鬼神傷民之命。"於是翦其髮，䣄其手，以身爲犧牲，用祈福於上帝，民乃甚説，雨乃大至。則湯達

---

① 湖北省文物考古研究所、北京大學中文系編：《九店楚簡》，中華書局，2000年，圖版一二，釋文據白於藍《九店 56 號墓簡册》釋文注釋，收入陳偉等著：《楚地出土戰國簡册[十四種]》，經濟科學出版社，2009年，第 316 頁。

② 李零：《古文字雜識（二則）》，第三屆國際中國古文字學研討會會議論文，香港，1997年，第 759—760 頁。

③ 李家浩：《九店楚簡"告武夷"研究》，第一屆簡帛學術討論會會議論文，臺北，1999年；又載《著名中年語言學家自選集·李家浩卷》，安徽教育出版社，2002年，第 319—320 頁。

④ 白於藍：《九店楚簡整理》，教育部哲學社會科學 2003 年度重大攻關項目"楚簡綜合整理與研究"子課題結項報告。

乎鬼神之化,人事之傳也。

《吕氏春秋·慎大》:

  武王勝殷,入殷,未下舉,命封黄帝之後於鑄,封帝堯之後於黎,封帝舜之後於陳;下舉,命封夏后之後於杞,立成湯之後於宋以奉桑林。

二是用作樂舞名。《莊子·養生主》:

  庖丁爲文惠君解牛,手之所觸,肩之所倚,足之所履,膝之所踦,砉然響然,奏刀騞然,莫不中音,合於《桑林》之舞,乃中《經首》之會。

三是用作鬼神名。《淮南子·説林》:

  黄帝生陰陽,上駢生耳目,桑林生臂手,此女媧所以七十化也。

這三重含義應該是有關聯的。《左傳·襄公十年》:

  宋公享晋侯于楚丘,請以《桑林》。荀罃辭。荀偃、士匄曰:"諸侯宋、魯,於是觀禮。魯有禘樂,賓祭用之。宋以《桑林》享君,不亦可乎?"舞師題以旌夏,晋侯懼而退入于房。去旌,卒享而還。及著雍,疾。卜,桑林見。荀偃、士匄欲奔請禱焉。荀罃不可,曰:"我辭禮矣,彼則以之。猶有鬼神,於彼加之。"晋侯有間。

正因爲桑林是殷人的聖地,殷商後裔宋纔將專有的祭祀樂舞命名爲《桑林》,亦由此衍生出同名的鬼神。

"喪""桑"相通毫無疑問。"嬐"是來母開口三等談部字,"林"是來母三等侵部字,聲紐等呼皆一致。談部和侵部關係很近,《史記·司馬相如列傳》"嬐浸潯而高縱兮","嬐"字《漢書·司馬相如列傳》作"傑"①,可見從僉聲之字與從林聲之字相通没有問題。

我們之所以相信九店楚簡《告武夷》中的"喪嬐"就是"桑林",除了音韻相通毫無障礙,還因爲"桑林"和"武夷"在文獻中常同時出現,是關係密切的一對神靈。

馬王堆三號漢墓出土的《太一祝圖》(圖 3-1-1)②是一幅繪有很多神靈的帛畫,

---

① 高亨纂著:《古字通假會典》,董治安整理,齊魯書社,1989 年,第 255 頁。
② 圖版見湖南省博物館、復旦大學出土文獻與古文字研究中心編纂:《長沙馬王堆漢墓簡帛集成》(貳),中華書局,2014 年,第 144—148 頁;釋文見湖南省博物館、復旦大學出土文獻與古文字研究中心編纂:《長沙馬王堆漢墓簡帛集成》(陸),中華書局,2014 年,第 103—106 頁。該篇由劉建民先生負責整理。

圖 3-1-1　《太一祝圖》局部（桑林與武夷子）

其中有兩神靈，手執兵刃，並排而立，身旁各有題記。右邊神靈的題記是：

　　武弟子，百刃毋敢起，獨行莫□

李家浩先生指出"武弟子"當讀爲"武夷子"，跟《史記·封禪書》等文獻的"武夷君"、東漢鎮墓瓶到宋朝買地券所記神祇中的"武夷王"以及上舉九店楚簡《告武夷》中的"武殹（夷）"所指皆同，是管理死於兵刃之鬼"兵死者"的神靈。① 此説十分正確。

---

① 李家浩：《論〈太一避兵圖〉》，載袁行霈主編《國學研究》（第一卷），北京大學出版社，1993年，第277—292頁。李家浩：《九店楚簡"告武夷"研究》，第一屆簡帛學術討論會會議論文，臺北，1999年；又載《著名中年語言學家自選集·李家浩卷》，安徽教育出版社，2002年，第320—328頁。

左邊神靈題記的前兩字，舊多釋爲"我□"，我們改釋爲"桑林"。殘存題記文字爲：

> 桑林，百兵毋童（動）☐禁。

其中的"桑"字，上面的"叒"寫作"芔"，這種字形亦見於帛書《五行》篇：

> ☐《太一祝圖》、☐《五行》15.6、☐《五行》52.4

第二字是"林"之殘字，可比照帛書諸篇"林"字：

> ☐《太一祝圖》、☐《戰國縱橫家書》57.37、☐《戰國縱橫家書》160.23、☐《周易》27.58、☐《二三子問》14.76、☐《稱》11.34

比對字形可知，"桑林"的釋讀是可信的，因此 2014 年新出版的《長沙馬王堆漢墓簡帛集成》採納了這一意見。

通過題記可知，"武弟（夷）子"和"桑林"兩個神靈皆與避兵有關，職能相似。在《太一祝圖》中，他們並排站立，姿勢相同，容貌髮飾也幾乎一樣，繪圖者顯然在刻意表現他們之間的密切關係。

東漢之後的解注類文獻中，有一個叫"倉林君"的神靈。東漢熹平元年（172）陳叔敬朱書陶瓶鎮墓文：

> 熹平元年十二月四日甲申，爲陳叔敬等立冢墓之根，爲生人除殃，爲死人解適（謫）。告西冢公伯、地下二千石、倉林君、武夷王：生人上就陽，死人下歸陰；生人上就高臺，死人深自藏；生人南，死人北。生死各異路。急急如律令。善者陳氏吉昌，惡者五精自受其殃。急。①

酒泉市博物館藏西晉永嘉五年（311）樊氏鎮墓文：

> 永嘉五年三月☐……敢告倉林君、武帝（夷）王、東冢伯、西冢侯、地下二千石……②

"倉林君"又作"蒼林君"。《赤松子章曆》卷五《大塚訟章》：

> ……告地下中官長、丘丞、墓伯、蒼林君、武夷君、左右塚侯、地中司激、墓卿

---

① 中村不折：《禹域出土墨寶書法源流考》（上册），西東書房，1927 年；轉引自劉昭瑞著：《考古發現與早期道教研究》，文物出版社，2007 年。

② 楊永生主編：《酒泉寶鑒——館藏文物精選》，甘肅文化出版社，2012 年，第 52 頁。

>右秩、蒿里父老,諸地域所典,並令斷絶考害復注之氣……①

解注文常將神靈成對寫出,如"丘丞"配"墓伯","東冢伯"配"西冢侯","東王公"配"西王母","張堅固"配"李定度"等。"倉林君""蒼林君"與"武夷君""武夷王"的配對也顯係有意爲之。這一搭配關係較爲固定,直到南朝時期纔逐漸被"安都丞"和"武夷王"的新式搭配取代。② "蒼""桑"皆精系陽部字,古音極近,可以通假。上博楚簡《容成氏》"桑梧之野",即文獻所見"蒼梧之野",是"倉""蒼"可通"桑"之强證。"倉林""蒼林"和"桑林"是同一個神。

上舉文獻中,"桑林"和"武夷"頻繁地成對出現,要麽共同避兵,要麽共同治鬼,職能高度一致。在戰國楚簡中作爲父子的"桑林"和"武夷",後世被附會成職能類似的神靈,符合民間信仰流變的一般規律。

2017 年 3 月 28 日初稿

附記:

小文寫成後寄請白於藍先生審閱。承白先生告知,他十多年前在北大協助李家浩先生整理九店楚簡時,曾在《讀九店簡筆記》一文提出過"桑林"的釋讀,論證思路與拙文基本一致。可惜當時缺少串聯九店楚簡和後世解注文的關鍵證據,因此白先生未發表這則筆記,也未將此説收入《九店楚簡整理》結項報告和後來出版的《楚地出土戰國簡册[十四種]》。我們的這篇小文,通過馬王堆《太一祝圖》,爲九店楚簡"桑林"的釋讀補充了關鍵證據,使這一觀點更爲可信。小文可以作爲白先生當年釋讀的補證。魏宜輝先生、蘇建洲先生、蔣文先生也對小文提出了修改意見,謹致謝忱!

本文原載《古文字研究》(第三十二輯),中華書局,2018 年。

作者係復旦大學出土文獻與古文字研究中心 2009 級博士(導師:裘錫圭),現爲南京大學文學院教授、博士生導師。

---

① 《赤松子章曆》卷五,載《道藏》(第一一册),文物出版社、上海書店出版社、天津古籍出版社,1988 年,第 218 頁。

② 劉昭瑞:《武夷信仰的南移與道教造神》,載《考古發現與早期道教研究》,文物出版社,2007 年,第 344—346 頁。

清華簡七《趙簡子》篇从黽之字試釋

侯乃峰

《清華大學藏戰國竹簡》第七輯收録有《趙簡子》篇,其中第1、2簡有如下兩句話:

(1) 趙簡子既受𪓐牰(將)軍,在朝。 (《趙簡子》簡1)
(2) 今吾子既爲𪓐䢊(將)軍已。 (《趙簡子》簡2)

簡文中兩個存原篆之字爲同一個字形,整理者隸定作从黽的"䆥"字,並於簡1注釋中指出:"䆥"字係首見,由宀、黽、廾三部分組成。根據楚文字的用字習慣,此字也可以隸作"䆥",分析爲从宀、从龜、从廾三部分。"黽"或"龜"很可能是聲符,可以沿着這個綫索去解讀。簡文中做"將軍"的限定語。一説"䆥"从蠅省聲,讀爲"承",訓爲"繼",受承指繼承,"將軍"係動賓結構。①

清華簡第七輯公佈之後,研究者從不同的角度對此字進行了分析。楊蒙生先生讀爲"命"②;程浩先生認爲這個字从"黽"得聲,或可讀爲"孟",訓爲"長",作爲"將軍"的修飾限定語③;或讀爲"元";或讀爲"偏";或從文例出發,懷疑此字有可能是"貴"字;或以爲此字當从"𪓰"得聲,讀爲"箙",訓作"副"④;陳偉先生亦認爲簡文中此字應从

---

① 清華大學出土文獻研究與保護中心編:《清華大學藏戰國竹簡》(柒),中西書局,2017年,第108頁。
② 清華大學出土文獻讀書會(石小力整理):《清華七整理報告補正》,清華大學出土文獻研究与保護中心,http://www.tsinghua.edu.cn/publish/cetrp/6831/2017/20170423065227407873210/20170423065227407873210_.html,2017年4月23日。
③ 程浩:《清華簡第七輯整理報告拾遺》,清華大學出土文獻研究与保護中心,http://www.ctwx.tsinghua.edu.cn/publish/cetrp/6831/2017/20170423070443275145903/20170423070443275145903_.html,2017年4月23日;又載教育部人文社會科學重點研究基地、清華大學出土文獻與中國古代文明研究中心、清華大學出土文獻研究與保護中心編《出土文獻》(第十輯),中西書局,2017年,第133—135頁。
④ 以上四種意見參見《清華七〈趙簡子〉初讀》主題帖下武汶、黃縣人、ee、明珍回帖,武漢大學簡帛網,http://www.bsm.org.cn/bbs/read.php?tid=3459,2017年。

"黽"得聲,讀爲"命","命將軍"可能類似於命卿,是得到天子任命的將軍①;陳治軍先生認爲《趙簡子》中之字从"黽"得聲,也可讀爲"上"②;或認爲簡文之字應釋爲"尚","尚將軍"即"上將軍"③;或認同研究者提出的从"鼀"得聲讀爲"箋"訓作"副"的意見,以爲簡文文例當讀作"箋將軍",即"佐將軍"之意④:釋讀意見可謂衆說紛紜。各種討論意見的大致情況,可以參看許文獻先生的總結。同時,許文獻先生認爲此字讀"裨",訓作"副"或"偏","裨將軍"爲傳世文獻習見之將軍稱號。⑤ 我們對於此字的釋讀也有一些不大成熟的想法,現整理出來以供研究者參考。

　　首先,我們需要對兩條簡文的辭例作些分析說明。整理者在注釋簡 1 的"鼆酒(將)軍"時,認爲此字以"黽"或"鼀"爲聲符,則在簡文中作將軍的限定語;若此字从蠅省聲,讀爲"承",訓爲"繼",受承指繼承,則"'將軍'係動賓結構"。這些看法將簡 1 和簡 2 的辭例放在一起加以論述,似有不妥,可能還需要具體分析。我們推測認爲,雖然簡 1 和簡 2 中"鼆"字都放在"將軍"之前,但二者的語法結構可能並不一樣。簡 2 的"遅(將)軍"應該是動賓結構,義爲統率軍隊;而簡 1 的"酒(將)軍"可能就是名詞,指軍隊的將領,而非動賓結構。若實際情況確是如此,則在簡 1 中,"鼆"當是"酒(將)軍"的修飾限定語;而在簡 2 中,"鼆"應當是一個名詞。理據在於,先秦古文字材料中所見的用作"將"的"酒"和"遅"在意義和用法上通常是有區別的。黃德寬先生曾對先秦古文字材料中的"遅(將)"字進行過較爲全面的考察。⑥ 由其文所引述的辭例來看,"遅(將)"字大都是用作動詞義的。雖然後來戰國楚簡材料中也出現了名詞義的"遅(將)",但從總體上看,先秦時期古文字材料中"遅(將)"與"酒(將)"的分工還是相

---

　① 陳偉:《也說楚簡从"黽"之字》,武漢大學簡帛網,http://www.bsm.org.cn/show_article.php?id=2792,2017 年 4 月 29 日。
　② 陳治軍:《清華簡〈趙簡子〉中从"黽"字釋例》,復旦大學出土文獻與古文字研究中心,http://www.gwz.fudan.edu.cn/Web/Show/3017,2017 年 4 月 29 日。
　③ 參《清華七〈趙簡子〉初讀》主題帖下王寧回帖,武漢大學簡帛網,http://www.bsm.org.cn/forum/forum.php?mod=viewthread&tid=3459&extra=&highlight=%E6%B8%85%E8%8F%AF%E4%B8%83%E3%80%8A%E8%B6%99%E7%B0%A1%E5%AD%90%E3%80%8B%E5%88%9D%E8%AE%80,page=1,2017 年 5 月 7 日;又見王寧:《史説清華簡七〈趙簡子〉中的"上將軍"》,復旦大學出土文獻與古文字研究中心,http://www.gwz.fudan.edu.cn/Web/Show/3011,2017 年 5 月 10 日。
　④ 林少平:《也說清華簡〈趙簡子〉从黽字》,復旦大學出土文獻與古文字研究中心,http://www.gwz.fudan.edu.cn/Web/Show/3042,2017 年 5 月 10 日。
　⑤ 許文獻:《清華七〈趙簡子〉从黽二例釋讀小議》,武漢大學簡帛網,http://www.bsm.org.cn/show_article.php?id=2801,2017 年 5 月 8 日。
　⑥ 黃德寬:《説遅》,載中國古文字研究會、中山大學古文字研究所編《古文字研究》(第二十四輯),中華書局,2002 年,第 272—276 頁。

當明確的。① 既然"遅(將)"與"牁(將)"在古文字材料中的意義和用法大都有別,則在《趙簡子》篇第 1、2 簡中使用不同的字形,似乎不能單純以"避複"現象來解釋,而應當是想表示意義和用法不同的兩個詞。若以上推測有理,則用在簡 1 和簡 2 中的"羃"字,應當是一個既可以作"牁(將)軍"的修飾限定語,又可以獨立做名詞的一個字。

其次,研究者多將《趙簡子》篇中出現的這個字形與戰國文字材料中所見从黽的"鼉"字形認同。"鼉"字所在的文例如下:

(3) 百里轉鬻五羊,爲伯牧牛,釋板(鞭)柽(箠)②而爲鼉卿,遇秦穆。
　　　　　　　　　　　　　　　　　　　　　　　　　　　　(郭店簡《窮達以時》簡 7)

(4) 桓公又問於管仲曰:"仲父,鼉天下之邦君,孰可以爲君,孰不可以爲君?"
　　　　　　　　　　　　　　　　　　　　　　　　　　(清華簡六《管仲》簡 16—17)

(5) (成湯)用果念(戡)政(正)九州而雩君之。
　　　　　　　　　　　　　　　　　　　　　(清華簡七《子犯子餘》簡 11—12)

(6) 一兩幹(鞍)縷(屨),紫章之納(内),紛(粉)純,紛(粉)鼉。
　　　　　　　　　　　　　　　　　　　　　　　　　　　　　　　(信陽簡 2—28)

(7) 二鼉靹(鞍),靈光之帶。　　　　　　　　　　　　　　　　　(包山簡 270)
　　一乘韋車:……鼉韃(發),鼉報、鞅。　　　　　　　　　(包山簡 273)
　　繻綊(鞍)。　　　　　　　　　　　　　　　　　　　　　　　(包山竹牘 1)

(8) 車,鼉衡厄(軛)。　　　　　　　　　　　　　　　　　　　　(天星觀遣策)

(9) 鼉悳(德)　　　　　　　　　　　　　　　　　　　　　　　　(左塚棋局)

(10) □郢之歲,夏柰之月,癸丑之日③,君鼉於䈞□　　(新蔡葛陵簡乙一 5)
　　□夏柰之月,己丑之日,君鼉於䈞□
　　　　　　　　　　　　　　　　　　　(新蔡葛陵簡乙三 49、乙二 21+乙二 8)

若是《趙簡子》篇中出現的字形確實可以與上述从黽之字等同,則相關的研究成果就

---

① 陳斯鵬著:《楚系簡帛中字形與音義關係研究》,中國社會科學出版社,2011 年,第 287—290 頁。
② 白於藍:《郭店楚墓竹簡考釋(四篇)》,載李學勤、謝桂華主編《簡帛研究》(二〇〇一),廣西師範大學出版社,2001 年,第 192 頁。
③ "癸丑",原釋文爲"己丑",誤。説參袁金平:《新蔡葛陵楚簡字詞研究》,博士學位論文,安徽大學,2007 年,第 55 頁。

很多了，馮勝君①、禤健聰②、劉洪濤③、宋華強④、蘇建洲⑤、譚生力、張峰⑥等諸位先生都有相關文章討論以上文字材料。對比《趙簡子》篇的"䥸牂（將）軍"與郭店簡《窮達以時》簡 7 的"䨻卿"，"䥸""䨻"二字皆是用在表職官、地位的名詞"將軍""卿"之前，故將二字等同起來視爲一字應當可信。

我們知道，疑難古文字的釋讀需要從字形和辭例兩方面出發。只有字形演變環節梳理清楚、釋讀的結論符合所有辭例的看法纔有可能是正確的。事實上，在釋讀戰國文字材料（尤其是戰國古書類簡牘材料）中的疑難字時，辭例上所提供的綫索往往具有更高的參考價值。上述所有从黽之字既然是同一個字，豐富的辭例就爲此字的釋讀提供了較多的綫索。

若僅從"䥸牂（將）軍""䨻卿"的辭例出發，我們懷疑上述从黽之字當釋讀爲"冢"字。尋繹郭店簡《窮達以時》簡 7"百里轉鬻五羊，爲伯牧牛，釋板（鞭）桎（箠）而爲䨻卿，遇秦穆"文例，簡文當含有強烈的前後對比意味，即是說百里奚"遇秦穆"以前地位低賤卑微，而"遇秦穆"之後則身份高貴顯赫。"䨻"字用來修飾限定"卿"，"䨻卿"一詞當是想強調百里奚地位之尊貴、官職之崇高。古書中"冢卿"一詞常見，如《逸周書·大匡篇》"王乃召冢卿"，《穆天子傳》卷五"嗟我公侯，百辟冢卿"，《左傳·襄公十四年》"先君有冢卿以爲師保，而蔑之，二罪也"，《左傳·昭公四年》"且冢卿無路，介卿以葬，不亦左乎"，《荀子·大略篇》"冢卿不修幣，大夫不爲場園"。"冢卿"一詞用在郭店簡《窮達以時》簡文中正好符合上下文意。春秋時期，各諸侯國常以卿統軍，故卿通稱爲將軍。雖然"冢將軍"辭例未見，但與"冢將軍"類似的"冢帥"，見於《後漢書·百官志》："贊曰：帝道淵默，冢帥修德。""冢"字古書中常訓爲"大"，作爲形容詞，含有"大的、重要的、主要的、地位高的"意思。《爾雅·釋詁》："冢，大也。"《白虎通義·爵》："冢者，大也。"《周禮·天官》"乃立天官冢宰"注："冢宰，大宰也。"《禮記·内則》"冢子則大牢"注："冢，大也。冢子，猶言長子。"《淮南子·時則》"乃命冢宰"注："冢，大也。"

---

① 馮勝君：《戰國楚文字"黽"字用作"龜"字補議》，載中國文字學會、河北大學漢字研究中心編《漢字研究》（第一輯），學苑出版社，2005 年，第 477—479 頁。
② 禤健聰：《釋楚文字的"龜"和"鼈"》，《考古與文物》2010 年第 4 期，第 102—104 頁。
③ 劉洪濤：《釋"䖝"及从"䖝"聲之字（來自網絡）》，劉洪濤：《釋"䖝"及相關諸字補證》，復旦大學出土文獻與古文字研究中心，http://www.gwz.fudan.edu.cn/Web/Show/2803，2016 年 5 月 22 日。
④ 宋華強：《楚簡中从"黽"从"甘"之字新考》，武漢大學簡帛網，http://www.bsm.org.cn/show_article.php?id=494，2016 年 12 月 30 日；又見宋華強：《戰國楚文字从"黽"从"甘"之字新考》，載武漢大學簡帛研究中心主辦《簡帛》（第十三輯），上海古籍出版社，2016 年，第 1—9 頁。
⑤ 蘇建洲：《談談楚文字的"龜"與"鼈"》，"出土文獻與物質文化"第五屆出土文獻青年學者論壇會議論文，香港，2016 年，第 7—24 頁。
⑥ 譚生力、張峰：《楚文字中的龜與从龜之字》，《華夏考古》2017 年第 1 期，第 140—147 頁。

《說文》"冢"字段注云："太子曰冢子，太宰曰冢宰。""冢將軍"即"大將軍"，與《趙簡子》篇簡文的前後文意也是符合的。

在"龏"字的字形分析上，我們最初以爲，既然研究者順着以"黽"或"龜"作爲聲符的綫索去解讀的思路似乎走不通，那就不妨換個思路，將此字視作會意字進行形體分析。由此，我們曾經推測認爲，此字中間部分當是从龜作，"龜"和下部的"廾"組合在一起本是會意字，會雙手擺弄、玩弄龜之意，此字或可釋爲"弄"，讀爲"冢"。"弄""冢"上古音皆屬舌音東部字。《論語·季氏》："虎兕出於柙，龜玉毀於櫝中，是誰之過與？""龜""玉"並稱，二者皆爲古代國家之寶器，故作爲義近偏旁當可通用。這種字形分析的思路畢竟迂曲，且將《趙簡子》篇的"龏"字形與"曟"字形認同的話，也不好解釋那些不从廾的"曟"字形爲何可以釋讀爲"弄"，故這種字形分析的思路難以讓人信服。

再者，古文字中"象兩手奉物形之字，有時兼以所奉之物爲聲"①，結合以上我們根據辭例將《趙簡子》篇的"龏"字形與其他簡文所見的"曟"字形認同的看法，則"龏"字很有可能還是以中間部分的字符作爲聲符。如此一來，對上述从黽之字的形體分析就又回到了原點，即仍然應當沿着以"黽"或"龜"爲聲符的綫索去分析字形。

基於上述認識，我們在不改變原有釋讀爲"冢"的說法的基礎上，重新提出另外一種字形分析的思路。衆所周知，先秦時期的古文字是一套相對嚴密的符號系統。也就是説，當時的書寫者是不大可能脱離原本固有的符號系統而自己別出心裁去發明創造某個新的字符用於文字書寫的。否則的話，書寫者發明創造出來的新字符別人根本無法看懂，就失去了文字傳遞信息的作用。再換句話説，書寫者所使用的文字符號肯定是原本就存在於已有的文字符號系統中的，肯定是有其來源的。這方面比較典型的例證，可參看趙平安先生對戰國文字中用作"失"之字的考釋意見。戰國文字中較爲常見的"遊"字形，多用爲"失"字，趙平安先生認爲其形體來源可以追溯到甲骨文的"夲"字②，其説獲得學界的普遍認可。這個例證充分説明，某個疑難戰國文字的字形無論多麽詭異奇特，其必然具有更早的形體來源。如果能夠從更早期的文字材料中找到這個戰國文字形體的源頭，能夠對其形體演變環節作出合理的解釋，那麼距離釋讀出這個疑難字也就不遠了。

---

① 裘錫圭：《釋郭店〈緇衣〉"出言有丨，黎民所訂"——兼説"丨"爲"針"之初文》，載《中國出土古文獻十講》，復旦大學出版社，2004年，第296頁。

② 趙平安：《戰國文字的"遊"與甲骨文"夲"爲一字説》，載安徽大學古文字研究室編《古文字研究》（第二十二輯），中華書局，2000年，第275—277頁；又載《新出簡帛與古文字古文獻研究》，商務印書館，2009年，第42—46頁。今按，甲骨文"夲"字，李家浩先生有新説。參見李家浩：《甲骨卜辭"夲"與戰國文字"達"》，載安徽大學漢字發展與應用研究中心編《戰國文字研究》（第五輯），安徽大學出版社，2022年，第1—15頁。

在"䢷"字的字形分析上,從研究者所提出的現有意見來看,無論認爲是从"黽"得聲還是从"龜"得聲似乎都行不通,因爲文字的釋讀結論與簡文辭例多有扞格。根據趙平安先生追溯戰國文字的"遊"字形體來源所帶給我們的啓發,我們不妨對戰國文字中所見的"黽"或"龜"字形的形體來源進行一些考察。此前已有不少學者對戰國文字的"黽"或"龜"字的形體進行過深入探討。馮勝君先生認爲戰國楚文字經常以"黽"爲"龜"。① 禤健聰先生認爲楚文字中所謂的"黽"字形原本就是"龜"字,而非借"黽"爲"龜"。② 麥耘先生曾對"黽"在上古有多少種意義、可以分爲多少個詞進行過深入分析,認爲可以排出如下幾類:黽 a,蛙之屬,"鼆""黿""鼇""䵓""䵷""蠅"等字从之;黽 b,昆蟲之屬,"鼅""鼄"等字从之,如不把"蠅"視爲一般的形聲字,則亦从此;黽 c,龜之屬,"鼉""鱉""鼀""鰲"等字从之,"鼂"亦兩棲爬行動物,可附此。③ 宋華强先生根據麥耘先生的分析,總結了戰國楚文字中"黽"的三種來源:蛙屬的"黽",由"龜"變來的"黽","鼅""鼄""蠅"等表示昆蟲的字所从、"初像蠅蚊形"的"黽"。④

根據以上這些學者的研究成果可知,後來的"黽"字形,除了來源於蛙屬的"黽"和由"龜"變來的"黽"之外,還有一個源自昆蟲之屬的"黽"。既然在字形分析上,無論看作是从"黽"得聲還是从"龜"得聲似乎都走不通,那麼我們不妨換個思路,設想其中的"黽"字形其實是源自昆蟲之屬試試看。同時結合上引《趙簡子》《窮達以時》等篇的簡文所提供的較爲明確的辭例限制,我們推測認爲,上述从黽之字中所謂的"黽"字符,其實當是"鼅鼄(蜘蛛)"之"鼄(蛛)"的象形初文。《説文》:"鼄,鼅鼄也。从黽、朱聲。蛛,鼄或从虫。""䢷"字形中兩手("廾")所奉之"黽"字符(實爲"鼄")同時兼有表音作用。"䵓"字形中,也當是以上部所謂的"黽"字符(實爲"鼄")作爲聲符。

"鼅鼄(蜘蛛)"之"鼄(蛛)"的象形初文,在甲骨文中已經出現,最先由胡光煒先生認出⑤,後經劉釗先生詳細論證⑥,已獲得學界的公認。周忠兵先生也曾對甲骨文中的"鼄"字進行過較爲詳細的討論。由周忠兵先生之文可知,甲骨文中的"鼄"字最象

---

① 馮勝君:《戰國楚文字"黽"字用作"龜"字補議》,載中國文字學會、河北大學漢字研究中心編《漢字研究》(第一輯),學苑出版社,2005 年,第 477—479 頁。
② 禤健聰:《釋楚文字的"龜"和"䵓"》,《考古與文物》2010 年第 4 期,第 102—104 頁。
③ 麥耘:《"黽"字上古音歸部説》,載《殷都學刊》專輯《華學》(第五輯),中山大學出版社,2001 年,第 170 頁。
④ 宋華强:《楚簡中从"黽"从"甘"之字新考》,武漢大學簡帛網,http://www.bsm.org.cn/show_article.php?id=494,2016 年 12 月 30 日;又見宋華强:《戰國楚文字从"黽"从"甘"之字新考》,載武漢大學簡帛研究中心主辦《簡帛》(第十三輯),上海古籍出版社,2016 年,第 3 頁。
⑤ 胡光煒著:《甲骨文例》(下),國立中山大學語言歷史學研究所,1928 年,第 26 頁。
⑥ 劉釗:《釋甲骨文耤、蟺、敖、栽諸字》,《吉林大學社會科學學報》1990 年第 2 期,第 8—13 頁;又載《古文字考釋叢稿》,岳麓書社,2005 年,第 1—17 頁。

形的寫法,是蜘蛛的八隻脚都刻出,後來逐步减省,就變得不象形了。此外,甲骨文中還有上部加"中"符的"鼅",周忠兵先生認爲這種字形中所從的"中"其實可看作是"朱"的省形,是加注的聲符。① 其說可信。金文中亦有"鼅"字②,所從之"黽"爲一長足昆蟲形,顯然仍當是甲骨文中的蜘蛛之形,但字形已經訛變得與"黽"或"龜"極爲近似。《説文》中,"鼅"字的小篆直接寫作從黽,此"黽"字符自然亦當是蜘蛛之形的訛變(或者說是類化)。金文中所見的"鼅"字形皆屬於西周、春秋時期,上承甲骨文"鼅"字形,下啓漢代《説文》中的"鼅"字篆體,其中戰國時期的"鼅"字形恰好出現了缺環。③因此,我們認爲上述從黽或龜的諸字本是戰國時期的文字系統中存在的、源於甲骨文中蜘蛛之象形初文的"鼅"字,就順理成章了。而且,將這些字釋爲"鼅"字也正好補足了戰國時期"鼅"字形體演變的缺環。可以將"鼅"字從甲骨文到《説文》篆體的演變列表如下(表3-2-1):

表3-2-1 "鼅"字從甲骨文到《説文》篆體的演變

文字時代	甲骨文			金文		戰國簡牘文字			《説文》篆體	
	殷商			西周	春秋	戰國(東土六國古文)			兩漢	
典型字形										
字形出處	《屯南》2659	《合集》19124	《合集》36417	鼅伯鬲《集成》669	杞伯每亡壺蓋《集成》9687	清華簡七《趙簡子》簡1	清華簡七《子犯子餘》簡12	郭店簡《窮達以時》簡7	《説文》篆體	《説文》異體

上表中,《合集》36417所見的字形,在蜘蛛之形基礎上加注"束"作爲聲符,"束""朱"音近可通,故甲骨文中此類形體當是金文、《説文》中加注"朱"聲的"鼅"字形之來源。甲骨文中象蜘蛛之形的象形字演變爲加注"朱(束)"聲的形聲字"鼅"字的過程,與其他象形字演變爲形聲字的過程非常類似。甲骨文"鳳"在象鳳鳥之形的象形字基礎上加注"凡"聲,後來形符又换成"鳥"旁,就演變成一般的形聲字;甲骨文中表示鷄的字本是象鷄之形的象形字,後來加注了音符"奚",象鷄的形符又换成"隹"或"鳥"旁,就演變成一般的形聲字"雞"或"鷄"。"鼅"字形在金文階段所從的形符其實尚未

---

① 周忠兵:《釋甲骨文中的"𫠏"》,載中國古文字研究會、復旦大學出土文獻與古文字研究中心編《古文字研究》(第二十九輯),中華書局,2012年,第20—29頁。
② 董蓮池編著:《新金文編》,作家出版社,2011年,第1858—1860頁。
③ 高明、涂白奎編著:《古文字類編》(增訂本),上海古籍出版社,2008年,第964頁。

完全演變成"黽"字符,還保留有蜘蛛之形的部分特徵,直至《説文》小篆纔徹底演變成"黽"字符。戰國文字材料中所見的"𪓷"字形,其中的"卄"似當是甲骨文中蜘蛛之形前足或後足形的訛變;"䵶"字形中,下部的"曰"字符當是戰國文字系統中添加的"鼀"字區別於"黽"或"龜"字的分化符號。由於金文階段的"鼀"字加注了"朱"聲,所以形符無論如何變化都不會影響到文字的辨識。而戰國文字(六國古文)的"鼀"字由於没有加注"朱"聲,作爲承襲甲骨文蜘蛛之形的象形字,單獨書寫的話很容易與"黽"或"龜"字形混淆,所以需要添加其他偏旁作爲區别分化符號。

綜上所述,我們推測認爲,戰國文字材料中所見的上述从黽(或龜)之字當釋讀爲"鼀"字,從先秦古文字的系統性以及文字的演變規律來看都是合適的。下面就諸字在上述簡文中的辭例作些解釋説明。既然將上述諸字釋讀爲"鼀"字,則此字歸根結底是以"朱"作爲聲符。"朱""主"上古音皆屬章紐侯部字,音近可通。古書中"朱"聲字與"主"聲字通假之例多見①,兹不贅舉。古文字"冢"或加注"主"聲②,"冢"从豕聲,"豕"聲字與"主"聲字、"朱"聲字多有通假之例③。戰國時代的"冢"字常讀爲"重"。④出土的戰國簡牘材料中,讀爲"重"聲之字常寫作从"主"得聲。⑤"冢""重""主"三字古音近義通,當存在親屬關係。因此,上述从黽(或龜)諸字釋爲"鼀"字,在簡文中可以分别讀爲"朱""主""冢""重"等字或以之爲聲符的諸字。

在(1)中,"𪓷(鼀)"當讀爲"冢"。"冢"作爲"䢦(將)軍"的修飾限定語,"冢將軍"即"大將軍"。"趙簡子既受冢將軍"意即"趙簡子既已受命擔任大將軍"。

在(2)中,"𪓷(鼀)"當讀爲"主",做名詞。"䢦(將)軍"當是動賓結構,義爲統率軍隊。"今吾子既爲主將軍已"意即"如今您既然成爲主帥,開始統率軍隊了"。

在(3)中,"䵶(鼀)"當讀爲"冢"。"冢卿"已見上述。

在(4)中,"䵶(鼀)"當讀爲"主"。"主天下之邦君"即"主管天下的邦君、君臨天下的邦君"或者"爲天下之主的邦君",亦即爲天子。後文管仲以"湯"和"后辛(紂)"作答,與"主天下之邦君"文意正相符合。"主天下"這種表述在古書中還是比較常見的。《戰國策·魏策一》:"犀首遂主天下之事,復相魏。"《周禮·天官冢宰》"司會"鄭玄注:

---

① 張儒、劉毓慶著:《漢字通用聲素研究》,山西古籍出版社,2002年,第273頁。
② 季旭昇撰:《説文新證》,藝文印書館,2014年,第715頁。
③ 張儒、劉毓慶著:《漢字通用聲素研究》,山西古籍出版社,2002年,第273、296頁。
④ 李家浩:《戰國時代的"冢"字》,載《著名中年語言學家自選集·李家浩卷》,安徽教育出版社,2002年,第1—14頁。
⑤ 白於藍編著:《戰國秦漢簡帛古書通假字彙纂》,福建人民出版社,2012年,第164—165頁。

數。"《周禮·夏官司馬》"職方氏"孔穎達疏:"以其主天下人民貢賦之事。"《荀子·正論篇》"以桀紂爲常有天下之籍則然",楊倞注:"以常主天下之圖籍則然。"《詩·大雅·卷阿》"爾受命長矣,茀禄爾康矣。豈弟君子,俾爾彌爾性,純嘏爾常矣",正義云:"既得長命,又爲福禄所安,謂使之四方無虞,常主天下也。"《吕氏春秋·異用》:"周文王使人抇池,得死人之骸。吏以聞於文王,文王曰:'更葬之。'吏曰:'此無主矣。'文王曰:'有天下者,天下之主也;有一國者,一國之主也。今我非其主也?'遂令吏以衣棺更葬之。"類似的記載又見於《新序·雜事》以及河北定州八角廊漢墓出土的《儒家者言》簡文①,其中文王之語與《吕氏春秋》基本一致。而後世轉引,如宋代胡宏《皇王大紀·三王紀》,文王之語則改成了:"天子主天下,諸侯主一國,寡人固骨之主矣。"雖然表述差不多,但"天子主天下"語意更爲明晰。又《荀子·儒效篇》:"武王崩,成王幼,周公屏成王而及武王以屬天下,惡天下之倍周也。履天子之籍,聽天下之斷。"其中的"屬天下"之"屬",楊倞訓爲"續",王念孫《讀書雜志·荀子第二》訓爲"繫",以爲"天子者,天下之所繫,言周公屏成王而及武王以繫屬天下"。其實,"屬"聲字與"主"聲字通假之例多見②,"屬"字更有可能當讀爲"主"。若果如此,則"屬(主)天下"即"主政天下""爲天下之主",亦即爲天子,與《儒效篇》上下文意正相符合。宋胡安國《春秋傳》卷八傳莊公"十有三年春,齊侯、宋人、陳人、蔡人、邾人會于北杏"云:"春秋之世,以諸侯而主天下會盟之政,自北杏始。"宋史浩《尚書講義》卷八講解《太甲》篇之"書序"云:"伊尹方立太甲,勤勤作訓,冀其爲明君也。不明則昏矣,昏君何以主天下?"這些後世學者的表述,亦皆可作爲"主天下"辭例之旁證。

在(5)中,"鼀(黽)"亦當讀爲"主"。"(成湯)用果念(戡)政(正)九州而主君之"意即"(成湯)因此最終平定九州而成爲九州之君主"。如果考慮到名動相因,"鼀(黽)"亦或可讀爲"冢"。《書·牧誓》:"我友邦冢君。"《國語·鄭語》:"其冢君侈驕。""冢君之"即"成爲九州之冢君"。

在(6)中,"鼀(黽)"似可讀爲"踵",指鞋的腳後跟處。簡文記載的物品是"履",即鞋子。"紫韋之納(内),紛(粉)純,紛(粉)鼀(踵)"意即"(鞋子)内部用紫色的皮革製作而成,白色的邊緣,白色的腳後跟處"。《莊子·讓王》:"曾子居衛,……十年不製衣,正冠而纓絶,捉衿而肘見,納履而踵決。""納履而踵決"意即"穿鞋時,鞋的腳後跟處却破裂",其中"踵"即指鞋的腳後跟處。

---

① 國家文物局古文獻研究室、河北省博物館、河北省文物研究所定縣漢墓竹簡整理組:《〈儒家者言〉釋文》,《文物》1981年第8期,第18頁。
② 張儒、劉毓慶著:《漢字通用聲素研究》,山西古籍出版社,2002年,第273頁。

在(7)中，據相關辭例，"罍(黽)"當是顔色用語①，當讀爲"朱"，指朱紅色。

在(8)中，"罍(黽)"亦當讀爲"朱"，指朱紅色。《後漢書·輿服志》："諸使車皆朱班輪，四輻，赤衡軛。""赤衡軛"當即簡文之"罍(朱)衡厄(軛)"。附帶提及，曾侯乙簡第 10、20 簡"斂衡厄(軛)"之"斂"若亦是顔色用語，或可讀爲"粉"，指白色。

在(9)中，"罍(黽)"當讀爲"重"，棋局文例爲"重德"或"德重"。

在(10)中，"罍(黽)"當讀爲"主(住)"，指居住、停留。"君罍(主)於答"意即"(平夜)君居住、停留於答"，"答"似是地名。類似文例如《史記·孔子世家》"孔子遂適衛，主於子路妻兄顔濁鄒家"，"孔子遂至陳，主於司城貞子家"。

附記：

本文簡體字稿原刊於《古文字研究》(第三十二輯)，由於版面限制，刊發時内容有所删減。此是未經删減的繁體字原稿。

補記：

荆州棗林鋪造紙廠 46 號楚墓出土的竹簡《詩書之言》(乙篇)簡 317 有一句話作："吁！伯禹，尔罍有天下，敬戒毋吴(虞)，……"②其中"罍(黽)有天下"句，據上所論，顯然應當讀爲"主有天下"，具體文例可参上舉"主天下"諸句。又，"主有天下"文例於古書中亦見。宋朱熹撰《通鑑綱目》："秦王每侍宴宫中，思太穆皇后早終，不得見唐主有天下，或戲歆流涕。"明蔡清撰《四書蒙引·孟子》："'三代之得天下'二句，主有天下者言也。"明陳士元撰《諸史夷語解義》："夫元主有天下九十年，而嗣爲帝師者凡十有二人，其中惟八思巴年久，餘人不過三數年死耳，非淫欲喪生之故哉？"清胡渭撰《大學翼真》引唐聞宣云："此主有天下者言，不比泛常論心體説。"這些雖是中古甚至近古文例，亦可參考。

本文原載《古文字研究》(第三十二輯)，中華書局，2018 年。

作者陳復旦大學出土文獻與古文字研究中心 2010 級博士後(合作導師：裘錫圭)，現爲山東大學文學院教授。

---

① 劉信芳：《楚簡釋字四則》，載中國古文字研究會、中山大學古文字研究所編《古文字研究》(第二十四輯)，中華書局，2002 年，第 375 頁。

② 參見趙曉斌：《荆州棗紙簡〈詩書之言〉摘引〈羽訐〉與傳世本〈古文尚書·大禹謨〉》，"中國簡帛學國際論壇 2024：簡帛·經典·古史"會議論文，香港，2024 年。

清華簡《迺命》《四告》與諸梁鐘合證及其他①

何家興

清華簡是文史研究的前沿和熱點，誠如黃德寬先生所説："可以預期，簡文涉及的中國思想史、學術史的一些重大問題，一定會引起學術界長期的關注和研究，清華簡的發現也必然會促進中國古代歷史文化研究取得更大的成就。"②清華簡提供了豐富的字形和辭例，爲一些疑難字詞考釋帶來了契機。本文通過清華簡《迺命二》對讀諸梁鐘和清華簡《四告》，並對《尚書·酒誥》中的一處訛誤進行了校讀。

一、"澄"字及諸家意見

越國青銅器諸梁鐘著録於《殷周金文集成》120—132號。關於器主，舊有"者刅""者汈""者汅"等不同意見。馬楠先生認爲："右半似刀形，而刀形兩筆末端各有一頓點，可知右半是'刅'而非'刀'，字當隸定爲'沙'，即西周晚期和春秋戰國文字常見的省去木旁的'梁'字。'者沙'當釋爲'諸梁'，楚國有葉公沈諸梁，字子高，見哀公十六年《左傳》。諸梁鐘爲春秋晚期或戰國早期器，鐘銘云'隹（唯）戉（越）十有九年'，當爲句踐、朱句或王翳十九年。"③"諸梁"之説有文獻依據，可以信從。因此，本文稱作諸梁鐘。銘文屬於一篇訓誥。誥辭的前半部分，越王陳述諸梁的德行和功績，贊揚諸梁恭敬有度，繼承發揚祖考的訓教，輔弼王室，捍衛約盟，鞏固和光大越王的王位。④誥辭話語沿用西周以來的傳統模式，文意比較清楚，其中有一個疑難字，衆説紛紜，探討如下。

---

① 本文爲國家社科基金重大項目"出土簡帛文獻與古書形成問題研究"（19ZDA205）、國家社科基金項目"清華簡用字整理與研究"（18BYY13）階段性成果。
② 黄德寬：《在首批清華簡出版新聞發佈會上的講話——略説清華簡的重大學術價值》，載清華大學出土文獻研究與保護中心編《出土文獻》（第二輯），中西書局，2011年，第7頁。
③ 馬楠：《東周姓氏名字考釋二則》，《文史》2014年第3輯，第267頁。關於器主，日本學者淺原達郎將器主名釋讀爲"諸梁"，承蒙高中正先生提示，筆者曾進行補説（何家興：《戰國文字分域研究》，博士學位論文，安徽大學，2010年，第41—42頁）。
④ 董珊著：《吳越題銘研究》，科學出版社，2014年，第89頁。

諸梁鐘銘文最清晰的爲《集成》132.2,該字原形及辭例如下:

女(汝)亦虔秉不■悳(德)。

關於諸梁鐘該字,有多種釋讀意見。郭沫若與容庚先生直接釋"淫"。① 强運開釋"汭"。② 何琳儀先生則認爲:"本銘'湮'亦當釋'汭淫'合文,借用偏旁'水'。《周禮·夏官·職方氏》'其川淫汭',疏云'淫''汭'均爲水名。比較特殊的是,本銘'汭'應屬上讀,'淫'則屬下讀,即讀作'女亦虔秉不汭,淫悳'。'不汭'應依强説讀'不墜'。……'淫悳',讀'經德'。陳曼簠'肇勤經德'。《書·酒誥》'經德秉哲',傳'常德持智'。'秉……德'之辭例亦見《詩·周頌·清廟》'秉文之德'。本句'經德'是'虔秉'和'不墜'的共同賓語,反正爲言,益見'經德'之重要。"③董珊先生認爲:"'湮'字結構可分析爲从'經''汭'聲的形聲字,……今按,'虔秉'跟'不湮'的賓語都是'德','秉'跟'汭(墜)'對文。'虔秉'謂恭持,'不墜'謂不失。此句是越王贊揚者汭能够恭持而不失德。"④

此字又見於清華簡《四告》簡26,原形及辭例如下:

克敬于天,明德戲(威)義(儀),不■于非彝。

整理者認爲《四告》中"湮,从淫、内聲,讀爲'墜'"⑤,讀法仍遵從强運開的釋讀。網友"無痕"認爲:"簡26'明德威儀,不湮于非彝',報告言'湮'从淫、内聲,讀'墜'。按,'湮'恐仍是'淫'字,从'内'蓋内淫之'淫'的分化字,或是訛變而來。簡29'湮〈淫〉于非彝'、簡27—28'慆于非彝'(兩見)、《尚書·召誥》'其惟王勿以小民淫用非彝,亦敢殄戮'、《酒誥》'誕惟厥縱淫泆于非彝'。其中簡29'淫'的寫法可比對。如此,者汭鐘'汝亦虔秉不湮德','湮德'也應讀爲'淫德'。"⑥子居先生從其說。⑦

這個疑難字在已刊出土文獻中出現兩次。一直以來,學界遵從强運開"墜"的釋讀意見,只有何琳儀先生認爲是合文,但仍受到讀"墜"的影響。

---

① 容庚著:《商周彝器通考》,哈佛燕京學社,1941年,第500頁。
② 吴大澂、丁佛言、强運開輯:《說文古籀補三種》,中華書局,2011年,第231頁。
③ 何琳儀著:《安徽大學漢語言文字研究叢書·何琳儀卷》,安徽大學出版社,2013年,第187頁。
④ 董珊著:《吴越題銘研究》,科學出版社,2014年,第89頁。
⑤ 清華大學出土文獻研究與保護中心編:《清華大學藏戰國竹簡》(拾),中西書局,2020年,第121頁。
⑥ 見《清華十〈四告〉初讀》主題帖下無痕回帖,武漢大學簡帛網,http://www.bsm.org.cn/forum/forum.php?mod=viewthread&tid=12624&extra=page%3D2&page=11,2019年12月2日。
⑦ 子居:《清華簡十〈四告·滿告〉解析》,"先秦子居"個人圖書館,http://www.360doc.com/content/21/0114/21/34614342_957003998.shtml,2021年1月14日。

二、清華簡《迺命》辭例及其啓示

清華簡《迺命》爲正確釋讀此字提供了契機。《迺命》兩篇皆爲訓誥之辭。其中第二篇主要訓誡同宗子弟勤力同心、相收相保，忠君勤事、慎密言語，勿強取豪奪，以保全宗室。①《迺命》公佈後，相關討論較少。開篇言："迺命匄(暱)因群父兄昆弟，曰：各自定也。共(恭)民母(毋)㳄〈淫〉，内于兇人之言才(哉)。"整理者認爲："内，或讀爲'退'，'退'字《説文》重文作'衲'。《左傳》文公十八年：'曰"賓于四門，四門穆穆"，無凶人也。'"②或讀"内"爲"入"。③ 王輝先生認爲："今按，'退''入'於意均不通順。'内'當讀爲'納'，'納于兇人之言'即採用兇人之言，類似用法如《漢書·五行志下》載梁孝王'納於邪臣羊勝之計，欲求爲漢嗣'。此承前之'毋'字言之，即不要採納兇人之言。"④讀"納"較好，"納言"是古官名，見於《尚書》《史記》《漢書》等。《舜典》："命汝作納言，夙夜出納朕命，惟允。"孔傳："納言，喉舌之官，聽下言納於上，受上言宣於下，必以信。"

我們先考察一下字形。對比如下：

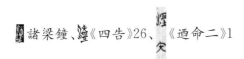諸梁鐘、 《四告》26、 《迺命二》1

相關辭例梳理如下：

  (1) 女(汝)亦虔秉不經悳(德)。　　　　　　　　　　　　　　　（諸梁鐘）
  (2) 克敬于天，明德畏(威)義(儀)，不經于非彝。　　　　　　　（《四告》26）
  (3) 共(恭)民母(毋)㳄，内于兇人之言。⑤　　　　　　　　　　（《迺命二》1）
  (4) 以共(恭)民母(毋)㳄〈淫〉，於虐(瘧)……　　　　　　　　（《迺命一》3）
  (5) 不石(度)兹事，淫于非彝、侃(愆)德。　　　　　　　　　　（《四告》29）

---

① 清華大學出土文獻研究與保護中心編：《清華大學藏戰國竹簡》（玖），中西書局，2019 年，第 175 頁。
② 同上書，第 177 頁。
③ 子居：《清華簡九〈迺命二〉解析》，"先秦子居"個人圖書館，http://www.360doc.com/content/20/0311/22/34614342_898521399.shtml，2020 年 3 月 11 日。
④ 王輝：《清華簡第九册釋讀筆記》，載陳斯鵬主編《漢語字詞關係研究》（二），中西書局，2021 年，第 247—248 頁。
⑤ 此句句讀有不同意見，心包提出："在'言'字後點斷，即'恭民毋淫，内于兇人之言。才(在)昔先人高考祖父……'。整理者根據句墨標點，本無可厚非。但是文獻中以'在昔……'（或'昔在……'）起頭敘述歷史的句例，實在太多。我懷疑不是墨丁點錯位置，就是抄手的句讀有誤。"參見《清華簡九〈迺命二〉初讀》主題帖下心包回帖，武漢大學簡帛網，http://www.bsm.org.cn/forum/forum.php?mod=viewthread&tid=12428&extra=page%3D2，2019 年 12 月 4 日。按，通過相關辭例來看，此説有道理。

(6) 愍(慆)于非彝,心好埜(野)。　　　　　　　　　　　　　(《四告》27)

(7) 母(毋)愍(慆)于非彝、埜德。　　　　　　　　　　　　　(《四告》28)

(8) 印淫〈淫〉柔(慆)于康。　　　　　　　　　　　　　　　(《太伯》甲10)

(9) 孚淫〈淫〉柔(慆)于康。　　　　　　　　　　　　　　　(《太伯》乙9)

(10) 夜儆百工,使無慆淫。　　　　　　　　　　　　　　　(《國語·魯語下》)

通過字形比對,"㴉"應是"淫""內"合文,爲了字形佈局的勻稱美觀,而將"內"置於"淫"之右上。由於沒有合文符號,字形佈局和語序習慣的錯位,影響了文本的正確釋讀。出土文獻中的合文一般都是專有名詞,如人名、地名、職官等習慣性合文,且多有合文符號。也有一些臨時性合文,例如郭店楚簡《性自命出》簡22"🅇"是"淺澤"合文,屬於臨時性合文且無合文符號;但有臨簡"深澤"的對文,容易釋讀。不使用合文符號的合文書寫在甲骨文中已經存在,並帶來一些釋讀問題。① 這種臨時性合文不僅給我們帶來釋讀困難,也讓古人產生訛誤。"㴉"字屬於臨時性合文,儘管少見,但在不同地域和文字載體中出現,説明這種習慣具有一定的流傳範圍和書寫傳統。由此可見,古文字考釋應注意臨時性合文的構形佈局和語序習慣,特别是無合文符號的用例。

"㴉""淫"之間關係密切,在戰國秦漢時代的出土文獻中都有反映。董珊先生認爲上博簡《景公瘧》簡12"遝"是"淫"之誤字,"淫暴"乃古書常見之詞。並且"㴉""淫"與"涅"三字互訛,在傳世古書和出土文獻中很常見。② 從清華簡用字現象來看,"㴉""淫"相混,屬於常見。《清華大學藏戰國竹簡》(壹—拾)中从壬聲的"淫"字出現兩次,見於《保訓》;从𡈼聲的"淫"字出現五次;"壬""𡈼"糅合的"淫"字出現一次,即《四告》簡29"🅇"。從諸梁鐘來看,這種混訛地域範圍較廣。

辭例對勘和文意辨析可以驗證"㴉"的字形分析。《迺命一》簡3"以恭民毋淫,嗚呼"、《迺命二》簡1"恭民毋淫,內于兇人之言"對讀,很明顯"恭民毋淫"可以獨立成句。《四告》簡26"克敬于天,明德戜(威)義(儀),不㴉于非彝"與簡29"不度茲事,淫于非彝、愬德"可以對讀,但兩句的語意不同。簡26是稱揚"恭敬上天,有明德有威儀",其中"不㴉于非彝"疑讀"不淫、入于非彝"。③ 考察辭例可知,"淫于非彝"又作"慆于非

---

① 裘錫圭:《甲骨文字考釋(八篇)》,載《裘錫圭學術文集·甲骨文卷》,復旦大學出版社,2012年,第87—91頁;裘錫圭:《甲骨文字考釋(續)》,載《裘錫圭學術文集·甲骨文卷》,復旦大學出版社,2012年,第189—193頁。

② 董珊著:《簡帛文獻考釋論叢》,上海古籍出版社,2014年,第74頁。

③ 這個觀點承高中正先生提示,筆者按,在"毋""無""不""勿"等箴誡語辭中,否定詞關涉多個行爲對象,如《召誥》"其惟王勿以小民淫用非彝,亦敢殄戮",曾運乾先生認爲:"亦敢猶言亦勿敢。蒙上文勿字而省也。"曾運乾著:《尚書正讀》,中華書局,1964年,第198頁。

彝","淫""怑"還同義連用〔辭例(8)、(9)、(10)〕。

諸梁鐘訓誥的句式、用字、語辭等可與清華簡《攝命》《尚書·康誥》等書類文獻對讀。諸梁鐘開篇:"女(汝)亦虔秉不澄(淫,内—入)悳(德)。"其中"女(汝)亦"又見於"女(汝)亦母(毋)不夙夕𢘓(經)悳(德)"(《攝命》簡 10)、"汝亦罔不克敬典"(《康誥》)、"汝亦昌言"(《益稷》)。鐘銘"不淫"與"勿淫"同義,作爲告誡語辭的重要標識,在傳世文獻與出土文獻中都很常見。鐘銘"虔""秉""德"等語辭,與清華簡《四告》"克敬于天,明德威儀"、《迺命》"恭民毋淫"十分相近。《酒誥》有"經德秉哲","經德"又見於《孟子·盡心上》,趙注:"經,行也。"鐘銘"入德",與"(不)入于非彝"相對應。結合《召誥》"用非彝",鐘銘"入"有"行、用"之義。"入德"大致是"行、用德"。

三、"淫泆于非彝""淫用非彝"辨

出土文獻在古書校勘方面具有重要價值。清華簡書類文獻極大推動了《尚書》文本研究,代表性成果有:趙平安先生《出土文獻視域下的"庶慎"》、陳劍先生《清華簡與〈尚書〉字詞合證零札》[1]等。通過釋讀"澄"字合文,結合清華簡《四告》辭例,《酒誥》"誕惟厥縱淫泆于非彝"需要重新辨析。

關於"誕惟厥縱淫泆于非彝",主流意見作一句讀,但也有學者提出不同意見。《尚書易解》作"誕惟厥縱,淫泆于非彝",認爲:"'誕惟厥縱'斷句。誕,大也。惟,《玉篇》:'爲也。'縱,《釋詁》:'亂也。'誕惟厥縱,大行其淫亂之事。泆,《釋文》'本作逸',樂也。非彝,非法也。……江聲曰:'紂爲酒池肉林,使男女裸而相逐其間,故言大放縱淫泆于非法,以燕飲喪其威儀。'"[2]"淫泆"又見於《尚書·多士》《國語·越語下》等文獻。《酒誥》"淫泆于非彝","淫泆"成詞且多見,句意較清楚,因而質疑很少。但通過釋讀"澄"字合文,結合《四告》簡 26"不澄(淫,入)于非彝","誕惟厥縱淫泆于非彝"應爲"誕惟厥縱淫,内(入)于非彝"。《尚書》文辭古奥,源流複雜。王國維曾感歎:"於書所不能解者,殆十之五。""其難解之故有三:訛闕,一也(此以《尚書》爲甚)……"[3]新出材料爲文本校讀帶來了契機,並爲相關文本生成和訛誤時代的探討提供了可能。《酒誥》早期文本此處疑爲"澄"字,後代整理者誤讀爲"淫泆"。

---

[1] 趙平安:《出土文獻視域下的"庶慎"》,載《中國文字》編輯委員會主編《中國文字》(總第三期),萬卷樓,2020 年,第 131—141 頁;陳劍:《清華簡與〈尚書〉字詞合證零札》,載教育部人文社會科學重點研究基地、清華大學出土文獻與中國古代文明研究中心、清華大學出土文獻研究與保護中心編《出土文獻與中國古代文明——李學勤先生八十壽誕紀念論文集》,中西書局,2016 年,第 211—220 頁。

[2] 周秉鈞著:《尚書易解》,華東師範大學出版社,2010 年,第 177 頁。

[3] 王國維著:《觀堂集林》,中華書局,1959 年,第 75 頁。

"淫泆"連用成詞,習以爲常,質疑很少。戰國早期越國青銅器出現"澄"字。《酒誥》成書於戰國之前。從戰國文字用字習慣來看,楚文字"失""逸/佚、泆"一般寫作"遬""𢜩、𢘻"等。這種訛混應該不會發生在楚地文本系統中,疑爲其他地域或秦漢時代的轉錄而訛。①

《尚書·召誥》"其惟王勿以小民淫用非彝,亦敢殄戮……",這是主流的斷讀意見。屈萬里先生認爲:"以,因。淫,過也;義見《淮南子·原道篇》高注。彝,法也;義見《周禮·春官·序官》'司尊彝'鄭注。……此言勿因小民過於非法而遽殺之,意謂先教之而後刑也;《經義述聞》有説。"②曾運乾先生則認爲:"以,猶與也,能左右之曰以。淫用非彝,即《酒誥》云'誕惟厥縱淫泆于非彝'。《微子》云'沉酗于酒''婦人是用者也'。亦,亦勿也。亦敢,猶言亦勿敢,蒙上文勿字而省也。殄,滅也。戮,罪也。乂,治也。殄戮用乂民者,猶言刑戮治民者,倒文。小民淫用非彝,而言王以者,所謂桀紂帥天下以暴而民從之。"③結合清華簡"淫于非彝""毋慆于非彝、埜德"等,"以,猶與也,能左右之曰以",意見可取,疑讀"其惟王勿以小民淫,用非彝,亦敢殄戮",大體意思爲"王勿率民以無度,勿用非彝,亦勿敢刑戮"。

四、其　他

諸梁鐘《迻命》和《四告》對讀互證有助於考察《四告三》的文字屬性。不同地域的文本具有相近的思想內容,充分顯示了春秋戰國時代的文化一體性。不同載體間的文字對讀已有一些重要成果。④ 青銅器銘文、簡牘文字、傳世文獻之間的互證,一定程度上反映了文本的動態流動。

(一)《四告三》文本性質

關於《四告三》,程浩先生認爲:"我們在讀《四告三》的時候,就深覺此篇文辭淺白、邏輯混亂,不但前後語義重複,還多有割裂重組的痕跡。更讓人難以理解的是,作爲一篇禱辭,該篇雖托名周穆王滿所作,但篇中竟未提及祭祀所用的貢品,甚至沒有禱告的具體對象。"⑤這種判斷很有道理。《四告三》文本結構迥異於另外三篇,沒有禱告物件和祭品等,而是明顯的訓誥之辭。從清華簡《禱辭》和祭禱楚簡來看,禱辭文本具有一定的結構特點和形態特徵,一般有"所告之神""所禱之由""所獻之物"

---

① 關於文本對讀及相關問題,擬作另文討論。
② 屈萬里著:《尚書集釋》,中西書局,2014 年,第 181 頁。
③ 曾運乾著:《尚書正讀》,中華書局,1964 年,第 197—198 頁。
④ 石小力著:《東周金文與楚簡合證》,上海古籍出版社,2017 年。
⑤ 程浩著:《有爲言之:先秦書類文獻的源與流》,中華書局,2021 年,第 239 頁。

"厭禮之處""奏樂"等，並且句式整飭，多用韻語。①《四告三》誥辭開篇追溯稱揚周文王、武王，恭敬上天，有明德有威儀，不過度，不入於非法，歷數殷紂惡行，"反復強調摒棄非彝、野德的重要性"。程先生進一步提出："如果《四告三》與《四告四》確是出於構擬，其史料性質自然不能與'書'等量齊觀，嚴格來講它們就不能視作'書'類文獻了。"②

趙平安先生則認爲就體式而言，四篇告辭可以視爲廣義的誥體，都是周王室的檔案。從這個意義上説，四篇告辭都應視爲書類文獻。③ 通過《迺命》、諸梁鐘、《酒誥》、《召誥》相關語辭對讀和話語模式，《四告三》即使有構擬成份或注入春秋時期的元素，但主體爲訓誥之辭，屬於書類誥體。趙先生意見可以信從。

（二）春秋戰國時代的文化認同

進入春秋以後，不同地域的文字特點逐漸顯現。到了戰國時代，形成了"文字異形，言語異聲"的局面。考古學上有戰國時代的"東西差别"。春秋戰國時代文化交融始終占據主導地位，特别是不同地域，思想文化具有高度一致性。這種文化認同是《春秋》大一統觀念的基礎，爲秦漢時代所秉承，成爲中華優秀文化的組成部分，强化着我們的核心價值觀。下面以出土文獻舉例（表3-3-1）：

表3-3-1 文本對讀表

地域	文本内容、文獻對讀	説　明
齊地	（1）不敢逐康，肇謹經德（陳曼簠） 　　汝亦毋不夙夕經德（《攝命》10） 　　經德秉哲（《酒誥》） （2）嚴龏天命，哀命（憐）鰥寡（司馬枏編鎛） 　　嚴恭寅畏天命（《無逸》） 　　哀此鰥寡（《鴻雁》） （3）咸有九州，處禹之堵……靈力若虎（叔夷鐘） 　　奄有九有（《玄鳥》） 　　罴宅禹跡（秦公簋） 　　有力如虎，執轡如組（《簡兮》）	叔夷鐘"夷典其先舊及其高祖：虩虩成唐，有嚴在帝所"，很容易聯想到叔夷的話來自《商頌》④ 陳侯因齊敦"紹踵高祖黃帝"，顯示了趨於一統的祖先歷史記憶

---

① 程浩：《清華簡〈禱辭〉與戰國禱祀制度》，《文物》2019年第9期。
② 程浩著：《有爲言之：先秦書類文獻的源與流》，中華書局，2021年，第240頁。
③ 趙平安：《清華簡〈四告〉的文本形態及其意義》，《文物》2020年第9期。
④ 寧鎮疆：《由歷史記憶的傳承再說涉禹三器所述大禹史事的可靠性》，《中原文化研究》2014年第3期。

續　表

地域	文本内容、文獻對讀	説　　明
晋地	(1) 不敢怠荒(中山方壺) 　　不敢迨遑《殷武》 　　夙夜篚僻(中山方壺) 　　夙夜匪懈《烝民》《韓奕》 (2) 克訓克卑(中山王鼎) 　　克順克比(《皇矣》) (3) 寡人聞之，與其溺于人也，寧溺于淵(中山王鼎) 　　與其溺于人也，寧溺于淵。溺于淵猶可游也，溺于人不可救也(《大戴禮記·武王踐阼》)	中山三器極具思想性，反復徵引儒家典籍。正如李學勤先生所説，中山的華化應視爲春秋以來民族融合潮流的組成部分，爲列國統一奠定基礎①
燕地	(1) 畏天愛人箴②教下民無争③(燕侯載簋) 　　敬人畏天《逸周書》 　　迪畏天，顯小民《酒誥》 　　□箴教汝《攝命》29 　　胥訓胥教，胥箴胥謀《芮良夫毖》18 　　夫唯不争，故無尤《老子》 　　皆静無争《吕氏春秋》 (2) 唯燕侯職，踐祚承祀④(燕侯職壺) 　　踐祚臨祭祀《曲禮下》 　　當國踐祚《燕召公世家》 　　寅祗承祀(中山圓壺) 　　龍祈承祀《閟宫》	"畏天""愛人""無争"等透露出治國、愛民、箴教内容，教導國君如何秉承天命，以順下民。銘文中的思想讓我們看到燕文化和中原文化之間不可割裂的關係⑤
秦地	(1) 丕顯朕皇祖受天命，鼏宅禹跡(秦公簋) 　　膺受天命(毛公鼎) 　　處禹之堵(叔夷鐘) (2) 南山有鳥，北山置羅。念思公子，毋奈遠道何《公子從軍》14 　　朝樹棶樟，夕楬其英《公子從軍》17 　　有蟲西飛，翹翹其羽，一歸西行，不知極所。西行東思，泝下如雨《公子從軍》22—23	春秋時代的秦公簋，銘文格式和語辭承襲西周金文傳統 北大秦簡《公子從軍》相關語辭與《楚辭》和《詩經》十分近似，且韻式一致

---

① 李學勤：《平山墓葬群與中山國的文化》，載《新出青銅器研究》(增訂版)，人民美術出版社，2016年，第171—172頁。

② "箴"字考釋，見宋華强：《楚文字資料中所謂"箴尹"之"箴"的文字學考察》，載中國古文字研究會、復旦大學出土文獻與古文字研究中心編《古文字研究》(第二十九輯)，中華書局，2012年，第606頁。

③ 何家興：《〈燕侯載簋〉考釋二則》，《考古與文物》2015年第3期。

④ 董珊、陳劍：《燕侯職壺銘文研究》，載北京大學中國古文獻研究中心編《北京大學古文獻研究中心集刊》(第三輯)，北京大學出版社，2002年，第29—54頁。

⑤ 何家興：《〈燕侯載簋〉考釋二則》，《考古與文物》2015年第3期。

續 表

地域	文本内容、文獻對讀	説　明
越地	汝亦虔秉不淫,……訓教,桓桓輔弼王家,……齋休告成（諸梁鐘） 虔敬朕祀（秦公簋） 成訓教、變習俗（《吕氏春秋》） 桓桓於征（《泮水》） 經營四方,告成於王（《江漢》）	吴越題銘是上層貴族器物,用漢字記録漢語①,反映吴越貴族的思想和文化認同

近年來,楚地簡帛大量出土,包含大量的詩類、書類等文獻,動態呈現了楚地豐富多元的思想文化。楚簡包含早期《詩經》《秦人之歌》《孔子詩論》《琴舞》《芯詩》等,反映了楚地詩歌的發達。戰國時代,雖然政治割裂,但戰爭、聯姻、結盟等推動着文化交融。特别是戰國之"客",在出土文獻多有記載,加速了政治文化的交流,在文字形體、物易其主的銘刻上有很多反映。這種交融的深層是文化認同,如西周以來的修德、愛民、敬天等思想。儘管在春秋戰國時代,文字風格、形體構造、用字習慣等諸多方面呈現出一些地域特色,但不同地域的文化認同具有很強的一致性。這種一致性和穩定性形成了中華文化的精神内核。中華民族多元一體的文化格局淵源有自,傳承有序。

附記：

本文核心觀點在微信朋友圈發佈,劉洪濤、侯乃峰、蔡偉、馬楠、王輝、王挺斌等先生都提出了寶貴意見。

小文草成後,呈黄德寬、劉釗、吴振武、趙平安、杜澤遜、黨懷興、劉信芳、孟蓬生、馮勝君、吴良寶、沈培、陳劍、寧鎮疆等老師審閲。趙平安老師指出："對讀和合文,是古文字研究中兩個常見又麻煩的問題,大作在這方面還有進一步完善的空間。"王挺斌、高中正、趙培、王輝、黄甜甜等先生提出了具體修改意見,張銀潔、胡蝶、郭薇三位同學幫忙造字並校對,在此一併致謝！

本文原刊於《出土文獻》2022 年第 2 期。

作者係復旦大學出土文獻與古文字研究中心 2010 級博士後（合作導師：劉釗）,現爲安徽師範大學文學院教授、博士生導師。

① 董珊著：《吴越題銘研究》,科學出版社,2014 年,第 95 頁。

清華簡《子犯子餘》"邦乃遂亡"及相關問題試析

暨慧琳

清華簡《子犯子餘》第 12—13 號簡有如下一段：

殷邦之君子無小大、無遠邇，見紂若大岸將遽①崩，方走去之，懼不死刑以及于厥身，邦乃述亡。

整理者注曰："'述'，讀爲'遂'。遂亡，《荀子·正論》'不至於廢易遂亡'，王先謙《集解》：'遂，讀爲墜。'"②金宇祥先生從整理者説。③

"厚予"（網名）認爲："'述'整理者讀爲'遂'，愚按，'乃''遂'皆爲語辭，多餘。'述'疑讀爲'墜'，'墜亡'古書習見。"④按，此説誤解整理者之意，整理報告將簡文和王先謙《荀子集解》"遂，讀爲墜"的説法聯繫，實際上已經把"遂"解釋爲實義動詞"墜"，而不是語辭"遂"。王挺斌先生亦贊同讀爲"墜亡"。⑤

"子居"（網名）則謂："遂有成就、終止義，引申爲亡，《説文·辵部》：'遂，亡也。'先秦文獻稱'遂亡'之例甚多，而稱'墜亡'者無一例，可見整理者所引王先謙《集解》説實

---

① "遽"從羅小虎讀，見《清華七〈子犯子餘〉初讀》主題帖下羅小虎回帖，武漢大學簡帛網，http://www.bsm.org.cn/forum/forum.php?mod=viewthread&tid=3458&extra=&page=9，2017 年 7 月 11 日。
② 清華大學出土文獻研究與保護中心編：《清華大學藏戰國竹簡》（柒），中西書局，2017 年，第 98 頁。
③ 金宇祥：《戰國竹簡晉國史料研究》，博士學位論文，臺灣師範大學，2019 年，第 48、97 頁。
④ 其説見《清華七〈子犯子餘〉初讀》主題帖下厚予回帖，武漢大學簡帛網，http://www.bsm.org.cn/forum/forum.php?mod=viewthread&tid=3458&extra=page%3D7&page=2，2017 年 4 月 24 日。
⑤ 王挺斌：《戰國秦漢簡帛古書訓釋研究》，博士學位論文，清華大學，2018 年，第 22 頁；又王挺斌著：《戰國秦漢簡帛古書訓釋研究》，中國社會科學出版社，2022 年，第 51 頁。

不能成立。"①

李宥婕先生認爲："若依子居所謂先秦文獻中'遂亡'之例，'遂'應作副詞用，則與'乃'字意思重複。"其文認同整理者之説，將"遂"讀爲"墜"，並將多數學者讀爲"亡"的字讀作"喪"。②

以上是關於《子犯子餘》"邦乃述亡"具有代表性的幾種説法。③ 本文認爲目前已有的説法皆有可商之處。楚簡中"述"讀爲"遂"是常見的用字習慣，此句的"述"讀爲"遂"自無問題，但是把"遂"進一步讀爲"墜"或訓釋爲"亡"，則有待商榷。

一、舊説評析

首先，"邦乃述亡"不宜讀爲"邦乃墜亡"。

上博簡《靈王遂申》5 號簡"王將述邦"，整理者將"述"讀爲"遂"，引《説文》"遂，亡也"，認爲"遂邦"即"亡國"。④ 蘇建洲先生指出："《説文》：'遂，亡也。'段注曰：'遂，亡也。《廣韻》：達也、進也、成也、安也、止也、往也、從志也，按皆引伸之義也。'可見《説文》的'遂'並非滅亡的意思，而是逃亡之義。"⑤蘇先生贊同多數學者將"王將述邦"讀爲"王將墜邦"的意見，可從。

除《靈王遂申》的"王將述（墜）邦"之外，常與"邦乃述亡"並提的還有以下諸例：大盂鼎（《集成》2837）銘文"我聞殷述（墜）命"、《尚書・君奭》"殷既墜厥命"、《國語・楚語》"自先王莫墜其國"、清華簡《越公其事》74 號簡"焉述（墜）失宗廟"⑥、清華簡《治邦之道》23 號簡"墜失社稷"等等。又，清華簡《厚父》6 號簡"天乃弗若，乃述叀命，亡叀邦"，可讀爲"天乃弗若，乃墜厥命，亡厥邦"⑦，該句同時出現了"乃述"和"亡邦"，從

---

① 子居：《清華簡七〈子犯子餘〉韻讀》，"先秦子居"個人圖書館，http://www.360doc.com/content/17/1028/17/34614342_698857205.shtml，2017 年 10 月 28 日。
② 李宥婕：《〈清華大學藏戰國竹簡（柒）・子犯子餘〉集釋》，碩士學位論文，彰化師範大學，2018年，第 138 頁。
③ 各家具體意見可參看洪鼎倫：《清華柒〈子犯子餘〉研究》，碩士學位論文，成功大學，2019 年，第 248—252 頁。
④ 馬承源主編：《上海博物館藏戰國楚竹書》（九），上海古籍出版社，2012 年，第 164 頁。
⑤ 蘇建洲：《上博九〈靈王遂申〉釋讀與研究》，載清華大學出土文獻研究與保護中心編《出土文獻》（第五輯），中西書局，2014 年，第 104 頁。
⑥ 此句整理報告讀爲"焉遂失宗廟"，羅小虎指出"遂"應理解爲"墜"，與"失"義同，見《清華七〈越公其事〉初讀》主題帖下羅小虎回帖，武漢大學簡帛網，http://www.bsm.org.cn/forum/forum.php?mod=viewthread&tid=3456&extra=page%3D5&page=21，2017 年 8 月 23 日。
⑦ 整理者認爲"若""赦"音近可通，讀爲"天乃弗赦"。鄔可晶先生指出整理者所舉《史記》和《漢書》中"螫""蠚"爲異文，實際上是由於語義相近，"若""赦"古音並不相近，此如字讀即可。其説見於鄔可晶復旦大學研究生"方法論"課程，2019 年 12 月 10 日。

語義到文例皆與本文討論的"邦乃述亡"十分接近。是否可以據此將《子犯子餘》"邦乃述亡"讀爲"邦乃墜亡"？其實不然。

從語法方面看，《子犯子餘》"邦乃述亡"的句法結構與上述這些辭例都不同。前文所引的"某某述（墜）邦/命/國/宗廟/社稷"等句中，"述（墜）"處於謂語位置，後接賓語，爲及物動詞。而在"邦乃述亡"句中，"邦"爲主語，"亡"爲謂語動詞，其後無賓語，因此"述"既可能是動詞，也可能是副詞。具體是哪一種情況，還需結合文義、文獻用例等方面來判斷。

從詞義來看，日本學者海老根量介對文獻中所見的"（主語）墜（遂）其A"類句式有詳細分析，其文指出"墜（遂）A""墜（遂）其A"意思是"（主語）失去自己的A"，其中的"墜（遂）"都是"失去"，並無"滅亡"的意思。① 另一方面，陳劍先生指出，古書中表"失墜"的"墜"字，往往要帶賓語，即使"墜"後沒有賓語，"墜"的對象從上下文看也應該是相當清楚的。② "邦乃遂亡"的主語爲"邦"，句中無賓語，即便將"遂"讀爲"墜"，前後文也沒有"失墜"的對象。故"邦乃遂亡"之"遂"不宜讀爲"墜"並解釋爲喪失或失墜。

從文獻用例來看，先秦秦漢文獻中有"墜邦/命/國/宗廟/社稷"，但從未見"邦墜"的表達法，蓋因表喪失義的"墜"後需接賓語（參前引陳劍先生文章），而"墜"在這樣的語境中又不能解釋爲落下。並且如子居先生所言，除王先謙將《荀子》"國雖不安，不至於廢易遂亡"讀爲"墜亡"之外，早期文獻中並無其他"墜亡"連用之例。而《荀子》的這一例證也並不可信。王先謙將《荀子》的"遂亡"讀爲"墜亡"的説法，實際上源自王念孫。王念孫把"不至於廢易遂亡"的"遂"讀爲"墜"，認爲"墜"與"弛"義相近，該句意爲"不至於廢弛墜失也"。③《漢語大詞典》："墜亡：猶喪失。"④"墜失：失去，廢弛。"⑤"墜亡"與"墜失"在表示失去時義近，但"墜亡"未必就有"廢弛"義。⑥ 王念孫將"不至

---

① 海老根量介：《靈王所"遂"者究竟爲何國——〈靈王遂申〉再考》，載中山大學古文字研究所、出土文獻與中國古代文明研究協同創新中心、中山大學中國語言文學系編《文字・文獻・文明》，上海古籍出版社，2019年，第115—123頁。

② 陳文中"墜X"類文例舉證詳實，讀者可以參看。陳劍：《金文"象"字考釋》，載《甲骨金文考釋論集》，綫裝書局，2007年，第81頁。

③ 王念孫撰：《讀書雜志》，徐煒君等校點，上海古籍出版社，2014年，第1734—1735頁。

④ 漢語大詞典編纂處編：《漢語大詞典》（第二卷），上海辭書出版社，2011年，第1209頁。此義項引例爲宋人蘇舜欽詩《檢書》："墜亡多玩愛，存聚必券帖。"

⑤ "墜失"表"廢弛"義例如《國語・周語上》："庶人、工、商各守其業，以共其上，猶恐其有墜失也。"參漢語大詞典編纂處編：《漢語大詞典》（第二卷），上海辭書出版社，2011年，第1209頁。

⑥ "廢弛"有懈怠、敗壞義，如《漢書・王莽傳上》"朝政崩壞，綱紀廢弛"。參漢語大詞典編纂處編：《漢語大詞典》（第三卷），上海辭書出版社，2011年，第1280頁。

於廢易遂亡"之"遂亡"讀爲"墜亡"也難講通文義,《荀子》這句話該如何解釋,尚待研究。①

綜合以上原因,不宜將《子犯子餘》"邦乃述(遂)亡"讀爲"邦乃墜亡"。

其次,"邦乃述亡"讀爲"邦乃遂亡",若將"遂"解釋爲"亡",也是有問題的。如前引蘇建洲、海老根量介二位先生所述,《説文》所謂"遂,亡也","遂"並非滅亡之"亡",而是逃亡之"亡"。《子犯子餘》"邦乃遂亡"的主語是"邦",如果認爲"遂""亡"皆是動詞且爲同義連用,邏輯不通。

先秦文獻所見"遂亡"之例,大致可以分爲兩種情況。其一,"遂"爲副詞,"亡"爲動詞,"亡"或表滅亡,或表丟失、失去。略舉數例如下:

少康滅澆于過,后杼滅豷于戈,有窮由是遂亡。　　　　（《左傳·襄公四年》）
鄭縣人卜子妻之市,買鼈以歸,過潁水,以爲渴也,因縱而飲之,遂亡其鼈。
　　　　（《韓非子·外儲説左上》）
九年,秦虜王安,盡入其地,爲潁川郡。韓遂亡。　　　　（《史記·韓世家》）
帝辛喜爵之德,不治國家,亢暴無極,外寇乃至,遂亡殷國。
　　　　（《説苑·敬慎》）

其二,"遂"與"亡"皆爲動詞,均表示逃亡②,其例如下:

兵戍邊一歲遂亡不候代者,比於亡軍。　　　　（《尉繚子·兵令下》）
☐☐述(遂)亡不從其將吏,比於亡軍。　　　　（銀雀山漢簡《兵令》簡976）
士吏賢主大夫姚,姚盜書繫遯(遂)亡,獄史令賢求,弗得。
　　　　（張家山漢簡《奏讞書》簡61）

---

① 本文原將"國雖不安,不至於廢易遂亡"解釋爲:國家雖然不安定,不至於廢棄衰敗徹底滅亡。認爲"遂"表示全部、完全、盡。承劉釗師提示,此句"廢易"爲近義連用,"遂亡"若解釋爲偏正結構,似不妥當。經查檢,詞典中未收入"廢易",《三國志》數見"廢易"連用,如"中書令李豐與皇后父光禄大夫張緝等謀廢易大臣",皆是廢黜並更換之義,與《荀子》文義不合。海老根量介認爲"遂"確有"滅亡"之義,但這個意思的"遂"都出現在和"亡"構成的同義連文中,且"遂亡"不帶賓語;其文認爲"國雖不安,不至於廢易遂亡"意思是"雖然國家不安定,但是還不至於(君主)廢黜(國家)滅亡"。詳見海老根量介:《靈王所"遂"者究竟爲何國——〈靈王遂申〉再考》,載中山大學古文字研究所、出土文獻與中國古代文明研究協同創新中心、中山大學中國語言文學系編《文字·文獻·文明》,上海古籍出版社,2019年,第120頁。

② 陳偉武、王凱博二位先生皆對出土文獻中的"遂"有逃亡義及"遂亡"連用表示逃亡、遁逃之義有詳細討論,可參看。陳偉武:《銀雀山漢簡考釋(十則)》,載廣東炎黄文化研究會、紀念容庚先生百年誕辰暨中國古文字學學術研討會合編《容庚先生百年誕辰紀念文集(古文字研究專號)》,廣東人民出版社,1998年,第690—691頁;王凱博:《出土文獻資料疑義探研》,博士學位論文,吉林大學,2018年,第426—427頁注5。

從以上諸例亦可知,"遂亡"若爲同義連用,詞義皆表示逃亡。故"邦乃遂亡"也不可解釋爲"遂""亡"同義連用。

二、"乃遂"爲同義虛詞複用

本文認爲,"邦乃述亡"讀爲"邦乃遂亡",當以"乃遂"連讀而非以"遂亡"合觀。"乃""遂"在此句中皆爲虛詞,均表示動作的順承,此即俞樾所謂的"同義助語詞複用"。俞樾《古書疑義舉例》卷四有"語詞複用例",謂:"古人用助語詞,有兩字同義而複用者。"① 所謂"語詞"即虛詞。古書中虛詞複用的現象習見,同義虛詞連用的"乃遂"亦屬常見,如:

> 知莊子、范文子、韓獻子諫曰:"不可。……不如還也。"乃遂還。
> (《左傳·成公六年》)

> 秋八月甲戌,公如公孫有陘氏,因孫於邾,乃遂如越。
> (《左傳·哀公二十七年》)

> 魯君乃遂束縛管仲與召忽。 (《管子·大匡》)

> 鮑叔曰:"公必用夷吾之言。"公不聽,乃令四封之內修兵,關市之征侈之,公乃遂用以勇授禄。 (《管子·大匡》)

> 叔仲曰:"……且夫君子計成而後行,二三子計乎?有禦楚之術而有守國之備,則可也;若未有,不如往也。"乃遂行。 (《國語·魯語》)

> 管仲曰:"以地衛君,非以君衛地,君其許之。"乃遂封於汶南,與之盟。
> (《吕氏春秋·貴信》)

> 高陽乃命玄宫,禹親把天之瑞令,以征有苗。四電誘祗,有神人面鳥身,若瑾以侍,搤矢有苗之祥,苗師大亂,后乃遂幾。 (《墨子·非攻下》)

> 白公勝怒,乃遂與勇力死士石乞等襲殺令尹子西、子綦於朝。
> (《史記·楚世家》)

> 居周久之,見周之衰,迺遂去。 (《史記·老子列傳》)

> 荆軻知太子不忍,乃遂私見樊於期。 (《戰國策·燕策三》)

> 太子已祭而行,乃遂西征。 (《穆天子傳》)

> 吉,則乃遂宿尸。 (《儀禮·少牢饋食禮》)

> 頌曰:老萊與妻,逃世山陽,蓬蒿爲室,莞葭爲蓋。楚王聘之,老萊將行,妻曰世亂,乃遂逃亡。 (《列女傳》)

---

① 俞樾等著:《古書疑義舉例五種》,中華書局,1956年,第68—69頁。

此類例證甚多,兹不贅舉。作爲同義虚詞連用的"乃遂",有時可省用"乃",有時可省用"遂",文獻中有異文爲證:

> 黄帝降自東階,西面啟首曰:"皇天降兹,敢不承命!"於是鳳乃遂集東囿,食帝竹實,棲帝梧樹,終身不去。　　　　　　　　　　　　(《説苑·辨物》)
>
> 黄帝降于東階,西面,再拜稽首曰:"皇天降祉,敢不承命!"鳳乃止帝東園,集帝梧桐,食帝竹實,没身不去。　　　　　　　　　　　(《韓詩外傳》)
>
> 莊王曰:"不可。彊者我避之,弱者我威之,是寡人無以立乎天下也。"遂還師以逆晉寇。　　　　　　　　　　　　　　　　　　(《新序·雜事》)
>
> 莊王曰:"不可。強者我避之,弱者我威之,是寡人無以立乎天下也。"乃遂還師以逆晉寇。　　　　　　　　　　　　　　　　　　(《韓詩外傳》)

這類用法的"乃遂"有時還可寫作"遂乃":

> 控弦之民,旃裘之長,莫不沮膽,挫折遠遁,遂乃振旅。　　(《鹽鐵論·誅秦》)
>
> 恭懷后遂乃改殯於承光宫,葬西陵。　　　　　　　　　　(《列女傳》)
>
> 安帝雅聞衡善術學,公車特徵拜郎中,再遷爲太史令。遂乃研覈陰陽,妙盡琁機之正,作渾天儀,著《靈憲》《筭罔論》,言甚詳明。　　　　(《後漢書·張衡列傳》)

《經詞衍釋》:"'遂',猶'乃'也,'又'也。'遂'爲繼事之詞,亦又義也。"① "乃遂"用於謂語前,表示前後兩個動作或事情的緊相承接,後者往往由前者引起,或是以前者爲條件、前提。② 這與《子犯子餘》的語境正相符——簡文先講殷邦君子因懼怕紂的惡行而皆"走去之",緊接着"邦乃遂亡",即"國家於是就滅亡"。與此句相似的語境及表述有如下諸例:

> 以其族適晉。六年,虢乃亡。　　　　　　　　　　　　　(《國語·晉語》)
>
> 以其孥適西山。三月,虞乃亡。　　　　　　　　　　　　(《國語·晉語》)
>
> 九年,秦虜王安,盡入其地,爲潁川郡。韓遂亡。　　　　(《史記·韓世家》)
>
> 韓、魏反於外,趙氏應之於内,知氏遂亡。　　　　　　　(《戰國策·魏策一》)

---

① 吴昌瑩:《經詞衍釋》,載魯仁編《中國古代工具書叢編》(8),天津古籍出版社,1999年,第212頁。

② 中國社會科學院語言研究所古代漢語研究室編:《古代漢語虛詞詞典》,商務印書館,1999年,第384頁。

特别是《淮南子·氾論》"殷之將敗也,太史令向藝先歸文王,期年而紂乃亡",與《子犯子餘》描述的情境大體相合。可見《子犯子餘》中的"乃遂"實爲同義的兩虛詞連用。

"乃述(遂)"亦見於清華簡其他篇目中,且可與傳世文獻對讀,如:

左軍、右軍乃述(遂)涉,攻之。　　　　　　　　　　　（《越公其事》簡 67）

越之左軍、右軍乃遂涉而從之。　　　　　　　　　　　（《國語·吴語》）

越師乃述(遂)襲吴。　　　　　　　　　　　　　　　　（《越公其事》簡 68）

越師遂入吴國。　　　　　　　　　　　　　　　　　　（《國語·吴語》）

可證"乃遂"即相當於"遂"。又,據黄德寬先生此前發佈的材料可知,安大簡楚史類簡文中亦有"融曰:是穴之熊也。乃遂名之曰穴酓(熊),是爲荆王"。① 這幾處"乃述(遂)"無疑都是同義虛詞連用。

除"乃遂"之外,出土文獻中還有其他虛詞複用現象。清華簡《祭公之顧命》簡 11"董之用威,亦尚寬壯厥心"、清華簡《鄭武夫人規孺子》簡 11"孺子之志亦猶足"、馬王堆帛書《春秋事語》"猶尚莫敢不服"、北大簡《周馴》簡 141"且已去其民矣,而尚猶有不惠之名","亦尚""亦猶""猶尚""尚猶"皆爲同義虛詞複用,《古書虛字集釋》謂:"'亦',猶'猶'也,'尚'也。"②

同義虛詞連用是虛詞强化的一種,劉丹青先生對於虛詞强化現象曾有過分析:

語法化中的强化指在已有的虛詞虛語素上再加上同類或相關的虛化要素,使原有虛化單位的句法語義作用得到加强。

……第二類是同義强化。其中有的是同義並列强化,即將幾個同義的虛詞加在一起構成一個同義的新虛詞。……並列强化既符合虛詞强化的普遍趨勢,又符合漢語詞彙雙音化及多音化的趨勢,兩流相匯其勢益盛,因而在漢語史上特別多見,尤其突出地表現在副詞、連詞等詞類上。③

楚永安先生所著《文言複式虛詞》一書收録了 1 200 多條複式虛詞④,甚便讀者。然而從前文所引關於"乃述(遂)"的討論來看,學者常認爲兩虛詞複用是"多餘",可見古漢語中的同義虛詞複用現象似未得到廣泛的認識。

---

① 黄德寬:《安徽大學藏戰國竹簡概述》,《文物》2017 年第 9 期,第 54—59 頁。
② 裴學海著:《古書虛字集釋》,中華書局,1954 年,第 179 頁。
③ 劉丹青:《語法化中的更新、强化與疊加》,《語言研究》2001 年第 2 期,第 71—81 頁。
④ 楚永安:《文言複式虛詞》,中國人民大學出版社,1986 年。

三、相關問題略説

與此相關的前人注疏亦有可商之處，在此一併討論。

《漢書·文帝紀》記載了一段漢文帝在趙幽王劉友被幽禁而死後，封其子劉遂、劉辟彊等爲諸侯王的詔令：

> 詔曰："前趙幽王幽死，朕甚憐之，已立其太子遂爲趙王。遂弟辟彊及齊悼惠王子朱虚侯章、東牟侯興居有功，可王。"乃遂立辟彊爲河間王，章爲城陽王，興居爲濟北王。

《史記·孝文本紀》記載此事作：

> 上曰："趙幽王幽死，朕甚憐之，已立其長子遂爲趙王。遂弟辟彊及齊悼惠王子朱虚侯章、東牟侯興居有功，可王。"乃立趙幽王少子辟彊爲河間王，以齊劇郡立朱虚侯爲城陽王，立東牟侯爲濟北王。

趙幽王長子名爲"劉遂"，王先謙據此認爲《漢書》"乃遂立辟彊爲河間王"句中的"遂"字涉上文而衍。① 中華書局 1962 年版《漢書》校勘記即據王説將"遂"標注爲衍字，並加按語"《史記》無'遂'字"，1999 年版簡體字本亦如此。②

董志翹先生已經根據文獻中多見雙音化虚詞的現象指出王先謙之説有誤，《漢書》"乃遂"之"遂"應非衍文。③ 但董先生此説並未得到校者的認同（參《漢書》校勘記），可能是因爲《漢書》的這段文字承襲自《史記》，《史記》作"乃"而《漢書》作"乃遂"，所以研究者仍多從王先謙之説，將《漢書》此處的"遂"視爲衍文。我們贊同董志翹先生的觀點，下文擬對此問題略作分析。

《漢書》多見"乃遂"連用，其中一部分是承襲《史記》而來，如下引諸例：

> （武帝）乃遂北巡朔方。　　　　　　　　　　　　　　　（《漢書·郊祀志》）
>
> 相如以爲列仙之儒居山澤間，形容甚臞，此非帝王之仙意也，乃遂奏《大人賦》。　　　　　　　　　　　　　　　（《漢書·司馬相如傳》）
>
> 入粤境，吕嘉乃遂反。　　　　　　　　　　　　　　（《漢書·兩粤傳》）
>
> 公孫弘爭曰："齊王自殺無後，國除爲郡，入漢，偃本首惡，非誅偃無以謝天

---

① 班固撰：《漢書補注》，王先謙補注，上海古籍出版社，2008 年，第 173 頁。
② 班固撰：《漢書》，顔師古注，中華書局，1962 年，第 136 頁校勘記；簡體字版見班固撰：《漢書》，顔師古注，中華書局，1999 年，第 98 頁校勘記。
③ 董志翹：《〈漢書〉舊訓考辨略例（二）》，《蘇州大學學報》1982 年第 1 期，第 74—78 頁。

下。"乃遂族偃。　　　　　　　　　　　　　　　　　　　（《漢書·主父偃傳》）

但也有《史記》不用"乃遂"，而《漢書》用之之例，如：

　　沛公至咸陽，諸將皆爭走金帛財物之府分之，何獨先入收秦丞相御史律令圖書藏之。沛公爲漢王，以何爲丞相。　　　　　　　　（《史記·蕭相國世家》）

　　沛公至咸陽，諸將皆爭走金帛財物之府分之，何獨先入收秦丞相御史律令圖書藏之。……漢王曰："善。"乃遂就國，以何爲丞相。　（《漢書·蕭何傳》）

　　今加九命之錫，其以助祭，共文武之職，乃遂及厥祖。
　　　　　　　　　　　　　　　　　　　　　　　　　　　　（《漢書·王莽傳》）

　　八百諸侯會。還歸二年，乃遂伐紂克殷，以箕子歸，十三年也。
　　　　　　　　　　　　　　　　　　　　　　　　　　　　（《漢書·律曆志》）

比較可知，《漢書·蕭何傳》襲用了《史記·蕭相國世家》的大部分文字但略有改寫，並非完全照搬《史記》，尤其是《漢書》還增用了一處"乃遂"。再結合上引其他幾例，可見《漢書》自有以"乃遂"連用的的行文習慣，《文帝紀》中"乃遂"之"遂"未必就是衍文。

文獻中還有一類"乃遂"並非同義連用或者略有爭議，在此也略作討論。《吕氏春秋·仲秋紀》："是月也，易關市，來商旅，入貨賄，以便民事。四方來雜，遠鄉皆至，則財物不匱，上無乏用，百事乃遂。"高誘注："遂，成也。"①《淮南子·道應》："文王歸，乃爲玉門，築靈臺，相女童，擊鐘鼓，以待紂之失也。紂聞之，曰：'周伯昌改道易行，吾無憂矣。'乃爲炮烙，剖比干，剔孕婦，殺諫者。文王乃遂其謀。"此句中的"遂"亦"成也"。

又《離騷》："夏桀之常違兮，乃遂焉而逢殃。"姜亮夫認爲："此言夏桀無道，乃遂逢殃，終爲殷湯所誅滅。"②金開誠等著《屈原集校注》則認爲："乃：就。遂焉：終於。《廣雅·釋詁三》：'遂，竟也。'以上二句説：夏桀違背常規，就終於遭殃。"③二説似皆可通。不過，從馬王堆帛書《繫辭》有"聖人設卦觀馬〈象〉，繫辭焉而明吉凶，剛柔相遂而生變化"來看，《楚辭》"乃遂焉而逢殃"也有可能是"乃遂"連用，"焉而"連用。

另有一些與"邦（國）"相關的"遂亡"之義，也需辨析。如帛書《經法·國次》"奪
□□而無予，□國乃遂亡"，又《十六經·行守》亦有"奪之而無予，此國乃不遂亡"，《長沙馬王堆漢墓簡帛集成》整理者指出此句意謂："如果吞併這種'失其次'的國家而不分

---

① 許維遹撰：《吕氏春秋集釋》，中華書局，2009 年，第 178 頁。
② 姜亮夫：《重訂屈原賦校注》，載《姜亮夫全集》（六），雲南人民出版社，2002 年，第 55 頁。
③ 金開誠等校注：《屈原集校注》，中華書局，1996 年，第 75 頁。

封給賢者,這個國家就不會徹底滅亡。"①比較下列異文可知,此類"遂"爲虛詞,表示行爲動作的最終結果。

　　王者以百姓爲天,百姓與之則安,輔之則強,非之則危,倍之則亡。《詩》曰:"民之無良,相怨一方。"民皆居一方而怨其上,<u>不亡者</u>未之有也。

(《韓詩外傳》)

　　君人者以百姓爲天,百姓與之則安,輔之則彊,非之則危,背之則亡。《詩》云:"人而無良,相怨一方。"民怨其上,<u>不遂亡者</u>未之有也。　　(《説苑·建本》)

王凱博先生通過分析文獻中一系列"未遂＋VP""不遂＋VP""弗遂＋VP"用例,指出在未然語境中,"遂"表示遂成、完成等的詞義有所虛化,"VP"所標示的行爲、動作是結果没能够、没得以完成、没實現。②

綜上可見"乃遂""遂亡"的組合實有多種情况,釋讀時還需加以辨析。

附記:
本文初稿承劉釗師與劉嬌、張傳官二位先生審閲指正,謹此一併致謝!

2018 年 10 月初稿
2019 年 11 月二改
2020 年 05 月再改
於光華樓 2712 室

本文原載《簡帛》(第二十二輯),上海古籍出版社,2021 年。

作者係復旦大學出土文獻與古文字研究中心 2017 級博士(導師:劉釗),現爲廈門大學中文系助理教授。

---

① 湖南省博物館、復旦大學出土文獻與古文字研究中心編纂:《長沙馬王堆漢墓簡帛集成》(肆),中華書局,2014 年,第 130 頁。
② 王凱博:《出土文獻資料疑義探研》,博士學位論文,吉林大學,2018 年,第 359—361 頁。

略論丁佛言的古璽文研究

王其秀

丁佛言(1878—1931),原名世嶧,初字桐生、息齋、芙緣,繼諧芙緣音爲佛言,號邁鈍,別號黃人、松遊庵主、還倉室主,山東黃縣(今龍口市)城關鎮宋家瞳人,清末民初著名的書法篆刻家、古文字學家和社會活動家。歷任山東咨議局議員、民國參議院議員、黎元洪總統府秘書長等公職,以及《神州日報》《亞細亞報》《國民日報》《中華雜志》等報刊編輯,山東政法學堂教員、國民大學文字學教授。他早期社會活動較多,志高行廉,享有很高的社會聲望,受到家鄉人民和社會名流的愛戴和尊重。

丁佛言一生著述頗多,但通見的只有《説文古籀補補》(以下簡稱"《補補》")、《丁佛言手批愙齋集古錄》(天津市古籍書店,1990年,影印本)、《丁佛言書法選》(人民美術出版社,1995年)。20世紀80年代其族人從海内外徵集到部分書法篆刻作品,在中國臺灣出版了《還倉室遺珍》。① 今天我們要探尋丁佛言古璽文研究的成就,只能從這些著作中窺其一斑了。

《補補》成書於1925年,商務印書館手寫石印出版。其書除了發闡吳大澂《説文古籀補》(以下簡稱"《補》")之外,還有一個重要目的——撥亂反正,匡正字形。其時清末民初,學界研習金石篆刻之風極盛,雅俗共好,但一些文字學行外之人也操刀弄筆僭竊製作,混淆古今,拼湊偏旁,私造文字,致使甲金璽陶古文字真假難辨,僞訛叢生,私造字形不斷增多,以致難以辨認。爲了革除此積弊流風,丁佛言仿《補》之例,擇選精拓,不取摹本,補入三千八百餘字,以敷金文篆刻之用。此舉頗有許叔重當年傾力編撰《説文》之意旨。至於文字考釋,應該別誌,可别有《瓽下韻》,可惜難以搜尋。

《補補》一書收釋體例多依吳著,正編十四卷,附錄一卷。《補》的文字收錄類型重金文而略璽陶,《補補》的收錄則重在璽陶文字。吳大澂《補》(1895年湘中重刻本)正

---

① 丁佛言生平和著述詳見蔣惠民著:《黃城丁氏家族》,山東大學出版社,2004年;張久深編寫:《丁佛言》,黃縣政協文史資料研究委員會、煙臺市政協文史資料研究委員會,1986年;王獻唐:《黃縣丁佛言先生遺著目錄》,《文獻》1982年第11期,第267頁。

編部分收璽文字頭 303 個,重文 79 個,其中一例爲合文,實爲單字 304 個,附錄部分錄字頭 3 個,全書收錄璽文字形共計 486 個。而 1884 年初刻本僅收古璽單字 38 個,重文 44 個,總 82 個字形。可見十年間古璽文收錄的迅速發展。丁佛言《補補》一書正編收璽文單字 843 個,重文 895 個,附錄部分收璽文單字 231 個,重文 28 個,璽文字形總計 1 997 個。古璽單字占全書單字的 63%,可見古璽文字在《補補》一書中的份量。《三補》收璽文單字 190 個,重文 28 個,字形總計 218 個。在以上《説文古籀補》"三種"中,璽文收錄方面,丁佛言《補補》是收錄最多的。有學者説,在三書中,丁佛言《補補》對璽文的收錄和釋讀是貢獻最大的。① 下面我們試作具體的分析討論。

在古璽文釋讀方面,有些字形的釋讀,表現出丁佛言在文字釋讀方面的卓識。

釋"壻"(1.3)。"壻"條第二個璽文字形,《古璽文編》入附錄待考(435 頁),張向民《〈説文古籀補補〉研究》從之,把此字歸入不識字行列②。其實丁佛言認爲此字從女從胥釋爲"壻"是正確的,《説文》:"壻或從女。"這方璽見《古璽彙編》1600 號。全璽從風格看當是燕國璽,因爲"女"字旁的這種寫法在燕國璽中所見最多,如《古璽彙編》3580 號、0190 號璽文中"女"字寫法,燕璽"瓔""妟"等從女之字的寫法③。可以明顯看出,此種"女"字寫法是燕璽風格。這方古璽,丁佛言把全文釋爲"臍壻",其實另外一個字釋"臍"是不當的,此字原璽下部稍模糊,導致丁佛言誤釋爲從月,其實是從邑的。另外,燕璽"齊"的寫法也和本璽中"齊"的寫法相似(參燕璽"韓生齊"④),這些都證明此方古璽爲燕國璽⑤,也説明丁佛言釋"壻"是正確的。

釋"苺"(1.4)。此條下所收古璽字形釋"苺"可從,而《古璽文編》作不識字入附錄(512 頁)。何琳儀先生認爲此字從竹從母,疑爲"苺"字異文,讀爲每,姓氏。⑥ 何説可從。

釋"莊"(1.4)。吳大澂把金文趩亥鼎字形歸入附錄(《補》附錄 10)。丁佛言把其歸入正編,按説:"與召伯虎敦之、石鼓之皆不類,當是古莊字。丬其所從非用沙。莊爲敬畏,古亦作嚴,在毛鼎當讀爲唯天嚴集乃命,第二字當讀爲弗及邦嚴;在虢盤當讀爲壯武於戎工。蓋莊古又與壯通也。"丁佛言把字形釋爲"莊"是非常正確的,《金文編》已把此字形入"莊"字條(33 頁)。《補補》此條所收第一個古璽字形"武關莊

---

① 何琳儀和徐在國先生都有此看法,得於先生上課講述。
② 張向民:《〈説文古籀補補〉研究》,碩士學位論文,天津師範大學,2007 年,第 20 頁。
③ 莊新興編著:《戰國璽印分域編》,上海書店出版社,2001 年,第 17 頁。
④ 同上書,第 35 頁。
⑤ 同上。
⑥ 何琳儀著:《戰國古文字典:戰國文字聲系》,中華書局,1998 年,第 129 頁。

壐"和金文字形相同,所以很容易釋爲"莊"。可以説,這是借助和金文字形的對比識出"莊"字的。丁佛言應該是釋出金文和古壐"莊"字較早的人之一。

　　釋"㞢"(2.6)。古壐字形从止从尚省,見《古壐彙編》3666號,《古壐文編》入附錄(527頁)。黃錫全認爲釋"㞢"不誤,古無"㞢"姓,或者可通"堂"或"棠",二姓氏均見於古書。① 吴振武也認爲丁佛言釋"㞢"可從,結合其他古壐和漢印文字,認爲古有"㞢"姓。② 字在古壐中用爲姓氏無疑。

　　釋"登"(2.6)。字見《古壐彙編》3848號,《古壐文編》入附錄(515頁)。丁佛言釋"登"至確,但對 之形體分析有誤。豆寫作 是燕國文字的寫法,詳李家浩《盱眙銅壺芻議》。③ 陶文中亦有此形,《古匋文舂録》未釋出(附錄16)。

　　釋"選"(2.9)。壐見《古壐彙編》2167號,原書闕釋,《古壐文編》入附錄(391頁)。吴振武《〈古壐文編〉校訂》肯定了釋"選"説。④《戰國文字編》已入"選"字條下(97頁)。

　　在《補補》考釋正確的字形中,不乏對一些疑難字的釋讀,如釋"芻"(1.6)、釋"原"(2.10)、釋"齔"(2.11)、釋"信"(3.2)、釋"腏"(4.7)、釋"胎"(4.7)、釋"虡"(5.9)、釋"韓"(5.10)、釋"夆"(5.10)、釋"邴"(6.12)、釋"穆"(7.4)、釋"麗昌"之"麗"(10.2)、釋"燮"(10.3)、釋"慶"(10.6)、釋"浩"(11.2)、釋"冬"(11.4)、釋"掌"(12.2)、釋"聘"(12.2)、釋"將"(14.9)、釋"桁"(附錄9)等,都受到學界的認可和稱揚。⑤ 吴振武在《〈古壐文編〉校訂》中引用或肯定丁佛言古壐文考釋的説法多達46條,可見丁佛言的古壐釋讀對今天古壐文字研究的重要意義。

　　丁佛言在釋字時之所以認出了一些疑難字,其原因有一點是他對偏旁分析法的熟練應用,識出了一個偏旁,從而釋出了從此偏旁的一批字。如識出了"隹"旁,從而釋出了"離""蒦""癰"等字;識出了"曷"旁,從而釋出了"楬""歇""闒""竭""渴"等字;

---

① 黃錫全:《古文字考釋數則》,載中國古文字研究會、中華書局編輯部編《古文字研究》(第十七輯),中華書局,1989年,第291—292頁。

② 吴振武:《〈古壐文編〉校訂》,博士學位論文,吉林大學,1984年,第780條。

③ 李家浩:《盱眙銅壺芻議》,載中國古文字研究會、中華書局編輯部編《古文字研究》(第十二輯),中華書局,1985年,第355頁。

④ 吴振武:《〈古壐文編〉校訂》,博士學位論文,吉林大學,1984年,第466條。

⑤ 徐在國:《略論丁佛言的古文字研究》,煙臺師範學院學報(哲學社會科學版)1998年第3期,第52—53頁;吴振武:《〈古壐文編〉校訂》,博士學位論文,吉林大學,1984年,第740、149、619、782、282、584、704條;湯餘惠:《略論戰國文字形體研究中的幾個問題》,載陝西省考古研究所、中國古文字研究會、中華書局編輯部合編《古文字研究》(第十五輯),中華書局,1986年,第61—62頁;劉釗著:《古文字構形學》,福建人民出版社,2006年,第172頁;裘錫圭:《戰國壐印文字考釋三篇》,載山西省文物局考古研究所編《古文字研究》(第十輯),中華書局,1983年,第79—82頁。

識出了"叕"旁,從而釋出了"腏""綴"字;識出了"台"旁,從而釋出了"怡""給"字;識出了"奇"旁,從而釋出了"倚""騎"字。① 也存在對一些偏旁辨識有誤或不清,從而釋錯从此偏旁的字的情況。不識"它"旁,將"佗""鮀"誤釋爲"佇",將"柁"誤釋爲"楮";不識"巠"旁,把本从巠之字誤釋爲从里;不識"虍"旁,把"蘆"誤釋爲"覃",把"纑"誤釋爲"縵";對"月"旁與"勹"旁、"旬"旁辨識不清,誤釋"薛"爲"蓊","汨"爲"洵";分不清"民""母""毋"旁,認爲它們是一字之變,把"母"誤認爲"民"字;等等。② 這説明丁佛言對偏旁分析法形成了有意識的運用,成功釋讀了一批字,也因此誤釋了一些字。

在古璽考釋方法的運用上,除了偏旁分析法之外,字形對照法是所有古文字考釋者自覺運用的方法。《補補》在同一字條下兼列不同類型文字,本身就是字形對照法的自然應用,通過古璽字形和金文字形的對照,釋讀出了不少單獨拿出古璽字形却難以識讀的字形,如"莊"(1.4)、"邊"(2.10)等字。當然,其中也借鑒了前人考釋甲金文的成果。丁佛言也注意運用前代古文或者一些字書、辭書、韻書等釋字,如用《説文》古文籀文或體釋字,釋"堉"(1.3)、"柘"(6.2)、"選"(2.9)、"言"(3.1)、"爽"(4.3)、"楬"(6.3)、"都"(6.9)、"頸"(9.1)、"恒"(13.4)、"離"(4.3)、"疾"(7.10)、"匠"(12.6)等;利用古文《尚書》釋字,釋"修"(9.2)、"綦"(13.2)等;用《汗簡》古文,釋"波"(11.2)字;用三體石經古文,釋"聘"(12.2)字;用《玉篇》古文,釋"容"(7.7)字;用《詩經》異文,釋"辛"(14.7)字;用到的還有《廣韻》《集韻》《釋名》等書,運用的材料可謂十分豐富。從材料的運用上我們可以看出,丁佛言並没有排斥《汗簡》之類一段時間內多爲學者詬病的傳抄古文資料,反而是積極加以利用,這是對待古文字材料的科學態度。其所應用的材料及其對待材料的態度,對其他學者利用字書、辭書、韻書類材料考釋古文字,也有促進和推動作用。

此外,儘管古璽多人名、地名、職官名,內容豐富蕪雜,除部分人名、職官名外,辭例大都不易尋繹,但丁佛言還是注意充分利用古璽文的固定辭例考釋文字。其在"信"字條下説:"信璽屢見古璽。漢私印信印二字本此。"(3.2)注意到"信璽""信印"這些常見辭例。其他還有人名"相如""去疾"等。③

在對古文字發展規律和古文字條例的認識中,丁佛言已經認識到某些偏旁可以互通。如"禾""木"二旁可通,"蘇"或从木(1.4);"米""禾"二旁可通,"廩"或从米(5.9),"秏"或从米(7.5);"女""人"二旁可通,"姓"或从人(12.3);"立""土"二旁可

---

① 字例參張向民:《〈説文古籀補補〉研究》,碩士學位論文,天津師範大學,2007年,第7頁。
② 同上書,第11頁。
③ 徐在國:《略論丁佛言的古文字研究》,煙臺師範學院學報(哲學社會科學版)1998年第3期,第53頁。

通,"坡""坤""均"或从立(13.4);"力""心"二旁可通,"勞"或从心(13.7);"宀""尸"二旁可通,"屠"或从宀(14.7);"囗""宀"二旁可通,"寋"或从囗(7.8);等等。對於這些偏旁或可通用的現象,丁佛言已經有意識地開始了總結,如其在"邦"字條下説"從邑從田從土其義一也"(6.9),也就是説"邑""田""土"作爲義符有時是可通用的;又在"鄰"條、"郊"條下説"古從邑之字亦或從阜",這表明他對古文字中偏旁義近或通的現象已經形成了有意識的條例總結。丁佛言也認識到偏旁省簡或訛混現象的存在,如"止""又"二旁互訛,見"共"字條(3.6);"貝"或省爲"目"形,"買"字璽文下部或從目(6.8);"目""日"二形或訛混,"明"或從目(7.3)。認識到古文字中偏旁複贅現象的存在,其稱之爲某字"繁文"或"更從某旁",如"閾"條"閾"從三豕形,定爲"閾"字繁文(12.1);"許"字條"許"本從言又綴加心旁,"或更從心"(3.2)。又在"器"字形下説此形從器從囧,"更從囧亦仍是器之繁文",並總結説:"古文往往所從已足,必更複贅,以盡其義。如國本爲或,必更從囗;稟本爲向,必更從禾或米;善本爲詧,必更從言;他如圭已從土,必更加又;盥已從囧,必更加月;陰陽陵已從阜,必更加土,其類不勝枚舉。器之從囧亦複贅之列也。"(附録18)其總結所列字例雖不一定完全正確,但確實注意到了偏旁複贅現象的大量存在,並形成了有意識的歸納和應用,所以我們認爲其把該字形釋爲"器"是有道理的。丁佛言把通常左右結構的字形易爲上下結構稱爲"易横豎",如"祏"(4.6)、"胡"(4.6)、"杜"(6.1)、"江"(11.1)、"浩"(11.2)、"如"(12.4)、"功"(13.7)等字;把左右結構的字左右偏旁位置互易或字形反寫稱爲"反文",如"朝"(7.1)、"秋"(7.5)、"位"(8.2)、"襄"(8.5)、"奴"(12.4)、"戎"(12.5)、"武"(12.6)、"成"(14.7)等字。對於字形的演化,丁佛言注意到下部從土之字或變爲從壬,見"恒"字條(10.7);共用筆畫,見"滔"字條(11.3);聲符替換,"成"字或從壬(14.7);等等。

在丁佛言的古璽釋讀中我們發現,丁佛言對合文認識還不够清楚,有時候辨識不出來,如將"淳于"合文誤釋爲"敦"(3.12),將"堂谿"合文誤釋爲"叡"(4.6),將"餘子"合文誤釋爲"言"(5.9),將"五月"合文誤釋爲"明"(7.3),將"五鹿"合文誤釋爲"敬"(9.4),將"馬帀(師)"合文釋爲"馬"(10.1),將"易之"合文釋爲"揚"(12.3)。全書正編部分共出現十處合文,丁佛言僅識出三例,且此三例合文中都存在合文符號。附録部分收録了七例合文,正確釋出三例,且都有合文符號,其餘四例僅有一例無合文符號。在附録未識的合文中有一例"相如"合文。在正編中,丁佛言本已正確識出一例"相如"合文中的"如"字,對該字所在的古璽"陽城相如"也已正確識讀,但丁佛言仍將"王相如"("相如"合文)歸入附録,不知是何原因。這種情況表明丁佛言對合文是有一定認識的,其在"孫"下注曰"公孫二字合文,=爲表明"(12.7),説明丁佛言對合文符號的認識是完全正確的。但上述誤釋例中有的也有合文符號,不知是丁佛言對字形分割存在錯誤認識，還是對合文符號的認識不夠完全明確。總之，《補補》中出現的合文，丁佛言釋錯了大部分。從這點上應該説，丁佛言對合文還存在一些認識不清的地方，或者認爲合文不是單字，從而將完全確識的例子歸入附錄。

由於丁佛言在古璽考釋方法和古文字發展規律及條例上的進一步認識，他不僅釋讀出了大量古璽字形，也對前人釋字的不足有了重新認識，其中不乏對吳大澂《補》誤釋字的訂正或不識字的補釋，如改釋"計"爲"信"(3.2)、改釋"安"爲"家"(7.6)、釋"雖"(4.3)、釋"楬"(6.3)等。《補》收録合文五例，未有一例正確釋讀。① 雖然丁佛言對合文未能完全釋讀，但在認識上比吳大澂有了進步，認識了合文符號，並釋出了部分合文。

有些字形，丁佛言已經正確釋讀出來，但後來的古璽著録並沒有採用丁佛言的正確成果，仍然誤釋或作爲不識字處理。丁佛言已經正確釋讀而《古璽文編》仍歸入附録的有"玉"(515頁)、"塔"(435頁)、"苺"(512頁)、"韓"(461頁)、"鄭"(442頁)、"鄴"(381頁)、"邴"(373頁)、"僅"(431頁)、"頁"(429頁)、"騎"(413頁)、"慶"(448頁)、"津"(419頁)、"寅"(455頁)等。還有些字形，《古璽文編》的釋讀不如《補補》準確，如釋"怡"(10.6)、釋"紿"(13.1)等。《補補》釋讀正確，而《文編》釋讀有誤的，如《補補》"餾"條(5.6)古璽字形釋讀可從，《古璽文編》依然釋爲"饋"(112頁)；《補補》"忻"條(10.6)古璽字形釋"忻"是，《古璽文編》誤釋爲"惹"(261頁)。當然，後出轉精，也有很多字形丁佛言釋讀錯誤而《古璽文編》釋讀正確。如丁佛言誤釋爲"繭"(1.4)的字，《古璽文編》已經正確釋爲"藿"(7頁)；丁佛言釋爲"董"(1.5)的字，《古璽文編》釋爲"鄞"(153頁)更爲準確；丁佛言誤釋爲"蔑"的 ⿱、⿱(4.3)，《古璽文編》已經改釋爲"義"(296頁)；丁佛言誤釋爲"椓"(6.3)的字形，《古璽文編》確釋爲"榆"(123頁)；《補補》誤釋爲"洞"的字形(11.2)，《古璽文編》正確改釋爲"清"(272頁)；《補補》釋爲"堅"的⿱(13.6)，《古璽文編》隸爲"堊"；等等。

有些字形丁氏釋讀正確，而後人重新考釋時却漏引了丁佛言的説法。"頭"條古璽字形⿱(9.1)，丁佛言的釋讀是正確的，《古璽文編》亦入"頭"條，其下注曰："于省吾釋頭。"(225頁)如果從徵引材料儘量從早的角度考慮，這條注語是不準確的，徵引丁佛言的説法更恰切些。

有些字形丁佛言已經識别出來，或者完全識别字形的各個構件，或者因爲《説文》所無，或者出於審慎，而列入附録，如"廚""鄘""坷""舊""苳""柯""雉""希""呪""庫""玨""髏""臘""管""鄀""那""邲""邵""郡""郄""酄""邸""鄧""鮑""鄩""蟁""郫""荸"

---

① 俞紹宏：《〈説文古籀補〉研究》，博士學位論文，安徽大學，2006年，第24頁。

"瘦""瘊""疢""猲""尉""恳""憖""愁""驨""憑""鶣""涅""沟""閿""閏""嬰""弓""引""妫""無""骄""帕""勅""雜""器""如""疠""司馬""司工""公孫"等字。還有的是丁佛言疑爲某字，或二説並存，但爲審慎起見，未敢驟下定論，所以歸入附録，其實所疑甚是，這類字有"遊""徭""越""唐""桁""勺""鄐""盟""秦""期""瘙""畻""佑""欯""危""感""熄""窸""惆""皀""傷""淘""渼""魚""浬""善""佟""帶""皀"等。有的字形下面丁佛言引或説，但未細加甄别，其所引或説是正確的，如"皉""鄢""魏""城""户""虎""終""豿""秋"。儘管列入附録，但爲我們正確識讀該字提供了綫索和提示。

有些字形丁佛言的考釋雖然不正確，但其中也有可取之處，對我們有啓發作用，爲我們進一步考釋該字提供了綫索。如"系"字條下古璽文（12.7）釋"系"雖然不確，但其注説"此上⌒象連系之形"，這個説法是很有啓發作用的。裘錫圭將此類形體隸定爲"絲"，認爲是"聯接"之"聯"的初文，由此正確釋讀了从絲的一批字。① 此文引用了丁佛言的這個説法，釋"絲"即是以"連"爲"聯"的本義爲前提的。不得不説，丁佛言的説法對裘先生的考釋有很大的啓發和影響，至少能够看出丁説在裘文中起了很大的引導作用。

丁佛言所引諸家之説，有不見於其著者，對原作有補充和輯佚作用，如其所徵引的陳介祺、吴大澂、姚華、柯昌泗、錢獻之、宋振之、陳文會等人的説法②。《古璽文編》是今天研究古璽的人案頭必備的工具書，但有些字形《古璽文編》並未收録。如《補補》"索"條字形（6.5），不見於《古璽文編》；丁佛言誤釋爲"庶"的"乘"字（9.6），《古璽文編》"乘"條（120頁）未録；《補補》"獲"條（10.2），不見於《古璽文編》"犬"部所收字。

丁佛言釋讀有誤的字或者入附録者，有些屬於疑難字，至今仍不識或未有定論。我們認爲，這並不是丁佛言個人的失誤，而是時代學術水平的局限，不應該對個人求全責備。這部分字形本篇暫略不論。

經過仔細統計，《補補》正編中確釋的字形有 1 348 個，占正編部分字形的 77.5%。誤釋者或者釋讀有爭議迄無定論者 392 個，占正編收録字形的 22.5%。有些字丁佛言本來已經釋讀出來，只是字形分割不正確，或者對字形的個别構件認識不準確，或者已經全部識别字形的構件但讀法有問題等，我們在統計時從嚴計算，列入了誤釋字行列，如釋"荀"（1.6）、釋"茨"（1.6）、釋"量"（8.4）等。如果剔除這部分字

---

① 裘錫圭：《戰國璽印文字考釋三篇》，載山西省文物局考古研究所編《古文字研究》（第十輯），中華書局，1983年，第84—93頁。

② 徐在國：《略論丁佛言的古文字研究》，煙臺師範學院學報（哲學社會科學版）1998年第3期，第53頁。

形,丁佛言的璽文釋讀正確率其實更高,其中還不包括其釋讀可備一說者。所以我們說,丁佛言的古璽釋讀正確率當在 77.5％以上。

據俞紹宏的統計,吳大澂《補》所收的 303 個古璽單字中,正確釋讀的有 215 個,釋字正確率約爲 71％。① 強運開《三補》正編收璽文字形 218 個,考釋正確者 162 個,釋字正確率爲 74％。如果單從釋字正確率來考察,《補補》古璽的正確釋讀率是最高的。雖然一個人的文字考釋水準受考釋文字本身的難易等多方面因素影響,不能單從正確釋讀率來考察,但這無疑也能反映文字考釋水準的一個方面。所以從這點上說,丁佛言《補補》的古璽文字收錄和釋讀在《說文古籀補》三種中是成就最高、貢獻最大的。如果說吳大澂是古璽文字收錄和釋讀的先驅者,是戰國文字研究的奠基者②,那麽丁佛言就是繼往開來將其發揚光大的最重要的開拓者之一,尤其是在古璽收錄和研究方面。丁佛言的古璽收錄和釋讀不僅承續了其時代的文字釋讀成就,也反映了其個人領先於同時代其他人的古璽研究水準,是其時古璽研究最有成就的承繼者之一。其古璽研究的重要貢獻之一就是將古璽文按字頭分列條目並作出釋讀,這爲專門古璽文字字書的編排提供了極有價值的參考,也可以看作是專門的古璽文字編的雛形。和第一部古璽文字的專門著錄羅福頤 1930 年編纂的《古璽文字徵》(收錄可識的古璽文字計 629 字,附錄約 650 個)相比,無論是字形的釋讀還是古璽文字總數的收錄,丁佛言的《補補》都大大高於五年後出版的《古璽文字徵》。這也反映了丁佛言的古璽考釋水準在同時代學者中的位置,說明了《補補》一書在古璽收錄和研究方面的重要價值。所以,《補補》至今仍是古璽研究者應當充分重視和利用的一部重要工具書。

本文原刊於《寧夏大學學報》(人文社會科學版)2013 年第 2 期。本次選入,文字略有刪改。

作者係復旦大學出土文獻與古文字研究中心 2011 級博士後(合作導師:劉釗),現爲安徽工業大學馬克思主義學院副教授。

---

① 俞紹宏:《〈說文古籀補〉研究》,博士學位論文,安徽大學,2006 年,第 24 頁。
② 裘錫圭:《吳大澂》,載《文史叢稿》,上海遠東出版社,2012 年,第 173 頁。

"陽春白雪""下里巴人"古曲定名新證

——兼論春秋戰國新聲的興起及其地域特徵

徐 淵

自西漢以來,受宋玉文賦的巨大影響,歷代文苑多喜取用"陽春白雪""陽阿薤露""下里巴人"等典故,比喻人之趣味品流有雅俗高下之分,且在文賦中常常單獨使用"陽春""白雪""下里""巴人""陽阿""薤露"等名。此式引用既久,致後世對於《下里巴人》《陽阿薤露》《陽春白雪》各爲一曲的曲名,還是分別作兩曲的曲名(即《下里》《巴人》《陽阿》《薤露》《陽春》《白雪》六名)常常莫衷一是。這不但引起不同整理標點本在此問題上的巨大分歧,在不同的學術討論中各家也持不同的立場。

從依違的比例來看,主張《下里》《巴人》《陽阿》《薤露》《陽春》《白雪》爲六種不同古曲的人數,要遠遠多於以《下里巴人》《陽阿薤露》《陽春白雪》爲三種古曲的人數。這與漢人對以上古曲的引録方式大有關係,如司馬相如《美人賦》有"臣遂撫弦,爲《幽蘭》《白雪》之曲",馬融《長笛賦》有"中取度於《白雪》《淥水》,下采制於《延露》《巴人》",揚雄《蜀都賦》有"躅《淒秋》,發《陽春》",李善注:"《淒秋》《陽春》,並曲名。"此種引用多見於漢賦及後世文辭。本文擬結合傳世文獻與出土文獻,證實在先秦時代《下里巴人》《陽阿薤露》《陽春白雪》實爲三首獨立的古曲名,並進一步討論戰國新曲的興起及其鮮明的地域特徵。

一、關於三首古曲名的認識分歧

《文選》第四十五卷收録宋玉《對楚王問》一篇,其文照録如下:

楚襄王問於宋玉曰"先生其有遺行與?何士民衆庶不譽之甚也!"

宋玉對曰:"唯,然,有之。願大王寬其罪,使得畢其辭。客有歌於郢中者,其始曰《下里巴人》,國中屬而和者數千人;其爲《陽阿薤露》,國中屬而和者數百人;其爲《陽春白雪》,國中屬而和者不過數十人;引商刻羽,雜以流徵,國中屬而和者,不過數人而已。是其曲彌高,其和彌寡。故鳥有鳳而魚有鯤。鳳皇上擊九千里,絕雲霓,負蒼天,翱翔乎杳冥之上。夫蕃籬之鷃,豈能與之料天地之高哉?鯤魚朝發崑崙之墟,暴鬐於碣石,暮宿於孟諸。夫尺澤之鯢,豈能與之量江海之大哉?故非獨鳥有鳳而魚有鯤也,士亦有之。夫聖人瑰意琦行,超然獨處;夫世俗之民又安知臣之所爲哉?"①

相同內容的文字又見於東晉習鑿齒《襄陽耆舊記》這部雜傳類的史書。《襄陽耆舊記》到南宋以後已經散佚,今天所見的五卷本爲宋元以來眾多學者的輯佚增補本②,故與《文選》所記的《對楚王問》尚有不小的出入,其文迻錄如下:

玉識音而善(友)[文],[襄]王好樂[而]愛賦,既美其才,而憎之(仍)[似]屈原也。曰:"子盍從[楚之]俗,使楚人貴子之德乎?"對曰:"昔楚有善歌者,[王其聞歟?]始而曰下里巴人,國中屬而和之者數(百)[萬]人;(既)[中]而曰(陽春白雪,朝日魚離)[陽阿采菱]③,國中屬而和之者(不至十)[數百]人;[既而曰陽陵白露,白露,曲名也。朝日魚離,魚離,曲名也。]④含商吐角,絕節赴曲,國中屬而和之者不(至三人矣)[過數人],[蓋]其曲彌高,其和彌寡也。"⑤

第一段文字中含有古曲名《下里巴人》《陽阿薤露》《陽春白雪》,第二段文字中除含有《下里巴人》《陽春白雪》外,還有《陽阿采菱》《陽陵白露》《朝日魚離》三曲名。

檢《漢語大詞典》(以下簡稱《漢大》)相關條目,則將與此古曲相關的詞語分列於六個條目之下,分別爲"下里""巴人""陽阿""薤露""陽春""白雪",六個條目下各有作爲古曲名的義項,在詞條內引此六者時基本都是點斷並加書名號的⑥,可見《漢大》所採用的是將上述曲名視作六種曲子的意見。而從本文一開始所引的較爲可靠的《文選》整理本來看,其所取的意見恰恰是與《漢大》相反的意見,由此可以窺見在此問題上意見不同之一斑。

---

① 宋玉:《對楚王問》,載《文選》,上海古籍出版社,1986年,第1999頁。
② 吳金華:《〈襄陽耆舊記〉發疑》,《文教資料》1995年第4、5期合刊,第164頁。
③ 《校補襄陽耆舊記》據《北堂書鈔》《初學記》《太平御覽》,改"陽春白雪,朝日魚離"爲"陽阿采菱"。習鑿齒撰:《校補襄陽耆舊記》,黃慧賢校補,中州古籍出版社,1987年,第2頁。
④ 《校補襄陽耆舊記》據《藝文類聚》《初學記》《太平御覽》,補"既而曰陽陵白露,白露,曲名也。朝日魚離,魚離,曲名也"。又說:"《太平御覽》作'陽阿',據《藝文類聚》《初學記》改爲'陽陵'。"習鑿齒撰:《校補襄陽耆舊記》,黃慧賢校補,中州古籍出版社,1987年,第2頁。
⑤ 此段引文據《校補襄陽耆舊記》轉錄爲繁體。習鑿齒撰:《校補襄陽耆舊記》,黃慧賢校補,中州古籍出版社,1987年,第2頁。
⑥ 漢語大詞典編輯委員會、漢語大詞典編纂處編纂:《漢語大詞典》(九卷本),漢語大詞典出版社,2010年。參見"下里"條,第314頁;"巴人"條,第5141頁;"陽阿"條,第16425頁;"薤露"條,第13079頁;"陽春"條,第16427頁;"白雪"條,第11348頁。

由於在其他著述及文章中對此問題的分歧更多,意見難於統一,故本文不再一一臚列採用以上兩種不同説法的著述與文章,僅對採用以上二説之一並提出有力理據的意見加以討論和引述。本文認爲,在《文選》此篇所述宋玉對楚王的時代,較爲主流的以《下里》《巴人》《陽阿》《薤露》《陽春》《白雪》爲六種不同古曲曲名的意見(即《漢大》所採取的意見)是錯誤的,《下里巴人》《陽阿薤露》《陽春白雪》實爲三種不同的古曲,下面將逐步加以申述。

二、《襄陽耆舊記》古曲名徵疑

《襄陽耆舊記》的文字,根據《北堂書鈔》《初學記》《太平御覽》的本字校改後如下:

> 昔楚有善歌者,王其聞歟?始而曰《下里》《巴人》,國中屬而和之者數萬人;中而曰《陽阿》《采菱》,國中屬而和之者數百人;既而曰《陽陵》《白露》,《白露》,曲名也。《朝日》《魚離》,《魚離》,曲名也。含商吐角,絶節赴曲,國中屬而和之者不過數人。

文中將"《陽阿》"與"《采菱》"並舉,置於《對楚王問》"《陽阿薤露》"的位置,又將"《陽陵》"與"《白露》"、"《朝日》"與"《魚離》"並舉,置於《對楚王問》"《陽春白雪》"的位置。其中除了《陽阿》《采菱》見於漢魏辭賦的稱引,《陽陵》《白露》《朝日》《魚離》皆不見於其他先秦漢魏古典,如果這些古曲是一時之名曲,不會毫無後世稱引的例子。西晉的習鑿齒已不能如漢人時常聆聽這些古代名曲,故對曲名也顯得相當生疏。

其實,將"《陽阿》"與"《采菱》"對舉,是《襄陽耆舊記》的作者習鑿齒或後來的整理者受到《楚辭·招魂》"《涉江》《采菱》,發《揚荷》些"及《淮南子·人間》"歌《采菱》,發《陽阿》"的影響,在"《陽阿》"後衍出"《采菱》"一名。

"陽陵"即是"陽阿"。陽阿,據《漢書·地理志》屬上黨郡①,治所在今山西陽城西北陽陵。由於地理位置極爲相近,故《襄陽耆舊記》中的"陽陵"很可能是"陽阿"的注文,後譌作正文。"《陽陵》《白露》"實爲"《陽春》《白雪》"之誤。"白露"中的"露"字是將舊本中"薤露"移到此處形成的字誤。《襄陽耆舊記》中"陽阿""采菱"與"陽陵""白露",其實是"陽春""白雪""薤露"及"陽阿"的注文"陽陵"混合的結果。因此,《陽陵》《白露》從不見於漢魏人文賦的稱引也就毫不足怪了。

從《對楚王問》的行文來看,"引商刻羽,雜以流徵,國中屬而和者,不過數人而已"之前,似乎當有曲名。《魚離》是存在過的古曲,"魚離"又作"魚麗"。"魚麗"見於《左傳·桓公五年》"爲魚麗之陳",西晉杜預注云:"《司馬法》'車戰二十五乘爲偏',以車

---

① 班固撰:《漢書》,顔師古注,中華書局,1962年,第1553頁。

居前,以伍次之,承偏之隙而彌縫闕漏也。五人爲伍。此蓋魚麗陳法。"①先秦"魚麗"亦用作曲名,用於人聲歌唱,《儀禮·鄉飲酒禮》有"間歌《魚麗》,笙《由庚》"。其中的《魚麗》,實爲《詩經·小雅》中的一首,在《儀禮》所述的規範禮儀場合,《詩經》中的詩篇多作演奏歌詠之用。除了上舉《魚麗》《由庚》,還有《鹿鳴》《四牡》《皇皇者華》《南陔》《白華》《華黍》《南有嘉魚》《崇丘》《南山有臺》《由儀》《關雎》《葛覃》《卷耳》《鵲巢》《采蘩》《采苹》,這些禮儀場合的曲子均取於《詩經》。

然而大概到了漢代,《魚麗》逐漸不爲人所知。漢魏人詩文稱引《魚麗》時僅作爲戰陣之名使用,如張衡《東京賦》有"鵝鸛魚麗,箕張翼舒",薛綜注:"鵝鸛、魚麗,並陣名也。"漢人所稱的"魚麗"只是作爲《左傳》的舊時戰陣使用。由於時間久遠,作爲曲名的《魚麗》到漢代已經不復有樂工能夠演奏了。

正因爲如此,在《襄陽耆舊記》傳本中《魚麗》被附會爲戰國晚期宋玉時代的曲子應不可信,而"朝日"同樣沒有作爲曲名被漢魏文賦稱引過。由於《襄陽耆舊記》的古曲稱引問題較多,其文本形成的時間較晚,不能作爲古曲名研究的可靠材料。故下文還是要回到《對楚王問》對古曲名的稱引情況來加以討論。

三、漢人賦所引古曲名的特點

漢以前及兩漢魏晋時代文賦引以上古曲名時,有一項特點頗爲引人注意,即《下里》與《巴人》、《陽阿》與《薤露》、《陽春》與《白雪》很少同時出現在引用之中。如司馬相如《美人賦》"臣遂撫弦,爲《幽蘭》《白雪》之曲",舉《白雪》時未舉《陽春》;《淮南子·人間》"歌《采菱》,發《陽阿》",舉《陽阿》時未舉《薤露》;《淮南子·説山》:"欲美和者,必先始于《陽阿》《采菱》",舉《陽阿》時未舉《薤露》;揚雄《蜀都賦》"躅《淒秋》,發《陽春》",李善注"《淒秋》《陽春》並曲名",舉《陽春》時未舉《白雪》;馬融《長笛賦》"中取度於《白雪》《淥水》,下采制於《延露》《巴人》",舉《白雪》《巴人》時未舉《陽春》《下里》;陸機《文賦》"綴《下里》於《白雪》,吾亦濟夫所偉",舉《下里》《白雪》時未舉《巴人》《陽春》。

古曲名在傳世文獻中常見不少異名,如《陽阿》或作《揚荷》,《楚辭·招魂》有"《涉江》《采菱》,發《揚荷》些",王逸注:"楚人歌曲也。"這些辭例同樣也符合上節所述的特點。

《淮南子·俶真》有"足蹀陽阿之舞,而手會《綠水》之趨"②,高誘注:"陽阿,古之名

---

① 杜預:《春秋左傳集解》,上海人民出版社,1977年,第83—84頁。
② 此處標點從《漢語大詞典》"陽阿"條,參見漢語大詞典編輯委員會、漢語大詞典編纂處編纂:《漢語大詞典》(九卷本),漢語大詞典出版社,2010年,第16425頁。

倡也。《緑水》，舞曲也。"而曹植《箜篌引》却説："《陽阿》奏奇舞，京洛出名謳。""《陽阿》奏奇舞"意即"奇舞奏《陽阿》"，《陽阿》是伴舞之曲，而非古名倡之姓名。揚雄《蜀都賦》有"躅《淒秋》，發《陽春》"，章樵注："以足踏地而歌。"而"躁"亦爲踩、踏之義，可見《淮南子·俶真》"足躁陽阿之舞"中的"陽阿"當作曲名，應理解爲"足躁《陽阿》之舞"。高誘之説不可從。另外，《俶真》中的"《緑水》之趨"，很可能就是馬融《長笛賦》中的"中取度於《白雪》《渌水》"的《渌水》。古書中有"渌""緑"相通的例子，如《韓詩外傳》卷五"緑圖"，《路史·後記》卷八作"渌圖"。在漢魏碑刻中"渌"作"緑"用的例子也不少。東魏元象二年《凝禪寺三級浮圖碑》有"當使渌竹之彩，長摇於紫風"，又北魏《邢巒妻元純陀墓誌》有"蓮開渌渚，日照層梁"，"渌"都作"緑"用。據上，《淮南子·俶真》中所舉之《陽阿》，也没有與《薤露》對舉。

漢魏碑刻中也有引《薤露》的例子，其中"薤"字又作"䪥""𧂇""雍"①（爲了閲讀方便，下面引文通改爲"薤"）。北魏永安二年《王翊墓誌》有"影影《檣柳》，淒淒《薤露》"，《檣柳》應當也是一首曲子；又東魏元象二年《公孫略墓誌》有"《薤路》掩蔽，《蒿里》淒清"，《薤路》即《薤露》，《蒿里》見下文的討論。有時，《薤露》又作"《薤》響""《薤》曲""《薤》歌"。北齊天保四年《元良墓誌》有"如何一去，遂乖朝市。《薤》響已催，將歸夜臺"；又北齊武平元年《暴誕墓誌》有"龍吹夜警，鼉鼓辰鳴。楊園蕭索，《薤》曲淒清"；又北魏太昌元年《元延明墓誌》有"《薤》歌淒咽，《柳》飾低昂"，《柳》大概就是《王翊墓誌》中所引的《檣柳》。以上例子中亦未見將《薤露》與《陽阿》對舉。

爲何在漢魏人文賦中極少見到《下里》與《巴人》、《陽阿》與《薤露》、《陽春》與《白雪》同時對舉的情況，本文認爲只有當引曲名之人默會《下里》或《巴人》所指即是《下里巴人》，《陽阿》或《薤露》所指即是《陽阿薤露》，《陽春》或《白雪》所指即是《陽春白雪》之時，以上情況纔會自然發生。

四、出土文獻所見"陽春""陽阿"

從以上列漢魏人文賦來看，如果《下里巴人》《陽阿薤露》《陽春白雪》實爲三首古曲之名，"下里"與"巴人"、"陽阿"與"薤露"、"陽春"與"白雪"的曲名内部一定存在着聯繫，否則很難想象六個完全無關的詞兩兩結合成一首曲名。

陽阿，根據《漢書·地理志》屬上黨郡，爲西漢所置，治所在今山西陽城縣西北陽陵。《後漢書·馬融傳》引馬融《廣成頌》云："若乃《陽阿》衰斐之晋制，闟蛩、華羽之南

---

① 毛遠明著：《漢魏六朝碑刻異體字典》，中華書局，2014年，第998頁。

音,所以洞蕩匈臆,發明耳目。"①可見"陽阿"在漢人看來屬於晉地。這與上文的分析——舊注將《陽阿薤露》之"陽阿"注爲"陽陵",是相符合的。而《楚辭·九歌·少司命》有"與女沐兮咸池,晞女髮兮陽之阿",王逸注:"阿,曲隅,日所行也。"其中"陽之阿"則是"陽阿"的虛稱,乃指"水之陽"的"曲隅",即水北的曲折之處,並不是"陽阿薤露"之"陽阿"實際所指的地方。由此可知,"陽阿薤露"古曲名是指晉國故地"陽阿"這個地方的《薤露》曲,陽阿是地點,《薤露》是曲名,並稱之則爲《陽阿薤露》。

關於《陽阿薤露》名稱的分析若不誤,則"陽春白雪"也應該可以作類似的解釋。舊説多以"陽春"爲溫暖春日之稱,如《管子·地數》有"君伐菹薪,煮沸水爲鹽,正而積之三萬鍾,至陽春,請籍於時",又張衡《溫泉賦》"陽春之月,百草萋萋",傅毅《七激》"陽春後榮,涉秋先凋",其中陽春皆直接指陽氣上升的春日。大概因爲溫暖的春日季節不當再有皚皚白雪,故後人直接接把"陽春"和"白雪"理解爲兩首不同的曲名,應有季節時令的考慮。

然而,"陽阿"若可理解爲具體地名,則"陽春"也同樣可以理解爲地名。由於無法找到戰國時代"陽春"所在的具體方位,歷來這樣的理解思路常爲人忽視。

《江漢考古》1982年第2期發表了一件戰國時代的陽春嗇夫緩戈②(圖3-6-1,中國社科院考古所編《殷周金文集成》器號11324,吳鎮烽編《商周青銅器銘文暨圖像集成》器號17184),其銘文(圖3-6-2)如下:

廿五年。陽邑(春)嗇夫緩。帀₌(工帀—工師)斂。刃(冶)韌。

圖3-6-1 陽春嗇夫緩戈③　　圖3-6-2 陽春嗇夫緩戈拓片及摹本④

---

① 范曄撰:《後漢書》,李賢等注,中華書局,1965年,第1967頁。
② 《江漢考古》1982年第2期,封面3,圖11。
③ 吳鎮烽編著:《商周青銅器銘文暨圖像集成》(第三十二卷),上海古籍出版社,2012年,第247頁。
④ 同上。

該器於 1977 年出土於湖北黃陂魯臺山 12 號墓，就其字形特點來看屬於三晉系的文字，可見戰國時代"陽春"屬於三晉地名，也即晉國故地。①

圖 3-6-3
"陽春祭尊"印②

到了漢代，地名"陽春"雖然不見於《漢書·地理志》，但這個地名可能依舊存在，在施謝捷摹輯的《虛無有齋摹輯漢印》中收録了一方漢印（編號 0150），其印文爲"陽春祭尊"（圖 3-6-3）。所謂"祭尊"，即"祭酒"。在先秦祭祀饗宴禮中，必推年長者一人先舉酒以祭祀，故稱爲祭酒，秦漢時因襲以爲官名。賈誼《新書·時變》有"驕恥偏而爲祭尊，黥劓者攘臂而爲政"，漢印中有"東昌祭尊"（屬西漢時東昌侯國）、"安樂祭尊"（屬西漢漁陽郡安樂縣）、"廣昌祭尊"（屬西漢代郡廣昌縣或廣昌侯國）、"霸西祭尊"（孫慰祖認爲"漢縣無'霸西'之名，此當鄉、里之名"③），另外還有"南孟祭尊""金門祭尊""畸里祭尊""金里祭尊""安民里祭尊印"等，這些地名均不見於《漢書·地理志》及《後漢書·郡國志》，很可能都是漢代鄉、里之名。由此可知，"陽春"在漢代很可能也是一個相對較小的地名，其名稱沿用的正是東周時期的地名。

《白雪》之曲傳與春秋晉師曠有關，《淮南子·覽冥》有"昔者師曠奏《白雪》之音，而神物爲之下降"。可見古曲《白雪》最早的流傳即在三晉地區，聯繫"陽春"爲三晉地區的地名，"陽春白雪"是指晉國故地"陽春"這個地方的《白雪》曲，與《陽阿薤露》的曲名是相同結構的。雖然《陽春白雪》並不一定是師曠所作，但它在三晉地區最早流行傳播是非常可能的。因此，無論《陽阿薤露》還是《陽春白雪》，都是春秋戰國時代三晉地區流行起來的古曲，其名稱最原初的內涵是陽阿的《薤露》、陽春的《白雪》。

五、"下里"與"蒿里"異名同指

在説明了《陽阿薤露》和《陽春白雪》的曲名內涵後，需要進一步對《下里巴人》的曲名結構加以分解。

考察目前所知的文獻，先秦秦漢時代並無"下里"地名。"下里"的含義之一是指死者歸葬之所。《漢書·韓延壽傳》有"百姓遵用其教，賣偶車馬下里偽物者，棄之市道"，又《漢書·田延年傳》有"先是，茂陵富人焦氏、賈氏以數千萬陰積貯炭葦諸下里之物"，顏師古注引孟康曰："死者歸蒿里，葬地下，故曰下里。"因此，不少漢魏人將古曲中的《蒿里》與此相聯繫，認爲是古挽歌之名。西晉初的崔豹《古今注·音樂》云：

---

① 黃盛璋：《新發現之三晉兵器及其相關的問題》，《文博》1987 年第 2 期，第 58 頁。
② 施謝捷摹輯：《虛無有齋摹輯漢印》（第二册），藝文書院，2014 年，第 26 頁。
③ 孫慰祖主編：《兩漢官印匯考》，上海書畫出版社、大業公司，1993 年，第 208 頁。

《薤露》《蒿里》,並喪歌也。出田橫門人。橫自殺,門人傷之,爲作悲歌,言人命如薤上之露,易晞滅也。亦謂人死魂魄歸於蒿里。……至孝武時,李延年乃分爲二曲,《薤露》送王公貴人,《蒿里》送士大夫庶人,使挽柩者歌之,世呼爲挽歌。①

崔豹將《薤露》《蒿里》二首古曲與漢初田橫及五百門人自殺的典故聯繫起來是不合理的。前已充分説明《薤露》爲古曲名,《楚辭》中即舉有《陽阿》(即《薤露》)之曲,《薤露》不可能晚至漢初纔被創製出來,更不待到武帝時代的李延年纔將《薤露》《蒿里》分爲兩曲。由此可以推想,崔豹《古今注·音樂》中的《蒿里》很可能就是《下里》,只是經過漢代的逐步轉寫改編,《薤露》《下里》曲已經逐漸固定用於挽歌,漢代《薤露》的主要内容是"薤上朝露何易晞,露晞明朝更復落,人死一去何時歸",《蒿里》主要内容是"蒿里誰家地,聚斂精魄無賢愚,鬼伯一何相催促,人命不得少踟躕"。此二曲又都被收入宋代郭茂倩編的《樂府詩集》相和歌之中,標識作者爲佚名。將《薤露》與《蒿里》並舉,也就是將《薤露》與《下里》對舉。

"蒿里"一説本爲山名,又作"高里",在今山東省泰安市西南,爲泰山之支阜,爲死者葬所。《史記·封禪書》云:"上親禪高里,祠后土。""高里"即是"蒿里"。《漢書·廣陵厲王劉胥傳》有"蒿里召兮郭門閲,死不得取代庸,身自逝",顔師古注:"蒿里,死人里。"南北朝碑刻也引用此説,東魏元象二年《公孫略墓誌》有"蒿里既召,郭門行閲",只是將《漢書》中的七言改爲了四言的形式。

山東地區的"蒿里"如何與川東鄂西地區的"巴人"相聯繫,目前尚不得知。有一旁證可以借以比擬。漢樂府有《梁父吟》的曲調,又作《梁甫吟》,應當也是有比較古的來源的曲子,相傳爲曾子所作。"梁甫"即"梁父",與"蒿里"相類,同爲山名,也在泰山脚下,在今山東省新泰市西。與《蒿里》相似,《梁甫吟》也是葬歌,其主要内容也是説人死葬此山崗,而梁父也同樣是秦始皇祭奠山川之所。《史記·秦始皇本紀》有"(二十八年)禪梁父",裴駰《集解》引臣瓚曰:"古者聖王封泰山,禪亭亭或梁父,皆泰山下小山。"

雖然"梁父"地處山東,但其曲調屬樂府相和歌的楚調,宋玉所處的時代是戰國晚期,楚國勢力已經擴展到魯國附近,《對楚王問》的楚王是楚襄王,即楚頃襄王,而滅魯的正是其子楚考烈王。楚頃襄王卒於公元前 263 年,楚考烈王隔年稱制,於公元前 261 年攻魯,於前 255 年滅魯。宋玉可能眼見魯國的滅亡,宋玉的時代也正是魯國風雨飄搖的時代。既然《梁父吟》是楚調,那《下里巴人》或《蒿里巴人》作爲楚樂也就完全可以理解了,楚人在滅魯前後採集並改編了魯國的《蒿里》《梁父》也就順理成章了。

---

① 崔豹撰:《〈古今注〉校箋》,牟華林校箋,綫裝書局,2015 年,第 77 頁。

由此，《下里巴人》《蒿里巴人》指的當都是同一首曲子，"蒿里""下里""東野"指的都是魯國國郊、泰山南麓的一個具體地點，其作爲地理位置的屬性與"陽阿""陽春"是完全相同的，《下里巴人》（《蒿里巴人》）的曲名結構依然是用作爲地名的"蒿里"的加上作爲曲名的"巴人"。其實，《對楚王問》的開頭已經暗示了這點，"客有歌於郢中者"點明了《下里巴人》《陽阿薤露》《陽春白雪》三曲都不是楚地固有的曲子，而是遠來自晉、魯的"客"在楚地傳唱的曲調。《下里巴人》作爲戰國晚期出現的新樂曲，曲風粗俗鄙陋①，曲調低回悲涼，對當時的楚國下層文化產生了很大的影響，以至於宋玉將其作爲俗曲的代表。

還有一種可能的解釋是，"下里"即謂一般的鄉里、鄉野。劉向《說苑·至公》有"臣竊選國俊下里之士曰孫叔敖"，即非實指叔孫敖所在的鄉里。而"蒿"在古書中多與"郊"相通，《周禮·地官·載師》有"以宅田士田賈田任近郊之地"，鄭玄注："故書'郊'或爲'蒿'，杜子春云：'蒿'讀爲'郊'。"出土文獻楚簡中，上博簡《容成氏》簡53正有"武王素甲以陳於殷蒿"②，"蒿"當讀作"郊"；上博簡《周易》簡2有"初九：需于蒿"③，"蒿"當讀作"郊"；上博簡《柬大王泊旱》簡15有"王許諾修四蒿"④，"蒿"當讀作"郊"；馬王堆漢墓帛書《明君》有"戰於邦蒿，齊人不勝"⑤，"蒿"當讀作"郊"。這些例子都說明"蒿里"就是"郊里"。"郊里"一詞見於《周禮·地官·縣師》"縣師，掌邦國、都鄙、稍甸、郊里之地域"，鄭玄注"郊里，郊所居也"，指遠郊至國中六鄉居民所居之處。

巧合的是，《下里巴人》有一異名，作"東野巴人"。《文選》陳琳《答東阿王箋》有"夫聽《白雪》之音，觀《淥水》之節，然後《東野巴人》蚩鄙益著"，吕延濟注："《東野巴人》，楚之下曲。"陳琳的意思是，聽了《白雪》曲的聲音、《綠水》（即《淥水》）曲的節奏，然後再去聽《東野巴人》這首曲子，則《東野巴人》曲調的鄙俗就更加顯著了。"東野"和"蒿里"所指是非常接近的，《東野巴人》顯然就是《下里巴人》的另一種別稱。又《戰國策》有"今又劫趙、魏，疏中國，封衛之東野"（王念孫《讀書雜志》以爲"封"當作"割"⑥），這裏的"東野"同樣指衛國的東部郊野。而"東野"和"郊里"均指國都附近的郊野，"東野"可與"下里"互用，"蒿里"即是"郊里"的異寫。因此，"蒿里"與"下里"的含義也就非常接近，都是指國都郊野。此説比之前説稍顯曲折，但據此"下里"亦不失

---

① 樂府《蒿里》裏的"鬼伯""人命"等詞語正是這種曲子格調不高的印證。
② 馬承源主編：《上海博物館藏戰國楚竹書》（二），上海古籍出版社，2002年，第145頁。
③ 馬承源主編：《上海博物館藏戰國楚竹書》（三），上海古籍出版社，2003年，第14頁。
④ 馬承源主編：《上海博物館藏戰國楚竹書》（四），上海古籍出版社，2005年，第59頁。
⑤ 湖南省博物館、復旦大學出土文獻與古文字研究中心編纂：《長沙馬王堆漢墓簡帛集成》（肆），中華書局，2014年，第115頁。
⑥ 王念孫撰：《讀書雜志》，徐煒君等校點，上海古籍出版社，2014年，第119頁，"封衛之東野"條。

爲一個非專指的地名,在曲名中的地位同樣可以與"陽春""陽阿"並舉。

六、《笛賦》真僞之辨

《古文苑》所收有宋玉《笛賦》一篇,此賦不見於《文選》,亦不見於其他舊籍引録。先將此賦照録如下:

> 余嘗觀於衡山之陽,見奇篠、異幹、罕節、間枝之叢生也。其處磅礴千仞,絶谿淩阜,隆崛萬丈,磐石雙起;丹水涌其左,醴泉流其右。其陰則積雪凝霜,霧露生焉;其東則朱天皓日,素朝明焉;其南則盛夏清徹,春陽榮焉;其西則涼風遊旋,吸逮存焉。幹枝洞長,桀出有良。名高師曠,將爲《陽春》《北鄙》《白雪》之曲。假塗南國,至此山,望其叢生,見其異形,曰命陪乘,取其雄焉。宋意將送荆卿於易水之上,得其雌焉。於是乃使王爾、公輸之徒,合妙意,較敏手,遂以爲笛。……①

《古文苑》相傳爲唐人舊藏之本,北宋孫洙得於佛寺經龕中,後經南宋韓元吉、章樵整理注釋,遂成今日傳本的面貌。②《古文苑》一共收録了 264 篇唐以前的詩文,這些詩文均不見載於正史紀傳及《文選》,歷來學者多疑爲僞作,對其收録詩文的水平也頗有微詞。即便如此,明人張溥編《漢魏六朝百三名家集》、清嚴可均編《全上古三代秦漢三國六朝文》、現代學者逯欽立編《先秦漢魏晉南北朝詩》,還是從這部書中搜取了諸多作品。

由於《古文苑》的來路不清,近代以來對於《古文苑》所收詩文的辨僞工作一直没有停止過,標注宋玉所著的《笛賦》就是爭鋒比較激烈的一種。其實,章樵爲《笛賦》作注時已經指出:"按史楚襄王立三十六年卒,後又二十餘年方有荆卿刺秦之事,此賦果玉所作邪?"游國恩在《楚辭概論》一書中認爲,《笛賦》"出於可靠性極薄弱的《古文苑》",是後人模仿的贋品。郭沫若在《關於宋玉》一文中認爲,"《笛賦》文字拙劣,文中並提到'宋意將送荆卿於易水之上',後於楚襄王之死二十餘年",故"不是宋玉的作品"。胡念貽在《宋玉作品真僞》一文中指出:"馬融《長笛賦》説蕭、琴、笙等都有頌,唯笛獨無,可見《笛賦》是馬融以後的作品。"雖然不時有人爲《古文苑》所收《笛賦》發覆,但並没有提出什麽新的可信的證據。

根據前文所論,《笛賦》是標注先秦漢魏人所作辭賦中唯一一篇將《陽春》《白雪》同列並且二者只能作異篇理解的文章。這是《笛賦》晚出的又一明顯證據。由於《北鄙》一首處於《陽春》《白雪》之間,先要説明一下《北鄙》的來源。

---

① 章樵注釋:《古文苑》第二卷《笛賦》,中國書店,2012 年,影印中國書店藏明成化十八年刻本。
② 伏俊璉:《〈古文苑〉論稿·序》,載王曉鵑著《〈古文苑〉論稿》,人民出版社,2010 年,第 1 頁。

《北鄙》相傳爲殷紂時的音樂。《史記·樂記》："紂爲朝歌北鄙之音,身死國亡。……夫朝歌者不時也,北者敗也,鄙者陋也,紂樂好之,與萬國殊心,諸侯不附,百姓不親,天下畔之,故身死國亡。"又漢劉向《説苑·修文》有"紂爲北鄙之聲,其廢也忽焉,至今王公以爲笑",《孔子家語·辯樂解》有"殷紂好爲北鄙之聲,其廢也忽焉"。《北鄙》與師曠的聯繫在《淮南子》有説,《泰族》云:"師涓爲平公鼓朝歌北鄙之音,師曠曰:'此亡國之樂也!'"可見《北鄙》既非師曠所作,也非師曠所奏,《笛賦》稱"師曠將爲《北鄙》"可能是文誤,或者實際上作者錯誤地理解了《北鄙》的來源。

東漢邊讓《章華臺賦》有"繁手超於《北里》,妙舞麗於《淒秋》",又有"設長夜之淫宴,作《北里》之新聲"。《史記·殷本紀》説:"帝紂……好酒淫樂,嬖於婦人。愛妲己,妲己之言是從。於是使師涓作新淫聲,北里之舞,靡靡之樂。"與《淮南子·泰族》説到"師涓"爲晉平公時人雖然不合,但同樣指出了《北里》爲師涓所作。《北里》即《北鄙》,當是一種來源較早的非雅樂系統的流行音樂,而僞託爲商紂亡國之聲。

《笛賦》以《北鄙》將《陽春》《白雪》隔開,遂使《陽春》《白雪》成爲兩首不同的古曲,這在漢魏人文章中可算是絶無僅有。由於《笛賦》或爲後人輯佚而胡亂拼湊而成,或者《笛賦》晚出,其真正作者早已脱離了漢魏人的知識背景,已經不知道《陽春》《白雪》實爲同一首古曲的不同簡稱。無論什麼情況,《笛賦》出現的時代至少要到西晉早期,其對古曲的認識的水平至多與晉人崔豹、習鑿齒相當,不可能是戰國宋玉的作品。

七、關於古曲的分類與曲名的時代斷限

在漢魏文賦及正史紀傳中出現的古曲名,除了前文所論及的《下里巴人》、《陽阿薤露》(《薤路》)、《陽春白雪》、《采菱》、《渌水》(《緑水》)、《北鄙》(《北里》)、《淒秋》以外,有相傳來源最古西周初年的《韶》、《濩》、《武》、《象》①等王室舞樂,有《白華》、《緑衣》②等《詩經》樂曲,有《幽蘭》、《涉江》、《南風》(《南薰》)③、《淮南》④、《干遮》(《于遮》)⑤、《均天》

---

① 司馬相如《上林賦》:"荆、吳、鄧、衛之聲,《韶》《濩》《武》《象》之樂。"
② 班婕妤《自悼賦》:"《緑衣》兮《白華》,自古咎矣之。"
③ 《禮記·樂記》:"昔者舜作五弦之琴,以歌《南風》。"《史記·樂書》引。又《孔子家語·辯樂解》:"昔者舜彈五弦之琴,造《南風》之詩。其詩曰:'南風之薰兮,可以解吾民之愠兮;南風之時兮,可以阜吾民之財兮。'"《南風》相傳爲虞舜所作。
④ 張衡《西京賦》:"奏《淮南》,度《陽阿》。"
⑤ 司馬相如《上林賦》:"巴、俞、宋、蔡、《淮南》《干遮》。……荆、吳、鄧、衛之聲,《韶》《濩》《武》《象》之樂。"《史記》作"于遮"。徐淵按,巴、俞、宋、蔡、荆、吳、鄧、衛,大概是虛指八地之聲,司馬相如並列舉出,其中"巴"所指可能含有《巴人》。

《均曲》）①、《寡婦》（《寡鵠》）、《鵾雞》、《單鵠》②、《歸耕》③、《激楚》④、《梁甫》、《越裳》⑤、《延露》（《延路》）、《陽局》⑥、《七盤》（《七槃》）⑦等地方古曲，還有《散》⑧、《操》⑨、《暢》⑩一類的古琴曲式或經典古曲，以及古樂府相和歌中的曲名《氣出》、《精列》、《相和》⑪、《鶡雞》⑫等。

其中《下里巴人》《陽阿薤露》《陽春白雪》《采菱》《渌水》《北鄙》《淒秋》《幽蘭》《涉江》《南風》《淮南》《干遮》《均天》《寡婦》《鵾雞》《單鵠》《歸耕》《激楚》《越裳》等曲中的大部分都可能形成於春秋戰國時代。《陽阿薤露》《陽春白雪》等爲三晉之曲，《下里巴人》《激楚》等則爲楚地之曲，其他古曲亦當分屬巴、俞、宋、蔡、荆、吴、鄧、衛等地。如《淮南》《涉江》可能是江淮地區的曲名，《南風》《越裳》是東南地方的曲名，《北鄙》《淒秋》是北方地區的曲名。

東周初年，周王政權逐漸下移，周的大一統局面瓦解，春秋戰國時代的地方新聲興起，以上所列的諸曲（其中一部分可能形成於漢初）被先後創作出來。《下里巴人》《陽阿薤露》《陽春白雪》正是其中的代表。當時人們往往習慣以"地名＋曲名"的形式

---

① 傅毅《舞賦》："贊舞操，奏《均曲》。"徐淵按，疑《均曲》即《均天》，張衡《思玄賦》有"聆廣樂之九奏兮，展洩洩以肜肜"，《穆天子傳》卷一"天子乃奏廣樂"，《史記·趙世家》有"我之帝所甚樂，與百神遊於鈞天，廣樂九奏萬舞，不類三代之樂，其聲動人心"，《趙世家》所述大概是《鈞天》的題材內容。

② 張衡《南都賦》："《寡婦》悲吟，《鵾雞》哀鳴。"李善注："《寡婦》曲，未詳。"費按，似爲《寡鵠》曲，琴調名，《西京雜記》："齊人劉道强善彈琴，能作《單鵠》《寡鵠》之弄，聽者皆悲，不能自攝。"

③ 張衡《思玄賦》："嘉曾氏之《歸耕》兮，慕歷阪之欽崟。"李善注引《琴操》曰："《歸耕》者，曾子之所作也。曾子事孔子十有餘年，晨覺，眷然念二親年衰，養之不備，於是援琴鼓之曰：'戲欷歸耕來兮，安所耕，歷山盤兮。'"

④ 司馬相如《上林賦》："鄢郢繽紛，《激楚》結風。"邊讓《章華臺賦》："清籥發徵，《激楚》揚風。"枚乘《七發》："乃發《激楚》之結風，揚鄭、衛之皓樂。"徐淵按，揚風或即結風，與古音樂中的八風有關，"揚""結"對舉，或爲一種音樂表現手法，而不是古曲名。傅毅《舞賦》："揚《激》徵，騁《清》角。"李善注："激徵、清角，皆雅曲名。"按，疑《激》即是《激楚》，《清》指另外一曲。

⑤ 蔡邕《琴賦》："《梁甫》悲吟，周公《越裳》。"徐淵按，相傳周初越裳（東夷之一族）來獻白雉，周公作歌，性質類似於《蟋蟀》。

⑥ 馬融《長笛賦》"下采制於《延露》《巴人》。"晉葛洪《抱朴子·知止》："口吐《采菱》《延露》之曲，足躡《渌水》《七槃》之節。""延露"又作"延路"，《淮南子·人間》："夫歌《采菱》，發《陽阿》，鄙人聽之，不若此《延路》《陽局》。"高誘注："《延路》《陽局》，鄙歌曲也。"

⑦ 《宋書·樂志一》："張衡《舞賦》云：'歷七槃而縱躡。'王粲《七釋》云：'七槃陳於廣庭。'近世文人顏延之云：'遞間關於槃扇。'鮑照云：'七槃起長袖。'皆以七槃爲舞也。"

⑧ 班婕妤《擣素賦》："散繁輕而浮捷，節疏亮時清深。"

⑨ 傅毅《七激》："大師奏操，榮期清歌。"

⑩ 枚乘《七發》："使師堂操《暢》，伯之牙爲之歌。"《暢》相傳是堯時的琴曲。

⑪ 馬融《長笛賦》序："吹笛，爲《氣出》《精列》《相和》。"

⑫ 張衡《南都賦》："《寡婦》悲吟，《鵾雞》哀鳴。"李善注："古相和歌有《鶡雞》之曲。"

來稱呼一首曲子的曲名,以此說明此曲的地域來源。另如《淮南》這樣的曲名,也可能是原本名爲《淮南某曲》曲子的一種簡稱。司馬相如《上林賦》"巴、俞、宋、蔡,《淮南》《干遮》"中的"巴、俞、宋、蔡",以及同篇"荊、吳、鄧、衛之聲,《韶》《濩》《武》《象》之樂"中的"荊、吳、鄧、衛",這些地方的曲調逐漸取代了更早的以《詩經》爲代表的雅樂系統。

《詩經》爲代表的雅樂系統,指的是《儀禮·鄉飲酒禮》《鄉射禮》等禮儀場合所用的諸曲,以及《左傳》《國語》等在外交場合所奏的樂曲。上文述及的這些地方新曲却很難在春秋及更早的載籍中覓得,只大量湧現在漢魏正史傳記及漢魏人的文賦之中。《禮記·樂記》《荀子·樂論》對《詩經》系統的雅樂大加褒揚,而對春秋戰國時代的地方新聲不遺餘力地進行批評。《禮記·樂記》記錄了魏文侯與子夏如下一段對話:

> 魏文侯問於子夏曰:"吾端冕而聽古樂,則唯恐卧;聽鄭衛之音,則不知倦。敢問古樂之如彼,何也? 新樂之如此,何也?"子夏對曰:"今夫古樂,進旅退旅,和正以廣,弦匏笙簧,會守拊鼓,始奏以文,復亂以武,治亂以相,訊疾以雅。君子於是語,於是道古,修身及家,平均天下。此古樂之發也。今夫新樂,進俯退俯,奸聲以濫,溺而不止,及優侏儒,獿雜子女,不知父子。樂終不可以語,不以道古。此新樂之發也。今君之所問者樂也,所好者音也。夫樂者與音,相近而不同。"

魏文侯將"古樂"與"新樂"對舉,認爲聽古樂使人昏昏欲睡,而聽新樂則令人不知疲倦,這正是春秋戰國地方新聲逐漸取代《詩經》雅樂的生動寫照。儒家學者站在文化正統的立場上力陳古樂具有"道古,修身及家,平均天下"的優點,而新樂則"皆淫於色而害於德,是以祭祀弗用也"。子夏説:

> 鄭音好濫淫志,宋音燕女溺志,衛音趨數煩志,齊音敖辟喬志。

即便如此,儒家却無法阻止新樂全面登上歷史的舞臺。這也解釋了爲什麼新樂雖然大行其道却在先秦典籍中鮮見稱引,雅樂無人問津却屢獲儒生的稱頌。

根據漢魏時代作品中的稱引可知,漢魏時人對於春秋戰國時代新樂的曲調風格比較熟悉,並能根據這些曲調創作新的唱詞,這説明他們尚能親聆這些樂曲。如《樂府詩集》相和歌辭中同時録有曹操、曹植父子創作的同樣體式的兩首《薤露》,還收録了曹操創作的一首《蒿里》。雖然漢魏新作的《薤露》《蒿里》未必與東周時代的《陽阿薤露》《下里巴人》曲調完全相同,但它們發展繼承自春秋戰國時代的地方新聲却是完全可能的。

秦漢統一的郡縣國家建立後,春秋戰國時代的地方新聲又逐漸爲漢代的新曲所替代,漢樂府逐步興起。在兩漢時代,文賦作者尚知《下里》即《巴人》,《陽阿》即《薤露》,《陽春》即《白雪》,故徵引時無論同篇還是同句,曲名絕不複出。轉經東漢末大亂,再至於兩晉南北朝時期,由於歲月久隔,聲樂不傳,學者文士多未曾親聆春秋戰國時的曲調,曲名僅作字面掌故使用,故使文辭稱引的古曲名日益棼亂,最終造成了今日古曲定名上的巨大歧誤。

本文原刊於《華東師範大學學報》(哲學社會科學版)2021年第1期。

作者係復旦大學出土文獻與古文字研究中心2017級博士(導師:陳劍),現任復旦大學哲學學院副教授。

談《秦文字編》存在的幾個問題

姚明輝

王輝先生主編的《秦文字編》已於 2015 年 4 月由中華書局出版,書中彙集了 2006 年以前的各門類秦文字材料,除字形圖版外還附有辭例和出處,是目前收集秦文字資料最爲豐富和全面的一部工具書,無論在規模還是體例上都遠超此前已經出版的各類關於秦文字的文字編,是秦文字的一次大總結,既是文字編,又是秦文字資料索引,爲秦文字的研究和利用提供了巨大便利。然而秦文字資料除簡牘外,兵器銘文、印章、封泥、陶文等資料的著錄情況錯綜複雜,其中失誤在所難免,我們閱讀此書時,在獲得便利之餘發現書中還存在一些問題,下文分類舉例說明。[①]

一、字例重出

秦文字資料重複交叉著錄的情況很多,如印章、封泥和陶文材料主要集中在《秦印文字彙編》(下文簡稱"《秦印編》")、《秦文字集證》(下文簡稱"《集證》")、《秦封泥集》(下文簡稱"《封泥集》")、《新出土秦代封泥印集》(下文簡稱"《封泥印》")、《秦代陶文》(下文簡稱"《秦陶》")等著作中[②],而《秦印編》有來自《秦陶》、《封泥集》、《封泥印》、《歷代印匋封泥印風》[③](下文簡稱"《印匋印風》")等書及鑒印山房和珍秦齋所藏的材料,《集證》有來自《封泥集》《封泥印》等書及珍秦齋所藏的材料,《封泥集》和《封泥印》中的材料亦有部分重疊。所以在編輯字編時,核查去重和統一釋文的工作相當重要,否則就會出現種種問題。本書由於對此問題認識不深或重視不夠,對各種著錄書的

[①] 山東大學王輝先生《〈秦文字編〉讀後記》發表於《考古與文物》2015 年第 6 期,已指出本書一些問題,但與本文內容和角度有所不同,可參看。

[②] 許雄志編:《秦印文字彙編》,河南美術出版社,2001 年;王輝、程學華撰:《秦文字集證》,藝文印書館,2010 年;周曉陸、路東之編著:《秦封泥集》,三秦出版社,2000 年;傅嘉儀編著:《新出土秦代封泥印集》,西泠印社,2002 年;袁仲一編著:《秦代陶文》,三秦出版社,1987 年。

[③] 傅嘉儀主編:《歷代印匋封泥印風》,重慶出版社,1999 年。

內容基本就是原樣照搬①，造成大量的重出字例，各書中的錯誤也基本被本書承襲，內容顯得頗爲雜亂。

重出字例又分兩種，一種是同一字頭下的重出，即同一字頭下同一字例由於著録的不同而被當作不同字例。962—963 頁"南"字所收"杜南苑丞"共有取自《秦印編》113、《封泥集》215.3、《集證》148.251、《封泥印》68 等四例，皆源自同一封泥拓本，即四個圖版實爲一個字例。1882 頁"垣"字所收兵器銘文"漆垣戈"，《集證》26.1 與《殷周金文集成》②（下文簡稱"《集成》"）10935.2 亦爲同一件器銘。1277 頁"仁"字頭下所收《集證》184.755"忠仁思士"與《集證》184.7566"忠仁思士"本爲同一印，先著録於《十鐘山房印舉》③卷三 1 頁，後歸故宮，著録於《故宮博物院藏古璽印選》④479，《集證》誤爲兩印。此外，還有同一書中的同一字例在同一字頭下出現兩次的情況，如 1450 頁"印"字所收《封泥印》11"衛士丞印"連續出現兩次，1584 頁"大"字所收《秦陶》793、798、802 等在 1586 頁再次出現，可能皆爲編者誤録。以上是釋文完全相同的重出字例。

由於本書所依據的各著録書釋文不盡相同，正確釋文與錯誤釋文雜陳，來源不同的同一字例也會因釋文的不同被當作不同字例出現在同一字頭下。比如"之"字頭下，945 頁所收《新封泥 B》3.24"柘丞之印"和 947 頁所收《封泥印·待考》163"機丞之印"皆爲同一"析丞之印"誤釋。946 頁所收《集證》154.339"葉丞之印"和《集證》157.389"薛丞之印"實爲同一"葉丞之印"封泥，《集證》將"葉"誤釋爲"薛"重複著録，而此封泥與 944 頁所收《封泥集》294.1"葉丞之印"亦爲同一封泥，三例實爲一例。

另一種重出字例是不同字頭下的字例重出，即同一字例或因沿襲原著録之誤，或因編者誤釋，被當作不同的字歸入不同字頭。如 886 頁"朶"字所收《集證》167.533"李朶"印與 1110 頁"禾"字所收《秦印編》133"李禾"印，二者皆來源於《珍秦齋古印展》⑤137"李朶"印，由於《秦印編》將"朶"字誤釋爲"禾"，本書在將此印收入"朶"字的同時也將其歸入"禾"字。又如十六年大良造鞅戈鐓銘文中的"甼"字，分別被誤釋爲"灶"和"矛"收入 1199 頁和 1956 頁，而本應收入此例的 1863 頁"甼"字却未見。甚至有同一字形被釋爲三個字的，如 683 頁之"簝"（僅收《秦印編》289"簝城丞印"一例），又被誤釋爲 106 頁之"蓼"（僅收《封泥集》322.1"簝城丞印"一例，本作"簝"）和 1669

---

① 有些字例曾作改釋，如 1606 頁"龐大夫"封泥，是正確的。
② 中國社會科學院考古研究所編：《殷周金文集成》，中華書局，1984 年。
③ 陳介祺編：《十鐘山房印舉》，北京市中國書店，1985 年。
④ 羅福頤主編：《故宮博物院藏古璽印選》，文物出版社，1982 年。
⑤ 蕭春源編：《珍秦齋古印展》，裘錫圭釋文，澳門市政廳，1993 年。

頁之"瀕"(取自《秦印編》289"籥城丞印",本作"籥"),其來源都是《封泥集》322.1 著錄的"籥城丞印"。

此外,本書使用了不少摹本,部分摹本也因誤釋跟原拓本或照片分置於不同字頭。如待釋字及刻畫符號部分所收《秦文字類編》①附錄中的陶文及銅器銘文摹本,其中不少就是本書正文或者待釋字中陶文或銅器銘文拓本的摹本,由於摹寫走形,編者不識,或置入待釋字,或置入刻畫符號。本書待釋字部分共收 308 例,其中 15 例係摹本與拓本或不同摹本之間的重出,13 例係與正文部分字例相同,原因或爲不同著錄釋字不同,或爲摹本與拓本字形相去甚遠而不能分辨。以上重出字例中又有 4 例與刻畫符號部分字例相同,係摹本與拓本的關係。汰除重複,待釋字實際只有 280 例,其中大部分爲可釋字,具體情況詳另文,不贅。

本書字例重出的情況相當複雜,我們有另文詳細談論,不再過多舉例。

二、釋 字 問 題

本書釋字問題主要表現在沿襲舊說、誤釋、誤拆或誤合字形等方面,釋字問題還導致字頭分合不當,部分字頭需要刪除或歸併,部分新字頭需要另設,部分字例需要併入適當字頭。下文所舉數例,可以充分說明這方面的問題。

52 頁"示",《秦陶》425 一例實爲"祿"字左旁,與 2235 頁待釋字 138 爲一字之誤拆。秦漢文字"示"極少省去最上面一筆的,本頁所收《秦陶》424、426 也許只是刻畫符號,待考。

765 頁"壴",《秦印編》87"壴嬴"一例實爲"孟嬴"之誤釋,當歸入 2114 頁"孟"字頭下。《秦陶》914"宫水壴"一例即本頁所收《秦印編》87"宫水壴",二例圖版下部均失掉"口"旁,實爲"宫水喜"之誤釋②,當歸入 763 頁"喜"字頭下。然則此字頭下只有《秦印編》87"吴壴"一例。

279 頁"诸",當從董珊先生釋作"豬"。③ 本書 674 頁還有一例寫法相同的"豬"字,被誤釋爲"耤"。1996 年安徽桐城出土的秦十九年上郡守造戈亦有此字,可資比較。劉釗先生認爲十九年戈的丞豬與廿七年戈的工師豬爲一人④,當可信。

311 頁"步",施謝捷先生已指出《秦陶》1216、1209"新城如此"一例實爲"新城如

---

① 袁仲一、劉鈺著:《秦文字類編》,陝西人民教育出版社,1993 年。
② 參看施謝捷:《陝西出土秦陶文字叢釋》,《考古與文物》1998 年第 2 期,第 76 頁。
③ 董珊:《戰國題銘與工官制度》,博士學位論文,北京大學,2002 年,第 239 頁。
④ 劉釗、江小角:《安徽桐城出土秦十九年上郡守造戈考》,《考古與文物》2009 年第 3 期,第 32 頁;又載《書馨集:出土文獻與古文字論叢》,上海古籍出版社,2013 年,第 113—116 頁。

呼"之誤釋。①

1019 頁"坏",秦文字中作爲偏旁的"予"和"邑"往往混同,所收睡虎地《日甲》100 正兩例皆當釋爲"垿"字,即"序"字異體。《集韵·語韵》:"序,《說文》:'東西墙也。'或作垿。"②然則此形當歸入 1483 頁"序"字頭下。

1118 頁"槀",《秦印編》133 一例所從當爲"木",應隸作"槁",依例當另立"槁"字頭排在 887 頁"枯"字之後。

767 頁"嘉"字,《秦陶》1418 一例實爲"意"字誤釋③,下部類似"又"的部分乃"心"旁省寫,這種寫法的"心"還可見本書 1617 頁"快"、1625 頁"惴"等字。

字頭分合方面的問題,如 542 頁"鼜"字,所收《關沮秦漢墓簡牘》諸例皆爲"數"字異體,當歸入 532 頁"數"字頭下。"數"字"婁"旁本从角④,秦簡"婁"及从婁之字中類似"日"形的寫法應該是"角"的省變,本書 533 頁《秦印編》61"和數"之"數"所從即爲訛變的"角"形,即其證。又如 859 頁的"韓"、860 頁的"韓"以及 1051 頁的"韓"實爲一字異體,皆當收入"韓"字頭下,本書分爲三個字且置於不同卷内。859 頁的"壹"和 861 頁的"萬"實爲一字異構,並且都是 859 頁"橐(橐)"字的異體⑤,古文字偏旁上下互換往往無别,依例當歸入"橐"字頭下,本書分別設立字頭作爲三個字處理是不應該的。

本書釋字方面的問題相對較多,限於篇幅,以上只是舉例說明,詳細情況容另文專門討論。

三、圖 版 誤 置

本書圖版來源比較複雜,有些來自原始著錄,有些則輾轉來自其他字編。與字例、釋字問題類似,本書不但悉數承襲了原著錄中的各種問題,還造成了新的錯誤,如圖版的誤拆或誤合、筆畫丢失等。接下來主要討論本書圖版誤置方面的問題。

有些圖版誤置是沿用了原著錄中本來就有的錯誤。《秦印編》中的圖版問題,本書全部承襲,就目前所見有:893 頁"樂"字所收《秦印編》109"外樂"即《封泥集》

---

① 參看施謝捷:《陝西出土秦陶文字叢釋》,《考古與文物》1998 年第 2 期,第 75 頁。
② 參看施謝捷:《簡帛文字考釋札記》,載中國社會科學院簡帛研究中心編輯《簡帛研究》(第三輯),廣西教育出版社,1998 年,第 171 頁。
③ 參看施謝捷:《陝西出土秦陶文字叢釋》,《考古與文物》1998 年第 2 期,第 76 頁。
④ 參看季旭昇:《釋"婁""要"》,載中國古文字研究會、華南師範大學文學院編《古文字研究》(第二十六輯),中華書局,2006 年,第 485—486 頁。
⑤ 參看裘錫圭:《釋"虫"》,載《裘錫圭學術文集·甲骨文卷》,復旦大學出版社,2012 年,第 208—209 頁。

137.4、《集證》138.80"樂府丞印"圖版,釋文本當作"樂府丞印";而《秦印編》109"樂安丞印"即《封泥集》140.1、《集證》138.87(894頁)"外樂"圖版,釋文本當作"外樂"。943頁"之"字所收《秦印編》112"白狼之丞"與《秦印編》112(2)"杜丞之印"圖版互相錯置。725頁"工"字所收《秦印編》84"工師之印",1630頁"水"字所收《秦印編》214"郁水丞印"(當作"都水丞印")①,1670頁"川"字所收《秦印編》224"䓒川府丞"②,1825頁"匠"字所收秦印編247"匠"③,1905頁"田"字所收《秦印編》261"官田丞印"④,1959頁"車"字所收《秦印編》268"寺車丞印"⑤,以及同頁《秦印編》268"車府"⑥,圖版皆倒置。《秦印編》49所收"中官丞印"之"丞"字圖版上下壓縮變形⑦,本書403頁亦原樣收錄。

　　有些圖版問題則是編者誤置。有將圖版誤置爲相鄰之字或其他字的,如59頁"祠"字所收《集證》133.12"祠祀"爲《封泥印》4"祠祀"圖版,《封泥印》4"祠祀"爲《封泥印》5"雍祠丞印"圖版,《封泥印》5"雍祠丞印"爲《集證》133.13"祠廚"圖版。207頁"咸"字所收243.18和243.24"咸陽丞印"皆誤作所在印文中相鄰之"丞"字。462頁"父"字所收睡虎地《法律答問》簡103"父母擅殺、刑、髡子及奴妾"誤作"擅"字圖版,此例簡文原作"子盗父母,父母擅殺、刑、髡子及奴妾","父母"二字與其下例《法律答問》簡103"子盗父母"之"父母"本爲重文,其下有重文號標記,本書分爲二例,非是。506頁"臣"字所收《集證》138.88"官臣丞印"誤作該印"丞"字圖版,600頁"百"字所收大墓殘磬"百樂咸奏"誤作"咸"字圖版,795頁"即"字所收《秦封泥集》326.4"即墨丞印"誤作326.5"即墨丞印"圖版,845頁"央"字所收睡虎地《日乙》135"命之央蚤至"誤作"蚤"字圖版,999頁"邑"字所收《集證》153.326"樗邑尉印"誤作該印"印"字圖版,1191頁"宮"字所收《集證》142.145"宮師之印"誤作《封泥印》86.1"宮司空丞"印圖版⑧、《封泥集·附一》407"西宮中官"誤作該印"官"字圖版,1221頁"疫"字所收睡虎地《日甲》43背"人毋故一室人皆疫"誤作"瘴"字圖版⑨,1345頁"居"字所收《封泥集》142.10"居

---

① 即本頁所收《集證》150.281和《封泥印》9"都水丞印"。
② 即1670頁所收《封泥印》附二197之"川府丞(䓒川府丞)"。
③ 即本頁所收《秦陶》797"匠"字陶文。
④ 即1906頁所收《封泥印》附一103和1907頁《集證》119.200之"官田丞印"。
⑤ 即《印匋印風》139頁之"寺車丞印",本書未收。
⑥ 即本頁所收《封泥集》119.2、《封泥印》12和《集證》144.187之"車府",其中《封泥集》出處當爲"119.1",本書誤作"119.2"。
⑦ 即《印匋印風》133頁"中官丞印",本書未收。
⑧ "宮師之印"實爲"工師之印"誤録,此印與"宮"字無關。《封泥印》86.1"宮司空丞"之"宮"字本書未收。
⑨ 此例"瘴"字爲摹本,暫未檢得出處。

室丞印"誤作《封泥集》142.13"居室丞印"圖版，1437 頁"印"字所收《封泥集》240.1"府印"誤作《封泥集》240.2(本書未收)"府印"圖版①，1973 頁"官"字所收《封泥集·附一》407"西宮中官"誤作該印"宮"字圖版，1980 頁"陰"字所收《封泥集》229.1"陰御弄印"誤作該印"印"字圖版，1985 頁"陽"字所收《封泥集》365.2"咸陽亭丞"誤作該印"咸"字圖版。2202 頁"申"字所收《爲吏》11"申之義"誤置爲"身"字圖版，此"身"字即睡虎地《法律答問》簡 69"其子新生而有怪物，其身及不全而殺之"之"身"，然而本書將此例收入 1324 頁"身"字頭下時，又將圖版誤置爲簡 69 第二例"子身全殹"之"身"，而"子身全殹"之"身"又誤置爲睡虎地《封診式》簡 88"其頭、身、臂、手指、股"之"身"。按，1324 頁所收諸"身"字，由於《法律答問》簡 69 第一例圖版誤置他處，致使此處圖版缺失，故自此例開始，直至睡虎地《封診式》簡 47"令終身毋得"一例，前例圖版依次誤置爲下例圖版，無一例外，可謂誤上加誤；《日甲》75 背"其身不全"及其後諸例圖版皆不誤。

還有將圖版反轉的，如 253 頁"正"所收《集證》184.752"正行"乃是將原圖版反轉的結果。1950 頁"新"字所收《秦陶》1393"咸新安盼"亦是將原圖版反轉，亦即 1949 頁所收《秦印編》268"咸新安盼"，《秦印編》原書誤將"咸新安盼"和"新淦丞印"圖版互換，本書又承襲其誤。

四、材 料 遺 漏

本書所收秦文字資料主要依賴已出版的幾部大型秦文字資料著錄書，對散見的秦文字材料的似乎重視不夠，遺漏較多。

王輝先生編著的《秦銅》和《集證》已經對秦銅器銘文進行了集中的整理和研究，做出了很大貢獻，但是本書在收錄秦銅器銘文時過度依賴《秦銅》《集證》二書的做法却不可取。就我們翻檢所及，《集成》中被二書遺漏的秦銅器銘文就有不少，如 10928"武安戈"，10934"江魚戈"，10937"原都戈"，10986、11494"中陽戈"，11428"武矛"，11431"西矛"，11460"泥陽矛"，11461、11462"屠陵矛"，11463、11464"陽周矛"，11465、11466、11467"平周矛"，11492、11493"高望矛"，11502"櫟陽武當矛"，11547"洛都鈹"。此外，著錄於《考古》1974 年第 1 期第 20 頁的"郁郅戈"②，著錄於《燕下都》圖 478.7 的

---

① 《封泥集》240.2 即 1446 頁《集證》144.185 之"府印"，《封泥集》240.1 即 1445《集證》144.184"府印"。

② 釋文參看施謝捷：《秦兵器刻銘零釋》，《安徽大學學報》(哲學社會科學版)2008 年第 4 期，第 10 頁。

"吾戈"、圖 478.8 的"襄德戈"等①，二書均未收錄，本書亦漏收。還有著錄於《文物》1999 年第 4 期第 87 頁的"高望戈"和"陭氏戈"，本書亦未收錄。

同時，《秦銅》《集證》二書有不少取自《集成》的材料，圖版質量相比《集成》要遜色不少。《秦銅》中就有不少拓本文字模糊不清，更使用了大量摹本，有些銘文在有拓本著錄的情況下却只收錄了摹本，如《秦銅》圖版七十一"八年相邦呂不韋戈"，《秦銅》僅見摹本，而拓本即著錄於《集成》11395；又如 1811 頁"武"字所收的"武都矛"，字例取自《秦銅》208 摹本，而拓本則著錄於《集成》11506。可見本書在引用《秦銅》《集證》所收器銘時，並未與《集成》等著錄進行核對。此外，本書取自《集成》字例也非常有限，似乎只有在某件器銘《秦銅》《集證》都沒有的情況下纔會用到《集成》。就我們所見，本書取自《集成》的器銘只有 10927"屯留戈"（103 頁"屯"）、10827"涉戈"（1669 頁"涉"）、11548"廿年上郡戈"（摹本，1811 頁"武"）、11054"上党武庫戈"（1811 頁"武"）、10938"成固戈"（2068 頁"成"）、11548.1"廿年上郡戈"（摹本，待釋字 033、034）、10929"闙興戈"（1736"闙"）、10935"漆垣戈"（1882 頁"垣"）、11472"詔使矛"（1290 頁"使"）等數件。如果編者能够參考《集成》等書圖版，或許本書圖版質量會更好，失誤和遺漏也會更少。

本書所收漆器文字主要來自《雲夢睡虎地秦墓》中所發表的睡虎地漆器銘文摹本，但此書發表的漆器文字只是睡虎地秦墓出土的一部分（M3—M14），睡虎地後來出土的漆器文字摹本曾在陳振裕先生的文章《湖北出土戰國秦漢漆器文字初探》中發表②，這部分內容本書未予收錄。1972 年湖北雲夢大墳頭一號漢墓也有秦或西漢早期寫法跟秦文字相似的漆器文字出土，亦見於上引陳振裕先生的章。此外，還有一些零星的漆器文字材料，如 20 世紀 80 年的發掘的湖北江陵九店東周墓出土的"咸亭"烙印及"大官"等漆器文字③，1953 年廣州市西村石頭崗漢墓出土漆盒烙印"蕃里"④，等等，本書亦未收錄。

對於印章和封泥文字的收錄，本書主要依據《秦印編》《集證》《封泥集》和《封泥印》以及五篇有關秦封泥的文章。首先，這幾部著作均出版於 2000 年前後，完成時間

---

① 河北省文物研究所編：《燕下都》，文物出版社，1996 年。
② 陳振裕：《湖北出土戰國秦漢漆器文字初探》，載中國古文字研究會、中華書局編輯部編《古文字研究》（第十七輯），中華書局，1989 年，第 160—193 頁。
③ 分別見於湖北省文物考古研究所編著：《江陵九店東周墓》，科學出版社，1995 年，第 271、262 頁和第 284、262 頁。
④ 中國社會科學院考古研究所、廣州市文物管理委員會、廣州市博物館編：《廣州漢墓》，文物出版社，1981 年，圖版四十五。

則更早。① 本書所收材料下限是 2006 年，2000—2006 年間的印章、封泥材料除了補充進來的五篇文章外未見其他新材料，然而在此期間出版的有關秦印、秦封泥材料已有多部，常見的如沈沉《中國篆刻全集》（2000 年）、康殷《印典》（2002 年）、孫慰祖《上海博物館藏品大系——中國古代封泥》（2002 年）、徐暢《中國書法全集 92·篆刻·先秦璽印》（2003 年）、陳松長《湖南古代璽印》（2004 年）、伏海翔《陝西新出土古代璽印》（2005 年）等②。其中或多或少都會有新材料發表，雖然内容上會有交叉重疊，但數量仍然十分可觀，本書却一種未收，以至於某些新字被遺漏③，是不應有的疏失。

其次，這幾部著作除《封泥集》和《封泥印》主要著録新出秦封泥外，《秦印編》和《集證》都是秦印和秦封泥資料的總結，但是在材料的搜集上却存在不少遺漏。④《秦印編》是字編形式，情況比較特殊，這裏作爲重點討論。該書雖以《秦代印風》⑤（下文簡稱"《印風》"）爲基礎，其實《印風》的内容並未被完全收録，如《印風》209 頁"韓䚄"印，其中的"韓"字收入《秦印編》99 頁，但在該書正文及附録中均未找到"䚄"字；《印風》56 頁"李拳"印，釋文作"李奉"，《秦印編》101 頁收入"李"字，釋文仍作"李奉"，但"拳"字亦未在該書中找到。此外，《印風》所收秦印數量約 1 400 方，涵蓋傳世品以及新出秦印、博物館藏印和私人藏印（以許雄志先生鑒印山房和蕭春源先生珍秦齋藏品爲主），實際上秦印傳世品數量要遠大於本書所收傳世品數量。清末以來的不少古璽印譜上世紀八九十年代也已陸續重印出版，如中國書店 1985 年影印的《十鐘山房印舉》，上海書店出版社 80 年代末 90 年代初出版的"中國歷代印譜叢書"收入了《十六

---

① 《秦印文字彙編》2001 年 9 月出版，完成於 2000 年。《秦文字集證》出版於 2000 年 11 月，完成於 1998 年 3 月。《秦封泥集》出版於 2000 年，完成於 1998 年。《新出土秦代封泥印集》出版於 2002 年 10 月，完成於 2001 年初夏。

② 這部分内容主要參考楊廣泰：《封泥研究資料及相關文獻目録（1842—2010）》，載西泠印社、中國印學博物館編《青泥遺珍——戰國秦漢封泥文字國際學術研討會論文集》，西泠印社，2010 年；康殷編著：《印典》，中國友誼出版公司，2002 年；孫慰祖著：《中國古代封泥》，上海人民出版社，2002 年；劉正成主編：《中國書法全集》（第 92 卷），榮寶齋出版社，2003 年；陳松長編著：《湖南古代璽印》，上海辭書出版社，2004 年；《斗盦藏印》，謙慎書道會，2005 年；伏海翔編著：《陝西新出土古代璽印》，上海書店出版社，2005 年。

③ 如《陝西新出土古代璽印》573"王轉絇"之"絇"、614"幹奂"之"奂"、872"昆嬰"之"昆"、882"狉同"之"狉"、889"嫺嬰"之"嫺"等。以上所舉著録均爲常見者，而多數新出秦封泥的著録則較爲罕見，如文雅堂《相家巷出土秦封泥百品》（2000 年）、《原拓新出秦封泥》（2001 年）、《相家巷出土秦封泥》（2005 年）、路東之《金石萃編——瓦當封泥文字卷》（2002 年），林章松《封泥集存》（2003 年），日本金石癖《金石癖輯秦漢封泥》（2004 年），多數爲原拓本，不易覓得，順帶一提，僅供參考。

④ 相關情況參看施謝捷：《談〈秦封泥彙考〉〈秦封泥集〉中的藏所誤標問題》，載西泠印社、中國印學博物館編《青泥遺珍——戰國秦漢封泥文字國際學術研討會論文集》，西泠印社，2010 年。

⑤ 許雄志主編：《秦代印風》，重慶出版社，1999 年。

金符齋印存》《鉩印集林》《魏石經室古鉩印景》《續齊魯古印捃》《雙虞壺齊印存》《澂秋館印存》《伏廬藏印》《赫連泉館古印存》等舊譜①,《秦印編》《印風》以及《集證》可能都曾參考,但是其中的秦印仍有不少遺漏(限於篇幅我們不再一一舉例),本書皆未引用,這是不應該的。② 舊譜内容雖然也有互相重合的部分,但若對舊譜中的秦印進行一番細緻的梳理,一定還能清理出不少秦印。③

本書陶文内容主要取自《秦陶》(收録陶文1 610件)、《集證》(收録陶文288件)和部分散見陶文著録,《秦陶》和《集證》兩書取材時間和範圍不同,故幾無重複,然而總量却非常有限。④ 2009年出版、材料下限爲2005年的《秦陶文新編》所收陶文爲3 370件,可見新出秦陶文數量之大。⑤ 同時或稍後出版的幾部陶文著録中亦有不見於《秦陶》而可資取用者,如《古陶文彙編》⑥5.140、5.141"咸衣",字形與《秦陶》所著録者不同,本書未收。《塔兒坡秦墓》收陶文拓片108件,除其中47件已見於《集證》外,尚有61件本書未收。⑦《關中秦漢陶録》⑧上册60頁"槐里市久"、《印匋印風》86頁"趙讓""鞠讓""范舍"等,都是此前《秦陶》《集證》所未著録者,本書皆未收録。

至於秦簡牘文字,在所收的幾批資料中,字例的選取亦是有選擇性的,並非每個字都予收録,這一點在使用本書作爲索引時是需要注意的。其他門類如印章、封泥、陶文等,也都存在這種情況。

五、非秦文字

戰國時代六國文字和秦文字風格迥異,秦文字與漢代文字亦存在明顯的風格差異,多數情況下通過文字載體、書寫習慣等辨識起來也並不困難,但本書還是誤收了

---

① 吴大澂藏輯:《十六金符齋印存》,上海書店,1989年;林樹臣編:《鉩印集林》,上海書店,1991年;周進藏輯:《魏石經室古鉩印景》,上海書店,1989年;郭裕之藏輯:《續齊魯古印捃》,上海書店,1989年;吴式芬編:《雙虞壺齋印存》,上海書店,1987年;陳寶琛編:《澂秋館印存》,上海書店,1988年;陳漢第編:《伏廬藏印》,上海書店,1987年;羅振玉編:《赫連泉館古印存》,上海書店,1988年。

② 需要説明的是,《集證》和《秦印編》在編纂時確實收録了這些譜録中的部分材料,但並不完整,不能因爲有了像《集證》和《秦印編》這種總結性質的著録就不再參考原始著録。

③ 秦印範圍收録部分漢代古璽,詳下文。

④ 本書所收散見陶文重要者如《任家咀秦墓》陶文戳印21件、《西安南鄭秦墓》151件、《西安臨潼新豐南杜秦遺址陶文》49件,則本書所收陶文總量應在2 200件左右。

⑤ 袁仲一、劉鈺編著:《秦陶文新編》,文物出版社,2009年。有關秦陶文的詳細著録信息,可參看該書第343—352頁所附論著目録。

⑥ 高明編著:《古陶文彙編》,中華書局,1990年。

⑦ 咸陽市文物考古研究所編著:《塔兒坡秦墓》,三秦出版社,1998年。此書第160頁還著録四方出土秦印拓本——"犀印""士仁之印""安粲""鄭印",本書亦未收録。

⑧ 陳直撰輯:《關中秦漢陶録》,中華書局,2006年。

部分非秦文字。822 頁"内"字及 1476 頁"府"字所收"内府"印摹本,出處標注爲《集證》145.198,而《集證》此印則來自《古璽彙編》①3358,原爲打本,收入《集證》時却採用了《戰國銘文選》75 頁所做的摹本。湯餘惠先生訂爲秦印②,《集證》從之,但此印風格明顯與秦印不類,尤其"内"字寫法,秦文字所未見,實爲典型的六國文字風格。湯先生認爲"府"字"有一短横寫在又旁下方",具有秦文字特點,這種看法也未必正確,秦文字也從未見將"一短横寫在又旁下方"的"府"或从付之字。施謝捷先生將此印歸入齊璽③,可能是對的。又如 86 頁隸定爲从言从子之字,即《古璽彙編》0633 之齊璽,所从偏旁非"言"非"子",待考。486 頁"ナ"字所收"盼□族ナ"亦爲戰國古璽。1464 頁所收《秦印編》181"敬上"二例與《秦陶》1458.2、1458.1"敬事"④,亦爲六國文字。843 頁"市"字所收《秦印編》96"右市""西市""左市""市府"封泥⑤、708 頁"左"字所收《秦印編》83"左府"封泥二例⑥,808 頁"舍"字所收《封泥集》235"傳舍"三例⑦,1453 頁所收《封泥印》193"大官丞印"封泥,1474 頁"府"字所收《秦印編》184"市府"封泥第三例、"少府"封泥第二例、"府印""守府"等封泥⑧,1930 頁所收《秦印編》265"鐵官"封泥⑨,皆爲西漢封泥。

此外,本書還收録個别僞品,如 710 頁"左"字所收《封泥集》262.1"齊左尉印"⑩、843 頁"市"字所收《秦印編》96"宜陽市丞"與《集證》159.424"定陽市丞"等封泥。《秦印編》96"宜陽市丞"實爲"定陽市丞"誤録,即《兩漢官印匯考》864"定陽市丞",本書沿

---

① 故宫博物院編:《古璽彙編》,文物出版社,1981 年。
② 湯餘惠:《戰國銘文選》,吉林大學出版社,1993 年,第 75 頁。
③ 施謝捷:《古璽彙考》,博士學位論文,安徽大學,2005 年,第 54 頁。
④ 參看施謝捷:《陝西出土秦陶文字叢釋》,《考古與文物》1998 年第 2 期,第 75 頁。
⑤ 孫慰祖先生根據此類封泥泥背檢痕及印文風格斷爲西漢早期,當可信,參看孫慰祖著:《中國古代封泥》,上海人民出版社,2002 年,第 140—141 頁。第 843 頁所收《秦印編》96 三例"右市"依次爲《古封泥集成》2210、2206、2209,"西市"即《古封泥集成》2212,三例"市府"依次爲《古封泥集成》2217、2215 和《鐵雲藏封泥》33a.1,二例"左市"依次爲《古封泥集成》2203、2205。其中"西市"、第三例"右市"和第二例"左市"又見孫慰祖著:《中國古代封泥》,上海人民出版社,2002 年,第 140—141 頁。
⑥ 第一例原著録未檢得,第二例即《古封泥集成》2160。
⑦ 《封泥集》235.1 即《秦印編》92 第二例,《封泥集》235.2 即《秦印編》92 第一例。《封泥集》235.3 亦見孫慰祖著:《中國古代封泥》,上海人民出版社,2002 年,第 141 頁。孫慰祖先生斷爲西漢早期封泥,甚是。
⑧ 本頁所收《秦印編》184"市府"封泥共四例,第三例即《古封泥集成》2216,其他三例即上文提到的 843 頁所收之"市府"封泥。"少府"封泥第二例即《古封泥集成》2155,"府印"封泥即《古封泥集成》2157,"守府"封泥即《古封泥集成》2161。
⑨ 即《古封泥集成》2149,亦見孫慰祖著:《中國古代封泥》,上海人民出版社,2002 年,第 178 頁。孫慰祖先生斷爲西漢中期封泥,當可信。
⑩ 參看孫慰祖著:《中國古代封泥》,上海人民出版社,2002 年,第 262 頁。

襲其誤。《集證》所著錄之"定陽市丞"亦見於《古封泥集成》2067。兩方"定陽市丞"封泥當爲同印所抑,只是泥面小有區別,孫慰祖先生訂爲僞品,可信。①

　　最後談談摹本的問題。本書除漆器文字由於没有照片幾乎全用摹本外,其他門類文字也使用了不少摹本,但編者在摹本問題上並不十分嚴謹。經與原著錄圖版對照,有些摹本其實並無必要。以封泥和陶文爲例,1959 頁"車"字所收《封泥集》120.1"中車府丞"、《封泥印》159"行車",1977 頁"陵"字所收《秦印編》271"西陵丞印"、《封泥集》318.1"東平陵丞",1980 頁"陰"字所收《秦印編》271"濟陰丞印",2193 頁《秦陶》1500"午",2201 頁"未"字所收《秦陶》1078"安未"等,皆用摹本,而原書拓本皆可清晰辨識。此外,本書還將"漆黑一片而又無法臨摹的"字形用"○"代替,但是經過核對,不少字形從圖版看也是比較清楚的。讀者在使用本書摹本時最好能核對原始材料。

2017 年 3 月

作者係復旦大學出土文獻與古文字研究中心 2011 年碩士(導師:施謝捷)、2013 級博士(導師:施謝捷),現爲上海古籍出版社編輯。

---

① 參看孫慰祖著:《中國古代封泥》,上海人民出版社,2002 年,第 262 頁。亦即《兩漢官印匯考》864"定陽丞印"。此印"市"字爲漢印寫法,"陽"字"阜"旁亦與常見寫法不合。

馬王堆帛書《陰陽脈死候》成書問題核論

——兼談早期"決死生"之術的成書

趙 争

《陰陽脈死候》爲馬王堆帛書古醫書的一篇，原無篇名，整理者據其内容擬定了現篇名。《陰陽脈死候》與《足臂十一脈灸經》、《陰陽十一脈灸經》甲本[①]、《脈法》及《五十二病方》合寫在兩張帛上，接寫於《脈法》之後。學界有關帛書《陰陽脈死候》的成書問題討論不多，除了關注其與《靈樞・經脈篇》的關係外[②]，似僅有日本學者山田慶兒對《陰陽脈死候》的成書問題進行了較爲細致深入的分析和討論[③]。山田氏有關帛書《陰陽脈死候》成書問題的討論是與其有關帛書《足臂十一脈灸經》與《陰陽十一脈灸經》成書的意見密切相關的。爲便於討論，現將帛書相關内容抄録於下。[④]

帛書《足臂十一脈灸經》足厥陰脈相關内容：

(1) 其病，病胅瘦，多溺，嗜飲，足跗腫，疾痹。

(2) 諸病此物者，灸厥陰脈。

(3) 皆有此五病者，又煩心，死。

(4) 三陰之病亂，不過十日死。

(5) 揗脈如三人參舂，不過三日死。脈絶如食頃，不過三日死。

---

① 帛書《陰陽十一脈灸經》有甲、乙兩種文本。此外，張家山漢簡《脈書》中也有與《陰陽十一脈灸經》相似的内容，姑稱爲《陰陽十一脈灸經》丙本。

② 金仕榮、姚純發：《馬王堆帛書〈脈法〉〈陰陽脈死候〉考疑》，《中醫藥學刊》2005年第2期，第305—313頁；劉嬌：《從相關出土文獻看〈黄帝内經・靈樞・經脈篇〉的成篇情況》，《古籍研究》2008年第1期，第95—101頁；劉嬌著：《言公與剿説——從出土簡帛古籍看西漢以前古籍中相同或類似内容重複出現現象》，綫裝書局，2012年，第417—419頁。

③ 山田慶兒：《中國古代醫學的形成》，廖育群、李建民編譯，東大圖書股份有限公司，2003年，第140—148頁。

④ 以下抄録内容及編號方案一依山田慶兒，參山田慶兒著：《中國古代醫學的形成》，廖育群、李建民編譯，東大圖書股份有限公司，2003年，第140—141、143、146—147頁。

(6)煩心,又腹脹,死。不得臥,又煩心,死。溏泄恒出,死。

(7)三陰病雜以陽病,可治。

(8)陽病背如流湯,死。

(9)陽病折骨絶筋而無陰病,不死。

帛書《陰陽十一脈灸經》足太陰脈所産病内容:

Ⅰ其所[産病]:□□,心煩,死;

Ⅱ心痛與腹脹,死;不能食,不能臥,强欠,三者同則死;溏泄,死;

Ⅲ[水與]閉同則死,爲十病。

帛書《陰陽十一脈灸經》足厥陰脈所産病内容:

Ⅳ其所産病:熱中,癃,癲,偏疝,□□有而心煩,死,勿治殹。

Ⅴ有陽脈與之俱病,可治殹。

帛書《陰陽脈死候》内容:

A 凡三陽,天氣也。其病唯折骨裂膚,一死。

B 凡三陰,地氣也,死脈也。陰病而亂,則不過十日死。

C 三陰腐臟爛腸而主殺。□□五死。唇反人盈,則肉先死。齦齊齒長,則骨先死。面黑,目睘勢衰,則氣先死。汗出如絲,傳而不流,則血先死。舌陷卵卷,則筋先死。

D 五者偏有,則不活矣。

一、山田慶兒有關《陰陽脈死候》成書的意見

有關帛書《陰陽脈死候》的成書,山田氏認爲 A、B 兩條分别對應第(9)、(4)條文①;A 的"其病"以下部分與 B 的"陰病"以下部分,當原屬《足臂十一脈灸經》,兩者最初當分别附記在足陽脈與足陰脈中的某一條;《足臂十一脈灸經》的編者將原本混雜在若干脈的記述中的"决死生"的段落整合在一起,附記在足厥陰脈②之後,而《陰陽十一脈灸經》的編者與此不同,其抽出了記述一脈性病候的 A、B 兩條内容,同時在

---

① 山田氏對 A、B 與第(9)、(4)條的對應情形進行了説明,尤其是對第(9)條"不死"與 A"一死"之間的矛盾情形進行了較詳細的討論。然據最新的釋文,A 的"一死"爲誤釋,當作"不死",参湖南省博物館、復旦大學出土文獻與古文字研究中心編纂:《長沙馬王堆漢墓簡帛集成》(伍),中華書局,2014 年,第 209 頁。

② 山田氏書作"足泰陰脈",當誤。

獨立的"五死"内容結合而成《陰陽脈死候》。① 也就是説,山田氏認爲 A、B 兩條内容原本屬於《陰陽十一脈灸經》,後被抽出與"五死"内容整合成《陰陽脈死候》。

山田氏有關《陰陽脈死候》成書的這一意見與其對《足臂十一脈灸經》與《陰陽十一脈灸經》成書問題的判斷有關。通過分析以上所列《足臂十一脈灸經》足厥陰脈的記述,山田氏認爲第(3)、(6)、(8)條内容性質接近,均爲針對某條具體經脈的論述,且原本均附記於相應的經脈;第(4)、(5)、(7)、(9)條内容性質近似,均爲較爲一般性的叙述。《足臂十一脈灸經》的編者在足脈最後添寫一般性記述之時,將原本針對各具體經脈的内容也整合進來,從而形成《足臂十一脈灸經》足厥陰脈之後部分如今的文本面貌。②

再通過對比以上所列《足臂十一脈灸經》與《陰陽十一脈灸經》的相關内容,山田氏認爲《陰陽十一脈灸經》第Ⅰ、Ⅱ條被整合形成了《足臂十一脈灸經》第(6)條,《陰陽十一脈灸經》第Ⅴ條附於特定經脈的記述被一般化爲《足臂十一脈灸經》第(7)條,這些在《陰陽十一脈灸經》中分屬特定經脈的内容在《足臂十一脈灸經》中被分離出來而形成了獨立的段落。這反映了在將記述内容一般化上,《足臂十一脈灸經》比《陰陽十一脈灸經》走得更遠。③ 基於以上分析,山田氏認爲,《陰陽十一脈灸經》原本也擁有與上列《足臂十一脈灸經》足厥陰脈後大體相似的内容,只是二書編者的處理方法不同:《足臂十一脈灸經》被集中整合爲一段内容附於足厥陰脈之後,而《陰陽十一脈灸經》將一般性叙述的 A、B 兩條内容抽出,與"五死"内容整合爲《陰陽脈死候》。

二、《陰陽脈死候》與《足臂十一脈灸經》及《陰陽十一脈灸經》關係問題辨正

山田氏有關《陰陽脈死候》成書問題的分析無疑極具啓發性,令人印象深刻。其認爲《足臂十一脈灸經》足厥陰脈後所附内容本各有來路而後被整合爲一段的意見大致不誤,然其中有可進一步申論之處。

《足臂十一脈灸經》足厥陰脈後多出部分中,第(3)條内容中的"此五病者",無疑是針對足厥陰脈的病候而言,此條内容當是針對足厥陰脈所補充的死症病候。第(4)、(5)條内容均涉及死症及其表徵以及對死亡時間的預測,其中前者是有關死症與發病情形的關係,後者爲脈診脈象與死症的關係。此處描述死症與發病情形的關係

---

① 山田慶兒著:《中國古代醫學的形成》,廖育羣、李建民編譯,東大圖書股份有限公司,2003 年,第 147—148 頁。
② 同上書,第 141—143 頁。
③ 同上書,第 144 頁。

時,明確指出病發範圍爲"三陰"之病,這裏的"三陰"無疑當指足部三條陰脈而言,因爲《足臂十一脈灸經》的臂部陰脈僅有兩條。脈診脈象與死症關係的論述未言明死症脈象所屬爲陰脈還是陽脈,不過從多出部分所處位置在足部各脈之後的情況來看,此處所指很可能爲足脈,再考慮到多出部分整體上所反映出來的陰脈爲重的傾向,則此處的死症脈象很可能也是針對足部三陰脈而言的。第(6)條內容是有關三種死症的描述,其所述的三種死症病候中,前兩種均有心煩之疾,然而從其描述方式來看,心煩之疾在這兩種死候中的地位似有不同——"煩心,又腹脹,死"當以煩心爲主,若同時出現腹脹,則不活;"不得臥,又煩心,死"當以不得臥爲主,若再出現煩心之症則不活。若這兩條死症病候同屬一條脈則殊爲重複,故以上兩種不同死症的情況當是針對不同脈的病候所作的補充①,其各自的性質與第(3)條對足厥陰脈的補充類似。若此推論不誤,則第(6)條內容中的"溏泄恒出,死"也當是對另外一條脈的病候所作的補充。第(7)、(8)、(9)條內容爲陰病、陽病的發病情形與死症的關係,第(7)條內容明顯反映了陰脈及陰病更爲緊要以及對陰脈及陰病的重視,然而其中也出現了陽病的死症,並且第(8)、(9)條內容無疑是以陽病爲主要描述對象的,故而這三條內容與第(4)、(5)條的側重點有所差異。

從整體上看,以上所列《足臂十一脈灸經》足厥陰脈內容處於足部六脈之後、臂部五脈之前,也就是說,多出部分在足脈之後而非《足臂十一脈灸經》篇末,這當可說明這些內容原來均附屬足脈。具體而言,第(3)條內容作爲足厥陰脈的補充,目前位於足厥陰脈之後的情形當與其原初位置相同;同理,第(6)條中的三句當分別附屬於相應的脈;第(4)、(5)兩條內容最有可能原本即附於足厥陰脈之後,與目前的位置當相差不大;第(7)、(8)、(9)條內容的位置原本很可能附於足部三陽脈之後。這種推論的合理之處還在於,對以上內容原初位置的判斷,符合從前至後的整編順序。若據山田氏的意見,將附於各脈之後的第(3)、(6)、(8)條與一般性記述的第(4)、(5)、(7)、(9)條整合爲目前的面貌,則需在《足臂十一脈灸經》篇前後跳躍選取,這無疑不合常理。

有關《足臂十一脈灸經》與《陰陽十一脈灸經》的關係,實際情形可能恰與山田氏的分析相反,並非《足臂十一脈灸經》整合了《陰陽十一脈灸經》的內容,而是《陰陽十

---

① 若據目前《足臂》的內容來看,足少陰脈病候中有"煩心"之症,多出部分中的"煩心,又腹脹,死"或爲足少陰脈的補充。

一脈灸經》受了《足臂十一脈灸經》(或某種類似文本①)的影響。

首先,《陰陽十一脈灸經》足厥陰脈"所生病"記述了"熱中、癃、癩、偏疝"四種病候,而其後的病候統計却爲五病②。這一失誤當並非無心之失,因爲《陰陽十一脈灸經》乙本和丙本情形均如此,且這一失誤已經隨着《陰陽十一脈灸經》文本流傳有時了。若將《陰陽十一脈灸經》足厥陰脈"所産病"與《足臂十一脈灸經》相關内容對照,或可發現這種矛盾情形出現的原因。《陰陽十一脈灸經》足厥陰脈"所産病"明爲四病而統計爲五病,並且此後的"五病有而心煩,死"的内容與《足臂十一脈灸經》足厥陰脈後多出内容中的"有此五病者,又煩心,死"句又如此近似,兩相比較,這種情況很明顯是因爲《陰陽十一脈灸經》足厥陰脈"所産病"内容受到了《足臂十一脈灸經》(或某種類似文本)的影響。

其次,《陰陽十一脈灸經》内容Ⅱ與《足臂十一脈灸經》第(6)條非常近似。由上文分析可知,《足臂十一脈灸經》第(6)條内容中的三種死症,原本當分屬不同的經脈,並非針對同一條脈的死症病候。然而在《陰陽十一脈灸經》中,這些死症病候均被當作足太陰脈的病候,這説明《陰陽十一脈灸經》的編者已經不清楚這些死症原本分屬不同經脈的情形。在《陰陽十一脈灸經》三條陰脈中,只有足太陰脈"是動病"中有"走心""腹脹"的症狀,這應當是《陰陽十一脈灸經》編者將内容Ⅱ編入足太陰脈的主要原因吧。

再次,《陰陽十一脈灸經》本身的成書過程也有助於説明其與《足臂十一脈灸經》的關係。《陰陽十一脈灸經》至少呈現出三個文本層次:一是脈名及脈的循行路綫内容,二是各脈"是動病"内容,三是各脈"所産病"内容。相應的,這些内容至少經歷了二次編輯從而形成了《陰陽十一脈灸經》文本的主體部分。我們姑且將僅有各脈循行加"是動病"内容的《陰陽十一脈灸經》文本稱爲《陰陽十一脈灸經》原始文本,將原始文本再加上"所産病"内容的《陰陽十一脈灸經》文本稱爲《陰陽十一脈灸經》主體文本。③ 通過上文分析可知,足太陰脈與足厥陰脈的"所産病"内容無疑受到了《足臂十一脈灸經》(或某種類似文本)的影響而被改編爲目前的形式,這種改編當發生在《陰

---

① 此處不能確定影響《陰陽》的即爲《足臂》的原因在於,《陰陽》與《足臂》的相應内容並不全然吻合,其間還存在一些差别。古書流傳的複雜性要求我們在討論文本内容時,充分考慮其中的可能性,爲可能的古書文本留有空間。相關討論參李鋭:《從出土文獻談古書形成過程中的"族本"》,載謝維揚、趙争主編《出土文獻與古書成書問題研究——"古史史料學研究的新視野研討會"論文集》,中西書局,2015年,第107—120頁。

② 《陰陽》甲本此處殘缺,《陰陽》乙、丙本作"五病"。

③ 有關《陰陽》成書過程的分析參趙争:《古書成書與古書年代學問題探研——以出土古脈書〈足臂十一脈灸經〉和〈陰陽十一脈灸經〉爲中心》,《中國典籍與文化》2016年第1期,第7—12頁。

陽十一脈灸經》主體文本形成之後。因爲只有如此，改編内容纔會涉及"所產病"，若對没有"所產病"内容的《陰陽十一脈灸經》原始文本進行改編，則改編部分當涉及"是動病"。此外，《陰陽十一脈灸經》足少陰脈後多出的"少陰之脈，久則強食產肉"一段内容涉及灸法及治法，縱觀《陰陽十一脈灸經》全篇，僅有此處言及治法，並且此段内容位於所產病數目統計之後，因此當爲後來補入。若以上推論不誤，則《陰陽十一脈灸經》主體文本形成之後，原足太陰脈與足厥陰脈的"所產病"内容被改編，足少陰脈後附入了有關治法的内容，從而形成了我們看到的《陰陽十一脈灸經》今本面貌。統觀《陰陽十一脈灸經》可以發現，其全篇大致遵循統一的叙述格式：脈名之後先叙述脈的循行路綫，然後以"是動則病"開頭叙述"是動病"，以"是某某脈主治"結尾，然後以"其所產病"開頭叙述"所產病"，末尾有所產病數目統計。其中僅足部三陰脈在内容形式上與此不諧。而《足臂十一脈灸經》足部三陰脈各脈之後原本當分别附記了死症病候，從而顯得較爲獨特。因此《陰陽十一脈灸經》足部三陰脈的獨特形式受到《足臂十一脈灸經》（或某種類似文本）影響的可能性較大。

　　以上分析與前文相關討論一致。由此可知，上文所列出《陰陽十一脈灸經》與《足臂十一脈灸經》的編號内容並非如山田氏所分析的那樣是後者整合了前者，恰恰相反，實際上應該是《陰陽十一脈灸經》參考了《足臂十一脈灸經》（或某種類似文本）的内容。並且《陰陽十一脈灸經》的成書過程也決定了除足太陰脈與足厥陰脈的相關内容外，《陰陽十一脈灸經》並無與《足臂十一脈灸經》足厥陰脈後近似的其他内容，故而《陰陽脈死候》也不會是《陰陽十一脈灸經》的内容與"五死"部分整合而成的。

三、"決死生"内容的一般化與《陰陽脈死候》成書

　　通過上文分析可知，《陰陽脈死候》A、B兩條並非源於《陰陽十一脈灸經》，且從内容上看，《陰陽脈死候》内容 A 和内容 B 與《足臂十一脈灸經》的相關内容非常接近。這可能有兩種情形：或《陰陽脈死候》受了《足臂十一脈灸經》（或類似文本）的影響；或相反，《足臂十一脈灸經》吸收了《陰陽脈死候》（或類似文本）的内容。實際情況很可能爲第一種，原因如下：

　　首先，來看《陰陽脈死候》A 條内容中的"三陰三陽"。對於《陰陽脈死候》的三陰三陽，一般意見均以人體三陰脈和三陽脈作解[①]，概認爲《陰陽脈死候》三陰三陽對

[①] 略如周一謀、蕭佐桃主編：《馬王堆醫書考注》，天津科學技術出版社，1988年，第47頁；馬繼興著：《馬王堆古醫書考釋》，湖南科學技術出版社，1992年，第304、306頁；魏啓鵬、胡翔驊撰：《馬王堆漢墓醫書校釋》（壹），成都出版社，1992年，第41頁；湖南省博物館、復旦大學出土文獻與古文字研究中心編纂：《長沙馬王堆漢墓簡帛集成》（伍），中華書局，2014年，第209頁。

應後世經典十二脈學説的手足三陰脈和三陽脈。然而這種解釋與《陰陽脈死候》三陰三陽的實際情形並不一致，最顯著的矛盾之處在於，與《陰陽脈死候》合抄的《足臂十一脈灸經》與《陰陽十一脈灸經》均僅有十一脈，其中足脈六、臂脈五，六陽脈、五陰脈，與手足三陰三陽的十二脈説並不一致。這種情形當有以下兩種可能：一是《陰陽脈死候》的三陰三陽確屬於某種十二脈系統；二是《陰陽脈死候》的三陰三陽並不對應十二脈説，也不能以十二脈説來解釋。從《陰陽脈死候》所在帛書篇目安排以及各篇内容上看，帛書兩部《十一脈灸經》後接着抄寫《脈法》與《陰陽脈死候》的情形，無疑反映了兩部《十一脈灸經》是較爲流行的經脈學説，另一幅帛書上《却穀食氣》與《陰陽十一脈灸經》乙本合抄也印證了十一脈説較爲流行的情形，湖北張家山漢簡《脈書》的内容安排更説明了這種十一脈説的流行程度，將《陰陽脈死候》與《足臂十一脈灸經》和《陰陽十一脈灸經》合抄也正反映了帛書編者的編纂意圖和原則。因此，目前看來，《陰陽脈死候》的三陰三陽不太可能屬於某種十二脈系統，其當與《陰陽十一脈灸經》所代表的十一脈説密切相關。

《陰陽脈死候》三陰三陽關聯十一脈説而非十二脈系統，那么其三陰三陽無疑當對應足部經脈。實際上，《陰陽脈死候》三陰三陽原本即是針對足脈而言。《陰陽脈死候》内容 A 和 B 與《足臂十一脈灸經》第(9)和(4)條關係密切。由上文相關分析可知，《足臂十一脈灸經》足厥陰脈後附記内容原本均是針對足脈而言的，《足臂十一脈灸經》第(9)和(4)條同樣如此。因此，《陰陽脈死候》内容 A 和 B 中的"三陽""三陰"也當指足三陽脈和足三陰脈，只是其未加足部標稱。這種足脈不加足部標稱的做法較爲常見，如《足臂十一脈灸經》《陰陽十一脈灸經》《五十二病方》及《史記·扁鵲倉公列傳》[1]，反映了較爲早期的經脈命名情形，這種情形與足脈首先採用三陰三陽的命名原則有關[2]。

其次，再來看天回醫簡的相關内容。盡管天回醫簡《五死》有一定程度的殘損，其目前已知的内容大致可分爲兩部分：論述"五死"的内容和此後的經脈死症的内容。天回醫簡《五死》的"五死"如下：

---

[1] 《足臂》足太陽脈論治法句"諸病此物者，皆灸太陽脈"，即無足部標稱，同樣的情形還出現在《足臂》足少陽脈、足陽明脈和足厥陰脈中。《陰陽》足部經脈皆不加足部標稱。此外，《五十二病方》中治療癲病時有灸太陰、太陽之説〔湖南省博物館、復旦大學出土文獻與古文字研究中心編纂：《長沙馬王堆漢墓簡帛集成》（伍），中華書局，2014年，第257頁〕，也無足部標稱。天回醫簡《十二脈》（厥陰脈）及《別脈》（間別太陰脈、間別少陰脈、間別太陽脈）中同樣存在脈名省略足部標稱的情形。《史記·扁鵲倉公傳》中這種情形多見，詳見司馬遷撰：《史記》，中華書局，1982年，第2797、2800、2801、2802、2803頁等。《素問·脈解》記足六脈病候而脈名前均無足部標稱。

[2] 黄龍祥著：《中國針灸學術史大綱》，華夏出版社，2001年，第289—291頁。

病有五死,一曰形死,二曰氣死,三曰心死,四曰志死,無曰神死。①

相較於馬王堆帛書《陰陽脈死候》肉、骨、血、氣、筋的"五死"內容,天回醫簡《五死》爲形、氣、心、志、神。從論述層次上看,帛書《陰陽脈死候》爲有形的人體組成部分,而天回醫簡《五死》則更爲抽象,在較爲具體的形之外,更注重精神對象。比較而言,這反映了天回醫簡《五死》內容更爲一般化的情形。統而言之,帛書《陰陽脈死候》和天回醫簡《五死》這兩種"五死"內容不同而數目皆爲五,這顯是受了五行學說的影響。作爲一種高度抽象的模型,五行學說在古代具有廣泛的影響,擁有普遍性的意義,馬王堆帛書《陰陽脈死候》及天回醫簡《五死》的"五死"內容顯然欲以此來獲得更爲普遍的意義。

天回醫簡《五死》的經脈死症有如下內容:

① 數溲,足跗腫。
② □有此五者,煩心則死。
③ □則死。脈絶如食閒,不過三日則死。煩心與腹脹俱,則死。溏瘕
④ □□之病雜陽病,可治。陽病背如沃□則死,陽病析膚絶□而不雜陰,不死。
⑤ 産瘕,脅外腫,目外前眥痛。陽②

很明顯,天回醫簡《五死》經脈死症內容的第①、②、③、④條對應上文所列《足臂十一脈灸經》足厥陰脈後第(1)、(3)、(5)、(6)、(7)、(8)、(9)條,天回醫簡《五死》經脈死症內容⑤見於《足臂十一脈灸經》足少陽脈病症③。

上文在討論《足臂十一脈灸經》成書過程時提到,《足臂十一脈灸經》足厥陰脈後所附經脈死候內容是將原本分屬不同經脈的內容整合而來,天回醫簡《五死》經脈死症與《足臂十一脈灸經》的對應情形更有助於說明這種內容整合方式。天回醫簡《五死》同樣將原本分屬特定經脈的內容抽出集中抄寫並單獨成篇,從而使其脫離了具體的經脈內容而具有了更爲一般化的意義。這不僅與帛書《陰陽脈死候》的內容整合方式一致,而且在一般化程度上更進一步。這種文本整合方式無疑是一種具有代表性

---

① 釋文取寬式。釋文詳情參天回醫簡整理組編著:《天回醫簡》,文物出版社,2022 年,第 73 頁。
② 同上書,第 74 頁。
③ 《足臂十一脈灸經》足少陽脈內容爲"其病:病足小指、次指廢,胻外廉痛,胻寒,膝外廉痛,股外廉痛,髀外廉痛,脅痛,□痛,産瘕,缺盆痛,瘻,聾,枕痛,耳前痛,目外眥痛,脅外腫。"見湖南省博物館、復旦大學出土文獻與古文字研究中心編纂:《長沙馬王堆漢墓簡帛集成》(伍),中華書局,2014 年,第 189 頁。

的做法，反映了對待經脈死候的一般化趨勢。① 這種情形無疑使"決死生"成爲了一種專門的技術領域，並且使其具有了某種普遍性的意義。《陰陽脈死候》對三陰三陽的論述，分別以天地之氣與之對應，並以此作爲其"決死生"的依據和原理，這無疑也是强化普遍性的做法。②

據此可知，帛書《陰陽脈死候》成書參考了《足臂十一脈灸經》（或類似文本），天回醫簡《五死》的成書也應當受了《足臂十一脈灸經》（或類似文本）的影響。

以上討論了帛書《陰陽脈死候》及天回醫簡《五死》的内容來源與成書方式。實際上，雖同爲"決死生"之術，然而無論帛書《陰陽脈死候》還是天回醫簡《五死》，其各自的"五死"内容與剩餘部分内容均屬於不同的"決死生"技術——"五死"内容依據人體的五種要素及其症候預測死亡，而經脈死候部分主要基於經脈及病候的陰陽屬性預測死亡。這兩種不同的"決死生"技術顯然分屬不同的流派，當有各自的來源。兩者均被整合爲一個新的文本。這種方式與上述帛書《陰陽脈死候》及天回醫簡《五死》將分屬特定經脈的内容整合成書的方式一致，是這種文本整合方式在更大範圍上的應用。這無疑揭示了此類"決死生"之術的成書方式，這種情形本身也是"決死生"内容一般化的結果。

綜上，帛書《陰陽脈死候》及天回醫簡《五死》將原本分屬特定經脈的死候内容單獨抽出，使其脱離原有的具體語境從而具備了某種一般性的意味，再以具有普遍意義的理論及話語系統（陰陽、天地等）整合這些被抽離的經脈死候内容，並將之與其他具有普遍意義的經脈死候——如受五行理論影響的"五死"内容——纂集成書。這種對待經脈死候的做法及其所反映出來的一般化趨勢使"決死生"凸顯爲一種專門的技術領域，使其具有了某種普遍性的意義。

四、《陰陽脈死候》與"決死生"之術的結集與成書

雖然帛書《陰陽脈死候》是將原本分屬特定經脈的死候内容及不同流派的"決死生"之術整合成篇的，並因而呈現出較爲樸素的狀態，然而這種專論"決死生"之術的内容反映了其時對待經脈死候的一般化趨勢，帛書《陰陽脈死候》的内容很大程度上擁有了普遍性的意義，並具備了經典化的特徵。若考察張家山漢簡《脈書》中的相關内容，則對此無疑會有更深入的體認。

---

① 帛書《足臂》將"決死生"内容集中抄於足厥陰脈之後，除了整齊文本外，也不能排除有將"決死生"内容專門化的考量。這也是"決死生"内容一般化過程的前期環節。

② 各家多以後世經典十二脈説解釋《陰陽脈死候》三陰三陽的原因也當在於此，只是未充分考慮當時特定地域中經脈學説的實際流傳情形。

與帛書《陰陽脈死候》相較，張家山漢簡《脈書·陰陽脈死候》多出一段論述：

> 夫流水不腐，户樞不蠹，以其動。動者實四肢而虛五髒，五髒虛則玉體利矣。夫乘車食肉者，春秋必瀉，不瀉則脈爛而肉死。脈盈而洫之，虛而實之，静則待之。①

由"玉體""乘車食肉者"來看，此段論述針對的對象爲社會上層群體，且對其養尊處優缺乏運動的生活狀態提出了針對性意見。這些意見中有"肉死"的後果，此"肉死"無疑與帛書《陰陽脈死候》"五死"中的"肉先死"相對應，這應當也是這段論述接於"五死"內容之後的主要原因之一。當然，"五死"部分爲多出的針對"乘車食肉者"的部分提供理論基礎。其實張家山漢簡《脈書·陰陽脈死候》這段針對特定人群的論述與《陰陽脈死候》內容的一般化趨勢"背道而馳"，然而恰是從這種"背道而馳"的情形中可以看出，帛書《陰陽脈死候》的內容已經具備了某種經典化的特徵——在不同的文本中，帛書《陰陽脈死候》的內容元素呈現出較爲穩定的面貌，且爲相關的論述提供具有普遍意義的理論基礎。當然，這種經典化並不影響編纂抄集的成書方式，張家山漢簡《脈書·陰陽脈死候》即在已經實現某種經典化的內容上添加新的內容從而整合出新的文本。

傳世的《靈樞·經脈》篇相關內容亦可見《陰陽脈死候》的影響。《靈樞·經脈》篇在論述十二經脈之後有"五陰氣絶"的內容，其主要內容爲手足五條陰脈對應的五種"氣絶"症狀及五種人體元素的死症：手太陰氣絶有"毛折者則毛（氣）②先死"句，手少陰氣絶有"面黑如漆柴者血先死"句，足太陰氣絶有"人中滿則唇反，唇反者肉先死"句，足少陰氣絶有"肉軟却故齒長而垢，發無澤，發無澤者骨先死"句，足厥陰氣絶有"舌卷卵縮則筋先死"句。與《陰陽脈死候》相較，兩者五種人體元素均爲氣、血、肉、骨、筋，其中肉與筋的死症兩者相同，血的死症中面色發黑的症狀與張家山《脈書·陰陽脈死候》吻合，骨的死症中齒長之症候與《陰陽脈死候》相同。《陰陽脈死候》經脈死候部分所論是根據經脈及脈症的陰陽屬性而"決死生"的技術，其中體現出了陰脈主殺、重視陰脈的理念，《靈樞·經脈》篇"五陰氣絶"無疑是這種理念的體現。可見，《靈樞·經脈》篇的"五陰氣絶"部分當參考了《陰陽脈死候》（或其近類似文本）的內容，並受到了後者相關理念的影響。由此可以想見《陰陽脈死候》的經典化程度及其影響。

---

① 此處採用寬式釋文，原釋文參張家山二四七號漢墓竹簡整理小組編著：《張家山漢墓竹簡〔二四七號墓〕》（釋文修訂本），中華書局，2006 年，第 124—125 頁。

② 此處《脈經》《千金》均作"氣"，且郭靄春語譯中以"氣"處理。郭靄春編著：《黄帝内經靈樞校注語譯》，貴州教育出版社，2010 年，第 125 頁。

《内經》中不乏與"決死生"有關的内容,不僅如此,《内經》之前便有類似《陰陽脈死候》這類"決死生"的專門之書。如《内經》所稱引的《金匱》,《素問·病能論》云"《金匱》者,決死生也",可見《金匱》當爲論"決死生"的專書。又有《奇恒》者,"言奇病也。所謂奇者,使奇病不得以四時死也;恒者,得以四時死也",此當爲聚焦於奇病的"決死生"之術。又有《揆度》者,與《奇恒》"道在於一","所謂揆者,方切求之也,言切求其脈理也;度者,得其病處,以四時度之也",當也涉及"決死生"之術。①另,《史記·扁鵲倉公列傳》所録倉公診籍中多有"決死生"的内容,這些内容無疑源於倉公從陽慶所學及所受諸書,其中《上下經》《五色診》《奇咳術》《揆度》等可能與《内經》所稱引者關係密切。

《陰陽脈死候》的内容源於不同的"決死生"之術,這其實是一種較爲常見的情形,如上文所列《足臂十一脈灸經》足厥陰脈後的附記内容中便包含了不同的"決死生"之術:"揗脈如三人參舂,不過三日死。脈絶如食頃,不過三日死",基於脈診法;"皆有此五病者,又煩心,死","煩心,又腹脹,死。不得卧,又煩心,死。溏泄恒出,死",爲基於病候;"三陰病雜以陽病,可治。陽病背如流湯,死。陽病折骨絶筋而無陰病,不死",基於經脈及病候的陰陽屬性。從名稱上看,《奇恒》《五色診》《奇咳術》《揆度》當分别聚焦於某種特定的"決死生"技術,而《金匱》則可能類似《陰陽脈死候》,爲不同"決死生"技術的集合。

綜上所論可知,在早期存有相當數量的不同種類的"決死生"技術,或聚焦某種特定的"決死生"技術,或綜合若干種"決死生"之術,這些内容被編成不同的文本。帛書、漢簡《陰陽脈死候》及天回醫簡《五死》這種纂集成書的方式,當是這類古書形成的重要方式之一。

五、小　結

有關帛書《陰陽脈死候》成書參考了帛書《陰陽十一脈灸經》的意見當不符合實際情形,帛書《陰陽脈死候》與帛書《足臂十一脈灸經》(或類似文本)關係密切,前者當參考了後者的内容。

帛書《陰陽脈死候》(及天回醫簡《五死》)將原本分屬特定經脈的内容纂集成書,這是其主要的成書方式之一。通過這種方法,原本分屬特定經脈的内容脱離具體的經脈語境從而具有了較爲一般化的意義。這種做法反映了對待經脈死候的一般化趨

---

① 有關《揆度》《奇恒》及《金匱》的討論,參張燦玾主編:《黄帝内經文獻研究》,上海中醫藥大學出版社,2005年,第89、90、94頁。

勢,這也使"決死生"成爲專門的技術領域並具有了普遍性意義。

帛書《陰陽脈死候》的文本也因此具有了某種經典化特徵,其内容元素在不同的文本中保持穩定的同時,也爲相關論述提供具有普遍意義的理論基礎。帛書《陰陽脈死候》的經典化不僅體現在張家山漢簡《脈書·陰陽脈死候》的内容與成書方式上,還體現在《靈樞·經脈》的相關内容與帛書《陰陽脈死候》的關係上。帛書《陰陽脈死候》纂集成書的方式當是早期"決死生"之術結集及成書的主要形式之一。

附記:

小文主要部分以"古書成書及流傳問題研究——以馬王堆帛書《陰陽脈死候》爲中心"爲名發表於《傳統中國研究集刊》(第十八輯),以"馬王堆帛書《陰陽脈死候》成書問題考論"爲名發表於《出土文獻綜合研究集刊》(第七輯)。

作者係復旦大學出土文獻與古文字研究中心 2012 級博士後(合作導師:劉釗),現爲南通大學馬克思主義學院特聘教授、上海大學古代文明研究中心研究員。

説帛書《經法》等四篇
"物乃下生"與"刑法不人"

杜新宇

馬王堆漢墓帛書《經法》《十六經》《稱》《道原》四篇,整理者稱之爲"《老子》乙本卷前佚書"或"《經法》等四篇",唐蘭先生認爲這四篇文獻即《漢書・藝文志》所載的《黄帝四經》[①],裘錫圭先生認爲不是[②]。無論如何,《經法》等四篇具有經典性,出土至今,一直受到學界重視。2014年,中華書局出版了由裘錫圭先生主編,湖南省博物館、復旦大學出土文獻與古文字研究中心編纂的《長沙馬王堆漢墓簡帛集成》(以下簡稱"《集成》")。此次帛書的整理,水平很高,解決了很多問題,既是對以往研究的總結,又是今後進一步研究的基礎,也使學界意識到馬王堆漢墓帛書仍有較多可研究的地方。就《經法》等四篇的字詞及文句解釋方面來説,也有推敲琢磨的空間。本文擇取"物乃下生"與"刑法不人"兩條來談,供學界參考。以下分條陳述。

一

有物始□□,建於地而洫(溢)於天,莫見亓(其)刑(刑—形),大盈冬(終)天地之閒(間)而莫知亓(其)名。莫能見知,故有逆成;物乃下生,故有逆刑。禍及亓(其)身。　　　　　　　　　　　　　　　　(《經法・名理》)[③]

先説"有物始□□"。"物",《馬王堆漢墓帛書〈經法〉》謂指"道"[④],"始"後之字殘

---

① 唐蘭:《〈黄帝四經〉初探》,《文物》1974年第10期。
② 參裘錫圭:《馬王堆帛書〈老子〉乙本卷前古佚書並非〈黄帝四經〉》,載陳鼓應主編《道家文化研究》(第三輯),上海古籍出版社,1993年,第249—255頁。本文取整理者的説法,稱之爲"《經法》等四篇"。
③ 湖南省博物館、復旦大學出土文獻與古文字研究中心編纂:《長沙馬王堆漢墓簡帛集成》(肆),中華書局,2014年,第147頁。(爲便於閲讀,原文中標注的行號未引。)
④ 馬王堆漢墓帛書整理小組編:《馬王堆漢墓帛書〈經法〉》,文物出版社,1976年,第43頁。

失,錢玄、魏啓鵬、陳鼓應、余明光等學者補爲"生"①,可信。最先出生之物顯然爲"道",此物被描述爲"無形""無名",正與"道"合。

"物乃下生,故有逆刑",整理者所編各種釋文注釋版本及《集成》皆未有注,其他學者則有不同的理解,其不同理解的核心在於對其中之"物"有不同認知。魏啓鵬先生讀"物"爲"滑",訓爲混亂、擾亂,又解"逆刑"爲"背逆事理,不順四時刑德的濫用刑殺"。② 陳鼓應先生給出兩種解釋,云:

> 物乃下生,故有逆刑:"物",事(《詩·烝民》傳"物,事")。"下"疑爲"怀(倍)"之缺訛。"下"與"不"形近易訛。《易·損卦》"不制於柔",《釋文》云:"不制,一本作下制。""逆刑"猶濫刑。此二句承"莫能見知"而言,謂因爲不能認識"道",所以便有悖逆的事情發生,也因此便有了刑罰的濫施。又解:"物"即下文"萬物群材"之"物"。"下",失分(《書·五子之歌》孔傳"下,謂失分")。"刑",即"三時成功,一時刑殺"之"刑",指生殺消長的自然規律。此二句是説:眾物過長失分,所以有違逆自然規律的事情發生。③

余明光先生謂:"'物乃下生'之上似有脱文。物,這裏指群眾。如'眾論謂物議''眾望謂物望'。這句話是説,群眾在下面違法犯禁、惹是生非。逆刑,違背常理,濫用刑罰。"④蕭旭先生説:"物,鬼物、神怪。《後漢書·明帝紀》:'觀物變。'李賢注:'《春秋傳》曰:"凡分至啓閉,必書雲物,爲備故也。"杜預注云:"物謂氣色災變也。"''下'字不誤。"⑤

上述説法皆不確。將"物乃下生,故有逆刑"置於道家著作的話語體系下理解纔可能得出正確答案。裘錫圭先生指出,《老子》中有將"爲"區分爲合乎道的"爲"與不合乎道的"爲"的現象:

> 聖人"能輔萬物之自然而弗能爲"這句話對我們分析《老子》中"爲"的含義有重要意義。在老子看來,"輔萬物之自然"的行爲都是合"道"的行爲,那麽,"弗能爲"的"爲"就應該是當作"不合'道'的行爲"講的。我們把這種意義的動詞性的

---

① 錢玄:《帛書〈老子〉乙本卷前古佚書釋文補正》,載江蘇省語言學會主編《語言研究集刊》(第一輯),江蘇教育出版社,1986年,第293頁;魏啓鵬:《馬王堆漢墓帛書〈黃帝書〉箋證》,中華書局,2004年,第85頁;陳鼓應注譯:《黃帝四經今注今譯——馬王堆漢墓出土帛書》,商務印書館,2007年,第180頁;余明光著:《黃帝四經新注新譯》,岳麓書社,2016年,第129頁。
② 魏啓鵬著:《馬王堆漢墓帛書〈黃帝書〉箋證》,中華書局,2004年,第86頁。
③ 陳鼓應注譯:《黃帝四經今注今譯——馬王堆漢墓出土帛書》,商務印書館,2007年,第182頁。
④ 余明光著:《黃帝四經新注新譯》,岳麓書社,2016年,第131頁。
⑤ 蕭旭:《馬王堆帛書〈經法〉四種古佚書校補》,載《群書校補》(壹),廣陵書社,2011年,第9頁。

"爲"包括在專指不合"道"的行爲的"爲"字中。單用"爲"字來專指不合"道"的行爲的用法,可以説是《老子》特有的。①

《老子》中的"事",也存在此種用法:

> 老子不只一次説到取天下不能有"事",如"取天下常以無事,及其有事,不足以取天下"(48章)、"以正治國,以奇用兵,以無事取天下"(57章)。取天下當然不能什麼事也不做,這裏所説的"事"應該是特有所指的,老子主張"以道莅天下"(60章),"取天下"不能有事的"事"應該是指那些不合"道"的事。又如"我無事而民自富"(例10)、"爲無爲,事無事,味無味"(例11),兩處的"無事"之"事"也應是同義的。在古今漢語裏,"事"字都有專指"事故"的用法,但是,以"事"專指不合"道"的事,則是《老子》所特有的。②

裘先生進一步指出《老子》中的"知""欲"也有以"道"區分的現象,而且解釋了《老子》此種用法的來源:

> 《老子》中的"爲"有專指老子所反對的、不合"道"的行爲的用法,這跟一般漢語中"欲"有專指"貪欲"等不好的"欲"的用法是相類的。《老子》中用"事""知"和"爲"來專指不合"道"的事情、知識和作爲,可以説是對一般漢語中以"欲"專指不好的欲的用法的模仿。③

其實,類似的用法不限於《老子》,清華簡《子產》也有此類用法:

> 君人亡事,民事是事。昪(得)民天央(殃)不至,外戁(仇)否。以厶(私)事=(事使)民,事起貨=行=鼻=起=民=蘥=(禍行,禍行罪起,罪起民矜,民矜)上危。吕(己)之鼻(罪)也,反以鼻(罪)人,此胃(謂)不事不戾。④

從上可見,《子產》主張君人當"亡(無)事""不事",其實不是真的無事,其所謂無事,指的是無私事,此與《老子》"無事"之"事"指不合"道"的事可謂同類。可能《子產》此種用法是從《老子》借鑒而來,如果《子產》篇中的內容反映的是子產的思想,而子產是與老子同時代的人,那麼《老子》中以"道"將"欲""知""爲""事"進行區分,有没有可能是

---

① 裘錫圭:《説〈老子〉中的"無爲"和"爲"——兼論老子的社會、政治思想》,《中華文史論叢》2019年第4期,第43頁。
② 同上書,第44頁。
③ 同上書,第47頁。
④ 清華大學出土文獻研究與保護中心編:《清華大學藏戰國竹簡》(陸),中西書局,2016年,第137頁。

從類似《子產》中以"民事"爲標準將事分類借鑒來的呢？或者可能他們"對一般漢語中以'欲'專指不好的欲的用法的模仿"之外的某些類似用法有過借鑒呢？此問題有待進一步研究。

由上文引述，《經法·名理》"物乃下生"之"物"所指就不難明瞭了。"莫能見知，故有逆成"謂不能見知"道"，所以有悖逆生成。"物乃下生"承此而言，"物"當指逆物，亦即逆事，是不合道的"事物"。《經法·論》："物有不合於道者，胃（謂）之失＝理＝（失理。失理）之所在，胃（謂）之逆。"①《論》之"逆""物"正是不合"道"的。《文子·符言》："欲尸名者必生事，事生即舍公而就私，倍道而任己，見譽而爲善，立而爲賢，即治不順理，而事不順時。治不順理則多責，事不順時則無功。妄爲要中，功成不足以塞責，事敗足以滅身。"②"事生"與"道"相背，可見，《文子》中的"事"也是與"道"相違背的逆事。《經法》《文子》顯然都借用了《老子》的話語體系。"下""生"屬同義連用。《經法·名理》"物乃下生"言"逆物"下降出生，"物乃下生"是道的反面，所以會有"逆刑"。逆刑，指違逆所致之刑。③ 類似的表述可見清華簡《子犯子餘》子犯回答秦穆公的問話，其文云："誠女（如）宔（主）君之言。虘（吾）宔（主）好定而敬訐（信），不秉禸（禍）利，身不忍人，古（故）走去之。"④劉釗先生指出，"禍利"指因禍帶來的利益⑤，甚確。"禍利"正好與本文"逆刑"參看，"逆刑"顯然指違逆道所帶來的刑。所以後面進一步説"禍及其身"。

二

兵不刑天，兵不可動（動）。不法地，兵不可昔（措）。刑法不人，兵不可成。

（《十六經·兵容》）⑥

"刑法不人"難解，1974版《馬王堆漢墓帛書》（壹）説："《鶡冠子·兵政》：'用兵之法，天之，地之，人之。'其意與此文同。蓋謂用兵需法天道、地道、人道。'兵不刑天'

---

① 湖南省博物館、復旦大學出土文獻與古文字研究中心編纂：《長沙馬王堆漢墓簡帛集成》（肆），中華書局，2014年，第141頁。
② 王利器撰：《文子疏義》，中華書局，2000年，第170頁。
③ 此點蒙劉釗先生指示。
④ 清華大學出土文獻研究與保護中心編：《清華大學藏戰國竹簡》（柒），中西書局，2017年，第92頁。
⑤ 劉釗：《利用清華簡（柒）校正古書一則》，古文字微刊微信公眾號，https://mp.weixin.qq.com/s/WKAxC2hUSrSF52imGYoKTw，2017年05月01日。
⑥ 湖南省博物館、復旦大學出土文獻與古文字研究中心編纂：《長沙馬王堆漢墓簡帛集成》（肆），中華書局，2014年，第164頁。

之刑,當訓爲法。"①1980 版《馬王堆漢墓帛書》(壹)注釋相同。② 1976 年的《馬王堆漢墓帛書〈經法〉》謂:"本篇論述用兵應該'刑天''法地''法人',掌握有利時機,纔能成功。"③此書又疑"人"上脱一"因"字。④ 將本段文字理解爲"用兵當法天道、地道、人道"是絶大多數學者同意的。所以,"刑法不人,兵不可成"一定是講"法人"的。高亨、董治安二位先生最早提出"刑法不人"疑當作"不法人"的觀點⑤,錢玄、陳鼓應等先生也懷疑"刑法不人"當作"不法人"⑥。疑"刑法不人"本作"不法人",則"刑"爲衍文,而"法"又與"不"字誤倒,此説過於複雜,恐難使人相信。余明光先生亦將"法不人"當作"不法人",只是其將"刑"字解釋爲"兵",不作衍文處理⑦,亦不可信。另外,"不人"其實已經可以表達出不法人的意思,脱"因"字之説亦不可從。

本段文字主要難點在於"刑法"二字,我們認爲,"刑法"應爲前文"兵不刑天""不法地"中"刑天""法地"之省。古人之言簡省,或有上文中言及,則於下文中省略的情況,俞樾總結爲"蒙上文而省"。⑧ 此已爲訓詁學中的基礎知識。"刑法不人"是"刑天、法地而不人"的省略,"不人"謂不法人。"刑法不人"謂以天地爲法而不以人爲法,則兵不可成。主要表達用兵不但當法天地,而且要以人爲法,如僅僅以天地爲法而不以人爲法,用兵也不能取得成功,突出了以人爲法的重要性。用兵需以天地人爲法,是兵家常用的表述。《六韜‧武韜‧發啓》:"天道無殃,不可先倡。人道無災,不可先謀。必見天殃,又見人災,乃可以謀。"⑨此段文字謂兵之謀,在乎敵方是否有天殃與人災,依據天與敵人的情況來謀兵,其實就是以人和天爲法。《荀子‧議兵》:"王曰:請問兵要。臨武君對曰:上得天時,下得地利,觀敵之變動,後之發,先之至,此用兵之要術也。"⑩《議兵》臨武君所談"兵"雖是戰術層面的,但也可以與《兵容》參看,"觀敵之變動"之類也就是以"人"爲法。

---

① 《馬王堆漢墓帛書》整理小組編:《馬王堆漢墓帛書》(壹),文物出版社,1974 年,第 29 頁。
② 國家文物局古文獻研究室編:《馬王堆漢墓帛書》(壹),文物出版社,1980 年,第 71 頁。
③ 馬王堆漢墓帛書整理小組編:《馬王堆漢墓帛書〈經法〉》,文物出版社,1976 年,第 72 頁。
④ 同上。
⑤ 高亨、董治安:《〈十大經〉初論》,《歷史研究》1975 年第 1 期,第 96 頁。
⑥ 錢玄:《帛書〈老子〉乙本卷前古佚書釋文補正》,載江蘇省語言學會主編《語言研究集刊》(第一輯),江蘇教育出版社,1986 年,第 294 頁;陳鼓應注譯:《黄帝四經今注今譯——馬王堆漢墓出土帛書》,商務印書館,2007 年,第 280—281 頁。
⑦ 余明光著:《黄帝四經新注新譯》,岳麓書社,2016 年,第 196 頁。
⑧ 參俞樾等著:《古書疑義舉例五種》,中華書局,1956 年,第 37 頁。
⑨ 徐培根注譯:《太公六韜今注今譯》,臺灣商務印書館,1977 年,第 80 頁。
⑩ 王先謙撰:《荀子集解》,沈嘯寰、王星賢點校,中華書局,1988 年,第 265—266 頁。

三、結　語

綜上，《經法·名理》"物乃下生"之"物"當解釋爲逆物，即不合乎道的事物。"物乃下生"意爲逆物下降出生。《十六經·兵容》"刑法不人"之"刑""法"爲上文"刑天""法地"的省略。"刑法不人"意爲刑天法地而不法人。從上文中不難得出以下認識：一是在解釋《經法》等四篇這類思想性很强的著作時，要充分考察其思想背景和話語體系，否則，易失之於淺；二是《經法》等四篇文獻爲韻文，由很多名言警句連綴成文，其話語較爲精簡整齊，行文中勢必用了很多訓詁學中所謂的條例或修辭手法。因此，在解釋《經法》等四篇時，一定要充分考慮相關情形。

本文原載《簡帛研究》（二〇二四春夏卷），廣西師範大學出版社，2024年。

作者係復旦大學出土文獻與古文字研究中心2015級博士（導師：劉釗），現爲信陽師範大學文學院講師。

馬王堆帛書《陰陽五行》甲篇《刑日》章"刑日"推算方法及相關問題研究

張 婷

《陰陽五行》甲篇《刑日》章又見於《陰陽五行》乙篇[①],包含兩部分内容,第一部分爲一張《刑日圖》,第二部分爲刑日占辭。《刑日圖》中間列有戊、己兩天干,内圈四方依順時針方向依次列出十二地支,外圈在與十二辰相對應的位置上每一辰後均間隔標識"宙"或"中"(《陰陽五行》乙篇作"孟"和"中"),在四隅的位置自東北角始還分别標有"春始""夏始""秋始""冬始"(具體見圖4-4-1、圖4-4-2)。

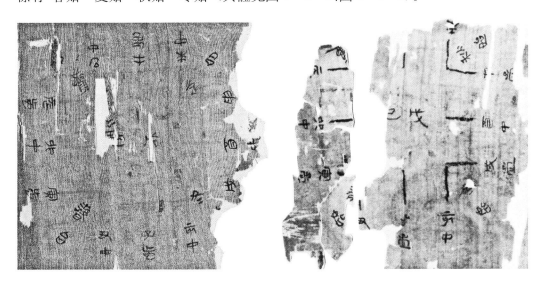

圖4-4-1 《刑日圖》原帛書圖片
(左爲《陰陽五行》甲篇,右爲《陰陽五行》乙篇)

---

① 湖南省博物館、復旦大學出土文獻與古文字研究中心編纂:《長沙馬王堆漢墓簡帛集成》(全七册),中華書局,2014年。下文簡稱"《集成》"。《陰陽五行》甲篇圖版見《集成》(壹)第267頁,釋文見《集成》(伍)第99—101頁;《陰陽五行》乙篇圖版見《集成》(貳)第11頁,釋文見《集成》(伍)第138—139頁。

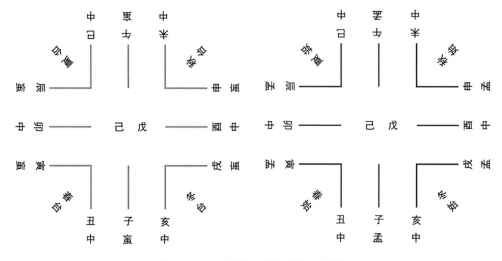

圖 4-4-2　程少軒《刑日圖》復原圖

（左爲《陰陽五行》甲篇，右爲《陰陽五行》乙篇）①

一、"茧（孟）""中（仲）"是與陰陽、剛柔同類的表二元對立屬性的詞

關於十二辰後所標識的"茧"和"中"，已有不少學者進行過相關研究。李學勤和陳松長等學者認爲"茧"當讀爲"孟"，"中"當讀爲"仲"，即《月令》中"孟月""仲月"之"孟""仲"。② 池田知久和佐川茧子則認爲，"茧"與"中""始"結合，也許是與之相對應的"亡"之假借字，爲"伍"或"終"之意。③ 李若暉提出不同意見，認爲"孟"應當表示六十甲子之始，"中"表示六十甲子之中，而非"孟月""仲月"之意。④ 黄儒宣認爲應當把四季後的"始"字與"茧""中"分開討論，但具體釋爲何字其並未給出解釋。⑤ 對於以上諸家意見，首先，我們贊同黄儒宣先生的意見，應該將"茧""中"和"四季＋始"分開討論。以四隅表示四季文獻中早有記載。《素問·至真要大論》："寒暑温涼，盛衰之用，其在四維。"張志聰集注："維者，春夏之交，夏秋之交，秋冬之交，冬春之交，四隅之四維也。"⑥

---

① 程少軒：《馬王堆帛書〈刑德〉〈陰陽五行〉諸篇圖像復原》，載《練祁研古：上海練祁古文字研究中心集刊》（第一輯），中西書局，2018 年，第 148—192 頁。

② 馬王堆漢墓帛書整理小組：《馬王堆漢墓帛書〈式法〉釋文摘要》，《文物》2000 年第 7 期，第 85—94 頁；陳松長：《馬王堆〈式法〉初論》，載艾蘭、邢文編《新出簡帛研究》，文物出版社，2001 年，第 172 頁；又載《簡帛研究文稿》，綫裝書局，2008 年，第 274—284 頁。

③ 轉引自李若暉：《馬王堆帛書〈式法·刑日〉式圖初探》，載艾蘭、邢文編《新出簡帛研究》，文物出版社，2004 年，第 195 頁。

④ 李若暉：《馬王堆帛書〈式法·刑日〉式圖初探》，載艾蘭、邢文編《新出簡帛研究》，文物出版社，2004 年，第 195 頁。

⑤ 黄儒宣著：《〈日書〉圖像研究》，中西書局，2013 年，第 43—44 頁。

⑥ 張志聰集注：《黄帝内經集注》，方春陽等點校，浙江古籍出版社，2002 年，第 632 頁。

除此之外,出土文獻及實物中也不乏其例,如楚帛書中自東北角始四隅依次繪有青、赤、白、黑四木,帛書上寫着"青木赤木黃木白木墨木之精"(圖4-4-3、圖4-4-4),此亦是以不同顏色之木與四時、四季、五行相對應,青代表東方春,赤代表南方夏,白代表西方秋,黑代表北方冬,其原理與《刑日圖》類似,皆是將四隅/四維與四時相聯繫。另外,20世紀70年代阜陽雙古堆汝陰侯墓所出二號式盤(圖4-4-5)正面四隅位置標有"立春""立夏""立秋""立冬"等文字説明,這與帛書於四隅書"春始""夏始""秋始""冬始"形式類似,雖二者實際原理有所不同(汝陰侯墓式盤乃是模擬北極帝星在八節的運行①),但其所反映的時空觀念具有一致性。所以我們認爲四隅的文字和四方的文字當分屬兩個系統,在討論"寅""中"含義時應該將四隅文字排除在外。其次,從《陰陽五行》乙篇相關内容來看,我們認爲這裏的"寅""中"讀爲"孟""仲"沒有問題,但是其所表之意則既非"孟月""仲月",亦非六十甲子之始和之中,這裏的"孟""仲"應該是與數術術語中常見的陰陽、剛柔等相對應的另一組概念。

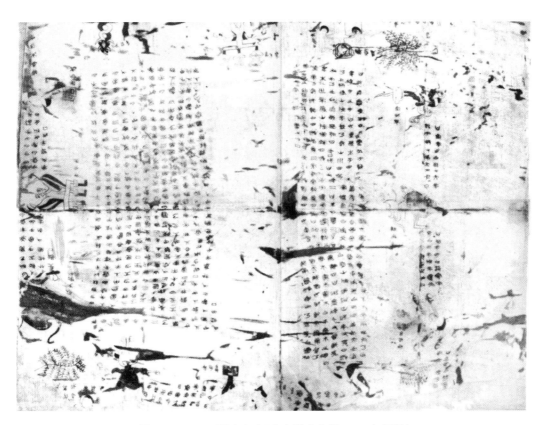

圖4-4-3　子彈庫帛書(賽克勒美術館2012年提供)

---

① 具體可參程少軒:《汝陰侯墓二號式盤太一九宫運行復原》,《出土文獻》2020年第4期,第72—100頁。

圖 4-4-4　子彈庫帛書蔡修渙臨寫本①

  文獻中多見對十干、十二支做出的二元分類。《禮記·曲禮上》云："外事以剛日，內事以柔日。"孔穎達疏："剛，奇日也。十日有五奇五偶。甲、丙、戊、庚、壬五奇爲剛也，乙、丁、己、辛、癸五偶爲柔也。"《淮南子·天文》亦云："凡日，甲剛乙柔，丙剛丁柔，以至於壬癸。"這些都是針對天干分出的剛日和柔日，且奇數位爲剛，偶數位爲柔。與此同理，地支也被分爲兩類，如《五行大義·論配干支》云："支則寅、辰、午、申、戌、子爲陽，卯、巳、未、酉、亥、丑爲陰。"可以看出，與天干類似，地支也同樣是以奇數位爲陽，偶數位爲陰。根據王强先生的研究，出土文獻中也多見這種二分法，剛日又被稱

---

① 以上兩圖版均取自李零著：《子彈庫帛書》（下），文物出版社，2017年，第 7—9、157—160 頁。蔡修渙摹本較早，其缺釋誤釋字較多，但其對四木的復原較完整，且爲彩圖版，所以此處以其摹本爲例。如需進一步瞭解楚帛書釋文內容，可參上引李零書，書中收錄帛書原圖以及六個復原摹本。

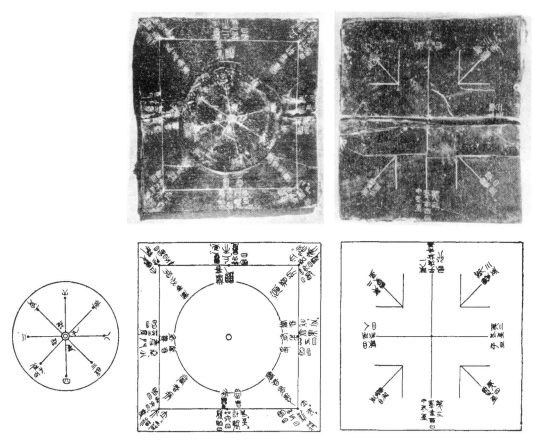

圖 4-4-5　汝陰侯墓二號式盤照片與摹本①

爲陽日、牡日、男日,柔日又被稱爲陰日、牝日、女日等②,只是其具體所轄的干支存在些許差異,但其針對干支以及月份所做出的二元概念劃分則是確鑿無疑的。以奇偶位來確定陰陽、剛柔是最簡單最初級的模式,發展到後來這種二分法又有不同的配屬分類,如銀雀山漢簡的《曹氏陰陽》中的地支分類則又進一步糅合進了五行三合局的要素,使其在代表地支固有的五行屬性的同時又能兼顧三合五行屬性。③ 根據我們對這類分類概念詞語性質的掌握,就可以推測"寅(孟)""中(仲)"的屬性和內涵。

我們認爲,本章中的"寅(孟)""中(仲)"應該是與陰陽、剛柔、男女、牝牡類似的另

---

① 王襄天、韓自强:《阜陽雙古堆西漢汝陰侯墓發掘簡報》,《文物》1978 年第 8 期,第 25、32 頁。
② 睡虎地秦簡《日書》甲種《男日女日篇》中提到"男日""女日""牝日""牡日",乙種《人日篇》提到"男子日""女子日";放馬灘秦簡《日書》甲種有"男日""女日",乙種《日書》中有"牝月""牡月"。
③ 王强:《銀雀山漢簡地支陰陽小考》,第四届古文字與出土文獻語言研究學術研討會暨出土文獻語言文字研究青年學者論壇會議論文,長春,2021 年,第 177—181 頁。

一套用於表示這種二元屬性的名稱，此種二元對立的概念在數術文獻中多見，如《刑德》諸篇中的"刑""德"，《刑德小游圖》中的奇、正宫①，《刑德》丙篇《傳勝占》中的"天一""地一"，《陰陽五行》甲篇《天地》章中的"天""地"，《陰陽五行》甲篇《築》(二)與虎溪山漢簡《築》甲乙篇中的"天罡""天文""地武""地桼"，以及《淮南子·天文》中所謂的"北斗雌神""北斗雄神"、建厭、大時小時，等等，皆爲此類概念。賀璐璐認爲數術系統中的二元對立神煞乃是與古人"一生二"的宇宙觀有關，反映的是古人對於宇宙時空的認識。② 那麽"茧(孟)""中(仲)"何以能有這樣的表意功能呢？我們還需從其字義本身來看。許慎《説文》謂："孟，長也。"《方言》："孟，姊也。"《玉篇·子部》："孟，始也。"又《左傳·隱公元年》："惠公元妃孟子。"孔穎達疏："孟、仲、叔、季，兄弟姊妹長幼之别字也。孟、伯俱長也。"而《篇海類編·人物類·人部》又云："仲，次也。"可以看出古人以孟爲長，以仲爲次，而長、次之間的對比又正同於陰陽、剛柔、男女、牝牡之間的對比，因此"孟""仲"可以成爲一組表示這種二元對立屬性的詞。另外，我們也需要注意，數術文獻中的這種二元概念往往是對立統一的，兩者既相互矛盾又相互依存，因有 A 之存在乃有 B 之存在，其相互的對立性要放在統一的眼光中來看（如歲星和太歲，後者基於前者而存在，但兩者運行方向及吉凶占測又頗有不同），也即二者的對立往往是相對的。這也是爲何不必非以"孟""季"作比，而以"孟""仲"即可的原因，與次相對長則爲陽、爲剛，與長相對次則爲陰、爲柔。《刑日圖》中的"孟""仲"分佈規律與傳世文獻中的陰陽、剛柔分佈一致，皆是以奇數位爲陽爲孟，偶數位爲陰爲仲。

對同種屬性或原理冠以不同名稱的現象在數術文獻中多見，王強曾就此類現象作過專門研究。他將數術中名實對應關係的複雜性分爲兩類，即"同名異術"和"同術異名"，前者指"幾個神煞名稱雖然一致，但運行規律並不完全統一"，後者指"幾個神煞雖然運行規律一致，但名稱却不相同"。本文所論"孟""仲"即屬於"同術異名"一類。對於"同術異名"現象，清人早已對此有清晰的認識，《清朝文獻通考》卷二百五十六《象緯考》記載《協紀辨方書》的編修緣由時即謂：

---

① 《刑德》甲篇載："荆(刑)□以子游於畸(奇)，以午與德合於四正而左之。荆(刑)游畸(奇)☒居。"《刑德》乙篇載："荆(刑)以子斿(游)於奇，以午與德合於正，故午而合，子而離。"且《小游圖》中的奇、正二宫輪流相間排列，其陰陽分佈屬性與《刑日》中的"孟""仲"更爲相似。不過需要注意的是，此處的奇、正所具的陰陽屬性更有可能是受四正、四隅方位的影響（即四正爲正，四隅爲奇），而不似上舉剛柔、男女、牝牡、孟仲乃是受干支屬性的影響。

② 關於簡帛數術文獻中二元對立神煞，賀璐璐曾做過詳細研究，可參賀璐璐：《簡帛數術文獻中二元對立神煞研究——以馬王堆帛書爲中心》，博士學位論文，湖南大學，2021 年。

選擇吉日三代以上祇論干支之剛柔，絶少拘忌，後世論説日多，術家遞衍增設神煞，本一日而吉凶頓殊，<u>本一星而名號雜出</u>，以致民間趨避無所適從。

其中所謂的"本一星而名號雜出"即指"同術異名"現象。又《協紀辨方書》也就"同術異名"現象發過一段議論：

<u>年月神煞由來舊矣。術士好奇，每事捏造，造之不得則猶是神煞而捏爲别名，又略爲改竄，以文其陋，而神煞由此日紛。</u>即如……<u>夫神煞一也，而名號旁見側出，惑人耳目，深可厭惡。</u>今查明概行删去而具立成於左，此外可以類推亦不能悉舉也。①

可見清人不僅對此類現象有所意識，還試圖去對其進行梳理考訂，以清眉目。

有時同樣的神煞不僅在不同的數術流派中名稱有異，甚至其吉凶屬性也會不同。堪輿術中的"厭對"，在叢辰中即被稱爲"六儀"，同樣是厭衝破之辰，在堪輿家的占術中是"忌嫁娶"，在叢辰家則爲"宜結親、納禮"。②

除傳世文獻外，出土文獻中此類現象亦多見，如神煞"八魁"又稱"八粲""八鬼"，"復日"又稱"報日""重日"，另外秦漢日書中的建除十二客和叢辰十二客亦有好幾套名稱。③ 根據王强的研究，之所以會出現"同術異名"，其原因主要有以下幾點：（1）術士的捏造，傳世文獻中多見；（2）文字的使用問題，如通假字與異體字、同義詞與近義詞相互换用，以及少數情況是由於寫錯别字、避諱等原因造成；（3）繁稱與簡稱的不同。④ "孟""仲"即屬於第二類，爲具有同類意涵和特徵的詞的换用。

此前對於出土文獻中表示陰陽二元對立關係的術語我們已知的有陰陽、剛柔、男女、牝牡、刑德、奇正等詞，現明白了《刑日》章"孟""仲"的內涵，則又可爲已有認識添一新知。《五行大義·論配支干》云："陽則爲剛、爲君、爲夫、爲上、爲外、爲表、爲動、爲進、爲起、爲仰、爲前、爲左、爲德、爲施、爲開。陰則爲柔、爲臣、爲妻、爲妾、

---

① 允祿、梅瑴成、何國宗等：《欽定協紀辨方書》，載李光地等撰《四庫術數類叢書》（九），上海古籍出版社，1991年，第1008頁。
② "厭對之即爲六儀也甚明。乃選擇之書於厭對則曰忌嫁娶，於六儀則曰宜結親、納禮，適相反也。"允祿、梅瑴成、何國宗等：《欽定協紀辨方書》，載李光地等撰《四庫術數類叢書》（九），上海古籍出版社，1991年，第260頁。
③ 李零：《中國方術考》（修訂本），東方出版社，2001年，第123—125頁。劉樂賢：《楚秦選擇術的異同及影響——以出土文獻爲中心》，《歷史研究》2006年第6期，第19—31頁。
④ 王强：《由"同術異名"現象談神煞的命名》，第一届"出土文獻與中國古代史"學術論壇暨青年學者工作坊會議論文，上海，2019年，第278—286頁。

爲財、爲下、爲内、爲里、爲止、爲退、爲伏、爲位、爲後、爲右、爲刑、爲藏、爲閉。陰陽所擬,例多且略。"①可見陰陽所象之物甚多,我們也期待在今後的出土文獻中可以發現更多這類性質的術語,由此亦可窺見數術文獻既複雜多變又自成體系的雙重性。

至於其更深層次的原因,王强提到神煞是連通"數術原理"和"選擇事項"的中間環節,"數術原理"是根本,其通過"神煞"爲表現形式和溝通橋梁,並最終反映在"選擇事項"之上(三者之間的具體關係如圖4-4-6)。因爲"數術原理"通常具有一致性,所以"神煞"命名的不同在很大程度上取決於"選擇事項"的不同,也就是說根據不同的應用場景和目的來命名神煞。我們懷疑此處之所以捨常見的"陰陽""剛柔""男女""刑德"不用,而選擇此前從未見過的"孟""仲"很可能是由於其以四隅表四季的緣故,此處的"孟""仲"雖然不能直接理解爲"孟月""仲月",但是其命名却無疑受此影響。所以我們一方面既要看到"春始""夏始""秋始""冬始"和"孟""仲"的區別性,另一方面又要看到二者之間的關聯性。

圖4-4-6 "數術原理""神煞""選擇事項"關係圖

二、"刑日"推算方法及原理

本章第二部分爲刑日占辭,根據占辭,刑日推算之法乃是"日生則從寅(孟)日台(始),順行,辰生則從中(仲)日台(始),逆行。日、辰先會者爲大荆(刑),後會者爲小荆(刑)"。其中的"日"即代表天干,"辰"即代表地支。"日生則從孟日始,順行",指天干從《刑日圖》上標識爲"孟"之位置開始,順時針運行,即左行;"辰生則從仲日始,逆行",指地支從《刑日圖》上標識爲"仲"之位置開始,逆時針運行,即右行。關於天左行、地右行,文獻中多有記載。《禮記·月令》正義云:"凡二十八宿及諸星,皆循天左行,……日月五星則右行,……"《白虎通義·日月》謂:"天左旋,日月五星右行何？日月五星比天爲陰,故右行。"②《初學記》卷五引《春秋元命苞》曰:"天左旋,地右轉。""地不足東南,陰右動終而入靈門。""地所以右轉者,氣濁精少,含陰而起遲,故右轉迎天,

---

① 中村璋八著:《日本陰陽道書の研究》,汲古書院,1985年,第56—57頁。
② 陳立撰:《白虎通疏證》,吴則虞點校,中華書局,1994年,第423頁。

佐其道。"《易乾鑿度》卷下:"天道左旋,地道右遷。"①《太玄經》記載:"日動而東,天動而西,天日錯行,陰陽更巡。"②《論衡·說日》:"天左行,日月右行,與天相迎。"天左旋,故恒星如北斗、二十八宿等即隨着天左行,而日月行星則右行。《刑德》丙篇《傳勝占》中也提到:"天一者,雄也,而從左行。地一者,雌也,而從右行。"另外《陰陽五行》乙篇《天地》章中亦有關於天、地運行方向的文字,根據《陰陽五行》甲篇內容大意補爲:"地右行,自西方起,⋯⋯;天左行,自西方起,⋯⋯"③可見這種"天左地右"的運行方式乃與其陰陽屬性有關,也即雄左行、雌右行,此點亦可在《淮南子·天文》的相關記載中得到明證:

<u>北斗之神有雌雄</u>,十一月始建於子,月徙④一辰,<u>雄左行,雌右行</u>,五月合午謀刑,十一月合子謀德。太陰所居辰爲厭日,厭日不可以舉百事。<u>堪輿徐行,雄以音知雌</u>⑤,故爲奇辰。⑥

如此便可理解爲何日順行而辰逆行。天干表日,地支表辰,一陽一陰,一雄一雌,故前者順行,後者逆行。而這樣的陰陽關係與其起始辰位之孟、仲關係也正好是對應的。天干(日)屬陽,自孟位始,順行;地支(辰)地支屬陰,自仲位始,逆行。

"日、辰先會者爲大刑,後會者爲小刑",所謂"會",指天干和地支交會。例如,若天干從孟位"寅"開始,以"甲"開頭順時針依次數,地支從仲位"卯"開始,以"子"開頭逆時針依次數,它們第一次交會是天干數到"乙",地支數到"丑"之時,"乙丑"即爲"刑日",依此類推,第二次交會是"辛未","辛未"亦是"刑日"。前一次交會之"乙丑"爲"大刑",後一次交會之"辛未"爲"小刑"。以此推算法則,每六日可看作一個小周期。原整理者在整理此部分時對占辭所述刑日推算之法理解正確無誤,但是在實際操作推算刑日的時候却出現了失誤,以致結論有誤,即認爲帛書兩欄表格所列干支,前一行五丑與五未"爲最可能是刑日者",後一行五辰與五戌"爲不可能是刑日者"。⑦ 但

---

① 趙在翰輯:《七緯(附論語讖)》,鍾肇鵬、蕭文郁點校,中華書局,2012年,第46頁。
② 揚雄撰:《太玄集注》,司馬光集注,劉韶軍點校,中華書局,1998年,第185頁。
③ 湖南省博物館、復旦大學出土文獻與古文字研究中心編纂:《長沙馬王堆漢墓簡帛集成》(伍),中華書局,2014年,第135頁。
④ 從王念孫校改。何寧撰:《淮南子集釋》,中華書局,2018年,第278頁。"月徙一辰"原作"月從一辰",《集釋》引王念孫云"從"當作"徙"。說見王念孫撰:《讀書雜志》,徐煒君等校點,上海古籍出版社,2014年,第2060頁。按,"從""徙"形近,古書多訛混,王說是,今據改。
⑤ 《文選·甘泉賦》注引《淮南》與此小異,作"堪輿行雄以知雌"。
⑥ 劉文典撰:《淮南鴻烈集解》,馮逸、喬華點校,中華書局,2013年,第124—125頁。
⑦ 湖南省博物館、復旦大學出土文獻與古文字研究中心編纂:《長沙馬王堆漢墓簡帛集成》(伍),中華書局,2014年,第101頁。

實際上我們根據新的推算方法重新核驗時,發現辰日和戌日亦有可能成爲刑日,具體論證如下:

先來看原先的推算思路,其以日起於寅、辰、午,辰起於卯、巳、未爲例,進行了推算演示,並將其結果呈現如表 4-4-1。①

表 4-4-1　刑日分佈表 1

日期	日起於寅	日起於辰	日起於午	辰起於卯	辰起於巳	辰起於未
1 子	寅	辰	午	卯	巳	未
2 丑	卯	巳	未	寅	辰	午
3 寅	辰	午	申	丑	卯	巳
4 卯	巳	未	酉	子	寅	辰
5 辰	午	申	戌	亥	丑	卯
6 巳	未	酉	亥	戌	子	寅
7 午	申	戌	子	酉	亥	丑
8 未	酉	亥	丑	申	戌	子
9 申	戌	子	寅	未	酉	亥
10 酉	亥	丑	卯	午	申	戌
11 戌	子	寅	辰	巳	未	酉
12 亥	丑	卯	巳	辰	午	申

表格注解作:"表中列出十二日之中日、辰在《刑日圖》上所居之辰位,再將三種日之運行與三種辰之運行兩兩配對,日辰相會之處用顏色標出,標色之單元格即爲刑日之分佈。"表意不甚清晰明瞭。現我們先以更詳細的説明和更清晰易懂的表格形式解釋原整理者的意思,再對其作出進一步調整。此表格以十二辰位爲一個周期,列出了几種情況下日順行十二辰位、辰運行十二辰位的日辰相會情況,可將上表推算結果總結如表 4-4-2。

---

① 湖南省博物館、復旦大學出土文獻與古文字研究中心編纂:《長沙馬王堆漢墓簡帛集成》(伍),中華書局,2014 年,第 100—101 頁。我們在最初整理時原本是以不同顏色對不同情況下的會日進行標識的,但後來出版時因統一以黑白印刷,所以表格中顏色未能呈現,僅以深淺不一的陰影色表示,本文所引乃是標記顏色的最初版本。

表 4-4-2 刑日分佈表 2

顏　色	日所起辰位	辰所起辰位	刑　日
以綠色標識	日起於寅	辰起於卯	丑日、未日
		辰起於巳	寅日、申日
		辰起於未	卯日、酉日
以紅色標識	日起於辰	辰起於卯	子日、午日
		辰起於巳	丑日、未日
		辰起於未	寅日、申日
以藍色標識	日起於午	辰起於卯	巳日、亥日
		辰起於巳	子日、午日
		辰起於未	丑日、未日

根據上表,刑日出現的次數由多至少分別是:丑日、未日(3次)＞子日、午日,寅日、申日(2次)＞卯日、酉日,巳日、亥日(1次)。因此當時便得出結論:"丑日與未日爲刑日之概率是最高的,而辰日和戌日則無論如何也不可能成爲刑日。"但實際上因爲原整理者當時只考慮了日起於寅、辰、午及辰起於卯、巳、未的9種情況,而並未將所有可能的搭配情況窮盡式羅列出來,所以導致了結論有誤。如將表格補充完整,則應該一共存在36種情況,現將原表格補充完整(表4-4-3)。

表 4-4-3 刑日分佈表 3

日期	日—寅	日—辰	日—午	日—申	日—戌	日—子	辰—卯	辰—巳	辰—未	辰—酉	辰—亥	辰—丑
1 子	寅	辰	午	申	戌	子	卯	巳	未	酉	亥	丑
2 丑	卯	巳	未	酉	亥	丑	寅	辰	午	申	戌	子
3 寅	辰	午	申	戌	子	寅	丑	卯	巳	未	酉	亥
4 卯	巳	未	酉	亥	丑	卯	子	寅	辰	午	申	戌
5 辰	午	申	戌	子	寅	辰	亥	丑	卯	巳	未	酉
6 巳	未	酉	亥	丑	卯	巳	戌	子	寅	辰	午	申
7 午	申	戌	子	寅	辰	午	酉	亥	丑	卯	巳	未
8 未	酉	亥	丑	卯	巳	未	申	戌	子	寅	辰	午

續　表

日期	日—寅	日—辰	日—午	日—申	日—戌	日—子	辰—卯	辰—巳	辰—未	辰—酉	辰—亥	辰—丑
9 申	戌	子	寅	辰	午	申	未	酉	亥	丑	卯	巳
10 酉	亥	丑	卯	巳	未	酉	午	申	戌	子	寅	辰
11 戌	子	寅	辰	午	申	戌	巳	未	酉	亥	丑	卯
12 亥	丑	卯	巳	未	酉	亥	辰	午	申	戌	子	寅

注：以上省略天干的標識，僅標識地支。

將推算結果展開則如表4-4-4。

表4-4-4　刑日分佈表4

顔　色	日所起辰位	辰所起辰位	刑　日
以綠色標識	日起於寅	辰起於卯	丑日、未日
		辰起於巳	寅日、申日
		辰起於未	卯日、酉日
		辰起於酉	辰日、戌日
		辰起於亥	巳日、亥日
		辰起於丑	子日、午日
以紅色標識	日起於辰	辰起於卯	子日、午日
		辰起於巳	丑日、未日
		辰起於未	寅日、申日
		辰起於酉	卯日、酉日
		辰起於亥	辰日、戌日
		辰起於丑	巳日、亥日
以藍色標識	日起於午	辰起於卯	巳日、亥日
		辰起於巳	子日、午日
		辰起於未	丑日、未日
		辰起於酉	寅日、申日
		辰起於亥	卯日、酉日
		辰起於丑	辰日、戌日

續表

顏　色	日所起辰位	辰所起辰位	刑　日
以黄色標識	日起於申	辰起於卯	辰日、戌日
		辰起於巳	巳日、亥日
		辰起於未	午日、子日
		辰起於酉	丑日、未日
		辰起於亥	寅日、申日
		辰起於丑	卯日、酉日
以灰色標識	日起於戌	辰起於卯	卯日、酉日
		辰起於巳	辰日、戌日
		辰起於未	巳日、亥日
		辰起於酉	子日、午日
		辰起於亥	丑日、未日
		辰起於丑	寅日、申日
以紫色標識	日起於子	辰起於卯	寅日、申日
		辰起於巳	卯日、酉日
		辰起於未	辰日、戌日
		辰起於酉	巳日、亥日
		辰起於亥	子日、午日
		辰起於丑	丑日、未日

可以發現實際上每種地支都可以成爲會日，且概率均爲六分之一，至此我們可以確定原推算方案確實存在問題。那麼帛書所列出的五丑五未日和五辰五戌日究竟是何關係呢？我們認爲其應當與日辰運行所起始的辰位位置有關。

鑒於原推算方案的標識方式只能看出一個周期之中日辰所會之日（即兩個刑日，一大刑，一小刑），並不能清晰地呈現出所有刑日，且刑日呈現的方式不夠直觀具體（僅能看出地支而不能看出具體干支日），所以我們現將原推算方案更改如下：

首先，因爲天干和地支都要在固定的十二辰上循環運行，所以我們將十二辰所代表的位置用數字 1—12 來表示（也即將其看作固定的刻度盤，見表 4-4-5）。

表 4-4-5 十二辰對應位置表

十二辰	子—孟	丑—仲	寅—孟	卯—仲	辰—孟	巳—仲	午—孟	未—仲	申—孟	酉—仲	戌—孟
數字	1	2	3	4	5	6	7	8	9	10	11

其次,在接下來的推算演示中我們將以"天干/地支＋數字"的方式表示天干地支分別在十二辰上的位置,例如"甲 1"即表示天干甲在孟位子的位置,"子 2"即表示地支子在仲位丑的位置。現在我們將天干從孟位子始、地支從仲位丑始的運行過程演示如表 4-4-6。

表 4-4-6 天干地支運行過程

日—孟—順	甲 1	乙 2	丙 3	丁 4	戊 5	己 6	庚 7	辛 8	壬 9	癸 10
辰—仲—逆	子 2	丑 1	寅 12	卯 11	辰 10	巳 9	午 8	未 7	申 6	酉 5
日—孟—順	甲 11	乙 12	丙 1	丁 2	戊 3	己 4	庚 5	辛 6	壬 7	癸 8
辰—仲—逆	戌 4	亥 3	子 2	丑 1	寅 12	卯 11	辰 10	巳 9	午 8	未 7
日—孟—順	甲 9	乙 10	丙 11	丁 12	戊 1	己 2	庚 3	辛 4	壬 5	癸 6
辰—仲—逆	申 6	酉 5	戌 4	亥 3	子 2	丑 1	寅 12	卯 11	辰 10	巳 9
日—孟—順	甲 7	乙 8	丙 9	丁 10	戊 11	己 12	庚 1	辛 2	壬 3	癸 4
辰—仲—逆	午 8	未 7	申 6	酉 5	戌 4	亥 3	子 2	丑 1	寅 12	卯 11
日—孟—順	甲 5	乙 6	丙 7	丁 8	戊 9	己 10	庚 11	辛 12	壬 1	癸 2
辰—仲—逆	辰 10	巳 9	午 8	未 7	申 6	酉 5	戌 4	亥 3	子 2	丑 1
日—孟—順	甲 3	乙 4	丙 5	丁 6	戊 7	己 8	庚 9	辛 10	壬 11	癸 12
辰—仲—逆	寅 12	卯 11	辰 10	巳 9	午 8	未 7	申 6	酉 5	戌 4	亥 3

注：其中數字相錯之時,即表孟天干地支相交之日。

我們可以發現其實一個完整的周期應當是繞十二辰五圈,也即遍行六十甲子。如上表所示,表中陰影部分即爲日辰相會之日,也即乙丑、丁丑、己丑、辛丑、癸丑五丑日爲大刑,辛未、癸未、乙未、丁未、己未五未日爲小刑。照此方法,我們將天干自孟位始、地支自仲位始的所有可能的排列組合進行了推算,其結果如表 4-4-7(其中相隔辰位數均按順時針方向計算)。

表 4-4-7　刑日分佈表 5

天干起	地支起	刑　　日	相隔辰位
子	丑	乙丑、辛未、丁丑、癸未、己丑、乙未、辛丑、丁未、癸丑、己未	0①
子	卯	丙寅、壬申、戊寅、甲申、庚寅、丙申、壬寅、戊申、甲寅、庚申	2
子	巳	丁卯、癸酉、己卯、乙酉、辛卯、丁酉、癸卯、己酉、乙卯、辛酉	4
子	未	戊辰、甲戌、庚辰、丙戌、壬辰、戊戌、甲辰、庚戌、丙辰、壬戌	6
子	酉	己巳、乙亥、辛巳、丁亥、癸巳、己亥、乙巳、辛亥、丁巳、癸亥	8
子	亥	甲子、庚午、丙子、壬午、戊子、甲午、庚子、丙午、壬子、戊午	10
寅	丑	甲子、庚午、丙子、壬午、戊子、甲午、庚子、丙午、壬子、戊午	10
寅	卯	乙丑、辛未、丁丑、癸未、己丑、乙未、辛丑、丁未、癸丑、己未	0
寅	巳	丙寅、壬申、戊寅、甲申、庚寅、丙申、壬寅、戊申、甲寅、庚申	2
寅	未	丁卯、癸酉、己卯、乙酉、辛卯、丁酉、癸卯、己酉、乙卯、辛酉	4
寅	酉	戊辰、甲戌、庚辰、丙戌、壬辰、戊戌、甲辰、庚戌、丙辰、壬戌	6
寅	亥	己巳、乙亥、辛巳、丁亥、癸巳、己亥、乙巳、辛亥、丁巳、癸亥	8
辰	丑	己巳、乙亥、辛巳、丁亥、癸巳、己亥、乙巳、辛亥、丁巳、癸亥	8
辰	卯	甲子、庚午、丙子、壬午、戊子、甲午、庚子、丙午、壬子、戊午	10
辰	巳	乙丑、辛未、丁丑、癸未、己丑、乙未、辛丑、丁未、癸丑、己未	0
辰	未	丙寅、壬申、戊寅、甲申、庚寅、丙申、壬寅、戊申、甲寅、庚申	2
辰	酉	丁卯、癸酉、己卯、乙酉、辛卯、丁酉、癸卯、己酉、乙卯、辛酉	4
辰	亥	戊辰、甲戌、庚辰、丙戌、壬辰、戊戌、甲辰、庚戌、丙辰、壬戌	6
午	丑	戊辰、甲戌、庚辰、丙戌、壬辰、戊戌、甲辰、庚戌、丙辰、壬戌	6
午	卯	己巳、乙亥、辛巳、丁亥、癸巳、己亥、乙巳、辛亥、丁巳、癸亥	8
午	巳	甲子、庚午、丙子、壬午、戊子、甲午、庚子、丙午、壬子、戊午	10
午	未	乙丑、辛未、丁丑、癸未、己丑、乙未、辛丑、丁未、癸丑、己未	0
午	酉	丙寅、壬申、戊寅、甲申、庚寅、丙申、壬寅、戊申、甲寅、庚申	2
午	亥	丁卯、癸酉、己卯、乙酉、辛卯、丁酉、癸卯、己酉、乙卯、辛酉	4

---

① 此處"0"表示中間間隔辰位爲零，也即天干所起辰位和地支所起辰位前後相鄰。

續 表

天干起	地支起	刑　　日	相隔辰位
申	丑	丁卯、癸酉、己卯、乙酉、辛卯、丁酉、癸卯、己酉、乙卯、辛酉	4
	卯	戊辰、甲戌、庚辰、丙戌、壬辰、戊戌、甲辰、庚戌、丙辰、壬戌	6
	巳	己巳、乙亥、辛巳、丁亥、癸巳、己亥、乙巳、辛亥、丁巳、癸亥	8
	未	甲子、庚午、丙子、壬午、戊子、甲午、庚子、丙午、壬子、戊午	10
	酉	乙丑、辛未、丁丑、癸未、己丑、乙未、辛丑、丁未、癸丑、己未	0
	亥	丙寅、壬申、戊寅、甲申、庚寅、丙申、壬寅、戊申、甲寅、庚申	2
戌	丑	丙寅、壬申、戊寅、甲申、庚寅、丙申、壬寅、戊申、甲寅、庚申	2
	卯	丁卯、癸酉、己卯、乙酉、辛卯、丁酉、癸卯、己酉、乙卯、辛酉	4
	巳	戊辰、甲戌、庚辰、丙戌、壬辰、戊戌、甲辰、庚戌、丙辰、壬戌	6
	未	己巳、乙亥、辛巳、丁亥、癸巳、己亥、乙巳、辛亥、丁巳、癸亥	8
	酉	甲子、庚午、丙子、壬午、戊子、甲午、庚子、丙午、壬子、戊午	10
	亥	乙丑、辛未、丁丑、癸未、己丑、乙未、辛丑、丁未、癸丑、己未	0

最後，我們發現，只要天干地支從相鄰的辰位開始，最後推算出來的刑日都會是丑日和未日，一共六種情況：(1) 天干起子，地支起丑；(2) 天干起寅，地支起卯；(3) 天干起辰，地支起巳；(4) 天干起午，地支起未；(5) 天干起申，地支起酉；(6) 天干起戌，地支起亥。其中乙丑、丁丑、己丑、辛丑、癸丑五丑日爲大刑，辛未、癸未、乙未、丁未、己未五未日爲小刑。而如果天干地支的起始位置相隔六個辰位，則推算出來的刑日爲辰日和戌日，一共六種情況：(1) 天干起子、地支起未；(2) 天干起寅，地支起酉；(3) 天干起辰，地支起亥；(4) 天干起午，地支起丑；(5) 天干起申，地支起卯；(6) 天干起戌，地支起巳。其中戊辰、庚辰、壬辰、甲辰、丙辰五辰日爲大刑，甲戌、丙戌、戊戌、庚戌、壬戌五戌日爲小刑。再來看帛書兩欄表格所列之干支：

　　乙丑、辛未、丁丑、癸未、己丑、乙未、辛丑、丁未、癸丑、己未。
　　戊戌、甲辰、庚戌、丙辰、壬戌、戊辰、甲戌、庚辰、丙戌、壬辰。　　　　（10上）

也即前一行與未日和丑日相關的干支是日辰從相鄰辰位運行推算的刑日結果，後一行與戌日和辰日相關的干支是在日辰起始位置相隔六個辰位下推算出來的刑日結果。

又《祭》(一)章裏亦有有關刑日的內容：

[□、□、□]、辰、丑、辰、[□]、辰、未、戌、未、戌，直辰；以祭有死之，女得荆
（刑）日闕（閉）。　　　　　　　　　　　　　　　　　　　　　　　（1—5欄）

其中所忌者亦是辰、戌、丑、未四辰，可見對於刑日而言，此四辰所在干支日尤需注意。因此從此處看，更不可能是如原結論所謂的"辰日和戌日則無論如何也不可能成爲刑日"，"五辰與五戌，爲不可能是刑日者"。

至於爲何强調相鄰辰位及相隔六個辰位推算出來的刑日（前者推算出來爲五丑和五未，後者推算出來爲五辰和五戌），則是與辰、未、戌、丑這四辰的特殊性有關，它們乃是五行三合局中的墓辰。關於五行三合局（圖4-4-7）的記載見於傳世文獻《淮南子·天文》①以及清代官修數術叢書《協紀辨方書》和《星曆考原》②等，許慎《説文》亦謂："五行，木老於未。"其理論以生、壯、死三者合局，其中申子辰合水局，水生於申，壯於子，死於辰；亥卯未合木局，木生於亥，壯於卯，死於未；寅午戌合火局，火生於寅，壯於午，死於戌；巳酉丑合金局，金生於巳，壯於酉，死於丑。出土文獻中亦多見與五行三合局相關內容，如睡虎地秦簡《日書》乙種《五勝》篇③、甘肅放馬灘秦簡《日書》乙種《五行》篇④以及孔家坡漢墓《日書》之《□生》篇⑤等均有記載。睡虎地秦簡三階段作"生""旺"

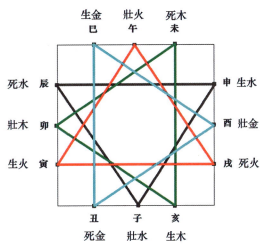

圖4-4-7　"五行三合局"示意圖

---

① 《淮南子·天文》正文以"生""壯""死"表示三階段，其後所附圖以"生""壯""老"表示三階段。"死""老"只是用詞的不同，其表意內涵一致，皆表示五行消亡之辰。劉文典撰：《淮南鴻烈集解》，馮逸、喬華點校，中華書局，2013年，第144、153頁。

② 《星曆考原》亦言"生""旺""墓"，《協紀辨方書》卷一"三合"條下俱引《星曆考原》内容。允祿、梅瑴成、何國宗等：《御定星曆考原》，載李光地等撰《四庫術數類叢書》（九），上海古籍出版社，1991年，第24頁；允祿、梅瑴成、何國宗等：《欽定協紀辨方書》，載李光地等撰《四庫術數類叢書》（九），上海古籍出版社，1991年，第153頁

③ 原文作："丑巳[酉]金，金勝木；未亥[卯木，木]勝土；辰申子水，水勝火；[戌寅午火，火勝金]。"此據饒宗頤先生補，見饒宗頤：《秦簡中的五行説與納音説》，《中國語文研究》1984年第7期，第37—50頁；又載《饒宗頤二十世紀學術文集》（卷三），中國人民大學出版社，2009年，第70—87頁。

④ 原文作："火生寅，壯午，老戌。金生巳，壯酉，老丑。水生申，壯子，老辰。木生亥，壯卯，老未。"此據劉樂賢先生所考釋，見劉樂賢：《五行三合局與納音説——讀饒宗頤先生〈秦簡中的五行説與納音説〉》，《江漢考古》1992年第1期，第89—91頁。

⑤ 原文作："水：生申，壯子，老辰；木：生亥，壯卯，老未；火：生寅，壯午，老戌；金：生巳，壯酉，老丑。"參王強：《孔家坡漢墓簡牘校釋》，碩士學位論文，吉林大學，2014年，第43頁。

"墓",順序與後代的五行三合局略有不同,其先言墓,次言生,最後言旺;而後兩者則與後世五行三合局配對順序完全一致。可見在先秦時期,已有完整系統的五行三合局理論存在,饒宗頤、劉樂賢等學者對此已有詳細全面的研究。其三階段或言"生""壯""死",或言"生""壯""老",或言"生""旺""墓",用詞雖有不同,但表意皆一致,均表示金、木、水、火由初生到極盛再到消亡的狀態。其中辰、未、戌、丑四辰即與死、老、墓的消亡狀態相聯繫。而根據《刑日》章後面所附的占辭來看,刑日爲凶日,"以祭或死之","百事莫可,祭祀大凶,卒必死亡"。但正是由於其凶日的屬性同時也適合"張軍、戰鬭、攻伐、殺戮、囚罪、毀築"等事,也即在凶日行吉事不可,行凶事則大吉,而這些所利之事則正好與墓辰所含之意相一致。

又《協紀辨方書》卷五義例三"王官守相民日"條下云:"五日之外,曆家又以未戌丑辰爲四序獄日;……戌丑辰未爲四序死別日;……丑辰未戌爲四序罪刑日,又曰刑獄日。蓋獄日爲四序之墓辰,餘並休囚死辰云耳。"[①]更加明白清晰地指出了辰、未、戌、丑與刑獄、罪罰、死別的密切關係。因此帛書纔會單獨列出與這四辰有關的刑日,來作爲行軍作戰的吉日加以強調和突出。另外,刑日"乙丑""辛未"下分別標注"廿五年""廿六年",李學勤先生指出當爲秦王政廿五年及廿六年。[②] 而根據史籍記載秦王政廿五年至廿六年相繼滅亡燕國、齊國等,最終完成天下統一[③],故亦可證其確與刑獄、征戰、殺伐有關。而"乙丑""辛未"下所加注的"廿五年""廿六年"則很可能是據秦始皇廿五年至廿六年兩年的戰事來對刑日進行的事後注解,一方面既證明了丑、未確於軍事有利,另一方面也是借由此事來進一步加強此種吉凶占斷的可信度,而"刑日"之命名則亦是據此而來。同時,本篇的內容也爲我們研究五行三合局理論提供了更多信息,讓我們瞭解到五行三合局的應用不僅僅停留在理論層面的"生""壯""死",其三階段名稱所具有的表意內涵也可以與實際具體的占卜事項相結合而成爲或吉或凶的擇日依據,豐富了我們對五行三合局理論的認識。

三、"刑日"非傳世文獻中的"會日"

關於"刑日""大刑""小刑"的具體內涵,陶磊認爲其與文獻中記載的"八會""八

---

① 允禄、梅瑴成、何國宗等:《欽定協紀辨方書》,載李光地等撰《四庫術數類叢書》(九),上海古籍出版社,1991年,第288頁。
② 李學勤:《馬王堆簡帛文字編·序》,載陳松長編著《馬王堆簡帛文字編》,文物出版社,2001年,第3頁。
③ 《史記·秦始皇本紀》:"二十五年,大興兵,使王賁將,攻燕遼東,得燕王喜。還攻代,虜代王嘉。王翦遂定荆江南地,降越君,置會稽郡。二十六年……秦使將軍王賁從燕南攻齊,得齊王建。"司馬遷撰:《史記》,中華書局,1982年,第234頁。

合"日有關,所謂的"大刑""小刑"即"大會""小會"①,我們認爲此種看法欠妥。因這兩種類型的神煞在名稱、運行方式以及推算的日辰結果上頗有相似之處,容易致混,故有必要在此作出説明以期釐清二者。

"會"又稱"八合""八會""陰陽大會"等,是一個與北斗雌雄神相關的神煞,與之相關的記載主要見於《周禮》、《淮南子》、古佚書《堪輿經》,以及北大漢簡《揕輿》篇。我們現將與之相關的文獻俱引如下:

(1)北斗之神有雌雄,十一月始建於子,月徙一辰,雄左行,雌右行,五月合午謀刑,十一月合子謀德。太陰所居辰爲厭日,厭日不可以舉百事。堪輿徐行,雄以音知雌,故爲奇辰。數從甲子始,子母相求,所合之處爲合。十日十二辰,周六十日,凡八合。合於歲前則死亡,合於歲後則無殃。甲戌,燕也;乙酉,齊也;丙午,越也;丁巳,楚也;庚辰②,秦也;辛卯,戎也;壬子,代③也;癸亥,胡也。戊戌、己亥,韓也;己酉、己卯,魏也。戊午、戊子。八合,天下也。④（《淮南子·天文》）

(2)正月大會甲戌,以陰陽二氣起於子,一月一移,陽則左行,從子至丑;陰則右行,從子至亥。陽氣所至之辰,名爲月建,亦名陽建。陰氣所至之辰,名爲月厭,亦名陰建。假令正月陽建在寅,陰建在戌。陽主日干,陰主月支。陽建在寅,近於甲也。使甲往呼戌,爲陽日呼陰辰也。陽甲陰戌,支干相和合,故甲戌爲正正月大會也。二月大會乙酉……五月大會丙午……六月大會丁巳……七月大會庚辰……八月大會辛卯……十一月大會壬子……十二月大會癸亥……

（《曆事明原》卷四"陰陽大會"條引《堪輿經》）

二月小會己酉,陽建於卯,陰建於酉,陰陽相沖,當春分長生之際,建厭分位,陰陽之關,乃以己配陰建之酉,故己酉爲二月小會也。三月小會戊辰……四月小會己巳……五月小會戊午……八月小會己卯……九月小會戊戌……十月小會己亥……十一月小會戊子,建子亦陰陽俱至,亦以戊配所建之辰子,故十一月戊

---

① 陶磊著:《〈淮南子·天文〉研究——從數術史的角度》,齊魯書社,2003年,第160—161頁。
② 錢塘《淮南天文訓補注》云"申"當爲"辰",字之誤也。今據以改。見劉文典撰:《淮南鴻烈集解》,馮逸、喬華點校,中華書局,2013年,第887頁。
③ 莊逵吉云:"代,諸本皆作趙,惟藏本作代。"今據改。見劉文典撰:《淮南鴻烈集解》,馮逸、喬華點校,中華書局,2013年,第125頁。
④ 錢大昕曾對此段文字作過校改,謂"《淮南》所列甲戌至癸亥,蓋大會之日",且其中"庚申"當作"庚辰",並謂自癸亥以下的日辰(即戊戌、己亥、己酉、己卯、戊午、戊子)當是小會之日,且尚缺其二,若補全,以例推之則當爲戊辰、己巳(錢大昕撰:《潛研堂集》,吕友仁校點,上海古籍出版社,2009年,第217—219頁)。後王念孫贊同錢説,並認爲所缺"戊辰"當在"戊戌"之前,"己巳"當在"己亥"之前(王念孫撰:《讀書雜志》,徐煒君等校點,上海古籍出版社,2014年,第2061頁,"庚申戊戌己亥"條)。

子爲小會。① （《曆事明原》卷四"陰陽小會"條引《堪輿經》）

（3）按月建者,斗柄所建也,象見於天,仰而望之而莫不見者也。……推建可知厭。 （《協紀辨方書》卷四"月厭"）

陰陽不將者,以月建爲陽,謂之陽建,正月起寅,順行十二辰。月厭爲陰,謂之陰建,正月起戌,逆行十二辰。② （《協紀辨方書》"陰陽不將"條引《天寶曆》）

（4）歲立（位）：凡歲立（位）,甲戌會於正月,乙酉會於二月,申會於三月,未會於四月,丙午會於五月,丁巳會於六月,庚辰重會於七月,辛卯會於八月,寅會於九月,丑會於十月,壬子會於十一月,癸亥會於十二月。③ （北大漢簡《堪輿》）

根據以上記載我們可以得到以下幾點信息：首先,根據《淮南子·天文》的記載來看,會日是與北斗之神有關的一種神煞,其具體日辰由北斗雌神和雄神的相會推出。其次,北斗雌雄神的運行規律分別是,北斗雄神爲左行,正月起寅,斗柄所建之辰爲月建、陽建,月徙一辰；北斗雌神爲右行,正月起戌,所建之辰爲陰建,所居之辰爲"厭",月徙一辰。最後,由此運行方式所推算出來的會日,各家記載略有差異,我們發現古書中所記"八會"系統分爲兩類,兩類的差別從表面上看在於會日所屬月份不同,然實際上是會日推算方法相異所導致的。④ 第一類爲錢大昕、錢塘、王念孫等人根據《周禮》賈公彥疏及《淮南子》的記載推導而得出,第二類則見於《堪輿經》佚文。根據我們對傳世文獻的梳理及北大漢簡《堪輿》中所載會日,我們認爲當從《堪輿經》所載"八會"系統,其推算方法爲以與陽建相近的天干和陰建所在辰位相結合而成會日〔參見引文（2）〕,具體各月大、小會日見表4-4-8。

可以看出,一年之中,除三、四、九、十這四個月沒有會日外,其餘各月皆有。但是

---

① 其佚文散見於元代曹震圭《曆事明原》,以及清代官修數術叢書《協紀辨方書》和《星曆考原》,後兩者所載又多輾轉取自《曆事明原》,所以最可信者乃《曆事明原》中的記載。《曆事明原》現存世古本僅兩個版本,一是韓國首爾大學奎章閣藏本,二是北京大學所藏明抄本。北大藏本陳侃理先生曾作過跋和輯校,故所引皆據此版本。此兩條亦見於《星曆考原》卷五、《協紀辨方書》卷四引,"陰陽大會"條語序及文辭稍有不同,"陰陽小會"條文辭差異較大,清人引述時或有刪改。陳侃理輯校北大藏本《曆事明原》中"陰陽小會"條下有雙行夾注,此處略。陳侃理：《跋北京大學圖書館藏明抄本〈曆事明原〉》,載沈乃文主編《版本目錄學研究》(第五輯),北京大學出版社,2014年,第591—602頁。

② 允祿、梅瑴成、何國宗等：《欽定協紀辨方書》,載李光地等撰《四庫術數類叢書》(九),上海古籍出版社,1991年,第258、261頁。

③ 北京大學出土文獻研究所編：《北京大學藏西漢竹書》(伍),上海古籍出版社,2014年,第133—143頁。

④ 具體可參張婷、程少軒：《堪輿"八會"異說考辨——利用出土數術文獻及實物驗證傳世典籍之一例》,《漢學研究》2023年第4期,第305—340頁。

表 4-4-8　大、小會日表

月　　份		正	二	三	四	五	六	七	八	九	十	十一	十二
傳世文獻	大會	甲戌	乙酉			丙午	丁巳	庚辰	辛卯			壬子	癸亥
	小會			己酉	戊辰	己巳	戊午			己卯	戊戌	己亥	戊子
北大漢簡	會日	甲戌	乙酉	申	未	丙午	丁巳	庚辰	辛卯	寅	丑	壬子	癸亥

漢簡《揕輿》却在"歲立(位)"章中列出了四個無大會之月的會日,即"申會於三月,未會於四月,……寅會於九月,丑會於十月",此四月的會日也明顯異於其他各月,僅列出陰建所在地支。《堪輿經》對爲何三、四、九、十月没有會日的解釋是"陰陽不合,招呼不比"。又錢塘在《淮南天文訓補注》中謂:"堪輿之方二十四,日八而辰十二,故有四辰無合也。"① 可見之所以只有"八會",其實質乃是由於四方天干僅八個,與十二辰難以完全配對,必然存在四個辰位無法配對的情況。因此即使北大漢簡《揕輿》給出三、四、九、十月的會日,其仍舊只有地支,而無與之相配的天干。這可否稱爲"會日"仍存疑,但可以明確的是其與其餘各月的"八會"干支日顯然不屬於一個系統,實際上其記載仍是與《堪輿經》記載一致的。

因此,從以上可知信息來看,刑日與會日存在明顯差異:

(1) 會日是由北斗之神所衍生出來的一個神煞,而刑日則是在十二地支以陰陽屬性二分基礎上所形成的神煞。

(2) 會日由北斗雄神和北斗雌神運行規律推算,刑日由天干和地支的運行規律推算。兩者所依據的推算規律並不一致——前者有固定的起始辰位,且兩者在相對應的辰位上運行(如正月陽建在寅,陰建在戌;二月陽建在卯,陰建在酉;三月陽建在辰,陰建在申),最後會合於子或午;而後者由於奇偶位陰陽的不同故在相錯辰位上運行,兩者不可能合於某一辰位。且會日推算規律複雜,乃是以當月陽建相近天干與陰建結合以成會日;但刑日則直接以相會時的天干地支組合即可。

(3) 兩者判斷吉凶的方式也不相同。會日是以其與"歲"的相對位置關係來判斷吉凶,"合於歲前則死亡,合於歲後則無殃"(《淮南子·天文》),"會於歲前,至其所會之月有咎。會於歲後,至其所會之月有大喜。會於歲對,至其所會之月有小喜"(北大漢簡《揕輿》)。且在具體運用時又涉及"會日所領日"的概念,尤爲複雜。② 而刑日則

---

① 劉文典撰:《淮南鴻烈集解》,馮逸、喬華點校,中華書局,2013 年,第 884—885 頁。
② 陳侃理:《北大漢簡所見的古堪輿術初探及補説》,載谷中信一編《中國出土資料的多角的研究》,汲古書院,2018 年,第 349—367 頁。

是直接以此日爲凶，所列出的刑日皆爲需要忌諱之日（於軍事則爲吉），操作使用方法更爲清晰易懂。

（4）兩者對於大、小的區分也有所不同。陰陽小會乃是以中央天干（戊、己）和陰陽不比（辰、戌、巳、亥）、陰陽俱至（子、午）、陰陽分位（卯、酉）的月份地支組合而成；而刑日則是直接以"日、辰先會者爲大刑，後會者爲小刑"，以先後次序爲準。

（5）從推算出來的日辰來看，會日一般只有八個，而刑日則每種情況有十個。

綜上所述，二者在内在邏輯和操作方法上均存在差異。總的來說，會日屬古堪輿術系統，更加複雜且具有系統性；而刑日，在傳世文獻及出土文獻中甚少相關記載，尚不知其屬何種數術流派，仍待將來進一步研究。我們可以確定的是兩者應無任何關係，因此在研究討論時不宜混爲一談。

四、結　語

本文通過對馬王堆帛書《陰陽五行》甲篇《刑日》章的重新審視，認爲《刑日圖》中四方地支後所書的"寅（孟）""中（仲）"二字並非具有實在表意內涵，而是一組與陰陽、剛柔、男女、牝牡等類似的用於表二元對立屬性的詞。而其之所以能夠承擔這樣的功能，則來源於"孟""仲"兩詞本身的詞義，即具有強弱、主次的對比，故可用其來代指陰陽一類的概念。同時，我們也認爲以"孟""仲"來代指陰陽一類概念的特殊用法，可能與《刑日圖》中以四隅表四季有關。接着本文指出了《集成》原整理方案在推算刑日時所出現的失誤之處，然後提出新的刑日推算方法。據此方法發現，帛書所列的兩行干支並非一爲最可能出現之刑日者、一爲不可能是刑日者，首行與未日和丑日相關的干支是日辰從相鄰辰位運行推算的刑日結果，次行與戌日和辰日相關的干支則是在日辰起始位置相隔六個辰位下推算出來的刑日結果。而刑日的推算尤其重視丑、未、辰、戌四辰則與其在五行三合局中的特殊屬性有關，由於其爲墓辰，所以將其與刑獄、征戰、殺伐有關的刑日相聯繫並作爲吉日加以突出。最後，本文還對將刑日和會日聯繫起來的觀點予以辯駁，認爲兩者雖然表面上存在相似之處，但實質上是兩種不同類型的神煞，應當分開討論。

本文英文版已發表於 *Bamboo and Silk* 第 7 卷第 1 期。

作者係復旦大學出土文獻與古文字研究中心 2020 級碩士（導師：程少軒），現就讀於南京大學，攻讀博士學位。

肩水金關漢簡複姓、雙名校札十則

沈思聰

肩水金關漢簡中有豐富的漢代人名資料①，此前簡牘整理者和研究者已經做過比較完善的研究，但內容仍有可補説之處。本文希望結合漢簡、其他出土文獻和傳世文獻材料，校訂肩水金關漢簡中的若干複姓、雙名，並對部分釋文的疏漏之處進行校補。

爲稱引方便，本文採用分條編號的方法。每條之首標出序數，並注明所討論釋文的簡號，然後另起一行引錄釋文，一般只節引有關部分，在需要校訂的內容下加下劃綫，再另起一段討論各條內容。

一、73EJT1∶82 王孫

當陽卒郭玉柃　　六石具弩一，槀矢五十

"郭玉柃"爲人名，"玉柃"二字圖版作 ，當釋"王孫"。肩水金關漢簡中"孫"字寫作 (73EJT6∶51)、 (73EJT7∶5) (73EJT9∶13)等，可參看。"王孫"爲漢代常見人名，《史記》中有"馮王孫"(《趙世家》)、"金王孫"(《外戚世家》)、"卓王孫"(《司馬相如列傳》)、"趙王孫"(《遊俠列傳》)等②，漢印中有"樣王孫"(《印典》1.53)③、"薛王孫"(《印典》1.53)④。

---

① 本文使用的釋文底本爲甘肅簡牘博物館等編：《肩水金關漢簡》(全五册)，中西書局，2011—2016年。文中凡引用肩水金關漢簡字形與釋文，均標明簡號，不注頁碼。
② 司馬遷撰：《史記》，中華書局，1959年，第1833、1975、3000、3188頁。
③ 康殷編著：《印典》，中國友誼出版公司，2002年，第53頁。爲免繁瑣，下引《印典》時均在引文後括注册數與頁碼，如"樣王孫"在《印典》第一册第53頁，注爲"《印典》1.53"。
④ 《印典》1.53原釋文作"薛王孫"，誤。參看施謝捷：《〈漢印文字徵〉及〈補遺〉校讀記(一)》，載復旦大學出土文獻與古文字研究中心編《出土文獻與古文字研究》(第二輯)，復旦大學出版社，2008年，第298—299頁。

二、73EJT2∶50 羊子

☒□平里魯年子

"魯年子"中"年"字圖版作[圖],當改釋爲"羊"。肩水金關漢簡中"年"字作[圖]（73EJT1∶20）、[圖]（73EJT1∶37）、[圖]（73EJT1∶123），"羊"字作[圖]（73EJT22∶37）、[圖]（73EJT25∶208）、[圖]（73EJD∶261A）等，可參看。

該簡可與 73EJT6∶60 相對照：

夷胡隧載　　高樂里畢幸子　　辛卯盡己亥八日，四百八十束

"幸"字圖版作[圖]，張俊民將此字釋作"羊"。① 兩簡中"羊子"均作人名。居延舊簡中有"王羊子"（564.26），古璽中有"羊子"（《印典》1.750），漢印中有"螫羊子"（《續述堂古銅印存》305）②、"行羊子"（《漢銅印原》）③、"侯羊子印"（《訒庵集古印存》）④。漢印中與此相類的還有"楊鼠子印"（《印典》4.2952）。

73EJT24∶190A"角今毋野平角須後輪"，"平"字圖版作[圖]，也當改釋爲"羊"。該句讀爲："角，今毋野羊角，須後輪。""羊角"一詞又見於肩水金關漢簡 73EJT32∶71。

三、73EJT4∶196 子阿

☒張子□☒

未釋字圖版作[圖]，殘存左半，當釋"阿"。肩水金關漢簡中"阿"字如[圖]（73EJT21∶107）、[圖]（73EJT22∶104）⑤、[圖]（73EJT23∶275）等，可參看。"子阿"爲漢代常見人名，《後漢書》中有"楊子阿"（《馬援列傳》）、"鍾離意字子阿"（《鍾離意傳》）⑥，肩水金關漢簡中有"彭弟子阿"（73EJT23∶245）、"王賞，年卅，字子阿"（73EJT37∶1022）。

四、73EJT5∶69 毋知

樊南平里翟安知

---

① 張俊民：《〈肩水金關漢簡〉（壹）釋文》，武漢大學簡帛網，http://www.bsm.org.cn/?hanjian/5746.html，2011 年 9 月 23 日。
② 谷村憙齋：《續述堂古銅印存》，2002 年。
③ 汪啓淑編：《漢銅印原》，西泠印社，1996 年，第 134 頁。
④ 汪啓淑集印：《訒庵集古印存》，徐敦德釋文，西泠印社，1999 年，第 159 頁。
⑤ 原簡同樣殘存左半，根據地名辭例"東郡東阿"可知此字爲"阿"。
⑥ 范曄撰：《後漢書》，李賢等注，中華書局，1965 年，第 840、1406 頁。

"安"字圖版作 ▨，當釋"毋"。肩水金關漢簡中"安"字如 ▨（73EJT1∶1）、▨（73EJT2∶102）、▨（73EJT6∶28）、▨（73EJT9∶69），"毋"字如 ▨（73EJT1∶17）、▨（73EJT21∶158A）、▨（73EJT22∶58）、▨（73EJD∶39A），兩者差異明顯。"毋知"爲漢代常見人名，居延舊簡中有"子未使女毋知"（203.13），居延新簡中有"李毋知"（EPT4∶93A），漢印中有"沂相毋知"（《璽印集林》）①、"臣毋智"（《印典》4.2499）、"白毋智印"（《印典》4.2501）等，"毋知"即"毋智"。

五、73EJT8∶106AB 侍親、綦毋

䮾得成漢里薛②□□年卅四
□□君都

"薛□□"後二字作 ▨ ▨，第一字可見右旁"寺"，第二字从亲从見，爲"親"字，當釋"侍親"。漢印中有"王侍親印"（《印典》3.1821）、"郭侍親印"（《印典》3.1822）。肩水金關漢簡中常有以"親"爲成分的人名，除"侍親"外還有"利親"和"奉親"，如"爰利親"（73EJT9∶102A）、"牛利親"（73EJT9∶251）、"王利親"（73EJT24∶156）、"辛利親"（73EJT31∶144）、"趙利親"（73EJT37∶253）、"李利親"（73EJD∶180）、"張利親"（73EJC∶425）和"馬奉親"（73EJT4∶183）、"王奉親"（73EJT5∶73）、"郭奉親"（73EJT8∶39）、"蘇奉親"（73EJT24∶250）、"周奉親"（73EJT30∶165）、"陳奉親"（73EJT37∶504）、"朱奉親"（73EJT37∶971）等。漢印中有"樂利親印"（《印典》3.1821）、"馮利親印"（《印典》3.1821）、"陳利親"（《印典》3.1822）和"楊奉親印"（《印典》3.1822）、"竇奉親"（《印典》3.1822）等。《急就篇》有"郝利親"，顏師古注："利親，言其善父母也。"③"侍親""奉親"之義與此相類。

"□□君都"前二字作 ▨ ▨，當釋"綦毋"。"綦毋"爲複姓，《元和姓纂》"綦毋"姓："《左傳》，晋大夫綦毋張。《風俗通》，漢有廷尉綦毋参。《戰國策》，綦毋子與公孫龍争辯。"④肩水金關漢簡中以"綦毋"爲姓氏者有"綦毋小兒"（73EJT10∶19）⑤、"綦毋君上"（73EJC∶599B）、"綦毋子侯"（73EJC∶599B），其中"綦毋"分別作 ▨、▨、▨，可參看。居延新簡中有"綦毋福"（EPT52∶310），漢印中有"綦毋然"（《印典》

---

① 林樹臣編：《璽印集林》，上海書店出版社，1991年，第150頁。
② 該字原釋"薛"，字形作 ▨，下半部分爲"辟"，當改釋爲"薛"。關於漢簡中"薛""薛"二字之别，可參看本人待刊稿《居延地區出土漢簡人名訂誤》。
③ 張傳官撰：《急就篇校理》，中華書局，2017年，第29頁。
④ 林寶撰：《元和姓纂》，岑仲勉校記，中華書局，1994年，第122頁。
⑤ 原釋"綦毋小兔"，考釋詳下第七則。

4.2640)、"綦毋偃"(《印典》4.2640)、"綦毋佗"(《印典》4.2640)、"綦毋少公"(《印典》4.2640)、"綦毋安樂"(《印典》4.2640)等。

六、73EJT9：268A＋264B 子平

☐爲輔請侯予平、君侅，欲以諸……輔叩頭重，幸=甚=①

何茂活認爲"請侯予"當爲"請侯事"。② 這一解讀恐不能成立，該簡"侯"字寫作 ▆，而肩水金關漢簡中用作官職名的"候"字一般寫作 ▆（"肩水候"，73EJT1：3）、▆（"候史"，73EJT2：31）、▆（"橐他候"，73EJT2：78）、▆（"候長"，73EJT3：1）、▆（"行候事"，73EJT3：11A）等。"侯"字一般用在爵名、姓氏或表美稱的人名中，如▆（"安道侯"，73EJT1：1）、▆（"平恩侯國"，73EJT2：77）、▆（"侯定"，73EJT3：56）、▆（"侯賜"，73EJT7：10）、▆（"侯郵"，73EJT9：257）、▆（"吕子侯"③，73EJT24：295）、▆（"字子侯"，73EJF3：61）等。趙平安揭示漢印文字中也存在這一現象："漢印中 ▆ ▆ 不同字，前一個隸作矦，後世寫成侯，表示侯王和姓氏；後一個隸作候，是帶兵的官。"④ 本簡中的"侯"當爲姓氏。

"侯予平"中"予"字作 ▆，當釋"子"。"子平"爲漢簡常見人名，肩水金關漢簡中有"趙子平"（73EJT7：39）、"丁子平"（73EJT29：105A），居延舊簡中有"王子平"（84.2）、"唐子平"（206.28）、"楊子平"（437.21），居延新簡中有"孫子平"（EPS4T2：122）。本簡可讀爲："爲輔請侯子平、君侅，欲以諸……輔叩頭重，幸=甚=（幸甚幸甚）。"

通過該例還可校訂73EJT10：124A：

---

① 何茂活：《肩水金關書牘綴合校釋一則》，載《河西漢簡考論：以肩水金關漢簡爲中心》，中西書局，2021年，第227—234頁。釋文中"叩頭重"前"輔"字原釋"報"，據該文校改。"君侅"原釋"君使"，據網友"柴夫"意見改，見《肩水金關漢簡綴合校釋一則》主題帖下柴夫回帖，復旦大學出土文獻與古文字研究中心，http://www.fdgwz.org.cn/Web/Show/2415，2015年1月7日。"侅"字圖版作▆，此處用作人名。以"君侅"爲名者又見於肩水金關漢簡73EJT28：9A"子小女君侅"，其中"侅"字圖版作▆，可對比參看。

② 何茂活：《肩水金關書牘綴合校釋一則》，載《河西漢簡考論：以肩水金關漢簡爲中心》，中西書局，2021年，第233頁。

③ "吕子侯"原釋"吕子候"，現據圖版校改。關於肩水金關漢簡中出現的"子侯""子候"不統一的問題，徐佳文已指出73EJD：16AB、73EJD：376中的"子候"都應改釋爲"子侯"。參看徐佳文：《讀〈肩水金關漢簡〉（伍）札記》，武漢大學簡帛網，http://www.bsm.org.cn/?hanjian/7482.html，2017年2月27日。

④ 趙平安：《對獅子山楚王陵所出印章封泥的再認識》，《文物》1999年第1期，第52頁；後載《秦西漢印章研究》，上海古籍出版社，2012年，第180頁。

觻得市南第一里敬老里過迎户簿門長候子山足□☑

"候"字作▨，當釋"侯"，爲姓氏。"子山"爲人名，肩水金關漢簡中以"子山"爲名者還有"宋子山"（73EJT10∶314）、"韓子山"（73EJT10∶314）。"足"後一字根據殘筆和辭例，當爲"下"字。

七、73EJT21∶385 小兒

　　驪喜隧卒黃小□☑

"黃小□"圖版作▨，當釋"武小兒"。肩水金關漢簡中"黃"字如▨（73EJT1∶1）、▨（73EJT4∶81）、▨（73EJT9∶54），"武"字如▨（73EJT10∶115A）、▨（73EJT26∶3）、▨（73EJT23∶938），可參看。漢簡中"武"作姓氏之例有居延新簡中的"武後"（EPT51∶251）、"武習"（EPF22∶300）等。

漢簡中"兒"字一般有▨（73EJT24∶273）、▨（73EJT37∶673）、▨（73EJD∶107B）、▨（北大漢簡《老子》145.16）①和▨（73EJT24∶11）、▨（73EJT27∶21）、▨（EPT43∶33A）兩種寫法。本簡"兒"字爲第一種寫法。"小兒"爲漢代人名。《急就篇》有"田細兒"，顏師古注："細兒，言小兒也。"②漢印中有"賈小兒"（《澂秋館印存》）③、"陽小兒—陽翁中"（《常熟博物館藏印集》）④。居延新簡中有"申小兒"（EPT52∶562），其中"小兒"作▨，可參看。

　　根據該例還可校訂 73EJT10∶19：

　　先就隧卒綦毋小兔☐

"兔"字殘左半，作▨，當爲"兒"字。"綦毋小兒"在該簡中爲複姓雙名。

八、73EJT21∶478 翁叔

　　……梁☑

原簡字跡較模糊，細審圖版，"梁"前三字當釋"翁叔進"（字形參表 4－5－1）。其中"翁"字从公从羽，"叔"字可對比肩水金關漢簡中其他"叔"字，如▨（73EJT3∶54A）、▨（73EJT9∶3）、▨（73EJT21∶111）。"翁叔"爲漢代常見人名，肩水金關

---

① 北京大學出土文獻研究所編：《北京大學藏西漢竹書》（貳），上海古籍出版社，2012 年，第 81 頁。
② 張傳官撰：《急就篇校理》，中華書局，2017 年，第 85 頁。
③ 陳寶琛編：《澂秋館印存》，上海書店出版社，1988 年，第 66 頁。
④ 錢浚、吳慧虞編：《常熟博物館藏印集》，人民美術出版社，1997 年，第 15 頁。

漢簡中有"翁叔"(73EJT9∶13),《漢書》中有"金日磾字翁叔"(《霍光金日磾傳》)①,漢印中有"笞翁叔"(《印典》1.729)、"牟翁叔"(《印典》1.730)、"厚翁叔印"(《印典》1.730)。

表4-5-1 "翁叔進梁"字形

翁	叔	進	梁

根據該例還可校訂73EJT23∶481A：

楊翁<u>前</u>,多十

"翁前"圖版作 ,第二字當爲"叔"。該字左半部分寫法同上舉"叔"字形,右半部分寫法較怪,應該是書手的書寫習慣(該簡中"多"字寫作)或受前"翁"字寫法的影響。

九、73EJT23∶929 承禄

☐敢言之,遣候長外人送昭武所訟遝令史董<u>幸復</u>、范德、趙赦之、刑常致昭

"幸復"二字作 ,當釋"承禄"。肩水金關漢簡中"承"有兩種寫法,第一種如 (73EJT3∶50)、 (73EJT7∶39),第二種如 (73EJT21∶107)、 (73EJT30∶68)、 (73EJD∶140)。本簡"承"字寫法爲第二種。"復"當改釋爲"禄",該字從示從彔,字形左下方可見"示"的點畫,"彔"旁寫得較爲潦草。肩水金關漢簡中其他"禄"字如 (73EJF3∶76A+448A)、 (73EJH1∶38),"示"旁寫法與本簡一致。"承禄"爲漢代常見人名。《急就篇》有"烏承禄",顏師古注："承,受之也。"②肩水金關漢簡中有"守令史承禄"(73EJT37∶531)。居延舊簡中有"成承禄"(116.40)、"尉史承禄"(311.6)。居延新簡中有"尉史承禄"(EPT52∶398B)、"史承禄"(EPT53∶109A),其中EPT52∶398B中"承禄"作 ,寫法與本簡類似。漢印中有"司馬承禄之印"(《印典》4.2451)、"張承禄"(《印典》4.2451)、"劉承禄"(《印典》4.2451)。

本簡"候長"的"候"作 ,當釋"塢"。肩水金關漢簡中有"塢長"這一辭例,參看73EJT37∶618、73EJT37∶840、73EJT37∶1083、73EJC∶486,其中"塢"字分別作 、 、 、 。

---

① 班固撰:《漢書》,顏師古注,中華書局,1962年,第2959頁。
② 張傳官撰:《急就篇校理》,中華書局,2017年,第40頁。

十、73EJF3：217B＋309A＋593A 陽成

☒召襄叩頭白，任掾、絮成掾何時到？拜食待，願幸臨之，幸=甚=

"絮成掾"三字圖版作 ▨▨▨，首字當釋"陽"，"陽成"爲姓氏。漢簡中"陽"的草字寫法如居延舊簡 ▨（284.8A），居延新簡 ▨（EPF22：327）、▨（EPF22：334A），肩水金關漢簡 ▨（73EJT1：62）等。《通志·氏族略》"陽成氏"："《風俗通》，陽成胥梁，晉隱士也。漢有諫議大夫陽成公衡。《功臣表》，梧齊侯陽成延，傳封六代。'成'或作'城'。王莽時陽成修，獻符命。"①肩水金關漢簡中有"陽成未央"（73EJT37：767）、"陽成武"（73EJF3：181），漢印中有"陽成嬰"（《印典》4.3004）、"陽成黨印"（《印典》4.3012）。

簡文中"任掾""陽成掾"分別指兩位姓"任""陽成"的掾。陳夢家在《漢簡綴述》中提到："漢人在官銜後通常舉名而不系以姓，但漢簡所見，諸掾之前則稱姓而不名。"②並舉"牛掾""左掾""蘇掾""范掾"等例。改釋後本簡可讀爲："召襄叩頭白，任掾、陽成掾何時到？拜食待，願幸臨之，幸=甚=（幸甚幸甚）。"

附記：

本文第一至六則發表於《肩水金關漢簡人名校札二十則》（《出土文獻》2022 年第 4 期，第 121—128 頁），第七至十則發表於《肩水金關漢簡人名校札（二）》〔載臧克和主編《中國文字研究》（第三十四輯），華東師範大學出版社，2021 年，第 61—66 頁〕，本文收錄時內容有所增補。

作者係復旦大學出土文獻與古文字研究中心 2015 級碩士（導師：施謝捷）、2018 級博士（導師：施謝捷），現爲香港浸會大學饒宗頤國學院博士後研究員。

---

① 鄭樵撰：《通志二十略》，王樹民點校，中華書局，1995 年，第 204 頁。秦印和懸泉漢簡中所見"陽成"的材料可參看劉釗：《關於秦印姓名的初步考察》，載《書馨集：出土文獻與古文字論叢》，上海古籍出版社，2013 年，第 228 頁；張俊民：《懸泉漢簡所見漢代複姓資料輯考——敦煌懸泉置出土漢簡所見人名綜述（三）》，《秦漢研究》2008 年第 1 期，第 194—204 頁。

② 陳夢家著：《漢簡綴述》，中華書局，1980 年，第 119 頁。

窮 日 考

徐婉司

在一般傳世文獻中,"窮日"一詞多用在"窮日力""窮日之力""窮日夜""窮日夕""窮日月星辰"等結構中,表窮盡時間、空間之意,構成動賓短語結構。如:

予豈若是小丈夫然哉!諫於其君而不受,則怒,悻悻然見於其面,去則<u>窮日之力</u>而後宿哉。　　　　　　　　　　　　　(《孟子·公孫丑下》)①

今世之人多不務經術,好玩博弈,廢事棄業,忘寢與食,<u>窮日盡明</u>,繼以脂燭。
(《三國志·吳書·韋曜傳》)

故聖人之事,廣之則極宇宙,<u>窮日月</u>,約之則無出乎身者也。
(《呂氏春秋·審分覽·執一》)

夫蜂薑螫指,則<u>窮日煩擾</u>;蚊蟲咬膚,則通宵失寐。　(《劉子·防欲第二》)

本文要講的"窮日"則是一個專有名詞,是神煞名。其命名大概也與"窮盡"之意相關。

在古代選擇術的神煞系統中,窮日是一個較爲常見的神煞名。但相對於往亡、歸死、建除、太歲等傳世和出土文獻都很豐富的神煞來說,窮日的資料較少且零散。本文搜集傳世文獻和出土文獻中關於窮日的記載,對其種類、推算方法以及宜忌進行梳理。

一、傳世文獻中的窮日

首先,窮日是一個概括性的概念。古書中有"六甲窮日""甲窮""六旬窮日""六窮日""五窮日""四窮日""四窮""窮日"等概念,稱謂不同,具體所指也會有不同。另外,根據馬王堆帛書整理者的看法,各種文獻所見之窮日,按推算方法可分爲三大類:第一類與六十甲子相關,按干支推算六十日內之窮日;第二類與節氣相關,以節氣爲定點,

---

① 引文來源於數據庫"中國基本古籍庫",以下不特別說明的古書引文來源與此相同。

推算節氣前後之窮日;第三類與月份相關,按月羅列當月對應之窮日。①

傳世文獻中關於窮日的記載主要見於數術書和兵書中,其他文獻中少見。下面按名稱分類,並歸納其推算方法。

(一) 六甲窮日、甲窮

明日癸亥,匡等以六甲窮日不出,禹因得更理兵勒衆。(《後漢書·鄧寇傳》)

明日癸亥,匡等以甲窮日不出,禹因得更理兵勒衆。

(《太平御覽·兵部》引上事)

諸徵日風猝起午上,止於亥,軍中左右必有謀反之人,六甲窮日占同。

(《觀象玩占》卷四十八)

黌約慎思視事,今已入境,盤桓不進,欲以十四日交承,又云六甲窮日,戲作藏頭一首:工巧新詩寄遞筒,同聲稍稍變他宫。口傳知受諸君指,日好何論六甲窮。躬自省愆方久庂,人多助虐更磨礱。石渠舊友年家契,大笑今朝已落空。

(《清江三孔集》卷二十八)

古代以六十甲子紀日,六十甲子的最後一日爲癸亥,故癸亥日被稱爲"六甲窮日","甲窮"是六甲窮日的縮略。一般來説古書中的六甲窮日即癸亥日。最後一個例子"欲以十四日交承,又云六甲窮日"中,"十四日"是另一種與月份相關的窮日,根據《四時纂要》對窮日的記載,大概是二月或九月的窮日,後面會有論述。

傳世文獻中又有"六窮日"的概念,它並非六甲窮日的縮寫。

六窮日,每月初四、十九、二十八日是。 (《六壬大全》"出軍忌日"條)

不可用日:每月四朝並十九,二十八行皆有逆。

(《大六壬心鏡》卷八"兵占門"條)

六窮日凶,每月四日、十九日、二十八日。 (《兵録·天時總説》)

玉門經曰:六窮日不可出軍,每月四日、十九日、二十八日是。

(《登壇必究》)

六窮日指每月固定的四日、十九日、二十八日爲窮日,具體日期推算不明,只見於上述出軍忌日相關的例證中。

另外,傳統民俗中有"破五"的習俗,是指農曆正月初五,在這一天有一種叫作"趕五窮"的風俗。這天又被稱爲"五窮日",與神煞窮日不相關。

---

① 湖南省博物館、復旦大學出土文獻與古文字研究中心編纂:《長沙馬王堆漢墓簡帛集成》(伍),中華書局,2014年,第152頁。

(二) 四窮日、四窮

清代康熙年間編修的《星曆考原》卷四説：

> 《總要曆》曰："四窮者，謂亥爲陰絶之辰，以四時旺干臨之，故曰四窮。所值之日不可遠行征伐，出納財物。"《曆例》曰："春乙亥，夏丁亥，秋辛亥，冬癸亥。"曹震圭曰："亥者，地支末辰，極陰之位，以四時陰干配之，故曰四窮。"

"四窮"由四時所對應的陰干加辰尾而得。"春乙亥"即春季三月中的乙亥日爲窮日，夏、秋、冬與春同。《協紀辨方書》卷二十至卷三十一逐月推排吉凶神而分列宜忌於下，例如：

> 一月乙亥山頭火義收日，凶神：河魁、劫煞、四窮、八龍、重日勾陳。忌嫁娶、求醫療、栽種。四月丁亥屋上土伐破日，凶神：月破、人耗、四窮、七鳥、牲亡、重日。忌祈福、求嗣、上册受封等。①

兵書類的文獻如《兵録》《武備志》中"出兵凶日"條下有：

> 天敗四窮日：春乙亥，夏丁亥，秋辛亥，冬癸亥。

《海防纂要》卷十三説：

> 春乙夏丁爲四窮，秋辛冬癸亥支同。

由上可知，四窮一般指"春乙亥，夏丁亥，秋辛亥，冬癸亥"，這應該是無疑的。

然而《六壬大全》"天禍課"條有：

> 天禍，亦名四窮天禍。立春日木旺水絶，立夏日火旺木絶，立秋日金旺火絶，立冬日水旺金絶。四立前一日爲四絶。如四立日干支加絶神干支，或絶神干支加四立日干支，此四時之氣，德絶用刑，日上日下皆不願處。如天行時災，人受其禍，故名天禍。絶神爲四時窮日，亦名四窮天禍。②

這裏四時窮日是指四絶日，即"四立"前一日，"絶""窮"二字意義相近，都有盡、完之意。

四窮日與四絶日實質並不相同，但字面意義相似，這有可能是造成下文將要提到的《四時纂要》中立春前一日爲窮日這種混亂的一個原因。

四窮爲凶神，《協紀辨方書》卷十：

---

① 李零主編：《中國方術概觀·選擇卷》，劉樂賢點校，人民中國出版社，1993年，第600—791頁。
② 郭御青原著：《六壬大全》，徐偉剛點校，珠海出版社，2007年，第272頁。

四窮：忌安撫邊境、選將訓兵、出師、結婚姻、採納聞名、嫁娶、安葬。又忌進人口、修倉庫、開市、立券交易、納財、開倉庫出貨財。①

(三) 窮日

唐末韓鄂所撰《四時纂要》②於各月出行日項下都載有窮日，將十二月的窮日摘寫於下（完整出行日附於文末）：

一月：立春前一日，並癸亥日，正月六日、七日、二十日

二月：又二日、七日、十四日

三月：八日、二十一日

四月：立夏前一日

五月：夏至前一日，夏至後十日，十六日

六月：己亥日，十二日、十四日

七月：十二日

八月：無

九月：十一日、十四日

十月：立冬前一日，此月十日、二十日

十一月：二十日

十二月：己亥日，三十日

上引是劉樂賢先生在《簡帛文獻數術探論》中從《四時纂要》中摘抄的各月窮日，他分析說：" 《四時纂要》所載各月窮日，如正月癸亥應屬上文所論'六甲窮日'，立春前一日、立夏前一日之類當另有來歷，這裏不做討論。"③文中只收錄明確寫於窮日前的一月癸亥、六月己亥、十二月己亥，不收其他月份出現的干支日——

正月：立春前一日，並癸亥日，正月六日、七日、二十日，是窮日。

五月：夏至前一日，夏至後十日，十六日爲窮日，又丁亥日，並不可遠行。

其實每月出行忌日中分別有：一月癸亥日、二月乙亥日、四月丁亥日、五月丁亥日、六月己亥日、七月辛亥日、八月辛亥日、十月癸亥日、十一月癸亥日、十二月己亥日。

另外，與節氣相關的窮日，文中收錄了立春前一日、立夏前一日、立冬前一日，却獨不收七月立秋前一日——

---

① 梅穀成等編：《協紀辨方書》，劉道超譯注，廣西人民出版社，1993年，第352頁。
② 韓鄂原編：《四時纂要校釋》，廖啓愉校釋，農業出版社，1981年。
③ 劉樂賢著：《簡帛數術文獻探論》（增訂版），中國人民大學出版社，2012年，第93頁。

四月：夏三月不南行，犯王方。立夏後八日爲往亡，立夏前一日爲窮日。

十月：又立冬前一日，此月十日、二十日爲窮日，又癸亥日，皆不可遠行、嫁娶、上官，凶。

七月：立秋後九日爲往亡，立秋前一日，立秋日，並不可行。七月丑爲歸忌，又辛亥日、卯爲天羅，酉爲土公，十二日爲窮日，並不可出行。

現將《四時纂要》十二個月窮日相關時日整理如表4-6-1（加底紋的項表示《四時纂要》中每月出行日下有記載但未明確歸入窮日的時日）。

表4-6-1 窮日表

月 份	序 數 日	干支日	節 氣 日
正月	六日、七日、二十日	癸亥	立春前一日
二月	二日、七日、十四日	乙亥	春分前一日，春分日
三月	八日、二十一日		
四月		丁亥	立夏前一日
五月	十六日	丁亥	夏至前一日、夏至後十日
六月	十二日、十四日	己亥	
七月	十二日	辛亥	立秋前一日，立秋日
八月		辛亥	
九月	十一日、十四日		
十月	十日、二十日	癸亥	立冬前一日
十一月	二十日	癸亥	
十二月	三十日	己亥	

從上表很容易看出，干支日中的乙亥、丁亥、辛亥、癸亥應該與上面提到過的六甲窮日和四窮的概念是相關的。正月癸亥應屬上文所論六甲窮日；二月乙亥、四月丁亥、五月丁亥、七月辛亥、八月辛亥、十月癸亥、十一月癸亥均屬於四窮"春乙亥，夏丁亥，秋辛亥，冬癸亥"的範圍。節氣日中，劉樂賢先生書中把立春前一日、立夏前一日、立冬前一日均歸入窮日，獨不收立秋前一日，似乎不妥。上文提到過，四立前一日爲四絕日，"絕""窮"意義相似，古書中有混同，《四時纂要》把部分立日歸爲窮日可能與此相關。後世古書中並沒有其他把四立日或夏至日歸爲窮日的說法。查閱《協紀辨方

書》卷二十至卷三十一①,立春前一日四絶,春分前一日四離,立夏前一日四絶,夏至前一日四離,立秋前一日四絶,秋分前一日四離,立冬前一日四絶,冬至前一日四離。四立日前一日爲四絶日,四分前一日爲四離日。每月的窮日与絶日、離日分別而居,並不混同。而《四時纂要》把這些與節氣相關的時日歸爲窮日,很可能只是《四時纂要》的一家之言。那麼我們按《四時纂要》的記載所分出的與節氣相關的這一類窮日,它是不是真的存在就值得懷疑了。

如果上述與節氣相關的時日並不屬於窮日的推測可以成立,那麼可以說在《四時纂要》所在的唐末五代時期,窮日已經有兩種了:一種是與六十甲子相關,按干支推算六十日内之窮日,如六甲窮日、四窮日;另一種是與月份相關,按月羅列當月對應之窮日。

關於《四時纂要》中窮日的宜忌,主要是不可遠行,每月又還有不同的忌事,包括上官、嫁娶、還家。

(四) 傳世文獻窮日小結

總的來説,六甲窮日、四窮有相對固定明晰的推算方法,而每月羅列的窮日,其日期推算方法不得而知。由於存在不同概念的窮日,也會出現前文提到的十四日是六甲窮日這種不同種類的窮日概念互指的現象,《四時纂要》中所載的窮日也可能就是幾種窮日在日常的宜忌時日中已經混在一起的一個表現。

二、出土文獻中窮日

傳世古書中成體系的窮日記載只出現於《四時纂要》中,要瞭解早期窮日的日期推算和宜忌,我們還要考察出土的戰國秦漢文獻中對於窮日的記載。

在出土文獻中,窮日主要出現於簡帛《日書》中與出行相關的宜忌類文獻部分,明確記載了窮日的材料主要有三種。

(一) 周家臺秦簡中的窮日

周家臺秦簡《日書》第 131—144 簡記載了所謂"戎磿日"的日期推算及行事宜忌:

> 此所謂戎磿日殹(也)。從朔日始鼕(數)之,畫當一日。直一者,大徼(徹);直周者,小徼(徹);直周中三畫者,窮。
>
> 入月一日、七日、十三日、十九日、廿五日大徹。入月二日、六日、八日、十二日、十四日、十八日、廿日、廿四日、廿六日、卅日小徹。入月三日、四日、五日、九日、十日、十一日、十五日、十六日、十七日、廿一日、廿二日、廿三日、廿七日、廿八

---

① 李零主編:《中國方術概觀・選擇卷》,劉樂賢點校,人民中國出版社,1993 年,第 600—791 頁。

日、廿九日窮日。

凡大徹之日,利以遠行、絶邊竟(境)、攻毄(擊),亡人不得,利以舉大事。

凡小徹之日,利以行作、爲好事。取(娶)婦、嫁女,吉。氏(是)謂小徹,利以羈謀。

凡窮日,不利有爲毆,亡人得,是謂三閉。①

此處的窮日按照圖符(圖4-6-1)進行推算,將一月三十天的日時平均劃分爲五個單元時間,每個單元時間爲六天,這六天均按照相同的規定順序,劃分成"大徹""小徹""窮"三類,"目"形圖符中的三畫代表窮日。徹日爲吉日,利出行、出兵、舉大事;與之相反,窮日爲凶日,不利有爲。

圖4-6-1
窮日圖符1

(二) 孔家坡漢簡中的窮日

孔家坡漢簡《日書》也有窮日的記載:

> 窮日:禹窮日,入二日、七日、九日、旬三、旬八、二旬二日、二旬五日,不可行。

"窮日"寫在151號簡首端,是原有的篇題。簡文稱窮日爲"禹窮日",是將窮日之說假托於禹,陳炫瑋認爲這是因爲大禹治水時勞苦窮困之故。②

此處的窮日也是羅列出一月的窮日,與周家臺秦簡及下文將提到的馬王堆簡帛中窮日的時日並不大相同,禁忌内容相似,推算方法不知。

(三) 馬王堆帛書中的窮日

馬王堆帛書《出行占》對於窮日有三個不同的記載:

A. 窮日:六日、廿四、廿一、八日、十六、[□□]、九[日、□]日、廿七日、十日、[□□]、卅日。六旬窮日☒

B. 六旬窮,壬戌、癸亥六旬窮日,不可行、入官。

C. 一日、七日、十三日、十九日、廿五大徹,六日、十八日、廿四小徹,利行。十八日,毋以行。四日、十日、十六、廿二、廿八小窮,三日、九日、十五、廿一、廿七大窮,亡者得,不可有爲,行戒勿用。③

---

① 湖北省荆州市周梁玉橋遺址博物館編:《關沮秦漢墓簡牘》,中華書局,2001年,第120頁。
② 王强:《孔家坡漢墓簡牘校釋》,碩士學位論文,吉林大學,2014年,第60頁。
③ 湖南省博物館、復旦大學出土文獻與古文字研究中心編纂:《長沙馬王堆漢墓簡帛集成》(伍),中華書局,2014年,第151—159頁。

關於 A 類窮日,整理者説:"本行上欄爲窮日的在各月對應日期,下欄爲窮日禁忌。窮日,神煞名,又名六旬窮日,文獻常見。""此類窮日與月份相關,按月羅列當月對應之窮日,與《四時纂要》所記每月窮日類似。根據《四時纂要》,六月可補十日或廿四,十月可補十日或廿日。考慮到表中羅列之窮日與往亡日期多契合,似以六月取廿四、八月取十八、十一月取廿日可能性最大。"按,傳世古書常見的説法是"六甲窮日",非"六旬窮日"。"十月可補十日或廿日"當爲"十一月可補廿日",帛書此處十月窮日爲十日,日期不缺,所缺爲十一月的日期,《四時纂要》十一月窮日爲二十日,據此可補。另外睡虎地秦簡《日書》中有這樣的記載:

> 正月七日、二月十四日、三月廿一日、四月八日、五月十六日、六月廿四日、七月九日、八月十八日、九月廿七日、十月十日、十一月廿日、十二月卅日,是日在行不可以歸,在室不可以行,是大凶。

把兩種日期列爲表 4-6-2,可以發現大部分的日期是相同的,不同的正月、二月的日期在數字上是相鄰或相類的關係。劉樂賢先生在《往亡考》一文中把睡簡的這段材料歸爲"往亡日",並作了詳細的論證①,其説可信。那麽,我們可以得知在出土文獻中窮日與往亡日的關係已經極爲密切了。《四時纂要》中除干支日和與節氣相關的窮日,如不限月份,有二日、六日、七日、八日、十日、十一日、十二日、十四日、十六日、二十日、二十一日、二十四日、三十日,這些日期也多見於往亡日,這裏就不深入討論了。

表 4-6-2　窮日日期表

月份	正	二	三	四	五	六	七	八	九	十	十一	十二
睡簡	六	十四	廿一	八	十六	□□	九	□□	廿七	十	□□	卅
馬A	七	廿四	廿一	八	十六	廿四	九	十八	廿七	十	廿	卅

關於 B 類窮日,劉樂賢認爲,本項"以壬戌、癸亥爲六旬窮日,該日不可行及入官"。"六旬指六十甲子。六旬窮日,古書又稱'六甲窮日'。……古代以六十甲子紀日,六十甲子的最後兩日是壬戌、癸亥,故壬戌、癸亥又被稱爲'六甲窮日'或'六旬窮日'。"②按,傳世文獻中的六甲窮日一般只指癸亥一日,但秦漢出土文獻中多以這兩日連説。

> 千里之行,毋以壬戌、癸亥,徒死,行亡,不復歸。　　(放馬灘秦簡"行忌")③

---

① 劉樂賢著:《簡帛數術文獻探論》(增訂版),中國人民大學出版社,2012 年,第 212—224 頁。
② 同上書,第 88 頁。
③ 孫占宇著:《天水放馬灘秦簡集釋》,甘肅文化出版社,2013 年,第 149 頁。

> 遠行者毋以壬戌、癸亥到室。以出，凶。己、酉從遠行入，有三喜。長行，毋以戌、亥遠去室。　　　　　　　　（睡虎地秦簡"諸行日"）①
>
> 千里之外毋以丙、丁到室，五百里之外毋以壬戌、癸亥到室。丁亥、壬戌、癸亥行及歸。　　　　　　　　　　　（孔家坡漢簡"到室"）②

此三處雖然都沒有明確指出壬戌、癸亥日爲窮日，但推算原理相同，禁忌也都與出行到室相關，應該與《出行占》中的六旬窮日是同一個概念。另外，敦煌漢簡和居延新簡中有"擇日"殘簡：

> ☒壬癸、亥子，入官視事及舉，百事凶☒　　　　　　　　　　（敦 2369）③
>
> 午丙申大吉，忌五戌、庚申、辛卯、癸亥。入月三日☒　　　　（EPT65.57）④

都有壬癸、癸亥等凶日，其日期和宜忌也都與六甲窮日類似。

C類窮日爲羅列出一個月中的所有窮日，並分爲大、小窮日。窮日分別大小不見於別處。劉樂賢先生在將周家臺秦簡的"戎曆日"和這裏的窮日比較時說："《出行占》分大、小窮日，周家臺秦簡《日書》却沒有大小之別。並且，《出行占》的大、小窮日合併起來，仍少於周家臺秦簡《日書》的窮日。"⑤按，周家臺秦簡《日書》"戎曆日"條下還有一篇名殘缺的擇日簡：

> ☒［日］：數從朔日始，曰：徹周窮，窮周徹，徹周窮，窮周☒日直窮，得；直周，復環之；直徹，不得。已入月，數朔日以到六日，倍之；七日以到十二日，左之；十三日以到十八日，向之；十九日以到廿四日，右之；廿五日以到卅日，復倍之。以此見人及戰鬭皆可。⑥

整理者指出，本圖符（圖 4-6-2）與 131 號簡三欄所繪相近似，疑下一簡首"日"字之上所缺即"戎曆"二字。二者都由五組圖符組成。每組圖符都表示每月中的六天，整條圖符代表全月三十天。但二者又有所區別，本組圖符將前面圖符中的"周中三畫者"減少一畫，而在"目"之下增加一畫，變成"目"圖符。從"已入月"到"復倍之"是選擇行爲方向的方法，用以"見人"或"戰國"。

---

① 劉樂賢著：《睡虎地秦簡日書研究》，文津出版社，1994 年，第 336 頁。
② 王强：《孔家坡漢墓簡牘校釋》，碩士學位論文，吉林大學，2014 年，第 58 頁。
③ 甘肅省文物考古研究所編：《敦煌漢簡》，中華書局，1991 年，第 312 頁。
④ 甘肅省文物考古研究所、甘肅省博物館、文化部古文獻研究室、中國社會科學院歷史研究所編：《居延新簡：甲渠候官與第四燧》，文物出版社，1990 年，第 423 頁。
⑤ 劉樂賢著：《簡帛數術文獻探論》（增訂版），中國人民大學出版社，2012 年，第 93 頁。
⑥ 湖北省荆州市周梁玉橋遺址博物館編：《關沮秦漢墓簡牘》，中華書局，2001 年，第 121 頁。

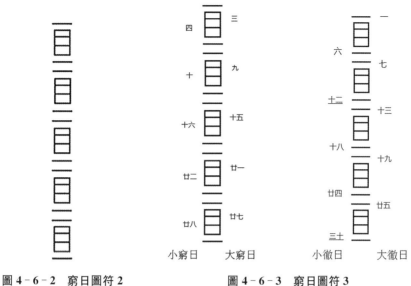

圖 4-6-2　窮日圖符 2　　　　　圖 4-6-3　窮日圖符 3

如果我們仿照周家臺秦簡上一條"戎歷日"的推算法給這一條區分徹日和窮日，那麼"直周中兩畫者"爲窮日，則窮日爲三日、四日、九日、十日、十五日、十六日、二十一日、二十二日、二十七日、二十八日，正好等於這裏 C 類大、小窮日之和。"直中"前一畫爲大窮日，"直中"後一畫爲小窮日。並且 C 類的大徹日均是每個單元的首畫，小徹日是每個單元的末畫，只是小徹日缺了十二、三十日。製圖 4-6-3（用周家臺秦簡圖符配馬王堆帛書大窮日、小窮日、大徹日、小徹日，畫綫數字爲補缺的部分）。

所以，我們可以推測，《出行占》C 類的徹日、窮日的日時推算規律大概是與周家臺秦簡"戎歷日"條二的推算方式相同或者相似的。

（四）出土文獻窮日小結

以上出土材料中的窮日並没有統一的時日推算規律，但大致可以分爲兩種：一是以壬戌、癸亥爲窮日，即六甲窮日；二是按一定的推算規律羅列出每月的窮日，孔簡、周簡、馬王堆 C 類窮日是列出每月的多個窮日，馬王堆 A 類窮日則是羅列出十二個月的十二個窮日，它與往亡日關係極爲密切。

上述出土文獻中的兩類窮日均是凶日，其禁忌通俗來説就是不利於做事，落實到具體行爲上是不利於出行、到室、入官、出兵等。

三、總結梳理

通過上面的簡要討論，我們對傳世文獻和出土文獻中窮日時日推算和用事進行了一些梳理和分析：

早期的秦漢出土文獻中已有對窮日的記載，主要分爲兩類：一類以壬戌、癸亥爲窮日,即六旬窮日,後世傳世文獻中的六甲窮日與之一脈相承;另一類是每月羅列的窮日,是出土文獻中窮日的主要類型,後來的傳世文獻已經少見。見於《四時纂要》的每月所記的序數類時日並不能找到與之完全對應的出土材料,劉樂賢先生説:"《四時纂要》的編者對早期窮日的説法已不甚瞭解,疑其所載有訛誤或另有來歷",其所載日期也多能與往亡日對應。另外,《四時纂要》所記載的與節氣相關的窮日並不見於出土文獻,這或許也能爲《四時纂要》中與節氣相關的日期並不屬於窮日這一猜想提供一些綫索。

窮日爲凶煞,所值之日"不利有爲",後來主要用來指導出行,爲出行忌日和出兵忌日,到了明清的綜合類數術書中便有了各種各樣的禁忌,如安撫邊境、選將訓兵、出師、結婚姻、採納聞名、嫁娶、安葬、進人口、修倉庫、開市、立券交易、納財、開倉庫出貨財等。

四、結　語

在寫作過程中,感覺到搜集的資料可能還不夠全面,所以得出的結論也只能是一些簡單的推測,另外還有一些問題可以深入討論,比如窮日、往亡日這兩個出行忌日的關係等,希望日後有機會可以對窮日進行更全面、更深入的考察和梳理。

附　《四時纂要》十二月出行日

正月:凡春三月,不東行,犯王方。又立春後七日爲往亡,不可遠行,移徙。正月丑爲歸忌,不可出行、還家、嫁娶、埋葬。立春前一日,並癸亥日,正月六日、七日、二十日,是窮日,寅日爲天羅,亦名往亡、土公,不可遠行、動土、傷人,凶。晦、朔亦忌出行。

二月:春不東行,驚蟄後十四日爲往亡,又二日、七日、十四日爲窮日,亥爲天羅,寅爲歸忌,巳日亦爲往亡,亦爲土公,春分前一日,春分日,乙亥,並不可遠行。

三月:四季月不往四維方,犯王方也。清明後三七日爲往亡,甲申、丙申爲行很,不可出行、上官,多窒塞。巳爲天羅,子爲歸忌,八日、二十一日爲窮日,四季、巳、亥、申日爲往亡,爲土公,並不可出行。

四月:夏三月不南行,犯王方。立夏後八日爲往亡,立夏前一日爲窮日,丑爲歸忌,亥爲往亡,爲土公。又夏丁亥,此月乙未、丁未爲行很。已上並不可遠行。

五月:夏三月,不南行。自芒種後十六日謂之往亡,寅爲歸忌,卯爲天羅,卯爲往亡,又爲土公,夏至前一日,夏至後十日,十六日爲窮日,又丁亥日,並不可遠行。

六月:夏三月,不南行。自小暑後二十四日謂之往亡。夏不南行,四季月亦不宜往思維方。子爲歸忌,又午爲往亡及土公,丑爲天羅。己亥日,十二日、十四日窮日,並不可遠行、嫁娶、還家。

七月：秋三月，不西行，犯王方。立秋後九日爲往亡，立秋前一日，立秋日，並不可行。七月丑爲歸忌，又辛亥日、卯爲天羅，酉爲土公，十二日爲窮日，並不可出行

八月：秋不西行。自白露後十八日爲往亡，寅爲歸忌，又子爲往亡及土公，又十八日、十三日、五日、辛亥日、癸卯爲天羅，並不可遠行、嫁娶，凶。

九月：秋三月，不西行。四季之月，亦不宜往思維方。自寒露後十七日爲往亡日，丑爲歸忌，未爲天羅，酉爲刑獄，又辰爲往亡及土公，又十一日、十四日爲窮日。

十月：冬三月，不可北行，犯王方。立冬後十日爲往亡，丑爲歸忌，申爲天羅，酉爲天獄，未爲往亡、土公。巳上並不可遠行。又立冬前一日，此月十日、二十日爲窮日，又癸亥日，皆不可遠行、嫁娶、上官，凶。由此月辛丑、癸丑爲行很、了戾，不可出行、上官，多窒塞。

十一月：寅爲歸忌，巳爲天羅，酉爲刑獄，二十日窮日，癸亥日，並不可遠行、嫁娶、上官，皆凶。

十二月：自小寒後三十日爲往亡，子爲歸忌，酉爲天獄，丑爲土公，不可遠行、動土、殺人。己亥日、三十日爲窮日，並不可遠行。

作者係復旦大學出土文獻與古文字研究中心 2015 級碩士（導師：劉釗），現爲湖南人民出版社高級策劃編輯。

釋漢代鏡銘中的"微"字

鵬 宇

在漢代的銅鏡中,有一類銅鏡大家習慣稱之爲"清白鏡"(或精白鏡)①。這一類的銅鏡,因鏡銘首句作"絜清(或精)白而事君"而得名。在今天所見的眾多的清白鏡中,有不少在"絜"字前鑄有專門表示起訖的符號,故而我們知道這一類的鏡銘是以"絜"爲始的。

在清白鏡中,有一句銘文作"△玄錫之流澤,恐疏遠而日忘"。② △③常作以下諸形④(完整字形及出處見文末表 4 - 7 - 1):

A. 微　　　B. 微　　　C. 微　　　D. 微

---

① 爲便於行文,我們在之後的叙述中,統稱之爲"清白鏡"。
② 銅鏡中常有增字、漏字或者文字順序顛倒的現象,如此句便有"△玄錫之流澤,恐疏遠而日忘""△玄錫之流澤,疏遠而日忘""△玄錫之流澤,恐疏而日忘"等十幾種,今爲便於討論,綜合諸鏡,取其完整者。
③ 在△的位置,還有作"光"字者,如《常德出土銅鏡》連珠連弧銘帶紋銅鏡"光玄而錫之流而澤"(常德博物館編:《常德出土銅鏡》,岳麓書社,2010 年,第 55 頁)、《楚風漢韻——長沙市博物館藏鏡》清白連弧紋銅鏡"光玄錫流而澤"(長沙市博物館編著:《楚風漢韻——長沙市博物館藏鏡》,文物出版社,2010 年,第 71 頁)、《長安漢鏡》1998SJXM178∶4"光玄錫之流澤"(程林泉、韓國河著:《長安漢鏡》,陝西人民出版社,2002 年,第 117—120 頁)。因"光"字較易辨識,歷來沒有異議,不在本文的討論範圍之内。此外,"玄錫"前還有漏掉"△"字者,如《清華銘文鏡》清白單圈銘文鏡"玄錫之澤流"(王綱懷著:《清華銘文鏡》,清華大學出版社,2011 年,第 58—59 頁)、《儀徵館藏銅鏡》清白銘重圈銘文鏡"而玄錫而流澤"(儀徵博物館編:《儀徵館藏銅鏡》,江蘇美術出版社,2010 年,第 53 頁)。因無法討論字形,自然也不在本文的討論之内。

又"光玄錫之流澤"一句,爲學界之通用讀法,除此讀法之外,亦有將"光"字當屬上讀,附於"昭明"之末者〔王獻唐著:《國史金石志稿》(第六册),青島出版社,2004 年,第 3388 頁〕,依此讀法則可將有"光"字者與漏"△"字者歸爲一類。關於"光"字問題,要涉及的内容很多,因受篇幅所限,我們將作它文討論。

④ 受篇幅限制,本文列舉字形,僅列最典型者,對於出現較多的字形,可以稍微多舉幾例(因各書所釋不同)。爲便於比較,各字形以拉丁字母加阿拉伯數字的形式進行標注。拉丁字母表示類型,後面阿拉伯數字表示在此類型内的序號。阿拉伯數字後面加"-"號而又緊接數字的,則分别表示同一面銅鏡内的拓片與照片。後面各字形標示方法若無特殊說明,則皆同於此。

E. [字形]　F. [字形]　G. [字形]　H. [字形]
I. [字形]　J. [字形]　K. [字形]　L. [字形]
M. [字形]　N. [字形]　O. [字形]　P. [字形]
Q. [字形]

對於△字，歷來有"焕""伋""彶""彼""似""作""假""役"等釋法①，莫衷一是。現在，我們將有關的字形悉列於此，討論起來便極爲便利。

過去釋作"似"的，所能依據的大概是 [字形]、[字形] 這一類字形。現在我們知道，這兩種字形都來源於 [字形] 形。今天所能見到的 [字形]、[字形] 形，皆爲拓本。[字形] 形顯然是未能將這個字形拓完整。而 [字形] 形中，右部 [字形] 下方方框中還存有一向下的斜筆，與"似"字右部不類。將之與 [字形] 相較，可知其筆勢未盡，極有可能也是所拓未能完整。

[字形] 形是目前清白鏡中最常見的字形，其與 [字形] 形的區別僅在於右上部的筆畫斷開而不粘連，並沒有本質的差異。此外，還有作 [字形] 形的，是 [字形] 形的反書，也當作爲同一個字處理。

[字形] 形既可以看作是 [字形] 形右上部斷裂再平移，也可以看作是將左部"亻"形替換爲"彳"形（此亦爲鏡銘中常見現象，根據後面的字形，我們知道"彳"形纔是最原始的）。[字形] 形既可以看作是 [字形] 形右上部橫筆斷裂再和豎筆粘連，也可以看作是 [字形] 形的斷裂，仍然還是一個字。過去依據這幾個字形，而將其誤以爲"伋""彶""彼""役"，現在根據後面所列的字形，都可以將其否定了。

[字形] 形是 [字形] 形的省寫，[字形] 形是將 [字形] 形左部"亻"形替換爲"彳"形，也可以視爲是對 [字形] 形的省寫。其實這種省寫已經造成了文字的實質性改變，但是由於其處於鏡銘中的固定位置，有辭例上的制約，加之有前後字形的對比，所以我們知道他們仍然還是一個字。

[字形] 形右上部斷裂的位置與前面諸形又不相同，但是通過比照，我們仍然知道它和 [字形]、[字形] 等形之間的關係。[字形] 由於拓片本身的原因，很容易讓人將 [字形] 作爲一個連接在一起的一個部件處理，但根據原照片 [字形]（參文末表 4-7-1），我們很容易知道，其下面看起來像一短橫的東西，其實是"又"（[字形]）的起筆，若不慎將右部分爲 [字形]、[字形]、[字形] 處理，則極易犯錯。這一點在過去處理 J 一類字形時，就有所體現。

J 形是將 [字形] 形左部所从的"亻"形上面一筆 [字形]，斷裂成 [字形]，而作 [字形]。江蘇省實成拍賣有限公司 2011 秋季藝術品拍賣會"妙極神工"銅鏡專場所作的釋文便將其釋作"假"。這個形體確實與"假"字的字形極爲相似，而頗具迷惑性。但是，將其與"假"

---

① 見表 4-7-1 所列字形注釋中所引。

字的字形細加比較，我們會發現，其實兩個字中間的部分差異還是較爲明顯的。"假"字漢印作▨，武威簡作▨，居延簡作▨，熹平石經作▨，《魏封孔羨碑》作▨（此處所引"假"字形皆出自《秦漢魏晋篆隸字形表》①）。而且，最關鍵的一點，▨字和▨一樣，中部最下面的一短橫，其實也是旁邊"又"（▨）的起筆。將兩種字形的照片放在一起比較，很容易明白這個道理。

▨形與▨形比較，看似多了一個"又"，對這種字形過去我們也很困惑，不知如何處理。後來，結合同一鏡銘位置的▨形來看，纔知道它是▨形的簡省，省掉了右上角的"中"，又將"彳"形變爲"亻"形，以至於面目全非。另一種▨形，則是"彳"形仍在，但不僅省掉了"中"，還省掉了"又"字上方的一個點（▨）。於是，我們知道過去的那種▨字形，是將▨形中"中"旁省掉，"耳"字省筆（省掉▨），"又"字上方的一點（▨）與"耳"字的上一個橫筆（▨）再粘連的結果。通過梳理我們纔知道前面的諸多形體都是▨形一變再變的結果。

▨形曾見於《長安漢鏡》，但是由於鏡銘殘泐，以至於拓片和照片都不能進行有效地辨識。最近，《古鏡今照——中國銅鏡研究會成員藏鏡精粹》一書的出版使我們有機會看到這類銅鏡中較清晰完整的版本。

書中刊佈的三龍紋雙圈銘文鏡中△作▨形，即"微"字。馬王堆帛書《老子》甲"微"字作▨、《老子》乙作▨、《相馬經》作▨，《北海相景君銘》作▨（此處所引"微"字形皆出自《秦漢魏晋篆隸字形表》②），都可以作爲字形上的依據。

從辭例來看，"微玄錫之流澤，恐疏遠而日忘"的讀法也很合適。"微"有非、無的意思，作爲連詞常用來表示一種否定的假設或條件，下面的一個分句表結果，這種結果往往是説話者不希望遇到的，如《左傳·僖公二十三年》"微楚之惠，不及此。退三舍避之，所以報也"，《三國志·程昱傳》"太祖還，執昱手曰'微子之力，吾無所歸矣'"。

《楚辭》中有不少以"恐"字開頭的句子，如"老冉冉其將至兮，恐修名之不立""惟草木之零落兮，恐美人之遲暮""汨余若將不及兮，恐年歲之不吾與"。如果此鏡銘中也加上"兮"字，"微玄錫之流澤兮，恐疏遠而日忘"，則頗與騷體風格相類，理解起來亦無障礙。

值得一提的是，在《古鏡今照——中國銅鏡研究會成員藏鏡精粹》一書中，還收有一面雙圈銘文鏡（圖4-7-1），其内圈銘文作：

> 冶清華，精皎白。奄惠芳，丞（承）加（嘉）澤。

---

① 漢語大字典字形組編：《秦漢魏晋篆隸字形表》，四川辭書出版社，1985年，第561頁。
② 同上書，第122頁。

結微(徽)顏,安佼(姣)信。燿流光,仪(仔)佳人。①

其中"微"字拓片作⿰彳⿱山攵、照片作⿰彳⿱山攵,右邊从攴,則與馬王堆帛書等"微"字字形完全密合。這種含"結微(徽)顏"銘文的銅鏡過去在湖北光化五座墳漢墓亦有出土(圖4-7-2)。② 原報告釋文錯誤較多,後學者林素清先生有所修訂。③ 其中⿰彳⿱山又字,現在看來,似亦當校改爲"微"。"微"讀爲"徽",文獻習見,"徽顏"即美好的容顏。

圖4-7-1 雙圈銘文鏡

圖4-7-2 光化五座墳出土銅鏡

隨着鏡銘中"微"字作⿰彳⿱山攵形的出現,清白鏡中的各種△字字形,基本可以理順。⿰彳⿱山攵形應該是最爲完整的字形。④ ⿰彳⿱耳又、⿰彳⿱耳又形的區別在於"耳"字的豎筆是否與"中"字的豎筆貫穿,二者都可以視爲⿰彳⿱山攵形的簡寫或異構("攴""又"作義符時可替換)。

⿰彳耳形過去容易讓人誤會成"佳",但是隨着它的反書⿰耳彳形的出現,我們知道這個字應該拆分爲"彳"旁加⿱中耳。這種字形的字,很有可能是⿰彳⿱中又或⿰彳⿱中又形中"又"旁的拉直,如⿰彳⿱中丨,而又橫筆豎筆相互貫穿所致。當然也有可能是⿰彳⿱山攵等較爲完整的字形經

---

① 原釋文作:"冶清華,精皎白。坤惠芳,承嘉泽。結徹顏,安彼信。耀流光,付佳人。""坤""徹"等字皆釋誤。

② 爲光化五座墳西漢墓採集5號標本外圈銘文。詳見楊權喜:《光化五座墳西漢墓》,《考古學報》1976年第2期。

③ 林素清先生釋文作:"佋(照)佳人,銀清華,精咸日,聿惠芳。禺(遇)和溧,結淄(慈)顏。安成(誠)信,耀涼光。"給人諸多啓發。詳見林素清:《兩漢鏡銘初探》,載《"中研院"歷史語言研究所集刊》(第六十三本),"中研院"歷史語言研究所,1993年。

④ 由於目前尚未見有此種寫法的"微"出現在"玄錫"之前,所以在前文"△玄錫之流澤,恐疏遠而日忘"字形的討論中,我們沒有列入這種字形。

過複雜的訛省而產生。

最後，我們想談談這個字形過去誤釋爲"焕"的緣由和經過。

最早提出這個字讀爲"焕"的是孫星衍。他在《續古文苑》中將這一句讀爲"焕元錫之流澤"，爲避康熙皇帝的諱而改"玄"爲"元"。根據他在文中的敘述，我們得知他所依據的銅鏡源自錢坫的《浣花拜石軒鏡銘集録》。

今查，錢坫《浣花拜石軒鏡銘集録》卷一確實收有一面漢精白鏡，然而錢坫在給這面銅鏡作釋文時，將"玄錫"之前的字列爲未識字。這說明他並不認識，或不認爲這是個"焕"字。我們今天已無法獲知他們二人對這面銅鏡進行考釋時是否曾有過交流，但是從《續古文苑》的內容來看，孫星衍的釋文應該是後出的。所以他就成了釋該字爲"焕"字的第一人。

《浣花拜石軒鏡銘集録》雖然沒有考釋出這個字，但是給出了摹本。書中將這個字形摹作 ，孫星衍大概是認爲這個字左邊所從爲"火"，就把這個字釋成了"焕"。不過，這種寫法的字，在我們見到的上百面清白鏡中從未出現過，我們很懷疑錢坫在臨摹的時候因銅鏡殘泐或銹蝕而摹寫失真。《浣花拜石軒鏡銘集録》一書中摹寫失真甚至摹錯的字有很多，僅就收録的這件漢精白鏡而言，將之與現在常見的清白鏡相比，就存在好幾處摹寫失真甚至摹錯的現象。

後來，梁上椿在《巖窟藏鏡》中也收録了幾件清白鏡。他在注釋中説：

> 清白鏡（亦作精白鏡，因"清""精"並見）之全銘，據孫星衍《續古文苑》所載，爲七十二字。錢坫《浣花拜石軒鏡銘集録》及羅氏《古鏡圖録》均著録相同之鏡，均爲内圈二十四字，外圈四十八字，均六字讀。昭明鏡、清白鏡中不全銘之來源，全爲此銘。……羅氏《遼居雜著》鏡銘中曾釋其字，與孫氏有二三不同。①

梁上椿在注釋中提及的羅氏《古鏡圖録》中所著録的清白鏡，其實原本是陳介祺的藏品。此鏡的拓片旁還鈐有陳氏"二百竟齋藏竟"的印記。辛冠潔先生《陳介祺藏鏡》第71頁所收之雙重銘帶鏡拓片，與羅氏《古鏡圖録》中拓片完全相同。此鏡拓片又見於《國家圖書館藏陳介祺藏古拓本選編·銅鏡卷》，而旁邊無"二百竟齋藏竟"印記，可能非同一次所拓。

梁上椿説"羅氏《遼居雜著》鏡銘中曾釋其字"，指的是羅氏的《漢兩京以來鏡銘集録》。在"精白鏡"一條下，對於"玄錫"前的這個字，羅氏闕釋，表示他並不贊成孫星衍的釋法，但是他也無法很明確地識出這個字，所以他採用了錢坫的作法繼續存疑。而

---

① 梁上椿編：《巖窟藏鏡》（第二集上），1941年，第123頁。

梁上椿在《巖窟藏鏡》中，辛冠潔先生在《陳介祺藏鏡》中，都將這個字釋爲"焕"，則表明他們是相信孫星衍的釋法的。

今天我們將陳氏的拓片與之相較，發現裏面有些字幾乎完全失真。如"象"字拓片本作 ，而錢氏摹作 ，已成爲别字。孫星衍大概是非常相信錢氏的摹本，所以即便辭例完全不通，還是將這個字釋作"桌"字。而被孫星衍釋爲"焕"的字形，陳氏的拓片作 ，與錢氏所摹還是有幾分相像的。孫氏的誤釋，很有可能是建立在錢氏誤摹的基礎上的。

這之後，在日本立岩堀田甕棺墓群 10 號墓中亦出土重圈清白鏡（第 3 號鏡），銘文内容與此相似，其中"玄錫"之前一字作 ，李學勤師亦將其讀爲"焕"①。此時，李師已經注意到了字形上不能密合的情况，但因没有見到後來出版的圖録，例如《古鏡今照》裏所收鏡銘上的那些比較清晰完整字形，所以選擇使用前人成説。現在我們根據字形知道，這一類的字都應是"微"字簡省。李師現在也已認同此觀點。

過去由於銅鏡本身或拓片的原因造成了許多誤釋的字，現在應該都據此校正過來。如《西清古鑒》卷三十九漢清白鑒二，此字摹作 ，這可能是迄今最早見諸著録的清白鏡了，但是由於銅鏡本身大概殘泐或鏽蝕，所以當時根本無法釋讀，只能作未識字處理。而《小校經閣金石文字》所收漢精白鏡中此字作 ，劉體智據此釋作"彼"②；王獻唐先生《國史金石志稿》中收《小校經閣金石文字》此鏡，釋法亦隨劉氏③，想來也都是無奈之舉。現在回過頭來看，也都比較明瞭了。上引 字形，已是十分清晰的"微"字字形了，而李零先生仍將其隸作"彼"，讀爲"被"④，以至與"微"字失之交臂，殊爲可惜，但是李先生對整個完整鏡銘的把握却是非常準確的。⑤

結合李零先生及陳劍先生的釋讀意見⑥，現在對清白鏡的前四句我們大致可以

---

① 日本出土銅鏡上的這個字李學勤先生在《中國銅鏡的起源及傳播》中釋爲"假"（李學勤：《中國銅鏡的起源及傳播》，載《比較考古學隨筆》，廣西師範大學出版社，1997 年，第 61 頁），而在《古鏡因緣》中釋爲"焕"（李學勤：《古鏡因緣》，載《走出疑古時代》，遼寧大學出版社，1997 年，第 293 頁）；又李學勤先生《論西伯利亞出土的兩面漢鏡》在討論這一類的清白鏡鏡銘時，亦釋爲"焕"（李學勤：《論西伯利亞出土的兩面漢鏡》，載《四海尋珍》，清華大學出版社，1998 年，第 291 頁）。
② 劉體智主編：《小校經閣金石文字引得》（六），大通書局，1979 年，第 3252 頁。
③ 王獻唐著：《國史金石志稿》（第六册），青島出版社，2004 年，第 3388 頁。
④ 李零：《讀梁鑒藏鏡四篇——説漢鏡銘文中的女性賦體詩》，《中國文化》2012 年第 1 期，第 30—39 頁。
⑤ 不過，從李零先生在《讀梁鑒藏鏡四篇——説漢鏡銘文中女性賦體詩》一文圖二中的所引字形來看，他應該已經注意到了本文所引的 D、O、Q 三種字形之間的關係，並將這三個看上去字形相差甚遠的字釋爲同一字。
⑥ 陳劍：《幾種漢代鏡銘補説》，第十届漢代文學與思想國際學術研討會會議論文，臺北，2016 年。

有一個較爲順暢的理解了。"絜清(或精)白而事君,怨污驪(穢)之弇明"①是指,鏡質清白,可持之事君(或夫),但是又懼怕時間久遠鏡面污穢而不再明亮。"微玄錫之流澤,恐疏遠而日忘","玄錫"指鏡藥,此二句是説,要是没有鏡藥的擦拭,很擔心您會因此而慢慢疏遠我,時間久了就把我給遺忘了。此四句一語雙關,既是以銅鏡的口吻自述,又代女子而言。

表 4-7-1 "微"字字形出處總表

序 號	字 形	著 録
A1		連弧清白鏡拓片,《陳介祺藏鏡》第 57 頁,該書作爲不識字闕釋
B1		清白連弧銘帶鏡拓片,《國家圖書館藏陳介祺藏古拓本選編·銅鏡卷》第 32 頁,原釋作"似"
B2		清白連弧銘帶鏡拓片,《國家圖書館藏陳介祺藏古拓本選編·銅鏡卷》第 33 頁,原釋作"似"
B3		潤堂藏拓,http://s7.sinaimg.cn/orignal/50141af4gbe919f7422c6&690
C1		内清重圈銘文鏡照片,《六安出土銅鏡》第 77 頁,原釋作"彼"
C2		昭明清白重圈銘文鏡照片,《皖江漢魏銅鏡選粹》第 79 頁
C3-1		昭明清白重圈銘文鏡 2 拓片,《清華銘文鏡》第 80 頁,原釋作"彶"
C3-2		昭明清白重圈銘文鏡 2 照片,《清華銘文鏡》第 81 頁,原釋作"彶"
C4		Sjwy 先生發佈照片,盛世收藏,http://bbs.sssc.cn/viewthread.php?tid=770100
D1		清白連弧鏡照片,《丹陽銅鏡青瓷博物館·千鏡堂》第 41 頁,原釋作"彼"
D2		清白連弧銘文鏡照片,《皖江漢魏銅鏡選粹》第 65 頁,原釋作"彶"
D3-1		昭明清白重圈銘文鏡 1 拓片,《清華銘文鏡》第 78 頁,原釋作"彶"
D3-2		昭明清白重圈銘文鏡 1 照片,《清華銘文鏡》第 79 頁,原釋作"彼"
D4		昭明清白重圈銘文鏡照片,《鑒耀齊魯——山東省文物考古研究所藏出土銅鏡研究》第 306 頁,原釋作"彼"

---

① "絜"讀爲"挈","驪"讀爲"穢",是李零先生的意見,其説可從。參見李零:《讀梁鑒藏鏡四篇——説漢鏡銘文中的女性賦體詩》,《中國文化》2012 年第 1 期,第 30—39 頁。

續 表

序 號	字 形	著 錄
D5-1		清白連弧銘帶鏡拓片,《長安漢鏡》第118頁圖三十一-3,原釋作"作"
D5-2		清白連弧銘帶鏡照片,《長安漢鏡》圖版四十六-2,原釋作"作"
D6-1		清白連弧銘帶鏡拓片,《南陽出土銅鏡》第60頁圖一四七,原釋作"作"
D6-2		清白連弧銘帶鏡照片,《南陽出土銅鏡》圖版七二-1,原釋作"作"
D7-1		清白連弧銅鏡照片,《楚風漢韻——長沙市博物館藏鏡》第64頁,原釋作"作"
D7-2		清白連弧銅鏡拓片,《楚風漢韻——長沙市博物館藏鏡》第65頁,原釋作"作"
D8		連弧紋銅鏡照片,《文物》2012年第3期第9頁圖一一,原釋作"彶"
D9		清白連弧銘帶鏡拓片,《南陽出土銅鏡》第271頁圖三,原釋作"彶"
D10		小山羊先生發佈,盛世收藏,http://bbs.sssc.cn/redirect.php?fid=487&tid=165295&goto=nextnewset
E1		吉泉先生發佈,盛世收藏,http://bbs.sssc.cn/viewthread.php?tid=134556&extra=&page=23
F1		潔清白銘雙圈銘文鏡照片,《古鏡今照——中國銅鏡研究會成員藏鏡精粹》第129頁,原釋作"彼"
G1-1		潔清白銘圈帶銘文鏡拓片,《古鏡今照——中國銅鏡研究會成員藏鏡精粹》第116頁,原釋作"彼"
G1-2		潔清白銘圈帶銘文鏡照片,《古鏡今照——中國銅鏡研究會成員藏鏡精粹》第117頁,原釋作"彼"
G3		S龍先生發佈,盛世收藏,http://bbs.sssc.cn/viewthread.php?tid=170134
H1		《巖窟藏鏡》第二集上第六三圖,原釋作"焕"
I1		白而事君銘連弧紋鏡照片,《六安出土銅鏡》第87頁,原釋作"焕"
I2		銅華連弧銘文鏡照片,《皖江漢魏銅鏡選粹》第71頁,原釋作"彶"
I3-1		清白單圈銘文鏡拓片,《清華銘文鏡》第60頁,原釋作"彶"
I3-2		清白單圈銘文鏡照片,《清華銘文鏡》第61頁,原釋作"彶"

續　表

序號	字形	著錄
J1		三葉銘帶蟠螭紋鏡照片,《丹陽銅鏡青瓷博物館·千鏡堂》第 17 頁,原釋作"彼"
K1		清白銘帶鏡照片,江蘇省實成拍賣有限公司 2011 秋季藝術品拍賣會"妙極神工"銅鏡專場,http://auction.artron.net/showpic.php?ArtCode=art5007010226,原釋作"假"
L1		漢代雙圈銘文鏡照片,2010 年景星麟鳳銅鏡專場拍賣會,拍品號 1214,原釋作"役"
M1-1		昭明清白重圈三葉蟠螭紋鏡拓片,《長安漢鏡》第 50 頁圖七-2,原釋作"焕"
M1-2		昭明清白重圈三葉蟠螭紋鏡照片,《長安漢鏡》圖版六-2,原釋作"焕"
M2-1		三龍紋雙圈銘文鏡拓片,《古鏡今照——中國銅鏡研究會成員藏鏡精粹》第 92 頁,原釋作"彼"
M2-2		三龍紋雙圈銘文鏡照片,《古鏡今照——中國銅鏡研究會成員藏鏡精粹》第 93 頁,原釋作"彼"
M3		昭明清白銘龍紋鏡照片,上海泓盛 2012 年春季拍賣會"澄質朝神"銅鏡專場,拍品號 900
N1-1		潔清華銘雙圈銘文鏡拓片,《古鏡今照——中國銅鏡研究會成員藏鏡精粹》第 126 頁,原釋作"彼"
N1-2		潔清華銘雙圈銘文鏡照片,《古鏡今照——中國銅鏡研究會成員藏鏡精粹》第 127 頁,原釋作"彼"
N2		雙圈銘文鏡,2011 年景星麟鳳秋季拍賣專區銅鏡、雜項拍賣,拍品號 1169
N3		潤堂藏拓,http://s13.sinaimg.cn/orignal/50141af4gbe919f4cec5c&690
O1		雙重銘帶鏡拓片,《陳介祺藏鏡》第 71 頁,原釋作"焕"
O2		潤堂藏拓,http://blog.sina.com.cn/s/blog_50141af40102e42t.html
O3		梁鑒藏内清質鏡,《中國文化》2012 年第 1 期第 30 頁圖一,李零先生釋作"彼",讀爲"被"
P1		内清銘雙圈銘文鏡照片,《古鏡今照——中國銅鏡研究會成員藏鏡精粹》第 125 頁,原釋作"彼"

續表

序　號	字　形	著　　　錄
P2		pz115 先生發佈，盛世青銅論壇，http://www.ssqt.cn/bbs/forum.php?mod=viewthread&tid=76175
Q1		地龍先生發佈，盛世青銅論壇，http://www.ssqt.cn/bbs/forum.php?mod=viewthread&tid=34076&page=1&from=space

附記：

在小文初稿寫作過程中，李學勤師、劉釗師、趙平安教授、陳劍教授、蔡偉先生、任攀先生、許可先生都提出過寶貴的意見，作者統致謝忱。此文原爲提交陳劍教授的專業課程作業，在提交作業前與陳先生的討論中方知，陳先生也新獲此意見，並囑予成文。本文初稿曾在復旦大學出土文獻與古文字研究中心學術網站發表，正式發表時略微作了改動，此次發表時又根據陳劍先生《幾種漢代鏡銘補説》中的意見略作修訂。特此説明。

本文原載《中國文字》（新四十一期），藝文印書館，2015年。

作者係復旦大學出土文獻與古文字研究中心2010級博士（導師：劉釗），現爲中國美術學院漢字文化研究所副教授，碩士研究生導師。

漢建安弩機"市"字考

王倩倩

《漢建安弩機》一卷，清代吳雲撰，記錄的是東漢建安時期的一張弩機，上有銘文十九字："建安廿二年四月十三日，所市八千五百，師稽福。"（圖 4-8-1）此弩機原是清代張廷濟的藏品，張著《清儀閣所藏古器物文》一書第二卷中收錄了拓本（圖 4-8-2），記錄其形制、流傳、收錄情況，還對銘文作了考證。1860 年庚申兵亂，張氏棄藏，此弩機被吳雲之子吳承潞購得。吳雲收集了弩機的外形圖、各家摹本、諸藏家對此弩機的研究論述，雜以個人見解，彙成《漢建安弩機》一卷，於光緒六年刊刻。

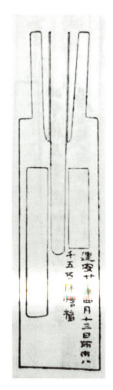

圖 4-8-1　吳雲《漢建安弩機》銘文摹本

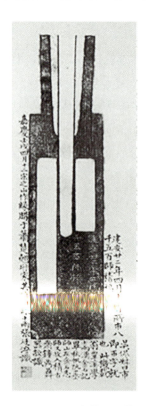

圖 4-8-2　《清儀閣所藏器物文》拓本

十九字銘文中，各家對"市"字的形義解讀不一，爭議頗大。

張廷濟《清儀閣所藏古器物文》認爲"市"字實爲"帀"字："帀，就也。兵器不粥（鬻），釋爲市買之市，非也。"又引吳東發解説云："市即帀字，就也。《周官·典瑞》注：'就，帀也。'又徧也。班固《西都賦》：'列卒周帀。'造弩機有郭工，有臂師，有牙師，無弗具備，然後弩成，故曰帀。古者軍器皆官司所造，其非市買可知。師工師稽福，物勒工名也。"張、吳二人都認爲此"市"字是"帀"字之訛，義爲完成，銘文大意是：此弩機於建安廿二年四月十三日造成，編號是八千五百，工師的名字是稽福。

今按，此字摹本作 ，與漢代銅器銘文中的"市"字字形一致，如中山内府鈁之 、中山内府鋗之 ，而漢代銅器上的"帀"字通常作 （新嘉量）、（新衡杆），字形上有較明顯的差異，"市"與"帀"互訛的可能性較低。且一般弩機造成後"物勒工名"之時多用工師名加"造""作"的格式，例如建初元年機的銘文"建初元年，工楊吳造，四洓，八石，丁廿六"，永和二年機的銘文"永和二年五月，書言府作四石䥫，郭工史齊，令肅，史開主"，並不見用"帀"字表完成義的例子。因此，張、吳之説不確。

阮元《積古齋鐘鼎彝器款識》也收録了這張弩機。對於"市"字，阮元提出了不同意見："'市'字，或以爲'第'字，或以爲'制'之半文。"今按，審視拓本，此字字形與漢代銘文中"制"字 （新承水盤）、（新一斤十二兩權）的左半還是有很大差别的，阮説"爲'制'之半文"的觀點亦不確。

翁方綱《山左金石志》據顔運生家藏拓本摹出，誤將"市""八"二字合作一字，釋爲"吏"字。蓋因其未見原器，此舛訛不足置論。

吳雲不贊成將"市"釋爲"帀"："以愚意，此非帀也。《説文》：'朮，草木盛朮朮然。象形，八聲。'讀若淈，普活切，當即此字也。顧南原《隸辨》云：'从朮之字泲，變作沛，訛从市或訛朮，相混無别也。'……余按'市'字即'芾'之古文，《説文》：'市，韠也。'鄭注曰：'韠之言蔽也。'經傳'芾'與'韍''黻''紱'音義皆同。《詩》云'三百赤芾'，《後漢書·東平憲王蒼傳》注作'三百赤紱'，《周禮·司服》疏：'黻，黑與青，爲形則兩色相背，取臣民背惡向善之義。'銘文'所市八千五百'，'所'爲句，蓋造器之所，《詩》'獻於公所'是也。'市'爲紀數之字，故下言'八千五百'，若曰某字第幾千幾百也。漢人銘器每用吉羊文字，'市'訓臣民背惡向善，用以銘兵器，亦有意義。"吳雲認爲銘文中的 字不是"帀"字，而是"芾"的初文"市"，與經傳所見"韍""黻""紱"三字音義皆同；用在兵器上是一種吉祥用語，表達背惡向善之意。

吳雲還談到另一看法："'市'爲紀數之字，故下言'八千五百'，若曰某字第幾千幾百也。"這是繼承了阮元"或以爲'第'字"的觀點。然而漢代銅器銘文中記次第數目字暫未見用"市"的情況。徐正考將漢代銅器的編號方式分成七種①，其第三種與本弩機相同，即詞頭加數位類，這是漢代器物編號的主要方式。數位前常用"第"字，如秦山宮鼎銘文最末的"第百一十六"，陽朔四年鐘銘文最末的"第卅九"，上林鍸中與其他銘文並不刻寫在一處的"第七百廿六"，陽信家杯銘文中的"第五"，都是如此。也有用"比""次""名"字的，但較少見。用"市"字紀數者，則暫未見其例。所以，阮元和吳雲所說的"市"爲紀數之詞的觀點恐難成立。

《漢建安弩機》刻成之後，吳雲即將此書寄呈好友俞樾，俞樾回信時也就此"市"字提出意見。俞樾贊同吳雲所說此字並非作購買義解的"市"字，"古者兵器不鬻(鬻)於市，則市非市買不待言矣"。但他對諸家的看法都不認同："諸家或以爲弟字，或以爲制之半文，皆似是而非。尊說近之，而亦有所未盡。"②他在吳雲所提出的"市"當作"韍"的基礎之上，進一步提出"市"字當是"韍"之古文的觀點："韍者，韠也。而古文韍韠之韍與黼韍之韍，以聲近而通用。"他依據《禮記·明堂位》"有虞氏服韍"注"韍或作韍"、《左傳·桓公二年》"袞冕韍珽"孔穎達正義"經傳作韍，或作韍，或作芾，音義同也"，判斷"芾即市之後出字，此器市字疑當讀爲韍"。針對阮元對"韍"字字形分析的錯誤，他指出："韍形作亞，亞象兩弓相背，古即以爲弗字。弗通拂，亦通弼。"又依據《荀子·臣道篇》楊倞注"拂讀爲弼，弼所以輔正弓弩者也"，認爲"市"字"讀爲韍，實爲弗，亦爲拂，其義爲弼，弼之言弼正也，凡弓弩初成，必弼而正之"，指出"市"字是"弼正弓弩"的意思。

今按，吳雲和俞樾都認爲銘文中的 市 字是"市"字，而漢代"市"字字形確有與"市"字極接近的例子，如 市（銀雀山漢簡《孫子兵法·作戰》），確實容易訛混。但是這裏的 市 字應當不會是"市"字。《荀子·臣道篇》楊倞注"拂讀爲弼，弼所以輔正弓弩者也"，指出"弼"是矯正弓弩的器具。朱駿聲在《説文通訓定聲》中解釋説："弼，當訓弓輔也。……凡弛弓則縛於裏，以備損傷，用竹若木爲之，亦曰檠，曰閉，曰柲。"鄭玄《儀禮·既夕禮》注："柲，弓檠也。弛則縛之於弓裏，備損傷也。以竹爲之。"可見弼是弓弩的一個輔助性工具，並不是弓弩的一部分或製作過程中的一階段。而且就目前所能見到的漢代弩機銘文的情況來看，銘文中出現的工、考工、監工、牙匠、臂匠、丞、令省等都是弩機製造過程中的工官或工匠名，未見在銘文中標出弩機造成後弼正者的名字或所屬單位的例子。因此，這裏的 市 作"市"字的可能性較低。

以上所舉諸家觀點雖各有不同，但都有一點共識：古代兵器由專司鑄造，專用於

---

① 徐正考著：《漢代銅器銘文綜合研究》，作家出版社，2007 年。
② 俞樾著：《春在堂全書》（第伍册），鳳凰出版社，2010 年，第 578 頁。

軍事需要,不可買賣,故而此處"市"字一定不是交易義。但是漢代的兵器真的不能買賣,這個"市"字一定不會是買賣義麽?

漢代的其他銅器銘文中也有不少出現"市"字的。例如中山內府銷銘文爲:"中山內府銅銷一,容二斗,重六斤七兩,第八十三。卅四年四月,郎中定市河東。"銘文顯示了這只銅銷屬於中山內府,容量爲二斗,重量是六斤七兩,編號爲八十三,是郎中定在卅四年四月於河東購買的。另一隻中山內府銷銘文爲:"中山內府銅銷一,容三斗,重七斤五兩,第卅五。卅四年四月,郎中定市河東,賈八百卌。"除了有容積、重量、編號、年代、購買者、購買地點等信息之外,還注明此銷價值"八百卌"。又如中山內府鈁:"中山內府銅鈁一,容四斗,重十五斤八兩,第一。卅四年,中郎柳市雒陽。"表明此銅鈁是郎中柳在雒陽所購。這三件器上的"市"字都是購買義。

在漢代,銘文中記錄價格的例子除了上文中"賈八百卌"的中山內府銷外,還有不少。例如永初鐘"永和四年三月廿五日作鐘,重廿四斤,直錢二千,宜子孫",扶侯鐘"陽嘉三年九月十八日,雷師作,直二千五百",永元熨斗"永元六年閏月一日,十湅牢熨斗,宜衣,重三斤,直四百。保二親,大富利,宜子孫",等等。徐正考先生認爲這些銅器都是標價出售的商品,"刻有'買''市'字樣者"或是"刻有器價者"都是用於出售的。① 這類銅器很多刻有吉祥語或作坊主的姓氏、產地和鑄造時間。用於買賣的銅器主要是鐘和洗,也有熨斗、弩機、壺、銷、鈁、盆、鉤、溫酒器等。這反映出"漢代銅器的製造業很發達,銅器買賣活動十分活躍"②,與先秦時期的情況有很大不同。先秦時期很少有銅器轉送和買賣的記載,"這是因爲先秦銅器多禮器,而且往往有頌揚先祖或記功、記賜之記載,更有不少銅器鑄、刻有族徽或家族的標記,故不便轉送,更不能售賣。而漢代銅器大都是用器,不但可以自由轉送,還可以走向市場"。③ 徐正考先生對漢代銅器買賣和售價的考證,説明漢代銅弩機作爲商品出售是完全可能的。

《秦漢金文錄》卷六記載的蜀漢章武二年機(圖4-8-3)④,其銘文爲"章武二年三月十四日,所市八千五百,師富定。十六"(圖4-8-4),文句與漢建安廿二年機極爲接近,都是具體日期加"所市八千五百"再加師工姓名的格式。二機銘文所記時間僅差五年,可視爲同時之器。蜀漢章武二年機銘文中的"十六"是橫排小字,居於底部,與其他銘文並不在一處,與上文所舉的上林銷一樣,當是弩機編號。"八千五百"很有可能就是當時弩機的常價,所以差不多同時代的兩個弩機上都有"八千五百"這個數

---

① 徐正考著:《漢代銅器銘文綜合研究》,作家出版社,2007年,第200頁。
② 同上書,第204頁。
③ 同上書,第205頁。
④ 容庚編著:《秦漢金文錄》,中華書局,2012年,第19頁。

字。羅振玉《貞松堂集古遺文續編》收錄的白馬十石弩機銘文則進一步證實了這種可能。"白馬十石。東郡白馬郭任弩,十石,直八千。"①銘文直接標明弩機的價值是"八千",與漢建安廿二年機和蜀漢章武二年機的價值數目"八千五百"相當。

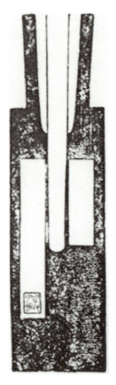 

圖 4-8-3　容庚《秦漢金文錄》拓本　　　　圖 4-8-4　銘文細節

綜上所述,漢建安廿二年機銘文中的"市"字應是售賣之義無疑,"八千五百"即是此弩機的售價。

本文原載《語言研究集刊》(第 16 輯),上海辭書出版社,2016 年。

作者係復旦大學出土文獻與古文字研究中心 2013 級博士(導師:汪少華),現爲常州工學院人文學院講師。

---

① 羅振玉編撰:《貞松堂集古遺文》(下册),北京圖書館出版社,2003 年,第 918 頁。

幽州書佐秦君闕柱銘文新釋

韋玉熹

幽州書佐秦君石闕（又稱"烏還哺母"石刻）是 20 世紀 60 年代出土於北京的著名東漢早中期石刻。闕銘甫一公佈[①]，即吸引了學界的目光。邵茗生、郭沫若、陳直諸位先生先後就銘文釋讀發表意見[②]，爲後續相關研究奠定了良好的基礎，此後信立祥、歐陽摩一、吕蒙、袁苹等學者亦有所補充[③]。筆者近檢拓片圖版（圖 4-9-1）及原石照片[④]，發現該銘在字形和內容方面，仍有可繼續探討之處，在此提出幾點新見，請方家指教。

下面謹列出目前學界通行的釋文作爲討論依據（釋文用嚴式）[⑤]：

---

① 北京市文物工作隊：《北京西郊發現漢代石闕清理簡報》，《文物》1964 年第 11 期，第 13—22 頁。

② 邵茗生：《漢幽州書佐秦君石闕釋文》，《文物》1964 年第 11 期，第 23—24 頁；郭沫若：《"烏還哺母"石刻的補充考釋》，《文物》1965 年第 4 期，第 2—4 頁；陳直：《關於漢幽州書佐秦君石柱題字的補充意見》，《文物》1965 年第 4 期，第 4—5 頁。

③ 信立祥認爲"欲厚顯祖"應改爲"欲廣祠廟"，此說不可信，歐陽摩一糾正爲"欲厚顯祠"，可從。信立祥著：《漢代畫像石綜合研究》，文物出版社，2000 年，第 67—68 頁；歐陽摩一：《漢畫像石文字考釋》，《東南文化》2009 年第 4 期，第 115—118 頁；吕蒙、袁苹：《〈漢魏六朝碑刻校注〉漢碑釋文補正》，《攀枝花學院學報》2014 年第 1 期，第 37—41 頁。

④ 永田英正編：《漢代石刻集成・圖版釋文篇》，同朋舍，1994 年，第 41 頁；梅寧華、陶信成主編：《北京文物精粹大系・石刻卷》，北京出版社，2004 年，第 100—101 頁。原石照片爲筆者友人劉秋驥君 2020 年 11 月 14 日在北京石刻藝術博物館展覽現場所攝（藏品編號 0844）。

⑤ 釋文保留銘文原有重文號"="，對存疑之字以右標"（?）"表示，重點討論句用下劃綫標出，"/"表示分行。

⑥ 永田英正編：《漢代石刻集成・圖版釋文篇》，同朋舍，1994 年，第 41 頁。

圖 4-9-1　幽州書佐秦君闕柱銘拓片[⑥]

烏還哺母/維烏維烏，尚懷反報；何兄（況）於人，號爲四靈。君臣父子，/順孫弟（悌）=。二親薨（薨）没，孤悲惻怛，鳴號正月。旦夕/思慕迈心，長（悵）罔（惘）五内，力求天命。年壽非永，百身莫贖。/欲厚顯祠，尚无時日。鳴摩！匪愛力財，迫於/制度。蓋欲章（彰）明孔子塋母，四尺之裔行上德，比/承前聖歲少，以降昭皆，永爲德儉，人且記入于禮。承/仙丞敢述情，徵之斯石，示有表儀。孝弟（悌）之述，通於神明。子孫奉祠，欣肅慎焉。

一、"百身莫贖"應爲"□礼送終"

▆、▆、▆、▆ 四字，邵氏釋"百身莫□"，郭氏釋"百身莫贖"，皆有不妥之處。▆（▆）①，該字爲上下結構，與"百"字作 百（馬王堆帛書《老子》甲 57）②、百（張家山漢簡《算數書》11）③等形差異較大，應釋爲何字，尚待進一步研究④，釋"百"之説恐不可信。▆（礼），原石照片作 ▆，"礻"旁豎筆仍存，與《説文》"禮"字古文 ▆、《鄭固碑》▆ ⑤等形結構一致，應釋爲"礼"。▆（送），原石照片作 ▆，寫法同 ▆（敦煌漢簡 178）⑥、送（熹平石經）⑦等形，从辶、夳聲（"夳"後訛變爲"关"形），應爲"送"字。▆（終），字形同 ▆（張汜請雨摩崖）⑧、▆（北大漢簡《老子》41）⑨等，从糸、冬聲，應爲"終"字。

結合銘文語意，此處前叙孝子面對親人亡逝，深感傷心悲戚，歎息"年壽非永"，爲表孝思，打算按照禮制要求爲親人送終（"□礼送終"），因此下句纔會接着説"欲厚顯祠，尚无時日"。"□礼送終"一句，語意大約和後世墓誌中的"以禮送終""依禮送終"

---

① 以下凡反相、剔除石花後摹得的字形圖，皆外加"（）"表示。因原筆畫缺泐而擬補者，用空心虚綫表示，以示區别。
② 漢語大字典字形組編：《秦漢魏晉篆隸字形表》，四川辭書出版社，1985 年，第 233 頁。
③ 張家山二四七號漢墓竹簡整理小組編：《張家山漢墓竹簡〔二四七號墓〕》，文物出版社，2001 年，第 83 頁。
④ 經覆核原石刻畫，對比 ▆（肩水金關漢簡 73ECC∶19）、▆（熹平石經）等字右旁"皿"形寫法，疑字从囟、皿，或可釋"盟"。兹録俟考。
⑤ 北京圖書館金石組編：《北京圖書館藏中國歷代石刻拓本匯編》第一册，中州古籍出版社，1989 年，第 113 頁。
⑥ 甘肅省文物考古研究所編：《敦煌漢簡》，中華書局，1991 年，圖版壹捌。
⑦ 漢語大字典字形組編：《秦漢魏晉篆隸字形表》，四川辭書出版社，1985 年，第 112 頁。
⑧ 北京大學圖書館金石組胡海帆、湯燕編：《1996—2017 北京大學圖書館新藏金石拓本菁華（續編）》，北京大學出版社，2018 年，第 79 頁。
⑨ 北京大學出土文獻研究所編：《北京大學藏西漢竹書》（貳），上海古籍出版社，2012 年，第 28 頁。

類表達相近,可與北魏《元濬嬪耿氏墓誌》"依禮送終,備御東園"①、《郭定興墓誌》"乃爲以禮送終,墳塋旐翣"②、唐《胡府君墓誌》"考卜宅兆,備禮送終"③等互爲參照。儒家强調侍奉父母要養生送死,方至孝道。孔子曰"生,事之以禮;死,葬之以禮,祭之以禮"(《論語·爲政》)④,孟子曰"惟送死可以當大事"(《孟子·離婁上》)⑤,《孝經》曰"生事愛敬,死事哀戚,……孝子之事親終矣"⑥,皆是此意。

二、"四尺之裔"應爲"四尺之賁"

邵氏釋此句爲"四尺之裔行上德",郭氏已正確指出此句用孔子葬母於防之典⑦,惜釋字未達一間。▨(賁),字从立、貝,爲"賁"字之異體,讀爲"墳"。漢隸中有將"賁"寫作"賁"形的例子,如▨(武威醫簡58)⑧。銅山大廟鎮漢畫像石題記"起石室、賁,直錢萬二千"句,即用"賁"表示"墳"。⑨

▨(乃),應爲"乃"字。"乃"在這裏是連詞,用法同"而",如《春秋繁露·基義》"秋爲死而棺之"⑩。▨,寫法類▨(《尹宙碑》)⑪,實是"爲"字。▨,對比下文"德"字▨,諦察可知該字左部既不从彳,右部也並非"悳"形,故不當釋爲"德"。此字原石照片作▨,諸拓本似均未拓出中部兩短横、右側一殘豎畫,將字形反相去除干擾後可摹作▨,與▨(河東鼎)⑫、▨(居延新簡 EPT26∶17)⑬等形相近,疑此字或爲

---

① 毛遠明編著:《漢魏六朝碑刻校注》(第四册),綫裝書局,2009 年,第 1—2 頁。
② 洛陽市第二文物工作隊:《洛陽紗廠西路北魏 HM555 發掘簡報》,《文物》2002 年第 9 期,第 9—20 頁。
③ 《大唐故十將寧遠將軍守左金吾衛大將軍試殿中監胡府君墓誌銘并序》,唐代墓誌銘數據庫,https://inscription.ancientbooks.cn/docShike/shikeSublibIndex.jspx?libId=5,2020 年 11 月 15 日。北京大學圖書館藏有此誌拓片(編號 05124),參見北京大學圖書館金石組胡海帆、湯燕、陶誠編:《北京大學圖書館藏歷代墓誌拓片目録》(上),上海古籍出版社,2014 年,第 598 頁。
④ 十三經注疏整理委員會整理:《論語注疏》,北京大學出版社,2000 年,第 17 頁。
⑤ 十三經注疏整理委員會整理:《孟子注疏》,北京大學出版社,2000 年,第 220 頁。
⑥ 十三經注疏整理委員會整理:《孝經注疏》,北京大學出版社,2000 年,第 70 頁。
⑦ 郭沫若:《"烏還哺母"石刻的補充考釋》,《文物》1965 年第 4 期,第 3 頁。
⑧ 甘肅省博物館、武威縣文化館合編:《武威漢代醫簡》,文物出版社,1975 年,第二類簡 5。
⑨ 徐玉立主編:《漢碑全集》(二),河南美術出版社,2006 年,第 549—551 頁。另外,"墳"字在漢畫像石中還有寫作从石、賁聲的,如▨(銅山蔡丘畫像石題記),參見徐玉立主編:《漢碑全集》(六),河南美術出版社,2006 年,第 2114—2116 頁。
⑩ 董仲舒著:《春秋繁露》,上海古籍出版社,1989 年,影印光緒初浙江書局本,第 74 頁。
⑪ 徐玉立主編:《漢碑全集》(五),河南美術出版社,2006 年,第 1606—1637 頁。
⑫ 漢語大字典字形組編:《秦漢魏晉篆隸字形表》,四川辭書出版社,1985 年,第 1030 頁。
⑬ 白海燕:《居延新簡文字編》,博士學位論文,吉林大學,2014 年,第 947 頁。

"官"字,讀爲"棺"。"官""棺"上古音同①,出土文獻中有互通例,如嶽麓秦簡《占夢書》簡27:"夢死者復起,更爲官(棺)郭(槨)。"②

改釋後該句變爲"四尺之墳乃爲棺",説的是孔子改葬母親,爲標記墓地立四尺之墳,葬以棺的事情。③ 其事見《禮記·檀弓上》:"孔子既得合葬於防,曰:'吾聞之,古也墓而不墳,今丘也,東西南北之人也,不可以弗識也。'於是封之,崇四尺。"④漢人對此多有稱引,如劉向《諫營陵過奢疏》:"孔子葬母於防,……爲四尺墳,遇雨而崩。"⑤《論衡·論死》:"孔子葬母於防,既而雨甚,至防墓崩。孔子聞之,泫然流涕曰:'古者不修墓。'遂不復修。"⑥銘文引用孔子改葬父母的典故,意在表明墓主的子孫不選擇厚葬,是基於繼承和發揚先聖守禮薄葬美德的考慮,而非吝嗇財力。同時,"四尺之墳"也與後文"永爲德儉""合聖人之情"形成前後呼應。

三、"前聖歲少,以降昭皆"應爲"顯聖□□,以陵昭後世"

郭氏所釋"前"字作▯(顯),字形結構和▯(《王孝淵碑》)⑦、▯(《崔顯人墓碑》)⑧相同,从頁、㬎省,應爲"顯"字,可與本銘前文之"顯"▯("㬎"旁不省)對照參看。"顯聖□□"之"顯聖"謂孔子,"顯"義爲顯赫光明。

▯,郭氏釋"降",此説對字左旁的分析可從,然右旁不當釋爲"夅"。將該字圖版反相後摹作▯,字右部▯形與漢簡中"夋"旁▯(肩水金關漢簡73EJT28:7"駿"字▯)⑨寫法完全一致,故字當改釋爲"陵"。⑩

郭氏同時認爲▯、▯是一個字,合釋爲"皆"。此説不確,▯字左部"亻"旁

---

① 根據鄭張尚芳先生構擬的上古音系,"官""棺"均爲[koon]("棺"用爲動詞時變爲[koons])。鄭張尚芳著:《上古音系》(第二版),上海教育出版社,2013年,第340頁。
② 朱漢民、陳松長主編:《嶽麓書院藏秦簡》(壹),上海辭書出版社,2010年,第163頁。
③ 和孔子時代相近的春秋早中期考古遺存裏,也確實存在夫妻合葬的現象。有雙方並葬但不同穴的,如河南輝縣琉璃閣夫妻並列豎穴木槨墓;也有雙方同穴,一槨内並放兩棺的,如河南安陽後崗26號墓。太田有子、楊凌:《中國古代的夫妻合葬墓》,《考古》1984年第4期,第103—110頁。
④ 十三經注疏整理委員會整理:《禮記正義》,北京大學出版社,2000年,第201頁。
⑤ 班固撰:《漢書》,中華書局,2012年,第1955頁。
⑥ 王充著:《論衡校注》,張宗祥校注,鄭紹昌標點,上海古籍出版社,2010年,第418頁。
⑦ 永田英正編:《漢代石刻集成·圖版釋文篇》,同朋舍,1994年,第71頁。
⑧ 盧芳玉:《新見漢代志墓刻銘研究札記》,《中國書法》2004年第11期,第44頁。
⑨ 甘肅省簡牘博物館、甘肅省文物考古研究所、甘肅省博物館、中國文化遺產研究院古文獻研究室、中國社會科學院簡帛研究中心編:《肩水金關漢簡》(叁·中),中西書局,2013年,第125頁。
⑩ 《隸辨》收有"陵"字,作陵形,"夋"旁寫法稍異。顧南原撰集:《隸辨》,北京市中國書店,1982年,影印康熙五十七年項氏玉淵堂刻本,第560—561頁。

筆畫仍可分辨,右旁雖不清晰,但上部可對照 [圖](《石門頌》)①等形,再結合文意判斷,應爲"後"字。[圖]([世]),寫法同 [圖] (長沙五一廣場簡二 474)②、[圖](《禮器碑》)③等,實是"世"字。

陵昭,即長昭之意。④ "陵""駿"音近互通⑤,"駿"亦有長義,《詩·小雅·雨無正》"浩浩昊天,不駿其德",毛傳曰:"駿,長也。"⑥又《爾雅·釋詁》:"駿,長也。"邢昺疏:"駿者,長大也。"⑦銘文"比承顯聖□□,以陵昭後世,永爲德儉",是說要將孔聖賢人的孝行繼承下去,長久地告訴子孫後代永遠保持節儉的美德。

四、"人且記人于禮"應爲"合聖人之情"

[圖],邵氏以爲當分爲二字,釋"人日",郭氏則認爲是"人且"。此字原石照片作 [圖]([合]),細察可發現,諸拓本似均未清晰拓出"亼"部件的短橫,而"口"部件中被兩位學者誤認的筆畫,實際上應該是石花導致的泐痕。對比漢簡中的"合"字,如 [圖] (肩水金關漢簡 73EJF3:236)⑧等形,可知釋 [圖] 爲"合"更準確。[圖]([聖]),邵氏亦誤分爲"記人"二字,此字應釋爲"聖"字,與上文"聖"字 [圖]、《鄭固碑》[圖] 寫法相同,唯耳部件左豎筆已剝蝕不見。[圖],諸家釋"人",不確。該字寫法同前文"人"字 [圖],當改釋爲"人"。[圖]([之]),去除石花干擾,可辨識出是"之"字。[圖]([情]),該字左旁爲"忄",從右部殘餘筆畫推測,很可能是"情"字,寫法同 [圖] (敦煌漢簡 2220A)⑨、[圖](《石門頌》)⑩等。

聯繫上文引用聖人典故告誡子孫後代的話,"合聖人之情"的句意就豁然可解了。"情"謂意志、精神,如王逸注《楚辭·九章·惜頌》"恐情質之不信兮"曰"情,志也",是

---

① 徐玉立主編:《漢碑全集》(二),河南美術出版社,2006年,第 570—642 頁。
② 長沙市考古文物研究所、清華大學出土文獻研究與保護中心、中國文化遺產研究院、湖南大學嶽麓書院編:《長沙五一廣場東漢簡牘》(貳),中西書局,2018年,第 105 頁。
③ 徐玉立主編:《漢碑全集》(三),河南美術出版社,2006年,第 777—832 頁。
④ 金文中有用爲長久義的"畯"("畯"字初文),與"陵""駿"同爲夋聲字,可能表示的是一個詞。用例見默鐘"畯(畯)保四國"(《商周青銅器銘文暨圖像集成》15633)、晋姜鼎"畯(畯)保其孫子"(《殷周金文集成》2826)、曾侯與鐘"余永用畯(畯)長"(《商周青銅器銘文暨圖像集成續編》1034)等。
⑤ 根據鄭張尚芳先生構擬的上古音系,"陵"爲[sluŋs]、"駿"爲[ʔsluns]。鄭張尚芳著:《上古音系》(第二版),上海教育出版社,2013年,第 553 頁。
⑥ 鄭玄箋,孔穎達疏:《毛詩注疏》,朱傑人、李慧玲整理,上海古籍出版社,2013年,第 1047 頁。
⑦ 十三經注疏整理委員會整理:《爾雅注疏》,北京大學出版社,1999年,第 21 頁。
⑧ 甘肅省簡牘博物館、甘肅省文物考古研究所、甘肅省博物館、中國文化遺產研究院古文獻研究室、中國社會科學院簡帛研究中心編:《肩水金關漢簡》(伍·中),中西書局,2016年,第 49 頁。
⑨ 甘肅省文物考古研究所編:《敦煌漢簡》,中華書局,1991年,圖版壹柒肆。
⑩ 徐玉立主編:《漢碑全集》(二),河南美術出版社,2006年,第 570—642 頁。

指儉葬行爲與孔子的意志相符合。類似的表述像"合聖人之意",亦屢見於後世典籍,譬如《隋書·帝紀二》:"庶以合聖人之意,達孝子之心。"①

五、小　結

最後按我們的理解,重新將銘文釋寫如下②:

> 烏還哺母/維烏維烏,尚懷反報;何兄(況)於人,號爲四靈。君臣父子,/順孫弟₌(悌弟)。二親薨(薨)没,孤悲惻怛,鳴號正月於(?)廷(?)。/思慕□□③,長(悵)罔(惘)五内,力求天命。年壽非永,□礼送終。/欲厚顯祠,尚无時日。鳴摩!匪愛力財,迫於/制度。蓋欲章(彰)明④孔子塋母,四尺之貫(墳)乃爲官(棺)(?),比/承顯聖□□,以陵(駿)昭後世,永爲德儉,合聖人之情。承/仙丞敢述情,徵之斯石,示有表儀。孝弟(悌)之述,通於神明。子孫奉祠,欣₌(訢訢)⑤肅慎焉。

附記:

本文初稿承蒙施謝捷教授、汪少華教授、郭永秉教授審閱指正,後刊載於《中國文字》(總第五期),又承匿名審稿專家批評指教,謹此一併致謝。原石照片爲筆者友人劉秋驥君2020年11月14日於北京石刻藝術博物館展覽現場所攝,蒙其惠賜,特此鳴謝。

本文原載《中國文字》(總第五期),萬卷樓,2021年。

作者係復旦大學出土文獻與古文字研究中心2018級博士(導師:郭永秉),現任廣西民族大學文學院講師。

---

① 勉微等撰:《隋書》,中華書局,2012年,第50頁。
② 釋文保留銘文原有重文號"₌",對存疑之字以右標"(?)"表示,分行用"/"表示。
③ 原釋"洍心",由於石面剝蝕筆畫難以辨認具體字形,暫以"□"表示。
④ 按"章明"之"明"和"神明"之"明",圖版分別作 ![字], ![字],皆嚴格釋寫爲"明"。
⑤ 經目驗原石,諸家釋文於"欣"字(![字])後皆遺漏右下角的重文號,今補之。"欣""訢"二字上古音同,古書相通之例甚夥,如《國語·周語上》"欣戴武王",《史記·周本紀》作"訢戴"。訢訢,謹敬戒慎貌。《漢書·石奮傳》:"僮僕訢訢如也,唯謹。"顏師古注曰:"此訢讀與誾誾同,謹敬之貌也。"此句言後世子孫祭祀時須端肅謹慎。班固撰:《漢書》,中華書局,2012年,第2195頁。

繁 華 致 飾

——説洛陽西朱村曹魏墓 M1 出土石楬中的"挍"及相關問題

歐 佳

位於河南洛陽寇店鎮西朱村萬安山北麓的曹魏墓 M1 整體規模宏大,地理位置特殊,極有可能是魏明帝愛女平原懿公主曹淑及駙馬甄黄的冥婚合葬墓。[①] 大墓雖屢遭盜擾,但出土的三百餘枚石楬所記各色隨葬器物,仍極大豐富和補充了漢魏物質文化的文獻記載。更爲難得的是,不少石楬還記録了器物的裝飾工藝等細節特徵,是進一步研究漢魏時期相關工藝美術的絕佳參考。

在衆多與器物工藝相關的石楬中,涉及"挍"的内容頗爲特殊,不僅爲以往出土的喪葬類文獻所未見,還多與翡翠、黄金及寶石類材料有關,可借此增進對這一時期一些裝飾工藝及質料用材的瞭解。現就西朱村 M1 石楬中與"挍"相關的内容加以疏證,以期補正完善有關考釋意見。

一、與"挍"有關的石楬

西朱村 M1 出土石楬多次提及"挍",其中較爲完整的有 23 例[②]:

M1︰1　　于寘白玉四具,有扶雞辟挍短鋏一,衣、枊自副

M1︰49　　白珠、金鏤挍帳上壁一,枊自副

M1︰57　　翡翠、金、白珠挍小形多股蟬一具,枊自副

M1︰82　　金珠、縷、白珠挍檻錘一

M1︰97　　翡翠、白珠挍耳中懸一具,金毦自副

M1︰101　　帳中連璧珮勝一,白珠挍,枊自副

[①] 王咸秋:《洛陽西朱村曹魏一號墓墓主考》,《華夏考古》2021 年第 3 期,第 88—93 頁。

[②] 本文所引石楬皆據中國美術學院漢字文化研究所、洛陽市文物考古研究院編:《流眄洛川:洛陽曹魏大墓出土石楬》,上海書畫出版社,2021 年。下文不再一一出注。

M1：129　金珠、纙挍手巾頭錘一

M1：222　白珠挍璧珮一，枊自副

M1：224　翡翠、金珠、纙、白珠挍七篸（鑣）蔕（蔽）結（髻）一具，蝦段自副

M1：255　翡翠、金纙、白珠挍百子千孫珮勝一，枊自副

M1：257　覆撮華一，金、白珠挍

M1：261　白珠挍□玉珮一具

M1：308　翡翠、金、白珠挍蔈（鑣）六

M1：311　重華蔈（鑣）三，金、碧寊挍

M1：319　金珠、纙挍璫，金、碧寊□劍一具，枊自副

M1：327　翡翠、金珠、纙、白珠挍五篸（鑣）蔕（蔽）結（髻）一具，蝦段自副

M1：383　翡翠、金、白珠挍三篸（鑣）蔕（蔽）結（髻）一具，枊自副

M1：441　白珠挍珮錘一，枊自副

M1：446　八分翡翠、金、白珠挍蔈（鑣）二

M1：447　同心大蔈（鑣）一，金珠、纙挍

M1：448　四分翡翠、金、白珠挍一爵篸（鑣）四，枊自副

M1：475　三分翡翠、□珠挍□□四

M1：478　翡翠、白珠、金挍蟬二

其中 M1：224、261、448 遭泐蝕或殘損的"挍"字，皆可據殘畫及文例推定。另有 2 枚殘碎石楬也出現"挍"字：

M1：56　□二白□金鑷挍

M1：93　□金挍五□自副

《流昕洛川：洛陽曹魏大墓出土石楬》一書將 M1：56 最後兩字錄爲"鑷拔"，曹錦炎認爲是用以拔除毛髮或夾取細物的鑷子①。然"鑷"後一字原拓作 [圖]，右旁上部爲"一"，"、"與左下短撇斷開，有異於東漢時期"友"的寫法，如《衡方碑》的"拔"作 [圖]，右旁的"友"似"犬"多一撇；又如《楊著碑》的"馭"作 [圖]，右旁"友"的第二撇畫亦上下聯屬。石楬 M1：86 的"馭"原拓作 [圖]，所從"友"雖與前舉二例有異，但與 [圖] 的右旁仍明顯有別。結合 M1：49 的"金鑷挍"詞例來看，M1：56 也應是"鑷挍"。石楬

---

① 曹錦炎：《石楬銘文分類注釋》，載中國美術學院漢字文化研究所、洛陽市文物考古研究院編《流昕洛川：洛陽曹魏大墓出土石楬》，上海書畫出版社，2021 年，第 298 頁。

中有一類"挍"的寫法，如▇(M1∶97)、▇(M1∶222)、▇(M1∶383)，"宀"下左邊短撇稍長，右點較短，基本不超出長撇起筆，與 M1∶56 的▇寫法近似。而漢魏時一類短撇較長的"交"，如東漢《尹宙碑》的▇，曹魏《上尊號碑》的▇、▇等，和▇的右旁也幾乎完全相同，是以該字應是"挍"字無疑。

此外，一些因殘碎或泐蝕導致文字不完整的石楬原也應記有"挍"。如殘碎石楬M1∶131 餘"白珠、金☐中珠珮☐"六字，據石楬 M1∶101"帳中連璧珮勝"之例，"中珠珮"前似可補一"帳"字，又據石楬 M1∶49 記"白珠、金鑷挍帳上璧"，"金"字後原亦應是"鑷挍"二字。而石楬 M1∶449 的左半部分泐蝕嚴重，右半餘"翡翠、白珠"四字，據完整石楬體例，其左側原也應具"挍"字。還有殘碎石楬 M1∶547 的"一寸"二字後餘殘筆▇，顯是"翡"字，"一寸"左側殘筆▇應是"珠"字，可見該枚石楬所記器物也應以翡翠、金珠或白珠挍，"珠"下一字所餘筆畫▇亦像是"挍"字①。同理，殘碎石楬M1∶127 餘"金▇"和"九子"四字，"金"後應是"珠"字殘畫，石楬所記疑是"挍"以金珠等物的九子鈴或類似金飾。

筆者曾提出石楬所記"挍"應同"校"，傳世文獻多作"校飾"，表裝飾之義。② 後趙超也持同樣看法。③ 不過李零還是以爲："挍，疑讀鉸，指掐絲鑲嵌工藝。"④曹錦炎的意見與之類似，但認爲"挍，通'絞'，扭結，指把兩股以上條狀物扭在一起，引申爲纏繞"，"石楬的'挍'，是製作金銀珠寶首飾時的編結工藝專用術語，當即後世的'掐絲'工藝"。⑤ 是故有關石楬"挍"的具體詞義還有進一步討論明確的必要。

二、"挍"義補説

石楬中有關"挍"的内容多爲"材料＋挍＋器物"的形式，亦見先記器物，後以"材

---

① 《流昹洛川∶曹魏大墓出土石楬》將▇補爲"莫"，恐不確。
② 歐佳∶《繁華致飾∶洛陽西朱村曹魏大墓出土"三鈿蔽髻"石楬初探》，第八屆出土文獻與比較文字學全國博士生論壇論會議論文，重慶，2018 年。會上承趙超先生評議。並發表於復旦大學出土文獻與古文字研究中心，http∶//www.fdgwz.org.cn/Web/Show/4294，2018 年 9 月 26 日。在石楬材料公佈後，本文經修訂更名，以"洛陽西朱村曹魏墓 M1 出土'三鎮蔽髻'石楬所記禮服首飾"爲題，刊於《服装學報》2020 年第 5 期。
③ 趙超∶《洛陽西朱村曹魏大墓出土石牌定名與墓主身份補證》，《博物院》2019 年第 5 期，第 29—36 頁。
④ 李零∶《洛陽曹魏大墓出土石牌銘文分類考釋》，《博物院》2019 年第 5 期，第 6—20 頁。
⑤ 曹錦炎∶《洛陽西朱村曹魏大墓墓主身份淺析——兼談石牌銘文所記來自一帶一路的珍品》，《博物院》2019 年第 5 期，第 21—28 頁；曹錦炎∶《石楬銘文分類注釋》，載中國美術學院漢字文化研究所、洛陽市文物考古研究院編《流昹洛川∶洛陽曹魏大墓出土石楬》，上海書畫出版社，2021 年，第 290 頁。

料＋挍"補充説明的做法，大體將之理解爲以某些質料所"挍"之某器物當無疑義，關鍵在於"挍"應如何訓釋。"挍"涉及所用材料和所施物件兩個方面，若依李、曹二位先生的意見，即"挍"指掐絲鑲嵌或掐絲工藝，那麽所用材料就限定爲黄金絲、寶石，所施對象則爲首飾等金銀器。然就石楬中涉及"挍"的内容來看，情况顯然並非如此。

儘管所"挍"之器物尚未能完全辨明，但可見既有首飾類的鐶、蔽髻、耳中懸、蟬等，也有璧、珮一類垂掛之飾，更有鋏、劍類兵器。這些器物中雖多有貴金屬飾物，也常有"金珠""金縷"等物以"挍"，M1：93、478 還出現"金挍"之例，然石楬 M1：101 的"連璧珮勝"、M1：222 的"璧珮"、M1：261 的"□玉珮"及 M1：441 的"珮錘"當非黄金爲質，或不全是金銀器而應屬玉石類的垂掛飾，又都僅以"白珠挍"，是"挍"之用材與對象並非全是金銀，也就不宜單謂之掐絲工藝。

而石楬 M1：49 的"金鑷挍"和 M1：56 的"鑷挍"之"鑷"又當是一類垂掛爲飾的構件，並不直接附着於器物上。東漢太皇太后、皇太后入廟所服之簪"端爲華勝，上爲鳳皇爵，……下有白珠，垂黄金鑷"，其組合恰與石楬所記相當。① 東漢至初唐的高等級墓葬中常出土一類小巧的桃形金飾，也偶見雲母所製，尖端常有穿孔，多出土於女性墓主遺骨頭部附近，當屬步摇垂飾，即所謂"黄金鑷"。時器物亦飾鑷，如《西京雜記》謂漢昭陽殿所設九金龍"皆銜九子金鈴，五色流蘇。帶以緑文紫綬，金銀花鑷"，又言武帝時"長安始盛飾鞍馬"，"或加以鈴鑷，飾以流蘇"。《子虛賦》"繆繞玉綏"顔師古注説："綏即今之所謂采綫垂鑷者也。"②《隋書・禮儀志五》載："又齊永明制，玉輅上施重屋，棲寶鳳皇，綴金鈴鑷珠瑯玉蚌佩。"③《通典・禮二四・沿革二四・嘉禮九・天子車輅》作："初加玉輅爲重蓋，棲寶鳳皇，綴金鑷珠瑯玉蚌佩。"④ 此類車蓋垂飾抑或與石楬所記"白珠、金鑷挍帳上璧""連璧珮勝一，白珠挍""白珠挍□玉珮"等相當。蘇州虎丘路新村土墩三國孫吴墓 M2 出土一件銀鎏金三脚架（圖 5-1-1），一般認爲是鏡架，架上以金鏈垂掛四枚桃形鏤空金飾（圖 5-1-2），金飾高約 2.7、寬約 2.2 釐米，尖端穿孔，中部鏤刻羽人紋（圖 5-1-3），相較出土於墓主頭部簪釵間僅寬約 1.1 至 1.4 釐米的桃形飾⑤，不僅較大且更爲精緻，即是器物垂鑷之實例。另在太原北齊東

---

① 嚴壯：《西漢海昏魏盛 M1 出土有關所記名物考（七則）》，《出土文獻》2020 年第 1 期，第 107—124 頁。

② 同上。

③ 魏徵等撰：《隋書》，中華書局，2019 年，第 210 頁。

④ 杜佑著：《北宋版通典》（第三卷），長澤規矩也、尾崎康校，韓昇譯，上海人民出版社，2008 年，第 360 頁。

⑤ 蘇州市考古研究所：《江蘇蘇州姑蘇區虎丘路新村土墩三國孫吴 M2 發掘報告》，《東南文化》2024 年第 2 期，第 39—53 頁。

安王婁叡墓出土的殘銅飾件中有 10 枚鎏金桃形飾（圖 5-1-4），長約 3.9、寬約 2.1 釐米①，亦大於首飾構件。這些銅飾中的金博山等飾原先應裝於帳上，桃形飾片亦或是帷帳垂鐺之屬，墓室北壁繪墓主夫婦於帳内端坐，帳上垂額、流蘇等即裝綴類似金屬墜飾。是以 M1:49 的"白珠、金鐺"與"帳上璧"的組合也不能説是用"挍"的工藝製作，因爲掐絲或掐絲鑲嵌都難以實現將飾物以金鏈流蘇等組合懸掛。

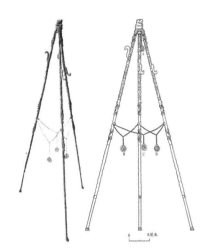
圖 5-1-1
蘇州虎丘路新村土墩孫吳墓
M2 出土的銀鎏金三脚架

圖 5-1-2
銀鎏金三脚架上部細節

圖 5-1-3
銀鎏金三脚架桃形飾綫描圖

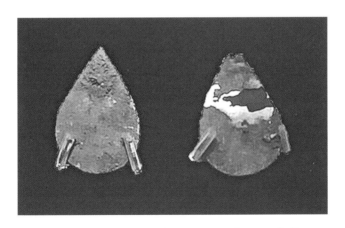
圖 5-1-4　太原北齊婁叡墓出土的鎏金桃形銅飾

此外，據後文的考證，常與金、白珠等同用以"挍"的翡翠也當非金銀或寶石。是以若"挍"專指掐絲、鑲嵌工藝，那麽翡翠、白珠、金鐺所對應的動詞即有所缺失。同

---

① 山西省考古研究所、太原市文物考古研究所：《北齊東安王婁叡墓》，文物出版社，2006 年，第 165 頁。

理,M1∶478 所記"翡翠、白珠、金挍蟬"之"金挍"也不宜理解爲掐絲工藝,因爲翡翠、白珠等並不能進行掐絲。由於"挍"所涉材料不僅是黄金寶石,所施器物亦非僅限金銀爲質,而包括各類可供加工的珍寶構件和附加裝飾的金玉器物,某些質料與器物的組合也並非掐絲鑲嵌可以完成,是以"挍"當非專指金銀寶石飾物的掐絲或鑲嵌,甚至不應專指針對某種材質的工藝,而應看作是爲多種裝飾用材及工藝所適用的表裝飾義之動詞。

《宋書·禮志五》所列"第三品以下"不得服之物中有"假真珠翡翠校飾纓佩"①,指"校飾"以"假真珠翡翠"之佩,其結構恰與石楬對各類璧佩的記録基本一致。位於"假真珠翡翠"之後的"校飾"與石楬之"挍"處於相同的語法位置,那麽石楬的"挍"自然就應與"校"同,即"校飾"。《慧琳音義》列有"挍飾"條,字仍用"挍",釋曰:"爲飾,故云挍飾也。"②是"挍/校飾"正是"爲飾"之義。《南齊書·輿服志》謂天子金輅"制度校飾如玉輅而稍減少",又言象輅"如金輅而制飾又減",木輅"制飾如象輅而尤減"。③"制飾"即"制度校飾"縮略,亦可見"校飾"猶"裝飾"義。另外,《北堂書鈔》卷一三六引劉義恭《啓》所云"垂賜"之物中有"七寶校裝玉眼明囊"④,"校裝"亦應同"校飾"。

"挍/校飾"爲中古習見用語,很多學者都作過討論。該詞較早見於東漢王符《潛夫論》,其《浮侈》篇即有"挍飾車馬,多畜奴婢"之語。清人汪繼培箋云:"此'挍'字疑'文'之誤,即上所云'車輿文飾'也。《墨子·辭過篇》云:'飾車以文采。'《説苑·反質》篇侯生諫秦始皇亦云:'衣服輕暖,輿馬文飾,所以自奉,麗靡爛漫,不可勝極。'"⑤何亞南已指出"挍飾"當不誤,東漢竺大力、康孟詳所譯《修行本起經》中就有"城門街巷,莊嚴校飾"之語。⑥ 張覺也認爲其説恐不當,"挍飾"應即東漢後所見的"校飾"。⑦ 劉曉興又從語法、用例、對文、故訓等角度作了更爲詳細的論證。⑧《浮侈》中"車輿文

---

① 沈約撰:《宋書》,中華書局,2018年,第 565 頁。
② 釋慧琳:《一切經音義》,載徐時儀校注《一切經音義三種校本合刊》,上海古籍出版社,2023年,第 899 頁。該書校勘記認爲:"爲,據文意似作'僞'。"
③ 蕭子顯撰:《南齊書》,中華書局,2017年,第 373 頁。
④ 虞世南撰:《北堂書鈔》,天津古籍出版社,1988年,第 506 頁。並見《太平御覽》卷七〇四引。
⑤ 王符著,汪繼培箋,彭鐸校正:《潛夫論箋校正》,中華書局,2018年,第 174—175 頁。
⑥ 何亞南:《中古漢語詞彙通釋兩則》,《中國語文》1997 年第 6 期,第 454—457 頁。文中已指出寫本文獻中"扌"旁與"木"旁常訛混。另承李京昊見告,漢譯《修行本起經》當經過魏晉時人修訂,或不宜單純看作東漢語料。參顧滿林:《東漢佛經語料問題舉隅——從〈中本起經〉"晋言"説起》,載浙江大學漢語史研究中心編《漢語史學報》(第十六輯),上海教育出版社,2016年,第 240—250 頁。
⑦ 王符著,張覺校注:《潛夫論校注》,岳麓書社,2008年,第 154 頁。
⑧ 劉曉興:《〈潛夫論箋校正〉"挍飾"商榷》,《金田》2015 年第 12 期,第 343 頁。

飾"一句實作："今京師貴戚，衣服、飲食、車輿、文飾、廬舍，皆過王制，僭上甚矣。"①"車輿"與"文飾"等爲並列的名詞。《墨子》之"文采"同爲名詞，《説苑》謂車馬有文采裝飾，皆異於"挍飾車馬"的動賓結構。"挍飾"置於"車馬"前，又與"多畜"相對，確應係動詞，謂裝飾車馬，亦即後世多見的"校飾"。是東漢時"挍飾"已表裝飾義，且不單就金銀首飾而言。

據傳世文獻及西朱村 M1 石楬來看，魏晉南北朝時"校飾"一詞對所飾物品的種類及裝飾用材、工藝等也仍無限定。不過據何亞南的統計，《法顯傳》中用爲裝飾義的"校"共 15 例，其中説明裝飾材料爲金銀或七寶的有 9 例，僅 1 例是"彩畫裝校"，可見以貴金屬附加"校飾"較爲常見。故"校"當是在語用中受客觀實際影響，出現了將形符換爲"金"的"鉸"，從而導致與原表剪刀義的"鉸"混同。② 只是依顏延之《赭白馬賦》"寶鉸星纏"李善注"鉸，裝飾也"③，知"鉸"仍可泛指裝飾而不專指金銀爲飾。但也正是在唐宋時期，从金之"鉸"開始逐漸流行。扶風法門寺唐塔地宫出土的《衣物賬》碑詳細記録了唐咸通十五年(874)供奉瘞埋舍利的諸多珍寶器物，是碑將盛放舍利的八重寶函之最外重記爲："第八重檀香縷金銀棱裝鉸函一枚。"此函出土時檀香木函體已朽成碎塊，而用以"裝鉸"的"銀棱"(即鎏金銀包邊)仍存④，乃以金銀飾器而稱"鉸"之例。又如《五代會要》載後周顯德二年(955)九月一日勅曰："應兩京、諸道州府銅象器物，諸色裝鉸所用銅，限敕到五十日内，並須毀廢送官。"⑤知其時"裝鉸"多用銅。而《南齊書·輿服志》載指南車"皆銅校飾"，漆畫牽車(即古之羊車)"皆金塗校飾"⑥；《通典·禮二四·沿革二四·嘉禮九·天子車輅》則謂南齊制指南車"皆銅鉸飾"，羊車亦"皆金塗鉸飾"⑦，許是後人據用字習慣所改。還有《太平廣記》卷四百引《續齊諧記》："漢宣帝嘗以皂蓋車一乘賜大將軍霍光，悉以金鉸飾之。"⑧可能也屬類似情況。《廣

---

① 王符著，汪繼培箋，彭鐸校正：《潛夫論箋校正》，中華書局，2018 年，第 170 頁。
② 何亞南：《中古漢語詞彙通釋兩則》，《中國語文》1997 年第 6 期，第 454—457 頁。
③ 蕭統編：《文選》，李善注，上海古籍出版社，2007 年，第 625 頁。杜甫《魏將軍歌》"星纏寶校金盤陀"一句當即化用《赭白馬賦》之"寶鉸星纏"。
④ 陝西省考古研究院等編著：《法門寺考古發掘報告》，文物出版社，2007 年，第 227、273 頁；韓生編著：《法門寺文物圖飾》，文物出版社，2009 年，第 149 頁。
⑤ 王溥撰：《五代會要》，上海古籍出版社，2006 年，第 437 頁。
⑥ 蕭子顯撰：《南齊書》，中華書局，2017 年，第 375、376 頁。
⑦ 杜佑著：《北宋版通典》(第三卷)，長澤規矩也、尾崎康校，韓昇譯，上海人民出版社，2008 年，第 367、370 頁。
⑧ 張國風會校：《太平廣記會校(附索引)》，北京燕山出版社，2011 年，第 6963 頁。

韻·效韻》:"鉸,鉸刀,又裝鉸。"①《集韻·效韻》更明言:"鉸,交刀,一曰以金飾器。"②《類篇·金部》亦曰:"鉸,古巧切,交刃刀也。又居効切,一曰以金飾器。"③可見表"以金飾器"的"鉸"確應是"校飾"之"校"的後起換旁分化字,恰與"鉸刀"之"鉸"同形。這一時期表裝飾之"鉸"當已逐漸分化獨立,語義範圍隨之縮小而限定爲裝飾用材僅限金屬的"以金飾器"。

三、"校"所涉之物

石楬記錄的"校飾"所用之物除前文已論及的金鑷外,還有翡翠、黄金、白珠、碧瓕、雞辟等幾類。前三類是古代習見的飾器珍異,然學者們的有關意見實仍有未盡或錯訛,尚需補正。後兩種亦應是珍寶之屬,但以往較爲少見,石楬的記録當可在一定程度上增進相關認識。

(一) 翡翠

曹錦炎釋石楬所記"翡翠"爲彩石,認爲"八分""四分"等應指翡翠的"比例大小","據三件石楬分別用'八分''四分''三分'詞描述,顯然是指鑲嵌的彩石而言"。④儘管漢晉時期的不少黄金或鎏金器物都已鑲嵌珊瑚、綠松石、青金石等紅綠色系寶石,但結合當時的語用指稱來看,其説仍可商。

依照石楬體例,起首的尺寸當是針對器物整體而言,並不單限定於裝飾材料,不然石楬所記各類"墨漆畫"器物前的尺寸就難以理解。而漢晉時期的一類圓形金飾或即石楬提到的"簦(鐶)",其中尺寸在 1—2 釐米間的當是"三分""四分""八分"之屬⑤,石楬 M1:447 的"同心大簦(鐶)"及 M1:547 的"一寸 翡 翠 ☐ 珠 校 ☐"等則應是此類飾物中尺寸較大者。

就傳世文獻來看,先秦兩漢人所説的"翡翠"幾乎一律指翡翠鳥或其羽毛,魏晉亦然。《國語·晉語四》"羽旄齒革,則君地生焉",韋昭注:"羽,鳥羽,翡翠、孔雀之屬。"⑥諸葛亮《便宜十六策·治人》將"翡翠"列於"珠璣"之後,而别於"金銀璧

---

① 周祖謨校：《廣韻校本(附廣韻韻四聲韻正今音表)》,中華書局,2011年,第437頁。
② 丁度等編：《宋刻集韻》,中華書局,2015年,第166頁。
③ 司馬光等編：《類篇》,中華書局,1984年,第526頁。
④ 曹錦炎：《石楬銘文分類注釋》,載中國美術學院漢字文化研究所、洛陽市文物考古研究院編《流眄洛川：洛陽曹魏大墓出土石楬》,上海書畫出版社,2021年,第292頁。
⑤ 歐佳：《洛陽西朱村曹魏墓 M1 出土石楬所記服飾考論三則》,《南京藝術學院學報》(美術與設計)2021年第4期,第36—44頁。
⑥ 徐元誥撰：《國語集解》,王樹民、沈長雲點校,中華書局,2002年,第331頁。

玉"。①《三國志》中作爲貢物的翡翠也同樣位列珠璣、玳瑁、孔雀、鸚鵡之間。曹植《閒居賦》言"翡翠翔於南枝"②，當時的詩文中更不乏"翠爵""翠羽""金翠""翠葆"之例。雖有學者曾論及南朝徐陵《玉臺新詠·序》提到的"翡翠筆床"及《晉書》謂東晉"服章多闕，而冕飾以翡翠、珊瑚雜珠"中的"翡翠"應是礦物③，但畢竟僅此二例，且尚不能完全排除是以翡翠羽飾筆床及冕的可能。而此時以翡翠羽飾服器亦不鮮見，晉成公綏《蔽髻銘》曰："詩美首弁，班有□□。或造兹髻，南金翠翼。明珠星列，繁華致飾。"（《北堂書鈔》卷一三五引）④唐張守節《史記正義》引《博物志》云："翡身通黑，唯胸前背上翼後有赤毛。翠身通青黃，唯六翮上毛長寸餘青。"⑤《三國志·魏書·烏丸鮮卑東夷傳》裴松之注引《魏略》言"大秦"多珍異之物，其中有"南金、翠爵、羽翮"⑥，此"翠爵"與"羽翮"或宜連讀，翠鳥之"六翮"長而青翠，正堪取羽爲用。是以《蔽髻銘》中與"南金"並舉的"翠翼"當是謂取自翠鳥翼上之羽，恰可與石楬所記飾鑲蔽髻以"翡翠、金、白珠校"對看。《漢書·武五子傳》載燕王旦令"郎中侍從者著貂羽，黃金附蟬"，晉灼謂之"以翠羽飾冠也"。⑦ 貂羽、附蟬皆冠上飾，則"以翠羽飾冠"或當是謂所附金蟬施翠羽。M1：57、478 所記"蟬"正即"黃金附蟬"，亦以翡翠校飾。⑧ 另外，當塗洞陽天子墳東吳墓出土的一件漆皮殘片有朱書曰："永安三年□□日校尉☒七寸鐵鏡合八枚金錯☒□翠毛皆□□☒尉薛商紀□☒"⑨儘管文句殘損嚴重，但"七寸鐵鏡合八枚"表明該漆皮當與女子妝具有關⑩，其後的"金錯"或即鐵鏡之華飾，下文"翠毛皆□"當涉及所飾翡翠羽的情況。"永安"爲孫吳景帝孫休年號，該墓墓磚還可見"永安四年"銘文，故推測墓葬或即景帝與皇后朱氏合葬的定陵。此亦應是三國時以翠毛（即翡翠毛羽）飾器之證。

還值得一提的是，故宫博物院藏東漢建武二十一年（45）鎏金銅樽與所附"承旋"

---

① 諸葛亮著：《諸葛亮集》，段熙仲、聞旭初編校，中華書局，2014 年，第 66—67 頁。
② 曹植著，趙幼文校注：《曹植集校注》，中華書局，2016 年，第 193 頁。
③ 許淨瞳：《古代文獻中的"翡翠"辯疑》，《陝西理工學院學報》（社會科學版）2015 年第 1 期，第 69—73 頁。
④ 虞世南撰：《北堂書鈔》，天津古籍出版社，1988 年，第 588 頁。
⑤ 司馬遷撰：《史記》，中華書局，1982 年，第 3652 頁。
⑥ 陳壽撰：《三國志》，中華書局，1959 年，第 861 頁。
⑦ 班固撰：《漢書》，顏師古注，中華書局，1962 年，第 2754 頁。
⑧ 《隋書·禮儀志七》載開皇制皇太子"遠遊三梁冠，加金附蟬，九首，施珠翠"，大業制太子"遠遊冠，金附蟬，加寶飾珠翠"，或是其遺制。
⑨ 葉潤清、殷春梅、楊彭等：《安徽當塗"天子墳"孫吳墓發掘收穫》，載國家文物局主編《2016 中國重要考古發現》，文物出版社，2017 年，第 108 頁。該漆皮材料未正式公佈，釋文據央視"探索·發現"欄目《探秘天子墳》（第二集）拍攝的原物校對補正，但囿於條件所限或仍有錯訛。
⑩ 研究人員推測或爲鏡盒殘片。

各以三隻蹲踞的熊爲足,上嵌紅綠二色寶石,銘文謂之"雕蹲熊足,青碧閔瑰飾",言所嵌寶石爲"青碧"與"閔(玫)瑰"。① 此例雖時間較早,但仍在一定程度上表明其時並不稱寶石爲"翡翠"。綜上所論,目前尚未有特別堅實的證據證明漢晉時期的"翡翠"一詞可指稱寶石,相反這一時期文獻中的"翡翠"基本指鳥羽。② 是以石楬中出現頻次如此之高的翡翠,最有可能還應是翡翠羽,而非彩石。

(二) 白珠

曹錦炎先釋"珠"爲"珍珠",後又指出"白珠"是"似珠的寶石","稱'白珠'是區別於蚌珠"。③ 漢晉南北朝時期金飾確實多嵌飾珍珠,前揭《蔽髻銘》謂"明珠星列"的"明珠"就可能是珍珠。不過當時也不乏其他材質的珠子爲飾,一些佩飾更多用玉珠。文獻中的"白珠"似也多指白玉珠。《續漢書·輿服志》謂:"孝明皇帝永平二年,初詔有司采《周官》《禮記》《尚書·皋陶篇》,乘輿服從歐陽氏説,……冕皆廣七寸,長尺二寸,前圓後方,朱綠裏,玄上,前垂四寸,後垂三寸,係白玉珠爲十二旒。"④《太平御覽》卷六八六引蔡邕《獨斷》曰:"漢明帝采《尚書·皋繇》及《周官》《禮記》以定冕制,皆廣七寸,長尺二寸,係白珠於其端,十二旒。"⑤ 又《續漢書·輿服志》:"至孝明皇帝,乃爲大佩,沖牙雙瑀璜,皆以白玉。"劉昭注引《纂要》曰:"琚瑀所以納間,在玉之間,今白珠也。"⑥《輿服志》又載:"自公主封君以上皆帶綬,以采組爲緄帶,各如其綬色,黃金辟邪首爲帶鐍,飾以白珠。"⑦《隋書·禮儀志六》載梁制皇帝冕服有"緄帶以組爲之,如綬色。黃金辟邪首爲帶鐍,而飾以白玉珠"。⑧ 是"白珠"應同"白玉珠"。另《南齊書·輿服志》:"漢世冕用白玉珠爲旒。魏明帝好婦人飾,改以珊瑚珠。晉初仍舊,後乃改。江左以美玉難得,遂用瑋珠,世謂之白璇珠。"⑨ 更可見漢時冕旒用"白玉珠"與東晉改易"瑋(蚌)珠"之別。因此白珠這一漢晉時冠服裝飾的習見用材雖有可能指珍珠,但也應包

---

① 據觀察實物,蹲熊足所嵌的紅色寶石實際是無色水晶,因用以鑲嵌的槽孔中填入了混有朱砂的粘合劑,故而水晶透出紅色,看上去就像是紅色寶石。由此看來,所謂"青碧""閔(玫)瑰"很可能並非實指,而只是對青紅色系寶石的泛稱,又或者是對實際用料的一種誇大的説法。
② 經考證,以"翡翠"指稱礦物寶石的確切證據要到明代方纔出現。參鄭育宇、許博、余曉豔:《翡翠的歷史溯源——翡翠在中國的使用歷史》,《中國寶玉石》2022 年第 3 期,第 36—41 頁。
③ 曹錦炎:《石楬銘文分類注釋》,載中國美術學院漢字文化研究所、洛陽市文物考古研究院編《流眄洛川:洛陽曹魏大墓出土石楬》,上海書畫出版社,2021 年,第 290 頁。
④ 司馬彪:《續漢書志》,載范曄撰《後漢書》,中華書局,1965 年,第 3663 頁。
⑤ 李昉等撰:《太平御覽》,中華書局,1960 年,第 3061 頁。
⑥ 司馬彪:《續漢書志》,載范曄撰《後漢書》,中華書局,1965 年,第 3672 頁。
⑦ 同上書,第 3677 頁。
⑧ 魏徵等撰:《隋書》,中華書局,2019 年,第 235—236 頁。
⑨ 蕭子顯撰:《南齊書》,中華書局,2017 年,第 379 頁。

含白玉珠在内。

文獻中還有"真白玉珠""真白珠"之稱,如《南齊書》謂"漢世冕用白玉珠爲旒",《晋書·輿服志》云"後漢以來,天子之冕,前後旒用真白玉珠"①,應劭《漢官儀》亦曰"周冕與古冕略等,周加垂旒,天子前後垂真白珠各十二"②。是"真白玉珠""真白珠"亦應即"白珠"別稱。後世所謂"珍珠"在漢晋時稱"真珠"。《莊子·漁父》:"真者,所以受於天也,自然不可易也。"又《大宗師》"而況其真乎",郭象注:"夫真者,不假於物而自然也。"③《漢書·楊王孫傳》"吾欲裸葬,以反吾真",顔師古注:"真者,自然之道也。"④因珍珠是在蚌類體內天然成形,故有"真珠"之謂。⑤ 這樣看來,"真白玉珠""真白珠"或許應指天然形成而未經或少經人工琢磨的白玉珠。《魏略》言"大秦"所產各類珍寶中有"符采玉、明月珠、夜光珠、真白珠、虎珀、珊瑚"等(《三國志·魏書·烏丸鮮卑東夷傳》裴松之注引)⑥,這類產自域外的"真白珠"或即如是。

(三) 金珠與金縷

就石楬所記,"挍"之前可見"金""金珠""金縷""金白珠""金珠縷"等多種與黃金有關的說法。飾於金器之上的"金珠"應類似後世所稱"金粟",是通過炸珠、吹珠等方式得到的黄金小球或顆粒,並攢焊於金飾之上。此類來自域外的金珠裝飾工藝約在西漢時傳入我國,東漢金飾已見成熟運用。兩晋墓葬出土的金附蟬(圖5-1-5)即多焊綴大小金珠裝飾細部,如雙目用大金珠,腿由中等大小的金珠逐漸過渡爲小珠,其

圖 5-1-5 兩晋墓葬出土的金附蟬

(從左至右依次爲洛陽東花壇西晋墓 C3M1642 出土、南京南京大學北園東晋墓出土、南京仙鶴觀東晋墓 M6 出土、南京郭家山東晋温式之夫婦墓出土)

---

① 房玄齡等撰:《晋書》,中華書局,1974年,第766頁。
② 應邵:《漢官儀》,載孫星衍等輯《漢官六種》,中華書局,1990年,第186頁。
③ 郭慶藩撰:《莊子集釋》,王孝魚點校,中華書局,2018年,第1036、249頁。
④ 班固撰:《漢書》,顔師古注,中華書局,1962年,第2907頁。
⑤ 杜朝暉著:《敦煌文獻名物研究》,中華書局,2011年,第233頁。
⑥ 陳壽撰:《三國志》,中華書局,1959年,第861頁。

餘部分又以細小金珠鋪綴,石楬所記以"翡翠、金、白珠挍"的"蟬"正可與之合觀。而與唐五代多以大小一致的金珠顆粒爲飾有所不同,漢晉時期器物上所飾金珠或大小不一,若依南朝及唐人語稱之爲"金粟"似乎還不大貼切,石楬提到的"金珠"應即其在漢晉時的稱名。

而關於"縷",曹錦炎提出了兩種看法。先是將石楬 M1∶255 的"金縷"看作"金鏤",謂"金縷"是"在黄金器物上雕刻";又以爲石楬 M1∶224、327 的"金珠縷"是指"金珠串成綫狀"。① 不過依石楬 M1∶255"翡翠、金縷、白珠挍"的説法,"金縷"應和"翡翠""白珠"同爲用以挍飾之物,不宜釋作"金鏤"。再就出土漢晉金器所見,攢焊其上的大小金珠不僅可排列爲綫,更有不少會鋪成平面,還會以金綫扭轉焊接成紋。如定州北陵頭村東漢墓 M43(推測墓主爲中山穆王劉暢夫婦)出土的金辟邪與金天禄(圖 5-1-6),以金綫扭出角與尾,肩上雙翼及周身紋飾皆用金綫圍出,並大面積攢焊小金珠。又如西安盧家口村和莒縣雙合村東漢墓出土的小型金灶(圖 5-1-7、圖 5-1-8),頂面煙囪以金絲盤成,旁側金盆中堆滿小金珠,頂面與側面以金絲焊成魚或雲紋,亦飾小金珠,盧家口村的一件底面還以金絲連成"日利"二字,雙合村漢墓所出底面爲金絲組成的"宜子孫"三字。出土於合肥西郊烏龜墩東漢墓的鐘形金飾(圖 5-1-9)所飾雲紋和"宜子孫"三字也是同樣的工藝。就連北票北燕馮素弗墓出土的金蟬(圖 5-1-10)亦可見盤焊金絲、金珠爲飾。所以"縷"恐怕還應讀本字。《説文·糸部》:"縷,綫也。"② 實際"縷"可泛指細長綫狀物,漢代的"金縷玉柙(匣)"就是以金綫綴連玉片成人形的帝王斂具。《續漢書·禮儀志下》謂皇帝登遐,"守宫令兼東園匠將女執事,黄綿、緹繒、金縷玉柙如故事",劉昭注引《漢舊儀》曰:"帝崩……以玉爲襦,如

圖 5-1-6 定州北陵頭村東漢墓 M43 出土的金辟邪與金天禄

---

① 曹錦炎:《石楬銘文分類注釋》,載中國美術學院漢字文化研究所、洛陽市文物考古研究院編《流昒洛川:洛陽曹魏大墓出土石楬》,上海書畫出版社,2021 年,第 291、292 頁。
② 許慎撰:《説文解字(附音序、筆畫檢字)》,徐鉉等校定,中華書局,2013 年,第 276 頁。

鎧狀，連縫之，以黃金爲縷。腰以下以玉爲札，長一尺、[廣]二寸半，爲柙，下至足，亦縫以黃金縷。"①是以石楬中的"金縷"應當就是由黃金經拔製等加工方法製成的金綫，以之絞紐盤繞焊於金器上，類似後世的掐絲工藝。又因常與金珠一同施用，故可合稱"金珠縷"，"金珠縷"也宜斷讀作"金珠、縷"。

圖 5-1-7　西安盧家口村出土的金灶　　　　圖 5-1-8　莒縣雙合村東漢墓出土的金灶

圖 5-1-9　合肥烏龜墩東漢墓　　　圖 5-1-10　北票北燕馮素弗墓出土的金附蟬
出土的"宜子孫"鐘形金飾

至於"金白珠"則應是金珠與白珠的合稱，當斷作"金、白珠"。而 M1：93、478 還可能是將"珠"與"縷"都省去而直接寫作"金挍"。進行這樣的處理，當是由於石楬大小有限，書手出於行文齊整且用字經濟的考慮。②

（四）碧寶

有關"挍"的石楬中提及"碧寶"的不多，似僅有 M1：311 謂"金、碧寶挍"③，但其他石楬中還可見一些與"碧寶"有關的器物，如 M1：332 的"碧寶指鐶（環）"、M1：348 的"碧寶佛人爪（瓜？）錘"，M1：109 的"碧寶小形蟬"和 M1：319 的"金、碧寶□劍"的"碧寶"各有一字殘去，而石楬 M1：375"□□爪（瓜？）錘一，柙自副"中遭泐蝕的前

---

①　司馬彪：《續漢書志》，載范曄撰《後漢書》，中華書局，1965 年，第 3141—3142 頁。
②　當然，也不排除書手漏寫而刻手即照此刻銘的可能。
③　石楬 M1：319 的"金、碧寶□劍一具"之"寶"後一字因泐蝕嚴重而不可辨識，但就字形看恐非"挍"。

兩字也似"碧寶"。李零認爲"碧寶"指綠松石。① 曹錦炎將"碧寶"拆分開，認爲"碧"就是"青綠色的玉石"，即今綠松石；"寶"爲"填"的古字，義同"以寶飾器"之"鈿"，"碧寶"是指以綠松石鑲嵌。②

按，"某某挍"既是謂以各類珍寶裝飾，那麼"挍"前之"碧寶"恐怕還應當是寶石之名。石楬還記有"車琚（渠）爪（瓜？）錘"（M1：360）、"車琚（渠）佩"（M1：380）、"車琚（渠）鏡"（M1：382）等物，與"碧寶佛人爪（瓜？）錘""碧寶指鐶（環）"的詞例頗爲相似，却無一例言"車琚（渠）寶"。是"碧寶"更像是寶石之屬，李零的理解當於義爲優。然稍顯奇怪的是，"碧寶"或與之對應的寶石稱名基本不見於漢晉隋唐文獻，唐代倒是有"綠鈿"的說法③，如《教坊記》載曲名有"綠鈿子"，出於大曲《綠鈿》，元稹有詩《曹十九舞〈綠鈿〉》，惜未詳"綠鈿"指何物④，類似用例也不多見。直到兩宋西夏文獻纔頻繁出現"碧珈""碧鈿"這類寶石名，元明時又寫作"碧甸""碧靛""碧填""碧瑱"等。⑤

（五）關於雞辟

"雞辟"僅見於石楬 M1：1 所記"雞辟挍短鋏"。范常喜注意到曹植《樂府歌詞》有云："所齎千金之寶劍，通犀文玉間碧瑮。翡翠飾雞璧，標首明月珠。"⑥ 其中的"雞璧"又作"雞必"，素來未有確詁，但很可能是一種和"通犀""碧瑮""翡翠""明月珠"等類似的裝飾材料。石楬 M1：1 的"短鋏"即短劍，用以挍飾的"雞辟"與"雞璧"應屬同一物。西朱村 M1 石楬另有"璧"字，與"'雞辟挍短鋏'之'辟'存在明顯的記詞區別"，可見"出土材料中的'雞辟'纔應是此詞本來的書寫形式"。另外青島土山屯漢墓M147 出土遣册還記有"雞辟佩刀一"，似可對應位於墓主頭部玉溫明北側的 M147：10 號鐵質佩刀，此刀環首飾錯金飛鳥雲氣紋，刀身插於木質鞘中。只是據佩刀實物與環首細部依然無法確知"雞辟"是何種材質，但推測也應當與玉、玳瑁等相類。⑦

---

① 李零：《洛陽曹魏大墓出土石牌銘文分類考釋》，《博物院》2019 年第 5 期，第 6—20 頁。
② 曹錦炎：《石楬銘文分類注釋》，載中國美術學院漢字文化研究所、洛陽市文物考古研究院編《流眄洛川：洛陽曹魏大墓出土石楬》，上海書畫出版社，2021 年，第 293 頁。
③ "寶"同"填"，"鈿"又應是表鑲嵌義之"填"的後起分化字。參張小豔：《說"鈿"》，載王雲路主編《漢語史學報》（第二十七輯），上海教育出版社，2022 年，第 91—108 頁。
④ 崔令欽撰，任中敏箋訂：《教坊記箋訂》，喻意志、莫真寶整理，鳳凰出版社，2013 年，第 132 頁。吕温《上官昭容書樓歌》云："水精編帙綠鈿軸，雲母搗紙黃金書。""綠鈿軸"對"黃金書"，似是指以"綠鈿"爲軸。然唐宋詩文多謂書籍、告身、經藏等寫卷裝以"鈿軸"，故此處或宜斷作"綠/鈿軸"。
⑤ 有關這類寶石的研究可參陳春曉：《宋元明時期波斯綠松石入華考》，《北京大學學報》（哲學社會科學版）2016 年第 1 期，第 141—148 頁；王培培：《"碧珈珠"考》，《寧夏社會科學》2018 年第 1 期，第 216—218 頁。
⑥ 曹植著，趙幼文校注：《曹植集校注》，中華書局，2016 年，第 799 頁。
⑦ 范常喜：《"雞璧"新證》，《文學遺產》2021 年第 4 期，第 187—188 頁。

以上梳理爲進一步研究討論"雞辟（璧/必）"的具體所指奠定了基礎。侯洪震據此主張"雞辟"應指"犀角材料"，"是一條附着在犀牛角上的紋理"，有此紋之犀角即"通天犀"，又稱"駭雞犀"，其"可避百鳥以驅邪"，故用以飾劍。① 不過，雖然"雞辟"的字面義似與"駭雞""雞駭"相類，但《樂府歌詞》主要在於鋪陳寶劍之華裝，"通犀文玉間碧璵"既已提及"通犀"爲飾，下句"翡翠飾雞璧"恐不會又説犀角，況文獻中也未見將"駭雞犀"直接等同於"雞璧/必"的説法，"駭雞"亦不等於可驅避百鳥進而驅邪，飾劍之物與其是否避邪更無直接關聯。是以囿於目前文獻與實物資料所限，"雞辟"究竟指何物暫時還難以有所突破。

　　既然"雞辟"有多種寫法，那麼似乎有理由懷疑"雞"可能也只是記音字而與詞義無關。《宋書·禮志五》載："諸王皆不得私作禁物，及罽碧校鞍，珠玉金銀錯刻鏤雕飾無用之物。"② 其中"罽碧校鞍"的結構與石榻 M1∶1"雞辟挍短鋏"一致，而"罽""雞"中古同屬見母，一爲祭韻，一爲齊韻，語音關係應不遠③，"碧"與"辟/璧"亦音近可通④。且據與之並舉的"珠玉金銀錯刻鏤雕飾無用之物"看，"罽碧"也應是用於裝飾的華貴之物。惜該詞僅見於《宋書》，傳世文獻似再無其他用例，仍無法據此探究"雞辟"所指。但如果"罽碧"與"雞辟"是指同一物，那麼至少説明這類"珍寶"不僅可用於校飾刀劍，還可用於鞍馬的裝飾，當可爲後續研究所留意。

四、餘　論

　　關於"校/挍飾"一詞中"校/挍"表裝飾義的由來，學者們也有不同看法。胡竹安、張錫德認爲"'校'作裝飾義實借爲'鉸'"⑤，蔡鏡浩也以爲"'校'當爲'鉸'之假借"⑥。顔洽茂與何亞南都留意到《史記·司馬相如列傳》載《封禪文》"猶兼正列其義，校飭厥文，作《春秋》一藝"中的"校飭"一詞，不過二者看法略有不同。顔氏認爲"校之有飾義，當源之於'飭'"，因"校勘猶整理，與飭義近，故可構成並列複合詞'校飭'"，又由於"飭既可通飾而有裝飾、打扮義，則'校'亦有裝飾、打扮義，蓋相因生義也"。⑦ 何氏以

---

① 侯洪震：《"雞辟"爲何物》，《讀書》2022 年第 4 期，第 150 頁。
② 沈約撰：《宋書》，中華書局，2018 年，第 565 頁。
③ 敦煌文書 P. 2449 正面朱字《瓜州新任節度使論悉朶乞里塞去囉設齋文》："六親祭祭，九族詵詵。男標忠孝之名，女茂謙貞之節。"背面的《尼患文》亦有"六親祭祭，九族詵詵"語。其中"六親祭祭"在 P. 2058 的"發願文範本"中即作"六親濟濟"。
④ 敦煌文獻《佛説相好經》"令四十齒齗然齊白如頗黎壁"，"壁"有異文作"璧"或"碧"。參張小豔：《〈佛説相好經〉校録補正》，《敦煌學輯刊》2012 年第 3 期，第 76—86 頁。
⑤ 胡竹安、張錫德：《〈法顯傳〉詞語札記》，《語文研究》1986 年第 4 期，第 38—44 頁。
⑥ 蔡鏡浩編著：《魏晉南北朝詞語例釋》，江蘇古籍出版社，1990 年，第 173 頁。
⑦ 顔洽茂著：《佛教語言闡釋——中古佛經詞彙研究》，杭州大學出版社，1997 年，第 262—264 頁。

爲"校飭"之"'校'的基本義雖仍是考校,但已明顯有修飾之意",又據陸賈《新書·術事》"校修《五經》之本末"王利器注"校修,謂飾修也。校有修飾整比之意",是"校"的裝飾義應由此進一步引申而出,並反駁了"校"是"鉸"之假借的意見。① 劉曉興則以爲可能是由"校"的考察、考核義引申而來,因爲"'考察、考核'必然涉及對物品或人的評價,對於其不是很完善者,則有裝飾的必要"。②

按,《史記》之"校飭厥文",裴駰《集解》引徐廣曰:"校,一作'祓'。祓猶拂也,音廢也。"③《漢書·司馬相如傳》即作"祓飾厥文",顔師古注:"祓,除也。祓飾者,言除去舊事,更飾新文也。"④《文選》所收《封禪文》也作"祓飾"。⑤ 是以"校飭"之"校"當僅是"祓"的形訛,該語料應同"校飾"無關。至於對人事加以考察、考核,也並不一定要對不完善者進行調整修飾。是故就東漢以後的證據來看,綜合顔、何兩家的看法並稍加補正或較爲合適,"校"之裝飾義或當源自其考校、校改義。《新書》中的"校修"仍應指文獻的校勘修訂,然"校修"正是要通過考校修改等手段使典籍得以完善,實際側重於對文獻的校訂、修飾。而"修"本就有"治""飾"之義,"校"或因此可與"飾"組合成"校飾",擴而廣之謂"使事物更爲善美",同時進一步受到"飾"的詞義沾染,"校"也就完全具有了裝飾的意義。⑥

回看西朱村 M1 石楬中的"挍"之用例,其顯然可統稱翠羽緝綴、金絲金珠掐絲焊

---

① 何亞南:《中古漢語詞彙通釋兩則》,《中國語文》1997 年第 6 期,第 454—457 頁。
② 劉曉興:《〈潛夫論箋校正〉"校飾"商榷》,《金田》2015 年第 12 期,第 343 頁。
③ 司馬遷撰:《史記》,中華書局,1982 年,第 3716、3718 頁。
④ 班固撰:《漢書》,顔師古注,中華書局,1962 年,第 2605、2606 頁。
⑤ 蕭統編:《文選》,李善注,上海古籍出版社,2007 年,第 2143 頁;蕭統選編,吕延濟等注:《新校訂六家注文選》(第五册),俞紹初、劉群棟、王翠紅點校,鄭州大學出版社,2015 年,第 3187 頁。祓,李善本音"弗",六臣本音"夫勿"。
⑥ 戰國楚墓遣策中的一些"交/挍"字或與裝飾有關。如仰天湖楚墓遣策簡 35:"一咒□,又(有)畳(文)竺(竹)枋(柄),骨交,畳於中。已。"又望山楚墓遣策簡 2—6:"臬(衡)厄(軛),骨玹。"簡 2—18:"□黄生角之交,白金之阴戠□"簡 2—19:"□紫燮,白金之交,黄支組□"多數學者認爲"交/挍"應是器物上的某種飾物或附件,其中郭若愚提出仰天湖楚簡之"交"應通"鉸",以爲"骨交"即骨飾。然近來王凱博重申"讀'鉸'之説尚值得注意,曾侯乙墓遣策簡 42'黄金之"伐(飾)',簡 77'亓(其)革轡,黄金之鈇(飾)'等文例可參考,且楚文字以"伐""鈇"表示装飾之'飾','王'、'金'表示質地之别,與義爲裝飾的'挍(鉸)'構形理據相同",並列舉了中古漢語中"校"表裝飾義之例(王凱博:《出土文獻資料疑義探研》,博士學位論文,吉林大學,2018 年,第 124—125 頁)。如果此説成立,那麼表裝飾義之"交/校"的上限就可提前至先秦。只是其説恐亦未可定論。一則楚簡中"質料+之"類結構後多接名詞,指某種器物或前述器物的構件;二則曾侯乙墓遣策的"伐""鈇"讀爲"飾"當仍是名詞,曾侯乙墓簡 42 還提到"豜(豣)伐",整理者認爲是以豜皮作緣飾;三則前揭簡例或因殘缺而無法知曉所記名物,或難以據所記器物確定"交/挍"的確切詞義。故尚不足以完全否定"交/挍"指飾物或構件説。當然,若日後新的考古發現和研究能明確早在戰國時期"交"就具有裝飾義,那麼"校/挍飾"一詞的來源就還需要重新探明。

綴、寶石鑲嵌、飾件懸掛等數種飾器工藝及方法,並在漢末三國時期就已經可以擺脫或省去"飾"而單獨使用,稱"挍飾"某物也和石楬中常見的"漆畫""錐畫"等直接在器物上塗畫綫刻爲飾有所不同。涉及"挍"的器物附加了翡翠、白珠、金珠、金縷、金鑷等珍寶或構件,傳世文獻中的"校飾"也多指以七寶、金銀等飾物。佛典中"莊嚴校飾"並提則當屬同義連用,法藏《華嚴探玄記・盧舍那佛品》曰:"莊嚴亦二義:一是具德義,二交飾義。"① 此"交飾"即應同"校/挍飾"。是以"校/挍飾""校裝"等詞早先似還側重於指附加其他材料組件的裝飾,而譯經中常用"校飾"一詞也可能在一定程度上推動了該詞的流行。

附記:

拙文撰寫及修改期間,承汪少華師、張小豔師、任攀先生、葉磊先生、何義軍先生、李京昊先生、童可瑜女史、康博文先生、喻威先生提供幫助,特此一併致謝。

本文原載《中國訓詁學報》(第八輯),商務印書館,2023年。此次收入文集略有修訂增補。

作者係復旦大學出土文獻與古文字研究中心2022級博士後(合作導師:汪少華),現爲西南大學文學院講師。

---

① 釋法藏:《華嚴經探玄記》,載高楠順次郎、渡邊海旭、小野玄妙等編《大正新修大藏經》(第三十五卷),新文豐出版公司,1994—1996年,第163頁。

敦煌寫本詩歌校讀札記

孫幼莉

敦煌寫本中保存的唐五代文人創作的詩歌多不載於傳世文獻中，是今人瞭解唐五代時期文學、風俗、人情的重要資料。這些作品散見於各種寫卷中，俗寫、訛誤較多，經過前輩學者的努力，得到較爲系統的校録整理，其中時見校録失真之處。本文在對照研讀敦煌寫本詩歌和録文的基礎上，運用俗字、語詞、校勘等方面的知識，對現有輯録成果中存在的問題和疏漏提出商榷意見，彙爲札記若干則。

一、庸　虛

不揆庸虛，後列其頌。　　　　　　　　　　（伯 4597 號僧幽《椆禪師解虎贊》）

庸虛，《全敦煌詩》（下文簡稱"《全詩》"）録作"庸處"（13/6160）。①

"庸處"不辭，或爲"庸虛"之形訛。"庸虛"，自謙己身才能低下、學識淺薄。"不揆"後接"庸虛""庸微""庸昧""庸短""庸淺"等自鄙之語，常見於啓奏書表中：

伏惟智者禪師，道俗歸止，有所言勸，悉善爲先。文等不揆庸微，馳來奉告。
　　　　　　　　　　　　　　　　　　　　（隋慧文等《與智顗論毁寺書》）

不揆庸愚，輕斯自衒，所冀分其末照，惠以餘波，得預觀光，全由咳唾。
　　　　　　　　　　　　　　　　　　　　（唐駱賓王《上兗州張司馬啓》）

伏奉恩令：以慧净爲普光寺主，……不揆庸短，少專經論，用心過分，因構沉疴。　　　　　　　　　　　　　　　　　　（唐道宣《續高僧傳·譯經三·慧净》）

當去泰去甚，使轻重合宜。不揆庸虛，久思编辑，頃因閒暇，方契宿心。
　　　　　　　　　　　　　　　　　　　　　　　　（唐顏元孫《干禄字書序》）

伯 2149 號《維摩疏釋前小序抄》"液（掖）不揆庸淺，輒（輒）加裨廣，《净名》以肇注作

---

① 引自張錫厚主編：《全敦煌詩》，作家出版社，2006 年。後括注位置，如"13/6160"表示該句出自第 13 册第 6160 頁。

本,《法華》以生疏爲憑者"注:"揆謂揆度。庸者,《家語》云'身無慎終之規,口無訓格之語',故言也。"可参。

二、庸　偏

上和下睦同欽敬,莫作二意有膚偏。　　　（伯 2633 號《崔氏訓女文》）

膚偏,徐俊《敦煌詩集殘卷輯考》(下文簡稱"《輯考》")録作"膚偏"(291)①,《全詩》作"庸偏"(8/3442)。蕭旭《〈敦煌詩集殘卷輯考〉補正》(下文簡稱"蕭文"):"《廣雅》:'膚,離也。'《漢語大字典》引清文,過晚,據此可提前。"②

按,檢原卷"膚"字實爲"庸",此二字形近相訛有例③。"庸"可讀爲"優"。"偏優"有偏袒、偏愛義。

元戎節下,不辜毫隙之非;異郡遐方,數受偏優之捧。
　　　　　　　　　　（伯 3718 號《唐河西清河郡張公生前寫真贊并序》）
世主若欲崇顯舅氏,何不封以藩國,豐其祿賜,限其勢利,使上無偏優,下無私論。　　　　　　　　　　　　　　　　　　　（《晉書·慕容皝載記》）

"庸偏"異文作"憎🈚"(斯 4129 號),下字殘泐,整理者往往作闕文處理。檢視原卷字形接近"憐","憎憐"對舉兩種相反情緒,即因心存二意而喜惡有別。伯 2515 號《辯才家教·□□□章第八》:"大人若有指撝,切莫强來説理。男女恩愛莫偏,遞互莫令有二。"(《全詩》8/3272)"恩愛莫偏""莫令有二"表達了與《訓女文》"莫作二意有庸偏"基本相同的意思。

三、染　形

剃頭染形眾僧,□□□□□。
　　　　　　　　　　〔伯 4895 號《佛家詩曲集·徒喪柾帝（摘）功夫》〕

形,《全詩》作"形"(8/3593)。

按,"染形"不辭。"形"當爲"衫"之訛。"染衫"即"染衣"。按佛教制度,僧徒所穿袈裟不得用純色,須用它色染壞之。"剃頭"指落髮爲僧,"剃髮染衣"(斯 6551 號《佛説阿彌陀經講經文》)、"削髮染衣"(伯 2999 號《太子成道經》)、"披削"(伯 4660 號

---

① 徐俊:《敦煌詩集殘卷輯考》,中華書局,2000 年。後括注頁數。
② 蕭旭:《〈敦煌詩集殘卷輯考〉補正》,載《東亞文獻研究》(第 1 輯),China House,2007 年。
③ 晉王叔和《脈經·熱病生死期日證》:"熱病七八日,脈不躁,喘不數,後三日中有汗三日不汗四日死未曾汗勿膚刺。""膚"一作"庸"(《正脈全書》本注),可参。

《故吴和尚贊》)、"剃髮披緇"(伯 3720 號《前敦煌毗尼藏主始平陰律伯真儀贊》)等常用作出家爲僧之代名詞。

晉陸機《百年歌》:"七十時,精爽頗損膂力愆,清水明鏡不欲觀。臨樂對酒轉無歡,攬形修髮獨長嘆。""形"一作"衣","修"一作"翛"(明梅鼎祚《古樂苑》卷三五)。揣味詩意,當以作"衫"、作"翛"者爲是。"攬衫"讀爲"襤衫/襤褸"(破衣服),與"翛髮"(枯敗殘敝的頭髮)並言。"衫""衣"義近,形訛作"形"。陸詩此處異文或可與例句中的"染形—染衫"對參。

四、碎成獺

花落因風不因折,飛滿空中下如雪。散衝玉面點凝妝,亂着羅衣碎成▨。

(伯 3480 號《落花篇》)

▨,《全詩》(9/3749)、《輯考》(266)皆錄作"獺",無說。本詩又見俄敦 3871 號,"碎成"正位於卷紙殘泐處,下字殘缺。

按,落花"碎成獺"不辭。審視▨形當爲"纈"字,左"糹"、右"頁"皆可辨。"纈"在韻腳,與前"折""雪"亦相押。

"纈"爲染有彩文的絲織品,引申可指細小斑點。① 花被風吹離枝頭,粘在看花女子的羅衫上散碎成瓣,如同"纈"上星星點點的花紋,乃是十分新奇生動的聯想。唐韓愈等《城南聯句》詩有"碎纈紅滿杏,稠凝碧浮餳"語,是"唐人多以纈喻〔花〕"(宋方崧卿《韓集舉正》卷三)。又如唐杜甫《寄岳州賈司馬六丈巴州嚴八使君兩閣老五十韻》"內蕊繁於纈,宮莎軟勝綿"句,"內蕊""宮莎"皆爲大內所種花草,"纈""綿""特借以比況耳","屬借形語"(仇注卷八)。元黃子行《花心動·落梅》詞"水晶簾外東風起,卷不盡、滿庭春雪。畫欄小,斜鋪亂颭,翠苔成纈",也是將梅花比作雪片,將落滿了梅花的翠苔比作"纈"。

五、賈、四空

[殘缺]形象,不知何處真。四大假五陰,風火能驅電。

(伯 4895 號《佛家詩曲集·白骨相支軳》)

---

① 《諸病源候論·茱萸火丹候》:"丹發初從背起,遍身如細纈,謂之茱萸火丹也。"又《石火丹候》:"石火丹者,發通身似纈,目突如粟是也。"亦是其例。參熊桂芬:《〈諸病源候論〉詞語考釋》,《武漢大學學報》(人文科學版)2004 年第 4 期,第 494—498 頁。

按，此詩見録於《全詩》(8/3639)。詩句内容可與姚秦鳩摩羅什譯《思惟略要法》比對：

> 又觀此身假名爲人，四大和合譬之如屋。脊骨如棟，脅肋如椽，骸骨如柱。皮如四壁，肉如泥塗，虚僞假人爲安在。危脆非真，幻化須史。脚骨上脛骨接之，脛骨上髀骨接之，髀骨上脊骨接之，脊骨上髑髏接之。骨骨相拄危如纍卵，諦觀此身無一可取。

"白骨相支拄"即"骸骨如柱""骨骨相拄"義。"拄"爲"拄"之俗寫。《集韻·麌韻》："拄，掌也。通作柱。"唐孟郊《勸善吟》有"藏書拄屋脊，不借與凡聾"句，可參。"綴"亦爲"綴"涉義換旁俗字，猶佛經中的"接"。"賈"當讀爲"架"(同音古訝切)。《廣韻·禡韻》："架，架屋。亦作枷。"《禮記》曰'不同椸枷'。""白骨……連綴賈(架)皮筋"謂在骨架上如造屋般鋪設皮膚筋肉，即"脊骨如棟，脅肋如椽"，"皮如四壁，肉如泥塗"。

録文中的"四空喻泥水，星散如微塵"句，"四空"爲釋典常見語，看似恰切，實則有誤。"空"字原卷作 宊，當爲"宍(肉)"俗寫；"四"或爲"血"形訛。"四(血)宍(肉)喻泥水"，方與《思惟略要法》"肉如泥塗"相合。

六、結爍、驕多啐眼

結爍 紅花繡耳衣，驕多啐眼世間稀。　　　　　　(伯 2555 號《闕題詩》)

《輯考》據組詩内容補題"逢入京使"，首二字録作"結戀"(701)。蕭文謂"結戀"讀爲"皓變"，"驕"讀爲"嬌"，"嫵媚之姿也"；"啐眼"讀爲"醉眼"，形容美貌女子"慵懶迷離之眼神"。

按，據原卷字形，次字 爍 右側上部筆勢粘連難以分辨，未必爲"戀"形。該字疑爲"爍"。"結爍"讀爲"皓曜""皜曜""皓耀"，光耀昭著貌。

> 皓壁皜曜以月照，丹柱歙赩而電烻。　　　　　　(漢王延壽《魯靈光殿賦》)
> 取此水以漬粉，則皓耀鮮潔，有異衆流，故縣、水皆取名焉。
> 　　　　　　　　　　　　　　　　　(北魏酈道元《水經注·粉水》)
> 縣下又有清水穴，巴人以此水爲粉，則皓曜鮮芳，貢粉京師，因名粉水。
> 　　　　　　　　　　　　　　　　　(《水經注·江水一》)

"驕多啐眼"，"多"疑通"奢"。《説文》"奢"籀文作"奓"，又"侈"訓"奢也"，皆可參。"驕奢"爲驕横、奢侈義。"啐"不妨讀爲"捽"，"捽眼"猶觸目、刺眼。

> 日光寒兮草短，月色苦兮霜白，傷心慘目，有如是邪！
> 　　　　　　　　　　　　　　　　　(唐李華《吊古戰場文》)

今之上棟下宇、肇飛鳥革,昔之瓦礫糞壤而劇目者也。

(《隱居通議》卷四引宋傅幼安《麗譙賦》)

七、長我人、事人我

　　日日貪財物,朝朝長我人。　　　　　　　　(伯 4671 號《五言述凡情》)

　　"長我人",《輯考》無説(836)。蕭文謂"長"讀爲"張""誏",訓欺(據《集韻》"譸誏,誑也")。

　　按,"長"不煩通假作欺誑解。佛教語"人我"猶彼我,爭强鬥勝義,常與"爭""較""鬥"等搭配:

　　不共爭人我,但依嚴父教。　　　　　　　　(伯 3797 號《新集嚴父教》)

　　有理有錢多破用,官典相無縱;無理無錢吃棒人,自損自家身。根本兩家全是可,只爲爭人我。　　　　　　　　(斯 5588 號《勸善文》)

　　若嫌坐則立,不較人我是非,令人不起煩惱,此行最高。

(清寂焰《金剛經演古》)

　　"長"自有度量義(《集韻·漾韻》"度長短")。胡適舊藏《降魔變文》:"和尚力盡勢窮,事事皆弱,總須低心屈節,摧伏歸他。更莫虚長我人,論天説地。"文獻中又有"事人我",學者往往訓"事"猶爭、逞。

　　平生事人我,何處有公名?　　　　　(伯 3418 號《王梵志詩·五體一身内》)
　　寺内數個尼,各各事威儀。　　　　　(伯 3211 號《王梵志詩·寺内數個尼》)
　　雀兒語燕子:"不由君事觜頭。"　　　　(伯 2653 號《燕子賦》)

　　《字彙補·亅部》"爭"古字有作"事"形者,與"事"字極爲相似。不妨認爲"事"實爲"爭(事)"形訛。"爭""事"相訛較爲常見。①

八、麁　防

　　牢狱自枷鎖,晝夜帶麁防。　　　　(伯 1893 號《佛家詩曲集·恩愛多煩聚》)

　　麁,《全詩》摹寫作"麻","同'粗'"(8/3622—3623)。

　　按,原卷"麁"形與"麄"("粗"俗寫)相近,但仍存在一定距離。疑爲"麁"俗寫,讀

---

①　《改併四聲篇海·力部》引《搜真玉鏡》:"勈,責士切,爭役也。"《字彙補·力部》或作"勤"。"勈""勤"疑皆本作从爭从力,爲"爭"字之繁化後出。

如"録"。"防"者,閑闌、限制也;"録"者,拘捕、檢束也,"防録"近義聯言。《大詞典》給出"防範、管束"的訓語,略有望文生義之嫌。《經律異相》卷四四引《情離有罪經》,述羅閱國男子與耆闍崛國女人宿世有緣事,"女之父母憂惱無計云:'養女長大不悟如此!'急加防録,不得通問。女子懊惱不知何計,男子悲惶同懷愁惆。"亦是"晝夜常鹿(録)防"義。

九、即木、礳

莫看即木黄[磨]下,會有明君俠(暇)閒時。

(伯3200號《闕題雜詩叢鈔·誰家富貴百年期》)

[磨],《全詩》(8/3668)、《輯考》(210)皆作"磨"。蕭文讀"即"爲"積",讀"磨"爲"礳"(以《玉篇》訓石)。

按,"即木"當讀如"即目",當下、眼前義。"[磨]"摹寫作"磨",可從。此處疑爲"塵"異寫("石""土"用作義符常見互換),"黄土""黄塵"常用作指代死亡的意象:

善須雕琢自勉。可有心師之訓。惡須省退懲過。可有情悔之時。不爾徒煩長養,浪飾畫瓶,終糜碎於黄塵,會楚苦於幽府。 (《法苑珠林》卷六八)

黄塵足今古,白骨亂蓬蒿。 (唐王昌齡《塞下曲》之二)

又,斯2049號背《錦衣篇》:"繚亂風沙迷人目,長成(城)自故(古)足[磨]哀。"[磨],伯2544號作[磨],《輯考》録作"廓"(468)。此字也可識讀爲"塵","[磨]哀"讀如"塵埃"。"足"猶滿,充溢貌。"長城自古足塵埃"句與上引唐王昌齡詩"黄塵足今古"句可對照理解。

十、一半/一般

勿愁一夜風吹盡,一半吹盡一半開。 (伯3480號《落花篇》)

"一半",異文作"一般"(伯2555號)。《全詩》謂"一半"爲正,作"一般"者爲"音近致誤"(9/3749);《輯考》則以"一般"爲是,無説(266)。

按,"一半""不般"皆不佳。不妨讀爲"一番",猶一陣、一回。本首《落花篇》前文有"紛紛林裏滿林芳,一回風起一回香","一回……一回……"猶言"一番……一番……",是詩文中常見格式:

杏豔梅香秀氣盈,<u>一番花發一番新</u>。 (《靈棋經·地利卦》)
桃李栽來幾度春,<u>一回花落一回新</u>。 (唐李白《雜曲歌辭·少年行》)
<u>一番雨,一番涼</u>。夜初長,滿院蛩吟人不寐,月侵廊。 (宋蔡伸《愁倚闌》)

> 一番桃李一番春,欲識陽和氣象新。
>
> （宋陳摶《河洛真數・詩斷秘訣・上九》）

以上"一番……一番……""一回……一回……"用法皆可與《落花篇》中"一半吹盡一半開"比對理解。

十一、相掩、不喜

> 余嗟老人多悲辛,老人昔日傷幾人?人情相掩且相嘆,不喜河頭秋與春。
>
> （伯 2567 號《詩文集・丘為〈傷河壖老人〉》）

"掩",伯 2544 號、斯 2049 號作"奄"。"喜",伯 2544 號作"污",斯 2049 號作"紆"。整理者無說（《全詩》6/6181、《輯考》56）。蕭文謂"奄""掩"讀為"俺(惀)",訓愛(據《方言》卷一);"污""紆"讀為"忏",訓憂,"與原卷作'喜'義相反"。

按,"人情相掩""人情相奄"者,"掩"為"奄"後起增旁分化,究其本字或當作"弇",訓覆蓋。"相奄(掩)"即"相覆""相合"。《左傳・桓公三年》杜預注釋日食,謂"日月同會,月奄日,故日食",天體大小相同而得相掩合。詩句中的"人情相掩"即人情相合,有感同身受之意。文獻用例,或言"相合""相孚":

> 有聚則有爭。人情相合以聚,爭端所由起也。握手嬉笑,堆阜填其胸中;意所不防,干戈起於平地。　　（宋李杞《用易詳解》卷九）

> 切以人情相孚而後相知,聖門所譽必有所試,故伯垂遜及斯於同列,而韓起推趙武以比肩。　　（宋劉宰《代外舅梁曹謝舉自代啟》）

於"不喜"處異文,蕭文以為"污、紆讀為忏",訓憂,與"喜"義相反,難以成立。疑本作"不許","喜""許"音近,敦煌寫本中相借例不勝數。"不許"者,不管、不顧也。

> 長夜肯教黃壤曉,悲風不許白楊春。　　（唐白居易《過顏處士墓》）
> 東風太是無情思,不許扁舟興盡還。　　（宋賀鑄《思越人》）

"許"與"訐""汙""污""紆"形近易訛,故而異文有作"污"、作"紆"者。①

十二、湔剿

> 白壁從來好丹青,無知個個亂題名。三塗地獄交誰忍,十八湔銅灌一瓶。
>
> （伯 2641 號背《釋道真詩文鈔・厶人述》）

---

① 唐韓愈《祭河南張署員外文》:"刑官屬郎,引章訐奪;權臣不愛,南昌是幹。""訐",一作"許"。箋注者以"訐奪義較長,訓為直言無忌、爭執不與,即《張署墓誌銘》'守法爭議,棘棘不阿'"。

"湔銅",整理者無説(《全詩》7/3176、《輯考》116),鄭炳林《敦煌碑銘贊輯釋》作"蒲銅"(515)①。

按,檢原卷該字作[圖]形,介於"湔""蒲"之間。此字實爲"涌"俗寫。"甬"字本象鐘形,上部表示鍾懸的"マ"部件,草書或作"ソ"形。敦研 180 號《普曜經·商人奉麨品第二十二》:"[圖]慧入禪智,大悲敷度經。"斯 800 號《論語》:"子曰:好疾[圖]貧,亂也。"後一字形聲符"甬"的上部已經演變爲"亠"形,與"前"十分相近。

"涌銅"讀爲"融銅""熔銅"。鬼卒以融化的銅汁灌入罪人口中,令其身腹爛肝銷痛苦不堪,是佛經中"地獄中考治眾生"(《過去現在因果經》卷三)的諸般刑罰之一。或作"消銅灌人口"(《大樓炭經》卷二)、"以融銅灌其口中"(《中阿含經》卷五三)、"鎔銅灌其身"(《增壹阿含經》卷五一)、"烊銅灌咽"(《觀佛三昧海經》卷三)、"洋銅灌口"(《出曜經》卷五)等。"瓶",釋典中常喻人身,或言"如似畫瓶,用盛糞穢,忽然破裂,一段乖張"(斯 3872 號《維摩詰經講經文》),或以"瓶軀""坯質/坯幻"對言(伯 2072 號《慶像贊》、伯 3804 號背《釋門文範》),喻人生虛幻而不堅久,一觸即破。"三塗(途)"即三惡道,"十八"爲"十八獄""十八地獄"之省,皆爲佛家認爲罪業深重極惡眾生死後趨赴沉淪受苦之所。推考明晰後,對於"十八涌(融)銅灌一瓶"句的領會得以了無躓礙。

本詩爲《重修南大像北古窟題壁》組詩之一,餘二聯作:"鐫龕必定添福利,鑿壁多層(曾)證無生。唯(爲)報往來遊玩者,輒莫於此騁書題。"全詩通俗易懂,即勸告往來遊客:修葺佛院功德無量,而在白壁上隨意塗畫污毀伽藍,這種不敬佛不禮佛的行爲恐會招來果報懲戒,死後將墮入地獄受盡折磨。

十三、江　馬

[圖]馬連霄(宵)被,鳴弦徹曉章(歌)。

(伯 3200 號《詩文鈔·〈闕題〉三首之三》)

句首"[圖]馬",《輯考》作"汀馬"(210),《全詩》作"汗馬"(8/3673),蕭文改作"江馬"。

按,據原卷字形,"[圖]馬"當爲"紅馬",作"汀"、作"江"者皆非。"紅"讀爲"胡"。"跨馬控弦"指代戰事,與"息馬韜弦"相對(晋張協《七命》)。唐杜甫《七月三日亭午穩睡有詩》有"胡馬挾雕弓,鳴弦不虛發"句,即是以"胡馬""鳴弦"意象對舉之例,與例文吻合。

---

① 鄭炳林:《敦煌碑銘贊輯釋》,甘肅教育出版社,1992 年。後括注頁數。

十四、汋

汋淚研墨磨，媚（眉）毛作筆使。　　　　　　　（斯 3287 號背《闕題詩》）

"汋"，《全詩》（10/4330）、《輯考》（877）無説；蕭文讀爲"勺"，用《説文》"挹取也"義①；或以爲"流"之形訛②。

按，"汋"讀爲"的（滴）"。"的""滴"同音，異文習見之。"汋"可視爲"的（滴）"涉下"淚"字而類化作从"氵"旁。宋詞中"滴淚和墨磨""以淚作墨"的意象常見，如"淚彈不盡臨窗滴，就硯旋磨墨"（晏幾道《思遠人》）、"砧面瑩，杵聲齊，搗就征衣淚墨題"（賀鑄《杵聲齊·砧面瑩》）等，皆可參。

作者係復旦大學出土文獻與古文字研究中心 2009 級碩士（導師：張小豔）、2011 級博士（導師：汪少華）。

---

① 劉昊《敦煌民間詩歌詞彙研究》（碩士學位論文，浙江師範大學，2012 年）謂"汋淚"即取淚，説近。
② 段觀宋：《〈敦煌詩集殘卷輯考〉校讀札記》，《中國韻文學刊》2010 年第 2 期，第 44—47 頁。

唐代墓誌生僻典故詞語釋證①

郭洪義　蔡明秀

　　作爲堆垛典故、襲用套語最爲充分的語料之一,碑刻文獻集語料自身的真實性、記載內容的豐富性、誌刻時地的明確性等諸多優點於一身,相比於經過歷代輾轉傳抄的傳世文獻,更爲真實可靠,從而成爲研究典故詞語的第一手寶貴文獻資料。② 唐代墓誌作爲碑刻文獻的重要組成部分,真實記錄了唐代民衆的姓氏名號、籍貫爵里、宗族世系、生平經歷、功績德行、生卒年月、卒葬地等諸多重要內容③,但唐代墓誌中使用的部分典故較爲生僻,不易被察,影響對碑文上下文意的準確理解與深入考證④。如果未明典故,很容易引起文字誤釋與碑文誤讀。因此,我們以唐代墓誌中出現的十七個較爲生僻的典故詞語爲例⑤,通過回溯典源,釐清典義,舉證傳世及碑刻文獻典例,並系聯同義或近義的一系列典故變體,從而爲今後大型典故辭典編纂及修訂等提供一定參考。

一、童　肓

　　忽以大疾彌留,童肓日漸,吞蛭未能蠲許,扁鵲無以施功。

〔武周長安二年(702)《楊高妻李滿墓誌》〕

　　按,"童肓",典出《左傳·成公十年》:"公疾病,求醫於秦。秦伯使醫緩爲之。未

---

①　本文寫作得到 2023 年四川省哲學社會科學基金一般項目"五代石刻文字研究及《五代石刻特殊字形譜》編纂"(SCJJ23ND298)資助。
②　郭洪義、何林梅:《佛教石刻所見典故詞語考釋十一題》,《成都師範學院學報》2021 年第 2 期,第 119 頁。
③　郭洪義:《唐代墓誌釋文校讀札記》,《樂山師範學院學報》2018 年第 9 期,第 38 頁。
④　師毛遠明先生亦持類似觀點,詳參毛遠明:《典故破解與石刻文字考證》,《古漢語研究》2013 年第 3 期,第 72 頁。
⑤　這些典故詞語大多未被《中國典故大辭典》《漢語典故詞典》《歷代典故辭典》《古書典故辭典》《新華典故詞典》等大型典故辭書收錄。

至,公夢疾爲二豎子,曰:'彼良醫也,懼傷我,焉逃之。'其一曰:'居肓之上,膏之下,若我何?'醫至,曰:'疾不可爲也,在肓之上,膏之下,攻之不可,達之不及,藥不至焉,不可爲也。'公曰:'良醫也。'厚爲之禮而歸之。"後常用來形容疾病纏身,亦泛指疾病。墓誌後用此典,存在大量典故變體形式。有作"童之在肓"者,唐景雲二年(711)《杜乾祚及妻薛氏墓誌》:"天不憖德,童之在肓。豐垂斂没,漢析珠亡。"①有作"雙童之疾"者,唐神龍元年(705)《楊積善墓誌》:"悲無三在之醫,應有雙童之疾。"有作"二童之疾"者,唐儀鳳四年(679)《王韜墓誌》:"既而金蘭有志,幽明去三益之歡;銀藥無徵,膏肓留二童之疾。"有作"雙童之叶"者,唐開元十年(722)《路君夫人司徒氏墓誌》:"雙童之叶昧彰,二豎之災爰及。"有作"二童之夢"者,唐永隆二年(681)《鄧有意墓誌》:"一散之搖無驗,二童之夢見徵。"有作"二童之疢"者,唐大中四年(850)《高可方墓誌》:"雖加三品之功,難去二童之疢。"有作"雙童之遺"者,武周神功元年(697)《張愃墓誌》:"何期彼蒼不憖,俄鍾二豎之祆;積善無徵,莫遘雙童之遺。"有作"疾變兩童"者,隋大業六年(610)《李世舉及妻盧氏邢氏崔氏墓誌》:"何謂災生四大,疾變兩童。"有作"二豎之殃"者,唐景龍二年(708)《馮元墓誌》:"同兩楹之應兆,若二豎之殃來。"有作"二豎告艱"者,明弘治元年(1488)《王杰及妻張氏墓誌》:"夫何二豎告艱,一疾而終。"有作"二豎所侵"者,清雍正十二年(1734)《建修書院記》:"今余爲二豎所侵,行且告歸矣。"有作"二豎侵災"者,唐咸亨四年(673)《孫信及妻馬氏墓誌》:"豈期西暉屢奄,東逝遽馳。二豎侵災,五衰俄及。"有作"二豎成災"者,唐永淳元年(682)《李府君墓誌銘》:"誰謂管灰侵漏,二豎成災,寢息不興,俄隨點滅。"有作"二豎有協"者,唐天寶七載(748)《梁秀及妻曹氏墓誌》:"災非夢得,二豎有協於膏肓;喪事朋來,十軀空嗟於旁午。"有作"二豎之災"者,唐開元三年(715)《董師墓誌》:"豈謂崦山易渝,俄逢二豎之災;川逝難留,急遇兩楹之夢。"有作"二豎構愆"者,明成化二十一年(1485)《龍升墓誌》:"二豎構愆,一疾弗痊。"有作"二豎肓疾"者,唐開元十六年(728)《卜素墓誌》:"婦德外彰,四氣不諧,二豎肓疾,卒於私第。"有作"翻夢二豎"者,隋仁壽元年(601)《王季墓誌》:"末□兩童,翻夢二豎。林疏烏思,地迴墳孤。"有作"二豎作孽"者,明成化九年(1473)《劉潔墓誌》:"二豎作孽兮,華扁弗醫;淒躅倒景兮,翩然何之。"有作"二豎居肓"者,武周聖曆二年(699)《賈文豫故夫人侯氏墓誌》:"豈謂爲兩楹之夢,二豎居肓,寢疾彌留,俄從風燭。"有作"忽遭二豎"者,清順治七年(1650)《石承元墓誌》:"不意忽遭二豎,竟爾殞身。"有作"二豎爲虐"者,明萬曆三十六年(1608)《王之原及妻劉氏墓

---

① 本文所引碑刻文獻典故用例主要引自中華書局全資子公司古聯(北京)數字傳媒科技有限公司開發和運營的"中華石刻數據庫",包括"宋代墓誌銘數據庫""三晉石刻大全數據庫""漢魏六朝碑刻數據庫"及"唐代墓誌銘數據庫"等。所引文獻用例已經過校對,下同,不再一一贅引注明,特此說明。

誌》:"二豎爲虐,秦緩無功。"有作"二豎爲祟"者,明天啓七年(1627)《寇從哲及妻權氏寧氏墓誌》:"故方田公即二豎爲祟,猶得習静調攝。"有作"二豎作祟"者,明崇禎十五年(1642)《楊如桂及妻王氏高氏董氏墓誌》:"己卯之春,二豎作祟,夢楹兩奠。"有作"災生二豎"者,武周長安四年(704)《唐智宗墓誌》:"忽以災生二豎,夢奠兩楹,輔德無徵,奄從風燭。"有作"二豎纏災"者,唐天寶二年(743)《張敬己妻王氏墓誌》:"自秦晉匹敵,望金石齊堅,何圖二豎纏災,百齡俄謝。"有作"二豎災纏"者,唐天寶二年《李宗墓誌》:"兩楹夢發,二豎災纏,膏肓有加,藥石無救。"有作"災纏二豎"者,唐垂拱二年(686)《崔惠及妻李氏墓誌》:"夢奠兩楹,災纏二豎。"有作"二豎纏痾"者,唐麟德元年(664)《董興墓誌》:"膏肓遂及,二豎纏痾。"有作"二豎爲災"者,唐開元十五年(727)《崔慶及妻申氏墓誌》:"二豎爲災,兩楹成甍。"有作"二豎俄侵"者,唐調露元年(679)《□寶墓誌》:"既而二豎俄侵,兩楹奄及。"有作"疾纏二豎"者,唐龍朔年間(661—663)《張君墓誌》:"俄而夢奠兩楹,疾纏二豎,春秋八十有五。"有作"二豎入夢"者,明萬曆四十七年(1619)《盧點墓誌》:"孰意二豎入夢,百醫不起。"有作"二豎興災"者,唐開元十九年(731)《苗寧及妻成氏墓誌》:"不罪催促,二豎興災俄纏。"有作"二豎作沴"者,唐元和十五年(820)《李懷慎墓誌》:"何圖二豎作沴,疾夢膏肓。"有作"二豎來夢"者,唐景龍元年(707)《霍良墓誌》:"豈謂二豎來夢,一鵬棲庭。"有作"二豎挺災"者,唐開元八年(720)《□君及妻孫氏墓誌》:"粵以四大乖理,二豎挺災,逝川之水不停,過隙之光難駐。"有作"二豎成疾"者,唐元和八年(813)《宗惟政墓誌》:"百齡終數,二豎成疾。"還有作"二豎之祅"者,唐天寶四載(745)《唐不占及妻杜氏墓誌》:"豈期五色之藥無徵,二豎之祅逾迅。"

二、挂劍傷札

孰謂疲揚,昔忝軒墀之職;挂劍傷札,遽悲蒿薤之歌。

〔唐景龍三年(709)《趙君及妻李氏墓誌》〕

按,"挂""札",《唐代墓誌彙編續集》《全唐文新編》作"桂""林"[1],原拓作 挂、札,應是"挂""札";"傷札",《全唐文補遺》釋文闕[2],原拓作 傷札,應是"傷札",皆因未明典故而出現文字誤釋或闕文。"挂劍傷札",乃是化用"季札挂劍"的典故,典出《史記·吴太伯世家》:"季札之初使北,遇徐君。徐君好季札之劍,口弗敢言。季札心知之,爲使上國,未獻。還至徐,徐君已死,於是乃解其寶劍,繫之徐君冢樹而去。"此用

---

[1] 周紹良、趙超主編:《唐代墓誌彙編續集》,上海古籍出版社,2001年,第432頁;周紹良主編:《全唐文新編》(第5部第4册),吉林文史出版社,2000年,第14838頁。

[2] 陝西省古籍整理辦公室編:《全唐文補遺》(第五輯),三秦出版社,1998年,第295頁。

春秋吴公子季札挂劍悼念徐君的典故①,表示對亡友的吊唁、追懷或用來形容恪守信義。墓誌常徵引,存在多種典故變體形式。有作"挂劍之悲"者,唐乾封二年(667)《孫恭墓誌》:"□留挂劍之悲,徒軫絶弦之嘆。"有作"季子之挂劍"者,唐天寶元年(742)《徐嶠墓誌》:"在周有延陵季子之挂劍,在漢識諸葛孔明於卧龍。"有作"延陵挂劍"者,隋大業十二年(616)《張浚墓誌》:"見延陵挂劍,更市推璧,伯夷奔周,相如歸趙,凡如此事,非無禀説。"有作"延陵之挂劍"者,唐貞觀二十二年(648)《丘藴墓誌》:"情同契合者,若鮑子之推財;心許言忘者,類延陵之挂劍。"有作"延州之挂劍"者,隋開皇六年(586)《劉俠墓誌》:"因子安之登仙,冀延州之挂劍。"有作"延陵之劍"者,隋大業六年《解方保墓誌》:"遂使延陵之劍,空挂古丘。"有作"延州之劍"者,唐開元二十八年(740)《韓休墓誌》:"四海交遊,空挂延州之劍。"有作"挂劍屬徐君"者,清《韓家溝村石刻三》:"題碑同有道,挂劍屬徐君。"有作"悲傷挂劍"者,唐總章二年(669)《張安吉墓誌》:"儕流痛悼脱驂,同門悲傷挂劍。"有作"挂劍"者,唐永徽五年(654)《袁神墓誌》:"至於遠賓挂劍,舊友脱驂,嘆交臂之易流,嗟促膝之難久。"有作"挂劍空遺"者,唐貞觀四年(630)《李彦墓誌》:"束蒭虛奠,挂劍空遺。"有作"信同挂劍"者,隋仁壽四年(604)《劉相及妻鄒氏墓誌》:"信同挂劍,又類府君。"有作"挂劍之信"者,北宋建隆三年(962)《喬匡舜墓誌》:"挂劍之信,永畀天壤。"有作"挂劍之義"者,南宋淳熙六年(1179)《郭彌約墓表》:"若遂無一言,是忘昔人挂劍之義矣,其可乎?"有作"延陵劍"者,清道光十五年(1835)《張鹽像贊》:"題詩漫比延陵劍,時爲徐君一繫舟。"有作"延陵之義"者,明嘉靖三十三年(1554)《閻儒妻蔡氏墓誌》:"延陵之義,予所素敦,夫豈敢辭。"有作"延陵劍懸"者,唐咸通十四年(873)《杜鴻墓誌》:"青松空靚兮延陵劍懸,刻石紀悲兮永永之年。"有作"挂延陵之寶劍"者,唐開元二十一年(733)《唐聘及妻董氏墓誌》:"挂延陵之寶劍,拱木斂魂。"有作"延陵寶劍"者,隋大業五年(609)《李世洛墓誌》:"延陵寶劍,無復再用之期。"有作"延陵繫劍"者,北宋元祐九年(1094)《趙仲革墓誌》:"延陵繫劍,不倍死者。"有作"懸劍"者,隋大業七年(611)《劉則及妻高氏墓誌》:"羊公登峴,拭涙杜氏之碑;延陵使還,懸劍徐君之墓。"有作"寶劍方懸"者,北周建德四年(575)《叱羅協墓誌》:"寶劍方懸,單醪萃止。"有作"劍懸"者,隋大業九年(613)《皇甫深墓誌》:"劍懸孤隴,鶴唳荒庭。"

三、祭鳥、大鳥之悲

顧祭鳥以摧傷,仰巢鷟而結欷。

〔武周天授二年(691)《王智通及妻李氏墓誌》〕

---

① 徐海東:《唐代墓誌典故校勘舉例》,《貴州工程應用技術學院學報》2016年第1期,第115頁。

楊公返葬,空餘大鳥之悲;魏主回軒,當有只雞之酹。

〔久視元年(700)《袁公瑜及妻孟氏墓誌》〕

　　按,"祭鳥""大鳥之悲",典出《後漢書·楊震列傳》:"先葬十餘日,有大鳥高丈餘,集震喪前,俯仰悲鳴,淚下沾地,葬畢,乃飛去。"李賢注:"《續漢書》曰:大鳥來止亭樹,下地安行,到柩前正立,低頭淚出,眾人更共摩撫抱持,終不驚駭。謝承書曰:其鳥五色,高丈餘,兩翼長二丈三尺,人莫知其名也。"乃是化用東漢楊震被冤死,後昭雪下葬時有大鳥來祭的典故,後形容對死者之死的傷感。墓誌即用此典,有多種典故變體形式。有作"神鳥送葬"者,東漢熹平二年(173)《楊震碑》:"乾監孔昭,神鳥送葬。"有作"雲鳥以之悲頹"者,北魏建義元年(528)《穆景胄墓誌》:"雲鳥以之悲頹,三光因而更號。"有作"祭鳥"者,唐咸亨元年(670)《仵欽墓誌》:"哀風咽響,孤月澄明,嘶駿各影,祭鳥同聲。"有作"鳥淚"者,北魏孝昌二年(526)《元琁墓誌》:"望壟雲悲,看松鳥淚。"有作"大鳥垂淚"者,隋開皇九年(589)《趙慎墓誌》:"悲纏白日,大鳥垂淚於墓前;哀感行人,百姓同泣於墳側。"有作"悲降大鳥"者,北魏孝昌三年(527)《元淵墓誌》:"悲降大鳥,酸感群燕。"有作"大鳥臨壙"者,唐貞觀十五年(641)《賈仕通墓誌》:"大鳥臨壙,素馬遥奔。"有作"大鳥悲墳"者,北魏建義元年《楊鈞墓誌》:"大鳥悲墳,長蛇赴殯。"有作"大鳥之泣先"者,唐乾元元年(758)《楊君及妻秦氏墓誌》:"白首偕老,大鳥之泣先;素衣終身,節婦之悲久。"還有作"大鳥悲鳴"者,唐永隆二年《韓儉墓誌》:"送終則大鳥悲鳴,藏往則元龜兆吉。"

四、空書四字

　　丹筆無滯,黃沙以寧。空書四字,出宰一同。

〔武周萬歲通天元年(696)《成循墓誌》〕

　　按,"空書四字",乃是化用"殷浩書空"的典故,典出《世說新語·黜免》:"殷中軍被廢在信安,終日恒書空作字,揚州吏民尋義逐之,竊視,唯作'咄咄怪事'四字而已。"後以此典形容内心怨憤不平、難以表述。傳世和碑刻文獻均有用此典者,存在多種典故變體形式。有作"咄咄書空"者,宋陸游《雜詠》之一:"晚收咄咄書空手,却作騰騰任運人。"元至正八年(1348)《孫潼發墓表》:"意有不適,咄咄書空而已。"有作"書空咄咄"者,金元好問《鎮平縣齋感懷》詩:"書空咄咄知誰解,擊缶嗚嗚却自驚。"清吳藻《金縷曲·悶欲呼天説》:"從古難消豪士氣,也只書空咄咄。"清康熙十四年(1675)《袁一相及妻趙氏墓誌》:"公投劾後,坦懷曠度,絶無書空咄咄之狀。"有作"書咄咄"者,北宋大觀二年(1108)《朱德由墓誌銘》:"是事可怪,書咄咄兮。"有作"書怪事"者,宋蘇軾

《杜介熙熙堂》:"咄咄何曾書怪事,熙熙長覺似春臺。"有作"書怪"者,清唐孫華《愷功侍讀用予贈夏重原韵有詩寄懷次韵答》:"去去勿復言,咄咄休書怪。"有作"怪事咄咄"者,清黃景仁《移樹行》:"我思大風移木古所載,怪事咄咄曾廢書。"有作"向空咄咄"者,宋徐鉉《病題》:"向空咄咄煩書字,舉世滔滔莫問津。"有作"向空書字"者,宋京鏜《滿江紅·次盧漕高秋長短句並呈都大》:"窮達路,非人致。又何須咄咄,向空書字。"還有作"浩書空咄"者,宋李曾伯《滿江紅·丙辰生初自賦》:"任浩書空咄,禹笑人寂。"

五、庭䇲

太夫人哀纏徙宅,怨起庭䇲。　　　　（武周聖曆二年《王望之及崔氏墓誌》）

按,"䇲",《唐代墓誌彙編》《全唐文新編》釋文均作"䇲"①,誤,原拓作䇲,乃"䇲"之訛混異體。"庭䇲",乃是化用"折䇲"之典,典出《方言》第二:"木細枝謂之杪,江、淮、陳、楚之内謂之篾,青、齊、兗、冀之間謂之䇲,……故《傳》曰:'慈母之怒子也,雖折䇲笞之,其惠存焉。'"郭璞注:"言教在其中也。"後用作慈母輕罰教子之典②,墓誌文獻常徵引。唐咸亨元年《李君妻王婉墓誌》:"折䇲懸範,移鄰就吉,積善無徵,樹風寧謐。"唐弘道元年(683)《支英及妻董氏墓誌》:"載穆宜家,提缶之情自叶;爰從幹蠱,折䇲之愛已弘。"武周長壽二年(693)《楊基及妻嚴氏墓誌》:"折䇲垂訓,斷織申規。"唐開元十七年(729)《孔桃櫁及妻鄧氏墓誌》:"訓子勵於折䇲,事姑聞於泉涌。"

"折䇲"又作"折楔"或"折箋",義同。作"折楔"者,唐顯慶五年(660)《霍休及妻程氏墓誌》:"庭訓内修,外溢風儀。折楔怒子,博愛情慈。"唐龍朔元年(661)《斛斯師德墓誌》:"折楔訓子,以纖義爲仁;傅粉飾容,以行潔爲孝。"唐麟德元年《王君及妻杜氏墓誌》:"蘭房婉穆,和於篚堨,誡子折楔,傅粉爲義。"作"折箋"者,唐乾封二年《王道智墓誌》:"睇荒屺而崩號,奉折箋而絕息。"

值得注意的是,"折䇲"之"䇲",恐本當作"箋"。③ 從字形來看,古籍中"艹"與"竹"常訛混互用,故"箋"之異體或作"䇲"。《佛教難字字典·艹部》"䇲"作"箋",反之亦然。又從詞義來考察,"箋"爲細長的木枝,常作懲罰打人或鞭笞之工具。《玉篇·竹部》:"箋,木名,枝細。"《字彙補·竹部》:"箋,木枝細。"《四聲篇海·竹部》:"箋,木枝細。"《重訂直音篇·竹部》:"音宗,木名,細枝也。"再從碑刻文獻異文來考察,"折䇲"

---

① 周紹良主編:《唐代墓誌彙編》(上),上海古籍出版社,1992年,第 938 頁;周紹良主編:《全唐文新編》(第 5 部第 2 册),吉林文史出版社,2000 年,第 13038 頁。
② 徐海東:《唐代墓誌典故校勘舉例》,《貴州工程應用技術學院學報》2016 年第 1 期,第 114 頁。
③ 曾良先生持類似觀點,詳參曾良著:《隋唐出土墓誌文字研究及整理》,齊魯出版社,2007 年,第 94 頁。

有作"折楱"者，與"木"相關。唐乾封二年《夫人靳氏墓誌》："折楱貽訓，職中饋於母儀；蒸衿逾恭，體柔明於婦德。"

與之近義的相關典故，還有"菱短"或"慈菱"。作"菱短"者，清鄭珍《巢經巢文集·母教録自序》："歷觀古賢母，如崔元暐、鄭善果諸傳所載，世隔千載，聲口宛然，心柔菱短，何非此義。"作"慈菱"者，唐龍朔三年(663)《蘭達及妻陰氏墓誌》："方積慈菱之祐，堂九刃之增歡。"唐麟德元年《吕道墓誌》："方洽慶於慈菱，堂高歡浹；奄沉航於悲壑，室殯魂驚。"常用來喻指母親對兒子因慈愛而輕罰，可作輔證。

六、俗歌到晚

父黯，朝請大夫，行郴州郴縣令，化洽昆魚，恩覃乳雉，俗歌到晚，人咏來蘇。

(武周久視元年《褚承恩墓誌》)

按，"俗歌到晚"，乃是化用"來何暮"之典，典出《後漢書·廉范傳》："建初中，遷蜀郡太守，其俗尚文辯，好相持短長，范每厲以淳厚，不受偷薄之説。成都民物豐盛，邑宇逼側，舊制禁民夜作，以防火災，而更相隱蔽，燒者日屬。范乃毀削先令，但嚴使儲水而已。百姓爲便，乃歌之曰：'廉叔度，來何暮？不禁火，民安作。平生無襦今五絝。'"後常用作稱頌地方官吏清廉賢明、施行善政之典，存在多種典故變體形式。有作"來暮之話"者，唐永徽六年(655)《裴武墓誌》："而威恩允洽，方聆來暮之話；人世不留，遽軫云亡之痛。"有作"來暮之謡"或"來暮"者，唐開元九年(721)《楊貞及妻檀氏墓誌》："分符莅郡，早興來暮之謡；辭秩歸封，更結去思之嘆。"唐大曆十三年(778)《郭雲墓誌》："來暮而迎，卧轍而送。"有作"來晚之謡"者，武周萬歲通天元年《張君妻徐明墓誌》："人興來晚之謡，士結去思之咏。"唐龍朔三年《田君彦墓誌》："緹紬攬轡，百城興來晚之謡；制錦操刀，一同起馴蟄之咏。"有作"至晚之謡"或"至晚"者，武周萬歲通天二年(697)《常協及妻裴氏墓誌》："人傳至晚之謡，俗有來遲之咏。"唐顯慶五年《苗明墓誌》："俯臨邑宰，字育奇術，黎庶俱賀來蘇；矜恤多方，士女咸稱至晚。"還有作"五絝之歌"者，北魏孝昌二年《李弼墓誌》："五絝之歌重興，止吠之頌再結。"北周天和四年(569)《鄭術墓誌》："載興五絝之歌，遽動兩岐之頌。"

七、泣瓊瑰之夢

將申鵬運，先階鴻漸之塗；未襲銀黄，遽泣瓊瑰之夢。

〔唐開耀元年(681)《杜才墓誌》〕

豈謂未申鐘鼎之榮，遽泣瓊瑰之夢。

〔唐垂拱元年(685)《韓郎及妻程氏墓誌》〕

按，上舉《杜才墓誌》之"泣"字微泐，《唐代墓誌彙編》《全唐文補遺》《全唐文新編》釋文均闕①，原拓作▨，殘畫尚存輪廓，應是"泣"。"泣瓊瑰之夢"，乃是化用"夢瓊"之典，典出《左傳·成公十七年》："初，聲伯夢涉洹，或與己瓊瑰食之。泣而爲瓊瑰，盈其懷。"常用作將死之徵兆。墓誌多用此典，有多種典故變體形式。或作"泣瓊"，北周大成元年（579）《尉遲運墓誌》："洹水泣瓊，昆山焚玉。"唐開元十八年（730）《孟頵墓誌》："泣瓊凶兆，災鳥棲焉，終徑柏於松門，有能文於團扇。"或作"泣瑰"，唐顯慶五年《宋越墓誌》："祥應泣瑰，災貽夢豎。"武周光宅元年（684）《李璿墓誌》："不謂災生夢奠，禍降泣瑰，未盡羽林之班，俄照滕城之日。"或作"泣瓊瑰"，唐顯慶六年（661）《韓賢墓誌》："夜泣瓊瑰，朝歌梁木。"唐開元二十六年（738）《優婆夷未曾有功德塔銘》："摧苴若於未秀，泣瓊瑰而先絕。"或作"瓊瑰之夢"，唐建中元年（780）《劉進及妻朱氏墓誌》："仁義之道未弘，瓊瑰之夢俄及。"或作"瓊瑰之泣"，唐龍朔三年《于梓墓誌》："夢墮瓊瑰之泣，神微金訓之請。"唐咸亨元年《郭善及妻陳氏墓誌》："夕夢奠楹，忽軫瓊瑰之泣。"又或作"瓊瑰成泣夢之妖"，唐高宗上元元年（674）《程逸及妻嚴氏墓誌》："金液靡駐年之驗，瓊瑰成泣夢之妖。"

八、臨 敵 有 餘

臨敵有餘，舉無遺算。　　　　　　　　（唐貞觀二十二年《張通及妻薄氏墓誌》）

按，"有餘"，《唐代墓誌彙編》《全唐文新編》釋文作"□幹"②，《全唐文補遺》二字均闕③，原拓作▨▨，應是"有餘"。三書誤釋，除了文字本身殘泐不易被識外，恐亦與未明典故有一定關係。"臨敵有餘"，典出《左傳·成公二年》："齊高固入晋師，桀石以投人。禽之而乘其車，繫桑本焉，以徇齊壘，曰：'欲勇者賈余餘勇。'"常形容面對敵人無所畏懼，膽力過人。傳世及碑刻文獻均有用此典者。傳世文獻用例如東漢孔文舉《薦禰衡表》："飛辯騁辭，溢氣坌涌，解疑釋結，臨敵有餘。"宋宋祁《鷙鳥不雙賦》："臨敵有餘，豈鳧趨之可逮；幹霄直上，諒烏合以無因，別有繞樹可依，搶榆而止。"碑刻文獻用例如唐乾封二年《李表墓誌》："德乃行歌五袴，麥秀兩岐；勇則臨敵有餘，禰生先鹿。"唐咸亨二年（671）《張阿難碑》："中權奮勇，臨敵有餘。右櫜論功，曰□列將。"

---

① 周紹良主編：《唐代墓誌彙編》（上），上海古籍出版社，1992年，第682頁；陝西省古籍整理辦公室編：《全唐文補遺》（第二輯），三秦出版社，1995年，第279頁；周紹良主編：《全唐文新編》（第5部第4册），吉林文史出版社，2000年，第14431頁。

② 周紹良主編：《唐代墓誌彙編》（上），上海古籍出版社，1992年，第104頁；周紹良主編：《全唐文新編》（第5部第3册），吉林文史出版社，2000年，第13845頁。

③ 陝西省古籍整理辦公室編：《全唐文補遺》（第四輯），三秦出版社，1997年，第313頁。

九、丘過必知

璧瑕詎掩，丘過必知。方斯政直，更仰明離。

〔唐開元二十五年(737)《竹敬敬及妻趙氏墓誌》〕

按，"丘"，《唐代墓誌彙編》《全唐文新編》釋文闕①，《全唐文補遺》作"系"②，誤，原拓作 丘，應是"丘"。"丘"即孔丘，孔子自稱。"丘過必知"，典出《論語·述而》："丘有幸，苟有過，人必知之。"其乃是言孔子一有過錯，人家一定會知道，後來常用來贊頌爲人誠實，不掩飾自己的缺點或過錯，墓誌即用此典。唐代墓誌有相同用例，可供比勘。唐調露元年《顏萬石墓誌》："璧瑕詎掩，丘過必知。方斯政直，更仰明離。"亦有化用此典者，存在典故變體，如作"丘苟有過"者，唐開元三年《姚景之墓誌》："丘苟有過，豈憚於改。"傳世文獻亦有用此典者。晉夏侯湛《抵疑》："夏侯子曰：'噫，湛也幸，有過，人必知之矣。'"唐劉知幾《史通·惑經》："豈夫子之牆數仞，不得其門者歟？將某也幸，苟有過，人必知之者歟？"

十、梁竦之太息

感梁竦之太息，鄙割雞之小榮。

（唐永淳元年《皇甫福善及妻范氏墓誌》）

按，"太息"，《唐代墓誌彙編》《全唐文新編》釋文闕③，《全唐文補遺》作"大息"④，原拓作 太息，應是"太息"，字形輪廓尚在，隱約可辨。"梁竦之太息"，典出《後漢書·梁竦傳》："自負其才，……嘆息言曰：'大丈夫居世，生當封侯，死當廟食。如其不然，閑居可以養志，《詩》《書》足以自娛，州郡之職，徒勞人耳！'"其乃是引用梁竦才高位卑之典，後用來形容人才高位卑，慨嘆不被重用，唐代墓誌常用此典。有作"梁竦太息"者，唐開元八年《劉君及妻閻氏墓誌》："是以梁竦太息，屈州縣之徒勞。"有作"梁竦之嘆"者，唐開元十九年《程安墓誌》："州縣之勞，每懷梁竦之嘆；冠冕思挂，常蓄陶公之志。"唐開元二十五年《郭班之墓誌》："棄梁竦之嘆，從梅福之班。"唐天寶二年《鉗耳君墓誌》："常以爲文章小伎，每有揚雄之嗟；州縣勞人，非無梁竦之嘆。"有作"梁竦之

---

① 周紹良主編：《唐代墓誌彙編》（下），上海古籍出版社，1992年，第1474頁；周紹良主編：《全唐文新編》（第5部第5冊），吉林文史出版社，2000年，第15138頁。

② 陝西省古籍整理辦公室編：《全唐文補遺》（第二輯），三秦出版社，1995年，第516頁。

③ 周紹良主編：《唐代墓誌彙編》（上），上海古籍出版社，1992年，第695頁；周紹良主編：《全唐文新編》（第5部第4冊），吉林文史出版社，2000年，第14446頁。

④ 陝西省古籍整理辦公室編：《全唐文補遺》（第二輯），三秦出版社，1995年，第283頁。

辭"者，唐開元二十三年(735)《公孫孝遷及妻王氏墓誌》："用大理小，不樂桓譚之任；恥居州縣，曾聞梁竦之辭。"又有作"梁竦……屢辭州縣"者，唐永徽四年(653)《何盛墓誌》："慕梁竦之高風，屢辭州縣；仰郭泰之徽烈，接誘鄉閭。"還有作"梁竦……俯從州郡之勞"者，唐開元十八年《衛子奇及妻韋氏墓誌》："梁竦志遠，俯從州郡之勞；孫綽才高，終擲宮商之韵。"傳世文獻亦化用此典，如作"梁竦勞州縣"者，唐楊巨源《題趙孟莊》："王浚愛旌旗，梁竦勞州縣。"

十一、搏　空

捎青雲以竦幹，則玉潤碧鮮；漸陵陸以奮飛，則搏空切漢。

（唐貞觀二十二年《竇誕墓誌》）

按，"搏"，《唐代墓誌彙編續集》《全唐文新編》《咸陽碑石》均釋作"摶"①，誤，原拓作搏，應是"搏"之異體，三書未明典故而誤釋。"搏空"，典出《莊子·逍遙遊》："鵬之徙於南冥也，水擊三千里，摶扶搖而上者九萬里，去以六月息者也。"本謂盤旋於高空，後借以咏志，表達志存高遠，墓誌常用此典。唐永徽三年(652)《閻志雄墓誌》："翻繡羽而搏空，躍錦鱗而激浪。"武周神功二年(698)《王尚恭及妻支氏左氏墓誌》："如涉川而無梁，若搏空而失翼。"武周長安三年(703)《慕容思觀及妻馬氏墓誌》："冀搏空於六月，遽沉魂於九泉。"傳世文獻亦有用此典者。唐李隆基《巡省途次上黨舊宮賦》："三千初擊浪，九萬欲搏空。"唐方干《寄于少監》："躡屨三千皆後學，搏風九萬即前程。"

十二、運策平城

原夫發系胡公，纂苗虞帝，丞相運策平城。

（武周萬歲通天二年《陳玄墓誌》）

按，"平"，《唐代墓誌彙編》《全唐文新編》釋文闕②，原拓作平，應是"平"，整字輪廓尚存，隱約可識。"運策平城"，典出《漢書·高帝紀下》："遂至平城，爲匈奴所圍，七日，用陳平秘計得出。"其乃是化用漢高祖劉邦被圍平城，陳平出奇策得以脫險之典。墓誌多用此典，存在多種典故變體形式。有作"運策六奇"者，唐垂拱四年(688)《陳護

---

① 周紹良、趙超主編：《唐代墓誌彙編續集》，上海古籍出版社，2001年，第432頁；周紹良主編：《全唐文新編》(第5部第3冊)，吉林文史出版社，2000年，第13847頁；張鴻杰主編：《咸陽碑石》，三秦出版社，1990年，第29頁。

② 周紹良主編：《唐代墓誌彙編》(上)，上海古籍出版社，1992年，第899頁；周紹良主編：《全唐文新編》(第5部第4冊)，吉林文史出版社，2000年，第14654頁。

及妻蔡氏墓誌》:"運策六奇,漢祖免白登之敗。"有作"平城之策"者,唐貞觀十三年(639)《段元哲墓誌》:"躬解雁門之圍,豈謝平城之策。"有作"克解平城之圍"者,唐咸亨二年《張難碑》:"克解平城之圍,卒殄雁門之寇。"有作"陳平之計"者,北周建德五年(576)《王鈞墓誌》:"乃外設陳平之計,内緼劉禪之謀,即款愫誠,便歸闕庭。"唐咸通六年(865)《王彦真墓誌》:"平城圍中,共秘陳平之計;晋陽城内,誰如高共之心。"有作"陳平之六奇"者,唐開元十四年(726)《李信墓誌》:"蘊陳平之六奇,軼子明之五策。"有作"六奇秘策"者,唐顯慶二年(657)《安静墓誌》:"六奇秘策,七叶高門,公侯遞映,朱紱華軒。"有作"六奇之策"者,北魏普泰元年(531)《長孫盛墓誌》:"方思三捷之功,選盡六奇之策。"有作"六奇"者,唐文德元年(888)《郭順墓誌》:"六奇不異於陳平,七縱豈殊於葛亮,則公之勛業也。"後周顯德五年(958)《趙瑩墓誌》:"必不能開八陣以摧凶,奮六奇而決勝,別舉良將,用滅匈奴。"有作"六奇定策"者,隋《陳茂墓誌》:"六奇定策,夷項寧漢。"有作"運六奇"者,東魏興和二年(540)《敬顯儁碑》:"公運六奇於帷幄,忘七尺於戎行。"唐總章三年(670)《李恫墓誌》:"運六奇而碎敵,決百勝以摧鋒。"有作"六奇八策"者,隋開皇二十年(600)《孟顯達墓誌》:"以深識機權,妙閑術略,斬將搴旗之勇,六奇八策之謀,皆暗由胸府,取諸帷幄。"

十三、高明有瞰

俄而正直多違,未軫戾離之嘆;高明有瞰,遽聞朝露之歌。

〔唐永徽二年(651)《牛秀墓誌》〕

貞不常祐,高明有瞰。紛糾已夢,留連晨歌。

(武周久視元年《沈伯儀及妻姚氏墓誌》)

按,"高明有瞰",化用"鬼瞰其室"之典,典出揚雄《解嘲》:"高明之家,鬼瞰其室。"謂富貴之家遭嫉妒而致禍,墓誌多徵引,存在多種典故變體形式。有作"鬼瞰高明"者,唐永淳二年(683)《張法墓誌》:"神虧輔德,鬼瞰高明。"武周久視元年《馬貞及妻王氏墓誌》:"不謂鬼瞰高明,天乎喪善。"唐先天元年(712)《唐城及妻賢月公主李氏墓誌》:"鬼瞰高明,神求正直。"有作"高明先瞰"者,唐垂拱四年《袁希範墓誌》:"豈謂夢桑生李,刈蘭於庭,純嘏靡錫,高明先瞰。"有作"高明必瞰"者,唐天寶十三載(754)《張埱墓誌》:"滿盈有虧,高明必瞰。"唐上元二年(675)《阿史那忠及妻李氏墓誌》:"高明必瞰,仁智同泯。"有作"高明多瞰"者,唐咸亨二年《李福墓誌》:"鬼神無心,高明多瞰。"有作"高明瞰室"者,唐景龍三年《賀蘭敏墓誌》:"高明瞰室,豐屋蔀家,心水如鏡,貝錦成嘩。"有作"高明……鬼瞰……"者,武周萬歲通天元年《劉君妻羅四無量墓誌》:"高明之室,鬼瞰埏災。"北宋紹聖元年(1094)《黃夢升墓誌》:"夢升既乖悟不逢,嘗以文哭世父長善云：'高明之家，尚爲鬼瞰，子之文章，豈無物憾？'"

十四、陳雷之契

劇陳雷之契，哂嵇院(阮)之交。　　　　　〔唐開元五年(717)《朱貞墓誌》〕

按，"雷"，《唐代墓誌彙編》《全唐文補遺》《全唐文新編》釋文均闕①，原拓作 ■，字形輪廓尚在，應是"雷"，當補。"陳雷之契"，乃是化用"陳雷膠漆"的典故，典出《後漢書·獨行列傳》："太守張雲舉重孝廉，重以讓義，前後十餘通記，雲不聽。……重後與義俱拜尚書郎，義代同時人受罪，以此黜退，重見義去，亦以病免。"由此可知，"陳雷"，乃東漢陳重和雷義的並稱。二人同郡爲友，俱學《魯詩》《顏氏春秋》，推重相讓，親密無間，鄉里爲之語曰："膠漆自謂堅，不知雷與陳。"後以"陳雷之契"形容朋友情誼篤厚，交情親密牢固。墓誌有用此典者，存在多種典故變體形式。有作"陳雷密契"者，唐上元二年《孫休及妻陳氏墓誌》："且若庭對琴樽，門交輿蓋，莫匪陳雷密契，嵇阮名遊。"有作"陳雷之定交"者，唐天寶四載《李庭芝及妻王氏墓誌》："豈唯劉阮之爲客，亦以陳雷之定交。"有作"情契陳雷"者，唐咸通十二年(871)《閻肇墓誌》："其世侄徐厚耿回，以鬱與公交深分至，情契陳雷。"有作"陳雷膠漆"者，金大定十二年(1172)《神泉里藏山神廟記》："迨及於後，陳、雷、范、張膠漆之合，鷄黍之約，皆一時之朋，盍前賢記諸善以爲美事。"有作"義重雷陳"者，唐大曆六年(771)《李挺墓誌》："髫年契分，義重雷陳。"再從上下文意來看，"陳雷之契"與"嵇阮之交"上下對舉，語義相諧。

十五、坦腹歸王

卜妻方懿，坦腹歸王。同車有美，朱紱斯皇。

〔唐天寶八載(749)《崔瑤墓誌》〕

按，"王"，《唐代墓誌彙編續集》《全唐文補遺》《全唐文新編》作"主"②，但於上下文意既不諧，亦不押韵，顯誤。原拓作 ■，應是"王"。"坦腹歸王"，乃是化用王羲之坦腹而被選爲佳婿之典，典出《世說新語·雅量》："門生歸白郄曰：'王家諸郎亦皆可嘉。聞來覓婿，咸自矜持。唯有一郎在床上坦腹卧，如不聞。'郄公云：'此正好。'訪之，乃

---

① 周紹良主編：《唐代墓誌彙編》(下)，上海古籍出版社，1992年，第1189頁；陝西省古籍整理辦公室編：《全唐文補遺》(第二輯)，三秦出版社，1995年，第430頁；周紹良主編：《全唐文新編》(第5部第4冊)，吉林文史出版社，2000年，第14921頁。
② 周紹良、趙超主編：《唐代墓誌彙編續集》，上海古籍出版社，2001年，第622頁；陝西省古籍整理辦公室編：《全唐文補遺》(第六輯)，三秦出版社，1999年，第66頁；周紹良主編：《全唐文新編》(第2部第1冊)，吉林文史出版社，2000年，第3209頁。

是逸少,因嫁女與焉。"後用此典贊美選得佳婿,墓誌多徵引,存在多種典故變體形式。有作"坦腹"者,唐長慶二年(822)《曹萬頌妻張氏墓誌》:"乘龍皆慶於當年,坦腹共嘉於前烈。"唐天寶四載《高遠望墓誌》:"愧坦腹而無譽,悲泰山而何毁。"有作"坦腹之材(才)"者,唐咸通五年(864)《李扶墓誌》:"咸抱坦腹之材,皆負孤標之格。"唐大曆十三年《崔杰及妻盧氏墓誌》:"顧無坦腹之才,愧鏤昆山之石。"有作"坦腹之姿"者,吴乾貞三年(929)《劉公妻尋陽長公主墓誌》:"潛膺坦腹之姿,妙契東床之選。"有作"坦腹之知"者,唐咸通十三年(872)《崔特妻于氏墓誌》:"言之道,有愧南容;而坦腹之知,叨名東榻。"有作"縻延東榻"者,後梁龍德元年(921)《雷景從墓誌》:"時有昌黎韓公常所向重,願娉愛女,叙結姻交,叶契懇心,縻延東榻。"有作"東床之選"者,南宋淳熙六年《東昌裔妻林宜人墓誌》:"故郁林守董公頃仕廣東帥幕,與待制同僚,知宜人之賢,以子昌裔應東床之選。"有作"東床之彦士"者,後晉天福五年(940)《隴西李氏墓誌》:"選東床之彦士,配南國之姝容。"有作"東床愛客"者,唐乾符六年(879)《王詢墓誌》:"皆武幕賢豪,爲東床愛客。"傳世文獻用此典,亦有多種典故變體。有作"東床坦腹"者,宋沈遼《德相送荊公三詩》:"東床坦腹士,左右參經笈。"有作"坦腹東床"者,唐李白《送族弟凝之滁求婚崔氏》:"坦腹東床下,由來志氣疏。"有作"東床腹"者,唐白居易《和夢遊春詩一百韻》:"既傾南國貌,遂坦東床腹。"有作"東床客"者,唐劉長卿《登遷仁樓酬子婿李穆》:"賴有東床客,池塘免寂寥。"有作"坦腹床"者,宋陳克《南歌子》:"老去齊眉案,閑來坦腹床。"有作"王郎坦腹"者,宋黄庭堅《博士王揚休碾密雲龍同事十三人飲之戲作》:"王郎坦腹飯床東,太官分物來婦翁。"有作"東床俊選"者,宋侯寘《水龍吟·老人壽詞》:"東床俊選,南溟歸信,一時俱到。"有作"腹坦"者,明湯顯祖《南柯記·尚主》:"真罕,一霎兒向宫闈腹坦。"有作"堂東坦腹兒"者,宋周紫芝《南柯子》:"林下風流女,堂東坦腹兒。"

十六、冀野得如賓之敬

梁家慚舉案之聲,冀野得如賓之敬。　　　(唐開元十年《張君妻蕭氏墓誌》)

按,"野",《唐代墓誌彙編》《全唐文新編》作"朝"①,原拓作**野**,應是"野"。"冀野得如賓之敬",乃是化用郤缺耕於冀野、夫妻相敬如賓的典故,典出《左傳·僖公三十三年》:"初,臼季使過冀,見冀缺耨。其妻饁之,敬,相待如賓。"碑刻文獻有用此典者,存在多種典故變體。有作"蕭賓冀野"者,唐上元二年《郭君妻高壯嚴墓誌》:"蕭賓冀

---

① 周紹良主編:《唐代墓誌彙編》(下),上海古籍出版社,1992年,第1261頁;周紹良主編:《全唐文新編》(第5部第4册),吉林文史出版社,2000年,第14979頁。

野,還昇顧悌之冠;勖志鮑庭,遽展樊英之拜。"有作"如賓冀野"者,唐開元二十三年《皇甫淑墓誌》:"迨歸於君,窮婦道矣。如賓冀野,崇素萊家。"有作"冀野如賓"者,武周萬歲通天二年《隴西成紀郡李夫人墓誌》:"齊封有禮,佩以周旋。冀野如賓,無忘造次。"有作"冀野之賓"者,唐開元六年(718)《韋維及妻王氏墓誌》:"織紝修於内則,蘋藻潔於中饋;居常禮法,還如冀野之賓。"有作"冀氏之賓"者,唐永徽二年《孫遷及妻王氏墓誌》:"梁門之敬未爽,冀氏之賓無替。"有作"誠均冀野"者,唐咸亨元年《鄭彦墓誌》:"跡嗣孟光,載陳舉案之敬;誠均冀野,更肆饁田之則。"有作"冀野之饁如賓"者,唐開元二十七年(739)《束君及妻王承法墓誌》:"江沱之詩不作,冀野之饁如賓。"有作"冀缺如賓之敬"者,唐開元十一年(723)《董守貞及妻蕭氏墓誌》:"肇昔於歸,言告師氏,冀缺如賓之敬,擬議徒然。"有作"冀氏如賓之敬"者,武周天授二年《柳侃及妻杜氏墓誌》:"冀氏如賓之敬,懷之若有求。"有作"冀缺之相敬如賓"者,清光緒十五年(1889)《周母潘孺人墓誌銘》:"饁南畝,似冀缺之相敬如賓;事東郊,若淵明之在前居。"有作"奉饁展如賓之敬"者,武周長安四年《蔣君妻劉令淑墓誌》:"舉案申齊眉之禮,奉饁展如賓之敬。"有作"饁野呈如賓之敬"者,武周長安二年《張寬及妻江氏墓誌》:"徙鄰崇訓子之方,饁野呈如賓之敬。"有作"饁野如賓之敬"者,武周長安二年《王令順墓誌》:"饁野如賓之敬,冀室可儔。"有作"饁野之敬"者,唐景雲二年《田待及妻張氏墓誌》:"饁野之敬,書青簡而同烈;荒隴之幽,睽黃壚而共慘。"有作"冀賓之敬"者,唐神龍二年(706)《沈君妻朱武姜墓誌》:"增冀賓之敬,暢河魴之歡。"有作"冀妻之敬"者,唐貞元三年(787)《張清妻李氏墓誌》:"展冀妻之敬,懷杞婦之哀。"有作"冀缺之門,如賓之敬"者,唐天寶十載(751)《李諶妻崔氏墓誌》:"冀缺之門,如賓之敬,其儀盛兮。"有作"饁彼南畝,展如賓之敬"者,唐調露元年《王君妻徐令輝墓誌》:"於是饁彼南畝,展如賓之敬。"

十七、叩瓮增慟

悼心失圖,叩瓮增慟。　　　　　　　　(唐開元二十一年《王宰妻程氏墓誌》)

按,"叩瓮增慟",乃是化用莊周扣瓦缶而歌悼念亡妻之典,典出《莊子·至樂》:"莊子妻死,惠子弔之,莊子則方箕踞鼓盆而歌。"後用此典表悼亡之意,墓誌常徵引,存在多種典故變體形式。有作"叩缶之詠"者,唐儀鳳三年(678)《柳子陽妻皇甫氏墓誌》:"未殫舉案之誠,旋興叩缶之詠。"有作"袪哀叩缶"者,唐永隆二年《殷仲容妻顏頎墓誌》:"袪哀叩缶,茹痛傷神。去兹堂宇,赴彼荒墳。"有作"擊缶興謠"者,唐總章元年(668)《南斌妻高五子墓誌》:"未享遐壽,遽兹遭命,擊缶興謠,薤歌成詠。"有作"鼓盆鼓缶"者,唐大曆九年(774)《任延輝墓誌》:"非隱非吏,同郭泰之賢;鼓盆鼓缶,卒莊周之趣。"有作"莊子擊缶"者,唐永昌元年(689)《張君妻刑氏墓誌》:"莊子擊缶,恭姜自逝,紃組不虧,詩禮無廢。"有作"擊缶之嘆"者,唐上元二年《鄭師及妻王氏墓誌》:"偕老尚賒,先驚擊缶之嘆。"有作"哀音素缶"者,唐總章二年《郭羅善妻陳雪墓誌》:"哀音素缶,俄傷怛化之秋。"有作"哀逾扣缶"者,唐開元十五年《孫君妻洪蘭墓誌》:"孫君痛甚傷神,哀逾扣缶。"有作"擊缶之期"者,隋開皇十四年(594)《侯肇及妻古氏墓誌》:"鼓琴之志詎申,擊缶之期奄至。"有作"扣缶而歌"者,唐先天元年《袁義全及妻郭氏墓誌》:"府君傷其降年不永,隨命也夫。扣缶而歌,知道之息。"有作"莊生……擊缶"者,唐天寶十一載(752)《李無譴妻宇文氏墓誌》:"莊生送終,空聞擊缶。"有作"當嘆莊缶"者,唐大中八年(854)《崔君妻盧氏墓誌》:"以循早遊謝庭,當嘆莊缶,又清規令範,備得而知,先事訴情,哀托銘刻,末學淺陋,非稱紀述,牢讓不獲,謹書其實以銘之。"有作"情殫擊缶"者,唐垂拱三年(687)《樊浮丘妻李氏墓誌》:"望軫據籬,情殫擊缶。"有作"鼓缶之歌"者,南宋淳祐四年(1244)《趙善意墓誌》:"以情度情,丘君有斷弦之痛而無鼓缶之歌也。"有作"鼓缶而歌"者,元至正元年(1341)《薛觀墓誌》:"鼓缶而歌,式全其歸。掩石幽窆,昭以銘詩。"有作"冢莊扣缶"者,唐垂拱元年《竇君妻李氏墓誌》:"可謂旬氏神傷,空思沐雨之體;冢莊扣缶,徒聞怛化之言。"有作"鼓盆而悲歌"者,唐天寶八載《劉君妻高氏墓誌》:"時鼓盆而悲歌,效莊周之亂思。"有作"莊周興悲"者,唐元和五年(810)《張朝清及妻任氏墓誌》:"哲人其萎,莊周興悲於夜壑。"有作"莊周鼓盆"者,唐咸通十四年《東海嚴夫人墓誌》:"雖莊周鼓盆,亦未達理。"有作"莊生鼓盆"者,唐光化三年(900)《孫偓妻鄭氏墓誌》:"潘岳遺挂,著之《悼亡》;莊生鼓盆,明於幻化。"有作"莊生之鼓缶"者,唐貞元十六年(800)《夫人河東裴氏墓誌》:"嬰潘子之悼亡,愧莊生之鼓缶。"有作"莊生之擊磬"者,唐天寶七載《李府君夫人王氏墓誌》:"李府君悼亡之切,同潘岳以慟懷;伉儷深情,慚莊生之擊磬。"

十八、結　　語

　　唐代墓誌遣詞造句之中運用了大量典故,一定程度上反映出唐人對典雅文辭的追求及嫻熟的用典技巧,亦在客觀上體現出碑誌文具有明顯的贊頌性、張揚性特徵,從而形成了典雅凝重、沉鬱哀婉的文風。堆砌典故、襲用套語是碑刻文獻的重要特徵,我們擇取唐代墓誌中較爲生僻的十七個典故詞語進行考釋,回溯典源,釐清典義,舉證傳世及碑刻文獻典例,並系聯同義或近義的一系列典故變體,意在呼籲學界加強對唐代墓誌用典研究的重視。唐代墓誌中徵引的典故遠不止此,我們考釋的僅是冰山一角,全面系統的考釋工作任重而道遠,這值得我們將來對其展開更加深入細緻的考證。

本文原載《中國訓詁學報》(第八輯),商務印書館,2023年。

作者郭洪義係復旦大學出土文獻與古文字研究中心2018級博士後(合作導師:張小豔),現爲西華師範大學蜀道研究院、蜀道文化研究中心教授,擔任四川省哲學社會科學重點研究基地蜀道文化研究中心副主任。蔡明秀係西華師範大學文學院2022級漢語言文字學碩士研究生。

"勼"字新解

傅及斯

敦煌漢文文獻中保存了大量含有"勼"的人名,如上悉﹝勼﹞夕(Дx6036V)、郭悉﹝勼﹞忠(P.4989)、悉﹝勼﹞心兒(S.11454C-1)、氾悉﹝勼﹞力(BD15493)、康悉﹝勼﹞心(P.3391V-6)、唐悉﹝勼﹞子(BD649)、彭悉﹝勼﹞(S.2894V-6)等,此字學界一般釋録作"勼"(有時也録作"的""約""殉"),但其音義爲何,却是長期以來困擾學界的一大難題。

一、"勼"字反切造字説

高田時雄(下文簡稱"高田文")將藏文音譯詞"悉勼"與藏文人名中習見的"stag"(亦譯爲"悉諾",意爲老虎)一詞對應,指出"勼"是專爲記錄藏文詞"stag"中"tag"這一音節新造的漢字。② 據高田文考察,唐蕃會盟碑中有多位吐蕃高官以 stag 爲名,相應的漢文譯作"悉諾";而在敦煌文獻中,除"悉諾"外,stag 還譯寫作"悉勼"。"悉勼"可視爲對"悉諾"的替換,替換的原因是"諾"[*nâk- *ndâk]並不能很好地與"tag"[*tâk]對音,而能很好地與其對音的端母鐸韻字在《韻鏡》中是"有音無字"的狀態,所以只能重新造一個漢字。由"歹"與"勺"結合的"勼"字,就是爲 tag 所造的新字,即"歹(多)"[tâ]+"勺"[ziâk]爲"勼"[tâk]。换言之,"歹(多)"《廣韻》得何切、歌韻端母,代表反切上字;"勺"市若切、藥韻禪母,代表反切下字;兩字相切,以一種特殊的造字法構成了"勼"字。

高田文收集了大量的材料,詳細考證了敦煌文獻中疑難字"勼"的音義和來源,將

---

① 本文在寫作中承蒙業師張小豔教授多次審閲並提出寶貴意見;初稿完成後又蒙浙江大學張涌泉教授指正,於相關問題上多有啓示;《中國語文》編輯部及匿名審稿專家對論文的完善提出了具體的修改意見;姚明輝先生多次審讀論文,指出了許多問題。筆者受益良多,謹此一併致謝。文中疏誤概由本人負責。

② 高田時雄:《説"勼"》,載《敦煌寫本研究年報》(第十四號),京都大學人文科學研究所,2020年。

"歹"與藏文 stag 中 tag 的音節相對應,是非常重要的發現。筆者對其中大部分觀點十分認同,但有關"歹"字造字方法一節,仍有不少疑問。誠如高田文所言,"歹"不會是形聲字,"歺"不是形旁,"勺"也不是聲旁。《説文解字》中"歹(歺)"義爲"剮(列)骨之殘也",以"歹(歺)"爲偏旁的字多與"死"有關,如"殂""殯""殃""殤"等,若將"歹(歺)"視爲形旁,則與意義不合;而"勺"[*ziăk]作爲聲旁也不合格,雖然韻近但聲遠。如果不是形聲字,那"歹"字該怎麼分析呢?高田文認爲這是由偏旁反切而成的字,左旁"歹"即"多"字的省體,或者説是"多"字草寫後上下合體的結果,再與右邊"勺"旁反切連讀,拼成一個讀音爲端母鐸韻的字,作爲 tag 的記音。這樣的造字法不屬於六書中的任何一類,但也並非不存在。梁東漢指出中古時期爲了翻譯梵音經咒,曾造過一些合音字來表示漢語裏没有的音節,如"䬼,名夜反""䨶,亭音反"等①,這些字與高田文所論"歹"的構字法非常相近。② 但歷史上這種合音造字法所造之字的左右偏旁與反切上下字應完全一致,並無改造偏旁之例。寫本中出現的"歹"字,似乎很難直接讀爲"多勺反"。高田文以"多"字草書類似"歹"爲由,將"歹"視爲"多"的草書訛省,似不可信。寫本中"多"寫作"歹"畢竟不多見,且有關"歹"字的字形材料中,並無一例寫從"多",因此將"歹"所從"歹"當作"多"之訛省並由之得聲的説法缺少説服力。另外,端母鐸韻字另有"沰""砣"二字,高田文認爲此類字因爲太生僻故未被採用,可是新造的"歹"字對當時的敦煌百姓而言不是更加生僻嗎?所以,我們認爲將"歹"看作由"多"與"勺"反切而成的字,雖然讀音符合當時的實際情況,但始終無法解釋寫本中"歹"字從歹而不從多的這一事實。即使"多"字草書可能與"歹"的字形相近,也只是在假定結論的情況下作出的推測,將"歹"還原爲"多"再進行合音,與文字產生的邏輯不符。

以上是我們對"歹"字偏旁反切造字説的幾點疑問。以左右結構來考察此字,其中"歹"旁的作用實在令人費解。徐復等先生討論"歹"字的來源時,曾提出"歹"源於藏文字母的著名論斷(詳下文)。受此啓發,我們推測"歹"的構形理據或許並非來源於聲,而是來源於形。本文擬在考察敦煌漢藏文獻人名材料的基礎上,梳理"歹"字具體的使用時代和流通範圍,重點關注"歹"字書寫形式及其與藏文字母的形體關係,借此闡發我們對"歹"字構形來源的一點認識。

---

① 梁東漢著:《漢字的結構及其流變》,上海教育出版社,1959 年,第 153 頁。
② 高田文所舉"甭""恁"二字,是會意合音字,與其所論"歹"的構字方法並不相同。

二、"歾"爲藏文字母"སྟག"的漢字化

"歾"不見於後世材料①，僅見於敦煌漢文文獻中的人名材料，以"悉歾"爲名者在寫本中有數十例，除高田文所列，我們又檢得數例（詳參文末表 5-4-1），其中"歾"的字形可能經歷了兩個時期的變化。②

（1）早期文獻中的"歾"字从歹从勺，結構清楚、明晰，如作 [字形]（S. 3287V-1）、[字形]（P. 2449V-2）、[字形]（P. 2469V）等。除上述規範的書寫形式外，寫本中還有如 [字形]（S. 11454C-1）、[字形]（Дx6036V）等手寫變體。

（2）在"歾"的基礎上，"歹"旁的起筆短橫脫落寫作"夕"，整字成"歾"形，如 [字形]（BD15493）、[字形]（P. 4640V）、[字形]（P. 4640V）、[字形]（P. 3753-2）。這一階段的"歾"，書手在手寫過程中，字形或發生内部類化，出現兩個"勺"字並列之形，即寫作"的"形，如 [字形]（S. 2894V-6）、[字形]（P. 3391V-6）、[字形]（BD9520V-2）、[字形]（P. 3418V）。

此外，受手寫體影響，"歾"字從產生以來，便不斷出現一些在"歾"的基礎上產生的偏旁結構變形的字例，如 [字形]（IOL. T. J. 915）、[字形]（P. 2964V-2）、[字形]（BD15155）、[字形]（S. 323）等。

我們認爲要討論此字的來源，必須以較早出現的前期字形"歾"爲分析依據。後一階段出現的"歾"與"的"，都是"歾"在文字使用過程中產生的書寫訛變，不應作爲推求"歾"字造字理據的主要依據。

敦煌藏文材料中，作爲人名出現的 stag 有數百例之多，主要見於吐蕃時期的抄經題記及契約文獻。སྟག (stag) 在藏文中的書寫形式（即下舉各例括注中的藏文）大致如下③：

  chang stag(སྟག)legs：張悉諾臘 （P. t. 1089《吐蕃官吏呈請狀》）
  Blon stag(སྟག)zigs：論悉諾息 （P. t. 1104《某寺出便糧曆》）

---

① 《龍龕手鏡》"歾，舊藏作弘"，《漢語大字典》據《龍龕手鏡》認爲此字同"弘"。高田文已指出敦煌寫本中的"歾"與字書中"弘"的異體字"歾"不是一個字，兩者應是同形字關係，故本文謂"歾"字不見於後世材料，指的是敦煌寫本中的"歾"字不見於字書及其他文獻材料。

② 我們所說"歾"字字形的兩個分期，是根據現有材料所作的一個大致判斷。具體來說，第一階段寫作"歾"形，主要見於吐蕃統治敦煌時期寫本；第二階段寫作"歾"形及"的"形，所涉時代範圍較廣，主要見於歸義軍時期寫本。具體的寫卷時代可參文末表 5-4-1。

③ 下舉敦煌藏文文獻的錄文及翻譯，P. t. 1089 參考鄭炳林、黃維忠主編：《敦煌吐蕃文獻選輯·社會經濟卷》，民族出版社，2013 年；P. t. 1104、P. t. 2124 參考武内紹人著：《敦煌西域出土的古藏文契約文書》，楊銘、楊公衛譯，趙曉意校，新疆人民出版社，2016 年；其餘抄經題記參考張延清編著：《法藏敦煌古藏文抄經題記總錄》，中國藏學出版社，2017 年。

tong stag(𝕊)cung：董悉諾中　（P. t. 1329 - 25《十萬般若波羅蜜多經》）
vgo stag(𝕊)chung：吳悉諾中　（P. t. 1329 - 30《十萬般若波羅蜜多經》）
stag(𝕊)legs：悉諾曆　　　　（P. t. 1374 - 17《十萬般若波羅蜜多經》）
stag(𝕊)snang：悉諾囊　　　　（P. t. 1491《十萬般若波羅蜜多經》）
vkong bom stag(𝕊)snang：廣苯・悉諾囊

　　　　　　　　　　　　　　　（P. t. 1781《十萬般若波羅蜜多經》）
gno stag(𝕊)[rt]on：諾塔頓　　（P. t. 2124《某寺出便麥曆》）

藏文𝕊(stag)中字母𝕊(sa)爲上加字，對音時一般作"悉"或"思"，如吐蕃時期著名的 stong sar 部落便譯作"悉董薩"或"思董薩"。在藏文寫本材料中，𝕊有時書寫較爲規範，如𝕊(P. t. 1771)；有時較爲潦草，如𝕊(P. t. 1491)。連筆書寫時，上加字𝕊(sa)與基字𝕊(ta)會有部分筆畫重疊。以𝕊(P. t. 1089)爲例，左上部𝕊即上加字𝕊(sa)，左下部𝕊即基字𝕊(ta)，左側上部折筆𝕊即𝕊與𝕊共有的筆畫。左部形體𝕊看上去像是起筆處多一折筆的"歹"字，實際上是由𝕊與𝕊二字母共同組成的。而其中的基字𝕊(𝕊)與漢文材料中"歹"字的左旁非常接近，如𝕊(S. 11454C - 1)、𝕊(P. 3730V - 6)。同時，𝕊中後加字𝕊(ga)的形體與漢字偏旁亦有一定的可比性。𝕊(ga)在實際書寫中多以兩種形態出現：一種書寫較爲規範，如𝕊(P. t. 63)、𝕊(P. t. 1089)；一種書寫較爲潦草，如𝕊(P. t. 1329 - 30)、𝕊(P. t. 2124)。從形體上看，藏文字母𝕊(ga)可寫作𝕊形或𝕊形（將曲筆拉直似"勹"），以漢字偏旁類比，將其看作"勹""𠣳""匀""勾""丁"等形皆有可能。另一方面，從語音上看，tag 所記之音與"勹"的韻部最爲相近，時人以"勹"作爲偏旁，應該也有讀音方面的考慮。漢字在創制及演變過程中，有一些表意字的一部分會被改造成形狀跟這部分字形相近或有關的聲旁，如"昃(𣅔)"字本从日从人會意，以人跟太陽的位置關係表示日已西斜，後把傾斜的人形改爲形近的聲符"矢""仄"而變成形聲字；又如碑刻等材料中所見"肉"的俗體"宍"字，"肉"字内部訛變作音近的"六"旁而被分析爲从宀、六聲的形聲字。這種字形演變的現象，學者稱之爲漢字的"聲化""聲符化"或"變形音化""變形聲化"。① 所以"勹"作爲"歹"字偏旁，兼有形、音兩方面的功能，從漢字構造的内部邏輯看，這是非常合適的。其他相似的形體，如"勹""勾""匀""丁"等，都不具備這樣的條件。需要

----

① 參看唐蘭撰：《中國文字學》，上海古籍出版社，2005 年，第 82—83 頁；裘錫圭著：《文字學概要》(修訂本)，商務印書館，2013 年，第 42、149—150 頁；趙平安：《漢字聲化論稿》，《河北大學學報》(哲學社會科學版)1990 年第 2 期；趙平安：《漢字形體結構圍繞字音字義的表現而進行的改造》，載李圃主編《中國文字研究》(第一輯)，廣西教育出版社，1999 年，第 73—81 頁；劉釗著：《古文字構形學》，福建人民出版社，2011 年，第 109—117 頁；等等。

注意的是，敦煌寫本中"夠"字亦有寫作从歹从勺之形，如 ![字形](P. 3730V‑6)、。但從時代來看，此種寫法並非"夠"字的早期字形，應是在"夠"字產生之後，草書俗寫所致（"勺"草書簡作"勺"），所以這並不能成爲此字原本从勺的有利證據。不過此字右旁原本寫作"勺"的可能性也不能完全排除，因爲從前面所列舉的 ![藏文]、![藏文] 等藏文形體來看，將其右部看成"勺"也是很自然的，只是這類字形可能從產生之初就受到變形音化的影響而被改寫成从勺，以至於我們看到的幾乎都是寫作从勺的字例。

總之，"夠"字由藏文字母 ![藏文] 形體而來，右旁寫作"勺"或其他形體，本不是形聲字，但可能很早就以"勺"（或因變形音化改作从勺）作爲其表音部件。人們在日常的書寫使用中，受漢字形聲化趨勢的影響，便把這個字當作形聲字看待。我們在敦煌寫本中見到此字的諸多變形，如上舉 ![字]、![字]、![字]、![字] 等，左旁雖有不同程度的訛變，但右旁从勺則是不變的通例，這也許正是人們以形聲字理解並重新分析"夠"字的證據。

所以，我們認爲漢字"夠"的形體很可能來自藏文 ![藏文]，其造字理據是藏文字母的"漢字化"，漢字化後的形體讀 tag。由於"夠"字僅出現在人名材料中，它更像是一個符號化的記音字。雖然中國古代通假字大量流行，且通假現象在寫本文獻中十分常見，但是"夠"字的行用却非常固定，除了後吐蕃時期因不明原因產生的別字外，文獻中並未發現其他與之語音相關的通假字。這從側面反映出"夠"記錄的其實是藏文字母 ![藏文] 的形體，是藏文字母的漢字化形式，並非由偏旁反切或其他偏旁關係組合成字來記錄語音。此外，如果上述觀點成立，需要思考當時敦煌地區爲何會出現一個由音譯字（"悉"）與藏文字母漢字化（"夠"）組合而成的詞。

下文我們將繼續考察"夠"的產生時代，以及"悉夠"作爲音譯詞行用的社會背景。

三、"夠"的行用時代及社會背景

"夠"字作爲藏文字母 ![藏文] 的漢字化形式，其產生和行用都依賴於非常特定的社會環境。目前所見，"夠"字都是與"悉"固定組合成"悉夠"在人名中出現。[①] 考察"夠"字的行用時代，必須討論"悉夠"這一譯音形式在敦煌地區產生和流行的時代背景。

敦煌寫本中能確定的時代最早的"夠"字用例是 808 年的"論悉夠夕""論悉夠息"（S. 3287V‑1《子年擎三部落百姓氾履倩等户手實》），其餘則都見於 9 世紀初吐蕃統

---

① 敦煌文獻人名材料中僅有兩例"夠"字單用的情況，分別爲"王夠敦"（BD9520V‑2）、"郝夠夠"（S. 2214），高田文已指出"王夠敦"或爲"王悉夠敦"，"悉"字可能是手書脫落所致。

治時期至 10 世紀末歸義軍晚期的文獻(詳參文末表 5-4-1)。其中最值得注意的是 S.5812《丑年八月令狐大娘訴張鶯侵奪舍宅牒》，這份訴狀文書另有一件異本 IOL.T.J.915+IOL.T.J.292B《羅織人張鶯鶯訴訟狀》①，兩份文書內容一致，僅個別文字有別，訴狀中涉及的吐蕃官員，前者作"論悉諾息"，後者作"論悉刕䒾"(末字高田文錄作"席")。據岩尾一史考證，這兩份訴狀的年代爲 821 年，是現在可以考知確切年代的"悉刕"的較早用例，也是"悉刕"與"悉諾"作爲同名異譯出現的重要證據。② 高田文已指出，藏文 stag 除了在敦煌文獻中音譯作"悉刕"外，還曾用"悉諾"這一對音形式。③ 由於"悉諾"中的"諾"字不能很好地反映實際藏語語音，而已有漢字中難以覓得一個合適的記音字，當時的敦煌百姓便創造了一個新的漢字"刕"來替換已有的對音字"諾"。從以"悉諾"爲主的多種音譯形式來看，除了 Дx1462+P.3829(論悉諾悉揭)與 P.3028(悉諾羅)兩件寫本的年代僅能確定爲 9 世紀前期外，其餘碑刻、史書及寫本中所見的"悉諾"大都早於 823 年(《唐蕃會盟碑》)。上文所舉同名異譯的"論悉諾息"與"論悉刕䒾"，文書的年代爲 821 年，可能正是"悉刕"慢慢進入敦煌本地生活而"悉諾"漸漸退出歷史舞臺的反映。如此，"悉刕"應該是脱胎於"悉諾"。"悉刕"這一由音譯與藏文字母漢字化組合而成的形式雖然較爲特殊，但仍是合情合理的。

高田文認爲，"悉諾"多出現在正史(《新唐書》《舊唐書》)及碑文(《唐蕃會盟碑》)中，記錄的是吐蕃中央地區高級官員的名字，是長安官方譯音的體現；而"悉刕"則爲駐扎河西當地的吐蕃官員及百姓所用，是敦煌當地漢藏語實際接觸的結果。這一觀察是十分敏鋭而正確的。以"悉諾"爲譯名的名字前常冠有"尚"或"論"，多爲吐蕃高官之名；相反，在敦煌漢文人名材料中，"悉刕"前除了少部分冠有"尚/上"和"論"(早期文書)外，其他大部分冠有漢姓，大多是敦煌本地的百姓之名，如"吳悉刕終""唐悉

---

① 兩份文書的録文及考證，參看岩尾一史：《チベット支配初期の敦煌史に關する新史料——IOL Tib J 915 と IOL Tib J 292(B)》，載《敦煌寫本研究年報》(第五號)，京都大學人文科學研究所，2011 年。
② 同上。
③ 有關藏文 stag 對音作"悉諾"的人名材料分別見於唐代碑刻材料、敦煌文獻及史書記載。具體如《唐蕃會盟碑》中所載吐蕃官員人名尚旦熱悉諾布(zhang brtan bzher stag cab)、論悉諾熱合肯(Blon stag bzher hab ken)、論悉諾昔幹窟(Blon stag zigs rgan khol)(李方桂、柯蔚南著：《古代西藏碑文研究》，王啓龍譯，西藏人民出版社，2006 年，第 42 頁)，以及敦煌文獻中的吐蕃人名論悉諾囉(S.2729)、論悉諾息(S.5812)、悉諾邏(P.2555)、論悉諾藺宗(P.5037)、論悉諾悉揭(Дx1462+P.3829)、悉諾羅(P.3028)，《舊唐書·吐蕃傳》中亦記録有論悉諾息、論悉諾羅、論乞髯蕩没藏悉諾律、論答熱("答熱"或譯爲"悉答熱""悉諾熱")、論訥羅等吐蕃官員。李方桂已指出，藏文 stag 的不同音譯形式，可根據語音環境自由選擇。見李方桂：《藏語複輔音的漢語音譯法》，《民族譯叢》1983 年第 5 期，第 58—59 頁；英文版原載《"中研院"歷史語言研究所集刊》(第五十本)，"中研院"歷史語言研究所，1979 年。

歹子""王悉歹子""氾悉歹力""唐悉歹力""氾悉歹忠""曹思歹忠""賀悉歹忠""田悉歹力""張悉歹力"等。從名字上來看，我們推測"悉歹忠""悉歹子""悉歹力"對音的應是藏文人名材料中常見的 stag cung、stag tse、stag legs；從姓氏上來看，"唐""王""田""張""吳""曹""氾"等顯然均來自漢人或粟特等周邊百姓。對於"漢姓＋藏名"這樣的組合，取名的究竟是漢人還是吐蕃人，似乎不太容易回答。武内紹人認爲擁有這種姓名的應是漢族百姓，這一類居民"最初有着純粹的漢文姓名，但是在長期的吐蕃統治下，他們的後代開始擁有吐蕃或吐蕃混合的姓名"。① 另一方面，擁有這類組合姓名的人也完全可能是吐蕃人。鄭炳林認爲："這些居民很可能就是吐蕃移民，他們的姓名除姓之外，與原來吐蕃人名完全一致。"②同時期的藏文材料中，我們發現同樣存在着"漢姓＋藏名"這類姓名，如 kwag stag cung（郭悉歹忠，Db. t. 1173）、chang stag legs（張悉歹力，P. t. 1089）、an stag tse（安悉歹子，P. t. 3727）③。他們可能是會藏文的漢人，也可能是會漢語的藏人，不論哪種情況，都表明當時敦煌社會漢藏雙語化的程度相當高。此外，這種"漢姓＋藏名"的組合從吐蕃時期一直延續到歸義軍晚期，也充分證明在後吐蕃時代，藏語仍然對敦煌地區有較大的影響。總之，正是吐蕃時期敦煌地區"雙語化"的社會背景，纔使藏文字母的漢字化成爲可能。幸賴敦煌文獻的問世，我們今天纔可以重新識讀"歹"字，借此還原千年前敦煌地區民族融合在語言文字中的遺跡。

四、"歹"來源於藏文字母"ད"

上文我們已論述"歹"是藏文字母ད ག（tag）形體的漢字化。藏文字母漢字化這一造字方法並不屬於六書中任何一類，但並非不可能。早在 20 世紀 40 年代，前輩學者已發其軔，將"歹"字與藏文字母相聯繫，我們在此略作引證。

徐復最早提出漢語中"歹"字來源於藏文字母ད（ta）這一觀點，並詳細論證了其在漢語世界中具體的產生過程及流傳情況。④ 具體而言，"歹"字是蒙古時期蕃僧造來記錄人名、地名等的記音字，如元刊本《南村輟耕錄》卷一有"紮刺兒歹""忽神忙兀

---

① 武内紹人著：《敦煌西域出土的古藏文契約文書》，楊銘、楊公衛譯，趙曉意校，新疆人民出版社，2016 年，第 133 頁。
② 鄭炳林：《晚唐五代敦煌地區的吐蕃居民初探》，載《敦煌歸義軍史專題研究三編》，甘肅文化出版社，2005 年，第 618 頁。
③ "郭悉歹忠""張悉歹力""安悉歹子"等漢譯人名形式爲筆者所擬，可與上舉漢文寫本中的人名互參。藏文人名在現代著作中的譯法不盡相同，如 chang stag legs（P. t. 1089），鄭炳林、黃維忠譯作"張悉諾臘"（鄭炳林、黃維忠主編：《敦煌吐蕃文獻選輯·社會經濟卷》，民族出版社，2013 年，第 234 頁），楊銘譯作"張大力"（楊銘著：《吐蕃統治敦煌西域研究》，商務印書館，2014 年，第 103 頁）。
④ 徐復：《歹字源出藏文說》，載《東方雜志》（第 40 卷 22 號），商務印書館，1944 年；徐復：《歹字形聲義及其製作年代》，載《中國文化研究彙刊》（第九卷），華西協合大學，1950 年。

歹""甕吉剌歹""別剌歹"等,又如《元秘史續集》卷二"斡歌歹黃帝……遂將合行之事,與兄察阿歹處商議"①,其中的"歹"字但取譯音,並無其他意義。他認爲"歹"的出現可能與蒙古新字有關,其形體本於藏文字母ད。又,宋代記錄蒙古語"異心"及"惡逆"之"觪",在元代亦借作"歹"。《玉篇》:"觪,多改切。"《正字通》引《字學三正》云:"觪爲好歹之歹。"宋彭大雅《黑韃事略》"言及飢寒艱苦者謂之觪"自注:"觪者,不好之謂。"宋人本以"觪"字記音,後人代之以形簡的"歹"。文天祥《指南錄》云:"歹者,北以是名反側奸細之稱。"又《元秘史》卷九云:"先投降的蔑兒乞,在老營内反了。"句中"反"蒙語爲"歹亦真",故"觪""歹"又指蒙語"反逆"義,"書漢文之體作觪,藏人書以藏文之體作歹,形體雖異,語源則通"。其後漢人不知"歹"字本義,襲用爲不好之通稱。李思純考察了"歹"字在漢語中的發展概況,將其分爲三個時期:(1)南宋末期理宗紹定間(1229),爲漢人初聞蒙語而譯作"觪"字的時期;(2)由紹定至南宋亡(1276),爲藏文字母譯寫"歹"字並混入漢文漢語時期;(3)由元初至明初(1277—1368),爲"歹"字轉成漢語通行的時期,此後一直襲用至今。② 張清常、劉堅、蔣冀騁、裘錫圭等皆從此説。③

亦有學者反對"歹"字源自藏文之説,理由主要有二。一是蒙語資料中表示"不好"義另有"卯兀""卯危""卯温"等,與"歹"的記音不合,而漢文字書中亦有以"歹"訓"卯兀"等之例,若"歹"是蒙古語,又怎會用蒙語訓蒙語?另蒙語中有 dain 一語,對音或和"歹"相近,但此語通常訓爲"敵人""戰争""憎惡",與"好歹"之"歹"非同一事。④二是或謂敦煌文獻中已見"歹"字,如 P.2418《父母恩重經講經文》"若是長行五逆支(攴)人,這身萬計應難覓"一句中"支(攴)",S.4571《維摩詰經講經文》"且希居士好調和,不得因循縱病多(歺)"一句中"多(歺)",或以爲此二例中的 攴、歺 皆是"歹"字。⑤ 我們認爲上述理由皆不足爲據。首先,諸位先生關於"歹"表"不好"之謂

---

① 斡歌歹、察阿歹亦譯作阿闊台、察哈台。
② 李思純:《説歹》,載《江村十論》,上海人民出版社,1957年,第24—35頁。
③ 張清常:《漫談漢語中的蒙語借詞》,《中國語文》1978年第3期,第196頁;劉堅編著:《近代漢語讀本》,上海教育出版社,1995年,第157頁;蔣冀騁著:《敦煌文書校讀研究》,文津出版社,1993年,第30頁;蔣冀騁:《"歹"兒源敦煌文獻嗎》,《古漢語研究》2003年第1期,第63頁;裘錫圭主編:《文字學概要》(修訂本),商務印書館,2013年,第113頁。
④ 參看邵循正:《元代的文學與社會》,載《邵循正歷史論文集》,北京大學出版社,1985年,第101頁;方齡貴:《阿禡公主詩中夷語非蒙古語説》,《思想戰綫》1980年第4期,第58—59頁。
⑤ 參看龍晦:《唐五代西北方音與敦煌文獻研究》,《西南師範學院學報》(人文社會科學版)1983年第3期,第119—120頁;徐時儀:《"歹"字演變探微》,《上海師範大學學報》(哲學社會科學版)1993年第4期,第73—75頁;江藍生、曹廣順編著:《唐五代語言詞典》,上海教育出版社,1997年,第83頁;楊琳:《古漢語外來詞研究中存在的問題》,《南開語言學刊》2010年第1期,第116—117頁。

與蒙古語原義有隔之説,徐、李諸文已有很好的解釋①,蒙古語中表"不好"義的詞確是"卯兀"等詞,但"歹"記音表示的是"歹亦真""歹亦只周"等詞,本義爲"反逆",兩者本不相同。"歹"表"不好之通稱"是其在漢語實際使用中的引申結果,並非本義。其次,學者已指出敦煌文獻中所謂兩例"歹"字,其實並非"歹"。前例原卷爲"五逆支(支)人","支"讀爲"之",非"五逆歹人"。② 後例"歹"系"多(多)"之誤,原文爲"不得因循縱病多",且"歹"與上文"裁""徊""催""哀""臺"的聲調不合,而"多"則與下文"羅""鍋""跎"爲韻。③ 對於漢語"歹"字得聲獲義之由,反對者也未提出更好的解釋,故我們認爲即便經過半個多世紀的討論,徐復、李思純之説依然堅確可信。既然藏文字母ད能變形作"歹",那麽དྱ漢字化爲"夕刂"也是極有可能的。"歹"字首見於宋末元初,"夕刂"字首見於9世紀初的敦煌地區,二字的出現雖相隔約四百年,但其中蘊含的造字理據則始終如一。從現有材料來看,由於"夕刂"字僅見於敦煌地區的藏經洞文獻,並不見於字書及後世文獻用例,所以我們暫時無法肯定"歹"字的産生是否與"夕刂"字直接相關。

五、結　語

本文所談的"夕刂"字,與徐復等前輩學者所論的"歹"字,可能都是藏文字母漢字化的具體例證。長期以來,有關漢字借形於藏文字母的討論僅有"歹"字一例④,"夕刂"字不僅爲"歹"字源於藏文字母説新增一則例證,而且還將這一現象由"歹"字出現的宋末元初提前至9世紀初的唐代。⑤ 由上文所論,藏文字母漢字化這一造字方法,不同於傳統的六書,是漢字在發展過程中受特定的歷史環境和其他語言文字的影響而出現的一種特殊現象,值得學界關注。唐五代時期敦煌地區高度雙語化這一歷史背景,使得這一類文字的產生成爲可能。敦煌漢文寫卷中留存不少藏文詞彙,而敦煌藏文寫卷中亦夾雜許多漢文字詞,這些都是漢藏民族之間交互往來的遺存。隨着我們對這一類現象的持續關注,相信還會有更多有意趣、有價值的內容被發現。

---

① 參看徐復:《歹字源出藏文説》,載《東方雜志》(第40卷22號),商務印書館,1944年;徐復:《歹字形聲義及其製作年代》,載《中國文化研究彙刊》(第九卷),華西協合大學,1950年;李思純:《説歹》,載《江村十論》,上海人民出版社,1957年,第24—35頁。
② 參看蔣冀騁著:《近代漢語詞彙研究》,湖南教育出版社,1991年,第30頁;蔣冀騁:《"歹"見於敦煌文獻嗎》,《古漢語研究》2003年第4期,第85頁。
③ 參看蔣冀騁著:《敦煌文書校讀研究》,文津出版社,1993年,第77頁;蔣冀騁:《"歹"見於敦煌語文獻嗎》,《古漢語研究》2003年第4期,第85頁。
④ 劉丹通過對敦煌漢藏文獻的對比研究,發現漢文"兑廢稿"寫本上的"兑"形標記及相關雜寫可能與藏文中表"廢"義的ཆ有關(未刊稿)。若此説成立,則説明敦煌寫本中的"兑"字亦來源於藏文詞ཆ,這可進一步豐富我們對藏文字母漢字化的認識。
⑤ 此處承匿名審稿專家提示,謹致謝忱。

表 5-4-1　敦煌文獻所見"歺"字人名一覽表①

人　名	出　處②	參 考 時 代③
論悉歺夕* 論悉歺息*	S. 3287V-1《子年肇三部落百姓氾履倩等户手實》	808 年〔李正宇"吐蕃子年(808)"④〕
悉歺勃藏卿 悉歺勃藏*	S. 542V-4《戌年沙州諸寺丁持車牛役簿(附亥年至卯年注記)》	818 年〔池田温"吐蕃戌年(818)"⑤〕
論悉歺𦥑*	IOL. T. J. 915＋IOL. T. J. 292B《訴張鶯鶯侵奪舍宅牒》	821 年（岩尾一史⑥）
悉歺	P. 2912V-2《四月已後儭家緣大眾要送路人事及都頭用使破曆》	821 年（鄭炳林⑦）
康悉歺*	P. 2964V-2《巳年二月十日令狐善奴便苜價麥契》	837 年？〔山本達郎、池田温"吐蕃巳年(837?)"⑧〕
(吳)悉歺終*	P. 3730V-6《吐蕃未年(839)四月紇骨薩部落百姓吳瓊岳便粟契》	839 年〔池田温"吐蕃未年(839)"⑨〕

---

①　高田文已列出不少敦煌文獻中的"歺"字人名材料，表格中人名後加注"*"者，爲高田文所列。

②　表中所涉敦煌寫卷的定名來源：IOL. T. J. 915＋IOL. T. J. 292B 據岩尾一史錄文〔岩尾一史：《チベット支配初期の敦煌史に關する新史料——IOL Tib J 915 と IOL Tib J 292(B)》，載《敦煌寫本研究年報》（第五號），京都大學人文科學研究所，2011 年〕擬題，P. 3730V-6 定名自《中國古代籍帳研究》，Дx6036V 定名自《敦煌喪葬文書輯注》，P. T. 2124V 定名自《法國國家圖書館藏敦煌藏文文獻》（31 册），其餘英藏寫卷定名自《英藏敦煌文獻（漢文佛經以外部分）》，法藏寫卷定名自《法藏敦煌西域文獻》，國圖藏寫卷定名自《國家圖書館藏敦煌遺書》，俄藏寫卷定名自《俄藏敦煌文獻》。

③　在此對寫卷的參考時代作説明：有些寫卷有明確的年代信息，如 S. 4474V-2 原卷載有"天復八年"，表中徑列"908 年"並括注"天復八年"；有些寫卷没有直接的年代信息，但已有學者或圖錄對其進行斷代，表中以括注的方式標注斷代信息，如 S. 3287V-1，李正宇已考證其年代爲 808 年；有些寫卷可據特徵詞大致判斷爲吐蕃統治時期（8 世紀末—9 世紀前期）寫本，則括注據以斷代的特徵詞，如 Дx6036V 原卷有"瓜州節度使上悉歺夕"等語，即據此判定爲吐蕃時期寫本。括注中"《國圖》條記目錄"指《國家圖書館藏敦煌遺書》（全 146 册）書後所附《條記目錄》。

④　李正宇：《〈吐蕃子年（公元 808 年）沙州百姓氾履倩等户籍手實殘卷〉研究》，載敦煌文物研究所編：《1983 年全國敦煌學術討論會文集·文史·遺書編》，甘肅人民出版社，1987 年，第 176—218 頁。

⑤　池田温著：《中國古代籍帳研究》，龔澤銑譯，中華書局，2007 年。

⑥　岩尾一史：《チベット支配初期の敦煌史に關する新史料——IOL Tib J 915 と IOL Tib J 292(B)》，載《敦煌寫本研究年報》（第五號），京都大學人文科學研究所，2011 年。

⑦　鄭炳林：《〈康秀華寫經施入疏〉與〈炫和尚貨賣胡粉曆〉研究》，載《敦煌歸義軍史專題研究續編》，蘭州大學出版社，2003 年。

⑧　山本達郎、池田温主編：《敦煌和吐魯番中的社會和經濟歷史文獻》（Ⅲ—Ⅳ），東洋文庫，1987—1989 年。

⑨　池田温著：《中國古代籍帳研究》，龔澤銑譯，中華書局，2007 年。

續　表

人　名	出　處	參　考　時　代
論悉殁乞里悉去囉*	P.2449V-2《尼患文》	8世紀末—9世紀前期（"論悉殁乞里悉去囉""瓜州節度使""行人部落"）
上悉殁夕	Дx6036V《爲瓜州節度使上悉殁夕五七建福疏》（擬）	8世紀末—9世紀前期（"瓜州節度使上悉殁夕"）
悉殁心兒	S.11454A《酉年至亥年羊籍（吐蕃時期）》、S.11454C-1《子年悉殁心兒宅等便酥抄（吐蕃時期）》	8世紀末—9世紀前期（"酉年""子年""論勃藏塞□□"）
唐悉殁子	BD649《無量壽宗要經》	8世紀末—9世紀前期（《國圖》條記目錄：8—9世紀。吐蕃統治時期寫本）
王悉殁子	BD15155《般若波羅蜜多心經》	同上
王悉殁子	BD11981《般若波羅蜜多心經》	同上
汜悉殁力	BD15493《藏文雜寫》（擬）	同上
悉殁悉盈	P.2469V-2《悉殁悉盈將生活賈分付曆》	9世紀前期（王祥偉①）
唐悉殁力 汜悉殁忠 曹思殁忠 賀悉殁忠	P.T.2124V《名籍殘片》（漢文）	9世紀前期？（"唐再再""唐千進"亦見於其他吐蕃時期文獻）
田悉殁力	S.5898《地畝籍》	860年？（土肥義和②）
田悉殁力 郝殁殁	S.2214《官府雜帳（名籍、黃麻、地畝、地子等）》	同上
張悉殁力	P.2556V-3《雜寫》	869年（"咸通十年"）
陰悉殁忠	P.3888-2《咸通十年十二月陰悉弱忠牒》	869年（"咸通十年"）
悉殁忠 悉殁力 悉殁忠贊力	P.2766V《人名録》	871年（"咸通十二年"）
郭悉殁心*	P.5038-3《丙午年九月一日納磨草人名目》	886/946年（歸義軍時期寫卷）

---

① 王祥偉：《從一件敦煌書信文書來看吐蕃對敦煌佛教的管制》，載楊利民、范鵬主編《敦煌哲學》（第三輯），甘肅人民出版社，2016年。
② 土肥義和編：《八世紀末期～十一世紀初期敦煌氏族人名集成》，汲古書院，2015年。

續 表

人　名	出　處	參考時代
陰悉朶忠	S.323《大順二[年](891)四月十日團頭名目》	891年("大順二年")
(康)悉朶都*	P.3753-2《敦煌鄉百姓康漢君狀》	891年("大順二年")
悉朶潘*	P.2856V-1《乾寧二年營葬僧統和尚牓》	895年("乾寧二年")
劉悉朶咄令*① 退渾悉朶沒藏*	P.4640V《歸義軍己未至辛酉年布紙破用曆》	899—901年〔池田温"唐己未年—辛酉年(899—901)"②〕
曹悉朶子	Дx1355、Дx3130《洛晟晟買園舍契》	9世紀後期(土肥義和③)
郭悉朶忠*	P.4989《唐沙州安善進等户口田地狀》	9世紀後期?〔池田温"唐年次未詳(9世紀後半?)"④〕
孔悉朶力	S.6174《社司轉帖》	9世紀後期?〔山本達郎、池田温"唐年次未詳(9世紀後期?)"⑤〕
氾悉朶鷄* 陰悉朶力* 張悉朶忠*	P.3418V《唐沙州諸鄉欠枝夫人户名目》	9世紀後期?〔池田温"唐年次未詳(9世紀後期?)"⑥〕
康悉朶力 龍朶朶	P.5021D《付物曆》	9世紀末—10世紀前期(土肥義和⑦)
陰悉朶摩	S.4474V-2《天復八年(908)十月敦煌鄉張安三父子敬造佛堂功德記》	908年("天復八年")
王朶敦*	BD9520V-2《癸未年三月王的敦貸生絹契稿》(擬)	923年?〔沙知"癸未年(923?)"⑧〕
李悉朶忠	P.2049V-2《净土寺直歲願達牒》	931年〔池田温"後唐長興二年(931)"⑨〕

---

① 劉悉朶咄令,高田文作"劉悉朶咄"。
② 池田温著:《中國古代籍帳研究》,龔澤銑譯,中華書局,2007年。
③ 土肥義和編:《八世紀末期—十一世紀初期敦煌氏族人名集成》,汲古書院,2015年。
④ 池田温著:《中國古代籍帳研究》,龔澤銑譯,中華書局,2007年。
⑤ 山本達郎、池田温主編:《敦煌和吐魯番中的社會和經濟歷史文獻》(Ⅲ—Ⅳ),東洋文庫,1987—1989年。
⑥ 池田温著:《中國古代籍帳研究》,龔澤銑譯,中華書局,2007年。
⑦ 土肥義和編:《八世紀末期～十一世紀初期敦煌氏族人名集成》,汲古書院,2015年。
⑧ 沙知録校:《敦煌契約文書輯校》,江蘇古籍出版社,1998年。
⑨ 池田温著:《中國古代籍帳研究》,龔澤銑譯,中華書局,2007年。

續 表

人 名	出 處	參 考 時 代
康悉歺心	P.3391V-6《丁酉年二月一日契》	937年?（土肥義和①）
李悉歺闠 李悉歺忠	P.2040V-1《净土寺食物等品入破曆》	939年〔姜伯勤"己亥年(939)"②〕
胡悉歺子	S.11213FG《配付人名目》	946年（土肥義和③）
雞悉歺*	P.2155V-2《曹元忠與回鶻可汗書》	956—960年（孫修身④）
彭悉歺*	S.2894V-6《社邑名單》	968—975年〔唐耕耦、陸宏基"年代不明（宋開寶年間）"⑤〕
譚悉歺	S.7932《番役簿》	10世紀後期（土肥義和⑥）

補記1：

S.4474V-2原卷第5行下端人名應爲"陰悉歺摩"。原文發表時錄作"陰悉歺聖"，誤（承業師張小豔告知）。

補記2：

P.3666V有雜寫人名"王 stag sum（王悉歺心）"，是漢語姓氏"王"和藏語名字 stag sum 相結合的人名形式。這一簽名形式參照了漢語的書寫方向，藏語字母文字的書寫順序自横書改爲縱書，其中藏語 stag 中的 tag 部分，可與本文所論"歺"字比勘。

本文原刊於《中國語文》2021年第3期。

作者係復旦大學出土文獻與古文字研究中心2011級碩士（導師：張小豔）、2016級博士（導師：張小豔），現任同濟大學人文學院助理教授。

---

① 土肥義和編：《八世紀末期～十一世紀初期敦煌氏族人名集成》，汲古書院，2015年。
② 姜伯勤著：《唐五代敦煌寺户制度》（增訂版），中國人民大學出版社，2011年。
③ 土肥義和編：《八世紀末期～十一世紀初期敦煌氏族人名集成》，汲古書院，2015年。
④ 孫修身：《伯2155〈曹元忠致甘州回鶻可汗狀〉時代考》，《敦煌研究》1991年第2期。
⑤ 唐耕耦、陸宏基編：《敦煌社會經濟文獻真跡釋錄》（第一輯），書目文獻出版社，1986年。
⑥ 土肥義和編：《八世紀末期～十一世紀初期敦煌氏族人名集成》，汲古書院，2015年。

"床前明月光"新解質疑

——與周同科先生商榷

沈 偉

對李白《静夜思》"床前明月光"的"床"的討論自20世紀80年代發軔以來,直至今日仍未達成共識。這已成爲訓詁學研究的一個經典案例,包括傳統語言文字、古典文學文獻、考古文物等諸多領域的專家學者紛紛發表意見,不少中小學教師、社會人士也參與其中。粗略統計,僅見諸於學術刊物的文章就有近五十篇。① 可謂規模大,持續時間長,影響廣泛。主要的觀點大致可以歸納爲"卧具説""胡床説""井欄説""坐卧具多功能説"等,各説内部也略有差異。校量諸説,仍當以"坐卧具多功能説"最爲可信。然而,近年來仍不斷有立論新穎却論證乏力、違背基本事實的"新解"問世,例如周同科先生2013年發表於《南京大學學報》(哲學·人文科學·社會科學版)第6期上的《"床前明月光"本義與"床"—"牀"通假字説》一文(下簡稱"周文")。周文認爲:

> "唐人謂井欄爲銀床"之"銀床",當爲"垠牆"之誤。根據字形、字理分析,"牀""床"並非異體字,而是通假字,二者各有本義。"床"的本義是建築底座、臺基,這個本義被完整地保留在日、韓書面語訓讀中。《静夜思》"床前明月光"之"床"本義應該是"簷廊",當年李白望月思鄉,不在卧床,不在几、凳,亦不在井旁,而是佇立在異鄉的簷廊。

現針對周文觀點及論據,擬從字形、日韓語材料、詩文文義三個方面提出商榷意見。

一

周文認爲"牀"與"床"不可能是訛變或異構所産生的異體字,從形體結構上難以解釋後起的俗字"床"的來源,因而認爲"牀"與"床"只能理解爲通假關係,即兩者是音

---

① 另有報紙通訊、雜誌專欄、個人專著、網絡發表等渠道未統計在内。

同而各有本義的。在其看來，"床"字的本義應是建築物下高出地面的臺基，它必須擁有一個更早的正體字形"麻"。這個字形從广、牀聲，自然能與"牀"建立起通假上的字音聯繫，也清晰指示了其本義與房屋構造有關。而我們今天看到的字形"床"，則是"麻"省去其聲符"牀"中"爿"形的結果。這個假設既解決了俗體"床"的來源問題，又能爲其"床前明月光"的新解提供有力的支持。但是，俗體"床"字的產生真的無法用"牀"的字形演變來解釋嗎？

"床"作爲"牀"的俗體，屢見於字書，其來源之前並未引起特別重視。周文能從習焉不察之處發疑，是值得肯定的。從古文字字形來看，"爿"象床形，是"床"的初文，後加義符"木"而專成"牀"字，同時"爿"兼表音，如"牆""狀""戕"等字皆从"爿"得聲。而"床"从广从木，有觀點理解爲後造的會意字，與"牀"是屬於造字方法不同而產生的異體字。如《字源》："'牀'本是形聲字，俗書改'爿'爲'广'（音 yǎn），寫作'床'，成爲从广从木的會意字。"① 又如《漢字字源》："現在的'床'字是後起的慣用字，由'广'和'木'構成。'广'字有房子的含義，整個字的意思是房內的大件木製品，由此也能形成床鋪的含義。"② 令人信服的字形分析必須能夠適用於現存所有的相關字形，否則便存在疏漏。對於"床"的部分異體字形，會意造字的說法遇到了困難。請看以下幾個字形：

𣔂 東漢《許卒史安國祠堂碑》③

庥 《碑別字新編》引《寶梁經》

床 《碑別字新編》引北齊《齊王憐妻趙氏墓誌》

床 敦煌卷子 S.2073《廬山遠公話》④

從以上字形不難看出，"床"字的產生，並不是簡單地將"牀"中的"爿"換成"广"，事實上這中間經歷了一個類似从疒的發展階段。當"床"被收入字書，其作爲"牀"字標準俗字及日常通用字的地位得到確立之後，上述字形纔逐漸被捨棄。

孤立觀察字形，通假說似乎能夠成立，从疒的字形可以解釋爲"麻"中"爿"和"广"合書而導致的訛誤形變。但若將从爿諸字的字形演變過程作一個整體的考察，則不難發現其中問題。"牆""莊"二字的部分異體字形：

牆 《漢孟鬱修堯廟碑》、庄 東漢《史晨後碑》

---

① 李學勤主編：《字源》，天津古籍出版社，2012 年，第 518 頁。
② 竇文宇、竇勇著：《漢字字源：當代新說文解字》，吉林文史出版社，2005 年，第 245 頁。
③ 此碑又稱《嘉祥畫像石題記》，詳見朱錫祿：《山東嘉祥宋山 1980 年出土的漢畫像石》，《文物》1982 年第 5 期，第 60—70 頁。
④ 黃征著：《敦煌俗字典》，上海教育出版社，2005 年，第 62 頁。

莊《武梁祠堂畫像》、莊《祝長嚴欣碑》、莊《郭究碑》、莊《孫叔敖碑》①

上述二字都曾出現過疑似從疒的異體字形,這與"床"字的情況極其類似。當面對某一類字形同時產生如此規律一致的演變時,恐怕周文的解釋就值得懷疑了。依其思路,是否"牆"字也曾有過從广從牆的異體?巧合的是,"牆"也恰與房屋、建築相關。但"莊"字又作何解呢?總不能也給其加個義符"广"吧?顯然,爲了説解的合理而憑空構擬出一個從未見的字形,這樣的做法是危險的,缺乏足夠的證據支撐。事實上,周同科在行文中已經意識到"爿"與"莊"在字形變化中的某些相似點,遺憾的是,並未就此展開更深入的思考。

"床"字不從广,"广"形是"疒"形的簡省,而"疒"與"爿"的相訛混現象是常見的②,乃至於在《廣韻》中"疒"字除有"尼厄切"一讀以外,還有與"爿"字在同一小韻的"士莊切"的讀法。訛混的根源在於,"疒"字本身就包含"爿"形。《説文》對"疒"字的説解爲:"倚也。人有疾病,象倚箸之形。"篆形作疒。更早的甲骨文材料則更爲清晰地揭示出造字本義,如𤕫(《甲編》3078)、𤕫(《乙編》738)③。諸字形皆象人卧於床,或有若干點,象汗滴或血滴,皆是表人有疾病之義。之後"人"形與"爿"形逐漸合併簡省,共用豎畫,始成《説文》之篆體。④疒(疒)與爿(爿)本已十分接近,僅有一短橫之別,容易與字體中其他的筆畫相混而發生形變,更何況爿(爿)存在如下寫法:爿("壯"字之"爿"旁,望山楚簡1-176)⑤。"爿"形的豎筆在日常書寫中往往會出現延長彎曲的現象,這樣與"疒"字便更難區分。《古文字譜系疏證》中收錄了莊(莊)字的三個字形,又收錄了薔(薔)字⑥,本應爲"爿"的偏旁明顯與"疒"訛混,多出了一短橫。又如"寱"字,《説文》:"寐而有覺也。从宀从疒、夢聲。"裘錫圭先生認爲:"'寱'字所從的'疒'本應作'爿',《説文》篆形有誤。"⑦又如"痞"字,張亞初先生分析:"《説文》無此字。商代卜辭從爿、從口。東周銘文從爿、從言。口旁、言旁相通。在古文字中,爿旁演變爲疒,所以痞即後世之痞。"⑧類似的例子並不鮮見,學者們也早已措意,可以説,文字學家

---

① 上述字形俱見於顧廷龍編纂:《韡韡》,中華書局,1986年。
② 有學者將"爿"與"疒"的訛混作爲古文字訛混現象典型例證之一,可參劉釗著:《古文字構形學》,福建人民出版社,2011年,第139、146頁。
③ 李圃主編:《古文字詁林》(第七册),上海教育出版社,2002年,第14頁。
④ 詳參董蓮池著:《説文部首形義新證》,作家出版社,2007年,第200—201頁。
⑤ 程燕編著:《望山楚簡文字編》,中華書局,2007年,第10頁。
⑥ 黄德寬主編:《古文字譜系疏證》,商務印書館,2007年,第1911、1912頁。
⑦ 裘錫圭著:《文字學概要》(修訂本),商務印書館,2013年,第154頁。
⑧ 張亞初著:《商周古文字源流疏證》,中華書局,2014年,第1222頁。

在"爿"與"疒"的關係問題上是達成共識的。

概而言之,"床"就是由"牀"字經過與"疒"的訛混干擾演變而來的,這是純粹的字形訛變的過程,不涉及所謂讀音上的通假,自然也就没有假設中與"牀"音同而本義有别的那個"麻"字的存在。"牀""床"二字之所以會引起誤解,根源還是在於它們之間的形變關係較爲複雜迂曲,非一望可知,需要通過客觀細緻的搜集分析方能窺見其内在規律。

二

日、韓兩國在歷史上受中華文明影響之深毋庸贅言,在語言文字方面尤是如此。近年來,日、韓語材料對於古漢語研究的重要作用日益得到學者們的重視,這自然是可喜的進步。然而,對任何材料的引用都必須建立在充分鑒別和準確理解的基礎之上,尤其是缺乏天然語感的非母語材料。周文所舉日、韓訓讀的論據,事實上並不牢靠。

"床"字在日語中確如周文所言,有音讀和訓讀之分,然而其對音讀和訓讀的理解似乎有偏差。所謂音讀,即用漢字傳入之際的漢語讀音來發音,漢字傳入的歷史階段不同,自然讀音也就隨之變化,故而有吴音、漢音、宋音的説法。日語中"床"的音讀不單獨使用,而是與其他漢字組成片語,如"起床""病床"等,與漢語中的詞義是基本吻合的。訓讀則是採用日本固有語言來讀漢字,僅取用漢字的義。值得特别注意的是,訓讀不是嚴格意義上的翻譯,由於諸多因素的影響,日語固有讀音所代表的準確含義與漢字意義之間並非總是嚴絲合縫。就以"床"字爲例,"床"字在日語中有兩種訓讀法:とこ(toko)和ゆか(yuka)。前者一般亦用於合成詞,多表示床鋪、被褥,亦可表示河床、苗床等,這與漢語中的用法也是關係緊密的。但周文完全忽略了這一事實,徑將後者所表之地板義看成了"床"字的唯一訓讀法。其實,表地板義的訓讀也與坐卧具有關,非是所謂保留了古漢語中"床"字的本義。

在日語中,"床"之所以有地板義,其根源在於日本特有的建築式樣和起居習慣。有學者指出,ゆか在早期的日語文獻中有表"床"的用例,其特點是"家中高出一些的地方",而日本的房屋樣式本就高出地面,加之日本民衆始終保留席地而卧的習慣,對其而言,房屋的地面地板承擔了床的功能,因此ゆか便引申出了地板義。① 日本建築學家太田博太郎也談道:"改變席地而坐生活方式的首要原因是爲了躲避地面的潮

---

① 詳參鄭鯤騰:《淺談漢日同形異義詞"床"》,《福建論壇》(社科教育版)2011年第6期,第48—49頁。

氣,另一個原因則是貴族們爲了宣示他們的威嚴。日本室内木地板的存在本身就意味着讓人們落座於遠離地面的場所,在這一點上,日本室内的木地板與椅子、寢臺具有同等的意義。"①事實上,日語中"床"字的這種特殊用法早就爲學界所關注,在中日同形詞研究中是一個典型例子,常被用來説明漢字進入日語後由於受到日本社會文化的影響而産生了新義。②

韓語中的情況則又與日語不同,韓語廢除了漢字,失去了字形的紐帶,就無法確切判定漢字"床"在韓語中所對應的具體義項。就拿周文所舉《韓漢大辭典》中的例子來説,辭典原文如下:

마루¹【名】①(韓式房屋的)地板,廳板。② 簷廊。③

很顯然,没有任何證據表明마루是所謂"牀/床"的釋義,這也不符合韓語的實際情況,因爲同在《韓漢大辭典》中另有表卧具床的침대④,而周文却對此未加説明。朝鮮半島同日本一樣,也形成了坐卧於地板上的習慣,除了能够對抗潮濕以外,更可以在地面與地板層之間加熱取暖,即所謂"温突",與東北地區的炕類似。與温突共同構成朝鮮半島住居特色的是較高的木板鋪地,房屋的大廳及門前(簷廊)均可鋪設,以供活動或出入,這就是周文所舉的마루,也稱"抹樓"。⑤ 值得注意的是,温突起源於半島北方民宅,後地域上向南方擴散,階級上則逐漸被上層貴族所採用。這一變化大致發生在李朝王朝時期,即中國元明之後,而在此之前,貴族是睡床的。宋徐兢所撰《高麗圖經》記録徐氏入高麗後的見聞,其中"卧榻條"云:"卧榻之前,更施矮榻,……殊不覺有夷風。"又"文席條"云:"文席,精粗不等;精巧者施於床榻,粗者用以籍地。"⑥同是高麗王朝時成書的《三國史記》是朝鮮現存最早的史書,以漢文編纂,其中就記載了新羅時期等級制度(即骨品制)在房屋建築方面的表現:真骨(僅次於王族"聖骨"的大貴族)"床不飾玳瑁、沉香",六頭品(又次一級的貴族)"床不得飾玳瑁、紫檀、沉香、黄楊"。⑦毫無疑問,在温突還遠未在上層階級中流行的新羅時期(基本對應唐朝),此床是卧具,與地板無涉。周文可能受到了床有地板義這一先入爲主的判斷影響,加之對日語

---

① 太田博太郎著:《日本建築史序説》,路秉杰、包慕萍譯,同濟大學出版社,2011年,第28頁。
② 例如何寶年著:《中日同形詞研究》,東南大學出版社,2012年,第115頁;又如吴侃著:《日語詞彙研究》,上海外語教育出版社,1999年,第199頁。
③ 劉沛霖主編:《韓漢大詞典》,商務印書館,2004年,第497頁。
④ 同上書,第1603頁。
⑤ 詳參俞成雲著:《韓國文化通論》,南京大學出版社,2015年,第474、492頁。
⑥ 轉引自李華東著:《朝鮮半島古代建築文化》,東南大學出版社,2011年,第205頁。
⑦ 金富軾著:《三國史記》,東方文化書局,1971年,第349頁。

材料的曲解，將韓語中的地板當作了床。所以，日、韓訓讀材料作爲論據均是站不住腳的。

三

回到詩文語境中重新審視"床"的含義，是否如周文所說，只有承認表臺基的"床"字的存在，纔能真正理解"床前明月光"等一系列詩句的意義呢？反之，這些詩句就扞格難通嗎？必須指出的是，周文爲了自成其說，不得不對"銀床""井床"等詞進行再辨析，因爲如果"銀床""井床"指井欄的話，那同爲井的附屬設施的井臺就無法也以"床"稱之了。周文認爲"銀床"是"限牀"二字的形訛："'牀'實爲'牆'之或體，'檣'之通假字。'牀'之與'牀'，字形近似，故而'牀'訛則爲'牀'。""'銀'與'限'極形似"，故而文獻中舊釋爲井欄類義項的其實是"限牀"。"限牀"顧名思義，即起限制阻隔作用的牆狀設施，即如井欄之屬。

如此推論實屬武斷。首先，其論證邏輯有誤。其論證過程如下："'牆'的異體作'牀'，《集韻》：'檣，或作牀。'《玄應音義卷三》'牆者'注：'牆，又作檣。'"顯然，周文有預設結論之嫌。其給出的《集韻》與玄應《一切經音義》的論據明白無誤地指出"牀"爲"檣"而非"牆"的或體，而"牀""檣"的通假關係更是無從談起。即便"牆""檣"有如《一切經音義》中透露出的混用現象，"牆"非生僻字，也有俗用的異體字，完全沒有必要借用"檣"的異體字"牀"，徒生糾葛。

其次，退一步講，姑且承認有"限牀"二字同時形誤的可能性，但"限牆"一詞於文獻無徵，它是否真的曾經存在，是須存疑的。此外，若按照周文的說法，"限牆"表井欄類義，而"銀床"表井臺義，那麼在水井這一方並不太大的空間中，聯繫緊密、同爲井的附屬設施但形制迥異的"限牆"和"銀床"發生訛混的概率有多大呢？即便偶誤，作爲再熟悉不過的日常使用器具，難道後人會不察而盲從，以致延誤千年嗎？

周文用"限牆"形誤的假設來掃清"唐人謂井欄爲銀床"這一文獻障礙①，那麼"銀床"一詞便可安然表示井臺義，乃至其最終得出了如下的結論："古詩中凡言'銀床''井床''石床'者，皆指井臺。"此論殊不足辨。

"銀床"一詞指井欄，擁有文獻與實物的雙重證據支撐，本無疑問。學者們之所以會對"銀床"所指的井欄有不同的理解，是對井欄的具體形制與功能的誤解。古井的營造，最初採用呈井字四角方形的木框層層相疊，以加固地下井壁，防止崩塌。後逐

---

① 按周文推測，唐人謂井欄爲"銀床"的說法始自顏師古，且本作唐人謂井欄爲"限牆"，後《古今韻會舉要》等書誤"限牆"爲"銀床"。這裏周文誤讀了《古今韻會舉要》"榦"字下顏師古的《漢書》注文。稍加查核即可知，"又謂之銀床，皆井欄也"一語並非顏注，乃《舉要》按語。

漸發展出陶製井圈、條磚井圈，其形狀也有圓形、五角形、六角形乃至八角形等，井下之壁圈稱"甃"。地面井口之上也可置井圈，防止人畜跌落及污穢入井，置於井口的井圈古稱"榦"（亦即"韓"），可視作地下井圈的向上延伸，因而早期的榦當然也是木製呈井字形，故又可稱井欄。但後來井欄在形制上同樣發生了變化，呈現多種形狀，以石製爲多，兼有陶、鐵、銅等材質，其中石井欄往往由整塊岩石雕鑿而成。除了井欄以外，少數考究的水井還會在外圍四周樹立欄杆，這就是周文所舉蘇味道《詠井》詩"玲瓏映玉檻，澄澈瀉銀床"中的"玉檻"，是對欄杆的美稱。這裏的玉檻與井欄實非一物①，完全可能同時出現，不能作爲排除"銀床"爲井欄的鐵證。

再者，學者們均承認"銀床"與轆轤之間的緊密關係，"銀床"之"床"當指其如床般的承載功能，而承載的對象就是轆轤類的汲水器具。正是出於此種考慮，周文認爲井欄的主要功能是圍擋屏障，並不適宜承架轆轤，而井臺則較宜擔此功能。殊不知，在井欄上架轆轤是十分常見的現象。在漢代墓葬中，常出土作爲陪葬明器的陶井模型，井欄上多架轆轤（圖5-5-1、圖5-5-2、圖5-5-3、圖5-5-4）。

圖5-5-1　國家博物館藏河南燒溝出土陶井②

圖5-5-2　洛陽新莽時期墓葬出土陶井③

漢後陪葬陶井的風俗漸衰，然而遺存的井欄實物仍可證實其承載轆轤的功用。江蘇儀徵出土的東晉石井欄"圓形口，沿下凹進一周，有二至四個圓穿"，江蘇句容出土梁代石井欄"束頸，沿頸一周有對稱四穿孔"。④ 這與漢井欄上的孔洞一樣，是用於

---

① 周文總結了前人對井欄的三種理解，分別爲"井上木欄""井臺上的圍欄"及"轆轤底座"，"玉檻"相當於"井臺上的圍欄"，此非爲對井欄的準確理解。當然，井欄形制多樣，在某些語境下會出現稱欄杆形的井欄爲"井檻""玉檻"的現象，但不能排除以"玉檻"稱"井四周圍欄"的更大可能性。
② 圖5-5-1較爲完整地展現出水井的整體面貌，特別是包括了地下的井圈部分。
③ 參見洛陽市第二文物工作隊：《洛陽五女冢新莽墓發掘簡報》，《文物》1995年第11期，第4—19頁。
④ 參見劉詩中：《中國古代水井形制初探》，《農業考古》1993年第3期，第212—220、266頁。

 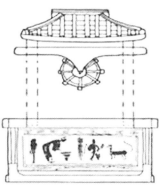

圖 5-5-3　洛陽邙山出土西漢　　　　圖 5-5-4　洛陽邙山出土西漢
　　　　　陶井實物　　　　　　　　　　　　　　陶井結構圖①

架設木質井架以承載轆轤。有必要指出的是，早期的轆轤如上圖所示，類似定滑輪，適宜架於井欄之上，而北宋纔開始出現架設在井欄旁的單曲柄轆轤。② 從這個角度來說，唐時承載轆轤的並不是井臺，反而極可能恰是井欄。明周祈所著《名義考》認爲"銀床"指轆轤架，亦當是明代時轆轤形制已非宋前舊貌而致誤。③

從文獻角度看，"銀床"也不能解爲井臺。誠然，在許多語境中，"銀床"究竟是指井欄還是井臺是無法確定的，因爲其均與井密切相關，在提到井時，上述義項的出現均有可能。但應當注意的是，井臺是平整而卑下的，不同於井欄的直立且有一定高度，這是它們在形制上的顯著區別，而正是這個區別使少數語境下恰能夠排除井臺的可能性：

獨立傍銀床，碧桐風嫋嫋。　　　　　　　　　　　　（唐陸龜蒙《井上桐》）

不收金彈抛林外，却惜銀床在井頭。　　　　　　　　（唐李商隱《富平少侯》）

梧桐楊柳豈知數，沙步露冷銀床欹。　　　　　　　　（宋曾鞏《聽鵲寄家人》）

爾乃玉甃爰起，銀床斯立。　　　　　　　　　　　　（唐張耀《井賦》）

玉甃護崩，誰識下無禽矣。銀床防墜，不聞中有人焉。

（唐吕令則《義井賦》）

---

① 圖 5-5-3、圖 5-5-4 爲同一陶井，標號爲 M26：19，參見盧青峰：《洛陽邙山出土西漢陶井欄及相關問題》，《中國國家博物館館刊》2015 年第 4 期，第 3—4、72—81 頁。該文稱："井欄四角有方孔，與井亭四角方孔對應，原有木質井架支撐。"

② 詳參史曉雷，張柏春：《我國單曲柄轆轤普遍應用的年代考》，《農業考古》2014 年第 4 期，第 164—168、184 頁。

③ 事實上，持"轆轤架"說的學者從未詳細闡明轆轤架的具體形制。從現有資料看，轆轤架無論是安置於井欄或井旁地面，起支架作用的多爲木質材料，與"銀床"之名難合。

敬刊翠琰。永識銀床。噫嗟後學。揖此餘光。

（五代徐鉉《許真人井銘》）

如果"銀床"作井臺講的話，那麼顯然"傍""敬""立"等字便落了空，井臺也不能說是在"井頭"，而"防墜"不正是周文所強調的井欄的功能嗎？古井欄具有歷史文化價值的一個重要原因便是其上或有銘文。《許真人井銘》宋拓本現藏上海圖書館，井銘刻於井欄，正是"永識銀床"。① 上述證據均無可辯駁地將"銀床"指向井欄，而非井臺。

至於周文提到的"床前明月光"（李白《静夜思》）、"繞床弄青梅"（李白《長干行》）、"床前磨鏡客"（王維《鄭果州相過》）、"下有五丈床"（李白《洗脚亭》）中的"床"，也不是非作臺基解詩義方可通達。《長干行》的所繞之床當是臥床，更有證據表明床可以作爲稚兒學步、嬉戲的憑借及場所。② 《鄭果州相過》"床前磨鏡客"的"床"，有學者進行過討論，也當認定爲傢具。③ 在這裏要重點討論的是"下有五丈床"的"床"，因爲無論是坐臥具、胡床、井欄等説均未安文義，值得進一步思考。現將《洗脚亭》原文摘錄如下：

白道向姑熟，洪亭臨道傍。前有昔時井，下有五丈床。樵女洗素足，行人歇金裝。西望白鷺洲，蘆花似朝霜。送君此時去，回首淚成行。④

全詩大旨淺近明瞭，詩人於道旁洗脚亭送別友人，"前有昔時井，下有五丈床"所描繪的是亭附近的自然環境。清人王琦舊注此"床"爲井欄。顯然這裏首先可以排除傢具（包括胡床）的可能。似乎井欄說可以成立，因爲前有提示，往來行人、樵女在井旁休憩、洗足，順理成章。然而細察詩義，井欄說却有致命缺陷。一是"井"與"床"的位置關係問題，井欄必環繞古井，"下"字費解。二是"五丈"的尺寸，唐時尺度一丈約合今

---

① 該古井欄實物不存。然句容茅山仍存有同時代的號爲"許長史煉丹井"的石井欄兩具。其中之一暫名爲"天監十六年石井欄"，上有銘文："此是晉世真人許長史舊井，天監十四年開治，十六年安闌。"詳參仲威：《海内孤本〈許真人井銘〉》，《書法》2012年第5期，第36—39頁；陳世華：《茅山兩天監井欄題字》，《書法》2012年第10期，第93—95頁。

② 參見顏春峰、汪少華：《論"床前明月光"的"床"》，《中國典籍與文化》1998年第4期，第72—75頁。

③ 參見康曉雲：《李白〈静夜思〉"床"字正義》，國學網，http://www.guoxue.com/lwtj/content/kangxiaoyun_lbjysczzy.htm，2008年5月26日；康曉雲：《回歸"安坐"之本義和"底座"之引申義——再論"床"字》，國學網，http://www.guoxue.com/lwtj/content/kangxiaoyun_hgazbyydzysy.htm，2008年7月9日；汪少華：《〈回歸"安坐"之本義和"底座"之引申義〉商榷》，復旦大學出土文獻與古文字研究中心，http://www.gwz.fudan.edu.cn/Web/Show/721，2009年3月12日。康文釋"床前磨鏡客"之"床"爲"井床"，即"轆轤底座"；汪文則將此處的"床"看作是坐臥傢具。

④ 此詩版本有異文，"姑熟"一作"姑蘇"，"昔時井"一作"吳時井"，均不影響詩義理解。詳參詹鍈主編：《李白全集校注彙釋集評》，百花文藝出版社，1996年，第3581頁。

三米①，五丈便是十五米，井欄絕無此高度。且井欄與下文的休憩場景並無關聯，似無需提及。李白好作誇張語，"五丈"是否能理解爲詩語的誇張呢？筆者以爲亦無此可能。"飛流直下三千尺，疑是銀河落九天"是爲了極言瀑布之高，此處不需言井欄之高。極言時，對象本身必有不尋常之處。瀑布本已極高聳，方可以三千尺摹狀之，井欄高不過五尺，卻以五丈稱之，人皆知其謬，何得詩語之妙？

井臺説似較井欄説合理。亭前有井，井下部有五丈的井臺，樵女行人在井臺上洗足歇息。可倘若稍加揣摩，也不難發現其中的疑點。首先，依周文對井床的定義（"井口周圍用磚石鋪砌而成的高出地面的臺基，其主要功能是保持井口周圍清潔、防止雨污水倒灌"），就面積而言五丈是過大了，很難想像一口道旁昔時之井會鋪砌如此規模的井臺。其次，更關鍵之處在於對詩中的"前""下"兩個方位名詞的理解。揣摩詩意，"前""下"兩詞當同以洗脚亭爲參照，即井在亭前，而床在亭下，如此則床與井無涉。唐詩文中兩個方位詞連用，多選用同一參照物，如：

（行路）前有毒蛇後猛虎，溪行盡日無村塢。　　　　（唐杜甫《發閬中》）
（城東坡）前有長流水，下小平臺。　　　　（唐白居易《東坡種花二首》）
（蜀道）上有六龍回日之高標，下有沖波逆折之回川。
　　　　　　　　　　　　　　　　　　　　　　　　（唐李白《蜀道難》）
桑榆日及景，物色盈高岡。（高岡）下有碧流水，上有丹桂香。
　　　　　　　　　　　　　　　　　　　　　　　　（唐喬知之《定情篇》）
（亭）前有淺山，屹然如屏。後有阜嶺，繚然如城。
　　　　　　　　　　　　　　　　　　　　（唐沈顏《題縣令范傳真化洽亭》）
（山）左有精舍，上有寶坊。憑岩架壑，崛起殿堂。
　　　　　　　　　　　　　　　（唐邵真《易州抱陽山定慧寺新造文殊師利菩薩記》）

那此處的"床"究竟是何物？結合文獻考慮，極有可能是石床。上文提到，周文認爲"石床"也是指"井臺"，卻沒有給出例證。這個認識是完全不符合事實的。《漢語大詞典》收有"石床"條目，共立兩個義項：（1）供人坐卧的石製用具；（2）鐘乳水下滴而成的筍狀凝積物。檢視所舉文獻，"石床"毫無疑問不是井臺。更進一步講，供人坐卧的石床當然可以是人爲製造的用具，如《南史·宋本紀》："帝素有熱病，……坐卧常須

---

① 唐時有大小尺之分，《唐會要》"太府寺"條載開元九年敕格："諸積秬黍爲度量權衡者，調鐘律、測晷景、合湯藥及冕服制用之外，官私悉用大者。"唐大尺具體長度説法不一，但均合今 30 釐米左右。詳參王冠倬：《從一行測量北極高看唐代的大小尺》，《文物》1964 年第 6 期，第 24—29 頁；胡戟：《唐代度量衡與畝里制度》，《西北大學學報》（哲學社會科學版）1980 年第 4 期，第 36—43 頁。

冷物,後有人獻石床,寢之,極以爲佳,乃歎曰:'木床且費,而况石耶!'即令毁之。"①但是,山林間天然形成的平整岩石表面,可以供人坐卧休憩,形制與功能與人造床相類似,則也可以稱"石床"。從這個角度看,《漢語大詞典》的義項略有偏失。

  浮舟千仞壑,總轡萬尋巔。流沫不足險,石床豈爲艱。

(東晉謝靈運《還舊園詩》)

  紉蘭以圍腰,採芝將實腹。石床須卧平,一任閑雲觸。

(唐吴融《綿竹山四十韻》)

  博羅老仙時出洞,千歲石床啼鬼工。（唐李賀《羅浮山人與葛篇》）

  石床埋積雪,山路倒枯松。（唐皇甫曾《送著公歸越》）

  《山經》云:晥山東面有激水,冬夏懸流,狀如瀑布,下有九泉井,有一石床,可容百人。（《太平御覽》卷四十三）

  水懸百餘丈,瀨勢飛注,狀如瀑布。瀨邊有石如床,床上有石牒,長三尺許,有似雜采帖也。（《水經注》卷四十）

  其石自然成樓臺柱棟,石床石池石田制置,皆如人巧。父老云:此室者,仙所以觴百神也,而遊獵者每踐藉之。（《太平寰宇記》卷一五八）

  《南越記》云縣有石井,甘淡半之,可給閭境不竭,又其南有石室皎潔明朗,中有石人像,中一石床,可坐百餘人。（《廣西名勝志》卷四）

由上舉諸例可知,野外自然形成的石床同樣具有坐卧功能,且面積往往較大,乃至竟可容百人。即便將一定的約數誇張成分考慮在内,也足證其有"五丈"的可能性,更適宜過路行人暫歇。當然,單稱"床"時也必須綜合考慮上下文語境,纔能確定是否所指是石床。在《洗腳亭》一詩中,幫助我們做出判斷的限制性條件便是該"床"在野外,有供人歇息的功能,能以"五丈"稱之,這些是排除"床"字其餘諸説可能性的有力證據。詩中不言"石床"而單言"床",是爲了滿足詩歌格律形式的需要。

  總而言之,既然"銀床"不能理解爲井臺,那麼同理,詩文中的"床"也就不會有井臺義,表簷廊的"床"亦不存在。况且,若依新解,簷廊、井臺均能稱"床",則又如何證明《静夜思》中的"床"一定是簷廊而不是井臺呢?這是其自相抵牾之處。結合關於字形演變、日韓訓讀、詩文貫通三個方面的論述,我們可以相信:表臺基義的"床"字是不存在的,"床"就是"牀"的俗體字。之所以會産生這樣的誤解,實則是過度發揮了"床"字"居於物下以承托"的内涵。周文也意識到,這一内涵是事物稱"床"的得名之

---

① 李延壽撰:《南史》,中華書局,1975年,第28頁。

由，正如其所引《中華大字典》："凡薦居物下者多謂之床，如承齒牙之骨曰牙床，產朱砂之白石曰砂床。"同理，承托人體坐卧的就是傢具的床。但切不能反過來認爲，居於物下有承托功能的事物就一定能叫作"床"。井臺和房屋臺基分别在井下及建築物下起承托作用，但它們却没有稱"床"的用法。内在理據的合理可能性不等於符合客觀事實的必然性，中間必須有確鑿可信的文獻證據及對相關文獻的準確解讀，而這兩點恰恰是"床—牀"通假字説成立的最大障礙。

原載《中國文字研究》（第二十九輯），上海書店出版社，2019年。

作者係復旦大學出土文獻與古文字研究中心2016級博士（導師：汪少華），現任蘇州科技大學文學院講師。

説"月明滄海"琴與龍陽子冷謙

丁唯涵

上海博物館藏"月明滄海"琴(圖5-6-1),由孫宜武先生捐贈,通長117.3釐米,肩寬18.3釐米,厚5.0釐米。琴背龍池上方陰刻填金行書"月明滄海","池下印刻填朱懸針篆亞字方印'純陽子'"(圖5-6-2),池内陰刻楷書"至正壬辰十月上旬,東海雲林生監造",至正壬辰爲元至正十二年(1352)。①

該琴也曾著録於《中國古琴珍萃》《中國音樂文物大系·上海卷》等②,龍池下方的朱文亞字形方印或釋爲"純陽子",或徑直描摹印文,不加釋讀。

我們認爲,龍池下方的這枚朱文亞字形方印的印文並非"純陽子",而是"龍陽子"。"龍陽子"就是元末明初的音樂大家冷謙。

圖5-6-1 "月明滄海"琴(採自《千文萬華:中國歷代漆器藝術》)

圖5-6-2 "純陽子"印(採自《千文萬華:中國歷代漆器藝術》)

一、釋"龍陽子"朱文亞字形方印

朱文亞字形方印的第一字釋爲"龍",此字最早見於宋人著録的遲父鐘銘文(圖5-6-3)。

---

① 上海博物館編:《千文萬華:中國歷代漆器藝術》,上海書畫出版社,2018年,第70—71頁。
② 中國藝術研究院音樂研究所、北京古琴研究會編:《中國古琴珍萃》(複合媒體版),文化藝術出版社,2018年,第33頁;又中國藝術研究院音樂研究所、北京古琴研究會編:《中國古琴珍萃》,紫禁城出版社,1998年,第43—44頁。《中國音樂文物大系》總編輯部編:《中國音樂文物大系·上海卷、江蘇卷》,大象出版社,1996年,第130頁。

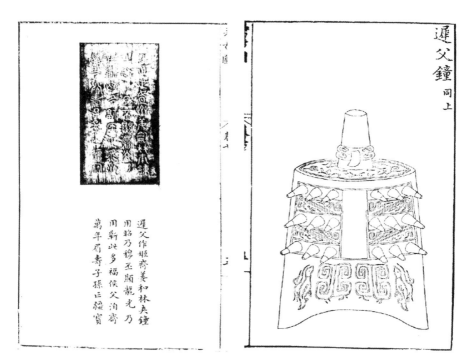

圖 5-6-3　遲父鐘銘文（採自《泊如齋重修考古圖》）

宋人薛尚功《歷代鐘鼎彝器款識法帖》（以下簡稱"《歷代》"）著錄了四件遲父鐘銘文，分別採自《維揚石本》《博古錄》《考古圖》《古器物銘》。薛氏云：

> 是鐘遲父爲齊姜作也，曰用昭乃穆穆，不顯龍光。則穆穆以言其欽和，不顯以言其甚顯，而龍光，又言其承天子之寵光也。《詩》言爲龍爲光是矣。①

《歷代》傳世有多種版本，比較常見的是明崇禎朱謀垔本、清康熙抄本②，最近宋拓本重現人間③。由於各本都是手寫描摹，所以銅器器形和銘文會有細微的差異。爲方便論述，我們把以上三種版本的遲父鐘中的"龍"字做成表格（表 5-6-1），方便比較。

---

① 薛尚功：《歷代鐘鼎彝器款識法帖》，載劉慶柱、段志洪、馮時主編《金文文獻集成》（第九册），綫裝書局，2005 年，于省吾影印明崇禎六年朱謀垔刻本。
② 薛尚功編著：《歷代鐘鼎彝器款識》，遼沈書社，1985 年，影印清繆荃孫校康熙五十八年虞山陸友桐亮據汲古閣本抄校本。
③ 薛尚功撰：《宋刻宋拓〈歷代鐘鼎彝器款識法帖〉輯存》，中華書局，2021 年，第 1—3 頁。又薛尚功：《歷代鐘鼎彝器款識法帖》（二十卷）卷七，載《稀世之寶——黃丕烈舊藏宋拓石刻孤本〈歷代鐘鼎彝器款識法帖〉》，中國嘉德，2018 年（該圖錄未載遲父鐘四）。

表 5-6-1　遲父鐘中的"龍"字

遲父鐘	宋拓本	明崇禎六年朱謀㙔刻本	清康熙五十八年虞山陸友桐亮據汲古閣本抄校本
遲父鐘一《維揚石本》			
遲父鐘二《博古錄》			
遲父鐘三《考古圖》			
遲父鐘四《古器物銘》			

　　從上表可知，採自《博古錄》的遲父鐘二中的"龍"字形體與採自其他三種著錄的不同。從"龍"字出現的位置及辭例"丕顯龍光"來看，宋人把採自《博古錄》的遲父鐘二的"𩦡"等同於遲父鐘一、遲父鐘三、遲父鐘四中的▨等字並没有什麽問題。而把"丕顯龍光"讀爲"丕顯寵光"，也可以得到《詩經》的支持。

　　我們回過頭來對比一下"月明滄海"琴龍池下方的朱文亞字形印章，很明顯▨字就是遲父鐘中的▨字，這枚朱文亞字形方印讀爲"龍陽子"也就順理成章了。

　　對於這個"龍"字字形的解釋，宋人吕大臨認爲"象龍首形，《説文》作龍"。① 僅從字形上來看，很難識别出龍的形體。但值得關注的是，1976 年陝西扶風莊白一號西周銅器窖藏出土的𤼈鐘上，出現了一個▨字，辭例爲"用▨光𤼈身，永余寶"（𤼈鐘，《集成》00246），讀爲"用寵光𤼈身，永余寶"（圖 5-6-4）。② 如果把▨字③上方的"宀"去掉，剩下的▨形與上文所引遲父鐘的▨字形就非常接近了（圖 5-6-5），可見宋人把該字釋爲"龍"字也非無稽之談。

---

①　吕大臨：《考古圖·釋文》，載劉慶柱、段志洪、馮時主編《金文文獻集成》（第一册），綫裝書局，2005 年，影印清乾隆四十六年四庫全書文淵閣書録錢曾影鈔宋刻本，第 182 頁。

②　吴鎮烽編著：《商周青銅器銘文暨圖像集成》（第二十九卷），上海古籍出版社，2012 年，第 25—45 頁，第 15592—15605 號。

③　關於該字及"寵光"的釋讀，參看周忠兵：《説金文中的"寵光"》，《文史》2011 年第 4 輯，第 37 頁。

圖 5-6-4　癲鐘（採自《周原出土青銅器》第四卷）

圖 5-6-5　"龍陽子"印、遲父鐘銘、癲鐘銘之"龍"字對比

二、傳冷謙畫作及其神話傳説

冷謙，字啓敬，號龍陽子。其生平頗爲神秘，大約生活在元末明初，出生地有浙江杭州、浙江嘉興、湖南常德等説，善琴通樂理，相傳又善畫。

冷謙有畫名，傳世畫作多著録於《石渠寶笈》，但以現在的鑒定結果來看，實多爲後人作僞（詳見文末表 5-6-2）。且冷謙的之畫往往與神話傳説相糾葛。至明末清初，其生平事跡已多不可考，後人遂以傳説附會。

焦竑所著成書於明萬曆年間的《國朝獻徵録》有《冷協律謙傳》，兹録於下：

　　冷謙，字啓敬，武陵人，號龍陽子。元中統初與邢臺劉秉忠從沙門海雲遊，無書不讀，尤邃於《易》，及邵氏經世天文地理律曆，衆伎皆能通之。至元間秉忠入拜太保，参中书，谦乃弃释业儒，遊於雪川，與故宋司户參軍趙孟頫於四明史衛王府睹唐李思訓之畫，忽發胸臆，效之不月餘，山水人物悉得其法，而傳彩尤加纖細，神品幻出，由此以丹青鳴於時。隸淮陽，遇異人授以中黄大丹，出示平叔悟真之指，悟之如己作。至正間百數歲矣，綠髮童顏，如方壯時，以黄冠隱居吴山頂上，飄然有塵外之趣。值紅巾之亂，避遊金陵，以方藥濟人如神。國初皇祖聞其善音律，召爲太常寺協律郎。謙承命考正宗廟雅樂、音律及鐘磬等器、樂舞之制稱旨。後以畫鶴之誣，遂隱瓶仙逝。

冷謙，字啓敬，湖湘人。國初爲協律郎，郊廟樂章多所撰定。謙有故人貧不能自存，知謙得異術，求濟於謙，謙曰："汝命薄，吾指汝一所，有贏金二錠可以資助，但勿過取，不聽吾戒，吾與汝皆不利也。"乃於壁間畫一門，一鶴守之，令其人敲門，門忽自開，入其室，金玉爛然盈目，其人恣取以出而不覺遺其引。他日内庫失金，守藏吏獲引以聞，執其人訊之詞連及謙，因併逮謙。謙將至城門，謂逮者曰："吾死矣，安得少水以救吾渴。"守門者以瓶汲水與之，謙遽以足插入瓶中，其身漸隱。守者懼罪，遂攜瓶至御前。上問之，輒於瓶中奏對。上曰："汝出見朕，朕不殺汝。"謙自言："臣有罪，不敢出。"上怒，碎其瓶，片片皆應，終不知所在。與左慈事絶相類。上按籍録庫中金，果餘二錠。

張三丰嘗跋謙所畫《蓬萊仙奕圖》，有所謂畫鶴之誣者，即此事也。併録其辭曰：《蓬萊仙奕圖》者，龍陽子湖湘冷君，武陵人，名啓敬，龍陽其號也。中統初與邢臺劉秉忠仲晦從沙門海雲，書無不讀，尤邃於《易》及邵氏經世天文地理律曆，以至衆技多通之。至元，秉忠參與中書省事，君乃弃釋從儒，遊雪川，與故宋司户參軍趙孟頫子昂於四明史衛王彌遠府睹唐李思訓將軍畫，有頃，發之胸臆，遂效之，不月餘，其山水、人物、窠石等無異將軍，其筆法傳彩尤加纖細，人品幻出，由此以丹青鳴當時。隸淮陽，遇異人授中黄大丹，出平叔悟真之旨，穎然而悟如己作之。至正間則百數歲矣，其綠髮童顔如方壯不惑之年。時值紅巾之暴，君避地金陵，日以濟人利物方藥如神。天朝維新，君有畫鶴之誣，隱壁仙逝，則君之墨本絶跡矣。此卷乃至元六年五月五日爲余作也，吾珍藏之。予將訪冷君於十洲三島，恐後人不知冷君胸中丘壑三昧之妙，不識奇仙異筆混之凡流，故識此。特奉遺元老太師淇國丘公覽此卷，則神清氣爽，飄然意在蓬瀛之中，幸珍襲之，且以爲後會云。時永樂壬辰孟春三日，三丰遯老書。①

---

① 焦竑：《國朝獻徵録·釋道》，載《續修四庫全書》編纂委員會編《續修四庫全書》（五三一），上海古籍出版社，2002年，第680頁。

《蓬萊仙弈圖》著録於《石渠寶笈初編》，現藏臺北故宫博物院。畫上張三丰之跋與焦竑《冷協律謙傳》中的文字幾無分别。① 後人根據其《蓬萊仙弈圖》軸上張三丰的跋語，認爲冷謙與劉秉忠、沙門海雲、趙孟頫等友善。

事實上從劉秉忠(1216—1274)、沙門海雲(1202—1257)、趙孟頫(1254—1322)等的生卒年和生平事跡來看，冷謙不會與他們有交集。早於焦竑，明代郎瑛(1487—1566?)的《七修類稿》已證實該畫上的張三丰跋語爲僞造。② 近來談晟廣的《一件僞作何以改變歷史——從〈蓬萊仙弈圖〉看明代中後期江南文人的道教信仰》一文更是論證詳實，《蓬萊仙弈圖》爲僞作已爲定論。③

《石渠寶笈初編》還著録一件宋燕肅《春山圖》，現藏故宫博物院，上有冷謙題詩：

> 依稀廬岳高僧舍，仿佛商山隱者家。我亦抱琴酬素約，白雲深處拾松花。膠東生冷謙。

此詩及書法本身非常有名，後人多拿來作爲研究冷謙書法和淡泊思想的範本，但肖燕翼認爲《春山圖》後的34家元明人題記皆爲僞書④。

此外，臺北故宫博物院還收藏一件元薩都剌(1272—1355)的《嚴陵釣臺圖》軸⑤，也著録於《石渠寶笈初編》，上有薩都剌題：

> 山川牽惹心我旌，迢遞驅馳萬里程。蹺步薜分聲析析，瀑流潤匯響砰砰。釣竿臺上無形跡，丘壑亭中有隱名。富貴可遺志不易，鼎彝猶似羽毛輕。予自都門歷南，跋涉驅馳，奔走幾半萬里。聞嚴臺釣磯，山秀寰拱，碧水澄淵，余强冷啟敬共登。既而遊歸，啟敬强余繪圖，漫爲作此。至元己卯〔元至元五年(1339)〕八月燕山天錫薩都剌寫，并題於武林。

翁同文《冷謙生平考略》認爲此畫畫面紙遠較詩塘之紙爲新，詩塘薩氏題識真，畫由後人追配。⑥

---

① 臺北故宫博物院編輯委員會編：《故宫書畫圖録》(十八)，臺北故宫博物院，1999年，第57—62頁。
② 郎瑛著：《七修類稿》，中華書局，1959年，第801頁。
③ 參看談晟廣：《一件僞作何以改變歷史——從〈蓬萊仙弈圖〉看明代中後期江南文人的道教信仰》，《中國國家博物館館刊》2018年第3期，第105—129頁。
④ 肖燕翼：《宋燕肅〈春山圖〉辨僞》，《故宫博物院院刊》2015年第5期，第40—50頁；又載《古書畫名家名作辨僞三十例》，浙江大學出版社，2019年，第1—17頁。
⑤ 石守謙、葛婉章主編：《大汗的世紀：蒙元時代的多元文化與藝術》，臺北故宫博物院，2001年，第313—314頁。
⑥ 翁同文著：《藝林叢考》，聯經出版事業公司，1977年，第189—198頁。

總之，《石渠寶笈》著錄及傳世冷謙畫作幾乎都存在問題。所以在考證冷謙生平事跡時，我們將不採用諸畫作及有關神話傳說的材料，力求用可靠的材料來還原歷史上真實的龍陽子冷謙。

清人上官周（1665—?）的《晚笑堂畫傳·明太祖功臣圖》中有冷謙之畫像（圖5-6-6）①，但從其描述文字多涉及"畫鶴之誣"的傳說來看，此人物圖定也出於臆造。附錄於此，聊備參考。

圖5-6-6　冷謙畫像（採自《晚笑堂畫傳》）

三、龍陽子冷謙生平及其交友考實

翁同文先生作於1964年的《冷謙生平考略》及1976年出版的《明代名人傳》（叁）中已經勾稽文獻，梳理出一個大致的輪廓，論述得比較詳盡，幾近歷史真實。②

這裏我們羅列相關可信的文獻，從中可知在史籍中冷謙的活動時間範圍從元至正十五年（1355）至明洪武元年（1368）前後。"月明滄海"琴龍池內陰刻的"至正壬辰"即元至正十二年，為冷謙的生平事跡作了增補，與所引文獻的時間恰好前後銜接。

（一）

元至正十五年，烏斯道作《大雅歌為冷起敬先生》：

大雅歌為冷起敬先生<small>先生名謙。元至正十五年作。</small>

冷先生，鼓大雅，烏生聽之雙淚下。雙檜堂前良夜深，霜華照月發好音。太羹玄酒忽在御，無懷葛天殊慰心。一彈明月不復動，再彈颯颯風吹襟。林神蹙縮真宰泣，江流噴激蒼龍吟。眾客方鼓舞，烏生淚汍瀾。烏生所思在古道，耿耿不寐燈影寒。周室東遷黍離作，桑間勝似鈞天樂。乾坤莽莽千餘年，誰把深心寄弦索？冷先生，鼓大雅，適不遭其時。十載風塵暗關塞，滿城戎馬苦亂離。<u>吳山深處，楚雲中，五絃彈到無聞韻，九門清迥閶闔高，白日是誰相倚。一片愁雲冷空歸</u>來，只有宮商袖中在。兩鬢蕭蕭意惘然，<u>又將歸住吳山巔</u>。人生萬事多齟齬，幾時得似羲皇前。冷先生，鼓大雅，且勿生憤惋。憤惋心不和，憤惋思不遠。只今

---

① 上官周撰：《晚笑堂畫傳》，浙江人民美術出版社，2013年，第190—191頁。
② 翁同文著：《藝林叢考》，聯經出版事業公司，1977年，第189—198頁；富路特著：《明代名人傳》（叁），北京時代華文書局，2015年，第1094—1096頁。

驛騎西山通，此調可獻明光宮。聲音之感疾如影，聖心即使超鴻濛。一人唱於萬人和，天下盡荷雍熙風。烏生有淚不復灑，融融洩洩無聲中。①

烏斯道（1314—1390後），《明史》有傳②，字繼善，號春草，慈溪人。文尚體要，尤長於詩，寄興高遠，而瀟灑出塵，一洗元人繁縟之弊，尤精書法。洪武初用薦起爲永新令，有惠政，坐事謫戍定遠，尋放還。有《秋吟稿》《春草齋集》。

《大雅歌爲冷起敬先生》記載了明確的時間爲元至正十五年，"先生名謙"。烏斯道贊揚了冷謙"鼓大雅"的高超水準與琴聲的盪氣迴腸。值得注意的是，詩作中的"吳山深處一茅宇""又將歸住吳山巔"指明了此時冷謙卜居於杭州吳山。

（二）

元至正二十四年（1364）夏五月，張宣、何彦恭、袁魯瞻、張景玉、戰傳恭、凌彦翀、張叔方、郁以文等八人訪冷謙於杭州吳山之如此江山亭。

> 至正甲辰夏五，宣與何君彦恭、袁君魯瞻、張君景玉、戰君傳恭、凌君彦翀、張君叔方、郁君以文諸進士凡八人，步自胥山，訪冷君起敬如此江山亭。時梅雨不出戶者閱月矣。適君訪友城南，丹崖青壁，悵然者久之。遂與諸公謁伍王廟，過四景園，坐清暉亭上，徘徊吟眺，目送江波下上間。彦恭曰："江山不可孤也，明當再來。"明日彦恭、傳恭與予三人偕往，起敬款至亭下，援琴作三五弄，俾予詠歌之。清商出林，綠陰晝寂，四客相顧若與世相忘者。傳恭有詩，彦恭起和，宣因賦長句一首，併以寄諸公云。
>
> 黃梅雨深迷巷陌，寸步城南即相失。湖山謾說天下奇，造物似爲人愛惜。天公亦復有高趣，故遣微雲送纖碧。亂中幽賞頗自快，無異鷙鳥凌健翮。一峰初入子胥廟，萬室鱗鱗枕其側。意行孰知山近遠，時有春禽啼格磔。孤城百雉忽在望，細路古城猶帶驛。長空不隔飛鳥渡，海門掩映煙霞色。江山如此能幾何，明日重尋已陳跡。山靈有約我當往，我友便成雲水隔。琴中仙人出款門，揮手一彈驚霹靂。嗟予好音苦未造，觸處要聽差賞適。有如作者不善書，奇字能如我能識。宦情於人本無味，況乃低頭受羈靮。便須速辦買山錢，來與琴仙作鄰客。③

張宣，《明史》有傳④，初名瑄，字藻重，江陰人。洪武朝以考禮徵，預修《元史》，授翰林編修，太祖呼爲小秀才。坐事謫徙濠梁，道卒。有《春秋胡傳標注》《清暘集》。

---

① 烏斯道：《大雅歌爲冷起敬先生》，載《烏斯道集》，浙江古籍出版社，2012年，第30—31頁。
② 張廷玉等撰：《明史》，中華書局，1974年，第7319頁。
③ 張宣：《青暘集》卷二頁七，載《叢書集成續編》（第169冊），上海書店出版社，1994年，第19頁。
④ 張廷玉等撰：《明史》，中華書局，1974年，第7321頁。

詩前小序點明了八人第一天訪冷謙不遇,時間爲元至正二十四年夏五月,地點爲杭州吴山,吴山上有伍子胥廟、四景園、清暉亭。第二天,張宣、何彦恭、戰傳恭再訪冷謙,"起敬款至亭下,援琴作三五弄"。詩中更有"琴中仙人出款門,揮手一彈驚霹靂""來與琴仙作鄰客"等句,説明元末時冷謙已有"琴仙"之名。

八人之中的凌彦翀(1323—1388),夏節於明永樂二十年(1422)作其《行述》云:

> 先生諱雲翰,字彦翀,生元至治癸亥歲〔至治三年(1323)〕,家義和安國里閶闠間,以柘軒自號。早遊黟南程公以文之門。……至正十九年己亥,浙省以便宜開科取士,登鄉試榜,以道梗不及赴都,授紹興路蘭亭書院山長。不赴,教授姑蘇之常熟。高郵張氏兵起,退居吴興梅林村,號避俗翁。國朝洪武初,建立學校,招延文學老成、經明行修之士訓迪生徒,時則典教葉居仲、徐大章(即徐一夔),司訓王好問、瞿士衡、莫景行、何彦恭適同其事,咸稱得人。浙省參政鄱陽周公伯温扁其讀書處曰"安易",總制馬公、參政徐公,接以賓禮,與之唱和。洪武辛酉〔洪武十四年(1381)〕,以薦舉召授四川成都教授,卒於官,時洪武戊辰歲也〔洪武二十一年(1388)〕。①

八人之中的張叔方,名誼,字叔方,錢塘人,張雨侄。至正間領鄉薦,便宜授松江儒學正。徐一夔作《送張叔方序》:

> 士貢於鄉,未赴春官而有典校之命,非盛時例也。比由道阻外省,慮其濡滯,用便宜命之。於是錢唐張誼叔方以至正二十三年鄉貢得爲松江儒學正。叔方精敏嗜學故貞居先生(張雨)之從子,鄱陽徐君成中之高弟也。②

從有文獻可考的幾人的生平來看,張宣、凌彦翀、張誼等都生活於元明交替之際。凌彦翀至正十九年(1359)中舉,張誼至正二十三年(1363)中舉,他們於元至正二十四年一同拜訪冷謙,從詩作中可以看出他們對冷謙的琴學造詣欽佩有加。

(三)

元至正二十七年〔朱元璋吴元年(1367)〕,《明史》載朱元璋定樂舞之制,冷謙爲太常協律郎。

> 明興,太祖鋭志雅樂。是時,儒臣冷謙、陶凱、詹同、宋濂、樂韶鳳輩皆知聲

---

① 凌雲翰:《柘軒集·行述》,載紀昀等編纂《影印文淵閣四庫全書》(第一二二七册),北京出版社,2012年,第735頁。
② 徐一夔:《始豐稿》,載紀昀等編纂《影印文淵閣四庫全書》(第一二二九册),北京出版社,2012年,第169頁。

律,相與究切釐定。而掌故闊略,欲還古音,其道無由。……太祖初克金陵,即立典樂官。其明年置雅樂,以供郊社之祭。吳元年命自今朝賀,不用女樂。先是命選道童充樂舞生,至是始集。太祖御戟門,召學士朱升、范權引樂舞生入見,閱試之。太祖親擊石磬,命升辨五音。升不能審,以宮音爲徵音。太祖哂其誤,命樂生登歌一曲而罷。是年置太常司,其屬有協律郎等官。元末有冷謙者,知音,善鼓瑟,以黃冠隱吳山。召爲協律郎,令協樂章聲譜,俾樂生習之。取石靈璧以製磬,採桐梓湖州以製琴瑟。乃考正四廟雅樂,命謙較定音律及編鐘、編磬等器,遂定樂舞之制。樂生仍用道童,舞生改用軍民俊秀子弟。又置教坊司,掌宴會大樂。設大使、副使、和聲郎,左右韶樂、左右司樂,皆以樂工爲之。後改和聲郎爲奉鑾。①

《明史》記載冷謙知音善鼓瑟此段甚詳。"以黃冠隱吳山"所指明的地點與上引烏斯道作《大雅歌爲冷起敬先生》及張宣詩相合。"採桐梓湖州以製琴瑟"也能與其善古琴相印證。

這裏需要引起注意的是"以黃冠隱吳山",既稱"黃冠",說明冷謙爲道士。上引《明史》中也說"吳元年命自今朝賀,不用女樂。先是命選道童充樂舞生","樂生仍用道童,舞生改用軍民俊秀子弟",明初所訂樂章爲道教樂律。

吳山又稱胥山,山上有伍子胥廟,也稱武王廟。伍子胥自古就與道教有着密不可分的聯繫,傳說伍子胥精通式占、遁甲之術,故此類作品中可見假托伍子胥所撰或以伍子胥命名者。《隋書·經籍三》"子經志"條記載:"《遁甲決》一卷,吳相伍子胥撰。《遁甲文》一卷,伍子胥撰。"另有《伍子胥式經章句》二卷,亡佚。此外,敦煌抄本《伍子胥變文》更以民間藝人的手法將精通奇門遁甲術的伍子胥形象進行了栩栩如生的刻畫。②

《明史·樂志》的這段材料實爲捏合《實錄》而來。兹引《實錄》吳元年中的記載如下:

> 秋七月乙亥朔。先是命選道童俊秀者充樂舞生,至是始集。上御戟門,召學士朱升及范權領樂舞生入見,設雅樂閱試之。上親擊石磬,命升辨識五音,升不能審,以宮音爲徵音。上曰:"升每言能審音,至辨五音何乃以宮作徵耶?"起居注熊鼎對曰:"八音之中,石聲最難和。古惟後夔能和磬聲,故《書》曰:'於予擊石拊石,百獸率舞。'"上曰:"石聲固難和,然樂以人聲爲主,人聲和即八音諧和矣。"因

---

① 張廷玉等撰:《明史》,中華書局,1974年,第1499頁。
② 姜守誠著:《出土文獻與早期道教》,中國社會科學出版社,2016年,第146頁。

命樂生登歌一曲。上復歎曰:"古者作樂以和民聲,格神人,而與天地同其和。近世儒者鮮知音律之學,欲樂和顧不難耶?"鼎復對曰:"樂音不在外求,實在人君一心,君心和則天地之氣亦和,天地之氣和則樂亦無不和矣。"上深然之。

　　(秋七月)辛丑,置太常、司農、大理、將作四司,俱正三品。每司設卿,正三品,少卿,正四品,丞,正五品。太常司典簿、協律郎、博士,正七品。贊禮郎,從八品。

　　(八月)癸丑,圜丘方丘及社稷壇成。

　　(八月)甲寅,命協律郎冷謙協樂章聲譜,令樂生肄習之。

　　(九月)辛丑,命於泗州靈壁取石製磬,湖州採桐梓製琴瑟。

　　(冬十月)戊午,考正四廟雅樂,命協律郎冷謙校定音律及編鐘、編磬等器。

　　(冬十月)癸亥,定樂舞之制。樂生用道童如故,舞生以軍民俊秀子弟爲之,文武各六十四人,文生唐帽紫大袖袍執羽籥,武生唐帽絳大袖袍執干戚,俱革帶皁靴。尋改用襆頭,緋紫袍靴帶仍舊。①

從《明太祖實錄》來看,關於冷謙的記載集中於吳元年七月至十月。

朱升(1299—1370),《明史》有傳②,字允升,休寧人。元至正五年(1345)舉鄉薦,爲池州學正,避盜棄官隱石門。太祖下徽州,召問時務,對曰:"高築牆,廣積糧,緩稱王。"太祖善之。吳元年授侍講學士,知制誥,同修國史。以年老,特免朝謁。洪武二年(1369)請老歸,逾年卒,年七十二。升爲五經皆有旁注,而《易》尤詳,別有《前圖》二卷,又著有《楓林集》。

朱元璋命朱升審音之時正爲吳元年七月乙亥朔,此時朱升官侍講學士,從五品。③ 七月辛丑即置太常協律郎等官,正七品。④ 八月圜丘、方丘及社稷壇成,於是命協律郎冷謙協樂章聲譜,於泗州靈壁取石製磬,於湖州採桐梓製琴瑟,命協律郎冷謙校定音律及編鐘、編磬等器,並定樂舞之制。

冷謙爲七品協律郎,官位並不高,但以一己之力協樂章聲譜,製磬、製琴瑟,校定音律及編鐘、編磬,在音律方面的能力早已超過"特免朝謁"的碩儒朱升。

朱升之子朱同有詩《題冷起敬如此江山亭》:

　　亭構吳山百尺梯,更闌時聽海鷄啼。絲桐夜雨清猿夢,楊柳春風送馬蹄。雪

---

① 《明太祖實錄》,"中研院"歷史語言研究所,1962年,第347、353、355、357、376、393、395頁。
② 張廷玉等撰:《明史》,中華書局,1974年,第3929頁。
③ 同上書,第1785頁。
④ 《明史》載,吳元年協律郎官正七品,洪武十三年(1380)更定協律郎等官品秩,協律郎爲正八品。見張廷玉等撰:《明史》,中華書局,1974年,第1797頁。

漲海門天塹闊,潮回江浦月底低。登臨若問登臨句,如此江山如此題。①

朱同,《明史》附傳於其父朱升後②,字大同,號朱陳村民,又號紫陽山樵,休寧人。洪武中舉明經,仕爲禮部侍郎。有文武才,工圖繪,時稱三絶。懿文太子愛其書,甚重之,坐事死。

根據上引,元至正二十四年夏五月,張宣、何彦恭、袁魯瞻、張景玉、戰傳恭、凌彦翀、張叔方、郁以文等八人訪冷謙於杭州吳山如此江山亭,而朱同也有詩吟詠如此江山亭,考其生平,推測此首或也作於元明鼎革之際。

(四)

吳元年冷謙爲協律郎後,劉基作《舊在杭時爲冷起敬賦泉石歌》:

舊在杭時,爲冷起敬賦《泉石歌》,亂後失之。今起敬爲協律郎,邀予寫舊作,已忘而記其起三句,因更足之。

君不見吳山削成三百尺,上有流泉發蒼石。冷卿以之調七弦,龍出大陰風動天。初聞涓涓響林莽,悄若玄宵鬼神語。泠然穿崖達幽谷,筝籟颼颼振喬木。永懷帝子來瀟湘,瑶環瓊珮千鳴璫。女夷鼓歌交甫舞,月上九疑啼鳳凰。還思媧皇補穹碧,排抉銀河通積石。咸池泄浪入重溟,玉井水漸相戛擊。三門既鑿龍池高,三十六鱗騰夜濤。豐隆咆哮震威怒,鯨魚捷尾驚蒲牢。倏然神怪歸寂寞,殷殷餘音在寥廓。鮫人淵客起相顧,江白山青煙漠漠。伯牙骨朽今幾年,叔夜廣陵無續弦。絶倫之藝不常有,得心應手非人傳。憶昔識子時,西州正繁華。箏笛沸晨暮,兜離傑休争矜誇。子獨倘佯泉石裏,長日松陰净書几。取琴爲我彈一曲,似掬滄浪洗塵耳。否往泰來逢聖明,有虞製作朝《莖英》。和聲協律子能事,罔俾夔摯專其名。③

劉基(1311—1375),《明史》有傳④,爲明朝開國功臣,字伯温,青田人。明太祖定處州,徵之,與議軍國事,佐滅陳友諒,執張士誠,降方國珍,北伐中原,遂成帝業,拜御史中丞兼太史令,洪武三年(1370)封誠意伯。性剛嫉惡,與物多忤。四年告老歸田,整天以飲酒弈棋自娱,五年遭胡惟庸構陷,八年憂鬱病死,年六十五,追諡文成。諸大典制,皆基與李善長、宋濂定計。有《誠意伯文集》二十卷。

---

① 朱同:《題冷起敬如此江山亭》,載紀昀等編纂《影印文淵閣四庫全書》(第一二二七册),北京出版社,2012年。
② 張廷玉等撰:《明史》,中華書局,1974年,第3929頁。
③ 劉基著:《劉伯温集》,林家驪點校,浙江古籍出版社,2011年,第385頁。
④ 張廷玉等撰:《明史》,中華書局,1974年,第3777頁。

劉基早年便與冷謙在杭州相識，並賦《泉石歌》。詩中"君不見吳山削成三百尺"也提到杭州之吳山，或許正是《明史》中所載冷謙"以黃冠隱吳山"之時。

又劉基有《秋夜聽冷協律彈琴分韻得夜字》：

> 秋清眾籟寂，華月耿遙夜。玉琴奏瑤席，逸響發高榭。微微風入林，稍稍泉出罅。關關黃鳥春，嘒嘒玄蟬夏。幽憂北鄘語，赫怒西楚吒。初疑廣寒府，和鸞起仙駕。忽驚龍騰霄，雷電劈太華。淒涼漢宮女，萬里異國嫁。逍遙商山老，芝歌意閒暇。斯須變暄涼，要妙奪造化。終焉返淳樸，瑚璉在纂藉。鄭、衛失其淫，儀、秦失其詐。虎狼失其攫，烏鳶失其嚇。大音信希聲，余美甘如蔗。持此滌塵心，永與箏笛謝。①

（五）

吳元年冷謙爲協律郎後，宋濂爲冷謙《太古正音》作序：

> 余少時則好琴，嘗學之而患無善師與之相講説，雖時按書佈爪，滌埋鬱而暢憶憤，心弗自是也。後聞冷君起敬以善琴名江南，當時學琴者皆趨其門，余尤慕之，以爲安得一聽以償夙昔之好乎？及入國朝，余既被命起仕，而冷君亦繼至。時天子方注意郊社宗廟之祀，病樂音之未復乎古，與一二儒臣圖所以更張之。冷君實奉明詔定雅樂，而余預執筆製歌辭，獲數與冷君論辯。
>
> 冷君間抱琴爲余鼓數曲，余瞑目而聽之，悽焉而秋清，盎焉而春煦；寥寥乎悲鴻吟，而鸑鷟鸞鳳追而和之也；砯砯乎水合萬壑，瀑布直瀉其上，而松桂之風互答而交沖也；懇懇乎如虞夏君臣，上規下諷，而不傷不怒也；熙熙乎如漢文之時，天下富實，而田野耆耄乘車曳屣，嬉遊笑語，弗知日之夕也。余倦爲之忘寢，不自知心氣之平，神情之適，閱旬日而餘音繹繹在耳。誠知其美，欲從而學焉，而余已老耄不可勉矣。既而冷君出其所次琴譜曰《太古正音》者示余，且曰："子之所聞者，皆出乎此，所未聞者，可按譜而學也。子可以序之？"
>
> 重余有感焉，樂之爲教也大矣，古之人自非居喪服、有異故，則樂未嘗違乎左右，所以攝忿戾之氣，通神明之德，其助豈爲細哉？後世古樂寖久寖亡，今之所存若琴者無幾，士大夫又鮮能而究聽之，雖如余之有志於學，猶有耆老無聞之悔，況不若余之質固者乎？誠以有其器而無其譜，有其譜而其制不全故也。今冷君獨不自私其藝，將使人人可按譜而學，豈非古人之用心哉！然余恐人見其易而忽之也，故道願學之意，以見其爲術之難，述所聞者以告之，使人知冷君之用志於琴甚

---

① 劉基著：《劉伯溫集》，林家驪點校，浙江古籍出版社，2011年，第483頁。

久,非特空言而已也。冷君名某,某郡人,今爲協律郎。①

宋濂(1310—1381),《明史》有傳②,明朝開國功臣,字景濂,號潛溪,又號玄真子,金華人,遷浦江。從學於聞人夢吉、吴萊,又請益於柳貫、黄溍,以文章名。至正九年(1349)薦授翰林編修,以親老辭,隱龍門山著書,故號龍門子。至正二十年(1360)應明太祖召,任江南儒學提舉,遷起居注。明洪武二年以翰林學士總修元史,纍官翰林承旨,致仕歸。十三年孫慎犯法,舉家謫蜀,明年卒,年七十二,追謚文憲。濂博極羣書,孜孜聖學,爲文醇深演迤,與古作者並。一代禮樂製作,多所裁定。有《宋文憲公全集》五十三卷,《洪武聖政記》二卷,以及《龍門子》《浦陽人物記》《周禮集説》《孝經新説》等。

宋濂在《太古正音序》中説:"後聞冷君起敬以善琴名江南,當時學琴者皆趨其門。"比較奇怪的是,序中最後所言"冷君名某,某郡人,今爲協律郎",没有提冷謙的名字及籍貫。《明史·宋濂傳》載:"(宋濂)爲文醇深演迤,與古作者並。在朝,郊社宗廟山川百神之典,朝會宴享律曆衣冠之制,四裔貢賦賞勞之儀,旁及元勳巨卿碑記刻石之辭,咸以委濂,屢推爲開國文臣之首。士大夫造門乞文者,後先相踵。……一代禮樂制作,濂所裁定者居多。"所以此序是否爲冷謙上門之乞文,我們不得而知。

翁同文《冷謙生平考略》推論洪武四年(1371)以後,冷氏即不復見記載,主要依據爲《古今圖書集成·樂律典三十》於洪武四年下引《明通紀》云:

> 尚書詹同、陶凱及協律郎冷謙等製宴樂九奏樂章。

相同事件《明太祖實録》"洪武四年六月"中的記載爲:

> (洪武四年六月)戊申,吏部尚書詹同、禮部尚書陶凱製宴享九奏樂章成,上之。其曲一曰《本太初》,二曰《仰大明》,三曰《民初生》,四曰《品物亨》,五曰《御六龍》,六曰《泰階平》,七曰《君德成》,八曰《聖道成》,九曰《樂清寧》。先是,上厭前代樂章率用腴詞,以爲容悦,甚者鄙陋不稱,乃命凱等更製其詞。既成,上命協音律者歌之。謂侍臣曰:"禮以道敬,樂以宣和,不敬不和,何以爲治?元時古樂俱廢,惟淫詞豔曲更唱迭和,又使胡虜之聲與正聲相雜,甚者以古先帝王祀典神祇飾爲舞隊,諧戲殿廷,殊非所以道中和、崇治體也。今所製樂章頗協音律,有和平廣大之意。自今一切流俗諠譊淫褻之樂,悉屏去之。"③

《明太祖實録》中僅録"乃命凱等更製其詞。既成,上命協音律者歌之",即由陶凱等製

---

① 宋濂著:《宋濂全集》,黄靈庚編輯校點,人民文學出版社,2014年,第666頁。
② 張廷玉等撰:《明史》,中華書局,1974年,第3784頁。
③ 《明太祖實録》,"中研院"歷史語言研究所,1962年,第1245頁。

詞,由協律譜樂,並沒有説此協律郎就是冷謙,我們並不知道洪武四年的太常協律具體是誰。所以由《實録》來看,冷謙於洪武四年作《九奏樂章》之説尚存疑。

綜上所述,冷謙在上引可靠文獻中出現的時間皆爲元末明初,具體可以精確到元至正十五年至吴元年冷謙爲協律郎後的十幾年間。勾稽這些文獻,可以大致描繪出這一段時間内冷謙的生平大概——冷謙,字起敬,生活於杭州,在吴山上爲黄冠道士,善琴名江南,而此時的朝廷雅樂爲道教音樂。

四、冷謙的琴學著作

從以上所引所有關於冷謙的文獻來看,無一例外都與琴學有關,所引最早的文獻爲烏斯道作於元至正十五年的《大雅歌爲冷起敬先生》。而"月明滄海"琴龍池内有"至正壬辰十月上旬,東海雲林生監造"數字,元至正壬辰爲元至正十二年,龍池下刻冷謙的印章"龍陽子"。我們推測東海雲林生爲製琴人,冷謙爲此琴的擁有者。而元至正十二年,與上述推論的冷謙在可靠史籍中出現的時段(從元至正十五年至吴元年)並不矛盾。

清黄虞稷的《千頃堂書目》著録"冷謙《太古正音》一卷"。① 《太古正音》已佚,但上引文獻中已有宋濂爲之所作的序。其中部分樂譜仍保存於明萬曆間朱載堉所撰《律吕精義》一書中,如《律吕精義·内篇卷之五》載:

> 國初冷謙所定律,用今工部營造尺。黄鐘長九寸,空徑三分四釐六毫,積八百四十六分,比古黄鐘低三律,即南吕倍律微高。
> 謙及元定十二律管,演算法皆同,惟尺不同。②

明項元汴的《蕉窗九録》附有冷謙《冷仙琴聲十六法》③,高羅佩把它譯爲英文④,影響遂廣。但查阜西認爲《蕉窗九録》是一部僞書,所以《琴聲十六法》斷不能説是明初冷謙所作。⑤

五、"龍陽子"與出生湖南説的推測

冷謙出生地有浙江杭州説、浙江嘉興説、湖南武陵説。

---

① 黄虞稷撰:《千頃堂書目》,瞿鳳起、潘景鄭整理,上海古籍出版社,2001年,第57頁。
② 朱載堉撰:《律吕精義》,馮文慈點注,人民音樂出版社,1998年,第167頁。
③ 項元汴:《蕉窗九録》,中華書局,1985年,第52頁。
④ 高羅佩著:《琴道》,宋慧文、孔維鋒、王建欣譯,中西書局,2015年,第104頁。
⑤ 查阜西遺著:《溲勃集》(選刊),載中國藝術研究院音樂研究所編《琴學六十年論文集》,文化藝術出版社,2011年,第251頁。

翁同文推測元末冷謙以黃冠隱於杭州吳山，吳山又名胥山，而浙江嘉興也有胥山，遂附會爾。① 嘉興曾有冷仙亭，位於嘉興市區秀州路冷仙弄。明崇禎九年（1636）秀水令傅汝爲創建，至十四年（1641）由錢公先續成，1981 年被列爲市級重點文物保護單位。②

《檇李文繫》（續輯）卷二十四收入錢公先《冷仙亭記》：

> 太常協律冷謙，字啟敬，嘉興秀水人。佐高皇帝定樂，將圖去，會故人乞周貧，遂畫一扃門於壁，以劍破其户，推之入，戒多取。入者不知乃内帑，恣去失引，知名被逮，併逮謙。謙語監者，索水飲，遁入瓶中。攜至御前，呼回應。上怒，擊碎之。不知所之，世稱"冷仙"。
>
> 亭在檇李城東北隅玄妙觀石臺上，邑侯傅公汝爲感夢創建。時崇禎丙子（崇禎九年），去迫，未竣。尋奉蓁蕪。辛巳（崇禎十四年），余偶蹕其地，惄焉興廢而力所未逮。一夕夢仙披雲幘，駕蒼鶴，從東南來，授余金符事兒，指亭顧余曰："子盍襄厥務。"余辰起不解所以，但洵應感之事。理匪矯誣，卜吉念又六日鳩工，未幾告成。③

可見明末人已不知冷謙的生平事跡，以"畫鶴之誣"的傳說來宣揚"冷仙"之名。"冷仙祠"及嘉興說似不可靠。

翁同文先生又推測，杭州古名武林，同音致誤，遂與湖南"武陵"相混。④ 至今《湖南名人志》《湘人著述表》等仍列入冷謙之名。

我們認爲，後人認爲冷謙爲湖南武陵人，與其號"龍陽子"有關，而龍陽爲地名，就如同冷謙的交友者之一——宋濂隱龍門山著書故號龍門子一樣。根據《中國歷史大辭典》的記載："龍陽縣，三國吳赤烏十一年（248）分吳壽縣置。治今湖南漢壽縣。北宋大觀中改爲辰陽縣。南宋紹興元年（1131）復舊。五年升爲軍。移治黃城寨（今漢壽縣東南）。尋因近湖低濕，復還故治。三十年又降爲縣。元元貞元年（1295）升爲州。明洪武三年（1370）仍降爲縣。1912 年改爲漢壽縣。歷屬武陵郡、朗州、鼎州、常德府。"⑤

我們推測，冷謙生於龍陽，今湖南常德，元元貞元年至明洪武三年爲龍陽州。後

---

① 翁同文著：《藝林叢考》，聯經出版事業公司，1977 年，第 189—198 頁。
② 嘉興市文化廣電新聞出版局編：《嘉興歷代碑刻集》，群言出版社，2007 年，第 544—547 頁。
③ 張元濟、葛嗣浵編：《檇李文繫》（續輯）卷二十四。
④ 翁同文著：《藝林叢考》，聯經出版事業公司，1977 年，第 189—198 頁。
⑤ 中國歷史大辭典歷史地理卷編纂委員會編：《中國歷史大辭典·歷史地理卷》，上海辭書出版社，1996 年，第 192 頁。

誠如《明史》所載,冷謙"以黃冠隱吳山",烏斯道《大雅歌爲冷起敬先生》記載冷謙於元至正十五年居於杭州吳山,而宋濂《太古正音序》説"後聞冷君起敬以善琴名江南",這裏的江南很可能也指的是杭州。

六、結　論

"月明滄海琴"上朱文亞字形方印的印文是"龍陽子",龍陽子便是元末明初的音樂大家——冷謙,"龍陽"可能爲冷謙的出生地——今湖南常德。從可靠的文獻梳理中我們可知,冷謙的活動時間範圍從元至正十五年至明洪武元年前後,而"月明滄海"琴龍池內陰刻的"至正壬辰"(元至正十二年)爲冷謙的生平事跡作了增補,與所引文獻的時間恰好前後銜接。

表 5-6-2 《石渠寶笈》著錄及傳世冷謙畫作表

序號	作品	《石渠寶笈》著錄名	《石渠寶笈》卷冊、等第、收藏地	現藏地	備註
1	《白嶽圖并題》	明冷謙《白嶽圖》一軸	初編 上等藏一 養心殿	臺北故宮博物院	
2	《山水并題》	明冷謙《山水》一軸	初編 次等晴一 御書房		
3	《蓬萊仙弈圖》	明冷謙《蓬萊仙弈圖》一卷	初編 上等岡一 御書房	臺北故宮博物院	談晟廣辨偽
4	《題宋燕肅春山圖》	宋燕肅《春山圖》一卷	初編 上等洪一 養心殿	故宮博物院	肖燕翼辨偽
5	《白嶽圖(并記)》	冷謙《白嶽圖》一軸	續編	臺北故宮博物院	
6	《勞中細柳圖》	明冷謙《勞中細柳圖》一卷	三編 上等藏一 養心殿		葉德輝《西清札記》辨偽
7	《壽山福海圖》	明冷謙《壽山福海圖》一軸	三編 上等藏一 養心殿	旅順博物館	中國古代書畫鑑定組認爲此畫"冷謙款後添",定作者爲"陸治"
8	《雲山疊翠圖》			臺北故宮博物院	龐元濟《虛齋名畫錄》卷八

續　表

序號	作品	《石渠寶笈》著録名	《石渠寶笈》卷册、等第、收藏地	現藏地	備注
9		《松壑秋雲圖》		臺北故宫博物院	日本《澄懷堂書畫目録》卷十二
10		《蓬萊仙鶴圖》		臺北故宫博物院	
11		明冷謙《硃砂庵圖》		臺北故宫博物院	《大風堂遺贈名跡特展圖録》
12		元薩都剌《嚴陵釣臺圖》	初編　養心殿	臺北故宫博物院	翁同文認爲畫面紙遠較詩塘之紙爲新
13		明冷謙《群仙圖》		臺北故宫博物院	
14		《丘壑琳琅册·明冷謙松泉茅舍》			

2024 年 5 月修訂

原載《湖南省博物館館刊》(第十六輯)，岳麓書社，2022 年。

作者係復旦大學出土文獻與古文字研究中心 2011 級碩士(導師：施謝捷)，現爲上海博物館館員。

黄氏、黎氏兩種語類編本比較研究

楊 艷

《朱子語類》乃朱熹講學筆録,該書歷經"五録"(池録、饒録、婺録、饒後録、建別録)、"四類"(蜀類、徽類、徽續類、語類大全)而成。其中蜀類、徽類乃黄士毅編本(以下簡稱"黄氏編本"),而語類大全乃黎靖德編本(以下簡稱"黎氏編本"),皆可謂語録之集成本。但因當時蜀類、徽類刊刻數量有限,流傳不廣,在黎靖德綜合校訂之後,漸被黎氏編本替代。據考察,目前國内已無黄氏編本,其唯一存世者即爲今日本九州大學圖書館館藏古朝鮮學者鈔本,且經考證,該鈔本的底本爲徽類魏克愚再校本,參考本爲萬曆朱崇沐重刊本。[1]

從版本發展史來看,黄士毅編《晦庵先生朱文公語類》與黎靖德編《朱子語類大全》均是朱熹講學語録内容的歸納性整理成果,在《朱子語類》版本發展史上皆占有重要地位;而從文獻整理情況來看,兩種語類在編排體例、文字内容上,既有承續關係,又存在不同程度的差異。在各種原語録本散佚不存的情況下,二者的比較性研究不僅有助於各朱熹語録、語類彙編本的修補和校訂,且對《朱子語類》版本演變和流傳過程的分析具有重要參考價值。

一、黎氏編本的承繼性

總的來説,黎靖德綜合各本進行整理時,沿襲了黄氏編排的指導思想、原則和方式,其具體表現爲承繼其類目框架、沿用其拆分重編歸類的方式。

(一) 承繼其類目框架

雖然今傳黄氏編本卷前所附《晦庵先生朱文公語類總目》已非徽類之《晦庵先生朱文公語類總目》原貌,乃古朝鮮抄寫者據黎氏編本《朱子語類門目》補入,但與卷内實際情況比較後發現,其《晦庵先生朱文公語類總目》與其實際類目大致情況吻合。[2]

---

[1] 參看楊艷著:《〈朱子語類〉版本與語言問題考論》,廣西人民出版社,2015年,第28—32頁。
[2] 同上書,第33—34頁。

也就是説,黎氏編本據以類分的《朱子語類門目》源自黄氏編本的《晦庵先生朱文公語類總目》,是在黄氏編本《晦庵先生朱文公語類總目》的基礎上略加修改而成。

通過黄氏編本的全面考察可以看到,黄士毅類編整理的框架有三個層次:先將其所理解的朱熹理學思想體系形成一個大框架,即《晦庵先生朱文公語類總目》,此爲第一層次的類分框架;各卷又以小標題統攝的方式來體現其第二層次的類分框架;小標題框架内,再以尾注的形式標示本語録之下各條語録内容歸旨,此爲其第三層次的類分框架。以上三個層次的框架同樣出現在黎氏編本中,且其第一、第二層次的框架相似程度極高,第三層次框架雖多有更改,但形式上並無差異,説明黎氏編本沿用了黄氏編本這種多層次框架的類目構架方式。

以卷三"鬼神"爲例,黄氏編本卷内附於語録末尾的分類型小注依次有:"按以下並在天鬼神""以下並在人鬼神""以下並祭祀祖考""按以下並説祭祀神示"。① 黎氏編本卷内附於語録末尾的分類型小注則依次爲:"以下並在人鬼神,兼論精神魂魄""以下論祭祀祖考、神示""以下論祭祀神示"。② 兩相對比,雖有差異,但從内容和次序來看,其間的相承相繼關係亦甚明顯。由此可證,黎靖德在繼承這種類編框架的同時,又因其所採編内容而略作調整。

此外,從部分小注所放置的具體位置上也看可到明顯的沿襲性。如在黄氏編本卷三與黎氏編本卷三中,有兩條語録均以相繼排列的方式出現:

> 氣聚則生,氣散則死。泳。
>
> 問:"死生有無之説,人多惑之。今日不合僭言及此,亦欲一言是正。③"先生曰:"不須如此疑。且作無主張。"力行因問:"識環記井之事古復有此,何也?"先生曰:"此有④别有説話。"力行。

兩種編本中,泳(即湯泳)所記"氣聚則生,氣散則死"條語録録尾均附有分類型小注,黄氏編本爲"以下並在人鬼神",而黎氏編本爲"以下並在人鬼神,兼論精神魂魄"。雖二者所附小注内容略有差異,但吻合程度之高也十分明顯。説明黄士毅將力行所録

---

① 黄士毅編:《朱子語類彙校》(修訂本),徐時儀、楊艷彙校,上海古籍出版社,2023年,第51、58、67、74頁。黄氏編本僅存古寫本一份,該古寫本原存日本九州大學圖書館,國内無原本及影印本,今上海古籍出版社出版徐時儀、楊艷彙校本可供參看,黄氏編本的具體内容皆可參看該點校本,本文皆標示點校本相關内容頁碼。

② 黎靖德類編:《朱子語類》,山東友誼書社,1993年,影印成化年間刊本,第130、146、156頁。黎氏編本有中華書局王星賢點校本及山東友誼書社影印成化年間刊本,因影印本更接近黎氏編本原貌,本文有關黎氏編本的内容標示山東友誼書社影印本頁碼。

③ "今日不合僭言及此,亦欲一言是正",黎氏編本無。

④ "有",黎氏編本作"又"。

之"問死生有無之説"條作爲"人鬼神"這一主題類目的第一條語録,而黎靖德在徑直搬用這一處理的同時,又將其主題增改爲"人鬼神,兼論精神魂魄"。

再舉黄氏編本卷三賀孫録爲例:

> 問:"性即是理,不可以聚散言。聚而生,散而死者,氣而已。所謂精神魂魄,有知有覺者,氣也。故聚則有,散則無。若理則亘古今常存,不復有聚散消長也。"曰:"只是這箇天地陰陽之氣,人與萬物皆得之。氣聚則爲人,散則爲鬼。然其氣雖已散,這箇天地陰陽之理生生而不窮。祖考之精神魂魄雖已散,而子孫之精神魂魄自有些小相屬。故祭祀之禮盡其誠敬,便可以致得祖考之魂魄。這箇自是難説。看既散後,一似都無了。能盡其誠敬,便有感格,亦緣是理常只在這裏也。"賀孫。

此條賀孫録論祭祀以聚祖先精神。在兩種編本中,此條賀孫録之前分別爲可學録、祖道録,但無論是可學録還是祖道録,其語録末尾皆有語意相同的小注。黄氏編本載:

> 林一之問:"萬物皆有鬼神,何故只於祭祀言之?"曰:"以人具是理,故於人言。"又問:"體物何以引'幹事'?"曰:"體幹是主宰。"① 可學。以下並祭祀祖考。②

黎氏編本載:

> 或問鬼神。曰:"且類聚前輩説鬼神處看,要須自理會得。且如祭天地祖考,直是求之冥漠。然祖考却去人未久,求之似易。"先生又笑曰:"如此説,又是作怪了也。"祖道。以下論祭祀祖考、神示。

黄氏編本可學録末尾所注"以下並祭祀祖考",與祖道録末尾所注"以下論祭祀祖考、神示"之意相近,其意皆是把賀孫録及其以下各條語録歸入同一主題歸旨下,即論祭祀祖先(神靈)。

可見,黄士毅先將賀孫所録作爲論祭祀祖先(神靈)這一主題的第一條語録,黎靖德同樣是在對主題文字略加修改的基礎上,以徑直照搬的方式移入自己的彙編本中。

(二)沿用其拆分重編歸類的方式

黄士毅以類而分的宗旨是據語録所記的内容按類措置和安排。但朱熹講學過程中常由此及彼,使一條語録往往關涉兩個以上的主題。爲了使其措置得當,黄士毅會依據語録内容將一條語録拆分而置於不同卷目類別下,使語録内容與類目框架更爲吻合。通過兩種語類編本的比較,可以看到其拆分的痕跡。

---

① "體幹是主宰",黎氏編本此下有小注曰:"按'體物'是與物爲體,'幹事'是與事爲幹,皆倒文。"
② "以下並祭祀祖考",黎氏編本無。

黎氏編本卷一百十七"訓門人"有一條徐㝢録：

晚再入卧内，淳稟曰："適間蒙先生痛切之誨，退而思之，大要'下學而上達'。'下學而上達'，固相對是兩事，然下學却當大段多着工夫。"曰："聖賢教人，多説下學事，少説上達事。説下學工夫要多也好，但只理會下學，又局促了。須事事理會過，將來也要知簡貫通處。不要理會下學，只理會上達，即都無事可做，恐孤單枯燥。程先生曰：'但是自然，更無玩索。'既是自然，便都無可理會了。譬如耕田，須是下了種子，便去耘鋤灌溉，然後到那熟處。而今只想象那熟處，却不曾下得種子，如何會熟？如'一以貫之'，是聖人論到極處了。而今只去想象那一，不去理會那貫；譬如討一條錢索在此，都無錢可穿。"又問："爲學工夫，大概在身則有箇心，心之體爲性，心之用爲情；外則目視耳聽，手持足履，在事則自事親事長以至於待人接物，洒埽應對，飲食寢處，件件都是合做工夫處。聖賢千言萬語，便只是其中細碎條目。"曰："講論時是如此講論，做工夫時須是着實去做。道理聖人都説盡了。《論語》中有許多，《詩》《書》中有許多，須是一一與理會過方得。程先生謂'或讀書講明道義，或論古今人物而別其是非，或應接事物而處其當否'，如何而爲孝，如何而爲忠，以至天地之所以高厚，一物之所以然，都逐一理會，不只是簡一便都了。"胡叔器因問："下學莫只是就切近處求否？"曰："也不須恁地揀，事到面前，便與他理會。且如讀書：讀第一章，便與他理會第一章；讀第二章，便與他理會第二章。今日撞着這事，便與他理會這事；明日撞着那事，便理會那事。萬事只是一理，不是只揀大底要底理會，其他都不管。譬如海水，一灣一曲，一洲一渚，無非海水。不成道大底是海水，小底不是。程先生曰：'窮理者，非謂必盡窮天下之理，又非謂止窮得一理便到。但積纍多後，自當脱然有悟處。'又曰：'自一身之中以至萬物之理，理會得多，自當豁然有箇覺處。'今人務博者，却要盡窮天下之理；務約者又謂反身而誠，則天下之物無不在我，此皆不是。且如一百件事，理會得五六十件了，這三四十件雖未理會，也大概可曉了。某在漳州有訟田者，契數十本，自崇寧起來，事甚難考。其人將正契藏了，更不可理會，某但索四畔衆契比驗，四至昭然。及驗前後所斷，情僞更不能逃。"又説："嘗有一官人斷爭田事，被某撥了案，其官人却來那穿欵處考出。窮理亦只是如此。"_{義剛同。}①

黄士毅未將徐㝢所録入編，但其採用了内容相似度極高的陳淳録。分析這條語録可

---

① 此條語録黎氏編本未注爲何人所録，僅於語録末尾注以"義剛同"。黄氏編本選此條語録"晚再入卧内……不是只一箇都了"爲"訓門人"之"訓淳"，並歸入"以上淳自録"條目内，以此知此條語録爲陳淳所録。參看黎靖德類編：《朱子語類》，山東友誼書社，1993 年，影印成化年間刊本，第 4500—4503 頁。

以發現,朱熹在講述的過程中不斷由此而及彼,以更換主題的方式延續語言,使同一條語錄的内容和主旨多樣化。黄士毅認爲其中至少有三個主題,便將這條語錄拆分爲三個語段,分置於不同類别、不同卷目中——"胡叔器因問……其他都不管"置於卷四十四"《論語·憲問篇》莫我知也夫章"①,"晚再入卧内……不是只一箇都了"置於卷一百十五"訓門人"之"訓淳"②,而"譬如海水……窮理亦只是如此"則不載。可見,黄士毅從主題内容出發,將糅合了不同主題的語錄拆分爲多條,分置於不同類目下,是其類分編排的一種重要體現方式。

雖然在這條語錄的處理上,黎靖德没有從黄氏編本中照搬,但對黄士毅這種拆分歸類的處理手段和方法是持肯定態度的。我們可以通過黎氏編本對語錄的拆分整合看到這一點。如黄氏編本卷四"《孟子》不知命章"載陳淳録:

> 問:"'天命謂性'之'命',與'死生有命'之'命'不同,何也?"曰:"'死生有命'之'命'是帶氣言之,氣便有稟得多少厚薄之不同。'天命謂性'之'命',是純乎理言之。然天之所命,必竟皆不離乎氣。但《中庸》此句,乃是以理言之。孟子謂'性也,有命焉',此'性'是兼氣稟食色言之。'命也,有性焉',此'命'是帶氣言之。性善又是超出氣説。""《中庸》'率性'"③,率,循也。不是人去循之,吕説未是。程子謂:'通人物而言,馬則爲馬之性,又不做牛底性;牛則爲牛之性,又不做馬底性。'物物各有箇理,即此便是道。"曰:"總而言之,又只是一箇理否?"曰:"是。"淳。④

黄士毅整編時,認爲這條語録無需拆分。但與黎氏編本比勘後發現,黎靖德將這條淳録分爲兩條,分載於不同卷目中——"問天命謂性之命……性善又是超出氣説"載於卷四,而"率循也……曰是"則載於卷六十二。其中卷四以"性理一·人物之性氣質之性"爲題,黎靖德認爲"問天命謂性之命……性善又是超出氣説"與這一主題更加吻合,且與卷四所載淳録之"問性分、命分何以别"條及伯羽録"命之一字"條的關係甚密,故將"問天命謂性之命……性善又是超出氣説"移至卷四,與這兩條語録置於一處。

> 問:"性分、命分何以别?"曰:"性分是以理言之,命分是兼氣言之。命分有多

---

① 參看黄士毅編:《朱子語類彙校》(修訂本),徐時儀、楊艷彙校,上海古籍出版社,2023年,第3935頁。
② 同上書,第1706頁。
③ "《中庸》'率性'",黎氏編本無。
④ 參看黄士毅編:《朱子語類彙校》(修訂本),徐時儀、楊艷彙校,上海古籍出版社,2023年,第118頁。

寡厚薄之不同,若性分則又都一般。此理,聖愚賢否皆同。"淳。寓錄少異。

"命"之一字,如"天命謂性"之"命",是言所稟之理也。"性也有命焉"之"命",是言所以稟之分有多寡厚薄之不同也。伯羽。①

而"率循也……曰是"這一部分,又與卷六十二伯羽錄"安卿問率性"條和陳淳錄"率性之謂道"條的内容更爲相近,所以將這三者置於一處。

安卿問"率性"。曰:"率,非人率之也。伊川解'率'字,亦只訓循。到吕與叔說'循性而行,則謂之道',伊川却便以爲非是。至其自言,則曰:'循牛之性,則不爲馬之性;循馬之性,則不爲牛之性。'乃知循性是循其理之自然爾。"伯羽。

"率性之謂道",只是隨性去,皆是道。吕氏説以人行道。若然,則未行之前,便不是道乎?②

綜上所述,雖然黎靖德根據自己對朱熹思想和語録内容的理解,在具體編排過程中對黄士毅的類目框架略有調整和修改,在語録選用、語録拆分和順序安排等方面與黄士毅也有分歧,但在處理的手段和方式上並没有根本性的差異。據此可推,黎靖德對黄士毅的語類編排思想、原則及方式持肯定態度,在實際編排過程中以繼承爲主。

二、黎氏編本的優點

若説黄士毅是《朱子語類》的首創者,則黎靖德是《朱子語類》最重要的承繼者。黎靖德所編《朱子語類》是目前流傳最廣、最爲通行的版本,他花費約十年時間對《朱子語類》的内容進行詳細考訂,所做貢獻實爲可貴。經比勘可知,黎氏編本是在黄氏編本的基礎上,綜合當時廣泛流傳的"五録四類"彙編而成,實爲後出轉精之著。具體來講,其編本的優點主要體現在以下五個方面:

(一) 問語、答語的區别性標示更統一

門人所記朱熹語録皆爲問答之語。據池録可知,每個門人所記録的内容以自己與朱熹的問答爲主③,以此可推,各門人語録原本所記以"自問而先生答"爲常規,常常不出現問答者的具體姓名。因池録不以類目作爲分卷標準,每一卷所載語録都是同一門人所記,因此池録中的語録雖然也有不出現問答者姓名的情況,却可以依據本卷記録者推斷出來。

---

① 參看黎靖德類編:《朱子語類》,山東友誼書社,1993 年,影印成化年間刊本,第 124 頁。
② 同上書,第 2367 頁。
③ 參看李道傳編:《朱子語録》,徐時儀、潘牧天整理,上海古籍出版社,2016 年。

黃氏編本以類而分後，各門人所記散入各卷之中。爲了達到既明確標注語錄問答者又不使語錄内容繁瑣的目的，黃士毅便在語錄末尾標注記錄者的名或字。用這種方式告訴讀者，若語錄内容中不出現問答者的姓名，便是記錄者自問而朱子答。黎氏編本沿用此法。

　　也有部分語錄所記爲師生商討之語，在這種情況下，語錄中便没有問語，弟子與先生所語皆以"曰"引出。黃士毅又未注明"曰"者究竟是門人還是朱子，如此便有混淆朱子與門人之嫌。黎靖德整編時，將這部分語錄中門人引語前的"曰"改爲"問"，使對話者的信息更爲明確。如黃氏編本卷三可學錄：

　　　　"鬼神憑依言語，乃是依憑人之精神以發。"問："伊川記金山事如何？"曰："乃此婢子想出。"曰①："今人家多有怪者。"曰："此乃魑魅魍魎之爲。……數日，其家果死一子。"可學②

"曰今人家多有怪者"，黎氏編本爲"問今人家多有怪者"③。如此一來，整條語錄以"問……曰……問……曰……"的形式分別標示問語與答語，使條理更爲清晰，也讓讀者更容易辨別"今人家多有怪者"之語出自可學。

　　同時黎氏編本對此類標示大多採取統一的形式，如黃氏保留了原語錄本中朱熹答語前的"先生曰"，黎氏在編訂時幾乎一致刪削"先生"二字而僅存"曰"。又或有原語錄問語前記爲"問曰"者，亦略爲"問"。如黃氏編本卷三：

　　　　又問曰："不知常常恁地，只是祭祀時恁地？"④

"問曰"，黎氏編本卷三作"問"⑤。

　　然而黎氏在編訂時並非一味刪削，對語錄中出現的有可能混淆生疑的情況也適當增加標示。如前文所述，爲了使主題突出、内容簡潔，於師生兩人間的問答之語間往往略去問答之人。但當語錄問答涉及三人或三人以上時，爲使問答關係不致混淆不清，黎氏亦有着意增加問答者信息的情況。如黎氏編本卷四：

---

① "曰"，黎氏編本作"問"。
② 參看黃士毅編：《朱子語類彙校》（修訂本），徐時儀、楊艷彙校，上海古籍出版社，2023 年，第 67 頁。
③ 參看黎靖德類編：《朱子語類》，山東友誼書社，1993 年，影印成化年間刊本，第 71 頁。
④ 參看黃士毅編：《朱子語類彙校》（修訂本），徐時儀、楊艷彙校，上海古籍出版社，2023 年，第 68 頁。
⑤ 參看黎靖德類編：《朱子語類》，山東友誼書社，1993 年，影印成化年間刊本，第 79 頁。

徐子融以書問①:"枯槁之中,有性有氣,故附子熱,大黄寒,此性是氣質之性②?"陳才卿③,謂即是本然之性。先生曰:"子融認知覺爲性,故以此爲氣質之性。性即是理。有性即有氣,是他稟得許多氣,故亦只有許多理。"才卿謂有性無仁。先生曰:"此説亦是。是他元不曾稟得此道理。惟人則得其全。如動物,則又近人之性矣。故吕氏云:'物有近人之性,人有近物之性。'蓋人亦有昏愚之甚者。然動物雖有知覺,才死,則其形骸便腐壞;植物雖無知覺,然其質却堅久難壞。"廣④

此條語録中兩處"先生曰",黄氏編本皆作"曰"⑤。然此條語録涉及徐子融、陳才卿二人,記録者又爲輔廣。除第一句話前明確爲徐子融所問之外,其下兩個"曰"前都提及陳才卿,易使人誤以爲此二"曰"之下爲陳才卿所言。故黎氏分别於二"曰"前着意增加"先生"二字,以明其爲朱子所語。

(二) 記録者名(字)在形式上更統一

相比較而言,黎氏編本以形式統一簡略爲要,表現在:

1. 僅載門人的名或字

對《朱子語録姓氏》中介紹過的門人,其在具體語録内容中出現時,不再以全稱的方式記録,僅載其名或字。如黄氏編本卷七十七:

　　楊至之問曰:"艮何以爲手?"⑥

《朱子語録姓氏》"楊至,字至之"。黎靖德認爲《朱子語録姓氏》中對楊至之已有所介紹,故而於具體語録中不再以全名的方式出現。黎氏編本卷七十七中便將"楊至之問曰"改爲"至之問曰"。⑦

2. 删削問者的名字

對本人所記"自問而先生答"的語録中出現的問者的名字亦多作删削處理。如黄氏編本卷三十四:

---

① "徐子融以書問",黄氏編本作"徐子融名昭然,鉛山人,以書問先生云"。
② "此性是氣質之性",黄氏編本作"子融謂此性是氣質之性"。
③ "陳才卿",黄氏編本作"陳才卿亦鉛山人"。
④ 參看黎靖德類編:《朱子語類》,山東友誼書社,1993年,影印成化年間刊本,第97頁。
⑤ 參看黄士毅編:《朱子語類彙校》(修訂本),徐時儀、楊艷彙校,上海古籍出版社,2023年,第101—102頁
⑥ 同上書,第2837頁。
⑦ 參看黎靖德編:《朱子語類》,山東友誼書社,1993年,影印成化年間刊本,第3136頁。

> 節問:"夫子曰'甚矣吾衰也'。"曰:"不是孔子衰,是時世衰。……"節。①

此條甘節錄,黃氏編本語録中有"節問"二字,語録之尾又注有"節"。而黎氏編本卷三十四刪"節問"中的"節",省作"問"。②

3. 名或字僅存其一

若原本同時出現名和字,黎氏則刪去其名或其字,僅存其一。如黃氏編本卷九:

> 汪長孺德輔問:"須是先知之,然後行之?"先生曰:"不成未明理,便都不持守了!且如曾點與曾子,便是兩箇樣子:曾點便是理會得底,而行有不揜;曾子便是合下持守,旋旋明理,到一唯處。"德明。③

"汪長孺德輔",黎氏編本爲"汪德輔"。據《朱子語録姓氏》,汪德輔,字長孺。黎氏於此刪去其字。又如黃氏編本卷四:

> 徐子融名昭然,鉛山人,以書問先生云④:"枯槁之中,有性有氣。……"廣。⑤

"徐子融名昭然,鉛山人",黎氏編本爲"徐子融"。即黎氏又刪去其名及鄉籍。

4. 統一以名爲注

針對黃氏編本中語録末尾所注記録者不統一的現象(或注以名,或注以字),黎氏則統一以記録者之名爲注。如黃氏編本卷三十四:

> 吴伯英解"亡而爲有"章。……處謙。⑥

"處謙",黎氏編本爲"壯祖"⑦。據《朱子語録姓氏》,李壯祖,字處謙。黃氏編本李壯祖所記語録録尾在注稱時較爲混亂,或注爲"處謙"(據統計有69條),或注爲"壯祖"(據統計有6條)。而黎氏編本則統一將李壯祖所録注爲"壯祖",無一注爲"處謙"。

(三) 對黃氏編本歸類不當之處進行調整

作爲後出的彙編本,黎氏着意對黃氏編本中分類不當之處進行處理。如黃氏編

---

① 參看黃士毅編:《朱子語類彙校》(修訂本),徐時儀、楊艷彙校,上海古籍出版社,2023年,第1281頁。
② 參看黎靖德類編:《朱子語類》,山東友誼書社,1993年,影印成化年間刊本,第1382頁。
③ 參看黃士毅編:《朱子語類彙校》(修訂本),徐時儀、楊艷彙校,上海古籍出版社,2023年,第241頁。
④ "先生云",黎氏編本無。
⑤ 參看黃士毅編:《朱子語類彙校》(修訂本),徐時儀、楊艷彙校,上海古籍出版社,2023年,第101—102頁。
⑥ 同上書,第1297頁。
⑦ 參看黎靖德類編:《朱子語類》,山東友誼書社,1993年,影印成化年間刊本,第1409頁。

本卷五"性情心意等名義"中倒數第 15 條爲恪錄:

> 問魂魄之説,曰:"'魂者,陽之神;魄者。陰之神。'此是《淮南子》注。"_{恪。以下魂魄等附。}

且此下 14 條語録亦皆爲魂魄之説。黄氏編本卷五以"性情心意等名義"爲題,其下又附魂魄之説,似有不妥。

在仔細分析後,黎靖德發現黄氏編本之卷三專論鬼神,且其中又多有論魂魄的語録,如:

> 或言鬼神之異。先生曰:"世間亦有此等事,無足怪。"葉味道舉似①前日"魂氣歸天,體魄降地;人之出入氣即魂也,魄即精之鬼,故氣曰陽,魄曰陰,人之死則氣散於空中"之説,問曰:"人死氣散,是無蹤影,亦無鬼神。今人祭祀,從何而求之?"……_燾。
>
> 問:"人之死也,不知魂魄便散否?"曰:"固是散。"又問:"子孫之祭祀,却有感格者,如何?"……_倜。②

這些語録内容和主旨與卷五所載的 15 條語録内容更爲相近。黎靖德在仔細分析黄氏編本卷五這 15 條語録内容的基礎上,據其主旨重新進行處理,或刪去,或歸入卷三"鬼神"。

(四) 避免語録重複

黎靖德在編訂過程中依據内容的相關性和重複程度,對同聞所記的語録作合併處理。如黄氏編本卷九有兩條相繼而載的䓂卿録:

> 心不定,故見理不得。今且要讀書,須先定其心,使之如止水,如明鏡。_{䓂卿}。③
> 暗鏡如何照物?_{䓂卿}。④

這兩條語録黎氏編本載於卷十一,並把"暗鏡如何照物"併入上一條語録:

> 心不定,故見理不得。今且要讀書,須先定其心,使之如止水,如明鏡。暗鏡

---

① "舉似",黎氏編本作"舉以"。
② 參看黄士毅編:《朱子語類彙校》(修訂本),徐時儀、楊艷彙校,上海古籍出版社,2023 年,第 155—168 頁。
③ "䓂卿",黎氏編本爲"伯羽"。黎氏編本《朱子語録姓氏》:"童伯雨,字䓂卿。"但李清馥《閩中理學淵源考》及《宋元學案》皆作"童伯羽"。又,此條黎氏編本載於卷十一。
④ 參看黄士毅編:《朱子語類彙校》(修訂本),徐時儀、楊艷彙校,上海古籍出版社,2023 年,第 240 頁。

如何照物？伯羽。①

因其内容存在相承性，故合併爲一條亦了無痕跡。

同時，黎靖德還注意到黃氏編本中有不少同聞所記的重複語錄，在整編過程中，黎靖德將這部分重複内行删削。如黃氏編本於卷三十五"《論語》子曰篤信好學章"載楊道夫錄曰：

"篤信而不好學，是非不辨，其害却不小。既已好學，然後能守死以善其道。"問："如下文所言，莫是篤信之力否？"曰："是。既信得過，危邦便不入，亂邦便不居；天下有道便不隱，天下無道便不見，決然是恁地做。"道夫。②

又於卷四十六"《論語》子曰見善如不及章"載楊驤錄曰：

問："'行義以達其道'，莫是所行合宜否？"曰："志，是守所達之道；道，是行所求之志。隱居以求之，使其道充足。行義，是得時得位，而行其所當爲。臣之事君，行其所當爲而已。行所當爲，以達其所求之志。"又問："如孔明，可以當此否？"曰："也是。如'伊尹耕於有莘之野，而樂堯舜之道'，是'隱居以求其志也'。及幡然而改，'使是君爲堯舜之君，使是民爲堯舜之民'，是'行義以達其道'。"蜚卿曰："如漆雕開之未能自信，莫是求其志否？"曰："所以未能信者，但以'求其志'，未説'行義以達其道'。"又曰："須是篤信。如讀聖人之書，自朝至暮，及行事無一些是，則曰：'聖人且如此説耳！'這却是不能篤信。篤信者，見得是如此，便決然如此做。孔子曰：'篤信好學，守死善道。'學者須是篤信。"驤曰："見若鹵莽，便不能篤信。"曰："是如此，須是一下頭見得是。然篤信又須是好學，若篤信而不好學，是非不辨，其害却不小。既已好學，然後能守死以善其道。"又問："如下文所言，莫是篤信之力否？"曰："是。既得'過危邦便不入'，亂邦便不居；天下有道便不隱，天下無道便不仕，決然是恁地做。"驤。③

楊道夫與楊驤爲從兄弟，兩人曾同時從學於朱熹，以上兩條語錄當是兩人同時所錄。經比勘，楊驤錄中包含了楊道夫所錄的内容，即楊道夫所錄可視爲重複内容。故黎氏在編訂時删去楊道夫錄，而僅存楊驤所錄，又據楊驤所錄内容主旨而置於卷四十六"《論語》見善如不及章"。④

---

① 參看黎靖德類編：《朱子語類》，山東友誼書社，1993年，影印成化年間刊本，第177頁。
② 參看黃士毅編：《朱子語類彙校》（修訂本），徐時儀、楊艷彙校，上海古籍出版社，2023年，第1382頁。
③ 同上書，第1769—1770頁。
④ 參看黎靖德類編：《朱子語類》，山東友誼書社，1993年，影印成化年間刊本，第1864—1865頁。

（五）對類目框架及其對應的具體内容作調整或充實

黎靖德對第一層次類目框架的調整和擴充最爲明顯，主要有兩個部分：

其一是把黄氏編本中卷一百二"羅氏、胡氏門人"改爲"楊氏、尹氏門人"，卷一百三"楊氏、尹氏門人"改爲"羅氏、胡氏門人"，即置"楊氏、尹氏門人"於"羅氏、胡氏門人"前。

"楊氏"指楊時（字中立，1053—1135），"尹氏"指尹焞（字彦明，1071—1142），"羅氏"指羅從彦（字仲素，1072—1135），"胡氏"指胡安國（字康侯，1074—1138）。以上四人皆爲程子門人。黎氏如此措置大概是以其出生時間爲序，且楊氏、尹氏之學與羅氏、胡氏之學間亦存在傳承關係。黄氏編本、黎氏編本卷一百一"程子門人"：

> 伊川之門，謝上蔡自禪門來，其説亦有差。張思叔最後進，然深惜其早世！使天予之年，殆不可量。其他門人多出仕宦四方，研磨亦少。楊龜山最老，其所得亦深。謙。①

"楊龜山"即楊時。由此可知朱熹以爲楊時不僅是伊川門人中"最老"者，且"所得亦深"。故黎氏編本更"楊氏、尹氏門人"於"羅氏、胡氏門人"之前。②

其二是擴充"訓門人"五卷爲九卷。通過兩種編本的比較可以看到，黄氏編本的"訓門人"僅有五卷，且其與卷前所附門人信息没有對應關係。而在黎氏編本中，不但將"訓門人"擴展爲九卷，並按卷前《朱子語録姓氏》中所列門人順序，將朱熹對各門人的訓語依次排列，體現了編排上的有序性，便於讀者查閲。

黎靖德對第二層次類目框架的調整和充實主要體現在，保留和删削黄氏編本中無語録内容的章節型標題。即一方面廣搜語録原本補充黄氏未見的語録，解决黄氏編本中有標題而無語録的現象；另一方面則删削無語録内容的章節型類目標題。

黄氏編本卷四十四《論語·憲問篇》中，僅有章節型標題而無語録内容的共有13個："士而懷居章""邦有道危言危行章""有德者必有言章""貧而無怨章""孟公綽爲趙魏老則優章""公叔文子之臣大夫僎章""子言衛靈公之無道章""其言之不怍章""不在其位章""君子思不出其位章""君子耻其言而過其行章""君子道者三章""作者

---

① 參看黄士毅編：《朱子語類彙校》（修訂本），徐時儀、楊艷彙校，上海古籍出版社，2023年，第3606頁。

② 疑黄士毅置"羅氏、胡氏門人"於"楊氏、尹氏門人"前，蓋因羅氏、胡氏與朱熹理學的關係更爲直接。

七人章"。① 黎氏編本卷四十四中刪削了一部分各語録本不涉的章節型標題,只保留有語録的兩個標題。其中"有德者必有言章"取一條必大録,"貧而無怨章"取一條燾録和一條無名氏録②,其餘十一個章節型標題因無對應的語録而被刪除。

黎靖德對第三層次類目框架的調整和充實主要體現在,不僅對各類目型小注的次序進行重新調整,還據各語録內容主旨進行了補充,使第三層次的類目框架更爲精詳。如黃氏編本卷十、卷十一皆爲"讀書法",其中各語録末所附的類目型小注僅有三條,依次爲:"以下論書所以明此心之理,讀之要切己受用""以下論古人讀書有遍數""以下讀史"。而黎氏編本卷十、卷十一"讀書法"下的小注型類目擴充爲七條,依次爲:"以下讀諸經法""以下雜論""以下論看注解""以下附論解經""論著書""論編次文字""以下讀史"。

三、黃氏編本的優點③

黎氏編本雖因後出而有其精進之處,但優缺點總是在此消彼長中共同存在的。一方面,黎靖德畢竟是在綜合"五録三類"(其實除"五録三類"之外,黎靖德還曾做過搜集其他語録原本的工作)的基礎上進行整理,而從現存黎氏編本來看,其彙編之後的文本有二百多萬字,由此可推其當時參考的語録原本內容是極爲瀚繁的,工作量極大,因而思慮不周亦在所難免;另一方面,從兩種語類編本的比較來看,黎靖德編訂時爲追求語録類分和形式上的統一,對各語録的記録形式和文字作了不少更改,這種更改不僅改變了語録原貌,更帶入了黎靖德自己的想法,其中亦不乏臆斷的成分。

因此相對而言,黃氏編本無疑在保留語録原貌、保存語録原本信息方面較黎氏編本更有優勢。此外,作爲第一部語類彙編本,黃氏編本是在池録的基礎上,整合其他門人語録原本而成。而黎氏編本則是在黃氏編本的基礎上,整合其他語録整理本(即五録和徽續類)而成,雖然黎靖德在編訂過程中也曾搜尋其他門人語録原本,但從其整編的結果來看,黎靖德受黃氏編本及其他整理本的影響頗深。加之黎靖德非朱熹門人,其編訂時距朱熹去世有半個多世紀,較之於黃榦、李道傳、黃士毅、蔡杭等人(或曾親自從學朱熹,或有家族承學淵源者),在判斷哪些語録"未必盡得師傳之本旨"及

---

① 參看黃士毅編:《朱子語類彙校》(修訂本),徐時儀、楊艷彙校,上海古籍出版社,2023年,第1680—1710頁。
② 參看黎靖德類編:《朱子語類》,山東友誼書社,1993年,影印成化年間刊本,第1782、1787頁。另,兩種語類篇中皆存在部分語録末尾不注録者的情況,出現這一情況的原因目前尚不明確,暫以"無名氏録"稱之。
③ 兩種編本之優缺點主要是在相互比較的基礎上而言的,因而黃氏編本的優點亦可視爲黎氏編本的不足之處。

如何"正其訛舛"方面,黎靖德所面臨的難度相對更大。① 他只能通過廣搜材料,在研習的基礎上進行處理。不過,正由於黎靖德未曾親自受教於朱熹,在處理語錄的態度上較之於黃榦、李道傳、黃士毅等人又更爲大膽,在修改幅度上相對也更大一些。

總之我們認爲,通過兩種語類的比較研究,黃氏編本相對更尊重門人語錄原本。因而黃氏編本保留了更多語錄原貌和語錄原本信息,從中可窺見其從池錄或門人語錄原本至語類的痕跡。主要表現在:

(一) 保留語錄原貌

作爲第一部由語錄至語類的彙編本,黃氏編本在據類以分的同時,亦注重保留語錄原本的記錄形式。

1. 保留語錄原本中的問答過程

如前所述,經兩語類編本比較可知,黃氏編本保留了更多語錄原本中的問答過程。如黃氏編本卷十五:

> 問:"'知至而後意誠',故天下之理,反求諸身,實有於此。似從外去討得來?"先生問節曰:"如何是外,如何是內?"節答曰:"致知格物是去外討,然後方有諸己,是去外討得入來。"曰:"是先有此理後自家不知?是知得後方有此理?"節無以答。曰:"'仁義禮智,非由外鑠我也,我固有之也,弗思耳矣!'"又笑曰:"某常說,人有兩箇兒子,一箇在家,一箇在外去幹家事。其父却説道在家底是自家兒子,在外底不是!"節。②

考之黎氏編本卷十五,"先生問節曰……節無以答"僅以"云云"二字代之。又如黃氏編本卷二十六:

> 問:"君子當得富貴以利澤生人者也。所謂不當得而得者,乃人君不能用其言,徒欲富貴之,君子寧辭去而不居也。所謂不當得貧賤而貧賤者,以君子抱負大有爲之志,而反不得位以行之,亦安時處順,不汲汲於勢位以求行其志也。君子之所以不汲汲於富貴,戚戚於貧賤者,蓋胸中天理素明,惟知存養此理,無敢違去。達則行此理於天下,窮則藏此理於吾身。如或貪富貴而厭貧賤,則是違去此理而無君子之實矣,何以號爲君子乎?'君子無終食之間違仁'以下,又言君子不但富貴貧賤取捨之間不違去其仁,蓋無時無處而違仁也。'無終食之間違仁',是

---

① 參看黃榦:《池州刊朱子語錄後序》,載黎靖德類編《朱子語類》,山東友誼書社,1993年,影印成化年間刊本,第55頁。
② 參看黃士毅編:《朱子語類彙校》(修訂本),徐時儀、楊艷彙校,上海古籍出版社,2023年,第442頁。

> 無時而不仁也。'造次''顛沛必於是',無處而不仁也。蓋緣取舍之分明,富貴貧賤不足以動其心,故能存養得純熟,良心常在如此。"先生曰:"富貴不以道得之,不但說人君不用其言,只富貴其身。如此說,却說定了。凡是富貴貧賤有不當得而得者,皆不處不去。如'孔子主我,衛卿可得'之類,亦是不當得之富貴。須且平說,不要執定一事。又云終食、造次、顛沛一句,雖至傾覆流離之際,亦不違仁也。"南升。①

考之黎氏編本卷二十六,"君子寧辭去而不居也……良心常在如此"皆無。

此外,有部分語錄還保存了問答過程中的人物表情或動作。如黃氏編本卷十六:

> 問:"絜矩之道,語脈貫穿如何?久思未通。"先生頗訝,以爲如何如此難曉。"上面說人心之所同者既如此,是以君子見人之心與己之心同,故必以己心度人之心,使皆得其平。下面方說所以絜矩如此。"賀孫。②

考黎氏編本卷十六,"先生頗訝,以爲如何如此難曉"之語不載。然以上黎氏編本所删内容,皆有助於讀者對於語錄内容的理解。

2. 保留語錄内容所關涉的時間或地點等信息

黃氏編本卷二十:

> 節告歸,問曰:"先生前日以'爲仁之本與'之'仁'是偏言底,是愛之理。……"先生曰:"全謂之仁亦可。只是偏言底是仁之本位。"節。③

據語錄起首"節告歸"三字,知此條語錄所載爲甘節辭別朱熹之時的問答之語。考之黎氏編本卷二十,無此條語錄起首"節告歸"三字,使此條語錄的時間信息被抹殺。

細審被黎氏删削的内容,多有助於我們瞭解黃士毅的編排意圖及各條語錄間的關係。如黃氏編本卷十三有三條語錄相繼而載:

> 或問科舉之學。曰:"做舉業不妨,只是把他格式,驟括自家道理,都無那追逐時好、迴避、忌諱底意思,便好。"學蒙。

> 父母責望,不可不應舉。如遇試則入去,據己見寫了出來。節。

---

① 參看黃士毅編:《朱子語類彙校》(修訂本),徐時儀、楊艷彙校,上海古籍出版社,2023年,第963—964頁。
② 同上書,第511頁。
③ 同上書,第666頁。

不審應舉之法當如何?"曰:"略用體式,而櫽括以至理。"節。①

以上三條語録有相互補充説明的作用。據第二條語録知,所謂"做舉業不妨"乃因"父母責望,不可不應舉"。② 而從第三條語録"次年在臨江道中"之語可知,這一條是甘節依據自己的回憶而記録下來的,可視爲對前一條甘節録内容的來源説明。將以上三條語録依次分析下來,便知黄士毅如此排列是爲了説明三者間有補充説明的關係。

而黎氏編本卷十三移林學蒙所録於甘節所録兩條之間,且删去第二條甘節録中的部分内容:

> 父母責望,不可不應舉。如遇試則入去,據己見寫了出來。節。
>
> 或問科舉之學。曰:"做舉業不妨,只是把他格式,櫽括自家道理,都無那追逐時好、回避、忌諱底意思,便好。"學蒙。
>
> 譚兄問作時文。曰:"略用體式,而櫽括以至理。"節。

甘節録之"次年在臨江道中……不審應舉之法當如何",黎氏編本删略而爲"譚兄問作時文"。不但删削了語録原本中有關時間和地點的信息,且使三條語録看起來僅僅是内容相近、相類而已,其間語意相承、層層補充説明的關係則已了無痕跡。黎氏編本如此删削,雖使全書記録形式相對更趨於一致,重複性内容更少,但於此同時各條語録之間的關係也被抹殺。

3. 保留了更多門人信息

黄氏編本卷三十:

> 陳後之名易,泉州人。問:"顔子'不遷怒',伊川説得太高,渾淪是箇無怒了。'不貳過',又却低。"淳。③

這條語録中保留了陳後之的名及鄉籍。而考之黎氏編本卷三十,"陳後之"下無"名易泉州人"五字。④

據黄氏編本卷一百四可學録又知,陳易之字既作"後之"又作"厚之":

---

① 參看黄士毅編:《朱子語類彙校》(修訂本),徐時儀、楊艷彙校,上海古籍出版社,2023年,第356—357頁。

② 同卷又有語録載曰:"南安黄謙,父命之入郡學習舉業,而徑來見先生。先生曰:'既是父要公習舉業,何不入郡學。日則習舉業,夜則看此書,自不相妨,如此則兩全。硬要咈父之命,如此則兩敗,父子相夷矣,何以學爲!讀書是讀甚底?舉業亦有何相妨?一旬便做五日修舉業,亦有五日得暇及此。若説踐履涵養,舉業儘無相妨。只是精神昏了。不得講究思索義理,然也怎奈之何!'"

③ 參看黄士毅編:《朱子語類彙校》(修訂本),徐時儀、楊艷彙校,上海古籍出版社,2023年,第1144頁。

④ 參看黎靖德類編:《朱子語類》,山東友誼書社,1993年,影印成化年間刊本,第1240頁。

> 辛亥四月初四日臨漳設廳,後夜侍坐,因問傳授之由,親見説,是時祭風師散齋。清源陳易厚之、南康周謨①舜弼、九江蔡念誠元思共聞之。②

這部分内容不但明確了"陳易"又字"厚之",且詳細記錄了陳易、周謨與蔡念誠三人同學的時間和地點。但考之黎氏編本,該可學録已删去此部分内容。③ 在各語録原本散佚不存的今天,這些有關門人信息的内容顯得彌足珍貴。不僅有助於我們對朱子門人信息的核查,更有助於我們對現存語録或語類本的相關信息進行考證和修訂。

今存黎氏編本及當前各有關朱子門人的文獻(如《閩中理學淵源考》《宋元學案》及各地方志等)所載同一門人的信息往往有出入,並不一致,使相關的考證陷入僵局而無法得出確證。如門人陳易的相關信息,以上文本各不相同。直至陳榮捷《朱子門人》、方彦壽《朱熹書院與門人考》皆不知陳厚之、陳易實爲一人,反誤以其爲不相關的兩個人而分兩條進行列舉和考證。④

(二) 語録來源信息更具完整性

從"訓門人"五卷來看,黄氏編本所保留的語録來源信息更具完整性——各門人的"訓"皆分爲兩部分,先載其自録語録(即此部分語録來自被訓門人語録原本),再載他人所録(即此部分語録來自其他門人語録原本);在自録部分與他録部分間附上"以上某自録,下見諸録"的小注,以示區分;自録部分各條語録末尾皆不載記録者,他録部分的各條語録末尾則注明記録者。

黄氏編本卷一百十三訓德明,第一條語録載曰:

> 問:"前承先生書云:'李先生云:"賴天之靈,常在目前。"如此,安得不進?……'"先生曰:"只爲李先生不出仕,做得此工夫。……尹和靖便不讀書。"以下訓德明⑤

"此下訓德明"説明此條以下皆爲"訓德明"的内容。此條語録下載 15 條語録,第 15 條語録載曰:

> 先生極論戒謹恐懼,以爲學者切要工夫。……必有事而勿忘於集義,則積漸

---

① 謨",黄氏編本作"䂓"。據朱子語録姓氏,"周謨,字舜弼",知"周䂓"之"䂓"當爲"謨"之誤。
② 參看黄士毅編:《朱子語類彙校》(修訂本),徐時儀、楊艷彙校,上海古籍出版社,2023 年,第 3674 頁。
③ 參看黎靖德類編:《朱子語類》,山東友誼書社,1993 年,影印成化年間刊本,第 4164 頁。
④ 陳榮捷著:《朱子門人》,學生書局,1982 年,第 216—217 頁;方彦壽著:《朱熹書院與門人考》,華東師範大學出版社,2000 年,第 145、164 頁。
⑤ 參看黄士毅編:《朱子語類彙校》(修訂本),徐時儀、楊艷彙校,上海古籍出版社,2023 年,第 3857 頁。

自長去。以上德明自錄,下見諸錄。

"以上德明自錄,下見諸錄"説明以上 15 條語録皆出自德明録本,而此下各條雖然也屬於"訓德明"的語録,却是選自其他門人的録本。參黄氏編本此下載有偶録和義剛録,知此兩條有關"訓德明"的語録是出自沈偶①和黄義剛的録本。

而黎氏編本"訓門人"僅注明"以下訓某人",但不説明各條語録來源,不分自録、他録;沿用黄氏編本自録部分的語録時其後亦不載記録者。致使這一部分語録在没有其他語録整理本或門人語録原本參照的前提下,無法確切地知道記録者是誰。如黎氏編本卷一百十三訓德明,其第一條語録載曰:

問:"氣質弱者,如何涵養到剛勇?"曰:"只是一箇勉强。然變化氣質最難。"以下訓德明。②

"以下訓德明"説明其下各條皆爲"訓德明"的語録。但此下所載 19 條語録中僅有 4 條語録後注明"義剛",説明出自黄義剛録本。其他 16 條語録皆未注明記録者,若僅憑黎氏編本則不知此 16 條語録爲何人所録。參黄氏編本方知,這 16 條語録中有 15 條與黄氏編本所載"訓德明"之德明自録吻合,當出自廖德明録本;另有一條語録與黄氏編本所載沈偶録相同,當出自沈偶録本。

(三) 呈現語録的時間綫及内容的接續性與互補性

在綜合各本語録進行類分編訂時,黄士毅着意把不同録本中有時間先後關係或内容相承關係的語録置於一處,爲讀者呈現出語録的時間綫或内容的接續性與互補性。

池録等各語録彙編本在編排時依循朱熹編二程語録時的體例,即以記録者爲主、依時序編排的原則。而黄士毅雖改此前例而另以類分爲則,但在某種程度上仍受依時序編排的影響,在綜合各語録本進行類分的同時,亦注意各條語録間的時間和語意内容上的相承關係。我們認爲,與黎靖德以類分爲唯一原則相比較,黄士毅這種以類分爲主、注意時序的編排原則,不僅能更好地反映各語録本及内容信息的關係,且更具有可讀性。

黄氏編本卷三將周謨、吴雄所録相繼而載:

問:"聖人凡言鬼神,皆只是以理之屈伸③者言也。鬼者屈也,神者伸也,屈

---

① 雖朱子門人中有兩位名爲"偶"者——沈偶和周偶,但據黄氏編本卷前所載録本來源,僅載有沈偶,故姑且以黄氏編本中注爲"偶"所録的語録皆來自沈偶録本。
② 參看黎靖德類編:《朱子語類》,山東友誼書社,1993 年,影印成化年間刊本,第 4359 頁。
③ "伸",黎氏編本作"神"。

者往也,伸者來也,屈伸往來之謂也。① 至言鬼神禍福凶吉等事,此亦只是以理言。蓋人與鬼神天地同此一理,而理則無有不善。人能順理則吉,逆理則凶,其於禍福亦然。此豈謂天地鬼神一一下降於人哉?且如《書》稱'天道福善禍淫',《易》言'鬼神害盈而福謙',亦只是這箇意思。蓋盈者,逆理者也,自當得害;謙者,順理者也,自當獲福。自是道理合如此,安有所謂鬼神降之哉?某常讀《禮記・祭義》②:'宰我曰:"吾聞鬼神之名,不知其所謂。"孔子曰:"神也者,氣之盛也;鬼也者,魄之盛也。③"又曰:'眾生必死,死必歸土,是之謂魄④。骨肉斃於下,陰爲野土。其氣發揚於上,爲昭明、焄蒿、悽愴,百物之精,神之著也。'魄既歸土,此則不問。其曰氣,曰精,曰昭明,又似有物矣。既只是理,則安得有所謂氣與昭明⑤?又似有物矣。⑥ 及觀《禮運》祭祀⑦則曰:'以嘉魂魄,是謂合莫。'注謂,莫,無也。又曰:'上通無莫。'此説又似與《祭義》不合。何也?⑧"答⑨曰:"如子所論,是無鬼神也。鬼神固是以理言,然亦不可謂無氣。所以先王祭祀,或以燔燎,或以鬱鬯。以其有氣,故以類求之爾。至如禍福吉凶之事,則子言是也。"謨。

周因⑩問:"何故天曰神,地曰祇,人曰鬼?"先生曰:"此又別。氣之清明者爲神,如日月星辰之類是也,此變化不可測。祇本'示'字,以有跡之可示,山河草木是也,比天象又差著。至人,則死爲鬼矣。"又問:"既曰往爲鬼,何故謂'祖考來格'?"先生曰:"此以感而言。所謂來格,亦略有些神底意思。以我之精神感彼之精神,蓋謂此也。祭祀之禮全是如此。且'天子祭天地,諸侯祭山川,大夫祭五祀',皆是自家精神抵當得他過,方能感召得他來。如諸侯祭天地,大夫祭山川,便沒意思了。"雉。⑪

---

① "鬼者屈也……屈伸往來之謂也",黎氏編本無。
② "蓋盈者……某常讀《禮記・祭義》",黎氏編本爲"祭義"。
③ "鬼也者,魄之盛也",黎氏編本爲"魄也者,鬼之盛也"。《禮記・祭義》:"氣也者,神之盛也;魄也者,鬼之盛也。"朱熹化《禮記・祭義》之語而用,故反其文而曰:"神也者,氣之盛也;鬼也者,魄之盛也。"
④ "魄",黎氏編本作"鬼"。
⑤ "昭明",黎氏編本爲"昭明者哉"。
⑥ "又似有物矣",黎氏編本無。
⑦ "《禮運》祭祀",黎氏編本爲"《禮運》論祭祀"。
⑧ "何也",黎氏編本無。
⑨ "答",黎氏編本無。
⑩ "因",黎氏編本無。
⑪ 參看黃士毅編:《朱子語類彙校》(修訂本),徐時儀、楊艷彙校,上海古籍出版社,2023年,第70—71頁。

據兩條語録内容來看,當爲同聞所録,且存在語言内容上的承繼關係,即吳雉所録的内容接續了周謨所録。黃氏編本吳雉録起首"周因問"三字亦可爲證。考黎氏編本卷三僅存吳雉所録①,而周謨録則移至卷八十七②,吳雉録起首"周因問"三字也改爲"周問"。蓋黎靖德編訂時審周謨所録内容多涉《禮記・祭義》,故移周謨所録於卷八十七"《禮四・祭義》"中。致使周謨録與吳雉録在黎氏編本中被分置兩卷,不復相接。又略去吳雉録中"周因問"之"因"字,如此一來兩條語録間的内容接續關係便不甚明顯了。

又,黃氏編本卷十四兩條相繼而載的木之録:

> 子升兄問:"知止便是知至否?"曰:"知止就事上説,知至就心上説;知止知事之所當止,知至則心之知識無不盡。"問知止、能慮之別。③ 曰:"知止是知事物所當止之理。到得臨事,又須研幾審處方能得所止。如《易》所謂'惟深也故能通天下之志',此似知止;'惟幾也故能成天下之務',此便是能慮。聖人言語自有不約而同處。"有之④説:"如此則知止是先講明工夫,能慮是臨事審處之功。"曰:"固是。"再問:"'知止而後有定',注謂'知之則志有定向'。《或問》謂'能知所止,則方寸之間,事事物物皆有定理矣'。語似不同,何也?"曰:"也只一般。"_{木之。}

> 子升兄⑤問:"知止與能慮,先生昨以比《易》中深與幾。《或問》中却兼下'極深研幾'字,覺未穩。"曰:"當時下得也未仔細。要之,只着得'研幾'字。"_{木之。}⑥

第二條木之録"先生昨以比《易》中深與幾"之語,正指上一條"知止是知事物所當止之理。到得臨事,又須研幾審處方能得所止。如《易》所謂'惟深也故能通天下之志',此似知止;'惟幾也故能成天下之務',此便是能慮"。由此可知,這兩條語録間有時間相承關係。

而黎靖德認爲兩條語録内容不同,重新進行調整。第二條木之録中朱熹要求學者"着得'研幾'",黎靖德據此而判定這條語録的主題是討論"安慮"的,與賀孫録、蓋卿録相同;而第一條木之録的主題是"知止、能慮之別",應與道夫、砥所録置於一

---

① 參看黎靖德類編:《朱子語類》,山東友誼書社,1993 年,影印成化年間刊本,第 74 頁。
② 同上書,第 3591—3592 頁。
③ "子升兄問……問知止、能慮之別",黎氏編本爲"子升問知止、能慮之別"。
④ "有之",黎氏編本爲"木之"。
⑤ "兄",黎氏編本無。
⑥ 參看黃士毅編:《朱子語類彙校》(修訂本),徐時儀、楊艷彙校,上海古籍出版社,2023 年,第 406—407 頁。

處。① 因此在黎氏編本中,兩條語録被分置兩處,其間時間與内容的相承關係在編本中已不易爲讀者所知。

由此可以看出,黄氏編本較爲重視兩語録間的時間及内容接續情況,力求在編本中反映語録原本中同一類目下的接續性。

且經兩種編本的比勘,我們發現,黎氏編本爲了追求格式的一致性,引入小注時往往統一稱爲"某某録云",抹殺了補充説明性小注的性質。如黄氏編本卷四:

> 先生言氣質之性,曰:"性譬之水,本皆清也。以浄器盛之,則清;不浄之器②盛之,則臭;以汙泥之器盛之,則濁。本然之清,未嘗不在。但既臭濁,猝難得便清。故'雖愚必明,雖柔必强',也煞用氣力,然後能至。某嘗謂原性一篇本好,但言三品處,欠箇'氣'字,欠箇來歷處,却成天合下生出三般人相似!孟子'性善',似也少箇'氣'字。"砥。童伯羽録同,而此後更有云③:"大抵孟子説話,也間或有些子不瞞是處。只被他才高,當時無人抵得他。告子口更不曾得開。"④

據黄氏編本"童伯羽録同,而此後更有云",知童伯羽與劉砥同聞而記,且童伯羽所記較之劉砥所記更爲詳細,而此下所附童伯羽録語乃劉砥未録的文字内容,是對劉砥録的補充。但黎氏編本僅稱"伯羽録云"⑤,易使人誤以爲童伯羽僅録下"大抵孟子説話……告子口更不曾得開",却不知童伯羽所録較之劉砥録更爲詳盡。

如前文所述,按時間和語意的相承性來安排語録次序,可增强語録的可讀性。如黄氏編本卷九載陳淳録:

> 李文問⑥:"持敬、致知,莫是並行而不相礙否?"曰:"也不須如此都要做將去。"淳。⑦

---

① 參看黎靖德類編:《朱子語類》,山東友誼書社,1993 年,影印成化年間刊本,第 447—448、442 頁。
② "不浄之器",黎氏編本爲"以不浄之器"。
③ "童伯羽……更有云",黎氏編本爲"伯羽録云"。
④ 參看黄士毅編:《朱子語類彙校》(修訂本),徐時儀、楊艷彙校,上海古籍出版社,2023 年,第 113 頁。
⑤ 參看黎靖德類編:《朱子語類》,山東友誼書社,1993 年,影印成化年間刊本,第 117 頁。
⑥ "李文問",黎氏編本爲"季文問",且此前有一問一答曰:"問:'持敬致知,互相發明否?'曰:'古人如此説,必須是如此。更問他發明與不發明要如何?古人言語寫在册子上,不解錯了。只如此做工夫,便見得滋味。不做持敬,只説持敬作甚?不做致知,只説致知作甚?譬如他人做得飯熟,盛在碗裏,自是好喫,不解毒人是定。自家但喫將去便知滋味,何用問人?不成自家這一邊做得些小持敬工夫,計會那一邊致知發明與未發明;那一邊做得些小致知工夫,又來計會這一邊持敬發明與未發明。如此,有甚了期。'"
⑦ 此條淳録黎氏編本載於卷一百十七。

此下接繼的語録有營録和廣録：

> 學者工夫唯在居敬、窮理二事。此二事互相發。能窮理，則居敬工夫日益進；能居敬，則窮理工夫日益密。譬如人之兩足，左足行則右足止，右足行則左足止。又如一物懸空中，右抑則左昂，左抑則右昂，其實只是一事。營①
>
> 人須做工夫方有疑。初做工夫時，欲做此一事，又礙彼一事，便②没理會處。只如居敬、窮理兩事便相礙。居敬是箇收斂執持底道理，窮理是箇推尋究竟底道理。只此二者，便是相妨。若是熟時，則自不相礙矣。廣③

以上三條語録，皆論"持敬""居敬"與"致知""窮理"的關係問題，且其間相關性較强。第一條語録門人問"持敬、致知，莫是並行而不相礙否"，朱熹以"不須如此都要做將去"之語模糊答之。在這條語録裏，讀者難以捕捉到朱熹的主張和觀點，在閱讀和理解的過程中存在障礙。若結合之後兩條語録就可反推出朱熹的主張和觀點了。細讀第二條語録，説明了"二事互相發"的過程中存在此抑彼昂的情况。再看第三條語録，進一步説明二事何時相礙，何時又"自不相礙"。綜合起來理解，便知第一語録中朱熹所言"不須如此都要做將去"即是指兩者不必並行。所以要真正理解第一條陳淳録，離不開之後兩條語録在内容上的補充和説明。而黄士毅將這三條語録置於一處，正是爲了幫助讀者更好地理解文本和捕捉朱熹的思想及觀點。

此外，將語意相關的語録置於一處，客觀上還可幫助我們判斷文本中出現的文字錯誤。如上所舉廣録之"人須做工夫方有疑"，各本皆同，似無文字上的誤差。但參考前兩條語録的語意，可幫助我們推斷"人須做工夫方有疑"之"疑"當是"礙"之誤。

考之黎氏編本，第一條陳淳録被置於卷一百十七，與營録、廣録分置兩卷。④ 不但抹殺了這三條語録的關係，更使讀者無法通過相關語録解决陳淳録語意模糊的問題。

故而將語意相關、具有互補性或互相闡發性的語録歸置一處，既有助於讀者解决語意不明的問題，也有助於讀者發現語録中的誤差。

---

① "營"，黎氏編本作"廣"。
② "便"，黎氏編本作"更"。
③ 參看黄士毅編：《朱子語類彙校》（修訂本），徐時儀、楊艷彙校，上海古籍出版社，2023年，第237頁。
④ 參看黎靖德類編：《朱子語類》，山東友誼書社，1993年，影印成化年間刊本，第4495、238—239頁。

四、結　語

綜上所述,在黃氏與黎氏編本比較的基礎上,我們可以看到黃氏編本具有較爲明顯的早期語類編本的特點,主要表現在:(1)更好地保留語錄原本的面貌及原始的記錄形式;(2)部分語錄間的語意相關性和時序關係明顯,間接反映其與池錄及各原錄本間的關係①;(3)與黎氏編本相比,黃氏編本第三層次框架相對簡單;(4)重複語錄較黎氏編本相對較多;(5)部分類目下僅列名目,而未列具體語錄,間接反映其乃徽類草本,是一部尚未完成的文稿。而黎氏編本則更具綜合性和集大成的優點,但其在擺脱早期類分本部分劣勢的同時,又出現去語境化和過於追求形式一致而使文本信息丟失的缺點。

總之,通過兩種語錄彙編本的比較,不但能明確黃氏和黎氏編本之間的沿承關係及其各自的優勢和不足之處,且有助於我們推知散佚語錄原本和彙編本的原貌。在朱熹語錄散佚情況嚴重的今天,兩種語類編本的整理和研究對當前朱子學研究、《朱子語類》文獻研究、近代語言學研究等皆有重要參考價值。

作者係復旦大學出土文獻與古文字研究中心 2011 級博士後(合作導師:汪少華),現爲南寧師範大學教授。

---

① 徐時儀:《朱子語録文獻語言研究·序》,載潘牧天著《朱子語録文獻語言研究》,上海人民出版社、上海書店出版社,2019 年,第 2—3 頁。

《茶香室經説》整理札記四則

——附古籍標點的若干規範問題

魏慶彬

《茶香室經説》（以下簡稱"《經説》"）是俞樾晚年的一部解經著作，與《群經平議》相比，此書自問世以來較少受人關注，也一直未有較好的整理本。筆者於 2013 年起參與《俞樾全集》的整理工作，專門負責《經説》一書的點校，目前該點校本已出版（鳳凰出版社，2021 年），現將整理過程中遇到的若干問題整理如下，以就正於方家。

一、異體字怎么改——《經説》中的刻意用古字

古籍整理遇到異體字，依例徑改作通行字。然而，古籍整理一方面要便於當代人閲讀，另一方面也要尊重原作者的用意。有些異體字很可能是作者有意爲之，處理起來就需要慎重。《經説》中的異體字，如"俻—備""深—滨""兔—兎"一類，二字同出，或是排印所致。但另有個別異體字，細審之下，作者刻意用古字的可能性極大，此時恐不宜徑改爲通行字。

（一）骽—腿

> 去年夏，右骽生瘍。　　　　　　　　　　　　　　　　　　　　（《經説·序》）

按，《説文》無"骽（腿）"字。《玉篇》："腿，腿脛也。本作骽。""骽，骽股也。"①慧琳《一切經音義》："腿，退餒反。俗字，非也。正體從骨作骽。"②又《龍龕手鑒》："腿，俗。正作骽。"③《廣韻》："骽，骽股也。""腿，俗。"④可知歷來字書皆以"骽"爲正字、"腿"爲俗字。俞樾《經説》用"骽"不用"腿"，從字書用正字也。

---

① 《宋本玉篇》，北京市中國書店，1983 年，影印張氏澤存堂本，第 146、137 頁。
② 王華權、劉景雲編撰：《一切經音義三種校本合刊索引》，徐時儀審校，上海古籍出版社，2010 年，第 738 頁。
③ 釋行均撰：《龍龕手鑒》，中華書局，1935 年，第 463 頁。
④ 余迺永著：《新校互注宋本廣韻》，上海辭書出版社，2000 年，第 272 頁。

（二）葢—蓋

《經說》全書皆用"葢"，不用"蓋"。①

按，"葢""蓋"二字異體，古文字字形中即存在，一从艸从盍，一从艸从盇。②

[字形]楚王畲忎鼎葢、[字形]秦公簋、[字形]古鉢、[字形]《説文·艸部》、[字形]睡虎地簡10-10、[字形]《老子》甲25

其中，只有《説文》小篆从艸从盇，其他字形則从艸从盍。若依多數來論，从艸从盍或爲正字。《説文》云："葢，苫也。从艸、盇聲。"③知許慎固以从盇爲正字，小篆字形當有所本。又《説文》："盇，覆也。"段注："覆必大於下，故从大。艸部之葢，从盇會意，訓苫，覆之引伸耳。"④知覆葢義當从大而不从去。則俞樾《經説》用"葢"不用"蓋"，從《説文》用正字也。

（三）縣—懸

《經説》於懸掛字皆作"縣"，計有六處。⑤

按，"縣""懸"古今字。《説文》："縣，繫也。"段注："古懸掛字皆如此作。"⑥《經説》多處用"縣"，從古字也。

（四）無—无

《經説》正文有無字皆作"無"，唯引《周易》之"无妄"字皆作"无"。

按，檢《周易》原書，經文皆作"无"。⑦《説文》："无，奇字無也。"段注："謂古文奇字如此作也。今六經惟《易》用此字。"⑧知《經説》作"无妄"，從經書用古字也。

（五）灋—法

《經説》正文於刑法字皆作"法"，唯引《周禮》經文皆用"灋"字。

按，檢《周禮》原書，正文皆作"灋"。《説文》："灋，刑也。平之如水。从水。廌所以觸不直者去之。从廌去。"又："法，今文省。"段注："許書無言今文者，此蓋隸省之

---

① 全書僅一處用"蓋"（卷十四"遇艮之八"），當屬誤刻。
② 漢語大字典編輯委員會編纂：《漢語大字典》（第2版），四川辭書出版社、崇文書局，2010年，第3460頁。
③ 許慎撰，段玉裁注：《説文解字注》，浙江古籍出版社，1998年，第42頁。
④ 同上書，第214頁。
⑤ 全書唯兩處作"懸"：一處"多寡懸殊"（卷十四"行出犬雞"），一處"相去懸絶"（卷十五"用田賦"）。當屬誤刻。
⑥ 許慎撰，段玉裁注：《説文解字注》，浙江古籍出版社，1998年，第423頁。
⑦ 《十三經注疏》，上海古籍出版社，1997年，影印世界書局縮印阮刻本，第39頁。
⑧ 許慎撰，段玉裁注：《説文解字注》，浙江古籍出版社，1998年，第634頁。

字,許書本無,或增之也。"① 可知隸書以前並無"法"字,俞樾引《周禮》經文用"灋"字,從經書用古字也。

(六) 后—後

《經說》全書於"后""後"二字分辨極嚴,唯引《大學》"靜而后能安"用"后"不用"後"(卷一"誕受羑")。

按,檢《大學》原文,正文皆作"后"字。《説文》:"后,繼體君也。"段注:"經傳多假'后'爲'後'。《大射》注引《孝經》説曰:'后者,後也。'此謂'后'即'後'之假借。"②依段玉裁説,經書多用"后"字以代"後"字,是假借用法。故《經說》用"后",從經書用古字也。

(七) 諡—謚

《經說》於諡號字皆用"諡",唯引《春秋繁露》處皆用"謚"不用"諡"(卷十一"三王四代")。

按,檢《春秋繁露》,諸版本正文固作"謚"字(如圖 5-8-1)。《説文》:"諡,行之跡也,从言兮皿闕。"③ 又:"謚,笑皃,从言、益聲。"段注:"各本作从言兮皿闕,此後人妄改也。"依段玉裁説,此字當作"謚"。而俞樾治經用公羊法,《經說》於他處作"諡",唯此處用"謚",蓋以《春秋繁露》爲經,不改字也。

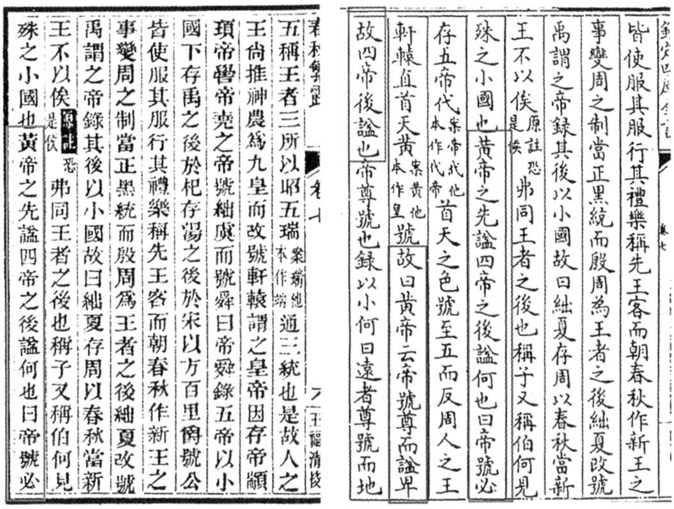

圖 5-8-1 《春秋繁露》(左爲四部叢刊本,右爲四庫全書本)

---

① 許慎撰,段玉裁注:《説文解字注》,浙江古籍出版社,1998 年,第 470 頁。
② 同上書,第 429 頁。
③ 許慎撰:《説文解字(附檢字)》,中華書局,1963 年,第 57 頁。

整體而言，《經説》大略有兩種刻意用古字的情況：一是遵從字書的意見，二是遵從經書的用字。這種現象，其他學者在俞樾的著作裏也遇到過。李俊在《俞樾的用字及〈俞樾詩文集〉的標點》一文中提到，張燕嬰在整理《俞樾詩文集》時保留了很多異體字形。① 孟巍隆談《群經平議》時也説："（俞樾）經常會刻意用一些異體寫法，比如少見的俗體字或異體字來寫書，跟他這一條評注的具體內容没有關係，就是寫着玩，來展示他的學問很高。"②

單就《經説》整理而言，書中一些顯而易見的異體字，如"靑—青""旣—既""尙—尚""宫—宫""廂—厢"一類，無妨徑改爲規範字。但具體到類似上述的異體字，是否一定要改爲通行規範字，恐怕要費很大的考量。

二、"樂祖"與"祖祭"——《禮記》鄭注的一處標點

《禮記·文王世子》："凡學，春官釋奠於其先師。"鄭注引《周禮》曰：

> "凡有道者、有德者使教焉，死則以爲樂，祖祭於瞽宗。"此之謂先師之類也。
>
> （卷十六"先師"）

鄭注所引出自《周禮·大司樂》，此處標點乍看無誤。"祖祭"一詞，專讀禮書的人很熟悉，即供奉祖先的祭祀。依此標點意爲，有道有德的人死後，（人們）作樂，並在瞽宗處舉行祖祭。

這樣標點是錯誤的。與我們熟悉的祖祭不同，此處當"樂祖"連讀。按《禮記·文王世子》疏云："……以大司樂掌樂，故特云樂祖。其餘不見者，《周禮》文不具也。"③ 又，《禮記·明堂位》鄭注："古者有道德者使教焉，死則以爲樂祖，於此祭之。"疏云："死則以爲樂祖者，《大司樂》文。"④ 顯而易見，當"樂祖"連讀。

那麼，何謂"樂祖"呢？按《周禮·大司樂》"樂祖"注云："死則以爲樂之祖，神而祭之。"⑤ 可見，無論是依《周禮》還是《禮記》注疏，都應當是"樂祖"連讀。

事實上，這處標點只要稍加留心，或核對下《禮記》原文，或查下《周禮》經文，都是没有理由標點錯的。如果點錯了，多半還是草率了。

---

① 李俊：《〈俞樾詩文集〉編餘漫筆》（三），人民文學出版社古典部微信公眾號，https://mp.weixin.qq.com/s/Cii4j7GtqfSgiB6olzgHZg，2022 年 7 月 20 日。
② 丁蒙恩、劉明玉：《躬行實踐，力學篤行——孟巍隆教授訪談録》，儒果兒微信公眾號，https://mp.weixin.qq.com/s/Sn9gIw8U81_tv7YdQP7Mfw，2021 年 3 月 19 日。
③ 《十三經注疏》，上海古籍出版社，1997 年，影印世界書局縮印阮刻本，第 1406 頁。
④ 同上書，第 1491 頁。
⑤ 同上書，第 787 頁。

三、引文當核對原書——《經説》中的一處誤引

俞樾在《經説》中引了一句鄭玄的注釋：

《漿人》："共王之六飲：水、漿、醴、涼、醫、酏。"鄭注《酒正》亦曰："酏，今之粥。"與《内則》注同。然以類求之，酏必非粥。自當從許君以酏爲黍酒，即《内則》所謂"黍酏"也，鄭注"黍酏"爲"釀粥爲酒"，亦非是。　　（卷十"饘酏"）

畫綫的這句引文是錯誤的，鄭玄注"或以酏爲醴"纔是"釀粥爲醴"，注"黍酏"則是"酏粥"[①]。

簡單核對原書就能發現的問題，俞樾何以會犯這個錯誤呢？也許俞樾過於相信自己的記憶力了，他認爲不需要核對。那麽，他僅僅是記錯了嗎？並不是，而是在他之前就有人搞錯了。在俞樾之前，王筠《説文解字句讀》中就有這樣的誤引：

酏：《内則》"黍酏"注"釀粥爲醴"。[②]

事實上，在王筠之前，桂馥《説文解字義證》内容也一樣：

酏：《内則》"黍酏"注云"釀粥爲醴"。[③]

可見，從桂馥、王筠直到到俞樾，犯了同樣不核對原書的錯誤。俞樾謂："古人引經，以意增損，不甚足據。"（《經説》卷十五"小大可知"）誠哉斯言！俞樾難免輕信他人，也過於自信，他在引用這段鄭注時，没有核對原書，於是就被别人誤導了。

四、"洧水出滎陽東南"——歷史地理與古書標點

俞樾《經説》引了《左傳》注的一段文字：

《昭十九年傳》："鄭大水，龍鬭于時門之外洧淵。"注曰："時門，鄭城門也。洧水出滎陽密縣東南，至潁川長平入潁。"　　（卷十五"辭于東門"）

畫綫處的標點早先我點錯了，之所以出錯，原因有二：一是憑語感，某水出某地某方，是古書常見表達；另一個原因則是參考了别人的標點，多數人都點作"洧水出滎陽密縣東南"，而我服從了大多數。

然而，語感和前人並不可靠。好在我留心了一下地理問題，去查了《中國歷史地圖集》（圖5-8-2）[④]。

---

① 《十三經注疏》，上海古籍出版社，1997年，影印世界書局縮印阮刻本，第1463頁。
② 王筠撰：《説文解字句讀》，中華書局，1988年，第599頁。
③ 桂馥撰：《説文解字義證》，上海古籍出版社，1987年，第1310頁。
④ 譚其驤主編：《中國歷史地圖集》（第一册），地圖出版社，1982年，第24—25頁。

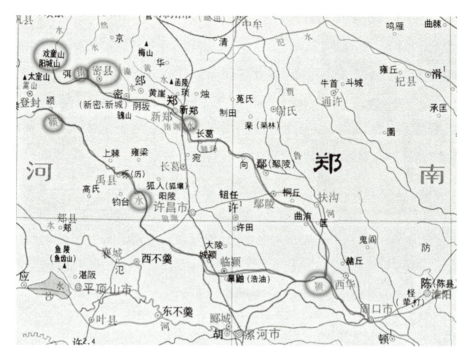

圖 5-8-2 洧水（採自《中國歷史地圖集》之鄭、宋、衛地圖）

洧水是春秋時期很著名的一條河，從地圖中顯而易見，它出自密縣西北陽城山，流向東南，到潁川一帶與潁水交匯。可見，洧水出密縣沒錯，但"東南"字當屬下讀，作"東南至潁川長平入潁"。事實上，這段注文有省略。《左傳·成公十七年》：

> 公會尹武公、單襄公及諸侯伐鄭，自戲童至于曲洧。疏云："正義曰：《釋例》云：'洧水出滎陽密縣西北陽城山，東南至潁川長平縣入潁。'"①

可見，《左傳》注文"洧水出滎陽密縣，東南至潁川長平入潁"，實際上省略了"西北陽城山"五個字，即俞樾所謂的"以意增損，不甚足據"是也。

綜上可知，古書標點是不可以僅憑語法來判斷的，要多考慮別的可能性。而多數人的標點並不具備天然的合法性，"服從大多數"原則在標點古書時是不適用的。

附　古籍標點的若干規範問題

(一)《春秋》三傳某公某年

俞樾《經說》在提到《春秋》三傳某公某年時，稱謂非常混亂，如"隱九年""成十一年左傳""昭二十八年傳""公羊宣三年傳""文十年傳""九年傳"等等。如果用新式標

---

① 《十三經注疏》，上海古籍出版社，1997年，影印世界書局縮印阮刻本，第1921頁。

點來處理的話,會給整理者帶來很大的麻煩。

陳景超整理本(以下簡稱"陳本")①的處理較爲複雜。如"《隱二年·左傳》""《隱五年·傳》"等,統一在傳前加圓點;又如"昭二十一年""定十四年"等,則未加書名號,只在後面加冒號;甚至將底本的"穀梁隱三年傳"改作了"《穀梁傳·隱三年》",爲了加一圓點而改動原書,看來整理者也很無奈。

事實上,這些看似混亂的書名稱謂,只能看作是當時人們(包括俞樾)對《春秋》三傳的簡稱或省稱。魏慶彬整理本(以下簡稱"魏本")②的處理較爲簡潔。除了比較標準的"某傳·某公某年"中間加圓點以外,其他如"隱九年""成十一年左傳""昭二十八年傳""公羊宣三年傳""文十年傳""九年傳""穀梁隱三年傳"等,徑皆視爲對某一書的簡稱,整體作爲一書名,中間不加圓點,入書名號內。這樣處理固然不夠精準,但相較之下,是目前較爲妥帖的辦法。

(二) 傳、注、箋、集解

《經説》中有較多"注""箋""疏""集解""正義"等字樣。魏本爲避免混亂,依《俞樾全集》整理體例,凡是從屬於某書的注、疏、集解、正義等皆不加書名號。相比之下,這樣處理是較爲妥當的。

陳本遇"傳""注""箋""集解"一律加書名號,就容易出現疏漏或問題。如有"箋云"之"箋"未加書名號,而"正義"上加書名號(108 頁),其他如"疏曰""注、疏之意""注""箋""傳""疏""徐疏"等等,當加而未加,自亂其例。

此外,書名和注、解之名同列時,如果都加書名號的話,就會出現些問題。如陳本的"《僖二十年·左傳》《正義》"(409 頁)恐怕就不妥,而魏本則依例標作"《僖二十年左傳》正義",這樣處理就相對穩妥。

(三) 連續書名號

依最新標點規範,連續書名號之間一般不加頓號。但在《經説》整理過程中,也會遇到一些問題。當兩書名(或多書名)之間沒有從屬關係時,不加頓號是可行的;但當兩書名之間有從屬關係時,情況就較複雜。

《經説》卷七"賓出奏陔":

> 乃合樂:《周南·關雎》《葛覃》《卷耳》,《召南·鵲巢》《采蘩》《采蘋》。
>
> (魏本第 199 頁)
>
> 乃合樂:《周南·關雎》、《葛覃》、《卷耳》,《召南·鵲巢》、《采蘩》、《采蘋》。
>
> (陳本第 180 頁)

---

① 俞樾著:《俞樾全集·茶香室經説》,趙一生主編,陳景超整理,浙江古籍出版社,2021 年。
② 俞樾著:《茶香室經説》,魏慶彬整理,鳳凰出版社,2021 年。

從文義上講，"乃合樂"包含了兩部分内容：一是《周南》的《關雎》《葛覃》《卷耳》，二是《召南》的《鵲巢》《采蘩》《采蘋》。魏本在書名號之間不加頓號，是由於《周南》《召南》是總名，總名和篇名之間加頓號，不能體現所屬關係。但是不熟悉《詩經》的人仍無法通過標點看出其從屬關係。陳本全用頓號隔開，更無法體現原有的從屬關係。

筆者認爲，此時有兩種權宜的辦法：

(1) 乃合樂——《周南》：《關雎》《葛覃》《卷耳》，《召南》：《鵲巢》《采蘩》《采蘋》。

(2) 乃合樂：《周南》"關雎""葛覃""卷耳"，《召南》"鵲巢""采蘩""采蘋"。

這兩種標點，用來表示從屬關係都比較清晰。不過第二種在小篇名外標上了雙引號，却又與書中其他地方的篇名體例不統一。相比之下，第一種較好，但破折號出現在古書中頗突兀。

與之類似，還有《經説》卷十六"龕"：

《詩》《酌篇》、《長發篇》　　　　　　　　　　　　　　　　（陳本第 407 頁）

《詩·酌篇》《長發篇》　　　　　　　　　　　　　　　　　　（魏本第 450 頁）

從文意上講，原文是説《詩》之《酌篇》、《詩》之《長發篇》，兩種標點似乎都説得通。但是不懂《詩經》的人仍無法看出其從屬關係。總而言之，最新的書名號使用規範，對於古籍整理工作而言，不是十分友好。

作者係復旦大學出土文獻與古文字研究中心 2013 級博士（導師：汪少華），現爲河南財經政法大學文學院講師。

據元代曹善抄本《山海經》看今本存在的問題①

劉思亮

《山海經》内容多荒誕不經,歷代學者多嫌棄其"閎誕迂誇,多奇怪俶儻之言",褒少貶多。該書流傳過程中有較長時間的版本空白,又經長期傳抄、刊刻,今本面貌之非,遠超想象。

另外,《山海經》向乏善本,今天所能見到的《山海經》最早版本是南宋淳熙七年(1180)尤袤刻本,加上明正統《道藏》本,成爲明清以來《山海經》的主要版本來源。衆本之間,異文不多,可資對勘的材料少。所以今本《山海經》中存在的錯訛呈現固化狀態,很難被揭示出來。

現在我們有幸搜求到元代曹善手抄《山海經》全本(下文簡稱"曹本")②,該本祖本大概是尤袤校書時所能見到的别本,時代或在尤袤本之前,該書對《山海經》校勘意義較大。由於二本之間僅異文就達六百餘條,在此無法一一羅列,我們只能揀擇若干條,來看看今本中存在的一些問題,餘下可參拙作《山海經傳校理》及《山海經校箋》③。

一、今本④郭璞音注多非舊貌,錯訛、補改痕跡明顯

今本郭璞注保存舊貌較差,有不少錯訛、補改的地方,這裏先就其中注音問題作

---

① 本文是"出土文獻與古代文明協同創新中心博士創新資助項目"成果。
② 元代曹善抄本《山海經》共分四册,均爲紙本,其中第一册72幅,第二册54幅,第三册41幅,第四册39幅,後有副頁5幅。關於曹本簡介和斷代情況,參拙文《據曹本〈山海經〉看看今本郭注中的幾處增改及郭璞時有無古圖問題》(未刊稿),以及拙作《〈山海經·五藏山經〉校箋》,博士學位論文,復旦大學,2019年,第16—20頁。
③ 二書待出版。其中《山海經傳校理》業已完稿,該書全文過録曹本異文、王念孫手批札記及宋以前諸書引《山海經》異文等。
④ 以下凡言今本者,均指郭璞注:《宋本山海經》,國家圖書館出版社,2017年,影印宋淳熙七年尤袤刻本。若遇宋本與明《道藏》本、明監本、楊守敬跋明翻宋本、嘉靖年間刻王崇慶《山海經釋義》本、毛扆本、項綱本、郝懿行《山海經箋疏》本等相牴牾,且又關乎結論者,再另作説明。爲減少脚注和行文方便,引文徑以"《某經》'某山(某水/某國)'下'某條'"定位,如"《南次二經》'柜山'下云云",不再單獨出注。

簡要論説。

今本《山海經》郭璞音注不外乎如下幾種形式：

（1）直音法。又分兩種類型：單字注音，一般作"某音某"，有時前一"某"字省略，徑作"音某"；雙字注音，一般作"某某兩音"。

（2）成詞法，又稱"詞語法"，即以常用的成詞語的兩個字爲一個字注音，達到以詞限音的目的。從某種意義上來説，成詞法是直音法的一種特殊形式。① 今本中此種方法又有三種形式，分別爲："音某某之某""音如某某之某""音同某某之某"。

（3）反切法，即以"某某反"注音。②

三種形式中，又以成詞法問題最多，添字也最多。對比曹本可知，今本作"音某某之某""音如某某之某"者，曹本一律作"音某某"，無"之某"二字。如《南次二經》"虖勺之山"下云："滂水出焉。"郭注："音滂沱之滂。"曹本郭注作："音滂沱。"《海外北經》"平丘"下有"甘柤"，郭注："音如柤棃之柤。"曹本作："音柤棃。"他皆如此，無一例外。成詞注音其實是郭璞注音的成例，我們稍參郭璞《爾雅》注、《方言》注也能得出這樣的認識。如《爾雅·釋草》"其萌蘿"下，郭注"蘿"云："音繾綣。"③《釋鳥》"鴀，頭鳴"下，郭注"鴀"云："音髐箭。"④《方言》卷一："敦、豐、厖、夆、憮、般、嘏、奕、戎、京、奘、將，大也。"郭注"厖"："鴟鵂。"注"般"："般桓。"⑤《方言》卷三："蘇、芥，草也。……沅湘之南或謂之蓸。"郭注"蓸"："音車轄。"⑥皆此之類。⑦ 三書對比，我們知道"音某某"應該是郭璞注音的常例，今本《山海經》基本改作成了"音某某之某"，"之某"二字蓋多爲增補。今本中只有兩三條改而未盡的成詞注音例。《中次七經》"大騩之山"下有草"其名曰蓈"，郭注："音狼戾。"按，曹本經文作"䕞"，"䕞"即"蓈"字的訛俗體，寫本時代的"很"常寫作"佷"。注音字"狼"也是"很"之訛字，初當作"音很戾"，"很戾"是成詞，如《史

---

① 另參吳慶峰：《郭璞的詞語注音法》，《漢字文化》2002年第4期，第4—6頁。
② 按，今宋尤袤本中有兩條、郝本中有三條"某某切"，皆非郭璞舊注，筆者另有專文討論。另參《山海經叢考》。
③ 郭璞注，邢昺疏：《爾雅注疏》，王世偉整理，上海古籍出版社，2010年，第448頁。
④ 同上書，第549頁。
⑤ 周祖謨校箋：《方言校箋（附索引）》，中華書局，1993年，第4頁。
⑥ 同上書，第19頁。
⑦ 按，郭璞《爾雅》注中也有幾條注音作"音某某之某"，但數量很少。退一步講，即便今本《山海經》中"音某某之某"原不一定均同曹本作"音某某"，但至少"音某某"當與"音某某之某"並存，並且以"音某某"爲主，今本中部分"音某某之某"的注音材料初貌或是"音某某"。

記·張儀列傳》：" 夫趙王之很戾無親，大王之所明見。"①而景祐本、紹興本、武英殿本等也訛作"狼戾"，可與此相發明。又《中次十一經》"倚帝之山"有獸"名曰狙如"，郭注："音即蛆。" 按，"即蛆"即"蝍蛆"。《爾雅·釋蟲》："蒺藜，蝍蛆。"《广雅·釋蟲》："蝍蛆，吳公也。"同樣爲成詞注音例。

今本《山海經》注音中，部分錯誤便是傳抄或刊刻者不明注音體例而造成的，現試舉幾例。

《北次三經》"敦與之山"下云："泜水出于其陰。"郭注云："音抵。肆也。"②不知所云。既爲"泜"注音，爲何又言"肆也"？"泜""抵"均無"肆"義。郝懿行疏云：" '泜'字，晉灼音'邸'，與郭音同。蘇林音'祇'，與《地理志》同。"畢沅、王念孫諸家於此注音均無異說。袁珂徑折以今音："珂按，泜音底。"③曹本此條缺字，僅作："音☒"④其實，若明郭璞注音例，這條錯誤便不難勘破。按，今本"抵"當爲"邸"字之誤，初當作"音邸肆也"⑤。"邸肆"即邸店，爲舊時常詞，如《隋書·食貨志》："是時錢益濫惡，乃令有司，括天下邸肆見錢，非官鑄者，皆毀之，其銅入官。"⑥"音邸肆也"，即音邸肆之"邸"，音與晉灼注同。今本當據改，且當重新斷句。

成詞注音容易與反切法相混，如果遇不明者，只在"音某某"後增一"反"，便謬以千里。今本《中次十一經》"翼望之山"下云："湍水出焉。"郭注："鹿摶反。"郝疏："水名之'湍'，《集韻》：'朱遄切，音專。'郭音'鹿摶反'，似誤。然《文選·南都賦》注引此經郭注，亦作'湍，鹿摶切'，又非誤也。未知其審。"⑦顯然，郝氏已對該條音注產生了疑問，但又囿於《文選》的音注，因此"未知其審"。其實此處注音今本《山海經》與《文選》並誤。按，鹿摶反，所切之音當爲"臠"，與水名"專（朱遄切）"音未安。韻書"湍"有二讀，分別在透、章二紐，而反切上字"鹿"爲來紐，與之相去甚遠。所謂"鹿摶反"的"反"

---

① 司馬遷撰：《史記》，中華書局，1982年，第2298頁。點校修訂本則更"很戾"爲"狼戾"，見司馬遷撰：《史記》，中華書局，2013年，第2777—2787頁。關於此經"很戾"與"狼戾"之辨，較爲複雜，參拙作《〈山海經·五藏山經〉校箋》，博士學位論文，復旦大學，第621—622頁。茲不贅述。
② 此處斷句用郝懿行：《山海經箋疏》，載《郝懿行集》（第六册），齊魯書社，2010年，第4780頁。今之通行本，亦多同此斷句，如欒保群點校《山海經箋疏》亦誤斷爲"音抵。肆也"。而同氏點校之《山海經廣注》則作"音抵肆也"，不誤。見郝懿行箋疏：《山海經箋疏》，中華書局，2019年，影印光緒十二年上海還讀樓校刊本，第120頁；吳任臣撰：《山海經廣注》，欒保群點校，中華書局，2020年，第174頁。
③ 袁珂校注：《山海經校注》，北京聯合出版公司，2014年，第85頁。
④ 因手抄本不似刻本每行字數恒定，曹本雖有空白，但很難知曉缺幾字，故徑以"☒"表示。
⑤ 按，"音某某也"的例子，郭璞《方言》注中也有數例，"也"不衍。
⑥ 魏徵、令狐德棻撰：《隋書》，中華書局，1973年，第692頁。
⑦ 郝懿行箋疏：《山海經箋疏》，中華書局，2019年，影印光緒十二年上海還讀樓校刊本，第211頁。

字應該是衍文①,初當作"音鹿塼"。"鹿塼"又爲"鹿塼"之訛,敦煌寫卷伯希和3798號《切韻·去聲·屋韻》"甋"下云:"甋塼。"②"塼"即訛作"搏",與此例相同,寫本時代"扌""土"二形常相訛。③ 又作"甋甎",爲磚之專名。《玉篇》:"甎,甋甎。"《廣韻》:"甋,甋甎。"《一切經音義》卷十五引《通俗文》:"狹長者謂之甋甎也。"《漢書·尹賞傳》:"致令辟爲郭。"顏師古注:"令辟,甋甎也。""令辟"即"瓴甓","鹿塼"即"甋甎",俱爲磚名。後人因不明其意,又見反切下字"塼"與"湍"同韻部,因此不顧反切上字懸隔之弊,增"反"字爲注。《文選·南都賦》引郭氏注音並誤,二者間或有承襲,俱應訂正。

有些注音直接關乎經文,只有訂正注音纔能恢復經文舊貌。《西山首經》"皋塗之山"有獸名"玃如",郭注云:"音猳嬰之嬰。"郝疏云:"經文'玃'當爲'玃',注文'猳嬰'當爲'猳玃',並字形之訛也。郭注《爾雅》'玃父'云:'猳玃也。'是此注所本。《廣雅·釋地》本此經正作'玃如',可證。《太平御覽》九百十三卷引作'玃',無'如'字,疑脱。"按,郝疏至確,曹本經文正作"玃如",郭注作"音假玃"。曹本郭注之"假"亦當爲"猳"字之訛,"犭""亻"二形常相訛。兩相對校,既能訂正今本之訛,又能糾正曹本之疏。

今本中音誤的例子還有不少,除了成詞注音外,直音法與反切法中也有不少錯誤。

《西山首經》"小華之山"下有"萆荔",郭注云:"萆荔,香草也。蔽戾兩音。"但曹本郭注作:"香草。音獘戾。"按,當以曹本爲允,"蔽"爲幫母字,"萆"爲並母字,聲母清濁有別,唯曹本"獘"字正是並母字,與經文合。又《離騷》"貫薜荔之落蕊"句洪興祖補注云:"薜,蒲計切。荔,郎計切。"④"蒲計切"之"蒲"亦是並母,與曹本音正合,今本當據改。

又《西次四經》"剛山"下云:"是多神䰠。"郭注云:"䰠,亦魑魅之類也。音耻回反。或作䰠。"郝疏:"'䰠',疑當爲'魋'字之或體。《說文》云:'魋,神獸也。从鬼、隹聲。'與郭音、義俱合。又云'或作䰠'者,'䰠'當爲'魅'。《說文》云:'魅,厲鬼也。'《玉篇》云:'魅,丑利切。'"按,郝疏不確,"䰠""魋"字形差距較大,無由爲或體。關於該條,吳承仕早已有精彩論説:"郝説非也。'魋''䰠'形體不近,無緣互錯。蓋'䰠'即'䰠'之形訛,宋以後傳寫失之,郭所見本作'䰠'不作'䰠',郭音'䰠'爲'耻四反',傳寫者訛

---

① 此處蒙李豪兄提示。
② 關長龍:《小學類韻書之屬·切韻箋注》,載張涌泉主編、審訂《敦煌經部文獻合集》(第五冊),中華書局,2008年,第2221頁。
③ 張涌泉《小學類訓詁之屬·俗務要名林》又訛成"甋博",見張涌泉主編、審訂:《敦煌經部文獻合集》(第七冊),中華書局,2008年,第3618頁。
④ 洪興祖撰:《楚辭補注》,黃靈庚點校,上海古籍出版社,2015年,第19頁。

'四'作'回'耳。《類篇》《集韻》'磈'又'丑二切',云:'魖魅也。《山海經》剛山多神磈。'是其證。今本郭注'或作磈'三字乃後人校語。"①吳氏之論至確。曹本郭璞注音正作"耻四反",與吳氏理校相合。② 今本當據改。

總之今本郭璞注音問題很多,有一些甚至牽扯到郭璞時五支、六脂韻部分合等問題,限於篇幅,以後將有專文討論。

二、今本部分山名、水名、地名有錯訛

校對今本《山海經》與曹本全文後我們發現,僅山、水異名者就有一百餘條。下面只能撿擇數例以作說明。

《西山首經》"松果之山"下云:"濩水出焉,北流注于渭。"《水經注·河水四》云:"灌水注之,水出松果之山。"楊守敬、熊會貞疏:"戴據《山海經》灌改濩。"殿本亦作"濩水",並有按云:"案濩,原本及近刻並訛作灌,今據《山海經》改正。"③楊守敬又按:"灌、濩形近,安知非今本《山海經》之誤,何不兩存之?"④曹本《山海經》正作"灌水",可知《水經注》"灌水"有所本,殿本據今本《山海經》改《水經》之法不可取,楊守敬"兩存"之法更謹慎、高明。又"松果之山"下,曹本有郭注"一作梁"。該注明《道藏》本、明監本、明翻宋本、毛扆本、項絪本、郝本等皆無,却與《文選·長楊賦》注同,《長楊賦》"左太華而右褒斜"句下李善注:"《山海經》曰:'松梁之山西六十里曰太華山。'"⑤是李善所見本作"松梁"也,足見曹本別有所本。

又《西次二經》有"泰冒山",云:"(鈐山)西二百里,曰泰冒山,其陽多金,其陰多鐵。浴水出焉,東流注于河。"郭注:"或作秦。"畢沅云:"晋灼引《水經·洛水》云:'出上郡雕陰泰冒山,過華陰入渭。即漆沮水。'《漢書》顏師古注亦云:'洛即漆沮水,出上郡雕陰泰冒山,而東南入渭。'則浴當爲洛。蓋自白於山出而經此也。"⑥郝疏基本承畢氏意見。而《初學記·地中部·洛水七》"海藻玉"下引此經即作"秦冒之山"。⑦《太

---

① 吳承仕:《經籍舊音辨證·山海經郭璞傳》,載《經典釋文序錄疏證(附經籍舊音二種)》,中華書局,2008年,第372頁。
② 另參李軍、王靖:《〈山海經〉"神磈"校詁》,《古籍整理研究學刊》2015年第1期,第90—93頁。該文舉例甚詳,但結論仍不出吳承仕所論。
③ 酈道元著,陳橋驛校證:《水經注校證》,中華書局,2007年,第123頁。
④ 楊守敬、熊會貞疏,楊甦宏、楊世燦、楊未冬補:《水經注疏補》,中華書局,2014年,第301頁。
⑤ 蕭統選編,呂延濟等注:《新校訂六家注文選》(第一册),俞紹初、劉群棟、王翠紅點校,鄭州大學出版社,2013年,第543頁。
⑥ 畢沅校注:《山海經新校正》,中國國家圖書館藏光緒三年浙江書局據畢氏靈巖山館本校刻本,第11b頁。
⑦ 徐堅等編:《初學記》,中華書局,1962年,第133頁。

平寰宇記·關西道九》又云:"洛水原出白於山,經上郡雕陰秦望山。"①該山有"泰冒山""秦冒山""秦望山"等異文。曹本經文作"大冒山",無"或作秦"云云。曹本"大冒"之"大"疑讀爲"代"。今本作"代"者,曹本常作"大",此爲唐以來寫本中用字的一個特點。如《海內西經》"高柳在代中"句,曹本作"高柳在大中";又《大荒西經》"叔均是代其父及稷播百穀",曹本作"叔均是大其父及稷播百穀","代"並作"大"。"大(代)冒"即"玳瑁",王謇已有論説:"泰冒疑即頓牟之轉,音即瑇冒也。"②又云:"泰、大,冒、蒙,均一聲之轉,泰冒疑即《爾疋》之大蒙。"③《山海經》山水、動物名多用謎語,從這一特點看,曹本的"大冒"、王謇的"瑇瑁"説似更合理,《初學記》的"秦冒"、《太平寰宇記》的"秦望"有可能是誤字。

又《西次四經》有"罷父之山",郝疏云:"《玉篇》《廣韻》並云'洱出罷谷山'。'父''谷'字形相近,疑此經'父'當爲'谷'字之訛也。"曹本經文正作"罷谷",與郝疏同,又《水經注》引也作"罷谷"。今本"罷父"當是誤字。

又《中山首經》:"有合谷之山,是多蒼棘。"《玉篇·艸部》"蒼"下却云:"金谷多蒼棘。"《集韻·平聲四·鹽韻》"蒼"下又引作:"木名。《山海經》:爾谷之山多蒼棘。"三種書出現三種異文。胡吉宣《玉篇校釋》云:"《山經》合谷、金谷字形相近,未審孰是。"④查曹本,經文作"今谷山",又與今本異。按,古文字"金"即從"今"得聲,"今""金"音同,因此曹本作"今谷"與《玉篇》引最近。寫本時代的"金"又作"金"形,"爾"又作"爾""尒"等形,二字形近易訛。故《集韻》"爾谷"、今本"合谷"疑皆爲"金(今)谷"之訛。

又《東山首經》有"枸狀之山","汜水出焉"。郝疏云:"《廣韻》云:'汜水出拘扶山。'此作'枸狀',字形相似,未審誰是。"按,伯希和 3798 號敦煌寫卷《切韻·上聲·紙韻》"汜"下云:"水名。出拘扶山。拘字舉隅反。"⑤與今本《廣韻》同。查曹本經文却作"狗狀山"。寫本時代"犭""扌""木"互訛是常例,"狗""拘"必有一誤。"狀""扶"也

---

① 樂史撰:《太平寰宇記》,王文楚等點校,中華書局,2007 年,第 711 頁。
② 按,國家圖書館出版社所刊王謇《山海經箋疏箋記》脱頁較多,或爲黏簽脱落所致,此條引自范祥雍補校:《山海經箋疏補校》,上海古籍出版社,2013 年,第 47 頁。
③ 王謇:《山海經箋疏箋記》,載《海粟樓叢稿》(第一册),國家圖書館出版社,2016 年,第 87 頁。
④ 胡吉宣著:《玉篇校釋》,上海古籍出版社,1989 年,第 2634 頁。該條蒙匿名評審專家提示,在此致謝。
⑤ 關長龍:《小學類韻書之屬·切韻箋注》,載張涌泉主編、審訂《敦煌經部文獻合集》(第五册),中華書局,2008 年,第 2199 頁。

常相混，寫本時代的"扌"旁也常與"㇇""牛""丬""衤"等形旁相混①，曹本中此類偏旁互混的例子也有數例，兹不贅述。所以"狗狀""枸狀""拘扶"只能知道是字形相訛所致，却很難遽定孰是孰非。從材料時代先後來説，唐寫本《切韻》引相對較早，從"拘扶"到"狗狀""枸狀"的字形訛變軌跡也較爲自然，但以"拘扶"爲山名似乎不如"狗狀"明瞭，錯訛的先後尚且無法遽定。

由於曹本與今本山水異名之文甚多，無法在此一一列舉，但曹本中確實有不少珍貴異文，於校勘大有裨益。

三、今本中部分山水道里、方位與曹本不合

《山海經》中，山水之間多記方位與道里數，不少學者曾據此考查山水地望、河川流向。今與曹本相校，我們却發現今本與曹本所記道里、方位有多處不合，僅道里不合者便有六十餘條，方位不合者也有三十餘條。道里之間，多者可差七八百里，少的只差三五里；方位之間，或差180度，或僅廉隅之别。

道里相差較大的，如《西次二經》下云："又西四百里，曰巵陽之山。"曹善作："西百七十里，曰底陽之山。"二者道里相差二百三十里。又《西次四經》下云："又北百八十里，曰號山。"曹本作："北八百八十里，曰號山。"二者竟相差七百里。又《東山首經》下云："又東百二十里，曰吳林之山。"曹本作："東十五里，曰吳林山。"二者相差一百零五里。又《中次三經》末云："凡萯山之首，自敖岸之山至于和山，凡五山，四百四十里。"然而今本五山道里相加纔八十里，曹本作"七十里"，雖與"八十里"之數相近，但也和五山道里之和之不相合。足見《山海經》文本之間錯訛之甚。

道里數差距小的，如《西次四經》下云："又西五十五里，曰涇谷之山。"曹本作"五十里"，相差五里。又《中次六經》下云："又西七十二里，曰密山。"曹本作"七十里"，差二里。又《中次七經》下云："又東二十里，曰末山。"曹本作"二十五里"，差五里。又《中次十一經》下云："又東三十里，曰鮮山。"曹本作"三十二里"，差二里。諸如此類，不一一列舉。

至於方位不合的，如《西山首經》下云："又北百八十里，曰北鮮之山，是多馬。鮮水出焉，而西北流注于涂吾之水。"郝疏云："《漢書·武帝紀》云：'元狩二年，馬生余吾水中。'應劭注云：'在朔方北。'《文選·長楊賦》注引此經作'北經余吾水。'《史記·匈

---

① 關於"扌"旁與"㇇""牛""丬""木""衤"相混的例子，參梁春勝著：《楷書部件演變研究》，綫裝書局，2012年，第5、217、410、415頁。

奴傳》索隱引此經亦作'北流注余吾'。並無'西'字。"①曹本正作"鮮水出焉,北注涂吾水。"無"西"字,與郝疏合。今本"西"爲衍字,當删。

又《中次四經》"熊耳之山"下云:"浮濠之水出焉,而西流注于洛。"郝疏云:"《水經注》及劉昭注《郡國志》並引此經,'西'下有'北'字。"②而曹本經文正作"西北注洛",知今本"西"下奪一"北"字。

又《大荒北經》下云:"大荒之中有山,名曰不句,海水入焉。"按,經文他處皆言海水所入方向,如《大荒南經》云:"大荒之中有山,名曰融天,海水南入焉。"《大荒北經》云:"大荒之中有山,名曰北極天櫃,海水北入焉。""不句"句,曹本經文作"海水北入焉",《道藏》本同。故今本當據曹本、《道藏》本補"北"字。

又《大荒南經》云:"大荒之中有山,名曰天臺高山,海水入焉。""海水"後諸本皆無方位詞。但是依《大荒經》例,凡言"大荒之中有山"者,《荒東》所言之山皆爲"日月所出"者,《荒西》所言之山爲"日月所入"者,而《荒南》《荒北》所言之山則皆爲"海水入焉"者,《南經》則南入,《北經》則北入,無一例外。故《大荒南經》"天臺高山"下"海水"二字後當補"南"字。限於篇幅,其他例子無法一一臚列。

四、今本部分山、水所出物産與曹本不合

《山海經》記錄山、水的同時,常列所出物産,但通過與曹本對校發現,同一山水所記物産常有差別。

《南次二經》"僕勾之山"③下云:"其上多金、玉,其下多草木,無鳥獸,無水。"曹本却作:"其上多金、玉,其下多青䐨,無鳥獸,無水。""草木"曹本作"青䐨",是不同物産。

又《南次三經》"非山之首"下云:"其上多金、玉,無水,其下多蝮虫。"曹本却作:"其上多黄金,無水,其下多蝮虫。""金、玉"曹本作"黄金",也是不同的物産。

又《西次三經》"槐江之山"下云:"其上多青雄黄,多藏琅玕、黄金、玉。其陽多丹粟,其陰多采黄金、銀。"而曹本作:"其上多青雄黄,多藏琅玕、金、玉。其陽多丹粟,陰多采金、銀。"今本"琅玕、黄金、玉",曹本作"琅玕、金、玉"。古書中所言"黄金"與"金"不同,黄金即今之黄金,而金乃是銅之意謂。又曹本"采黄金、銀"不誤,既言黄金,又以"采"修飾,疑此處"黄"字應據曹本删去。

---

① 郝懿行箋疏:《山海經箋疏》,中華書局,2019年,影印光緒十二年上海還讀樓校刊本,第98—99頁。
② 同上書,第164頁。
③ 按,今本此山下有郭注"一作夕";曹本經文正作"濮夕山",無郭注。

又《中次八經》"若山"下云："其上多㻁琈之玉,多藷,多邽石,多寓木,多柘。"關於"邽石"爲何物,歷來不得其解。郭注云："未詳。"郝疏云："'邽'疑'封'字之譌也。'封石',見《中次十經》'虎尾之山'。"王念孫注云："下文云：虎尾之山多封石。邽、封二字必有一誤；篇内作邽石者二,作封石者六。"①按,郝懿行、王念孫之説皆非。"邽"即"邦"之譌俗字,寫本文獻中習見,伯希和3767號敦煌寫本《尚書》中,凡今刊本中作"邦"的字均寫作"邽"。又敦煌寫本《尚書·多方》："成王歸自奄,在宗周,誥庶邽,作《多方》。"②"庶邽"即"庶邦"。又斯坦因2984號寫本《春秋左氏經傳集解·昭十六年傳》"子産賦《鄭》之《羔裘》"下杜預注："取其'彼己之子,舍命不渝','邽之彦兮',以美韓子。"③"邽"也作"邦"。又《偏類碑別字·邑部·邦字》引"隋宫人司飭丁氏墓誌","邦"也作"邽"。"邽""邦"實爲一字,《金石文字辨異·平聲·三江》引"後魏崔敬邕墓誌"又寫作"邽","邽""邽"都是"邦"的譌俗體,與"上邽縣"的"邽"無涉。查曹善本,此處經文正作"邦石",所以今本"邽"是"邦"的俗字無疑。今本《中次八經》"謹山"下也有"邽石",曹本仍作"邦石"。"邦""封"乃一字分化,若依錢大昕"古無輕唇音"之説,則古人讀"封"如"邦",二字音義皆近,故此處的"邦石",下文的"封石",其實一物。④

又《北次三經》"太行之山"下云："有鳥焉,其狀如鵲,白身、赤尾、六足,其名曰鵸。"曹本作："名曰鵸鵌。"按,《集韻·鳥部》"鵌"下云："《山海經》：太行山有鳥,狀如鵲,白身,赤尾,六足,名曰鵸鵌。"則《集韻》所見本也作"鵸鵌"。又曹本《圖贊》也作"鵸鵌"。而王太岳等於《四庫全書考證·經部·集韻》"二十三魂韻"下駁道："鵌,注其名曰鵸,刊本其名曰鵌,譌名曰鵸鵌,據《北山經》改。"⑤今據曹本知,《集韻》或有所本,王太岳等所駁仍可商榷。

又《北次三經》"饒山"下云："是無草木,多瑶、碧,其獸多橐駞,其鳥多鶹。"郭注：

---

① 引自王謇：《山海經箋疏筆記》,載《海粟樓叢稿》(第一册),國家圖書館出版社,2016年,第257頁；另拙作《山海經傳校理》(待出版)已全文過録王念孫批校。關於王念孫手批本《山海經》情況,可參拙作《王念孫手批本〈山海經〉初考——兼及〈河源紀略·辨譌〉之纂修者》,《文獻》2021年第3期,第164—177頁。

② 許建平：《群經類尚書之屬·尚書》,載張涌泉主編、審訂《敦煌經部文獻合集》(第一册),中華書局,2008年,第329頁。

③ 許建平：《群經類左傳之屬·春秋左氏傳集解》,載張涌泉主編、審訂《敦煌經部文獻合集》(第三册),中華書局,2008年,第1203頁。

④ 按,《山海經》多處避"啓"諱、"恒"諱,更"啓"爲"開",改"恒"爲"常",或是避漢諱。"邦石"作"封石"情況可與之比附,或爲避"劉邦"諱而改。除諱後回改作"邦石",只是改之不盡,故今本中有六處"封石",兩處"邽(邦)石"。但不論出於何種原因,"邽(邦)石"即"封石"則無疑。

⑤ 王太岳、王燕緒等輯：《欽定四庫全書考證》,書目文獻出版社,1991年,第502頁上欄。

"未詳。或曰：鶹，鵂鶹也。"按，"鵂鶹"爲記音詞，記録的是鴟鴞"ho-lo-lo"之叫聲，故又名"舊留""鉤鵅""毂轆鷹"等①，無由省稱。且古書中的"鶹"專指"鸝離"，《爾雅·釋鳥》："鳥少美長醜爲鸝離。"郭璞注："鸝鶹猶留離，《詩》所謂'鸝之子'。"《說文·鳥部》《玉篇》《廣韻》同，都不以"鵂鶹"釋"鶹"。郭璞既諳熟《爾雅》，蓋不會不知"鶹"爲"鸝離"之別稱，今本郭璞注中摻入大量後人補入的東西，頗疑該注亦是後人妄增。查曹本經文作："是無草木，多瑶、碧，獸多橐駞，鳥名鶹。"今本"鶹"，曹本作"鸓"，二字形近，當有一誤。按，"鸓"即"鸓"，《龍龕手鑒·鳥部·上聲》："鸓俗。鷽或作。鸓正。力水反。飛土鳥，紫赤色，似蝙蝠而長。"字又作"蠝"。《文選·上林賦》"蜼玃飛蠝"，張注云："飛蠝，鼠也，其狀如兔而鼠首，以其髯飛。"郭璞曰："蠝，鼯鼠也。毛紫赤色，飛且生，一名飛生。"②且《西山首經》"翠山"下已有"鸓"的記載："其鳥多鸓。"而《山海經》多處提到鵂鶹，也從未曾省作"鶹"。《漢語大字典》"鶹"下收"鵂鶹"條，並引今本《山海經》爲書證，不確。"鸓"又名"鸚䴗"，《廣雅·釋魚》："鸚䴗，飛鸓也。《玉篇》同。"王念孫疏證對此命名無異詞。今本"鶹"也有可能是"鸚䴗"之誤，"鸚䴗"脱"䴗"字作"鸚"，又因"鶹""鸚"音同，後人不明，故改作今貌。③ 總之，今本"鶹"當爲"鸓"之誤，即鼯鼠。

又《中次六經》"陽華之山"下云："多苦辛，其狀如楸。其實如瓜，其味酸甘，食之已瘧。""苦辛"④，曹善本作"若華"。"苦""若"二字形近，極易訛混。至於"華""辛"二字，情況稍複雜。寫本時代"莘"常寫作"莘"，"莘"又爲"華"字的訛俗體。六朝石刻之"華"字便常寫作"莘"，如《篇類碑別字·艸部》引"魏奉朝請梁邕墓誌"之"華"字即作莘，"魏世宗嬪司馬氏墓誌"之"華"字作莘形。所以"華""辛"二字不能簡單地當作字形訛誤的關係來處理。又曹本及今本《圖讚》都作"若華"，今本"苦辛"爲"若華"的可能性更大。

《山海經》經歷了較長的傳抄歷史⑤，加上它的内容又不像經、史那麼重要，故傳抄之間或態度隨意、或受抄手水平影響，中間有大量或體、俗字、訛俗字，校勘過程中

---

① 李海霞著：《漢語動物命名考釋》，巴蜀書社，2005年，第195頁。
② 蕭統選編，呂延濟等注：《新校訂六家注文選》（第一册），俞紹初、劉群棟、王翠紅點校，鄭州大學出版社，2013年，第495頁。
③ 按，《廣韻·平聲·尤韻》"鸚"即云："飛鸓，鳥名。"但"鸚䴗"兩字常並舉，不應省稱。今本"鶹"也可能循《廣韻》"鸚"而誤。但今本是"鸚䴗"之誤的可能性不大，如果原本作"鸚䴗"，那麼《玉篇》等大概會引《山海經》爲疏證。因此今本爲"鸓"字形誤的可能性更大。
④ 按，"苦辛"二字，殆至郝本、袁珂本等，均已誤作"苦辛"。
⑤ 按，《史記》《漢書》這樣的正史至淳化五年（994）纔有刊本，《水經注》也到元祐二年（1087）纔刊出，《山海經》刊本時間大概還要略晚，前期抄本的時代比較漫長。

慮及這些問題,纔能使《山海經》文本逐步接近本貌。

五、今本神、獸的形、名存在不少訛誤

由於傳抄、刊刻、字形訛誤等種種原因,今本《山海經》與曹本所載神、獸多處出現形、名不合的情况,現試舉數例説明。

《西山首經》"翠山"下多"㸰",郭璞注云:"㸰似羊而大角細食,好在山崖閒。"①今本郭注不知所云,諸家斷句也多不確。曹本作:"似羊而大,角細負,好在山崖間。"豁然通暢。寫、刻本中"員"字常作"負"②,與"食"字形近。又《爾雅·釋獸》"㸰"下郭璞注云:"㸰羊似羊而大,角員鋭,好在山崖間。"③"角員鋭"與"角細員",辭雖微别,但仍作"員"不作"食"。今本"食"字當據曹本改爲"員"。且袁珂本斷句有誤,《郝懿行集》本斷句爲允,當據以更正。

又《北次三經》"倫山"下有"羆"云:"有獸焉,其狀如麋,其川在尾上,其名曰羆。"郭注云:"川,竅也。"郝疏云:"《爾雅》云:'白州,驠。'郭注云:'州,竅。'是'州''川'其義同。《廣雅》云:'川,臀也。'本此。王引之曰:'川,似當爲州字,形相近而誤。'"④郝氏以爲"州""川"同義,又引王引之"川"爲"州"誤之意見。可見郝氏態度猶豫。許維遹則云:"郭注'川,竅也'本不誤。《訂訛》云:'川當爲州。'按川,穿也,則竅也,竅,穀道也,《爾雅》之白州燕,亦當作川,余《續黔書》川字説最詳。"⑤許氏非郝氏説,以爲"川"不誤。按,許氏説法不確,當以王引之説法爲允。曹本郭注正作"州",今本"川"是"州"字形訛。"州"字孔竅、肛門義來源甚早。馬王堆漢墓醫書《天下至道談》22行即云:"治八益,旦起起坐,直脊,撓尻,翕州,抑下之,曰治氣;飲食,垂尻,直脊,翕周,通氣焉,曰致沫。"⑥"翕州""翕周"皆收緊肛門之義,"州"之肛門義甚明。《字書》又有"豚"字,又作"屍""㞞"等形,《玉篇·月部》:"豚,臏朔切。尻也。"《廣韻·入聲·屋韻》:"豚,尾下竅也。"無論音義,與"州"皆近,二者當爲音、義皆

---

① 此處斷句用袁珂本,見袁珂校注:《山海經校注》,北京聯合出版公司,2014 年,第 28 頁。《郝懿行集》本《山海經箋疏》斷作:"㸰似羊而大,角細食,好在山崖間。"見郝懿行:《山海經箋疏》,載《郝懿行集》(第六册),齊魯書社,2010 年,第 4760 頁。
② 今本"員"字,宋本、曹本均作"負"。
③ 郭璞注,邢昺疏:《爾雅注疏》,王世偉整理,上海古籍出版社,2010 年,第 570 頁。
④ 郝懿行箋疏:《山海經箋疏》,中華書局,2019 年,影印光緒十二年上海還讀樓校刊本,第 124 頁。
⑤ 許維遹:《郝蘭皋夫婦年譜(附著述考)》,載郝懿行著《郝懿行集》(第六册),齊魯書社,2010 年,第 6146 頁。
⑥ 湖南省博物館、復旦大學出土文獻與古文字研究中心編纂:《長沙馬王堆漢墓簡帛集成》(陸),中華書局,2014 年,第 166—167 頁。

近的同源詞。故"羆"下郭注當據曹本改,許氏意見不確,《廣雅》"川"亦當據王引之意見改。

又《海外西經》"丈夫國"下有郭注云:"殷帝太戊使王孟採藥,從西王母至此。絶糧不能進,食木實,衣木皮。終身無妻而生二子,從形中出。其父即死。是爲丈夫民。""從形中出"句,頗難理解。郝疏云:"其無妻生子之説本《括地圖》,《太平御覽》七百九十卷引其文與郭注略同。但此言'從形中出',彼云'從背間出',又《玄中記》云'從脅間出',文有不同。"可見《御覽》《玄中記》文又與今本不同。查曹本郭注作"從州出","州"與上義同,即從肛門出。此説較他本合理,也便於理解,他本是否爲古人爲避惡俗而改,不得而知。

又《中次十一經》"依軲之山"下有云:"有獸焉,其狀如犬,虎爪有甲,其名曰獜。善駚牟,食者不風。"郭注云:"跳躍自撲也。軮奞兩音。"郝疏云:"駚、牟二字,《説文》《玉篇》所無。據郭音義,當爲軮掌奞訊之意。""駚牟"二字,歷來不得其義。《廣韻》"駚"有兩讀,上聲"養"小韻下云:"駚鸞,馬皃。"上聲"梗"小韻下云:"駚鸞,馬容。"《集韻》"駚"下云:"駚牟,獸跳踏自撲也。一曰:駚鸞,馬皃。"仍是不得其義,尤其早於《集韻》的《廣韻》根本未涉及《山海經》"駚牟"的意思,故宋修《集韻》所引當存疑。《集韻》"牟"下又引作:"跳蹲也。《山海經》依軲山有獸,虎爪有甲,名曰獜,善駚牟。"作"駚牟",又與"駚牟"異。《類篇》引又作"駮牟"。因此僅《集韻》《類篇》引就有"駚牟""駚牟""駮牟"之別。查曹善本經文作"善駚牟",又與今本異。劉釗師在未見到曹本之前,就已通過理校法指出此處當爲"駚犇"之誤。① 結合曹本及經義看,劉釗師之説可謂灼見。"駚""駮""駚"並"駚"之訛。② "夬""史"二形隸變後形體極近,唐以前寫本中二形便常相混。如敦煌寫本《金光明最勝王經音・第一》下有"駛"注云:"所史,從史。""所史"所切音爲"駛",而非"駚"。同出其他抄卷或作"駛",或作"駚"③,可見"駚""駛"常相訛混。關於"駚"義,《説文・馬部》"駚"下徐鉉云:"今俗與快同用。"又《廣雅・釋宫》:"駚,犇也。"王念孫《疏證》所列書證甚詳,並云:"赽、趹、决並與駚通。"④ 又《御覽・獸部九・馬》引崔豹《古今注》云:"曹真有駚馬,名爲驚帆,言其馳驟如烈風之

---

① 參劉釗:《出土文獻與〈山海經〉新證》,《中國社會科學》2021年第1期,第101頁。
② 按,"駚"也有疾、快義,但就目前材料來看,"駚"字出現的時代可能不會太早,至少古文字中尚未發現"駚"字,該字爲後起形聲字的可能性較大。而"駚"至少在睡虎地秦簡中就已出現,故"駚"訛作"駚"的可能性更大。
③ 張涌泉:《小學類佛經音義之屬・金光明最勝王經音》,載《敦煌經部文獻合集》(第十一冊),中華書局,2008年,第5326頁。
④ 王念孫撰:《廣雅疏證》,江蘇古籍出版社,1984年,第214頁下。

舉帆也。"①因此"駚"有快、奔、疾一類義。"㚰"字宋以前字書未見,該字或是"奔"之訛,或是"犇"之後起俗字。② 該字爲"犇"變形音化而造的俗字的可能性更大,"犇""分"上古聲、韻並相同,二字從上古到中古音變的軌跡也基本同步,"分"完全可充當"犇"字聲符。該字大概因使用不廣,後遂湮滅。《山海經》中俗字使用情況遠比我們想象得嚴重,曹善抄本中尚遺留一些,但今本多已改爲正字。"駚㚰"即"跌奔",《史記·張儀列傳》:"秦馬之良,戎兵之衆,探前趹後蹄閒三尋騰者,不可勝數。"司馬貞索隱:"謂馬前足探向前,後足趹於後。趹音烏穴反。趹謂後足抉地,言馬之走執疾也。"③《山海經》"獙"善"駚㚰",即言獙善後足抉地奔馳,今天的虎豹仍是這樣的奔姿。尚可證之以敦煌寫卷《開蒙要訓》④,伯 2578 號《開蒙要訓》有云:"駈馳駄乘,走驟跳躑。緩急遲鈍,決駛奔驛。"⑤"決"字伯 3054、斯 705 作"快",伯 3102 作"駃",斯 4564 作"駚",斯 1308 則作"駚"。"駛"字斯 1308 作"駛",伯 3054、斯 705 作"決",伯 6130、伯 3487、伯 3875A、伯 2588 作"駃"。⑥ 該條訛誤例可與《山海經》"駚(駛/駃)㚰"相發明。又按,《開蒙要訓》"決駛奔驛"即"快駃奔驛"⑦,編者將"駃""奔"同編入韻文,以授蒙童,可見"駃""奔"同義爲當時常識。總之,我們認爲今本"駚"當據曹本更爲"駃","駃㚰"即"駃奔",亦即言獙獙善疾奔。《漢語大字典》《漢語大詞典》"駚㚰"條或不確。

又《西次四經》"崦嵫之山"下云:"有獸焉,其狀馬身而鳥翼,人面蛇尾,是好舉人,名曰孰湖。有鳥焉,其狀如鴞而人面,雖身犬尾,其名自號也,見則其邑大旱。""其狀馬身而鳥翼"句曹本作"狀如馬而鳥翼",較今本善。《山海經》常言"狀如某某",即其形之大略似某某,是該物的基本形體,後之論述則是在此基礎形體上損益部位、增減特徵。"狀如馬"即該獸基本形體似馬,而又有"鳥翼""人面""蛇尾"諸異態。因此今本"馬身"之"身"字當爲衍文。該獸名曹本作"就湖",又與今本"孰湖"異,文獻不足

---

① 李昉等撰:《太平御覽》,中華書局,1960 年,第 3891 頁。
② 劉釗師認爲"㚰"字是"後世失傳的'奔'字俗體",良是。見劉釗:《出土文獻與〈山海經〉新證》,《中國社會科學》2021 年第 1 期,第 101 頁。
③ 司馬遷撰:《史記》,中華書局,1982 年,第 2773 頁。
④ 按,《開蒙要訓》爲古代童蒙讀物,史志未載,幸賴敦煌藏經洞得以面世,經學者整理、綴合得四十三件,各件之間頗多異文。
⑤ 張涌泉:《小學類字書之屬·開蒙要訓》,載《敦煌經部文獻合集》(第八冊),中華書局,2008 年,第 4042 頁。
⑥ 同上書,第 4087 頁。
⑦ 按,"駛"也有可能是"駃"之訛,則"決駛奔驛"也可訂作"駃駛奔驛","駛"字中古時候已有"疾"義,但尚缺乏上古來源和例證。此例無論訂爲"快駃奔驛"或"駃駛奔驛",均不影響"駃""奔"義近的結論。

徵,未審孰是。又"其狀如鴞而人面,蜼身犬尾"句曹本作"狀如鴞而人面,蜼目犬尾"。"鴞""鶚"二字蓋是形訛,未審孰是。按,前既言"狀如鴞/鶚",那麽該獸的基本形體是鴞/鶚鳥形,而身子是基本形體中最重要的一部分,又言"蜼身",則"狀如鴞/鶚"便無法落實,當以曹本爲允。《山海經》中"身""目""耳"三字常相訛。① 如《北山首經》"丹熏之山"有獸云:"有獸焉,其狀如鼠而菟首、麋身,其音如獆犬,以其尾飛,名曰耳鼠。""麋身"曹本作"麋耳"。前既言"其狀如鼠",那麽形體大略已定,後所述應只是部位的稍微替换,"麋身"顯然不確;又該獸既名"耳鼠",則該獸之耳當尤異於常鼠,"麋耳"之形更符合經義。今本"身"當是"耳"之訛。

又《中次四經》"扶豬之山"有獸:"有獸焉,其狀如貉而人目,其名曰麐。"郝疏云:"《玉篇》《廣韻》引此經,'人目'並作'八目',誤。"郝疏以《玉篇》《廣韻》引爲誤,不知何據。《玉篇·鹿部》"麐"下云:"獸名。似貉而八目,出《山海經》。"《篆隸萬象名義》略同:"如貉目八。"《廣韻·上平聲·眞韻》"麐"下引與《玉篇》同。余迺永《新校互注宋本廣韻》、周祖謨《廣韻校本》並引今本作對勘,未定是非。② 曹本經文亦作"八目",同《玉篇》《萬象名義》《廣韻》,因此郝氏以"八目"爲非無據,"八目"説當有所本,今本"人目"反爲孤證,不足憑信。

一些神名牽扯甚衆,此處無法展開論述。但總體上看,曹本所載多與《玉篇》《初學記》《太平御覽》等同,版本價值較大。曹本中保留了不少信息,是解決今本致誤的中間證據,循其字詞上窮下討,多能有所得。

《海内經》"幽都之山"上有"玄狐,蓬尾",郭注云:"蓬,叢也,阻留反。"按,"蓬"無"叢"義,此處有誤無疑。郝疏云:"《小雅·何草不黄篇》云:'有芃者狐。'蓋言狐尾蓬蓬然大。依字當爲蓬,《詩》假借作芃耳。郭云阻留反,於上文無所承,疑有闕脱。《太平御覽》九百九卷引此注作'蓬蓬其尾也',無阻留反三字,非。牟廷相曰:'叢字可讀如菆,則阻留當是叢字之音也。'"③ 查曹本郭注作:"蓬,茸也。"豁然通暢。按,《説文·艸部》:"茸,艸茸茸皃。"段玉裁注:"茸之言戎也。《召南》毛傳曰:'禓猶戎戎也。'《韓詩》:'何彼茙矣。'《左氏傳》:'狐裘尨茸。'即《詩》之'狐裘蒙戎'。"④ 頗得其義。今本"阻留反"的注音應是"茸"訛作"菆"後,不明者爲"菆"字補的,"菆"後又被改爲"叢"。

---

① "身""耳"訛混,古書中也不乏其例。王念孫《讀書雜志》中就列舉過兩例,參王念孫撰:《讀書雜志》,江蘇古籍出版社,2000年,第437頁下欄、606頁上欄。

② 余迺永校注:《新校互注宋本廣韻定稿本》,上海人民出版社,2008年,第105頁;周祖謨校:《廣韻校本(附廣韻四聲韻字今音表)》,中華書局,2011年,第107、672頁。

③ 郝懿行箋疏:《山海經箋疏》,中華書局,2019年,影印光緒十二年上海還讀樓校刊本,第388—389頁。

④ 許慎撰,段玉裁注:《説文解字注》,上海古籍出版社,1988年,第47頁上欄。

於是纔有今本的面貌。郝氏不明，故謂"疑有闕脱"，並以《御覽》引無音注爲非。若無曹本，則此條至今不可讀。

又明清以來諸本《海外北經》"犬封國"下云："犬封國曰犬戎國，狀如犬。有一女子，方跪進杯食。"郭注云："與酒食也。"郭注突兀，於上無所承接。今傳尤袤本、《道藏》本則作："與狗食也。"更是不辭。查曹本郭注作："典狗人也。"方恍然大悟，"典"先訛作"與"，注文不辭，故不明者改"人"爲"食"，後又更"狗"爲"酒"，於是乃成今本之貌。

這樣的例子還有很多，甚至有些習稱的神可能要更名，因牽涉甚多，無法在此一一展開，後續將有專文論述。

六、因重文符號產生的錯誤

抄本時代二字相重常用"="形標識，文獻中重文符號的脱落或誤認，會造成文句錯亂或理解錯誤。《山海經》中因重文符號產生的問題也有一些，限於篇幅，試舉兩例以作説明。

《海外東經》有云："虹虹在其北，各有兩首。""虹"即"虹"，毋庸置疑，郝氏引《漢書》已證。但細細讀來，此經根本不通，而歷來竟無人質疑。僅一"虹虹"，何以言"各有兩首"？郝疏云："虹有兩首，能飲澗水，山行者或見之，亦能降人家庭院。蔡邕《災異對》'所謂天投虹者也'。云'不見尾足'，明其有兩首。"① 郝疏也僅釋"有兩首"，根本未觸及經文"各"字，甚疏漏。又今傳尤袤本、《道藏》本、明翻宋本、毛扆本"虹虹"下有郭注"音薛"，明監本、王崇慶本、項絪本、郝本等徑改作"音虹"。宋本等"虹"爲何有"薛"音，"薛"與"虹"音義都了不相干，明以下本改動的依據何在？並且"虹"與"虹"是異體關係，於理不該用"虹"作爲"虹"的注音字，今本"音虹"改而無據。查曹本，經文作："虹二在其北，各有兩首。"與今本異。按，當以曹本爲允，經文既云"各有兩首"，則非一虹可知，經義當爲有二虹，每虹各兩首。尤袤本、《道藏》本等俱以"二"爲重文符，故誤作"虹虹"。又按，宋本"音薛"也並非無中生有，"薛"當是"䜐"之形訛。《廣韻》"䜐""霓"同音，並音"五結切"。"䜐"是"霓"的注音字，而非爲"虹"注音。《釋名·釋天》："霓，齧也。""齧""䜐"同音，是音訓。宋本既有"霓"字注音，那麼大略可知，郭璞最初應是以"霓虹"注"虹二"，並爲"霓"字注音"音䜐"；今本脱去，只遺"霓"字注音，而注音字"䜐"又訛作"薛"；後之刊刻者不解其義，徑妄改作"音虹"，於是乃成明本以下

---

① 郝懿行箋疏：《山海經箋疏》，中華書局，2019 年，影印光緒十二年上海還讀樓校刊本，第 267 頁。

面貌。古人以爲虹分雌、雄，常並出。《廣韻·齊韻》"霓"下注："雌虹。"《爾雅·釋天》"蜺爲挈貳"句陸德明《釋文》引《音義》云："雄曰虹，雌曰霓。"《爾雅·釋天》"螮蝀，虹也"句邢昺疏引《音義》云："虹雙出，色鮮盛者爲雄，雄曰虹；闇者爲雌，雌曰霓。"循此，更加證明"虹二"不誤。足見曹本淵源有自。要非曹本"虹二"異文、宋本"音薛"遺跡，則該條錯誤便很難被揭示。郝懿行、袁珂等本將宋本"音薛"徑改爲"音虹"，使得校勘的中間證據丟失，不甚可取。

又《大荒北經》"犬戎"下云："弄明生白犬，白犬有牝牡。"郝疏云："《匈奴傳》索隱引此經亦作'并明'，又云'黃帝生苗，苗生龍，龍生融，融生吾，吾生并明，并明生白，白生犬，犬有二壯，是爲犬戎'。所引一人，俱爲兩人，所未詳聞。"①又云："《史記·周本紀》正義、《漢書·匈奴傳》注引此經並作'白犬有二牝牡'，蓋謂所生二人相爲牝牡也。《藏經》本作'白犬二犬有牝牡'，下犬字疑衍。"②此段經文歧誤在於所生是"白犬二"還是"白犬"，即是一犬還是兩犬，問題也出在重文符號的解讀上。曹本經文作："弄明生白犬二，有牝牡。"而《道藏》本作："弄明生白犬，白犬二犬有牝牡。"又稍異。又《海內北經》"犬封國"下有郭注引作："黃帝之後卞明，生白犬二頭，自相牝牡，遂爲此國。"則"弄明"又作"卞明"，"生白犬二"又作"生白犬二頭"。其實該條引文最存真，却鮮有人徵引以作論證。按，今本《史記·周本紀》"明年伐犬戎"下張守節正義引作："黃帝生苗龍，苗龍生融吾，融吾生并明，并明生白犬。白犬有二，是爲犬戎。"③而《匈奴列傳》"西伯昌伐畎夷氏"下司馬貞索隱引又作："黃帝生苗龍，苗龍生融吾，融吾生弄明，弄明生白犬。白犬有二牡，是爲犬戎。"④與郝疏引異。綜上所引，我們稍條理如下：關於生白犬者，有"并明""弄明""卞明"之別，"并""卞"音近，爲音之轉，而"弄""卞"形近，當是形誤。又所生者，有"白犬""白犬(有)二""白犬二頭"之別。要探其根源，大概要從"牝牡""二頭"着手。《山海經》多載"二首"神、獸，如《海外西經》有兩頭獸名"并封"，《大荒西經》作"屏蓬"，《中山經》有二首神居"平逢之山"。又《周頌·小毖》："予其懲而毖後患，莫予荓蜂。"⑤《爾雅·釋訓》："甹夆，掣曳也。"⑥知"并封""屏蓬""平逢""荓蜂""甹夆"當是同一語族的謎語。並且《山海經》的兩頭獸"并封"也是自爲

---

① 郝懿行箋疏：《山海經箋疏》，中華書局，2019 年，影印光緒十二年上海還讀樓校刊本，第 373 頁。
② 同上書，第 373 頁。
③ 司馬遷撰：《史記》，中華書局，1982 年，第 153 頁。
④ 同上書，第 3464 頁。
⑤ 孔穎達：《毛詩正義》，載阮元校刻《十三經注疏(清嘉慶刊本)》，中華書局，2009 年，第 1295 頁。
⑥ 郭璞注，邢昺疏：《爾雅注疏》，王世偉整理，上海古籍出版社，2010 年，第 195 頁。

牝牡。聞一多對神獸交尾、雙首與性的分析舉例最多,論證最詳①:"以上我們由分析幾種兩頭鳥和兩頭獸的名稱與形狀,判定了那些都是關於鳥獸的性的行爲的一種歪曲記録。"②綜合分析,我們認爲,關於"弄明生白犬"的理解,《海内北經》"犬封國"下郭注引最存真,即:"黄帝之後卞明,生白犬二頭,自相牝牡,遂爲此國。""生白犬二頭"中間當斷開作"生白犬,二頭",他本多少有脱、衍、訛誤。經文"弄明生白犬二首(頭)",脱去"首/頭"字後便成曹本之貌;不明者遂以"二"爲重文符號,故徑改經文作"弄明生白犬白犬有牝牡",便成宋本之貌。《道藏》本又是重二本之誤,可謂誤上加誤。張守節正義引、司馬貞索隱引皆有脱誤,或是各本間錯誤相承所致。至於"并明""卞明"還是"弄明",王謇曾有論説:"郭云'弄一作卞',非也,此仍是弄字。《世説新語》:'王緒、王國寶每好上下權要。'宋汪藻《考異》本作'卡',此正古'弄'字,六朝别體也。彼訛'卡',此誤'卞',則不合'弄'字原狀一也。'弄'字作'卡',見《篇海》。"③按,王氏之説恰相反。"弄"字俗體確實很多,常寫作"卡""卡""卉"等形,易與"卞"字相訛。但此處原當是"卞",不明者誤以爲是"弄"字俗體"卡""卡""卉"之訛,後又更爲正字"弄"。"并""卞"音近,"并明""卞明"與"并封""屏蓬""平逢""茾蜂""甹夆"當是同一語族之詞。④張守節正義引作"并明"較確。總之,該處經文初當作:"并明生白犬,二頭(首),有牝牡。"義爲并明生白犬一只,是犬一身而二首,首各有牝牡之别,自相交配後生犬戎國。如此文義方順暢。諸本凌亂,唐張守節等引已稍有脱漏。這樣看來,唐時《山海經》文辭殘損現象已甚,今本存辭頗多齟齬是歷代訛誤纍積所致,又引書之間錯訛每多相承,致使是非難辨。

　　以上我們從六個方面作了舉例證,指出了今本《山海經》中存在的一些問題,展示了曹本對今本校勘的價值。總之,今本《山海經》經、注之間錯訛尚多,曹本提供的異文能糾正今本中不少失誤。曹本中存有大量俗字,這些俗字多是今本致誤的中間環節,對校勘很有幫助;當然,這些俗字對文字學的研究也有重要意義。曹本中提供的異文,如數十條山水異名的材料,這些山水名雖不見於其他文獻,無法求得是非,但從文獻學的角度而言,這些異文也是有意義的。今本郭注保存原貌最差,後人增補内容較多,憑借曹本,能汰除部分增補,減少我們理解經義時所受的干擾。今本中經文降爲郭注、郭注竄入經文的條目也有數條,曹本能助我們還原舊貌。此外,《山經》祭山

---

① 上所引文獻例證,聞一多《伏羲考》都已引到,聞氏徵引書證較此處詳。
② 聞一多:《伏羲考》,載《聞一多全集》(第3册),湖北人民出版社,1993年,第76頁。
③ 王謇:《山海經箋疏箋記》,載《海粟樓叢稿》(第一册),國家圖書館出版社,2016年,第751頁。
④ 筆者甚至懷疑,"并明"之"明"是"朋"字之訛,曹本、宋本間"明""朋"互訛的例子也有好幾條,則"并朋"與"并封""屏蓬"等皆爲雙聲,音更密合。惜乎無版本依據,故聊志於此,以俟來考。

禮部分依靠曹本提供的異文以及近年出土文獻提供的材料，已基本能通讀。當然，曹本也並非盡善盡美，它最大的弊病是文辭脱漏較甚，部分文辭甚至整段脱落，還有幾處經文出現錯竄現象。即便如此，兩相對勘，仍能互校得失，對今本的文本整理大有裨益。

本文原刊於《文史》2021年第4輯。

作者係復旦大學出土文獻與古文字研究中心16級博士（導師：劉釗），現爲上海交通大學人文學院副研究員。

《尚書·顧命》"今天降疾殆弗興弗悟"的斷句問題
——兼釋上博五《三德》之"天乃降䘲"

蔡 偉

《尚書·顧命》曰：

> 今天降疾殆弗興弗悟，爾尚明時朕言，用敬保元子釗弘濟於艱難，柔遠能邇，安勸小大庶邦。思（使）夫人自亂于威儀①，爾無以釗冒貢於非幾。

關於"今天降疾殆弗興弗悟"這句話，舊多斷讀爲"今天降疾，殆弗興弗悟"，亦有斷讀爲"今天降疾殆，弗興弗悟"者。檢北大漢簡《周馴》簡39有下引一句話：

> 故《周書》曰"皇天降殆，愚實爲始"，其此之謂乎？②

可證《顧命》此文斷句爲"今天降疾殆，弗興弗悟"是正確的。又文獻中同此句法者有：

> 造民大譽，弗念弗庸。　　　　　　　　　　　　　　　　（《書·康誥》）
> 惟我一人，弗恤弗蠲。　　　　　　　　　　　　　　　　（《書·酒誥》）

---

① 參看《清華五〈厚父〉初讀》主題帖下奈我何回帖，武漢大學簡帛網，http://www.bsm.org.cn/bbs/read.php?tid=3245&page=4，2015年4月20日。"奈我何"引用其老師的觀點，謂《書·顧命》中的一句話，老師的處理是："思（使）夫人自亂〈治〉于威儀。"按，"思"讀爲"使"，此說可從。陳斯鵬曾指出，在包山簡、郭店簡、新蔡簡、秦家咀簡、九店簡裹都有"囟"或"思"讀爲"使"的例子。見陳斯鵬：《論周原甲骨和楚系簡帛中的"囟"與"思"——兼論卜辭命辭的性質》，第四屆國際中國古文字學研討會會議論文，香港，2003年。沈培更進一步指出傳世古書中多見"思"讀爲"使"的例子，參沈培：《周原甲骨文裏的"囟"和楚墓竹簡裏的"囟"或"思"》，載中國文字學會、河北大學漢字研究中心編《漢字研究》（第一輯），學苑出版社，2005年，第345—366頁。《顧命》此文"思（使）"與下句中"無以"之"以"相對爲文，"以"亦"使"也。參裴學海著：《古書虛字集釋》，中華書局，1954年，第24頁。整句話的意思就是"使眾人（或人人）自治于威儀"，亦即"使眾人（或人人）以威儀自治"。"夫人"訓爲"眾人（或人人）"，參王引之撰：《經傳釋詞》，江蘇古籍出版社，2000年，第106頁。

② 北京大學出土文獻研究所編：《北京大學藏西漢竹書》（叁），上海古籍出版社，2015年，第125頁。

维此良人，弗求弗迪。 　　　　　　　　　　（《诗·大雅·桑柔》）

亦可以證明"殆"字當上屬爲句。

按，"疾殆"爲一固定的詞，其主語爲"天"，謂天降疾、天降殆（殆，危也）；而"弗興弗悟"則是指人。僞孔傳云"今天下疾我身甚危殆"①，今人金兆梓云："意謂目今降下疾病，於我其危。"②雖然其斷句可從，但將"殆"屬之於"我身""我"並不正確。還是如孫星衍所云"言天下危疾，弗起弗愈"③，其斷句及釋義皆正確可信。

又，宋人蔡沉《書集傳》解釋此句爲"今天降疾我身，殆將必死"，將"殆"字理解爲虛詞，今人多承之④，最無道理，亟宜糾正。

抑尤有進者，上博五《三德》簡2B—3曰：

䛊（期）而不䛊（期）⑤，天乃隆（降）材（災）；已（已）而不已（已），天乃隆（降）檼。亓（其）身不旻（没），至于孫₌（孫子）。

原整理者讀"檼"爲"災異"之"異"⑥，似乎學者皆無異辭。我們知道，在戰國文字中从"㠯（㠯㠯㠯）"得聲之字，用爲"治""始""殆""詞（辭）""怠""怡""貽（詒）""邰"等⑦，其中無一例外皆爲之部字。而"異"字的上古音爲餘母職部，讀"檼"爲"災異"之"異"，雖然於音理⑧、文義可通，但從用字習慣及語音上來講並不完全密合。

現在據北大漢簡《周馴》所引《周書》之"皇天降殆"及《尚書·顧命》之"今天降疾殆"等文句，我們將《三德》簡2B—3讀爲：

---

① 《十三經注疏》，上海古籍出版社，1997年，影印世界書局縮印阮刻本，第238頁。
② 金兆梓著：《尚書詮譯》，中華書局，2010年，第364頁。
③ 孫星衍撰：《尚書今古文注疏》，陳抗、盛冬鈴點校，中華書局，2004年，第484—485頁。
④ 如楊筠如著：《尚書覈詁》，黃懷信標校，陝西人民出版社，2005年，第414頁；曾運乾著：《尚書正讀》，華東師範大學出版社，2011年，第275頁；顧頡剛、劉起釪著：《尚書校釋譯論》（第四册），中華書局，2005年，第1730頁；周秉鈞譯注：《白話尚書》，岳麓書社，1990年，第221頁。
⑤ "䛊"，原整理者云：《說文·言部》有"諅"字，訓爲"欺也"，這裏似用爲"忌"字。見馬承源主編：《上海博物館藏戰國楚竹書》（五），上海古籍出版社，2005年，第289頁。今從范常喜說改讀爲"期"，意爲期約、約定。參范常喜：《〈上博五·三德〉"期而不期，已而不已"試解》，武漢大學簡帛網，http://www.bsm.org.cn/2006年6月19日發布。
⑥ 馬承源主編：《上海博物館藏戰國楚竹書》（三），上海古籍出版社，2003年，第290頁。
⑦ 參施謝捷：《説"㠯（㠯㠯㠯）"及相關諸字（上）》，載復旦大學出土文獻與古文字研究中心編《出土文獻與傳世典籍的詮釋——紀念譚樸森先生逝世兩週年國際學術研討會論文集》，上海古籍出版社，2010年，第47—66頁。
⑧ 之部和職部之間是陰入對轉的關係，从台从異之字也有互爲異文之例，如《說文》"飴"字，籀文从異省；《楚辭·九章·惜誦》"又眾兆之所咍"，一本作"眾兆之所異"。參高亨纂著：《古字通假會典》，董治安整理，齊魯書社，1989年，第374—375頁。

　　訂（期）而不訂（期），天乃隆（降）材（災）；巳（已）而不巳（已），天乃隆（降）朶（殆）。兀（其）身不旻（没），至于孫＝（孫子）。

簡文以"訂（期）""材（災）"爲韻（之部平聲），"巳（已）""朶（殆）""子"爲韻（之部上聲），押韻極其自然諧婉。其言"天乃隆（降）材（災）"，又言"天乃隆（降）朶（殆）"。按，《爾雅·釋詁一》："栽、殆，危也。""栽"與"材（災）"同。① 如是反復重申而言之者，古人屬辭，不嫌於複也。

附記：

　　此文作於《北京大學藏西漢竹書》（叁）出版之翌年，後正式發表在武漢大學簡帛研究中心主辦《簡帛》（第十四輯），上海古籍出版社，2017 年；又載《古文獻叢札》，花木蘭文化事業有限公司，2022 年。

　　　　本文原載《簡帛》（第十四輯），上海古籍出版社，2017 年。

　　　　作者係復旦大學出土文獻與古文字研究中心 2009 級博士（導師：陳劍），現爲遼寧大學文學院副教授。

---

① 　王念孫著：《廣雅疏證》，鍾宇訊點校，中華書局，1983 年，第 19 頁。

《吕氏春秋·音律》"陰將始刑"新詁

周 碩

《吕氏春秋·音律》篇：

> 林鐘之月，草木盛滿，陰將始刑，無發大事，以將陽氣。

其中"陰將始刑"一語，歷來聚訟紛如。王念孫曰："'始刑'當爲'始殺'，'殺'與'氣'爲韻。"孫人和《吕氏春秋舉正》曰："按'陰'下本有'氣'字，而今本脱之。"劉師培《吕氏春秋斠補自序》曰："《音律篇》'陰將始刑'，《治要》作'陰氣將刑'。"蔣維喬《吕氏春秋彙校》曰："劉師培《斠補自序》以《治要》勝今本，孫氏人和亦據《治要》及高注以今本脱'氣'字，甚是。蓋先涉注而衍'始'字，因奪其'氣'字。"陳奇猷《吕氏春秋新校釋》云："'滿'字、'刑'字均不誤，畢、王説非。……不當改'陰將始刑'爲'陰氣將刑'。"①

概而言之，上述諸家意見大致可歸爲兩類。其一，據《群書治要》卷三九引此文作"陰氣將刑"，故疑今本脱"氣"字又涉注而衍"始"字，認爲今本作"陰將始刑"實誤。其二，《音律》此篇文句葉韻，如"黄鐘之月"，"土事無作，慎無發蓋，以固天閉地，陽氣且泄"，"蓋""泄"皆葉部字；"夾鐘之月"，"寬裕和平，行德去刑，無或作事，以害群生"，"刑""生"皆耕部字；等等。唯"林鐘之月"此四小句中"刑"爲耕部，"氣"爲物部，兩字韻部遠隔，殊顯不類。故疑"刑"爲"殺"之訛（"殺""氣"合韻），原文應作"陰將始殺"。今按，兩種懷疑看似合理，然而仔細考察，其實皆有可商之處。前説所據引文爲一孤例，缺乏其他文獻證據的支持；後説依韻遽改"刑"爲"殺"，實則兩字形音遠隔，無由相通。從現有文獻及訓詁材料來看，兩説皆很難使人信服。

---

① 上引諸説參看王利器注疏：《吕氏春秋注疏》，巴蜀書社，2002年，第608頁；陳奇猷校釋：《吕氏春秋新校釋》，上海古籍出版社，2002年，第334—335頁；許維遹撰：《吕氏春秋集釋》，中華書局，2009年，第138頁。王念孫説見王氏《吕氏春秋》批校本，據許維遹《吕氏春秋集釋》轉引。王氏批校本現藏"中研院"歷史語言研究所傅斯年圖書館，詳情可參張錦少：《王念孫〈吕氏春秋校本〉研究》，《漢學研究》2010年第3期；李宗焜：《王念孫批校本〈吕氏春秋〉後案》，載復旦大學出土文獻與古文字研究中心編《出土文獻與傳世典籍的詮釋——紀年譚樸森先生逝世兩週年國際學術研討會論文集》，上海古籍出版社，2010年，第495—504頁。

近年來出土文獻材料不斷刊佈,其中不少可與傳世文獻比勘對照,往往可爲傳世文獻中疑難文句的理解提供新的綫索和思路。新近刊佈的阜陽雙古堆漢簡《吕氏春秋》中,第 28 號殘片恰可與《音律》篇此處文句相對照。據胡平生先生披露,阜陽雙古堆漢簡中共有 98 枚殘片與《吕氏春秋》内容相合,包括"傳世本《吕氏春秋》十二紀 60 個篇章中的 35 個",整理者輯爲一類,題爲"阜陽雙古堆漢簡·吕氏春秋"。① 這是首次發現的西漢版本《吕氏春秋》,其文獻價值及校勘學價值不言而喻。其中第 28 號殘片釋文如下:

☑□月草木盛盈陰將始㵩☑

與今本"陰將始刑"相對應的文句,簡本作"陰將始㵩"。"㵩"字右下部分雖稍有殘泐,但比照秦漢出土文字材料中"弗"字的寫法,此字無疑應隸定爲"㵩"。

整理者已經注意到該殘片與傳世本《吕氏春秋·音律》篇有關文句的關係,指出:

> 今本"陰將始刑",王念孫曰:"'始刑'當爲'始殺','殺'與'氣'爲韻。"陳奇猷説:"'滿'字、'刑'字均不誤,畢、王説非。"今簡文作"陰將始㵩"。"㵩",字書未見,但應从沸得聲,上古音爲幫母物部字。"氣",溪母物部字。王念孫説與"氣"押韻,是也。"沸",《説文·水部》:"畢沸,濫泉。"《玉篇·水部》:"沸,泉湧出皃。"夏至後四十六日立秋,此處謂"陰將始㵩",疑指陰氣似泉湧出,形容陰氣始起也。②

依據此條寶貴的文獻異文材料,我們可以重新檢討以往有關傳世本"陰將始刑"的諸種説法。首先,孫人和、劉師培、蔣維喬等學者關於"陰將始刑"中"陰"字下脱"氣"字這一看法,不攻自破。阜陽漢簡本《吕氏春秋》此處文句本無"氣"字,正作"陰將始",與今本相合。亦可知《群書治要》所見本已誤。

其次,與今本"陰將始刑"之"刑"相對應的文字,阜陽漢簡本作"㵩"。那麽,漢簡本"陰將始㵩"文義如何理解?與今本"陰將始刑"的關係如何?

整理者的意見是讀簡本之"㵩"爲"沸",訓爲湧出義,認爲全句是形容"陰氣似泉湧出"或"陰氣始起"之貌。我們認爲這一看法不確。理由如下:其一,古書罕見"陰""沸"連言者。訓爲湧出義之"沸",在先秦秦漢典籍中多用來形容水、泉等實體,如《史記·司馬相如列傳》"波鴻沸,湧泉起"、《漢書·劉向傳》"水泉沸騰"、《論衡·書虚》

---

① 胡平生:《阜陽雙古堆漢簡〈吕氏春秋〉》,載李宗焜主編《古文字與古代史》(第四輯),"中研院"歷史語言研究所,2015 年,第 511—536 頁。

② 同上書,第 526—527 頁。

"水激沸起"、《漢桂陽太守周憬功勳銘》"泉肇沸踴"等,未見以"沸"來形容"陰"或"陰氣"者。其二,古書言湧出之"沸",多狀摹水波盛湧、聲勢猛烈之勢。而此處"陰將始蒒"所言爲六月("林鐘之月")之事,按先秦秦漢古書所説應爲陽氣正旺之時,不當言陰氣沸湧或陰氣盛起。若言陰氣沸湧,相應的時節應在冬季。《春秋繁露·五行變救》"冬陰氣始盛,草木必死";《文選·張衡〈西京賦〉》"孟冬作陰,寒風肅殺",吕延濟注云"言陰氣始盛,風霜殺草木之時",皆其證。其三,讀"蒒"爲訓湧出義之"沸",與先秦秦漢古書用字習慣不合。目前可見的出土文獻及傳世典籍中,"沸"多假借爲"潰""烠""弗"等①,如《史記·河渠書》"魚沸鬱兮柏冬日",《漢書·溝洫志》"沸"作"弗";《文選·洞簫賦》"佚豫以沸㥜",李善注"沸或爲潰";又如馬王堆帛書《五十二病方》"潰盡而去之"、《雜療方》"壹烠而成醴"等等。皆未見"沸"假借爲從艸之"蒒"者。

　　既然讀"蒒"爲"沸"之説恐不可從,那麽此處"蒒"應如何理解?古文字發展演變中有一類聲符繁化現象,即"許多字的聲符都要繁於這個字後世所從的聲符,即聲符本身就是以這個聲符爲聲符而組成的一個形聲字"。② 這類聲符繁化現象在秦漢文字材料中屢見不鮮,如"遇"從辶、寓聲作 ,"誡"從言、緘聲作 ,"焰"從火、脂聲作 ,"均"從土、昀聲作 ,等等。以此例推之,"蒒"爲從艸、沸聲之形聲字,而"沸"又從弗聲,故"蒒"應釋爲"茀"。

　　"茀"有"治""擊""除"之義。《詩·大雅·生民》"茀厥豐草",毛傳曰:"茀,治也。"《方言》:"茀,拔也。"段玉裁《毛詩故訓傳定本小箋》:"治草曰茀。"此種意義之"茀",古書又通作"刜"。《詩·小雅·采芑》"朱茀斯皇","茀"釋文本又作"刜"。《説文·刀部》:"刜,擊也。从刀、弗聲。"《廣雅·釋詁》:"刜,斷也。"《周禮·夏官·司弓矢》"矰矢茀矢用諸弋射",鄭玄注:"茀之言刜也。"《楚辭·九歎》"執棠谿以刜蓬兮",王逸注"刜,斫也",洪興祖補注"刜,斷也"。《左傳·昭公二十六年》"苑子刜林雍",陸德明《釋文》引《説文》云:"刜,擊也。"《國語·齊語》"刜令支,斬孤竹而南歸",韋昭注:"刜,擊也。"《説文·矢部》"矰"字段注:"茀之爲言刜也。"王念孫《讀書雜志·漢書》"拂其頸"條:"拂,讀爲刜。刜,斫也。今江南猶謂刀擊爲刜。"皆其例。

　　讀"蒒"爲"茀(刜)",從上下文義來看十分妥帖。所云"草木盛滿,陰將始茀(刜)",即謂夏季六月("林鐘之月")正爲陰氣開始刜除草木之時。類似刜除草木、芟治草木之説在古書中習見,如《周禮·地官司徒·稻人》"夏以水殄草而芟夷之";《齊民要術·耕田》"凡開荒山澤田,皆七月芟艾之";《淮南子·詮言》"伐木芟草,自取富

---

① 高亨纂著:《古字通假會典》,董治安整理,齊魯書社,1989年,第600—604頁;白於藍編著:《戰國秦漢簡帛古書通假字彙纂》,福建人民出版社,2012年,第546—547頁。
② 劉釗著:《古文字構形學》,福建人民出版社,2011年,第94頁。

焉";《魏侍中司空元公墓誌》"芟夷蔓草";《禮記·檀弓》"易墓非古也",鄭注云"易謂芟除草木也";《周禮·肆師》"菣卜來歲之芟",賈公彦疏"既除草木則耕之"。可資參看。

將簡本"陰將始㶒"讀爲"陰將始芾(𠚻)",驗之文例亦通順無礙。"芾(𠚻)"上古爲物部字,"氣"亦爲物部字,兩字合韻,與全篇叶韻體例正合。

結合上述討論,可知傳世本《吕氏春秋·音律》作"陰將始刑"恐非原本之舊;同時,亦可知"刑"字並非如以往學者所言爲"殺"字之訛。我們或可對今本"刑"之致誤原因提出一種猜測——古文字中"刑"字多从井作"荆",如荆、荆刂、井 等,从开之"刑"直至東漢時期纔出現。① "刑"左部所从之"井"(井、井、井),與秦漢文字中"弗"所作 弗、弗、弗 等形體極爲相近,"𠚻""刑"有相當之可能因形似而致誤。"开(井)""弗"此種因形體近似而致誤之例,傳世典籍中亦有例證。《易·既濟》"婦喪其茀",朱駿聲《說文通訓定聲·履部》云"茀,或曰笄之誤字",已指出下部"弗""开"相誤,即其例。據此可推測,傳世本所據之底本或即作"𠚻"。"𠚻""刑(荆)"字形相似,後人多見"刑"而少見"𠚻",又涉上文"行德去刑"之"刑",因此致誤而作"刑"。

本文原刊於《語言研究》2018 年第 3 期。

作者係復旦大學出土文獻與古文字研究中心 2014 級博士(導師：劉釗),現爲中國海洋大學文學與新聞傳播學院講師。

---

① 季旭昇撰：《説文新證》,藝文印書館,2014 年,第 359 頁。

《方言》"韇丸"考①

花友娟

《方言》卷九説：

> 所以藏箭弩謂之箙，弓謂之鞬，或謂之韇。

《方言》此段是對裝弓箭之器的訓釋。其中器名"韇"，戴震據《左傳·昭公二十五年》孔疏、《後漢書·南匈奴列傳》李注引《方言》（例見下文），訂正爲雙音詞"韇丸"，云："韇本作韇，古通用櫝。各本'丸'字訛作'凡'，因誤在下條'矛'字上。"本文從戴氏增改。然而有關該器物的名稱和功用，文獻中歷來有不同的稱呼和描述。本文主要做以下工作：（1）搜集、整理與"韇丸"相關的傳世文獻、出土文獻和相關考釋意見；（2）梳理該器物名稱的前後演變脈絡；（3）探尋該器物的具體功用，從而爲大型工具書相關釋義和例證的訂補提供參考。

一、"韇丸"文獻用例考察

"韇丸"②作爲器物名稱，傳世文獻、出土文獻中均見用例。傳世文獻中一部分見於辭書釋義，如上舉《方言》例。再如《説文·革部》云："韇，弓矢韇也。"《廣雅·釋器》："挪、翳、韇䩜、韣軟，矢藏也。"《玉篇·革部》："韇，徒木切，以藏矢。或作韣。"《皮部》："韣，所以貯弓。或作韇。"等等。另一部分見於典籍用例及相關訓詁注解中。這一部分用例較多，經過分析比對發現，大都跳不出以下幾種源頭性材料的範圍。③《左傳·昭公二十五年》"公徒釋甲，執冰而踞"，杜預注："冰，櫝丸蓋。或云櫝丸是箭筩，其蓋可以取飲。"孔穎達正義曰："賈逵云：'冰，櫝丸蓋也。'則是相傳爲此言也。

---

① 本文初稿承蒙劉釗師、張小豔、張傳官、蔡一峰等先生審看並提出寶貴建議，謹致謝忱。文中錯誤，概由本人負責。

② "韇""韇""韣""韇"等爲换旁俗字（詳下文），除須討論字形外，文章不作區分，時有混稱。

③ 所謂源頭性材料，即最早有關"韇丸"的材料，常爲後世之書、注解等援引。後世之説每每跳不出這類材料的範圍，故不俱引。

《方言》曰：'弓藏謂之鞬，或謂之櫝丸。'如彼文，則櫝丸是盛弓者也。此或説櫝丸是箭筩，其蓋可以取飲。"《儀禮·士冠禮》"筮人執筴抽上韇"，鄭玄注："韇，藏筴之器。今時藏弓矢者謂之韇丸也。"賈公彦疏："云'今時藏弓矢者謂之韇丸也'者，此舉漢法爲况，亦欲見韜弓矢者以皮爲之，故《詩》云'象弭魚服'，是以魚皮爲矢服，則此韇亦用皮也。"再如《後漢書·南匈奴列傳》"今齎雜繒五百匹，弓鞬韇丸一，矢四發，遣遺單于"，李賢注："《方言》云：'藏弓爲鞬，藏箭爲韇。'韇丸即箭箙也。"等等。

　　這類文獻用例中涉及"韇丸"功用的描述有三種，即藏弓、藏箭、藏弓矢。相比較而言，主張藏箭的用例較多，唯《方言》持藏弓説，《説文》等字韻書主張兼藏弓矢。《玉篇·革部》既釋"韇"爲藏矢器，以"皾"爲其或作字，《皮部》又釋"皾"爲藏弓之器，以"韇"爲或作字，前後不一，當未作細分。名稱上存在用字和音節多寡的不同：辭書以單音詞"韇"或"皾"立目，典籍及訓詁注解寫作雙音詞"櫝丸""韇丸"或"韇丸"。宋本《方言》①作"韇"，依戴震增改應作雙音詞"韇丸"。《廣雅》與《方言》爲一脈，作雙音詞"韇皾"，寫作"皾"屬偏旁類化。《左傳》孔疏引《方言》亦作雙音詞"櫝丸"，其持盛箭説與《詩》"抑釋掤忌"、《十三年傳》"司鐸射奉壺飲冰"之"掤"或"冰"釋有關。本文所據中華書局1965年版《後漢書·南匈奴列傳》李賢注引《方言》作單字"韇"，與宋本《方言》作單字"韇"合，區别在用字。②《士冠禮》"抽上韇"之"韇"，實際指古代卜筮用的蓍草筒，《字彙·革部》云："韇，藏筴之器。"鄭玄此注乃"傍借韇丸以明韇字之訓，非經之正義，删之可也"。

　　出土文獻中"韇丸"用例主要見於漢簡牘，如敦煌漢簡、居延漢簡、肩水金關漢簡以及尹灣6號漢墓出土6號木牘（即"武庫永始四年兵車器集簿"）等。③ 簡文一般寫

---

　　① 本文參照的宋本一爲揚雄撰：《宋本方言》，國家圖書館出版社，2017年，影印宋慶元六年潯陽郡齋刻本；一爲揚雄撰：《方言：附音序、筆畫索引》，郭璞注，中華書局，2016年，影印李孟傳潯陽郡齋刻本；一爲佐藤進編：《宋刊方言四種影印集成》，1998年（四種即東文研藏珂羅版宋刊本、静嘉堂文庫藏影宋抄本、遠藤氏藏天壤閣翻刻本、四部叢刊影印李孟傳刻本）。

　　② 上舉《方言疏證》引李注作"《方言》'藏弓爲鞬，藏箭爲韇丸'，即箭箙也。"或戴氏所引"韇丸"前漏掉一個"韇"字，此"韇丸"應在引號外、"即"字前。也可能中華書局版和戴震所依版本不同。

　　③ 曾侯乙墓123號簡中有一寫作从革从辜的"鞾"字，裘錫圭、李家浩從朱德熙釋"辜"爲"櫝"，認爲"鞾"即从革、櫝聲，是"韇"字的異體（裘錫圭、李家浩：《曾侯乙墓竹簡釋文與考釋》，載湖北省博物館編《曾侯乙墓》，文物出版社，1989年，第523頁）。何琳儀《戰國古文字典》亦疑"鞾"爲"韇"之異文，並以《説文》"韇"字爲釋，讀"鞾"爲"韇"（何琳儀著：《戰國古文字典：戰國文字聲系》，中華書局，1998年，第402頁）。從整理者對簡文的分類來説，123號簡應是屬於介紹人胄或馬胄的。就"鞾（韇）"字前後文來説，似與裝弓箭無關，而是與本簡的"䩦䩨""䩨䩨"及122號簡的"韗䩨""䪎鞾䩨"之"䩦""䩨""韗""䪎鞾"等相關，指的是一種跟"革"有關的材料，後一字"䩨"讀爲"製造"之"造"，"韇造"就是指前所列"衺（焊）""夜□"是用"韇"這種材料製造而成。如此，討論藏弓矢之器名稱演變和功用便可排除此例。另，出土文獻中常見寫作單音節"韇""櫝"的用例，與本文所論"藏弓矢之器"無關，遂不作分析。如武威漢簡甲本《少牢》借"韇"表示"韇"，與上舉《儀禮·士冠禮》"筮人執筴，抽上韇"之"韇"同義，表示"藏筴之器"，即卜筮用的蓍草筒，非"藏弓矢之器具"。又如北大漢簡《節》中"櫝"用作"瀆"，銀雀山漢簡《四時令》中"犢"用作"殰"等。

作"櫝丸"或"犢丸",常與"弓""弩"共現。其中光尹灣6號墓6號木牘之集簿見弩犢丸226 123件,弓犢丸52 419件。爲下文論證方便,現將搜集到的相關用例分列如下:

(1) ☐五石具弩一☐。☐承弦二☐。☐犢丸一☐

(黃文弼所獲羅布淖爾漢簡52號)

(2) A. 弩犢丸廿二萬六千一百廿三;(正三欄)

　　B. 弓犢丸五萬二千四百一十九;(正四欄)

　　C. 犢丸蓋☐鏍六百九十五;(反四欄)

　　D. 有方☐欽犢十六萬三千二百五十一。(反四欄)

(尹灣6號漢墓6號木牘 YM6D6)

(3) 大煎都候長,效穀常利里,上造,張陽,年三十六。劍一。弓二,犢丸各一。箭十二。　　(敦煌漢簡279)

(4) ☐櫝丸,破。木薪、芮薪,小。　　(敦煌漢簡1150)

(5) 弓一,櫝丸一,矢十二。

〔《居延漢簡釋文合校》(以下簡稱"《合校》")87·12〕

(6) 出弓櫝丸七,付都尉庫。　　(《合校》28·19)

(7) 餘犢丸。　　(《合校》346·2)

(8) ☐年廿八,富,史,有鞍馬弓櫝,願復爲候史☐　(《合校》214·57)

(9) ☐一櫝丸一☐　　(《合校》523·15)

(10) ☐幣持櫝丸一●明十三日☐　(居延新簡 E.P.T43∶4)

(11) ☐鞭各一,劍、大刀各一,櫝丸。　〔《肩水金關漢簡》(壹)73EJT1∶24〕

(12) 馬一匹,案、勒、鞭各一,劍、大刀各一,弓櫝丸。

〔《肩水金關漢簡》(壹)73EJT1∶25〕

(13) 張掖卒史張熹,劍一、弓、犢丸各一,矢卅,軺車一乘,馬二匹。

〔《肩水金關漢簡》(叁)73EJT30∶265〕

(14) 八百七十二櫝丸☐直二☐☐十☐☐。

〔《肩水金關漢簡》(叁)73EJT28∶84AB〕

(15) 三月戊寅,敦煌大守恭、長史褒、守部候修仁行丞事,敢告玉門都尉卒人,寫移檄逆鄉持弓櫝丸入關,自籍,詣吏五仟己叩,責☐一相,乃遣吏逐奪留,以何? 請令。

(1998年敦煌小方盤城新出土之漢簡 II98·D·X·T1∶27)①

---

① 原釋文見李岩雲、傅立誠:《漢代玉門關址考》,《敦煌研究》2006年第4期,第71頁。此釋文據張俊民:《〈漢代玉門關址考〉所引簡牘釋文商榷》,武漢大學簡帛網,http://www.bsm.org.cn/?hanjian/4687.html,2006年11月29日。

(16) 胡人一人,操弓矢、贖觀,牽①附馬一匹。

(馬王堆三號墓遣策簡68)

簡文"犢丸""櫝丸"用同"觢(韇)丸"。例(16)"贖觀",王貴元指出:"'贖觀'即'櫝丸'。"②伊强云:"上古音'觀'是見母元部,'丸'是匣母元部,見、匣二母同屬喉音。"③故馬王堆三號墓遣策簡"贖觀"可讀作"櫝丸",屬音近假借。例(2)D"有方□欽犢"單作一個"犢"字,《中國簡牘集成》指出:"犢:與犢丸義同。"④例(8)"有鞍馬弓櫝",從文意看"櫝"義同"櫝丸"。例(3)"弓二,犢丸各一"並非指"犢"與"丸"各一,而是對應前文"弓二",即一張弓配一件犢丸,兩張弓則配兩件犢丸。因此,有學者所作釋文在"犢丸"之間加頓號⑤,不確。

關於簡文"櫝丸"的具體功用,各家有不同的考釋意見。以《中國簡牘集成》(第三冊)、張顯成《尹灣漢簡〈武庫永始四年兵車器集簿〉名物釋讀札記》爲代表的古文字論著、文章認爲,"櫝丸"主要用於"藏箭"。⑥ 黄文弼主張"藏弓"。⑦ 也有學者認爲其功用是"藏弓和箭",如裘錫圭、李均明等。⑧ 各家所依據的傳世文獻用例不同,其所持意見即不同。只有仰賴時代更早、未經訛傳的原始文字資料,方能探究一二。上舉漢簡牘用例,恰爲我們的研究提供了分析依據。

---

① "牽",《長沙馬王堆二、三號漢墓》原釋文作"率",此據王貴元釋讀意見改。王氏云:本簡釋文"率"字是誤釋,原形下从牛,是"牽"字。(王貴元:《馬王堆三號漢墓竹簡字詞考釋》,《中國語文》2007年第3期,第279頁。)
② 王貴元:《馬王堆三號漢墓竹簡字詞考釋》,《中國語文》2007年第3期,第279頁。
③ 伊强:《談〈長沙馬王堆二、三號漢墓〉遣策釋文和注釋中存在的問題》,碩士學位論文,北京大學,2005年,第49頁。
④ 初師賓主編:《中國簡牘集成》(第十九冊),胡平生、陳松長校注,敦煌文藝出版社,2005年,第1964頁。
⑤ 王姣:《敦煌漢簡用字研究》,碩士學位論文,西北師範大學,2014年,第31頁。
⑥ 初師賓主編:《中國簡牘集成》(第三冊),胡平生、陳松長校注,敦煌文藝出版社,2001年,第38頁。按,本書卷三釋"犢丸"爲盛箭器,卷七又云:"櫝丸,或稱弓櫝丸和弩櫝丸,盛弓、弩的容器。"〔初師賓主編:《中國簡牘集成》(第七冊),胡平生、陳松長校注,敦煌文藝出版社,2001年,第292頁。〕蓋未嚴格區分裝箭還是裝弓。又見張顯成:《尹灣漢簡〈武庫永始四年兵車器集簿〉名物釋讀札記》,載李學勤、謝桂華主編《簡帛研究》(二〇〇一),廣西師範大學出版社,2001年,第438頁。
⑦ 黄文弼著:《羅布淖爾考古記》,綫裝書局,2009年,第207、208頁。
⑧ 裘錫圭:《〈居延漢簡甲乙編〉釋文商榷(一)——讀考古發現文字資料札記之二》,《人文雜志》1982年第2期,第56頁;謝桂華、李均明:《〈居延漢簡甲乙編〉釋文補正舉隅》,《歷史研究》1982年第5期,第144頁;李均明:《尹灣漢墓出土"武庫永始四年兵車器集簿"初探》,載連雲港市博物館、中國文物研究所編《尹灣漢墓簡牘綜論》,科學出版社,1999年,第101頁。

二、"犢丸"名稱梳理

(一) 雙音詞"犢丸"的使用

用字方面：從上舉傳世文獻、出土文獻用例看，"犢丸"之"犢"存在幾種異寫，即"韇""韣""皾""櫝""犢"等，皆从賣聲，音近可通。李均明云："'犢丸'之'犢'字，左旁或从牛、从韋、从皮，皆與皮革有關，當爲皮革製品。但亦有从木者，或亦可木製。"①裘錫圭指出："在草率的隸書裏，'木'旁'牛'旁容易相混。上引居延簡（引者按，即上文引《合校》28·19、87·12、346·2）諸'犢'（引者按，依文意和原簡釋文當是"櫝"字）字，其左旁與居延簡'牝''牡'等字'牛'旁並無若何不同，就是釋作'犢'也没有什麽不可以。古書中'櫝丸''犢丸'兩種寫法並見是有來由的。"②按，裘説可從。《説文·牛部》："犢，牛子也。"本義爲小牛、牛犢，傳世典籍、出土文獻中多用其本義。"犢丸"之"犢"或是"櫝"字訛寫。結合文獻用例看，"韇""櫝"本是筒、函匣一類的收藏用具，可以用來裝弓矢，"韇"成爲表裝弓矢的正字，《説文》《玉篇》《廣韻》等字韻書皆以其立目，此用法一直沿用至今。"韣""皾"應是"韇"的换旁俗字，从韋、从皮、从革表明器物材質與皮革有關。"皾"與"韣"偏旁互换，實系一字。"犢丸""韇丸""櫝丸"等皆指稱同一種器具。

音節構成方面：目前所見 16 個漢簡用例中 14 例作雙音詞"犢丸/櫝丸"，僅 2 例作單字"犢/櫝"，又或爲"犢丸/櫝丸"之省。雙音詞"犢丸/櫝丸"的高頻使用，可以認爲是當時較固定的語用形式。在新疆吐魯番出土的唐代文書中，尚有"桐椀""銅椀""銅完""同丸"等詞，且皆與"弓箭"共現，如 1969 年阿斯塔那 138 號墓（69TAM138∶2）所出《高昌缺名隨葬衣物疏》（1-443）"同丸弓箭一具"，1972 年阿斯塔那 515 號墓（72TAM515∶6）所出《高昌重光元年（620）氾法濟隨葬衣物疏》（2-15）"銅椀弓箭一具"，等。陸娟娟指出，"桐椀"就是"櫝丸"。③ 傳世文獻中亦屢見雙音詞"犢丸"，如上

---

① 李均明：《尹灣漢墓出土"武庫永始四年兵車器集簿"初探》，載連雲港市博物館、中國文物研究所編《尹灣漢墓簡牘綜論》，科學出版社，1999 年，第 101 頁。

② 裘錫圭：《〈居延漢簡甲乙編〉釋文商榷（一）——讀考古發現文字資料札記之二》，《人文雜志》1982 年第 2 期，第 56 頁。

③ 陸娟娟著：《吐魯番出土文書語言研究》，浙江工商大學出版社，2015 年，第 178 頁。按，陸文認爲"桐"字、"櫝"字、"同"字、"銅"字四者能夠與弓箭相關的"櫝"字联繫起來，"椀""丸"亦音近，所以"桐椀""櫝丸"音近可通。可從。吐魯番文書中"桐椀""同丸"等詞應該就是"櫝丸"。首先從辭例看，"桐椀""同丸"等詞皆與"弓箭"共現，且其後只有一個量詞"一具"，可見"同丸""弓""箭"三者是一體的，那麼"同丸"只能是裝弓箭的器具，與漢簡中"櫝丸"的辭例近同。再者從音理上説，陸文論證可取，我們可以爲陸文補充一個例證。《急就篇》："乘風懸鐘華洞樂。"顔師古注："洞，一作隤，音潰。"據張傳官《急就篇校理》知："'洞'，松江本宋補等章草本、《鈕校》引趙楷本作'隤'，巴達木本作'獨'。"張傳官考釋云："上古'洞'爲定母東部字，'獨'爲定母屋部字，'隤'爲定母隊部字，音上爲陽入對轉的關係，則'獨''隤'皆爲'洞'之借字，爲後世所承襲。"（張傳官撰：《急就篇校理》，中華書局，2017 年，第 131 頁。）

舉《士冠禮》鄭注作"櫝丸",《廣雅》作"櫝㚔",《左傳》孔疏作"櫝丸",《南匈奴列傳》及李賢注作"櫝丸",等。《説文》雖單作"櫝",段玉裁注云:"絫呼之曰櫝丸,單呼之曰櫝。……亦疑《説文》本有'丸',淺人刪之。"且《説文》是一部分析字形、字義的字書,體例自單字立目,《玉篇》《集韻》等字韻書同。

就"櫝丸"的分佈範圍和使用數量説,在我國西北部(如居延、肩水金關、敦煌等)、東部(如連雲港尹灣)、中南部(如長沙馬王堆)等地皆有使用,僅尹灣漢墓所記"弓櫝丸"和"弩櫝丸"就有 27 萬件之多。同一器物在同時代甚至同一地被廣泛使用,自然應有一個相對固定的名稱。雙音詞"櫝丸"應該就是該器物在彼時的固定名稱。再者,《方言》此條是對藏弓矢之器總名的介紹,並未突出其地域分佈描寫,自不必嚴格考慮"櫝/櫝丸"出現的漢簡所處地是否就是揚雄所記該詞的主要通行地。其所列名稱當是通行地域較廣的稱呼。故而就上舉漢簡用例看,至少在《方言》時代(漢代),"櫝丸"是個常用固定搭配。表藏弓矢器之名的"櫝",《方言》時代應作雙音詞"櫝丸"。《左傳》孔疏、《後漢書》李注等引《方言》即作雙音詞,可補證。戴氏據此增補"櫝"爲"櫝丸",符合當時(漢時)的語言實際使用情況,頗具卓識。

(二)"櫝丸"名稱演變脈絡

蕭璋云:"古代盛藏弓矢之物,爲名繁多,要皆各有其聲義之所受。"就藏矢而言,"箙"是通名,"翳""步叉""櫝丸"等爲專名,"翳"就其翳蔽而言,"步叉"自其插刺而言,"櫝丸"以其圓形而言。① 其説是。《廣雅·釋器》:"櫝㚔,矢藏也。"王念孫疏證云:"櫝㚔,矢箙之圓者。"稱爲"櫝丸"蓋與器物形狀有關,"丸"表其圓筒形特徵。孫機指出:"沂南畫像石之馬廄中懸有弓韣與櫝丸。弓韣之實物未見。櫝丸之實物曾在樂浪漢墓出土(引者按,據孫氏書,'樂浪漢墓所出櫝丸,見《朝鮮古文化總鑒》第 3 册,第 20 圖'),爲高 72 釐米之圓形漆筒,外貼銀箔,其中尚存箭鏃。"孫氏同時指出:"商代已有圓筒形的櫝丸,殷墟西區 M43 車馬坑中曾出革製者。長沙瀏城橋 1 號楚墓曾出漆繪竹櫝丸。"② 此外,秦始皇兵馬俑坑亦曾出土此類圓筒狀的器物,被稱爲"櫝丸"。可見,"櫝丸"這一圓筒形器物起源相當早。然目前所見文字資料中似乎漢代文獻纔始見稱"櫝丸"③,

---

① 蕭璋:《釋至》,《國立浙江大學文學院集刊》1943 年第 3 期,第 6—7 頁。
② 孫機著:《漢代物質文化資料圖説》(增訂本),上海古籍出版社,2008 年,第 162、164 頁。
③ 就目前所見傳世文獻、出土文獻資料看,漢代文獻是記有"櫝丸"一詞的較早文字資料,故姑且説漢代始稱"櫝丸"。也許將來有新的更早時期的記載"櫝丸"的文字資料出土,則此説也應相應更正。另《戰國策·齊策六》云:"燕將曰:'敬聞命矣!'因罷兵而讀而去。故解齊國之圍,救百姓之死,仲連之説也。"其中"到讀"二字,有學者認爲"讀"是借字,"櫝"爲其本字,並引《説文》《方言》等爲釋。金正煒《戰國策補釋》已指出,"到"爲"刜"字,形似而誤,"讀而"二字爲"刜"字的旁注,誤入正文(詳何建章注釋:《戰國策注釋》,中華書局,1990 年,第 460 頁)。遂此例不納入考慮。

那麽漢以前該器物稱爲何名？

考之早期古文字，甲骨、金文中有一個作 ▧（《合集》18469）、▧（《合集》36481 正）、▧（函交仲簠，《集成》04497）、▧（函皇父匜，《集成》10225）等形的字，"象矢在圓筒狀的囊中"之形，即"甬（函）"字。裘錫圭指出，此"函"字正用矢函之本義。① 甲骨文小臣牆刻辭所記戰利品"函五十"、《墨子·非儒下》"君子勝不逐奔，掩函弗射"之"函"，劉釗認爲即用爲"箭矢袋"的意思。② 甲骨、金文中還有一個象箙受矢（矢數不限）形的字，如 ▧（《合集》5845）、▧（《合集》3755）、▧（箙父乙簋，《集成》03157）、▧（箙罌，《集成》09142）等，爲"箙"字。蔡哲茂指出，"函"呈圓筒形，"箙"呈方形，二者只是形狀不同，都是戰陣所用之矢囊。"函"形右上環紐與秦始皇兵馬俑坑所出圓筒狀的函上環紐相同，用以貫穿繩索以便背帶。③ 按，"函"字寫作圓筒形概與器物本身形狀有關，即依形畫字。劉釗指出："與其（引者按，即"函"）用途相同用木製或金屬製作的東西古代叫'櫝丸'。"④此説挑明了"函"與"櫝丸（韇丸）"的關係。驗之形制、用途，皆可證二者所指應爲同一種器物，即圓筒形的藏弓矢器。上舉殷墟西區 M43 車馬坑和秦始皇兵馬俑坑所出圓筒狀器物，孫機等稱之爲"韇丸"⑤；蔡哲茂稱之爲"函"，並解釋説："'函'是圓筒狀，可以有蓋子，古代叫'冰'或'掤'。"⑥同一器物兩種稱呼，或也間接説明了這兩個稱名之間的關係。該器物早期稱"函"，後來稱作"韇丸"，名稱上有承繼性。不過稱"韇丸"者應不限於木製和金屬製，皮革製的"韇丸"也很普遍，"韇""韇""韇"等从革、从皮、从韋説明了這一點。

由"函"改稱"韇丸"之前⑦，大概是先改稱"韇"的，再雙音節化爲"韇丸"。文獻中"函"常用來表示包含、陷入等義，如《詩·周頌·載芟》"播厥百穀，實函斯活"，鄭玄

---

① 裘錫圭：《古文字與訓詁》，1992 年（未刊稿）。此據蔡哲茂《古籍中與"函"字有關的訓解問題》一文引録，見蔡哲茂：《古籍中與"函"字有關的訓解問題》，載"中研院"歷史語言研究所集刊》（第六十六本），"中研院"歷史語言研究所，1995 年，第 245—260 頁。

② 劉釗：《談古文字資料在古漢語研究中的重要性》，載《古文字考釋叢稿》，岳麓書社，2005 年，第 428 頁。

③ 蔡哲茂：《古籍中與"函"字有關的訓解問題》，載"中研院"歷史語言研究所集刊》（第六十六本），"中研院"歷史語言研究所，1995 年，第 256—257 頁。

④ 劉釗：《談古文字資料在古漢語研究中的重要性》，載《古文字考釋叢稿》，岳麓書社，2005 年，第 428 頁。

⑤ 孫機著：《漢代物質文化資料圖説》（增訂本），上海古籍出版社，2008 年，第 162—164 頁。

⑥ 蔡哲茂：《古籍中與"函"字有關的訓解問題》，載"中研院"歷史語言研究所集刊》（第六十六本），"中研院"歷史語言研究所，1995 年，第 245—258 頁。

⑦ 筆者曾以爲"函"與"丸"音近，遂以"丸"字替代"函"，後從"袋子"一類意思附加"韇""韇"等。但細審二字之音，"函"古屬侵部，"丸"屬元部，二字韻部遠隔，韻尾不同，不能相通，文獻中亦未見从其聲之字有相通之例，遂避開這一演變之路另闢蹊徑。（此點承蒙李豪、蔡一峰等指正，謹致謝忱。）

箋：" 函, 含也。"《漢書·敘傳上》"函之如海, 養之如春", 顔師古注："函, 容也。讀與含同。"《國語·楚語上》"若合而函吾中, 吾上下必敗其左右", 韋昭注："函, 入也。"隨着詞義的發展, 便不再以"函"記録"箭矢袋"義, 而採用同爲收藏器具的"櫝"或"韇"表示。《説文·木部》："櫝, 匱也。"《禮記·少儀》"劍則啓櫝", 鄭玄注："櫝謂劍函也。"《儀禮·士喪禮》"筮者東面抽上韇"、《士冠禮》"筮人執筴抽上韇", 鄭玄並注："韇, 藏筴之器。"《釋文》云："韇, 函也。"上舉漢簡和傳世文獻中表藏弓矢器多寫作從木之"櫝", 而《説文》《廣韻》《玉篇》等字韻書皆以"韇"爲正字。一方面, "櫝"有其固有的常用義, 即爲表櫃、函一類的收藏器具義的正字；另一方面, "韇"用作古代筮人盛放蓍草的器具, 用例甚少, 表義單純, 加之器形①和功用接近"函"所表示的器物, 遂以"韇"爲正字並沿用至今。以"韇"表藏弓矢器, 可能還跟與之音近的"韣"有關。"韇""韣",《廣韻·屋韻》皆"徒谷切", 上古皆屬屋部, 二字音近。《説文·韋部》"韣, 弓衣", 即裝弓的袋子。《吕氏春秋·仲春》"帶以弓韣", 高誘注："韣, 弓韜。"在"函"表示的這類器物功用還未變化之前, 即還未由藏箭變爲可兼藏弓矢之前, 爲避免混淆, 自不會借專表藏弓之器的"韣"來表示藏箭之器, 但弓、矢相關, 遂借一個音近且同爲筒類收藏器具的"韇"表示。與"韇"同從賣聲的如"櫝""犢""黷""贖""黩"等, 皆可用來指稱該器物。

　　隨着漢語詞彙數量的不斷增長和詞義的發展變化, 爲表義準確明晰, 雙音化成爲漢語詞彙發展的必然趨勢, 相關研究表明這種趨勢在甲骨文時代已見端倪。② 文獻中盛藏弓矢之物爲名繁多, 如"籣"③"鞬""韜/弢""韣""櫜""翳"等。爲表義準確, 即能更好地突出該器物的圓筒形特徵, 遂於單音詞"韇"之後附加表示圓義的"丸"字構成雙音詞"韇丸"。這也符合漢語詞彙雙音節化發展的趨勢。殷寄明指出, "丸"聲可表彎曲義, "爲'丸'的顯性語義。《説文·丸部》：'丸, 圜, 傾側而轉者。'按, 即小而圓之物體。……圓義、曲義本相通, 凡曲綫, 周而復始首尾相接即爲圓"。④ 不過"韇丸"產生之後"韇"仍可使用, 二者實單複無别。同類的如表開鎖工具的"鑰"與"鑰匙", "匙"字亦是後加。"鑰"本爲《説文》"關"之或作字, 指門直閂, 相當於我們現在所講的"鎖"。段注云："古無鎖鑰字, 蓋古祇用木爲, 不用金鐵。""鎖""鑰"字產生以後, "鑰

---

① 《漢語大字典》等釋爲"古代卜筮用的蓍草筒", 或"韇"亦是圓筒狀的器物。
② 黄志強、楊劍橋：《論漢語詞彙雙音節化的原因》,《復旦學報》（社會科學版）1990 年第 1 期, 第 98—101 頁。
③ "籣",《説文·竹部》："所以盛弩矢。人所負也。"《漢書·韓延壽傳》"被甲鞮鍪居馬上, 抱弩負籣", 顔師古注："籣, 盛弩矢者也, 其形如木桶。"如顔注, "籣"形如木桶, 則"籣"可能與"函""韇丸"所表示的器物有一定的關聯。
④ 殷寄明著：《漢語同源詞大典》, 復旦大學出版社, 2018 年, 第 90 頁。

也可以表示鑰匙,即開鎖的工具。《增補五方母音·駝韻》:"鑰,鎖匙。"《資治通鑒·晉明帝太寧三年》"帝待之愈厚,宮門管鑰,皆以委之",胡三省注:"鑰,今謂之鎖匙。"杜牧《宮詞》:"銀鑰却收金鎖合,月明花落又黃昏。"①"鑰"皆指鑰匙。受漢語雙音節化趨勢的影響,遂附加"匙"字而成雙音詞"鑰匙"。取"匙"之勺子義以象其形。《説文·匕部》:"匙,匕也。"匕即勺子。"鑰""鑰匙"在表開鎖工具義上單複無別。

如此,該器物名稱演變脈絡大概經歷一個由"函"到"韇"再到"韇丸"的過程,"韇"與"韇丸"單複無別。依照當時的使用習慣,或漢時通行"韇丸"之名,宋本《方言》寫作"牘",爲"韇"之換旁俗字。"韇丸"產生之後,特別是漢以後,辭書、典籍常"韇""韇丸"並見,直至現代,字典、詞典亦同釋(詳見下文)。

三、"牘丸"功用分析

前文結合出土文獻字形、辭例,着重梳理了該器物名稱的演變脈絡。前後稱名不同,器物功用也稍有變化。先説稱呼"牘丸"時該器物的功用。

從上舉漢簡用例看,"牘丸"常與"弓""弩"共現,或稱"弓牘丸",或稱"弩牘丸"。如例(2)A"弩牘丸"、例(2)B"弓牘丸"、例(6)"弓櫝丸"、例(8)"弓櫝"、例(12)"弓櫝丸"、例(13)及(15)"弓牘丸"等,未見單與"矢""箭"等共現之例。即使例(16)作"操弓矢牘(韇)觀(丸)","牘丸"前亦有"弓"作修飾語,或者説簡文應斷作"操弓矢、牘丸",即"牘丸"與"弓矢"並列,皆是"胡人"所"操"之物。其餘如例(1)"牘丸"前簡文殘缺,但黃文弼指出:"此簡上文既領弩弦,下文又領牘丸,則牘丸爲盛弓之具無可疑也"。②例(2)C、例(2)D"牘丸",與例(2)A、例(2)B同出一塊木牘,就例(2)A、例(2)B"弩牘丸""弓牘丸"已達27萬件之多來説,例(2)C、例(2)D所記也極大可能是與"弓""弩"有關的"牘丸"。例(3)在前文已分析過,"牘丸各一"對應前文"弓二",即兩張弓各對應一件牘丸,"弓二,牘丸各一"就相當於"弓牘丸各二"。例(4)"櫝丸"前缺一字,從同爲敦煌漢簡的例(3)"弓二,牘丸各一"看,此缺字亦可能是"弓"或"弩"。例(5)"櫝丸一"亦對應前文"弓一"。例(7)這一支簡僅"餘牘丸"三字,未詳。例(9)"一櫝丸一"前有闕文,從同爲居延漢簡的例(5)"弓一,櫝丸一"來説,所缺之字或亦有"弓"。例(10)、例(11)、例(14)"櫝丸"前無定語、無缺字,若僅同爲居延漢簡和居延新簡諸簡的例(5)、例(6)、例(8)、例(12)、例(13)各例來説,此三例所指亦可能是"弓櫝丸"。如此多"弓/弩"與"牘丸/櫝丸"共現的漢簡用例,斷然不能説此器物與"藏弓/弩"無關。例

---

① 三例參引自《漢語大字典》,見漢語大字典編輯委員會編纂:《漢語大字典》(第2版),四川辭書出版社、崇文書局,2010年,第4602頁。

② 黃文弼著:《羅布淖爾考古記》,綫裝書局,2009年,第207—208頁。

(3)"弓二,櫝丸各一","櫝丸"與"弓"的對應關係尤爲密切,顯係一張弓配備一件櫝丸。

至於能否兼藏矢,從目前所見漢簡用例來説是可以的。例如敦煌漢簡279"弓二,櫝丸各一,箭十二"、《合校》87·12"弓一,櫝丸一,矢十二"、《肩水金關漢簡》(叁)73EJT30∶265"弓、櫝丸各一,矢卅"等例,都是弓、櫝丸、箭/矢三者共現,如此則亦有可能同裝弓和矢。再譬如例(16)馬王堆三號墓所出遣策簡,誠如王貴元所説:"此簡言一個胡人帶着弓矢、櫝丸,又牽着一匹馬,顯然不可能單獨拿矢,則櫝丸也可裝箭,櫝丸應是以藏弓爲主,也兼藏箭的器具。"①前舉吐魯番出土文書"同丸弓箭一具"等例,"同丸""弓""箭"共用一個數量詞"一具",三者顯係一體,則"同丸(櫝丸)"亦是弓箭共裝的,可補證。

若將該器物追溯至稱"函"時期,從甲骨、金文中"函"字字形看,該器物像是圓形的箭矢袋,與"箙"同爲戰陣所用之矢囊。甲骨文小臣牆刻辭"函五十"、《墨子·非儒下》"掩函弗射"之"函"皆用爲箭矢袋。前引裘錫圭、蔡哲茂、劉釗等文已明言,此不贅述。器物功能由用於藏箭轉變爲兼藏弓/弩和矢,或與其時代背景有關。即隨着生産力發展和戰爭的需要,該器物逐漸普及,作戰時爲方便攜帶,常將弓矢裝在一起,尤其是馬背作戰,不利於攜帶太多東西。加之"箙"這種專門裝箭的器具使用一直很普遍,慢慢地,也許到漢代(由漢簡用例看)或更早,"櫝丸"就演變爲弓(或弩)、矢並裝了。器形也隨着功能的變化而逐漸由袋囊形變成了筒狀,典籍所謂"冰"或"掤"即其蓋,"可以取飲"。器物分工逐漸明確、細化,但典籍、辭書仍常統稱或混稱。一方面可能與弓、箭關係本就密切相關,以裝弓爲主的器物,有時候爲方便或臨時需要,也可同時裝幾支箭;另一方面同類器物往往有多種稱呼,如"蘭""韣",《説文》云"所以盛弩矢""所以戢弓矢",都是裝弓矢或弩矢之具。誠如王念孫所言:"凡弓藏、矢藏之名各有專屬,而皆可以互通。"

要言之,"櫝丸"所表示的器物,先秦時期主要用於藏箭,彼時稱爲"函"。大約到漢代,由漢簡用例出發,"櫝丸"應主要用於藏弓或弩,兼藏箭。《方言》取其主要功能爲釋,故同釋"櫝丸"與"韣"爲藏弓之器,一定程度上揭示了漢時"櫝丸"這一器物的實際使用情況。

四、結　語

通過以上分析可知,該器物名稱自先秦至漢代,大概經歷一個由"函"到"櫝"再雙

---

① 王貴元:《馬王堆三號漢墓竹簡字詞考釋》,《中國語文》2007年第3期,第279頁。

音化爲"韇丸"的過程。"丸"突出其圓筒形特徵。寫作"韇""韇"或"箙"等爲"韇"之換旁俗字。而"韇"與"韇丸"單複無別,辭書、典籍、漢簡中二者常並見。相應地,大量漢簡用例表明,"韇丸"的功用也由稱"函"時的藏箭爲主,演變爲藏弓/弩爲主,兼藏箭。故結合該器物的器形特徵,"韇/箙/韇""韇丸/韇丸"或可定義爲藏弓矢的圓筒形器具。如果爲表義更精細、準確,可簡列其名稱和功用的流變過程。《漢語大字典》(以下簡稱"《大字典》")、《漢語大詞典》(以下簡稱"《漢大》")、《辭源》、《辭海》等現代大型工具書或可依此訂補相關釋義和例證。例如《大字典》釋"箙""韇""韇丸"爲"藏弓箭的器具",未突出器物的圓筒形特徵。又言"箙""同'韇'",其意指"韇"亦"藏弓箭的器具",却於"韇"下釋爲"弓箭葫蘆或箭箙",較含糊。"弓箭葫蘆"義或據《集韻·屋韻》之"胡鹿"義析出,即裝弓箭的器具,"箭箙"即只裝箭的器具,兩義並提或未明其義。同部書前後所釋不統一。《漢大》釋爲"箭箙",而其所引《士冠禮》鄭注、賈公彥疏皆以"韇丸"爲"藏/韜弓矢"之器,則釋義與例證不吻合。《辭海》釋"韇丸"爲"古代藏弓箭的匣子",亦稍嫌不妥。匣子"一般呈方形",而"韇丸"所表示的器具實則呈圓形。皆可據正。

同樣,如前所述"函"字甲骨、金文時期常用爲箭矢袋、箭囊義。從甲骨、金文的字形、用例和《大字典》釋義看,《大字典》或應補義項"箭矢袋;箭囊",甲骨文小臣牆刻辭之例可作爲書證。另據前人研究成果,《墨子·非儒下》"君子勝不逐奔,揜函弗射"也可歸入此義項下作爲例證,而《大字典》置於義項"鎧甲"之下欠妥,應更正。《漢大》《辭海》《辭源》應同補此義項及辭例。

本文原刊於《辭書研究》2021年第3期。此次發表參照本論文集要求,略作修改、調整。

作者係復旦大學出土文獻與古文字研究中心2016級博士(導師:劉釗),現爲貴陽孔學堂文化傳播中心高等研究院研究人員。

從出土文獻看上古漢語對稱代詞"而"的若干問題[①]

蔡一峰

上古漢語人稱代詞的繁複性以對稱代詞(或稱"第二人稱代詞")最突出。"而"是古漢語常見的連詞和副詞,先秦秦漢文獻中還可用作對稱代詞。與"女(汝)"[②]"爾""乃"等上古漢語其他對稱代詞相比,"而"的出現稍晚,傳世先秦文獻用量有限,歷來對它的認識很含糊。代詞"而"是不是個獨立的單位,是否以方言的形式存在,有無特別的功能和用法,它和"爾""乃"關係又如何,等等,諸如此類疑問,至今仍莫衷一是。隨着出土古文字材料的增多,"而"的對稱代詞用例更加豐富,這爲進一步辨明相關問題提供了新契機。

一、出土古文字材料中的對稱代詞"而"

先將當前所見出土文獻中比較確切的對稱代詞"而"用例梳理列舉如下(大致按時代先後排列,釋文儘量用寬式)[③]:

(1) 虔敬而祀,以受大福。　　　　　　　　　　　　(秦武公鼎)
(2) 汝小心畏忌,汝不惰夙夜,宜執而政事,……穌協而有事,譬若鐘鼓,外內愷悆,肅肅與與,達而朋剸,毋或承迷。　　(叔夷鎛,《集成》00285)

[①] 拙文寫作和修訂承蒙陳偉武、陳劍、張富海、鄔可晶、王輝、傅修才等師友指正和幫助,又曾得到董珊、葉玉英、程少軒等師長指點鼓勵,《中國語文》匿名審稿專家亦提出寶貴修改意見,謹一併致以深謝。

[②] 爲便稱説比對,除分析需要,所引文例對稱代詞"女"一律記作"汝"。下文"尔"記作"爾"亦同理。

[③] 下文所舉出土文獻用例旨在儘量展現詞義、用法、搭配和語境等關鍵信息。爲省篇幅,對用例有重複或殘損不一又有緊密關聯者(如叔夷鎛鐘、盟書等),擇其典型,或經比對補足文例(用"[]"表示)再出示,不一一盡列。爲方便後文對比,例句中"而""汝""爾""乃"等對稱代詞加下劃綫標示。

(3) 仲匋姒及子思，其壽君毋死，保<u>而</u>兄弟，子孫孫永保用。①

(鮑子鼎，《銘圖》02404)

(4) 敬夙<u>而</u>光，油油漾漾。　　　　　　　(吳王光鐘，《集成》00224)

(5) 襄自今以往，敢不付獻其中心以事<u>而</u>主韓馹及其嗇夫左右，索力為一，以固事<u>而</u>[主]，而尚敢復通與張戌、張癮，[出入爲之]聽耳者，岳公[大家視<u>汝</u>]……②

(温縣盟書，WT4K5：12)

(6) ▢▢(筮卦)寔寞(刺)切(壯—創)<u>而</u>口，亦不為大詞，勿恤，亡咎。▢③

(新蔡簡·零115、22)

(7) 出，遇子貢，曰：“賜，<u>而</u>聞巷路之言，毋乃謂丘之答非歟？”

(上博簡《魯邦大旱》3)

(8) 孔子曰：“善，<u>而</u>問之也。”　　　　　(上博簡《子羔》9)

(9) 仲尼：“夫賢才不可掩也。舉<u>而</u>所知，<u>而</u>所不知，人其舍之諸？”

(上博簡《仲弓》10)

(10) 莊公曰：“昔施伯語寡人曰：‘君子得之失之，天命。’今異於<u>而</u>言。”

(上博簡《曹沫之陣》6—7)

(11) 後右端曰：“[所]諫不遠，視<u>而</u>所代。”　　(上博簡《武王踐阼》6—7)

(12) <u>而</u>居左右，不稱賢進可以屏輔我，則職爲民窮(仇？)窩(讎？)，……非<u>而</u>所以復，我不能貫壁<u>而</u>視聽，吾以<u>爾</u>爲遠目耳。<u>而</u>縱不爲吾稱擇，吾父兄甥舅之有所善，掄材以爲獻，又不能節處，所以罪人，然以讒言相謗。……雖我愛<u>爾</u>，吾無如社稷何！<u>而</u>必良慎之。④

(上博簡《命》4、5+《志書乃言》5、4、7+《王居》5)

(13) <u>汝</u>毋各家相<u>而</u>室，然莫恤其外。　　(清華簡《祭公之顧命》16—17)

(14) 小臣既羹之，湯后妻紝巟謂小臣曰：“嘗我於<u>而</u>羹。”

(清華簡《赤鵠之集湯之屋》2)

(15) <u>而</u>毋聽弁，尚專德之懋。……<u>而</u>不聞夫▢……<u>汝</u>毋廢朕命，<u>而</u>亦毋以我之安怡居處之爲訧告外之人。……毋或以<u>而</u>所口美，惡身利首，飾言

---

① 可與龢鎛(或稱"齊侯鎛"，《集成》00271)"用祈壽老毋死，保盧(吾)兄弟"相對讀，該器與鮑子鼎關係密切。

② "以事而主"又有作"以事其主"(WT4K5：13)，"以固事而[主]"又有作"以固事其主"(WT4K5：15)，經對照即知"而"必是代詞。

③ 釋讀參看宋華強著：《新蔡葛陵楚簡初探》，武漢大學出版社，2010年，第165—185頁。

④ 釋讀及編聯參看陳劍：《〈上博(八)·王居〉復原》，載《戰國竹書論集》，上海古籍出版社，2013年，第439—446頁。

相掩蓋，而不告我於淺深。……而亦毋或啓我解閉奉違，尚聿無有告欹，至于成没。　　　　　　　　　　　（清華簡《廼命一》2、4—6、9—10、12）

(16) 毋或非而所及，智求利，樹言創辭，以問命于執事之人。……毋或以而密邇、察朋、宜御之故，强請于朕，以自作樹怨。……毋或從而密邇之讒，讒非良圖。　　　　　　　　　　　　　（清華簡《廼命二》4—6、8）

(17) 享之無尤，唯吉是來。歲年未到，日月不時。有鬼不食，欲而恒祠。……有福將來，唯善與祥。歲事既至，日月吉良。具而禮粱及牛羊，鬼神樂之，祠祀大享。　　　　　　　　　（北大秦簡《禹九策》29、40—41）

(18) 食陰之道，虛而五藏，廣而三咎。　（馬王堆簡《十問》2—3）

(19) 初九：舍而靈龜，［觀］我朵頤，凶。　（馬王堆帛書《周易》18 上）

(20) 初九：舍而靈龜，觀我端頤，凶。　（阜陽漢簡《周易》131—132）

(21) 雖然，爾能令而百姓毋我思也，則而位可以幸於不危矣。……余恐而輕國而不好文理，不愛民而乏絶吾祀，特令我卒而若闔廬不朽而已。……天下之民，爾能愛之，斯而畜也。海内之眾，爾弗能利，斯而讎也。……取諫不遠，視而所代！
　　　　　　　　　（北大漢簡《周馴》35—36、73—74、187—188、196）

目前，確鑿無疑的對稱代詞"而"的最早用例見於春秋早期秦武公鼎，該銘文拓片由董珊先生首次披露①。秦武公鼎是秦武公（前697—前678年在位）及王姬爲他們的大女兒所做的媵器，年代明確，銘文還能與太公廟編鐘銘及晉公盆、盤銘合讀，相當重要。董珊先生對此已多闡發，不過對"而"字用法的價值未及揭示。

出土文獻的書寫時代和文本時代未必一致，但商周秦漢古漢語書面語本有内在延續性。現將代詞"而"的有關材料彙集一處，也能起到相互印證的效果。從中可以清楚看出，對稱代詞"而"在早期文獻中多做定語，後以做定語和主語爲主要語法功能，與傳世文獻的情況大致相當。② 上述語料涉及秦（秦武公鼎）、齊（叔夷鎛、鮑子鼎）、晉（温縣盟書）、楚（新蔡簡）、吳（吳王光鐘）等各區系文字，像《周易》《祭公之顧命》等古書類文獻流傳更不限於一地，可知"而"的這種用法不大可能是方言現象，這又是出土文獻帶給我們的最直觀的新知。

---

① 董珊：《秦武公銅器銘文的新發現》，載《秦漢銘刻叢考》，上海古籍出版社，2020年，第3—16頁。

② 承蒙《中國語文》匿名審稿專家指出，從傳世文獻來看，"而"所能充當的句法成分類別大體上是隨時代發展逐漸增多的。

二、對稱代詞"而"出現的語境和語體特徵

出土文獻中對稱代詞"而"既可實指具體的人（或群體），又可虛指潛在的對象，多出現在要求、引導、勸誡、警告等一類語境中，或爲盟誓、爻辭等特定語體。

上揭例（1）、（3）、（4）分別是秦武公、齊國望族鮑子、吳王光對各自遠嫁他國的女兒的叮囑或希冀，例（2）是齊靈公對叔夷的勸勉，例（7）、（8）、（9）分別是孔子對弟子子貢、子羔、仲弓的問話、肯定和教導，例（10）是魯莊公對曹沫的問話，例（11）是周武王的自誡，例（12）都是楚王對觀無畏的教訓，例（13）是祭公謀父對周穆王的告誡，例（14）是湯之妻妢凩對小臣伊尹的盼咐，例（15）、（16）及（21）所在的《廼命》和《周馴》更是典型的訓誡類語體。例（5）屬於誓辭，相似表述在溫縣盟書中不乏其例，有的在"自今以往"之前還有"圭命曰""圭之命曰"之類的話，魏克彬先生認爲這種"命"是屬於上級對下級有指令性的盟辭①。例（18）是托天師之語講房中養身之法，例（6）、（17）、（19）、（20）是占卜吉凶的爻辭或補釋之語，與之類似的還有"九四：解而拇，朋至斯孚"（《周易·解》）的"而"，都屬於引導某種行爲的措辭，性質也很接近。

洪波先生指出，"而"傾向於位尊者對位卑者使用，也可用於盟誓②，此論與上揭語料的情況大致吻合。不過該文又說，誥辭或訓辭等比較正式的話語中從不用"而"，用"而"時聽者多是説者親近之人，或是説者有所求的對象，推測"而"是親密稱。這個説法與實際則有出入。張玉金先生不同意洪説，認爲"而"無親近義。③ 由於"而"的使用多處在鄭重其事的嚴肅場合，説者（或是潛在的，包括聽者自己）相對於聽者往往是權威，亦或掌握某種情理有意使之服從，確難有親密色彩可説。若細加排比體味，就可發現傳世文獻亦多同理，如：

(22) 人之有能有爲，使羞其行，而邦其昌。凡厥正人，既富方穀，汝弗能使有好于而家，時人斯其辜。……臣之有作福作威玉食，其害于而家，凶于而國。　　　　　　　　　　　　　　　　　（《尚書·洪範》）

(23) 文王曰咨，咨汝殷商！而秉義類，彊禦多懟。　　（《詩·大雅·蕩》）

(24) 嗟爾朋友！予豈不知而作？如彼飛蟲，時亦弋獲。既之陰汝，反予來赫？　　　　　　　　　　　　　　　　　　（《詩·大雅·桑柔》）

---

① 魏克彬：《溫縣盟書 T4K5、T4K6、T4K11 盟辭釋讀》，載復旦大學出土文獻與古文字研究中心編《出土文獻與古文字研究》（第五輯），上海古籍出版社，2013 年，第 362 頁。

② 洪波：《先秦漢語對稱代詞"爾""女（汝）""而""乃"的分別——以〈左傳〉爲例》，載《漢語歷史語法研究》，商務印書館，2010 年，第 39—41 頁。

③ 張玉金著：《西周漢語代詞研究》，中華書局，2006 年，第 119 頁。

(25) 衛孫蒯田于曹隧，飲馬于重丘，毀其瓶。重丘人閉門而詢之，曰："親逐而君，爾父為屬。是之不憂，而何以田為？"（《左傳・襄公十七年》）

(26) 欒饜謂士匄曰："余弟不欲往，而子召之。余弟死，而子來，是而子殺余之弟也。弗逐，余亦將殺之。"（《左傳・襄公十四年》）

(27) 威王勃然怒曰："叱嗟，而母婢也。"（《戰國策・趙策三》）

(28) 王使謂之曰："成臼之役，而棄不穀，今而敢來，何也？"（《國語・楚語》）

(29) 田鮪教其子田章曰："欲利而身，先利而君；欲富而家，先富而國。"
（《韓非子・外儲說右下》）

(30) 老子曰："而容崖然，而目衝然，而顙頯然，而口闞然，而狀義然，似繫馬而止也。動而持，發也機，察而審，知巧而睹於泰，凡以為不信。邊竟有人焉，其名為竊。"（《莊子・天道》）

(31) 夫差使人立於庭，苟出入，必謂己曰："夫差！而忘越王之殺而父乎？"
（《左傳・定公十四年》）

(32) 齊侯曰："勿殺！吾與而盟，無入而封。"（《左傳・成公二年》）

(33) 今鄭失次犯令，而罪一也；鄭擅進退，而罪二也；汝誤梁由靡，使失秦公，而罪三也；君親止，汝不面夷，而罪四也。鄭也就刑！
（《國語・晉語三》）

(34)（子產）使吏數之，曰："伯有之亂，以大國之事，而未爾討也。爾有亂心無厭，國不汝堪。專伐伯有，而罪一也；昆弟爭室，而罪二也；薰隧之盟，汝矯君位，而罪三也。"（《左傳・昭公二年》）

例(22)是商舊臣箕子向周武王講述"天地之大法"；例(23)、(24)分別是周文王對商紂、芮良夫對周厲王的譏斥；例(25)、(26)、(27)分別是重丘人對孫蒯、欒饜對范匄、齊威王對周人的指責；例(28)是楚昭王對藍尹亹的質問；例(29)是田鮪對兒子田章的訓教；例(30)是老子對士成綺的批評；例(31)是夫差使人自警，類似例(11)周武王的座右銘；例(32)是齊頃公就龍地人擒獲其寵臣盧蒲就魁一事欲與之談判，猶盟辭；例(33)、(34)分別是司馬說、子產數落慶鄭、公孫黑的罪狀。

例(23)—(28)所涉雙方有矛盾衝突甚或是敵對關係，這對"而"是親密稱說顯然是不利的。若說"而"是位尊者對位卑者（上對下）使用亦顯片面。像例(22)箕子之於周武王、例(24)芮良夫之於周厲王、例(26)欒饜之於范匄（范匄是欒饜的岳父）等，則是位卑者對位尊者發出的。像盟誓如例(5)，占辭如例(6)、(17)、(19)、(20)，抑或自警自誡之語如例(11)、(31)等，"而"的發出者是假托山川鬼怪神靈之類超自然力或自己的精神意念，與實際社會身份之尊卑也沒有必然聯繫。

因此，"而"傾向於位尊者對位卑者使用恐僅是表像，自恃爲尊、持理的一方也能使用，可以是發出者基於人物關係的主觀判斷，也可以是聽者替虛擬的說者發出。無論哪種情況，"而"在話語中基本都有強調尊威或拔高說者（發出者）地位身份的作用，這與有意貶低聽者（接受者）的簡賤之稱又有本質區別。尤可注意，同句内或上下文中代詞"而"能連續使用，如例（5）、（9）、（18）、（26）、（28）、（31），語句明快緊湊。由"而"構成相類的句式亦多重排比，如例（29）、（30）、（33）、（34），極富節奏感，這無疑也起到了加重語勢的強調效果。

不過，古人作文甚忌複沓，書面上同一語段稱代相同對象時，又會通過變換不同形式的代詞來避免重合。清人顧炎武《日知錄》卷二十四稱爲"互辭"①，楊樹達先生討論文言修辭也設有專節例說②。上揭就不乏"而"與"汝""爾"等穿插並用之例，如例（2）、（13）、（33）"汝""而"並見，"汝"皆做主語，"而"皆做定語，各有分工。但實際上"而"也能做主語，"汝"也能做定語。此外，像例（12）"而""爾"並用（都指觀無畏），"而"皆做主語，"爾"皆當賓語。"而"一般不直接做賓語，但"爾"也是能做主語的。如例（21）有兩處"爾""而"配合的語段，"爾"就皆做主語，"而"則做定語，恰可比對。又如例（25），都做定語（"而君""爾父"），此時它們的格位又重合了。修辭不如語法嚴格，有意避複會淡化代詞的格位限制，對語用的呈現自然也有影響，這是造成人稱代詞趨於繁複的重要原因。

對稱代詞"而"與"爾"關係密切，文獻中不少"而"又能作"爾"。如例（9）"舉而所知，而所不知，人其舍之諸"，《論語·子路》作"舉爾所知，爾所不知，人其舍諸"；例（11）和（21）"視而所代"，《大戴禮記·武王踐阼》作"視爾所代"；例（16）"毋或非而所及"，《論語·公冶長》作"賜也，非爾所及也"；例（19）、（20）"舍而靈龜"，上博簡《周易》與今本《周易·頤》作"舍爾靈龜"。同樣是數罪，《禮記·檀弓上》載曾子對子夏的指責就沒有用"而"而都用"爾"（見下例加雙下劃綫部分），正與例（33）、（34）形成鮮明的對照——

（35）曾子怒曰："商，汝何無罪也？吾與汝事夫子於洙、泗之間，退而老於西河之上，使西河之民疑汝於夫子，爾罪一也；喪爾親，使民未有聞焉，爾罪二也；喪爾子，喪爾明，爾罪三也。而曰汝何無罪與！" （《禮記·檀弓上》）

"爾"是上古漢語高頻使用的對稱代詞，不僅和"而"一樣能做主語、定語，充當賓語等也是其常見的語法功能。洪波先生和張玉金先生都指出"爾"是没有語義色彩的

---

① 顧炎武著，陳垣校注：《日知錄校注》，安徽大學出版社，2007年，第1332—1333頁。
② 楊樹達著：《中國修辭學》，上海古籍出版社，2006年，第51—53頁。

通稱①,有些學者更傾向於將"爾"歸爲與自稱代詞"我"相配的雅言系統。"爾"的句法功能限制少,將上述"而"換成"爾"也合乎語法,不過"而"的語用特徵就被掩蓋掉了。"而""爾"在一些文獻中存在異文關係,理論邏輯上並不意味着語詞等價。

三、對稱代詞"而""爾"非通用亦非同源

上節已經提到,對稱代詞"而"的句法功能基本能被適用性更强的通稱"爾"涵蓋,相關性顯而易見,又由於古音似有聯繫(其實是有區別的,詳下),就很容易將它們趨同起來。

古人注疏已有將這種"而"訓爲"爾"②,後來專門研究語法的學者也有不少主張"而""爾"可通,如裴學海、楊伯峻和徐提、何樂士等、尹君、孫錫信③。楊伯峻和何樂士兩位先生對二者互通的古音條件有進一步説明:"'爾'和'而',發聲同在泥紐,但'爾'在脂微部,'而'在之咍部,韻部不同。然兩韻部字也未嘗不可相通,如'妃''配'都是脂微部,却从之咍部'己'字得音。"④

當前出土文獻研究者大都支持將對稱代詞"而"與"爾"趨同,釋文作"而(爾)"就是最流行的處理辦法,像張世超等編《金文形義通解》、張亞初《殷周金文集成引得》、陳初生《金文常用字典》、黄德寬主編《古文字譜系疏證》、徐在國《上博楚簡文字聲系(一~八)》等常用古文字工具書的意見也很有代表性。⑤ 尤可注意者,王輝《古文字通假字典》、劉信芳《楚簡帛通假彙釋》及白於藍《簡帛古書通假字大系》三種古文字通

---

① 洪波:《先秦漢語對稱代詞"爾""女(汝)""而""乃"的分別——以〈左傳〉爲例》,載《漢語歷史語法研究》,商務印書館,2010年,第46頁;張玉金著:《西周漢語代詞研究》,中華書局,2006年,第118—119頁。

② 如《莊子·盜跖》成玄英疏,見宗福邦、陳世鐃、蕭海波主編:《故訓匯纂》,商務印書館,2003年,第1828頁。

③ 裴學海著:《古書虚字集釋》,中華書局,1954年,第583頁;楊伯峻、徐提編:《春秋左傳詞典》,中華書局,1985年,第276頁;何樂士、敖鏡浩、王克仲、麥梅翹、王海棻:《古代漢語虚詞通釋》,北京出版社,1985年,第142頁;尹君編著:《文言虚詞通釋》,廣西人民出版社,1984年,第91—92頁;孫錫信著:《漢語歷史語法要略》,復旦大學出版社,1992年,第32—33頁。

④ 楊伯峻、何樂士著:《古漢語語法及其發展》(修訂本),語文出版社,2001年,第110頁。引按,"妃""配"本不从己,"己"可能是"如"省聲而來。字形上"如"指一男一女一對人牲,是"妃""配"共同的表意初文。參看陳劍:《釋〈忠信之道〉的"配"字》,載《戰國竹書論集》,上海古籍出版社,2013年,第14—23頁。

⑤ 張世超、孫淩安、金國泰、馬如森編著:《金文形義通解》,中文出版社,1996年,第2354頁;張亞初編著:《殷周金文集成引得》,中華書局,2001年,第587頁;陳初生編:《金文常用字典》(修訂本),陝西人民出版社,2004年,第889—890頁;黄德寬主編:《古文字譜系疏證》,商務印書館,2007年,第173頁;徐在國著:《上博楚簡文字聲系(一~八)》,安徽大學出版社,2013年,第353頁。

假字工具書都專門設立條目收錄部分對稱代詞"而"通"尔/爾"的文例。① 這大概是受到高亨《古字通假會典》、張儒和劉毓慶《漢字通用聲素研究》的影響。② 此二書除收例(19)外,其餘皆是傳世文獻用例,如下:

(36)《書·呂刑》:"在今爾安百姓。"《墨子·尚賢下》引"爾"作"而"。

(37)《左傳·宣公三年》:"余而祖也。"《史記·鄭世家》"而"作"爾"。

(38)《墨子·尚賢中》:"求聖君哲人以裨輔而身。"下篇"而"作"爾"。

出土文獻釋文的括注法是以習用字括注習用字,本意是溝通出土文獻和傳世文獻,以便閱讀和理解文義。括注字和被括注字之間可以是通假字、古今字、異體字等。釋寫"而(爾)"的學者未必都主張"而""爾"通假,但起碼都認爲"而""爾"相當,甚或認爲這種用法的"而"就是來源於"爾"的。

實際上,"而""爾"上古音並不接近,代詞"而""爾"在當時就是兩個不同的詞。

"而""爾"都是日母字,但韻部不同。"而"是之部,"爾"的歸部有不同意見。段玉裁《六書音均表》歸第十五部(含後來脂、微、物、祭月等部)③,江有誥歸脂部④,清人脂、微二部尚不分。後來董同龢、周祖謨、周法高、陳復華和何九盈、郭錫良等先生也都是把"爾"歸入了脂部。⑤ 唐作藩先生將"爾"歸脂部,分出"尔"歸支部。⑥ 王力先生在《詩經韻讀、楚辭韻讀》中將"爾"歸脂部,在《同源字典》和《漢語語音史》則改入歌部。⑦ 鄭張尚芳和潘悟雲兩位先生都把"爾"歸歌$_2$部。⑧

"尔(尒)"是截取"爾"上部而來的分化字,原本應該同部,没必要一分爲二。"爾"

---

① 王輝編著:《古文字通假字典》,中華書局,2008年,第58頁;劉信芳編著:《楚簡帛通假彙釋》,高等教育出版社,2011年,第75頁;白於藍編著:《簡帛古書通假字大系》,福建人民出版社,2017年,第77—78頁。

② 高亨纂著:《古字通假會典》,董治安整理,齊魯書社,1989年,第397、549頁;張儒、劉毓慶著:《漢字通用聲素研究》,山西古籍出版社,2002年,第18頁。

③ 許慎撰,段玉裁注:《説文解字注》,許惟賢整理,鳳凰出版社,2015年,第1396—1397頁。

④ 江有誥著:《音學十書》,中華書局,1993年,第253頁。

⑤ 董同龢:《上古音韻表稿》,"中研院"歷史語言研究所,1944年,第225頁;周祖謨:《詩經韻字表》,載《問學集》,中華書局,1966年,第211—212頁;周法高:《新編上古音韻表》,香港中文大學,1980年,第221頁;陳復華、何九盈:《古韻通曉》,中國社會科學出版社,1987年,第193頁;郭錫良編著:《文獻語言學·漢字古音表稿專輯》,中華書局,2018年,第99頁。

⑥ 唐作藩編著:《上古音手册》(增訂本),中華書局,2013年,第39—40頁。

⑦ 王力:《王力文集·詩經韻讀、楚辭韻讀》,山東教育出版社,1986年(1980年初版),第132—133頁;王力:《王力文集·同源字典》,山東教育出版社,1992年(1982年初版),第199頁;王力:《王力文集·漢語語音史》,山東教育出版社,1987年(1985年初版),第69頁。

⑧ 鄭張尚芳著:《上古音系》(第二版),上海教育出版社,2013年,第311—312頁。潘悟雲先生分部意見採自復旦大學東亞語言數據中心網站"上古音查詢"。

歸脂部的主要依據是《詩》中"爾"及"爾"聲字多與脂部字相押，但歸脂部却與中古音有衝突。"爾"，《廣韻》兒氏切，中古紙韻（支韻系）開口上聲三等字，支韻系字主要來自上古支部和歌部，幾乎没有脂部字。此外，從出土文獻的通假和相關字詞關係能進一步推斷"爾"應該是歌部字。

遠邇的"邇"字自甲骨時代就寫作"埶"及"埶"聲字，一直到戰國楚簡仍延續這種用字習慣，這是古文字學者所熟悉的。① 石鼓文《汧沔》"汧殹沔沔"之"沔沔"，張政烺先生指出與《詩·邶風·新臺》之"瀰瀰""浼浼"音義並近，皆訓盛貌。② 《史記·孝文本紀》"歷日緜長"，王念孫謂"緜"是"絲"字之誤，《漢書》作"歷日彌長"，"絲""彌"聲近而義同，並引《賈生傳》"彌融爓"《漢書》作"俷螸獺"，"彌"通"俷"，"俷""絲"古同聲爲證。③ 其説甚是。戰國中期楚簡中"尔"和"爾"的用法已有分工，對稱代詞"爾"通常記作"尔"，"爾"多用以表示"彌"，止息義的"彌"古書也作"弭"。《詩·小雅·采薇》"四牡翼翼，象弭魚服"，鄭玄箋："弓反末别者，以象骨爲之。""弭"是弓之末，出土青銅弭自名爲"距末"，張富海先生認爲"距"代表前綴附加在詞根"末"上，"末"上古音屬月部，"弭""末"歌月對轉，"弭"是會意字而非形聲字。④ 其説可從。"埶""末"是月部，"沔""浼""綿""俷"是元部，皆可佐證"爾"及從之得聲的"邇""彌""瀰"等在與之對轉的歌部。上博簡《凡物流形》甲本簡8—9："聞之曰：逐高從埤（卑），至遠從邇。十回之木，其始生如薛（蘖）。""邇"歌部（ei），"蘖"月部（et），"卑"支部（e），三字主母音相同，可視爲通押。⑤ 鄭張—潘系統將傳統的歌部細分爲三，歌2讀ei（<el），和脂部i很近，也能解釋"爾"聲系字和脂部字的密切關係。

歌部的"爾"和之部的"而"讀音不近，不是通假也難言同源，文字材料也未見"而"聲字和"爾"聲字互通的其他確據。二字在古書中的對應僅限於對稱代詞，只能是功能近似而絶非字音聯繫。

與上古有異，中古的"而"和"爾"，《廣韻》分别在之韻和紙韻，同是日母三等，此時的讀音很接近；加上"而"的對稱代詞用法在後來口語中逐漸消失，就更加劇了兩者的相混，直至書面被"爾"吞併。因此，不能排除傳世先秦秦漢古書中就有一部分"爾"其實是後人從"而"改過來的。

---

① 參看裘錫圭：《釋殷墟甲骨文裏的"遠""埶"（邇）及有關諸字》，載《裘錫圭自選集》，河南教育出版社，1994年，第1—16頁。
② 張政烺：《獵碣考釋初稿》，載《文史叢考》，中華書局，2012年，第15頁。
③ 王念孫撰：《讀書雜志》，江蘇古籍出版社，1985年，第82頁。
④ 張富海：《清華簡〈繫年〉通假柬釋》，載李守奎主編《清華簡〈繫年〉與古史新探》，中西書局，2016年，第450—452頁。
⑤ 此承蒙鄔可晶先生賜示。

《史記·吴太伯世家》:"爾而忘句踐殺女父乎?""爾而"舊多歧解。王念孫言:"此當作'而忘句踐殺女父乎','而'即'爾'也。定十四年《左傳》作'而忘越王之殺而父乎'①,是其證。今作'爾而'者,後人依《伍(原文作"五")子胥傳》旁記'爾'字,因誤入正文也。董份謂上'爾'字呼之,下'而'字連下,則從爲之辭耳。"②王說甚是,此或可視作後人改"而"爲"爾"的縮影。

四、對稱代詞"而""乃"同源但非通用

王力先生認爲,上古對稱代詞是雙聲關係(都是 n 系),靠韻母起屈折作用的系統。③ 這是有道理的。當然也應該看到,系統内部也分層次,詞與詞間也有親疏。"而""乃"上古都是之部字,讀音至近,在整個系統中,它們的詞源關係無疑相當密切。

楊樹達先生、容庚先生很早就意識到作爲領格的"而"與"乃"近同。④ 王力先生謂"乃"是"而"的變相(或變體)⑤,周生亞先生謂"而"是"乃"的方言變體⑥,意見恰相反。潘允中和李新魁兩位先生都認爲"而""乃"相通。⑦ 周法高先生疑"而""乃"都是"汝之"合音。⑧ 錢宗武先生疑"而"是"汝""乃"之借。⑨ 潘悟雲先生提出"而、乃"($^*\mathrm{ɯ}$)是"女(汝)"($^*\mathrm{a}$)的弱化式。⑩ 張玉金先生主張"而、乃"($^*\mathrm{ɯ}$)對應"朕"($^*\mathrm{um}$)。⑪ 雖然諸家對"而""乃"關係的闡述不一,現在看來或多或少也存在問題,但都已經注意到兩者在古音和功能上的共性。

綜合比較出土文獻與傳世文獻的不同用例,提煉各家研究的合理成分,可進一步

---

① 引按,即本文例(31)。
② 王念孫撰:《讀書雜志》,江蘇古籍出版社,1985 年,第 99 頁。
③ 王力:《王力文集·漢語史稿》,山東教育出版社,1988 年(1958 年初版),第 338 頁。
④ 楊樹達著:《高等國文法》,上海古籍出版社,2007 年(1920 年初版),第 61 頁。容庚:《周金文中所見代名詞釋例》,載曾憲通主編《古文字與漢語史論集》,中山大學出版社,2002 年,第 4 頁;原刊《燕京學報》1929 年第 6 期。
⑤ 王力:《王力文集·漢語史稿》,山東教育出版社,1988 年,第 339 頁;王力:《王力文集·漢語語法史、漢語詞彙史》,山東教育出版社,1990 年(1983 年初版),第 55—56 頁。
⑥ 周生亞:《論上古漢語人稱代詞繁複的原因》,《中國語文》1980 年第 2 期;周生亞著:《漢語詞類史稿》,中國人民大學出版社,2018 年,第 322 頁。
⑦ 潘允中著:《漢語語法史概要》,中州書畫社,1982 年,第 79 頁;李新魁著:《漢語文言語法》,廣東人民出版社,1983 年,第 20—22 頁。
⑧ 周法高著:《中國古代語法·稱代編》,中華書局,1990 年,第 74—76 頁。
⑨ 錢宗武:《〈書〉"女(汝)、爾、乃、而"研究》,《湖南師範大學社會科學學報》1996 年第 6 期。
⑩ 潘悟雲:《上古指代詞的強調式和弱化式》,載《著名中年語言學家自選集·潘悟雲卷》,安徽教育出版社,2002 年,第 303—304 頁。
⑪ 張玉金著:《西周漢語代詞研究》,中華書局,2006 年,第 95—97 頁。主母音 $^*\mathrm{ɯ}$ 原文作 $^*\mathrm{ə}$,只是記寫方式不同,所指仍是同個音位。爲便比對,此折合作 $^*\mathrm{ɯ}$,不強作區分,下同。

斷定：對稱代詞"而"是"乃"的分化，同出一源但非通用。① 主要有以下四點根據：

其一，出現時代先後有別。代詞"乃"大概在商代甲骨文中就已經出現，如"以乃史歸"（《合集》3297）、"曰以乃邑"（《合集》8986 反）等②，比"而"早得多，言"乃"是"而"的變體並不合適。由出土文獻已有的材料也可以推斷，"而"的分化不是以方言形式存在的。

其二，分化音變有跡可循。將"而、乃"視爲"女（汝）"的弱化式語義語用上未必允恰，但音段對應的相似性確實提供了可資比照的平行範式（見表 7-1-1）。與"女""汝"是古今字不同，{乃₁}、{乃₂}分化完成是以"而{乃₂}"的出現爲標志的。

表 7-1-1 "乃—而""女—汝"音段比照表③

		之 部	*ɯ	*a	魚 部	
{乃}	{乃₁}	乃（泥母一等）	*nɯɯ	*na	女（泥母三等）	{汝}
	{乃₂}	而（日母三等）	*njɯ	*nja	汝（日母三等）	

其三，句法功能同中有異。經常做定語是"而""乃"最顯著的共同點，它們也幾乎不直接做賓語。不過"而"偶爾還能做間接賓語，如"請城費，吾多與而役"（《左傳·襄公七年》）、"罪無所歸，將加而師"（《左傳·宣公十三年》）等。"乃"做主語似不及"而"活躍，在做賓語的主謂結構中，主語（此處也稱"兼語"）也一般用"而"，如例（17）"欲而恒祠"（"而恒祠"指你經常祭祀）、例（21）"余恐而輕國而不好文理"、《左傳·昭公二十年》"余知而無罪也"、《國語·魯語下》"吾冀而朝夕修我曰'必無廢先人'"等；"乃"則較少見，如《左傳·哀公十六年》"余嘉乃成世"。

其四，語用功能相輔相成。"乃/廼"和"而"都可用於訓辭等較嚴肅正式的語體，前者在西周金文已甚常見。後來"而"出現，偶有與"乃"相配，最典型者要數春秋器叔夷鎛銘。該篇是齊靈公對叔夷的訓勉，文中除上文例（2）所引"而政事""而有事""而朋剤"外，還有"乃先祖""乃心""乃尸事""乃有事""乃敬寮""乃命"等。"而""乃"所指相同，都做定語且又交互出現，顯然是有意的避複。清華簡《廼命》兩篇既用"而"，如

---

① 不光代詞，轉折副詞"而"的來源也與"乃"有關。梅廣先生指出，上古前期漢語轉折副詞"而"是存在的，它藏身在"乃"字裏隱没了身份。見梅廣著：《上古漢語語法綱要》，上海教育出版社，2018 年，第 180 頁。
② 參看黃天樹：《甲骨文第二人稱代詞補說》，載《黃天樹甲骨學論集》，中華書局，2020 年，第 134—135 頁。
③ 構擬參鄭張尚芳著：《上古音系》（第二版），上海教育出版社，2013 年，第 311、426、431 頁。

例(15)、(16),也用"乃",如"用恪勉乃身"(《廼命一》11)、"往盡乃心相上"(《廼命二》15),只是"乃"竹簡都寫作"廼"。除此以外,出土文獻相近語段(有的是整篇)的對稱代詞用"而"就近乎不再用"乃",這又是它們互補的一面。進入漢代情況有所變化,很值得留意的是,《史記》不少用代詞"而"的地方在《漢書》中恰都寫爲"乃"。如《史記·高帝本紀》"此後亦非而所知也"、《項羽本紀》"必欲烹而翁"、《外戚世家》"是而所宜言邪"、《曹相國世家》"若歸,試私從容問而父"、《留侯世家》"豎儒,幾敗而公事"、《三王世家》"乃凶于而國"、《酈生陸賈列傳》"不及而身矣"、《匈奴列傳》"以騎馳蹂而稼穡耳"云云,諸"而"在《漢書》的《高帝紀》《陳勝項籍傳》《外戚傳》《蕭何曹參傳》《張陳王周傳》《武五子傳》《酈陸朱劉叔孫傳》《匈奴傳》相應文段中皆作"乃"。此類頗具規律性的異文分佈不免讓人疑心是有意的改動。即便《漢書》中也有諸如"昔而高祖司晋之典籍"(《五行志》)、"我今令而家追汝矣"(《蒯伍江息夫傳》)、"天下豈有而兄弟邪"(《元後傳》)等"而"存留的用例①,仍從側面反映出東漢時人的書面選擇傾向,這與此時口語中代詞"而"趨向殆盡不無關係。

總之,既然"而"是分化自"乃",二者自然就有共性又有個性。綜合以上幾點分析來看,在當時人的心目中,仍是將對稱代詞"而"和"乃"作爲兩個詞看待的,用字的不同是其中最關鍵的依據。

五、餘　論

出土文獻未經後人改動,語言層次近古,它反映和凸顯了"而"在傳世文獻所不見或隱晦的特點和用法,恰是其語料優勢的體現,兩類文獻呈現的一致性應該不是偶然。合證的種種跡象表明,"而"往往出現在特定的語境或語體,有比較典型的語法語用特徵,既無需破讀爲"乃",更不能讀如"爾",它在上古漢語中就是一個相對獨立的對稱代詞。

裘錫圭先生指出,在簡帛古書與傳世古書對讀時,要注意防止不恰當的"趨同"和"立異"。②將對稱代詞"而"與"爾"或"乃"簡單趨同,顯然不是合理科學的做法。過去出土文獻釋文的習慣作"而(爾)",固然有助於將這裡"而"與它的其他功能區分,讓如

---

① 有些明顯是承襲先前的文獻,如《尚書·洪範》"其害于而家,凶于而國"〔見本文例(22)〕,此段《史記·宋微子世家》《漢書·楚元王傳》《漢書·何武王嘉師丹傳》等皆引作"而"。《史記·匈奴列傳》"而漢俗屯戍從軍當發者"、《韓長孺列傳》"我滅而宗",《漢書·匈奴傳》《竇田灌韓傳》皆如是作。不過,"我滅而宗"之"而"在《風俗通義·窮通》中又作"乃",可資比對。

② 裘錫圭:《中國古典學重建中應該注意的問題》,載《中國出土古文獻十講》,復旦大學出版社,2004年,第8頁。

今的讀者一目瞭然。但這樣處理的實質無異於取消了一個曾經獨立存在過的詞的合法地位，也極易誤導通假，反而會給文獻釋讀、古音和語法研究帶來副作用。

補記：

在近年新發佈的清華簡中，對稱代詞"而"又有出現，如見於第十二册收録的《參不韋》①。該篇主要記述神祇"參不韋"對夏啓的訓誡，語辭中對稱代詞"而"與"乃"有搭配並用（如簡 32—36、38—39、42—49、82—86、102—105、108—110），語境與上述春秋叔夷鎛銘類似，請讀者一併參看。

2024 年 4 月 13 日

本文原刊於《中國語文》2021 年第 3 期。

作者係復旦大學出土文獻與古文字研究中心 2018 級博士後（合作導師：陳劍），現爲中山大學博雅學院副教授。

---

① 清華大學出土文獻研究與保護中心編：《清華大學藏戰國竹簡》（拾貳），中西書局，2022 年。

"壻(婿)"字古音考

李 豪

考定漢字的上古歸部,一般主要依靠押韻以及諧聲系統。當然,中古的反切、其他親屬語言的同源詞或漢語借詞也是重要參考。一般來說,根據上述方法,大部分字的上古韻部都能確定。但也有部分例外,似乎與一般的演變規律不合,這就需要做專門的考察了。本文要討論的"壻"字就屬於這種情況。

一

{婿}是漢語中的基本詞,其詞義有二:一是女兒的丈夫,二是丈夫。從先秦時期直到現代一直如此。① 本文要討論的是記錄{婿}這個詞的"壻"字讀音的歷史演變。

《説文》:"壻,夫也。从士、胥聲。《詩》曰:'女也不爽,士貳其行。'士者,夫也。讀與細同。穌計切。婿,壻或从女。"②此爲大徐本。小徐本略同,唯"从士,胥"爲異。③(按,對於"壻"字的分析,徐鉉以爲是形聲字,徐鍇以爲是會意字。)段玉裁曰:"鉉本有聲字,誤。《周禮》注、《詩》箋皆曰:'胥,有才知之稱。'又曰:'胥讀如諝。'謂其有才知爲什長。《説文・言部》曰:'諝,知也。'然則从胥者,从諝之省。……古音當在十六部。"

依大徐本"从士、胥聲","胥"在魚部,則"壻"字上古音也應在魚部。然而《説文》却又説"讀與細同","讀與細同"與魚部差別太大。因此,段玉裁以爲"胥"非聲符,應從小徐本,爲會意字。他所定的韻部在十六部,也就是支部。

學界對這個字的上古歸部争議較大,大致可以分爲兩派:一派根據"同聲必同部"的理論,定爲魚部;另一派根據中古反切及《説文》讀若歸入支部或脂部。這就出

---

① 參看《辭源》(第三版)、《王力古漢語字典》、《現代漢語詞典》等。
② 許慎撰:《説文解字(附音序、筆畫檢字)》,徐鉉等校定,中華書局,2013年,第8頁。
③ 徐鍇撰:《説文解字繫傳》,中華書局,1987年,第10頁。

現了諧聲與實際讀音不符的情況。各家的歸部情況見表 7-2-1。

表 7-2-1 "壻"字各家歸部表①

支部（或脂部）	魚　　部
段玉裁：十六部（支部）	嚴可均：魚部
董同龢：佳部（支部）	朱駿聲：豫部（魚部）
陳復華、何九盈：支部	高本漢：魚部
鄭張尚芳：*sŋees（支部）	郭錫良：魚部
白一平、沙加爾：*[s]ˤ[i][j]-s（脂部）	唐作藩：魚部

高本漢曾説："中古音令人費解。現代音 xù 跟聲符'胥'的讀音相同。'胥'在《詩經》中屬 si̯o 韻部，所以'壻'的上古音也應是 si̯o。"②

鄭張尚芳則説："古音'壻'支部、'胥'魚部，雖皆心母，但韻母差得大，所以段注不認爲胥爲聲符。'胥'，《方言》'輔也'，《廣雅》'助也'，《廣韻》'同謂，才智之稱'。可能是會意，原指擇取可起輔助之力的有才智之士。"③

縱觀前賢們的種種意見，分歧點主要是，"壻"字的聲符"胥"所反映的韻部，與根據其中古反切所追溯得到的韻部不一致。

古文字的證據爲這一問題的解決帶來了新的契機。下面先根據古文字講清楚字形的結構，再集中討論相關的語音問題。

---

① 本表所依據的材料主要有許慎撰，段玉裁注：《説文解字注》，上海古籍出版社，1988 年，第 20 頁；嚴可均：《説文聲類》，載《續修四庫全書》編纂委員會編《續修四庫全書》（二四七），上海古籍出版社，2002 年，第 13 頁；朱駿聲撰：《説文通訓定聲》，武漢古籍書店，1983 年，影印臨嘯閣藏本，第 407 頁；高本漢著：《漢文典》（修訂本），潘悟雲等編譯，上海辭書出版社，1997 年，第 45 頁；董同龢：《上古音韻表稿》，"中研院"歷史語言研究所，1944 年，第 174 頁；陳復華、何九盈著：《古韻通曉》，中國社會科學出版社，1987 年，第 177 頁；郭錫良編著：《漢字古音手册》（增訂本），商務印書館，2010 年，第 191 頁；唐作藩編著：《上古音手册》（增訂本），中華書局，2013 年，第 177 頁；鄭張尚芳著：《上古音系》（第二版），上海教育出版社，2013 年，第 470 頁；William H. Baxter and Laurent Sagart, "The Baxter-Sagart Reconstruction of Old Chinese," September 20, 2014, http://ocbaxtersagart.lsait.lsa.umich.edu。

② 高本漢著：《漢文典》（修訂本），潘悟雲等編譯，上海辭書出版社，1997 年，第 45 頁。

③ 鄭張尚芳：《華澳語言的"子、婿"與漢語的對當詞根》，《民族語文》2012 年第 4 期。需要説明的是，在此文中，鄭張先生把"壻"字構擬爲 *slees，同樣是支部，只是聲母稍有不同。

二

目前古文字中確定無疑的"壻"字最早見於秦簡①,字形如下②:

睡虎地秦簡:▇簡19、▇簡21、▇簡23

嶽麓秦簡:▇簡334正A、▇簡334正B、▇簡337正

睡虎地秦簡、嶽麓秦簡兩處都是"贅壻"連用,睡虎地秦簡較爲完整,今録之如下:

・廿五年閏再十二月丙午朔辛亥,○告相邦:民或棄邑居壄(野),入人孤寡,徼人婦女,非邦之故也。自今以來,叚(假)門逆吕(旅),贅壻後父,勿令爲户,勿鼠(予)田宇。三枼(世)之後,欲士(仕)士(仕)之,乃(仍)署其籍曰:故某慮贅壻某叟之乃(仍)孫。魏户律　　　　　　　　　　　　　　　(16—21伍)

・廿五年閏再十二月丙午朔辛亥,○告將軍:叚(假)門逆閭(旅),贅壻後父,或衛(率)民不作,不治室屋,寡人弗欲。且殺之,不忍其宗族昆弟。今遣從軍,將軍勿卹視。享(烹)牛食士,賜之參飯而勿鼠(予)穀。攻城用其不足,將軍以堙豪(壕)。魏奔命律　　　　　　　　　　　　　　(22—28伍)

其中,"贅壻後父"一句,《睡虎地秦墓簡牘》整理者注云:

整理者:贅壻,一種身份低下的貧困人民,見《史記・秦始皇本紀》。《漢書・賈誼傳》説秦人"貧家子壯則出贅",事實上贅壻不限於秦,例如淳于髡就是"齊之贅壻",漢代七科謫戍中也有贅壻。《漢書・嚴助傳》"歲比不登,民待賣爵贅子,以接衣食"注引如淳云:"淮南俗賣子與人作奴,名曰贅子,三年不能贖,遂

---

① 清華簡《五紀》簡120有"▇"字,整理者隸定爲"壻",其所在之句爲:"天之五正,且聟(蔽)比綑(治)壻(輯),五新(親)五_(德),天下之算。"整理者括注爲"輯",訓爲聚集。此字从土,與我們這裏討論的"壻"({壻})字無關,可以不論。

又,丁佛言《説文古籀補補》"壻"字頭下收入以下二形:

▇古璽王▇壻、▇古璽臍壻(按,前一字當爲鄒)

其中後一形體見於《古璽彙編》1600號,前一形體被《漢語大字典》採用。但是,在我們看來,這兩個形體未必就是"壻"字。▇字施謝捷先生釋爲"壻",見施謝捷:《古璽彙考》,博士學位論文,安徽大學,2005年,第44頁。▇字劉釗和何琳儀二位先生皆釋爲"痦",見劉釗:《璽印文字釋叢》(二),載《古文字考釋叢稿》,岳麓書社,2005年,第188頁;何琳儀著:《戰國古文字典:戰國文字聲系》,中華書局,1998年,第582頁。此處承鄔可晶先生指教,謹此致謝。

② 其中前三例取自睡虎地秦簡《爲吏之道》下所附《魏户律》及《魏奔命律》,後三例取自嶽麓秦簡。詳參武漢大學簡帛研究中心、湖北省博物館、湖北省文物考古研究所編:《秦簡牘合集》(壹),武漢大學出版社,2014年,圖版第764—765頁,釋文第345、346頁;陳松長主編:《嶽麓書院藏秦簡》(肆),上海辭書出版社,2015年,第205—206頁。

爲奴婢。"朱駿聲《說文通訓定聲》"贅"字下認爲："贅而不贖，主家配以女，則謂之贅壻。"後父，應指招贅於有子寡婦的男子，實際是贅壻的一種。①

嶽麓秦簡的辭例如下：

• 獄史、令史、有秩吏及屬、尉佐以上，二歲以來新爲人贅壻(壻)者免之。其以二歲前爲人贅壻(壻)而能去妻室者勿免，其弗能去者免之。二歲以來家不居其所爲吏之郡縣，而爲舍室即取(娶)妻焉☐　　　　　　　　　　　(334—335)

• 制詔丞相御史：唯不爲人贅壻(壻)☐徒數☐☐　　　　　　　(337)

這兩批秦簡的"壻"字都寫作"壻"，只是《睡虎地秦墓竹簡》的整理者直接隸定爲"壻"，《秦簡牘合集》(壹)因之；《嶽麓書院藏秦簡》(肆)則隸定爲"壻"，括注爲"壻"。

"冃"與"肙"在隸楷階段容易互訛。其中最著名的一個例子見於《戰國策·趙策四》"觸龍說趙太后"章，今本《戰國策》作"太后盛氣而揖之"，《史記·趙世家》作"太后盛氣而胥之"。元人吳師道《補正》指出"揖"字當從《史記》作"胥"，清人王念孫也有相同的看法。② 馬王堆帛書《戰國縱橫家書》此處正作"胥"。③

揚雄《太玄·戾》次七："女不女，其心予，覆夫諝。"四部叢刊影印明萬玉堂翻宋本訛作"諿"。晉范望注："諝，謀也。"唐王涯注："諝，智也。"④且此處"女""予""諝"爲韻。

順便指出，法藏敦煌文獻伯 2539 號所抄唐人白行簡的《天地陰陽交歡大樂賦》中"緝☐☐以爲衣，倡☐歌以爲樂"一句中的"緝"字，舊或錄作"綃"。⑤ 原圖片作，該字實从冃，當釋爲"緝"。《後漢書·酷吏列傳》"綱帶文劍，被羽衣"，注："緝鳥羽以爲衣也。"⑥亦可與《離騷》"製芰荷以爲衣兮，集芙蓉以爲裳"對照。又南京六朝博物館藏東晉李緝及夫人陳氏墓誌"緝"字作⑦，與此形相同。（知必爲"緝"字者，以其後云字方熙也。）

---

① 武漢大學簡帛研究中心、湖北省博物館、湖北省文物考古研究所編：《秦簡牘合集》(壹)，武漢大學出版社，2014 年，第 345—346 頁。

② 王念孫曰："'太后盛氣而揖之'，吳(按，指吳師道)曰：'揖之，《史》云"胥"之，當是。'念孫按，吳說是也。《集解》曰：'胥，猶須也。'《御覽》引此策作'盛氣而須之'。隸書'胥'字作'冃'，因訛而爲'冄'，後人又加手旁耳。下文言'入而徐趨'，則此時觸龍尚未入，太后無緣揖之也。"見王念孫撰：《讀書雜志》，江蘇古籍出版社，2000 年，第 58—59 頁。

③ 參看裘錫圭《讀書札記九則》之九"《戰國策》'觸讋說趙太后'章中的錯字"，見裘錫圭：《讀書札記九則》，載《裘錫圭學術文集·語言文字與古文獻卷》，復旦大學出版社，2012 年，第 398 頁。

④ 揚雄撰，司馬光集注：《太玄集注》，劉韶軍點校，中華書局，1998 年，第 17 頁。

⑤ 如張錫厚錄校：《敦煌賦彙》，江蘇古籍出版社，1996 年，第 249 頁。

⑥ 范曄撰：《後漢書》，李賢等注，中華書局，1965 年，第 2492 頁。此處承高中正先生提示，謹致謝忱。

⑦ 南京市博物館：《南京吕家山東晉李氏家族墓》，《文物》2000 年第 7 期，第 25 頁。

顧炎武《金石文字記》卷二《唐孔子廟堂碑跋》云：

> 此碑與《皇甫誕碑》並書"胃"爲"冐"。《廣韻》：胃，俗作冐。然考之漢人如《韓勅孔廟禮器碑》、《桐柏淮源廟碑》、《司空宗俱碑》、《巴郡太守張納碑》、《竹邑侯相張壽碑》、《戚伯著碑》、《金廣延母徐氏碑》、《榖阮祠碑》陰、《楊震碑》陰，及《魏公卿上尊號奏》、《北齊南陽寺碑》固已書爲"冐"矣。漢人碑亦或作"冐"，《後周巌頌》作"冐"。① 故李善注枚乘《七發》，以"通屬冐母之塲"爲"胃母"之誤。而"壻"字一傳爲"聟"，再傳爲"埍"，三傳爲"聟"，四傳爲"聟"，皆"胥"之變也。《詩·有女同車》《釋文》：壻，音細，《字林》作"壻"。《戰國策》"韓且坐而胥亡乎""王胥臣之反而行"，並作"聟"。《書大傳》"不愛人者及其胥餘"作"聟"。《晉書·五行志》"渝聟於北"，《音義》：聟，息魚反。《張駿傳》"有黃龍見於揖次之嘉泉"，《呂光載記》"迎大豫於揖次"，《音義》：揖，子魚反。次，音恣。《漢書·地理志》：武威郡有揖次縣。此皆"胥"字之誤。《漢仙人唐公房碑》"壻"字作"聟"。《晉王右軍帖》有"女聟"字。②

我們搜集了一些隸楷文字中的"胥"和从胥的字（表 7-2-2）。

表 7-2-2 隸楷文字中的"胥"字和从胥的字③

"胥"字			从胥的字		
漢《禮器碑》（《韓敕碑》）	唐歐陽詢《皇甫君碑》	唐虞世南《孔子廟堂碑》	漢石經《魯詩》"緝"	漢石經《儀禮》"揖"	唐歐陽詢《九成宮碑》"葺"

關於"壻"字的異體"聟"產生的原因，除前引顧炎武之説外，張涌泉先生也曾作過解釋，他説：

> 按，《五經文字》卷中士部："壻，作聟訛。"《集韻·霽韻》："壻，亦作聟。""聟"當由"壻"訛變而來。"胥"旁俗作"冐"，"耳"旁俗亦或作"冐"（詳見"耳"字下），由"壻"回改，"壻"便可變作"聟"（《唐臨高寺碑》"葺"寫作"菁"，當亦是由"冐"旁回改致誤，可以比勘）。《睡虎地秦墓竹簡》已見近似於"聟"的寫法。④

---

① 按，從拓本看，實當作"冐"。原拓本作 [圖]（北京圖書館金石組編：《北京圖書館藏中國歷代石刻拓本匯編》（第八册），中州古籍出版社，1987年，第 136 頁），與《禮器碑》相同。

② 顧炎武：《金石文字記》卷二《唐孔子廟堂碑》，載《顧炎武全集》（第五册），上海古籍出版社，2011年，第 274—275 頁。

③ 从胥的字中前兩圖引自馬衡著：《漢石經集存》，上海書店出版社，2014年，圖版二五-148、六六-425、七二-416。

④ 張涌泉著：《漢語俗字叢考》，中華書局，2000年，第 217—219 頁；又張涌泉著：《漢語俗字研究》（增訂本），商務印書館，2010年，第 225—226 頁。

我們認爲,張先生的意見是很有啓發性的。不過與張先生的看法恰好相反,我們認爲《説文》的"壻"形很可能是由"埧"形回改所致,秦簡的"埧"應該是本來的寫法。

不少研究者都注意到,《説文》中的篆文有些是經過漢代小學家篡改的。比如裘錫圭先生曾説:"《説文》成書於東漢中期,當時人所寫的小篆的字形,有些已有訛誤。此外,包括許慎在内的文字學者,對小篆的字形結構免不了有些錯誤的理解,這種錯誤理解有時也導致對篆形的篡改。《説文》成書後,屢經傳抄刊刻,書手、刻工以及不高明的校勘者,又造成了一些錯誤。因此,《説文》小篆的字形有一部分是靠不住的,需要用秦漢金石等實物資料上的小篆來加以校正。"①接下來,裘先生舉了"戎""早""卓""走""欠""非"等幾個例子來説明這一情況。李家浩先生就這一問題作過專門研究。在文中,他舉了一些例子,其中"徙""刑"兩例與考訂上古歸部有關。他説:"形聲字對於我們研究上古音是很重要的材料之一。一般來説,在上古音裏,形聲字同聲必同部。如果我們根據的形聲字的聲旁有問題,那麼由此得出的結論必然有問題。"②

或許受到"胥"有才智的意思的影響,加上隸書中"冎"可以同時表示"胥"和"耳",故《説文》在根據隸書"壻"反推小篆字形的時候,錯誤地選擇了"壻",這就導致了後世《説文》學家在解釋"壻"字的時候把"胥"説成有才智之稱。③ 例如南唐的徐鍇在《説文解字繫傳·通論》中説:"壻者,胥也。胥,有才智之稱也。知爲人父之道也。故於文,士胥爲壻。《詩》曰:'女也不爽,士貳其行。士也罔極,二三其德。'士者,夫也。故夫之从一,亦其義也。或从女胥爲婿。胥者,長也。《周官》'徒士人,胥一人',徒中有才智者爲之長曰胥。古諸侯一娶九女,壻者,女之長也。"④以至於對"壻"字的分析有形聲和會意之歧,連帶着對它的上古歸部也產生了分歧。

其實,清代的金鶚就對這一説法提出了質疑,他説:

> 壻字見《儀禮》,止是夫壻。《爾雅》訓女子子之夫。他書亦未見爲男子美稱。《説文》云:"壻,夫也。《詩》曰:'女也不爽,士貳其行。'士者,夫也。"士對女而言,明是訓壻爲女夫。段先生注謂:"夫者,丈夫也。"然則壻爲男子之美稱似非。壻,从士、胥聲,鉉本不誤。⑤

現在看來,金氏的質疑還是很有道理的。只是他不知道原本應是"埧"罷了。

---

① 裘錫圭著:《文字學概要》(修訂本),商務印書館,2013 年,第 68—69 頁。
② 李家浩:《〈説文〉篆文有漢代小學家篡改和虛造的字形》,載《安徽大學漢語言文字研究叢書·李家浩卷》,安徽大學出版社,2013 年,第 364—376 頁。
③ "聟"這樣的異體大概也是出於同樣的認識而造的。
④ 徐鍇撰:《説文解字繫傳》,中華書局,1987 年,第 311 頁。
⑤ 金鶚:《求古録禮説》,轉引自丁福保編纂《説文解字詁林》,中華書局,1988 年,第 1404 頁。

三

明白了"塈"字的字形結構,下面就可以討論其上古讀音了。

"塈"字在上古無押韻用例,唯一與讀音有關的是《説文》的"讀與細同"。據學者們研究,上古屬於緝部、盍部的一部分字到中古有變爲蟹攝和止攝的去聲的。① 比如"盍""夾""劦"上古在盍部,"蓋""瘞""荔"中古在泰韻、祭韻、霽韻;"入""納""立""十"上古在緝部,"内""位""計"中古在對韻、至韻、霽韻。又比如戰國秦地名"廢丘",在更早的時期寫作"灃丘","灃"上古爲盍部,中古爲乏韻,"廢"中古屬廢韻。張清常在論證上古*-b尾韻的演變時,所舉的例子中有"塈"字的異體《集韻》作"塇"。② 我們認爲,張先生的意見是正確的,"塈"(塇)字也應該屬於這種情況。秦簡的"塈"字應分析爲从土、㠯聲。"㠯"字上古在緝部,中古在緝韻。从㠯聲的字除"槭"字又音在葉韻外,其餘大都在緝韻;聲母除"揖"字爲影母外,其餘則爲精母、清母、從母、莊母、崇母,皆爲齒音。③ "塈"字在産生的時期應該屬於緝部,至遲在東漢中期(公元2世紀前後,也就是《説文》成書的時代)已經轉入脂部(或者保守一點説,在部分地區的方言中),這樣纔能"讀與細同"。其間發生的音變可表示爲:*-bs>-ds>-s>-h。④

包擬古曾通過漢藏比較,認爲"接""捷""緝"的上古聲母應爲*st-型複輔音。葉玉英先生在此基礎上,結合出土古文字和傳世文獻用字,認爲"接""捷""緝"三字的上古聲母應爲*skl-、*sgl-、*skhl-。⑤ 我們認爲葉先生的結論應該是可信的。此外,上博簡《緇衣》簡17有"茲"字,所在文句爲"穆穆文王,~義〈敬〉止",郭店簡《緇衣》簡34作"𠦪遅",今本《禮記·緇衣》作"緝熙",李家浩隸定爲"兹臣",讀爲"緝熙"⑥,可從。

---

① 可參看高本漢著:《漢文典》(修訂本),潘悟雲等編譯,上海辭書出版社,1997年,第565頁;董同龢:《上古音韻表稿》,"中研院"歷史語言研究所,1944年,第112頁;李方桂著:《上古音研究》,商務印書館,1980年,第57頁;張清常:《中國上古*-b聲尾的遺跡》,載《語言學論文集》,商務印書館,1993年;張富海:《上古漢語*-ps>*-ts音變在戰國文字中的反映》,載《古文字與上古音論稿》,上海古籍出版社,2021年。

② 張清常:《中國上古*-b聲尾的遺跡》,載《張清常文集》(第一卷),北京語言大學出版社,2006年,第70頁。不過其下文又舉《太玄》度次七"覆大誤",並認爲"誤即塈字",不確。本文前文已指出此處前一篇"爲"讀"遺訛",有押韻可證。

③ 參看沈兼士主編:《廣韻聲系》,中華書局,1985年,第580—581頁。

④ 此處用鄭張尚芳先生的體系。

⑤ 葉玉英:《"接""捷""緝"之上古聲母構擬——從包擬古的漢藏同源對比説起》,《民族語文》2012年第6期。

⑥ 李家浩:《釋上博戰國竹簡〈緇衣〉中的"兹臣"合文——兼釋兆域圖"遅"和厵羌鐘"富"等字》,載中山大學古文字研究所編《康樂集:曾憲通教授七十壽慶論文集》,中山大學出版社,2006年,第21—26頁。

"兹"是"濕""隰"等字的聲符,該聲系字的聲母有透母、書母、邪母,而無端母、知母、章母等,因此可確定聲基爲 *l-。①

考慮到"壻"從耳聲,同聲符的又有影母的"揖"字,而"揖"字是三等 A 類字。一般認爲,只有上古是前高元音的韻母,中古纔會變爲三等 A 類。"揖"字爲緝部,因此,其韻母應爲 *-ibs。"壻"字在造字之初的讀音可構擬爲 *sqliibs。

四

這一部分解釋"壻"字上古以後的讀音演變。

先來看一下中古前期"壻"字的押韻情況。梁《妬婦賦》以"制""袂""壻"爲韻,梁簡文帝蕭綱《采桑詩》(壹)以"閉""袂""繫""壻"爲韻,梁無名氏的《詠獨鵠》詩以"袂""壻"爲韻,隋薛道衡的《豫章行》詩以"滯""遞""壻"爲韻。② 此外,北魏楊衒之的《洛陽伽藍記》載有"洛陽男兒急作髻,瑤光寺尼奪作壻"之句③,"髻"與"壻"押韻。我們知道,中古時期的詩文押韻中,霽韻和祭韻通常是在一起押韻的。魏晉南北朝時期這兩個韻屬於一個韻部,王力先生稱爲祭部,此部包括《切韻》的夬韻、祭韻、齊韻。④

"壻"字在《經典釋文》中音悉計反(或息計反),或"音細",即與"細"字同音。⑤ 宋跋本《王韻》蘇計反,《廣韻》同,《集韻》思計切,皆與"細"字同在一個小韻。⑥

《中原音韻》屬齊微韻,與"細"字同音。⑦《蒙古字韻》屬四支韻,與"細"字同音。⑧《洪武正韻》(八十韻本)屬去聲霽韻,與"細"字同屬一個小韻。⑨ 法國傳教士金尼閣編的《西儒耳目資》將"壻"字列入第三攝衣(i),與"細"同音,並注音爲 sì。⑩

---

① 參看李豪:《結合古文字和文獻用字談"咒""弟""雄"等字的上古音聲母構擬》,《出土文獻》2021 年第 1 期。
② 周祖謨著:《魏晉南北朝韻部之演變》,東大圖書股份有限公司,1996 年,第 1050—1051 頁。
③ 楊衒之撰,周祖謨校釋:《洛陽伽藍記校釋》,中華書局,2010 年,第 40 頁。
④ 參看王力著:《漢語語音史》,商務印書館,2010 年,第 143—144 頁。
⑤ 陸德明撰:《經典釋文》,上海古籍出版社,1985 年,第 251、565、604、856、948、1626 頁。
⑥ 龍宇純:《唐寫全本王仁昫刊謬補缺切韻校箋》,香港中文大學,1968 年;周祖謨校:《廣韻校本(附廣韻四聲韻字今音表)》,中華書局,2011 年,第 374 頁;丁度等編:《宋刻集韻》,中華書局,2005 年,影印宋刻金州本,第 143 頁。
⑦ 寧繼福著:《中原音韻表稿》,吉林文史出版社,1985 年,第 35 頁。
⑧ 照那斯圖、楊耐思編著:《蒙古字韻校本》,民族出版社,1987 年,第 52 頁。
⑨《國家圖書館藏明刻洪武正韻》,中華書局,2016 年,第 230 頁。
⑩ 金尼閣:《西儒耳目資》,載《續修四庫全書》編纂委員會編《續修四庫全書》(二五九),上海古籍出版社,2002 年,第 505 頁。

越南漢字音中"壻"音 té[te⁵],"夫壻"音 Phu-té,與"細"字同音。① 需要說明的是,在漢越語中,心母有規律地變成 t-。② 日語吴音爲サイ(sai),漢音爲セイ(sei),也與"細"同音。③

據我們所檢索到的材料,較早將"壻"字收入撮口呼的韻書是明代後期的《合併字學集韻》,該書刊刻於萬曆三十五年(1607),作者張元善是河南永城人,徐孝是河北順平人。④ 在該書中,"壻"字見於去聲卷第五三次仙砌切細小韻,又見於四句宣去切序小韻。⑤ 又同作者所撰《合併字學集篇》〔刊於萬曆三十六年(1608)〕卷七士部"埩、壻"下注:"細、絮二音。女壻。"說明當時兩種讀音並存。

明末安徽宣城人孫耀《音韻正訛》〔梅標序於崇禎甲申年(1644)〕,該書卷三將"偦""壻""婿"與"醑""絮"列在一起⑥,說明當時有的方言已經同音。

成書於清代道光二十九年(1849)的《同音字辨》,由山東壽光人劉維坊撰,北平徐沅澄同參訂。該書自序中稱其編纂宗旨是"不離乎古,亦不泥於今",該書將"壻"字列在"絮"字之後⑦,也説明在作者的口語中"壻""絮"已經同音。

據此,我們推測,"壻"字讀撮口呼發生的時代可能是明代中後期。

關於近代漢語 y 韻母的形成時間,學界還有不少爭議。萬獻初先生通過考察110多種明清韻書,論證《洪武正韻》魚、模兩韻對立標志着撮口呼完全獨立。⑧ 董建交先生贊同李新魁先生的分析,認爲《西儒耳目資》的 iu 還不是現代漢語的 y 韻。《洪武正韻》和《韻略易通》的魚、模分韻也不能作 y 韻母已經產生的確證,只有當魚韻可以和 i 韻母押韻時,纔能説魚韻變爲 y。陸志韋説:"《五方元音》把魚虞從虎韻移到了地韻,比《西儒耳目資》更近乎現代國音,那纔是 y。"《韻略匯通》把《韻略易通》西微韻中讀 i 的字歸入居魚韻,說明這時居魚韻已經是現代漢語的 y 韻。⑨ 明末山東萊州人畢拱宸

---

① Nguyễn Khắc Kham and Michael J. McCaskey, *Chữ Hán và Tiếng Hán-Việt* (Quỳnh Anh, 2005), pp. 762—763.
② 可參看王力:《漢越語研究》,載《龍蟲並雕齋文集》,中華書局,1980年,第727—729頁。
③ 諸橋轍次著:《大漢和辭典》(修訂版),大修館書店,1986年,卷三第294頁、卷八第1011頁。
④ 見寧忌浮著:《漢語韻書史·明代卷》,上海人民出版社,2009年,第243頁。
⑤ 徐孝、張元善:《合併字學集韻》,載《官話韻書叢編》,青城文化出版公司,1997年,第107、117頁。
⑥ 孫耀:《音韻正訛》,載《續修四庫全書》編纂委員會《續修四庫全書》(二五九),上海古籍出版社,2002年,第411頁。
⑦ 劉維坊:《同音字辨》,載《續修四庫全書》編纂委員會《續修四庫全書》(二六〇),上海古籍出版社,2002年,第530頁。
⑧ 萬獻初:《撮口呼形成、發展與應用的歷時進程》,《勵耘學刊(語言卷)》2011年第1期,第146—176頁。
⑨ 董建交著:《近代官話音韻演變研究》,商務印書館,2021年,第187—188頁。

的《韻略匯通》序於崇禎十五年(1642),據上説,此時 y 韻母已經形成。《五方元音》是明末清初唐山人樊騰鳳於 1654 年至 1664 年編的一部韻書。① 在該書的卷下十二地中,"壻"與"細"同音,而與"序""絮"等不同音。"壻"讀撮口呼還只是部分方言現象。"女"字與"尼""泥"對立。②

表 7-2-3 現代漢語方言中"壻"字的讀音③

北京	哈爾濱	天津	濟南	青島	鄭州	西安	西寧	銀川	蘭州
ɕy⁵¹	ɕy⁵³	ɕy⁵³	ɕy²¹	sy⁴²	sy³¹²	ɕi⁰	ɕy⁵³	ɕy¹³	ɕy¹³
烏魯木齊	武漢	成都	貴陽	昆明	南京	合肥	太原	平遥	呼和浩特
ɕy⁴⁴	ɕi³⁵	ɕi¹³	ɕi²¹³	ɕi²¹²	sy⁴⁴	sʮ⁵³	ɕy⁴⁵	sei¹³	ɕy⁵⁵
上海	蘇州	杭州	温州	歙縣	屯溪	長沙	湘潭	南昌	梅縣
ɕi³⁵/ɕy³⁵	si⁵¹³	ɕi⁴⁴⁵	sei⁴²	ɕy³²⁴	se⁴²	si²⁴	si⁵⁵	ɕy⁴⁵	se⁵³
桃園	廣州	南寧	香港	廈門	福州	建甌	汕頭	海口	臺北
se⁵⁵	sei³³	ɬei³³	sei³³	se²¹/sai²¹	sai²¹²	si²⁴	sai²¹³	si³⁵	sai¹¹/se¹¹

表 7-2-3 上半屬於官話方言,下半屬於非官話方言。可以看出,官話方言韻母大多是 y,而非官話方言只有少數幾個點讀 y,其餘的都不是 y。一般來講,非官話方言的讀音層次更古老。

由此看來,"壻"字讀撮口呼的讀音應該是後起的。對於這種讀音產生的原因,李榮先生有過解釋,他説:

> 桂花北京也叫"木犀"("犀"也寫作"樨")mù·xu。糖醃的玫瑰花兒和糖醃的桂花兒合起來叫"玫瑰木犀",紅棗煮好了加點兒"糖醃的桂花"叫"木犀棗兒"。"犀"字《廣韻》平聲齊韻先稽切,和東南西北的"西"字同音,照例韻母作 i 不作 ü。"犀牛"的"犀"讀 xī,符合語音演變規律。現在"木犀"的"犀"讀 ü 韻,大概是 i 受了"木"字的圓唇 u 韻母的影響,變成 ü 了。北京雞子兒炒肉叫 mù·xu ròu,雞子兒做的湯叫 mù·xu tāng。這裏的 mù·xu 也就是"木犀",因為雞子兒打匀之後

---

① 參看李清桓著:《〈五方元音〉音系研究》,武漢大學出版社,2008 年,第 2 頁。
② 樊騰鳳:《五方元音》,載《續修四庫全書》編纂委員會編《續修四庫全書》(二六○),上海古籍出版社,2002 年,第 53、56 頁。
③ 侯精一主編:《現代漢語方言音庫》,上海教育出版社、上海教育聲像出版社,2003 年,第 337—338 頁。

做得了像桂花。通常就照音寫成"木須肉、木須湯"。苜蓿 mù·xu 是綠肥作物，又是飼料，和桂花的"木犀"mù·xu 不是一種東西。北京復興門外有"木樨地"，大概本來是"苜蓿地"。

女壻北京叫 nǔ·xu，情況和"木犀"相似。《廣韵》去聲霽韵"壻，女夫，蘇計切"，和"細"字同音，照例讀 xì。現代方言就有很多是"壻、細"同音的。北京"壻"字韵母讀 ü 不讀 i，大概是 i 受了"女"字圓脣 ü 韵的影響，也變成 ü 了。"壻"字从"胥"，"胥"讀 xū，偏旁對"壻"字讀音可能也有影響。①

我們認爲，李先生的推測是可信的。這些例外音變是由於受到相鄰字讀音的影響。我們還可以舉出一些例子，比如"軒"字《廣韵》虛言切，本爲開口，大概受"軒轅"的影響，現代普通話變成了撮口呼 xuān。這是中古以後發生的變化。再比如，"觜"从此聲，本應爲開口，由於經常與"觿"連用，受後字的同化，變成了合口。《禮記·月令》："仲秋之月，日在角，昏牽牛中，旦觜觿中。"《釋文》："觜，子斯反，又子髓反。觿，户圭反，又户規反。""觜"字有兩個反切，一爲開口，一爲合口。可以從中窺見其演變痕跡。"矩"从巨聲，本應爲開口，由於經常與"規"連用，受前字同化，也變成了合口。這些變化都是中古以前就發生了的。

五、結　語

人們常説，漢人去古未遠，所言蓋多可信，然而實際情況不完全如此。漢代與先秦相比，語言已發生了不小的變化，文字更是如此。隸變是古文字與今文字的分水嶺，隸變之後，許多字的寫法與以往有了很大的不同。許慎生活的時代，日常書寫早已不用篆書了，他編寫的《説文解字》中有不少字是根據隸書的寫法來反推小篆的，這樣就有可能造成錯誤。如果拿這些不可靠的字形進行分析，從而確定其上古音，得出的結論勢必是錯誤的。如前面提到的"徙"字，《説文》分析爲"从辵、止聲"，"止"上古屬之部；但是從古文字來看，"徙"字則應分析爲"从辵、沙省聲"（或説"少"兼有"沙"的讀音），"沙"字上古屬歌部。從上古的詩文押韻來看，"徙"字確屬歌部，《説文》的字形有誤。這在學界已成爲共識。

本文前論的"壻"字也屬於這種情況。由於無押韻材料可據，只能根據聲符或中古音的對應來確定其上古讀音，但是二者互相矛盾。因此，一般把它當作語音演變的例外。我們結合秦簡文字和隸楷文字正確分析了"壻"字的構形，同時還指出了《説文解字》篆形的訛誤，並利用隸楷文字字形訛變規律，對《説文》篆形的致訛之由做了推

---

① 李榮：《語音演變規律的例外》，載《音韻存稿》，商務印書館，1982年，第108—109頁。

測。根據中古押韻和反切、近代音、現代漢語方言等材料,利用漢語歷史音變的知識對"壻"字讀音從上古到現代的歷史演變作出了解釋。

在這裏,我們想強調一下,考訂一個字的上古歸部,在無押韻材料可據的情況下,要盡可能地找出可靠的古文字字形,借此來確定其聲符和歸部。如果我們根據的形聲字的聲旁有問題,那麼由此得出的結論必然有問題。

附記:

承匿名審稿人提示,以爲"細"字上古屬之部,漢代併入脂部。這個問題筆者暫時持保留意見,謹分疏如下:

"細"字上古無明確的押韻材料,不能據以考訂其韻部。不得已,只能考察从囟聲的字。"思"从囟聲,"思"是之部,主元音是 ɯ。"囟"字或體作"頤",从思聲;又作"脖",从宰聲,也是之部。匿名審稿人蓋據此將"細"字歸入之部。然之部中古入一等咍韻,無入四等者,將"細"字歸入之部與一般的規律不合。

"思"(之部)與"囟"(文部)的諧聲關係,可以類比"才"(之部)與"存"(文部)的諧聲關係。文部開口舌齒音中古多入四等先韻,如"薦"字;也有入一等魂韻的,如"存"字。馬王堆帛書《五十二病方》有"洍"字,用爲{洗},"洗/洒"古歸文部,或亦有微部之音;又有"細"字用爲{洗}的,見第 384/374 行"旦以濡漿細,復傅之"。"細"从囟聲,中古音在四等齊韻,若歸微部,符合演變規律。

準此,筆者目前認爲"細"字上古應歸微部。

補按:

《老子》第 34 章"天下大事必作於細,天下難事必作於易",是唯一可能的押韻材料。"細"與"易"押韻,主元音似已前化爲 i 或 e。

本文原刊於《出土文獻》2022 年第 2 期。

作者係復旦大學出土文獻與古文字研究中心 2013 級碩士(導師:劉釗)、2016 級博士(導師:劉釗),現爲韓山師範學院文學與新聞傳播學院講師。

《説文》段注校議二則[1]

馮先思

原本《玉篇》殘卷、唐寫本《切韻》是傳世寫本辭書之中時代較早的幾種，其中保留了一些故訓資料，對於校訂今本《説文解字注》有着重要意義，前人於此已有較多闡發。今以這些材料校勘《説文》，提出二則針對段注的校訂意見。

一、侉

   憍鳥也。从人、夸聲。苦瓜切。
  段注：古本皆作"憍"，惟《類篇》誤作"俌"耳。《心部》曰："憍者，憨也。""憨者，憍也。""憍"今隸作"憊"。鳥者，意内而言外也。按，《爾雅》《毛傳》，皆曰："夸毗，體多柔。"然則"侉"即"夸毗"字乎？夸毗亦作骻䠙。[2]

先思按，段玉裁所謂"古本"蓋指前代群書之引文以及宋本和影宋鈔本，其中可以《集韻》爲代表。寧波天一閣藏汲古閣影宋鈔本《集韻》[3]、國家圖書館藏影鈔本《集韻》曾經段玉裁題跋，其本正作"憍"，而上海圖書館藏述古堂影宋鈔本《集韻》則作"俌"。這兩部影宋鈔本的底本是上海圖書館藏宋刊明州本《集韻》，其字形作 ![字]，[4]，左旁已經漫漶。而今存另外兩種宋本——國家圖書館藏潭州本和日本宮内廳書陵部藏金州軍本都作"憍"。各家影鈔者所擬補之偏旁不同，而宋本《説文解字》作"憍"，故汲古閣本等所補更有理致。

段玉裁能見到的《類篇》當時只有楝亭本，其字形作"俌"，上海圖書館、故宫博物院藏影宋鈔本亦皆作"俌"，陳鱖《類篇》出版校書"憍"，當是暗相字形有能誤改。

---

[1] 本文爲國家社科基金重大專案"中華人民共和國國家標準 GB18030－2022《資訊技術中文編碼字元集》漢字整理研究與資源庫建設(23&ZD307)成果，得到中央高校基本科研業務費專項資金資助（批準號：1243200011）。
[2] 許慎撰，段玉裁注：《説文解字注》，許惟賢整理，鳳凰出版社，2007年，第668頁。
[3] 趙振鐸校：《集韻校本》，上海辭書出版社，2012年，第286頁。校勘記誤作"俌"。
[4] 同上。校勘記亦誤作"俌"。

古堂藏小徐本《説文》亦作"備"。段玉裁、桂馥、王筠、朱駿聲等皆認爲其字當作"惰"。

今按,《篆隸萬象名義》:"侉:巨佐反。怯也,侑也,痛詞也,病呼也。"朱駿聲認爲"侉"與"恗"通,《廣雅·釋詁四》"恗,怯也"即其證。"侑",《説文》訓爲"剌也。一曰痛聲"。段玉裁據小徐本改"痛聲"爲"毒之",並引《顔氏家訓》云:"《蒼頡篇》有侑字。訓詁云:痛而譁也,羽罪反。今北人痛則呼之。"段認爲"侑"當是"侑"之誤。玄應《一切經音義》"侑"與"痏"通用,而"痏",玄應引《通俗文》云:"于罪反。痛聲曰痏。""痛詞也",《新撰字鏡》作"痛詞也"。"訶"當爲"詞"之誤。今本《説文》亦作"詞",段玉裁改爲"詈",他認爲當依古本作"詈",並云:"有是意於内,因有是言於外謂之詈。此語爲全書之凡例。"①"詞""辭"音同可通。《刊謬補缺切韻》(伯 2011):"侉:烏佐反。痛辭。"胡古宣《玉篇校釋》認爲:"侉、侑並爲摹聲之詞,今人憊疲呼聲正如侉,似篇韻'痛'即'憊'之訛。侉字原本當依《説文》與侑字並列。"②胡吉宣認爲"憊(憊)"爲"痛"之訛,其説與《廣韻》《玉篇》釋義正合。《廣韻》:"侉,安賀切。痛呼也。"《玉篇》:"苦瓜切。奢也。《書》云:驕淫矜侉。又安賀切。痛呼也。"則《名義》之"病呼也"之"病"亦當爲"痛"之訛。胡吉宣之説可與《切韻》《廣韻》《玉篇》《篆隸萬象名義》《新撰字鏡》之訓釋相互印證。《名義》以"侑"釋"侉",而《蒼頡篇》之"侑"訓爲"痛而譁也",則"侉"亦可遞訓爲"痛而譁也",而與《切韻》《廣韻》《玉篇》《集韻》正好相符。"痛"與"備"在寫本中字形又比較接近容易混淆,小徐本《説文》及《類篇》引文之"備"應該是"痛"之訛。今本《説文》"侑""侉"等字前後相次,亦都有"痛呼""痛聲"之訓,正好符合《説文》字序以釋義相近而排列的原則。故胡吉宣云:"侉字原本當依《説文》與侑字並列。"

《説文》"侉"字注音亦有可議。今本《説文》音苦瓜切,而《玉篇》則有兩個讀音,苦瓜切釋義爲"奢","痛呼"音安賀切,爲影母歌韻去聲開口一等,與《名義》《切韻》《廣韻》等書注音一樣。

綜上所述,依據古寫本辭書的材料和篇韻訓釋,以及《説文》排字原則,"侉"字訓釋當校訂爲"痛詞也",其對應的讀音當爲影母歌韻去聲字(烏佐切、安賀切)。

二、汨

水吏也。又,温也。从水、丑聲。

段注:謂水駛也。駛,疾也,其字在《説文》作"駛"。不解者訛爲"吏"耳。一本作"利",義同。錢氏大昕云:"吏當作文。《海賦》'跐汨'注云:麋聚也。《廣韵》

---

① 許慎撰,段玉裁注:《説文解字注》,許惟賢整理,鳳凰出版社,2007年,第751頁。
② 胡吉宣著:《玉篇校釋》,上海古籍出版社,1989年,第536—537頁。

云:'蹃汩,水文聚。'跛、蹃同。"按《廣韻》上聲人九切,引《說文》同。入聲女六切,云"水文聚"。①

先思按,段玉裁認爲"水吏"之"吏"當讀爲"駛",訓爲速度快之"疾",而此義之本字爲"㪿"。"一本作'利'"者,段氏《汲古閣說文訂》云:"趙鈔本、近刊《五音韻譜》《類篇》作'利'。"趙鈔本即明末趙均鈔本,董婧宸認爲其文本"並非出自宋刊本,而是趙均以半葉七行的行款,參考其父趙宧光舊藏的宋晚修本《說文》篆次,據萬曆年間通行的明刻白口左右雙邊本《五音韻譜》抄録篆形及正文而成"。② 故趙鈔本與《五音韻譜》文本亦作"利"。

"利""吏"今同音,而在中古音時期,二字同歸來母,"利"屬於去聲至韻(脂部),"吏"屬於去聲志韻(之部)。然而陽休之《韻略》(北齊)、李概《音譜》(北齊)、杜臺卿《韻略》(北齊)等北方人編纂的韻書中二韻有明顯分别,而南方人夏侯淵《四聲韻略》已經合流。③ 等到晚唐五代時期,脂、之方纔合流。④ 可見"吏""利"同音而誤只可能在晚唐五代以來纔發生的。

《五音韻譜》即《説文解字五音集韻》,宋本《五音韻譜》此字已經漫漶,而明刻本始改爲"利"⑤,蓋明代重刊此書之本亦已漫漶,故據《廣韻》釋義補完。按,"汩"釋義作"水利"者,今所見最早文獻出自元刊本《廣韻》,如國家圖書館藏元至正二十六年(1366)南山書院刊本《廣韻》(善本書號 11530)即作"水利",而宋本《廣韻》則作"水吏"。由此可見"水利"這種異文可能是受到元刊本《廣韻》影響而生成的一個異文。

鈕樹玉《説文解字校録》云:"曹刊《類篇》引作'水和也'。"今有《類篇》影鈔本、清刻本各兩種,並清四庫全書鈔本兩種,皆未見作"利"者。未悉段玉裁所據《類篇》爲何種印本,可能也是段校偶誤。⑥

錢大昕之説,《漢語大字典》(第二版)採納,且爲"汩"字立一義項,而未採納段玉裁之説,只是在錢説之後引段説。如果編者認爲段説正確,那就應該爲之再立一個義項,可見字典編者於段説只是存疑備考。編者之所以採納錢説,大概是既有《廣韻》的

---

① 許慎撰,段玉裁注:《説文解字注》,許惟賢整理,鳳凰出版社,2007 年,第 971 頁。
② 董婧宸:《毛氏汲古閣本〈説文解字〉版本源説考》,《文史》2020 年第 3 輯,第 187—216 頁。
③ 宋濂跋本王仁昫《刊謬補缺切韻》卷一韻目"六至"説明云:"夏侯與志同,陽李杜别,今依陽李杜。"周祖謨編:《唐五代韻書集存》,中華書局,2023 年,第 488 頁。
④ 王力著:《漢語語音史》,商務印書館,2010 年,第 286—287 頁。
⑤ 宋本漫漶之處承董婧宸老師告知,特致謝忱。
⑥ 董婧宸認爲段玉裁《汲古閣説文訂》的部分引文往往找不到出處,存在一些誤校之處。詳參董婧宸:《從本校到理校:段玉裁〈汲古閣説文訂〉及其在〈説文〉學史的影響》,《漢語史研究集刊》2019 年第 2 期,第 71—85 頁。

釋義,又有《文選》李善注書證,這種作法無疑是審慎的。但是我們知道,《廣韻》解釋爲"踧沑,水文聚",《集韻》《類篇》也解釋爲"淑沑,水皃",《文選》之書證則作"踧沑,楚聚也"。"踧沑""淑沑""踧沑"應該是同族疊韻聯緜詞,單爲"沑"字立這樣一個義項,也是不太合適的,故《漢語大字典》云:"常'踧沑'或'淑沑'連用。"既然他們認同"水文"這一義項,就否定了"水吏"這種說法。事實上宋本《廣韻》《玉篇》《集韻》等書都寫作"水吏",寫本古辭書亦然,如《原本玉篇殘卷》和《切韻》(王一、王二、王三)"沑"字引《說文》皆作"水吏也"。其中《原本玉篇殘卷》"沑"字別引《蒼頡篇》云"主水者也"①,正與"水吏"這一釋義相互呼應。故馬叙倫《説文解字六書疏證》認爲"水吏不訛"②,胡吉宣《玉篇校釋》認爲"可證許説水吏之非誤"③。正因爲《原本玉篇》通過《蒼頡篇》這一訓釋來證明"水吏"之説並非訛誤,那我們自然也不能用"水文"來否定"水吏"。④《漢語大字典》修訂之時應該再立一個"水吏"的義項纔更完善。

作者係復旦大學出土文獻與古文字研究中心 2009 級碩士(導師:施謝捷),現爲北京師範大學文理學院中文系(珠海)副教授。

---

① 顧野王:《玉篇》,載《續修四庫全書》編纂委員會編《續修四庫全書》(二二八),上海古籍出版社,2002 年,第 440 頁。
② 馬説據《古文字詁林》卷九轉引,見李圃主編:《古文字詁林》(第九册),上海教育出版社,2019 年,第 199 頁。
③ 胡吉宣著:《玉篇校釋》,上海古籍出版社,1989 年,第 3705 頁。
④ 《篆隸萬象名義》"沑"釋義云"水更、水生"者,亦當校改爲"水吏。主水"。見釋空海編:《篆隸萬象名義》,臺聯國風出版社,1975 年,第 992 頁。

讀傳抄古文札記

王鵬遠

傳抄古文是一類比較複雜的材料，其中包含一些有古文字依據的"真古文"①，但也有不少後人僞造的、沒有古文字依據的"假古文"。"真古文"裏面的材料同樣不單純，其中既有西周的文字，也有戰國時期的文字。戰國時期的"古文"亦不限於一系，而是晉、楚、齊系文字雜出。傳抄古文對古文字學和俗文字學都有特殊的意義。我最近在閱讀傳抄古文材料時記了一些筆記，這篇札記就是對部分筆記的梳理。

一、説古文"巷"

《古文四聲韻》收傳抄古文"巷"作"廊"。徐在國説："《龍》：'廊，俗；邟，正。亭名，邑名。'可知廊乃邟字俗體。此蓋假邟爲巷。"②李春桃同意"廊"爲"邟"的俗字，但指出"邟"與"巷"讀音不合，"假邟爲巷"之説不可信。李春桃認爲："'巷'字篆文作䢽，從共從邑，與'邟'構形部件相同。我們懷疑古文整理者可能誤以爲'邟'和'巷'是同一個字，並把'邟'的俗字當成了'巷'的古文。"③

按照李春桃的説法，傳抄古文"廊"係"邟"之誤植，和"巷"音義皆無聯繫。我們認爲"廊"可能是"廾"之訛，"廾"是"巷"在戰國文字中兩種典型寫法的雜糅之形。

戰國文字中的"巷"字主要有兩種類型：

A

❲字❳包 112、❲字❳包 111、❲字❳奉村泥

B

❲字❳《采風》1、❲字❳《繫年》93、❲字❳睡 49.28

---

① 當然，編纂傳抄古文者所見到的"真古文"，也是輾轉流傳而得的，並非第一手的"真古文"。
② 徐在國著：《隸定"古文"疏證》，安徽大學出版社，2002 年。
③ 李春桃：《傳抄古文綜合研究》，博士學位論文，吉林大學，2012 年，第 76 頁。

類型 A 从行（或辵）、𠀭聲，類型 B 从邑、𠀭（或共）聲。A 類寫法可以隸定作"衖"。B 類寫法中，清華簡《繫年》和上博簡《采風曲目》的"巷"均爲左右結構，可以隸定作"邶"。"衖"和"邶"雜糅即可產生"衛"。古文字中存在將兩種典型寫法雜糅在一起的現象，例如表示｛害｝的字有 🖺 和 🖺 兩種寫法，楚文字中的 🖺 即這兩種寫法的糅合之形；表示｛馭｝的字有 🖺 和 🖺 兩種寫法，楚文字中的 🖺（《曹沫》42）即這兩種寫法的糅合之形①；新鄭兵器銘文中表示｛造｝的字有 🖺、🖺、🖺 等形體，第一種形體从賁聲，第二種形體从曹聲，第三種形體是前兩種的糅合之形②；"憂"是"萬"的變體，"𧈅"是這兩種寫法的糅合之形③。

隸楷文字中"彳"和"亻"旁經常發生訛混，如"役"或作 🖺，"衡"或作衡。"衛"應系"衛"之訛形。

二、說古文"叫"及相關之字

《古文四聲韻》收"叫""曒"古文作：

叫：🖺 四 4.26 籀

曒：🖺 四 3.18 老

《玉篇·口部》："喅，古弔切，聲也。亦作叫。"《玉篇·日部》："暊，同曒。"胡吉宣認爲"暊"應當是"喅"之訛，"暊"右邊的"㚖"亦爲"梟"之訛。④ 李春桃同意胡吉宣對"暊"的分析，却不同意其對"暊"的分析。他從兩個方面對胡氏之說進行質疑："从日从梟之字不見於其他字書，況且'梟'與'曒'字義不相關。"李春桃認爲"暊"是"暞"的訛字，"暞"見於玄應《一切經音義》，謂之同於"皎"。⑤

李春桃提出的這兩點反對的理由恐怕都不堅實。古代字書收字的來源十分複雜，某字形見於此書而不見於彼書的情況是常有發生的。胡吉宣認爲"暊"中的"㚖（梟）"是聲符，聲符只與該字所記錄的詞的讀音有關，而不一定要與詞義有關，所以"'梟'與'曒'字義不相關"不能作爲對胡氏說法的有效反駁。從字形上看，"暊"與"暊"均从㚖作；從讀音上看，"叫"和"曒"讀音亦相近。將其中的"㚖"統一解釋爲"梟"

---

① 金俊秀：《文字的糅合》，第十八屆中國文字學國際學術研討會會議論文，新北，2007 年，第 298—305 頁。

② 吳振武：《新見十八年冢子韓矰戈研究兼論戰國"冢子"一官的執掌》，第一屆古文字與古代史學術討論會會議論文，臺北，2007 年，第 319—320 頁。

③ 裘錫圭：《釋"蚩"》，載《裘錫圭學術文集·甲骨文卷》，復旦大學出版社，2012 年，第 209 頁。

④ 胡吉宣著：《玉篇校釋》，上海古籍出版社，1989 年，第 1056、3972 頁。

⑤ 李春桃：《傳抄古文綜合研究》，博士學位論文，吉林大學，2012 年，第 295—296 頁。

之訛形，無論從字形還是讀音角度來看都十分妥帖。不過我們認爲其中的"県"和"敫"的關係可能並非簡單的聲符替換，"県"很可能是"敫"的省形。爲了説明這個問題，我們要對"県"和"敫"的相關字形作一些辨析。

《説文》中有"県"部，該部中只有一個"縣"字：

> 県 到首也。賈侍中説："此斷首到縣県字。"凡県之屬皆从県。
> 縣 繫也。从系持県。

我們將"縣"的主要異體列爲表 7-4-1：

表 7-4-1 "縣"字字形表

西周	春秋	戰國	秦	漢	隋唐
(字形)	晉 (字形)	秦 (字形)	A (字形)	A (字形)	A (字形)
	齊 (字形)	晉 (字形) / 楚 (字形)	B (字形)①	B (字形)	B (字形)

"縣"已見於西周金文，从木从系从首，象人首懸於木上之形。② 東周文字構形與之基本相同，只是秦系文字和晉系文字中木旁移到"首"旁下部，"首"訛成"目"。秦代文字分成兩類：A 類字形繼承了戰國時期秦系文字的寫法，不過"木"或與上面的"目"粘連；B 類字形省去"木"形。A 類寫法見於簡帛、石刻、璽印等書寫材料，B 類寫法僅見於璽印和陶文。隸楷文字中 A 類寫法亦比 B 類寫法更加流行。"縣"字《説文》篆文作縣，來自 B 類形體。"目"下的横筆寫作向上彎折的折筆，類似的字形演變亦見於"真"字（眞→真）。從後代石刻篆文來看，"縣"的篆形可以分爲與上表對應的兩類：

A

(字形)東漢《少室石闕銘》、(字形)隋《禮水石橋碑》額、(字形)唐《長明燈樓頌》、(字形)唐

---

① (字形)（瓦印文 1065）趙平安釋爲"縣"，參看趙平安著：《隸變研究》（修訂版），上海古籍出版社，2020 年，第 94—95 頁。

② 有學者將甲骨文中的(字形)、(字形)釋爲"縣"，參看單育辰：《甲骨文字考釋兩則》，《中國國家博物館館刊》2012 年第 5 期，第 56—58 頁。該字與後代"縣"字形没有直接聯繫，所以我們在這裏不討論該字。

《清源縣主誌》蓋

B

▨唐《縉雲縣城隍廟碑》、▨唐《于孝顯碑》額

李陽冰書寫的《縉雲縣城隍廟碑》中"縣"作▨，"糸"與"目"相連，較《說文》篆形更符合秦文字原始的構形。從傳世的篆隸文字資料來看，"県"的篆形應該原本有▨和▨兩種，它們分別來自秦文字中 A 和 B 兩種寫法的"縣"字。除了璽印文字之外，在唐之前的寫本和石刻文字中，A 類寫法一直占據主流。

"敫"僅見於秦系文字，《詛楚文》中"憿"作▨，其中的"敫"旁从攴从兒。何琳儀謂"敫"爲"擎"的初文①，《說文》："擎，旁擊也。"秦漢文字中常在"兒"中加一長橫，如▨（銀雀山漢簡 391）；或在"人"形中加飾筆作▨（居延舊簡 158.14）；兩種寫法也可以結合起來，作▨（西陲簡 56·14）、▨（肩水金關漢簡 73EJT26：109）。這種寫法的"兒"與《說文》中"県"的篆形寫法相似，該字形進一步訛變爲▨（里耶秦簡 9）、▨（里耶秦簡 25）等。朱璟依認爲▨之形最爲原始，▨象倒首形，即"県"字，在"敫"中做聲符。② 由於▨的字形出現較晚，且《詛楚文》中的字形和後代各異體之間有清晰的演變脈絡，因此朱璟依說不確。但▨、▨中的"兒"確實變得與"県"同形，可以看作變形音化。▨中的"県"寫作 A 類字形，▨中的"県"寫作 B 類字形。

《說文》中有三個音義聯繫十分密切的字：

▨嘩也。从口、丩聲。
▨吼也。从口、敫聲。一曰噭，呼也。
▨聲噭噭也。从口、梟聲。

從諧聲看，"叫"从丩聲，當歸幽部；"噭"从敫聲，當歸宵部。二字讀音雖然不同但十分相近，且詞義亦相關，因此古書中經常通用。《太玄·竈》次八："雖噭不毀。"司馬光集注："噭與叫同。"我們認爲傳抄古文"叫"作嚛者實即"噭"字。寫作▨、▨之形的"徼"字正是溝通"噭"和嚛的橋梁。嚛的右旁實爲▨之省體。"皦—㬢"的對應正與"噭—嚛"的對應相同。

"嘄"讀古堯切，聲調與"叫"不同，但亦與之通用。《漢書·息夫躬傳》"如使狂夫嘄謕於東崖"，顔注："嘄，古叫字。"從諧聲看，"嘄"从梟聲，古音歸宵部，與"噭"關係十分密切。我們認爲《說文》中的"嘄"和《玉篇》中的"嗎"、《古文四聲韻》中的"嚛"其實

---

① 何琳儀著：《戰國古文字典：戰國文字聲系》，中華書局，1998 年，第 330 頁。
② 朱璟依：《〈里耶秦簡（貳）〉文字編》，學士學位論文，復旦大學，2019 年。

是同一個字,試申論之如下:

《說文》:"█不孝鳥也。日至,捕梟磔之。从鳥頭在木上。"段玉裁將"从鳥頭在木上"改爲"从鳥在木上",謂:"《五經文字》曰'从鳥在木上,隸省作梟',然則《說文》本作梟甚明。今各本云'从鳥頭在木上',而改篆作梟,非也。此篆不入鳥部而入木部者,重磔之於木也。倉頡在黃帝時,見黃帝磔此鳥,故製字如此。"述古堂本《說文解字繫傳》篆形作█,注文正作"从鳥在木上"。段玉裁的意見很可能是對的。但是"从鳥頭在木上"的説法也並非無據。張家山漢簡和銀雀山漢簡中都有"梟"字:

張家山漢簡:█《引書》100、█《引書》16、█《二年律令》34
銀雀山漢簡:█簡601、█簡602、█簡605

其字形正作"鳥頭在木上"之形。戰國時期包山簡"梟"作█(簡258),楚帛書中作█,構形和漢簡中"梟"字相同。作"鳥在木上"之形的"梟"始見於東漢,如█、█(《北海相景君碑》)。小徐本篆形作█,正象"鳥在木上";大徐本篆形作█,也只是省去了鳥足。大、小徐本的篆形都與東漢時期的字形相合而與戰國至西漢時期的字形不合。因此"鳥在木上"更加符合《説文》原本的面貌,而"鳥頭在木上"則更加符合"梟"字原本的構形。①

漢簡中寫作█的"梟"與"杲"只在上部略有差別,且二字讀音相近,故做聲符時常可替換。《說文》中的"鄡"字在漢代的封泥文字中寫作"鄛":

█《續封泥考略》3.11B

施謝捷將首字隸定作"鄛",指出"鄛"即"鄡(鄡)"字異構。《說文》:"鄡,巨鹿縣。"《漢書·地理志》冀州巨鹿郡屬縣字作"鄡",《續漢書·郡國志》字作"鄡"。②"鄡"在出土文獻中从縣作,但在《説文》正篆中寫作"鄡"。"噪"和"嗥"的關係相當於"鄡"與"鄡"的關係。

按照這種説法,《說文》中"嗥"和"噪"其實是異體字的關係。《說文》中兩個字頭是異體字關係的現象並不罕見。類似的例子還有"寍,願詞也"和"甯,所願也"。趙平安指出"寍"和"甯"實爲一字異體,其演變順序爲:█→█→█。③《說文》:

---

① 族名金文中的█舊或釋"梟",學者或改釋爲"集",參看劉釗:《"集"字的形音義》,載《書馨集續編——出土文獻與古文字論叢》,中西書局,2018年,第240頁。從我們對"梟"字形的考察來看,"梟"寫作"鳥在木上"是東漢時期纔出現的訛形,因此商代銘文中的█一定不是"梟"。
② 施謝捷:《〈漢印文字徵〉卷六校讀記》,《中國文字博物館》2010年第2期。
③ 趙平安著:《〈説文〉小篆研究》,廣西教育出版社,1999年,第39頁。

文》誤分。① "屍"字或體與"脽"的關係亦與之相類。《說文》:"屍,髀也。从尸下丌居几。脾,屍或从肉、隼。""脽,屍也。从肉、隹聲。""屍"的或體"脾"從隼構意不明,"脾"其實是"脽"的異體。古文字中"隹"常加短橫或點作飾筆,如、,"脾"之所從即這種寫法的"隹"。

三、古文與今文記錄的是沒有語源關係的不同的詞的現象舉例

古文和今文記錄的大都是同一個詞,因此它們的讀音往往較爲接近,比如漢代經師注中"古文貫作關""今文上作尚""古文腆皆作殄"之類。今文和古文記錄的也可能是兩個音義都有密切關係的同源詞,比如《說文》"剛"的古文爲,鄭玄注"古文釋作舍"之類。此外還存在古文和今文記錄的是兩個詞義相近却沒有任何詞源關係的詞的情況,比如《說文》中"續"的古文爲,《古文四聲韻》收"禍"的古文"袂"("殃"的異體字)。李春桃的博士學位論文《傳抄古文綜合研究》下卷第二部分"義近換用關係整理與研究"對此有集中舉例。② 從李春桃舉的例子來看,"音近換用關係"之例有294頁之多,而"義近換用關係"只有5頁,可見在傳抄古文中後者屬於較爲邊緣的現象。這種現象反映了新舊詞彙的更替,在考慮文字、音韻問題時,需要對這一類材料進行辨析,不能將它與前一類材料等同看待。

《儀禮·特牲饋食禮》"乃宿尸",鄭注:"古文宿皆作羞。""宿尸"意即"進(貢品)於尸"。"羞"从丑聲,聲幹爲鼻音,和"宿/肅"並不相同。"羞"和"肅"都可以表示{進}這個意思,應當屬於同義詞換用。

《儀禮·士昏禮》"肫髀不升",鄭注:"肫或作純;純,全也。……古文純爲鈞,髀爲脾。""肫""純"和"鈞"的聲母一爲舌音,一爲喉音,讀音相差很大,顯然不可能記錄同一個詞。它們記錄的其實是兩組語義上相近但並無詞源關係的詞。"純"舊訓"皆",朱德熙曾指出楚簡中的"屯"即文獻中訓爲"皆"的"純",但與"皆"的詞義有些區別,"'屯/純'是就全體立言,而'皆'是就個體立言,類似於英語裏all和every的區別"。③ "純"和"皆"的區別與"純"和"均/鈞"的區別相似。"肫""純"指向*tun這個諧聲組,該諧聲組有不少詞都和"全"有關。《左傳·襄公十一年》:"廣車、軘車,淳十五乘。"朱德熙指出這裏的"淳"相當於"純",是全部的意思。《墨子·節用上》:"若純三年而字子,生可以二三年矣。"孫詒讓《閒詁》:"《周禮·玉人》注:'純猶皆也。'"由"全"可以引

---

① 趙平安著:《〈說文〉小篆研究》,廣西教育出版社,1999年,第66頁。
② 李春桃:《傳抄古文綜合研究》,博士學位論文,吉林大學,2012年,第753—757頁。
③ 朱德熙:《說"屯(純)、鎮、衡"》,載《朱德熙古文字論集》,中華書局,1995年,第178頁。

申出表示程度的"厚""深"。《左傳·隱公元年》:"潁考叔,純孝也。愛其母,施及莊公。"杜預注:"純,猶篤也。"《荀子·儒效》:"知之而不行,雖敦必困。"楊倞注:"苟不能行,雖所知多厚,必至困躓也。"古文以"純""肫"爲"鈞",實際上反映了戰國到漢代發生了"均"(*k^{w}in)詞族替代"純"(*tun)詞族的現象。舊的"純"詞族在文獻中留下了一些痕跡,被漢代人看作"古文"。

古書中以"袗"爲"均"的現象可能亦與此相關。

《儀禮·士冠禮》"兄弟畢袗玄",鄭注:"古文袗爲均也"。

《儀禮·士昏禮》"女從者畢袗玄",鄭注:"袗,同也,同玄者,上下皆玄。"

對於"古文袗爲均"的現象,前人或以"袗""均"音近爲說,或以"篆文袀、袗形近易訛"爲說,陳劍已指出其非。陳劍認爲該現象係因漢代隸書"㐱""勻"形近易亂而致。①《說文》:"㐱,稠髮也。从彡从人。《詩》曰:'㐱髮如雲。'""㐱髮如雲"傳世本作"鬒髮如雲"。從範圍的全、滿引申出濃密是很自然的。可以與之對比的是德語的 voll。voll 本義是滿的,又可以表示全的、完整的,引申之可以指頭髮之稠密。德文 volles Haar(濃密的頭髮)正與"㐱髮"相當。"㐱"古音屬 *tən,與 *tun 極近。考慮到"純"和"㐱"在音義方面的關係,我們認爲"古文袗爲均"的現象可能亦與"均"(*k^{w}in)詞族替代"純"(*tun)詞族的現象平行。

《儀禮·鄉射禮》"接乘矢",鄭注:"古文挾皆作接。"(又見於《大射》)張富海對該則材料作了如下注釋:

《漢書·賈誼傳》:"竊恐陛下接王淮南諸子。"孟康曰:"接音挾。"武威簡《大射》作"挾"。古文假借"接"爲"挾"。②

陳劍認爲金文 𦥑 即"𢸅"的初文,象手挾二矢之形。其字形演變過程爲:𦥑→𢍱→𢸅。"𢸅"應該就是"挾矢"之"挾"的表意初文,陳劍舉了許多文獻方面的證據:

"挾矢"的說法古書多見。《楚辭·天問》"馮弓挾矢"、《大招》"執弓挾矢",王逸注皆云:"挾,持也。""挾"顯然得義於其聲符"夾"。"夾持"即曰挾;其具體動作,既可指夾在腋下、以手臂夾持,也可指夾在指間、以手指夾持。之所以"挾矢"會成爲一個常見的說法,蓋因射箭時左手執弓,右手需以大拇指鉤弦,故箭矢在搭

---

① 陳劍:《結合出土文獻談古書中因"勻""㐱"及"勿"旁形近易亂而生的幾個誤字》,載復旦大學出土文獻與古文字研究中心、耶魯—新加坡國立大學學院陳振傳基金漢學研究委員會編《出土文獻與中國古典學》,中西書局,2018年,第121—134頁。

② 張富海著:《漢人所謂古文之研究》,綫裝書局,2007年,第191頁。

上弦之前,以夾在指間最爲方便。……

　　需要補充交代的是,射禮中講到"挾矢",據禮家所言,多有其略爲特別的含義,即所謂"方持弦矢曰挾",指將射時搭箭於弓之弦與弣,以兩手之食指和中指同時夾而持之。……🈳形所示,正即一手"兼挾二矢"之形。我們説🈳爲"挾矢"之"挾"的表意初文,係就其"字形本義"而言;"挾持"是常見的動作,"挾"這個詞大概不會是一開始僅用於指"挾矢"之"挾",然後纔引申爲一般的"挾持"的;更準確地講,我們也可以認爲🈳是選取易於表現的常見動作"挾矢"來爲"挾"所造的表意初文。①

陳劍的字形解説無論在形方面還是文獻方面都令人信服。按照這種説法,"聿"應當爲喉牙音來源的從母字,其上古讀音應該爲 *sgep。但這個擬音面臨一個問題,就是"聿"從來只和舌齒音字通假,而不與喉牙音字通假。② 另一方面,"睫"異體作"䀹"。《説文》:"䀹,目旁毛也。从目、夾聲。"如果假設"睫"字 *skep→tsep 的音變在戰國時期已經完成,似乎可以解釋"睫"本作"䀹",但傳世文獻中"聿"只和舌齒音字通假。我之前亦深以爲然。但鄔可晶在和筆者討論清華簡《越公其事》時指出,簡文中存在與該假設矛盾的現象。

　　吾君天王,以身被甲冑,敦力鍛鎗,聿(挾?)弳秉彙(枹),振鳴☐　　（簡 3）
　　凡越庶民交逮(接)、言語、貨資、市賈乃無敢反背欺詒。　　　　（簡 42）

石小力指出簡 3"聿弳秉彙"可以與《國語》"挾經秉枹"對讀③,似乎是支持陳説的一個強證。但同篇簡 42 的"逮"用爲"交接"之"接",却與之矛盾。"聿"不可能在同一個時期既讀 *sgep,又讀 *dzep。鄔可晶認爲"聿弳秉彙"應該讀爲"接弳秉枹",其中的"接"就是《廣雅》中訓爲"持"的"接"。《吴越春秋·夫差内傳》記伍子胥謂被離曰"吾貫弓接矢於鄭楚之界","貫弓接矢"與《史記·伍子胥列傳》《吴越春秋·王僚使公子光傳》之"貫弓執矢"、《史記·楚世家》"彎弓屬矢"同意。可見文獻中確有義同"挾矢""執矢"的"接矢"的説法。但僅此一條書證無法解釋爲何文獻中"挾矢"之説多見,而"接矢"之説却十分罕見。

　　鄭注"古文挾皆作接"正是解決這個問題的鑰匙。我們現在看到的戰國文獻是經過漢代經師整理的,因此在用字、用詞方面會不可避免地受到整理者的影響。從鄭玄

---

① 陳劍:《釋"聿"及相關諸字》,載復旦大學出土文獻與古文字研究中心編《出土文獻與古文字研究》(第五輯),上海古籍出版社,2013 年,第 258—279 頁。
② 高亨纂著:《古字通假會典》,董治安整理,齊魯書社,1989 年,第 702—703 頁。
③ 石小力:《清華簡〈越公其事〉與〈國語〉合證》,《文獻》2018 年第 3 期。

的這條注來看，漢代人看到的古文經原本都是用"接"來表示"挾"的，在整理過程中漢代人用"挾"替換了原來的"接"字，因此我們在古書中很難找到"接矢"的說法。按鄭注，《儀禮·鄉射禮》中此句原本寫作"接乘矢"，文例正與《越公其事》"接脛秉枹"相合。

"睞"可能原本是 *skep，在漢代已經變成了 *tsep，與"睫"讀音相同，故借來表示{睫}。馬王堆帛書中既有"睞"又有"睫"，可見二字在漢初已混用無別。許慎在編纂《說文解字》時將假借字認作了本字。孟康曰"接音挾"，似乎不宜理解爲注音，而應理解爲同義換讀。也有可能"睞"本來就是从目从夾的會意字，和从目、走聲的"走"是構造不同的異體字。它們是按照不同造字原理分頭造的字。按照第一種猜想，則"古文挾皆作接"屬於我們在這一節開頭說的第三種情況；按照第二種猜想，則"古文挾皆作接"屬於我們之前說的第一種情況。

四、傳抄古文中"甾"的形體演變與"貴""遺"二字的區別

《說文》古文"莊"寫作㛄，關於該字構形有兩種說法：王國維認爲此即古文"葬"字，趙平安亦主此說①；馮勝君指出該字即《語叢三》簡 9 之㛄字，並引陳劍說認爲"少"爲"甾"之訛②。《古文四聲韻》"莊"字頭下收隸定古文作"蕻"，李春桃指出"其"與㛄不近而與㛄形近，故後一種說法更加可信。③

上引馮勝君文指出"妻"和"莊"的字形演變平行：

㛄《集成》5424→㛄包山 91→㛄
㛄《集成》2588→㛄《語叢》3-9→㛄

但㛄與㛄字形並不完全相同，馮勝君在文中並沒有說明"甾"訛變成㛄或㛄的具體過程。考察戰國文字中含有"甾"形構件的字在傳抄古文中的寫法（表 7-4-2），可以較爲直觀地看出這類字形演變的途徑。

表 7-4-2　傳抄古文中含"甾"構件之字字形表

字頭	古文字	種類	傳　抄　古　文			
壯	甾	甲	㛄 海 4.40	㛄 四 4.34	㛄 海 4.40	㛄 四 4.34

---

① 趙平安：《〈說文〉古文考辨（五篇）》，《河北大學學報》（哲學社會科學版）1998 年第 1 期。
② 馮勝君著：《郭店簡與上博簡對比研究》，綫裝書局，2007 年，第 304—305 頁。
③ 李春桃：《傳抄古文綜合研究》，博士學位論文，吉林大學，2012 年，第 201 頁。

續　表

字頭	古文字	種類	傳　抄　古　文				
變	𤲞	甲	石9上	四4.24	海4.33	海4.33	陰
		乙	海4.33	汗4.48			
覓	𤲞	乙	四4.24	四4.24	四4.25		
		丙	四4.24	四4.24			
妻	𡚽	甲	四1.27	海1.10	四1.27	四1.27	海4.14
		丙	說	汗5.66	四1.27	四1.13	海1.10

根據上表，我們可以得知"甾"在傳抄古文中的訛變途徑(圖7-4-1)。

圖7-4-1　傳抄古文中"甾"部件字形演變圖

綜合考慮戰國文字和傳抄古文字形，可知馮勝君說是正確的。

與此有關的字形還見於傳抄古文"貴"(表7-4-3)。

表 7-4-3　古文字和傳抄古文中"貴"相關之字字形表

字頭	古文字 秦系	古文字 六國	傳抄古文	傳抄古文	傳抄古文	傳抄古文
遺	故宮 422	包 18	汗 1.9	四 1.18	海 1.7	海 4.6
穧	集證·183.128		汗·詩 46	汗·詩 1.29	選·詩 55 上	
隤			海 1.12			
貴	雲·日甲 15	包 265	汗 1.5	四 4.8	四 4.8	海 4.10
賷			説	四 4.5	四 4.5	海 4.7
潰	雲·封 54		陰			
殨			汗 5.65			
匱(櫃)		金縢 6	海 4.7	海 4.7		
續		郭·殘 20	海 4.7			
闠	秦律 147					

讀傳抄古文札記 | 505

續　表

字頭	古 文 字		傳 抄 古 文			
	秦 系	六 國				
饋		餘 包 202				
糩		舺 璽彙 840				

注："隤"之傳抄古文實爲"頹"之訛，其中的"禿"旁訛爲"委"。

　　從戰國時期六國文字的字形來看，"遺"所從之 ⿰ 與"貴"所從之 ⿱ 有着明顯的區別。徐寶貴認爲"貴"的聲符有兩個來源：

　　（1）來源於 ⿰、⿱、⿲（遺）。以此字爲聲符的字出現的時間比較早，在西周金文中就已出現了，並爲後來的秦系文字所繼承；

　　（2）來源於"臾"或"蕢"。以此字爲聲符的字，出現於春秋後期和戰國時期的楚系、三晉系等東方諸國文字。①

一般認爲 ⿰ 是｛遺｝的初文，⿱ 是｛蕢｝的初文。徐寶貴認爲二者都可以做"貴"的聲符。在此基礎上，李守奎指出傳抄古文中的"貴"字形體也可以分爲相應的兩類。②根據前面所列的字形表，我們可以把傳抄古文中兩類字體的類型歸結如圖 7－4－2。

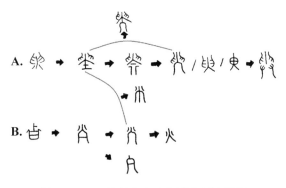

圖 7－4－2　傳抄古文中"貴"字形演變圖

---

① 徐寶貴：《金文研究五則》，載張光裕、黃德寬等主編《古文字學論稿》，安徽大學出版社，2008 年，第 96—105 頁。

② 李守奎：《〈説文〉古文與古文字互證三則》，載中國古文字研究會、中山大學古文字研究所編《古文字研究》（第二十四輯），中華書局，2002 年，第 304—305 頁。

A 類的特點是有"臼"旁,中間的部分作"个"形。B 類的特點是字形上部呈"八"形。秦系文字中 B 類寫法消失。從傳抄古文的字形看,"遺"只寫作 A 形,"貴"既有寫作 A 形的又有寫作 B 形的,"穨"的字形介於 A 和 B 之間,其餘的"蕢""聵""匱""繢"都只寫作 A 形,"潰"寫作 B 形。

六國文字中"遺""貴"兩字多見,字形區分甚明①,因此傳抄古文"貴"字頭下寫作 A 類寫法的字形應當是僞古文,並不反映戰國時期真實的用字情況。

以上是"貴"在字形方面的主要情況。接下來我們來看看"貴"的讀音問題。

上文我們列舉了先秦出土文獻和傳抄古文中和"貴"相關的 11 個字,它們的聲母可以很整齊地分成兩類(除音韻地位不明的"樻",見表 7-4-4)。

表 7-4-4 "貴"聲系諧聲分佈表

舌音類	遺(以)、隤(定)、穨(定)
喉牙音類	貴(見)、蕢(群)、潰(溪)、聵(疑)、繢(匣)、匱(群)、闠(匣)、饋(群)

注:六國文字中出現過的字下添加下劃綫。

趙彤認爲《説文》从貴聲的字中,屬於牙喉音、物部的是真正从貴得聲的,而屬於舌音、微部的是从"遺"字所从的聲旁得聲。小篆中由於字形訛變,這兩個偏旁混同了。②

邊田鋼認爲"遺"爲喉牙音來源的以母字,並爲其構擬了 * ɦ-聲母。他提出的證據是:

> 《釋名·釋兵器》:"全羽爲旞。旞,猶滑也。順滑之貌也。"銀雀山漢簡《晏子春秋》577:"不相遺也,此明王之教民也。""遺",今本作"達"。比較"遺"與藏文 vkhor失真、忘、丢。③

其中兩條漢語内部證據其實都值得商榷。《説文》:"旞,導車所以載。全羽以爲允。

① 曾侯乙墓出土的遣册中有"乘馬黄金"(簡 121)、"乘馬黄金"(簡 137)、"乘馬黄金之、革堤"(簡 138),整理者隸定爲"貴",謂:"天星觀一號墓竹簡記車馬器有'首遺''翫遺'。'遺'从貴聲,與此墓簡文之'貴'當指一物。"參看武漢大學簡帛研究中心、湖北省博物館編著:《楚地出土戰國簡册合集(三):曾侯乙墓竹簡》,文物出版社,2019 年,第 30 頁。包山簡 276 有"四馬之首遺",劉國勝認爲讀爲"鞼",指馬繮繩。參看劉國勝著:《楚喪葬簡牘集釋》,科學出版社,2011 年。按,从貝、遺聲,應爲表示遺贈之"遺"的本字。《集韻·至韻》:"遺,贈也。或作賷。"在簡文中如何破讀還有待進一步研究。

② 趙彤:《利用古文字資料考訂幾個上古音問題》,載中國人民大學中文系編《語言研究的務實與創新——慶祝胡明揚教授八十華誕學術論文集》,外語教學與研究出版社,2004 年,第 397—406 頁。

③ 邊田鋼:《牙喉音來源之以母及其上古音值》,《語言科學》2018 年第 3 期,第 312—327 頁。

允,進也。从㫃、遂聲。旞,旞或从旞。"無論是"允"還是"旞",無疑都指向* lut。邊田鋼所引《晏子春秋》之例,銀雀山漢簡整理者寫的注釋中説:"明本作'故明王修道、一民同俗。上愛民爲法。下相親爲義,是以天下不相遺'。"(整理者標點如此)按,王念孫云:"案《治要》作'上以愛民爲法,下以相親爲義,是以天下不相違',是也。上文云'明王修道,一民同俗',故云'天下不相違'。今本脱兩'以'字,'違'又誤作'遺',則文義皆不協。"吴則虞《晏子春秋集釋》云:"'遺'字不爲誤,上下以相愛相親爲義,是不相遺也。猶《孟子》'未有仁而遺其親者,未有義而後其君者'之'遺',同義。此節'一民同俗',即墨氏之尚同;相愛相親,近墨氏之兼愛,非承'一民同俗'而來。"吴則虞之説可從。《尹文子·大道上》:"是以聖人任道以夷其險,立法以理其差,使賢愚不相棄,能鄙不相遺。""不相遺"即"不相棄",和"下相親爲義"之文意十分切合,不必改爲"不相違"。

《説文》:"穨,秃皃。从秃、貴聲。""秃"從"秀"字分化,其讀音當爲* lut,與"穨""遺"讀音* lul 相近。我們懷疑"穨"本來就是"秃(秀)""遺"皆聲的雙聲符字。"穨"字異體作"頽",从頁、秃(秀)聲,該字亦用爲古文"隤"。傳抄古文"穨"寫作,右旁中的"个"形可能正是"遺"字特徵的遺留。

從諧聲和通假情況看,舌音類的三個字上古音只能是* lul。

喉牙音類的八個字,按照鄭張尚芳的體系,似乎可以爲其構擬* kl-類的複輔音聲母。但這些字從來不和* l-類字通假,而且我們知道戰國時期"貴"和"遺"的寫法有别,因此這個複輔音的構擬顯得十分不經濟。

我們梳理了一下和"貴"字形、字音相關的一些問題,這些問題十分複雜,我們現在還不能提出一個恰當的解決方法。從讀音上看,我們傾向於趙彤的看法,即"貴"和"遺"字源上應該分開,前者爲* l-聲母,後者爲* k-聲母。但是由於缺乏早期字形的綫索,這個問題也只能暫且討論到這一步了。

2021 年 5 月 24 日初稿
2021 年 6 月 12 日改定

附記:

本文寫完後拿給魏宜輝老師、鄔可晶老師、張富海老師和張鑫裕學長看過,他們都爲本文提出了很好的修改意見。在本文成文並提交給中國文字發展論壇之後,我發現陳哲已經對曾侯乙墓出土遣册中从貝、遺聲的字作了很好的討論,將其讀爲"旞"。① 陳

---

① 參看陳哲:《曾侯乙墓竹簡文字考釋二則》,《出土文獻》2019 年第 2 期。

哲在《"遺"字古讀考》中亦對傳抄古文中"貴""遺"相關字形作過詳細梳理,其思路與本文並不完全相同。①

本文首次發表於第八屆中國文字發展論壇,此次收入中心論文集時基本保持原貌。本文第二節對於"脾"字的論述現在來看較爲粗疏,更爲精細的討論參看沈奇石《"隼"字異讀考論》②。關於"睫""睞"字語音的關係,施瑞峰作了更爲系統的論述。③以往學界有關"遺"字的認識存在錯誤,根據應金琦的研究,金文中舊釋爲"遺"的 ,現在看來應當改釋爲"送"。應金琦對古文字和傳抄古文中有關"貴"和"遺"的字形作了細緻的梳理。④

作者係復旦大學出土文獻與古文字研究中心 2018 級碩士(導師:鄔可晶),現就讀於清華大學出土文獻研究與保護中心,攻讀博士學位。

---

① 陳哲:《"遺"字古讀考》,學士學位論文,中山大學,2019 年。
② 沈奇石:《"隼"字異讀考論》,《臺大中文學報》2024 年第 1 期。
③ 參看施瑞峰:《上古漢語聲母諧聲類型在古文字資料釋讀中的效用》,博士學位論文,香港中文大學,2022 年。
④ 參看應金琦:《釋西周金文的"送"字》,《出土文獻》2024 年第 4 期,第 53—69 頁。

傳抄古文札記一則

孫超傑

《古文四聲韻》中"解"字作：

[字形]《古老子》、[字形]《南嶽碑》

"懈"字作：

[字形]《古孝經》

"懈"是"解"的後起分化字，傳抄古文形體基本相同，應爲一字。② 但"解""懈"爲什麽寫作這樣，似没有較好的説法。③ 我們認爲此形實爲"嗀"字，古文字中"嗀"或從嗀之字作：

[字形]伯嗀鬲（《集成》592）④、[字形]鄭與兵壺（《銘圖》12445）⑤

[字形]曾侯乙墓漆匴箱⑥

[字形]上博二《容成氏》簡22、[字形]上博三《周易》簡1

---

① 本文寫作得到2018年度國家社科基金青年項目"西周銅器銘文斷代研究疏證"(18CZS003)資助。
② 傳抄古文中"解/懈"字類似寫法又見於《集篆古文韻海》，參徐在國編：《傳抄古文字編》，綫裝書局，2006年，第439、1056頁；劉建民：《傳抄古文新編字編》，博士學位論文，復旦大學，2013年，第242頁。《古孝經》中右所從"卩"旁當是"又"形的訛變，不過"卩"形正與下文中提及的郭店簡《五行》簡背文字相合，似非巧合。不知其背後是否有某種構形理據，志此待考。
③ 詳參李春桃著：《古文異體關係整理與研究》，中華書局，2016年，第103—104頁。補：新見《〈古文四聲韻〉疏證·上編》(徐海東著：《〈古文四聲韻〉疏證·上編》，西南師範大學出版社，2020年，第385頁)據王丹先生説(見王丹：《〈汗簡〉〈古文四聲韻〉新證》，上海古籍出版社，2015年，第91—92頁)直接將此類形體改置於"隙"字下，不可取。
④ 參李春桃：《釋"紳""嗀"——從楚帛書"紳"字考釋談起》，載楊振紅、鄔文玲主編《簡帛研究》(二〇一五春夏卷)，廣西師範大學出版社，2015年，第19頁。
⑤ 參魏宜輝：《利用戰國竹簡文字釋讀春秋金文一例》，《史林》2009年第4期，第151—153頁；又載《文字文獻探論》，中西書局，2024年，第74—78頁。
⑥ 參李春桃：《釋"紳""嗀"——從楚帛書"紳"字考釋談起》，載楊振紅、鄔文玲主編《簡帛研究》(二〇一五春夏卷)，廣西師範大學出版社，2015年，第20—21頁。

▋(毃)上博五《弟子問》簡 1、▋上博九《靈王遂申》簡 4

▋清華三《周公之琴舞》簡 16①

▋上博三《周易》40、▋清華二《繫年》120

▋清華二《繫年》134

▋(毃)清華四《別卦》簡 1②

二者的形體對應關係一目瞭然。古文字"毃"多从攴,而傳抄古文"解/懈"从又,不過"攴""又"用爲意符常可互作,如"政"作▋(清華五《厚父》簡 4),又作▋(清華五《厚父》簡 8);"取"作▋(《古孝經》),又作▋(《古孝經》)。

以"毃"表"解/懈"在傳抄古文中當屬常見的語音通假關係。上引鄭與兵壺中"毃"字用例爲:

> 唯正五月初吉壬申,余鄭太子之孫與兵,擇余吉金,自作宗彝,其用享用孝于我皇祖文考,不毃春秋歲嘗。

魏宜輝先生認爲:

> 我們認爲銘文中的"毃"(引者按,即"毃"字)很可能應讀爲"懈"。"毃"和"懈"古音相同,皆爲見紐錫部。在表示"懈怠"這個意思上,"懈"在古代文獻中又作"解"。文獻中亦有"擊""解"相通的例子。《呂氏春秋·精諭》:"若夫人者,目擊而道存矣,不可以容聲矣。"舊校云:"'擊'一作'解'。"可見,"毃"讀作"懈"在聲韻上是没問題的。③

---

① 參蘇建洲:《清華三〈周公之琴舞〉〈良臣〉〈祝辭〉研讀札記》,載中國文字編輯委員會編《中國文字》(新三十九期),藝文印書館,2013 年,第 71—72 頁。

② 《別卦》中此字對應今本《周易》"姤",整理者以爲此形即"繫",與"姤"係音近通假關係("繫"在見紐錫部,"姤"在見紐侯部)。程浩先生認爲"繫"與"姤(敂)"是義近關係,皆表"繫傅拘止"之意,參程浩:《清華簡〈別卦〉卦名補釋》,載楊振紅、鄔文玲主編《簡帛研究》(二〇一四),廣西師範大學出版社,2014 年,第 2 頁。按,"繫"與"姤"讀音差距較大,似無通假的可能。另外簡文中與今本《周易》卦名"解"對應之字同樣有不太好解釋的地方〔補,相關釋讀意見可參鄔可晶:《清華簡〈別卦〉札記》,載李宗焜主編《中國古典學》(第五卷),北京大學出版社,2024 年,第 389—391 頁〕。故有學者認爲簡文中兩卦名可能存在抄寫誤倒的情況,參《清華簡〈別卦〉讀"解"之卦試說》,趙帖下鄴可晶回帖,復旦大學出土文獻與古文字研究中心,http://www.fdgwz.org.cn/Web/Show/2208,2014 年 1 月 9 日。我們認爲此説較爲合理,當可信從。

③ 魏宜輝:《利用戰國竹簡文字釋讀春秋金文一例》,《史林》2009 年第 4 期,第 153 頁;又載《文字文獻探論》,中西書局,2024 年,第 77—78 頁。張新俊先生、趙平安先生也曾將鄭與兵壺中該形體與"毃"對應。張新俊:《上博楚簡文字研究》,博士學位論文,吉林大學,2005 年,第 13—15 頁。趙平安:《〈鄭太子之孫與兵壺〉"不毃"解》,載北京語言大學漢字研究所、北京語言大學對外漢語研究中心編《漢字教學與研究》(第一輯),北京語言大學出版社,2011 年,第 75—78 頁;又載《金文釋讀與文明探索》,上海古籍出版社,2011 年,第 33—36 頁。

此説可信。"不懈"一詞多見,如"夙夜不懈"(中山王譽鼎,《集成》2840);"不懈"又作"匪解",如《詩·商頌·殷武》"稼穡匪解"、《詩·魯頌·閟宫》"春秋匪解"等。

清華三《周公之琴舞》簡 15—16 有:

> 弗敢荒德,德非惰币,純惟敬币,文①非縠币,不墜修彦。

蘇建洲先生以爲此"縠"字當讀爲"懈",並解釋説:

> 簡文"文非懈币"與前文"德非惰币"句式相同,"懈""惰"意思相近,皆同前面所説"弗敢荒德"。②

此説亦十分可信。③

綜上,我們認爲上引傳抄古文中"解/懈"字正是用"縠"字表示,其用字習慣與鄭與兵壺、清華簡《周公之琴舞》正相同。

另,郭店簡《五行》簡 36 有 字,寫法怪異,對應馬王堆漢墓帛書本《五行》"解(懈)"。此字在簡背相對位置正好寫作"懈"④,李零先生以爲係"改錯之字"⑤。戰國

---

① 按,石小力先生以爲此"文"字當讀爲"命",見石小力:《清華簡〈周公之琴舞〉"文非易币"解》,載清華大學出土文獻研究與保護中心編《出土文獻》(第七輯),中西書局,2015 年,第 98—102 頁。沈培先生有不同意見,詳見沈培:《〈詩·周頌·敬之〉與清華簡〈周公之琴舞〉對應頌詩對讀》,載復旦大學出土文獻與古文字研究中心編《出土文獻與古文字研究》(第六輯),上海古籍出版社,2015 年,第 328—332 頁。

② 蘇建洲:《清華三〈周公之琴舞〉〈良臣〉〈祝辭〉研讀札記》,載中國文字編輯委員會編《中國文字》(新三十九期),藝文印書館,2013 年,第 72 頁。

③ 有關"縠"讀爲"懈"亦可參石小力著:《東周金文與楚簡合證》,上海古籍出版社,2017 年,第 28—30 頁。又清華五《湯在啻門》簡 8 有 字,侯乃峰先生以爲"系""解"雙聲。參侯乃峰:《讀清華簡(伍)雜志》,載中國文字編輯委員會編《中國文字》(新四十三期),藝文印書館,2017 年,第 84 頁。按,二者讀音雖近,不過 字在文中用法似尚不能確定,故暫不取此説。

④ 此字舊釋"解",據《楚地出土戰國簡册合集(一)·郭店楚墓竹書》新拍圖版來看,此字當爲"懈",見武漢大學簡帛研究中心、荆門市博物館編著:《楚地出土戰國簡册合集(一)·郭店楚墓竹書》,文物出版社,2011 年,正文第 57 頁注 80,圖版第 44 頁。亦可參石小力:《楚簡訛字的整理與研究》,博士後研究工作報告,清華大學,2018 年,第 21—22 頁。

⑤ 李零:《郭店楚簡研究中的兩個問題——美國達慕斯學院郭店楚簡〈老子〉國際學術研討會感想》,載武漢大學中國文化研究院編《郭店楚簡國際學術研討會論文集》,湖北人民出版社,2000 年,第 51 頁;李零著:《郭店楚簡校讀記》(增訂本),中國人民大學出版社,2007 年,第 102、106 頁。按,郭店簡原整理報告將此類形體與傳抄古文中"節"形作 、 者系聯,自不可信。關於"節"字的類似寫法,現一般認爲右爲"卩",左爲"桼"形之訛,全字當即"卸",用爲"節"。見高中正:《〈魏三體石經〉所收"古篆二體"殘石小記》,第二届古文字與出土文獻青年學者論壇會議論文,杭州,2023 年,第 369—372 頁。據此文知段凱先生亦有相同意見。又,郭店簡《語叢二》簡 50 中 字,古廣政先生亦以爲與"節"字古文相關(古廣政:《説"桼"》,傳承·變異·闡釋——首届漢字學青年學者南國論壇會議論文,珠海,2024 年,第 30—41 頁),似可信。

竹書在抄寫過程中常有漏寫、誤寫而補寫、改寫在簡背的情況,有些竹簡正面會有相關標識,如郭店簡《語叢四》簡 27、上博五《鬼神之明》簡 2;有些則未見標識,如郭店簡《緇衣》簡 40。這裏當屬於後一種情況。日本學者谷中信一先生認爲簡背的"解"是用來替換正面難認的󰀀,"起着如同後世的注釋一樣的作用"。① 近來對此論述較爲詳細的是李家浩先生,李先生認爲簡文中󰀀字正可與"解/懈"之傳抄古文形體對應,只是將傳抄古文形體中"左半'木'中的'日'形寫作'田',並將其移到'木'之下的一種寫法",並引述古代"音隱""義隱"的書寫形式,認爲書於簡背的"懈"字是由於抄寫者對古文形體的陌生而加的注釋。② 周波先生認爲此形體左部當爲"毄"字左旁之省變,只是可能本應作折筆("毄"字左旁頭部常有作折筆的寫法),而與"殳"旁筆畫連書以致訛。③ 此説可信。《五行》篇多夾雜齊系文字因素。④ 考慮到在戰國文本抄寫時代,由於抄寫者對他系文字寫法的生疏,以及在抄寫中或不可避免存在訛誤,以致文字形體有所變異,實屬正常。總之,我們比較傾向於󰀀字即爲傳抄古文中形體的變化,其與簡背"解"字的嚴格對應,也印證了我們對於"解(懈)"與傳抄古文"毄"字形體係音近通假關係的觀點。

陳侯因齊敦(《集成》4649、《銘圖》6080)有"其唯因齊,揚皇考,紹󰀀高祖黃帝,纘嗣桓文"一句⑤,其中󰀀字舊多以爲从東讀爲"踵"⑥,結合上文列舉的"毄"及"繫"之寫法,我們認爲此形可能即"繫"之省,或可讀爲"繼"。"繫"在見紐錫部,"繼"在見紐質部,二者讀音相近。在古書中"繫""係"常通用無別,如《易·遯》"係遯,有疾厲",

---

① 谷中信一:《關於〈郭店楚簡·五行篇〉第 36 號簡背面所寫的"󰀀"字》,《國際簡帛研究通訊》2000 年第 3 期。按,上博六《孔子見季桓子》簡 3 有󰀀、󰀀,二字皆从父聲,陳劍先生以爲有一字爲衍文,也可能因前字生僻,後字起到注釋提醒的作用,或可與此並觀。見陳劍:《〈上博(六)·孔子見季桓子〉重編新釋》,載《戰國竹書論集》,上海古籍出版社,2013 年,第 298—299 頁。相關論述還可參看李天虹著:《楚國銅器與竹簡文字研究》,湖北教育出版社,2012 年,第 153 頁;周波著:《戰國時代各系文字間的用字差異現象研究》,綫裝書局,2012 年,第 85 頁。
② 李家浩:《郭店楚簡〈五行〉中的"卻""懈"二字》,載教育部人文社會科學重點研究基地、清華大學出土文獻與中國古代文明研究中心、清華大學出土文獻研究與保護中心編《出土文獻》(第十五輯),中西書局,2019 年,第 137—141 頁。
③ 周波著:《戰國銘文分域研究》,上海古籍出版社,2019 年,第 81—82 頁。不過周先生認爲,古璽"鯉"及《五行》簡背字形(即李家浩隸定爲"卻"者)與"毄"並非一字,與我們的觀點不盡相同。
④ 參馮勝君:《談談郭店簡〈五行〉篇中的非楚文字因素》,載武漢大學簡帛研究中心主辦《簡帛》(第一輯),上海古籍出版社,2006 年,第 45—52 頁。
⑤ 按"纘"字本作󰀀,釋讀意見參李春桃:《説〈尚書〉中的"敉"及相關諸字》,載復旦大學出土文獻與古文字研究中心編《出土文獻與古文字研究》(第六輯),上海古籍出版社,2015 年,第 703—716 頁。有關"高祖皇帝"的解釋,可參王暉:《出土文字資料與五帝新證》,《考古學報》2007 年第 1 期,第 3—8 頁;孫剛著:《東周齊系題銘研究》,上海古籍出版社,2019 年,第 206—201 頁。
⑥ 參孫剛:《東周齊系題銘研究》,博士學位論文,吉林大學,2012 年,第 424 頁。

《經典釋文》:"係,本或作繫。"《莊子·應帝王》"是於聖人也,胥易技係,勞形怵心者也",《經典釋文》:"係,崔本作繫。"①上博二《從政》乙篇簡1有"口惠而不係",可與《禮記·表記》"口惠而實不至"、郭店簡《忠信之道》簡5"口惠而實弗從"對讀,陳劍先生讀"係"爲"繼",認爲可以理解爲"以……繼續於……之後",並引《左傳·桓公十二年》"君子曰:苟信不繼,盟無益也。《詩》云:'君子屢盟,亂是用長。'無信也"爲證②,於文意十分貼切。上博五《三德》簡16有"喪以係樂,四方來虐",范常喜先生將之與《吕氏春秋·上農》"喪以繼樂,四鄰來虐"一句相系聯,並説"《鶡冠子·備知》:'是以鳥鵲之巢,可俯而窺也;麋鹿群居,可從而係也。'《後漢書·安帝紀》:'親德係後,莫宜於祜。'李賢注:'係即繼也。'《後漢書·班固傳下》:'系唐統,接漢緒。'傳世本作'繼'與此義近。"③就筆者所見,王凱博先生似最早將此處金文文例讀爲"紹繼"④,可惜未展開論述,我們現試作補充。"紹""繼"含義相近,《玉篇》:"繼,紹繼也。"《爾雅·釋詁》:"紹,繼也。"《詩·大雅·抑》"弗念厥紹",毛傳:"紹,繼也。"《管子·小匡》:"度義光德,繼法紹終,以遺後嗣。"《後漢書·荀悦傳》:"聖上穆然,惟文之恤,瞻前顧後,是紹是繼。"銘文"紹繼高祖黄帝"正可與"纘嗣桓文"相對,如《禮記·中庸》"武王纘大王、王季、文王之緒",鄭玄注:"纘,繼也。"典籍亦習見"紹續"一詞,如《國語·晉語》:"天降禍於晉國,讒言繁興,延及寡人之紹續昆裔,隱悼播越,托在草莽,未有所依。"《釋名·釋形體》:"爪,紹也。筋極爲爪,紹續指端也。"

附記:

小文初稿約於2017年寫成,並作爲附錄收入碩士學位論文(《新出楚系簡帛資料對釋讀甲骨金文的重要性》,吉林大學,2017年),後見段凱先生在其博士學位論文中

---

① 張儒、劉毓慶著:《漢字通用聲素研究》,山西古籍出版社,2002年,第536頁。
② 陳劍:《上海博物館藏戰國楚竹書〈從政〉篇研究(三題)》,載《戰國竹書論集》,上海古籍出版社,2013年,第84—86頁;又可參劉嬌著:《言公與剿説——從出土簡帛古籍看西漢以前古籍中相同或類似內容重複出現現象》,綫裝書局,2012年,第255頁。
③ 范常喜:《〈上博五·三德〉札記三則》,武漢大學簡帛網,http://www.bsm.org.cn/?chujian/4451.html,2006年2月24日;范常喜:《〈上博五·三德〉與〈吕氏春秋·上農〉對校一則》,《文獻》2007年第1期,第26頁;又載《簡帛探微——簡帛字詞考釋與文獻新證》,中西書局,2016年,第281—287頁。
④ 王凱博:《出土文獻資料疑義探研》,博士學位論文,吉林大學,2018年,第391—392頁。白於藍先生對陳侯因齊敦銘文中的▇字亦有考釋,並將之與《凡物流形》簡15中▇字系聯,可信,不過讀法與我們不同。詳參白於藍:《釋上博簡〈凡物流形〉篇的"姊"與"練"》,《考古與文物》2017年第1期,第115—118頁。

亦有類似觀點①，請讀者參看。小文初稿寫作曾得到何景成先生、李春桃先生的指導，王挺斌先生、王凱博先生在得知小文基本觀點後曾與筆者交流，並對筆者多有鼓勵。文中涉及的傳抄古文與《五行》簡背形體的對應關係，筆者也曾有幸聆聽陳劍先生在課堂上的教誨。小文寫定後又蒙周波先生審閱。凡此種種，謹此一併致謝。

補記：

關於《五行》中❐字，孟蓬生先生新釋作"埶"字異構，並對"解/懈"字、"節"字古文寫法有詳細梳理②，可參看。郭店簡《唐虞之道》中有兩處字形分別作 ❐（簡 7）、❐（簡 17），李芳梅先生、劉洪濤先生以爲右側即"叀"形之訛，讀爲"繼"。③ 此說可與小文論述的"殼"聲、"繼"聲相近參看。另，數年前王凱博先生曾有《〈凡物流形〉甲篇簡 25"繫"、〈唐虞之道〉簡 7、17"湅"》一文，似一直未見正式發表。此文對❐類形體的分析及辭例的說解，與上引李先生、劉先生文大致相同，請讀者留意。清華九《禱辭》簡 3、9 中有❐、❐等形，滕勝霖先生在與筆者的一次交流中，懷疑其所從亦爲"叀"旁，從而讀作"激"之類。不過此二形右側與常見"叀"有所區別，至於具體的形體分析及文例釋讀，我們期待滕先生早日成文。

2024 年 1 月 15 日

又補：

傳抄古文中"遐"字形體作❐（汗 5·67 郭）、❐（四 2·12 孝）、❐（四 2·12 郭）等〔其左下形體變化，可參"殿"字古文作❐（汗 3·42 義）、❐（四 4·22 李）。又，"夏"字古文或作❐（四 3·22 籀）等形，明顯與"遐"字古文左側相同，"夏"與"叚"聲字通假現象習見，當置於此一併考慮〕，舊或以爲左側係"杲"之形訛，並以之爲聲符與"遐"屬語音通假關係。此說從用字習慣來看略顯怪異，又未能合理解釋右側部件（或以爲"邑"之形訛，然形體差異較大），故後來學者多不取。近來薄路萍先生對此有專文討論，認爲"遐"字古文屬"䚷"字在中古時期的寫法形訛後又回改篆文，二者屬語

---

① 段凱：《〈古文四聲韻〉（卷一至四）校注》，博士學位論文，華東師範大學，2018 年，第 650—652 頁；又見段凱：《傳抄古文與出土文獻互證三則》，第一屆文史青年論壇會議論文，上海，2018 年，第 71—72 頁。

② 孟蓬生：《楚簡〈五行〉"埶"字異構試釋》，載中國古文字研究會、西南大學漢語言文獻研究所、西南大學出土文獻綜合研究中心編《古文字研究》（第三十四輯），中華書局，2022 年，第 408—413 頁。

③ 李芳梅、劉洪濤：《郭店竹簡〈唐虞之道〉"湅"字考釋》，載武漢大學簡帛研究中心主辦《簡帛》（第二十五輯），上海古籍出版社，2022 年，第 17—26 頁。

音通假關係。① 按，此説略顯迂曲，爕等寫法與"叚"亦差距較大，恐難以直接系聯。

我們在論述"解/懈"古文形體時亦注意到"遐"字古文寫法，其形體相關性較爲明顯，本應一併考慮，不過當時對二者的異體關係没有很好的想法，故未論及。後陳建勝先生在敝説基礎上舉《淮南子・原道》"一之解際天地"在《文子・道原》中"解"作"叚"爲例，認爲二者屬通假關係。② 更爲重要的材料是，敦煌文獻中或見"叚"聲字與"解"相通的例證。張小艷先生曾指出："唐五代時，佳、麻二韻的牙音字已合併，即'假''解'讀音相同。"③則以"解/懈"表"遐"可能是中古語音的反映。

傳抄古文雖大多來源於戰國文字，語音通假關係亦多與上古音系相合，不過由於其傳抄的特性，又與中古文字、中古音系關係密切。如"兵"字古文作"平"，與上古音不合，中古時期却同屬庚韻；"泉"字古文作"瞑"，二者上古音不近，大概也是較晚時期語音的反映；"弼"字古文作"彌"，二者上古音差距較大，但從《廣韻》等材料來看，二者在中古時期語音近同。④ 又如《篇海・山部》引《搜真玉鏡》："嶷，音宜。"所謂"嶷"者，明顯是"疑"字的隸定古文，"疑""宜"上古音不近，中古音却相合，並在敦煌文獻中有通用例證。⑤ 此類現象肯定還有很多，有待筆者進一步搜集整理。

2025 年 1 月 5 日

本文原刊於《出土文獻》2021 年第 3 期。

作者係復旦大學出土文獻與古文字研究中心 2017 級博士（導師：陳劍），現爲武漢大學文學院古籍整理研究所講師。

---

① 薄路萍：《〈汗簡〉古文札記四則》，載張福貴主編《華夏文化論壇》（第二十九輯），吉林大學出版社，2023 年，第 117—118 頁。
② 陳建勝：《傳抄古文所見經書古文構形疏證》，博士學位論文，中興大學，2023 年，第 216—217 頁。
③ 張小艷：《敦煌書儀語言研究》，商務印書館，2007 年，第 119 頁；又見張小艷：《敦煌社會經濟文獻詞語論考》，上海人民出版社，2013 年，第 421 頁。
④ 相關論述可參劉偉浠：《傳抄古文與出土文字合證》，博士學位論文，中山大學，2022 年，第 119 頁。
⑤ 可參古廣政：《〈四聲篇海〉古文考釋十則》，近代漢字研究第五屆學術年會會議論文，金華，2024 年，第 159 頁。

圖書在版編目(CIP)數據

光華向日新:復旦大學出土文獻與古文字研究中心畢業生論文選/復旦大學出土文獻與古文字研究中心編.——上海:復旦大學出版社,2025.3.——ISBN 978-7-309-17842-5

Ⅰ.K877.04-53;H121-53

中國國家版本館 CIP 數據核字第 2025KH4798 號

光華向日新
GUANGHUA XIANG RI XIN
復旦大學出土文獻與古文字研究中心　編
責任編輯/高　原
裝幀設計/楊雪婷

復旦大學出版社有限公司出版發行
上海市國權路 579 號　郵編:200433
網址:fupnet@fudanpress.com　http://www.fudanpress.com
門市零售:86-21-65102580　團體訂購:86-21-65104505
出版部電話:86-21-65642845
上海盛通時代印刷有限公司

開本 787 毫米×1092 毫米　1/16　印張 32.75　字數 604 千字
2025 年 3 月第 1 版
2025 年 3 月第 1 版第 1 次印刷

ISBN 978-7-309-17842-5/K·855
定價:168.00 元

如有印裝質量問題,請向復旦大學出版社有限公司出版部調換。
版權所有　　侵權必究